Shoot-Out-Klauseln

Schriften zum Privat-, Wirtschafts- und Verfahrensrecht

Herausgegeben von Barbara Völzmann-Stickelbrock

Band 3

Zur Qualitätssicherung und Peer Review der vorliegenden Publikation

Die Qualität der in dieser Reihe erscheinenden Arbeiten wird vor der Publikation durch den Herausgeber der Reihe geprüft.

Notes on the quality assurance and peer review of this publication

Prior to publication, the quality of the work published in this series is reviewed by the editor of the series.

Alexander Brockmann

Shoot-Out-Klauseln

Radikale Trennungsverfahren im Gesellschaftsrecht

PL ACADEMIC RESEARCH

Bibliografische Information der Deutschen Nationalbibliothek
Die Deutsche Nationalbibliothek verzeichnet diese Publikation in der Deutschen Nationalbibliografie; detaillierte bibliografische Daten sind im Internet über http://dnb.d-nb.de abrufbar.

Zugl.: Hagen, Fernuniv., Diss., 2016

Gedruckt auf alterungsbeständigem, säurefreiem Papier.
Druck und Bindung: CPI books GmbH, Leck

D 708
ISSN 2193-262X
ISBN 978-3-631-71989-3 (Print)
E-ISBN 978-3-631-72119-3 (E-PDF)
E-ISBN 978-3-631-72120-9 (EPUB)
E-ISBN 978-3-631-72121-6 (MOBI)
DOI 10.3726/b11029

PL Academic Research ist ein Imprint der Peter Lang GmbH.

Peter Lang – Frankfurt am Main · Bern · Bruxelles · New York · Oxford · Warszawa · Wien

Diese Publikation wurde begutachtet.

www.peterlang.com

Zum Gedenken:
Gewidmet meinem Vater
Jörg Brockmann
12.09.1952
–
29.07.2009

Vorwort und Danksagung

Eine Dissertation zu schreiben ist sicherlich eine besondere Herausforderung und ein ehrgeiziges Projekt. Umso ehrgeiziger, wenn man sich vornimmt, dieses Projekt innerhalb nur eines Jahres zu verwirklichen.

Nachdem dies nun tatsächlich geschafft ist, gilt mein Dank insoweit dem gesamten Team des Lehrstuhls für Bürgerliches Recht, Privatrechtsgeschichte sowie Handels- und Gesellschaftsrecht der FernUniversität in Hagen, das mich stets gefördert und unterstützt und mir so die Arbeit wesentlich erleichtert hat.

Hervorzuheben sind an dieser Stelle freilich Herr Prof. Dr. Andreas Bergmann und Herr Dr. Frank Spohnheimer. Ersterer, weil er mich stets vertrauensvoll betreut hat, ohne aber meine wissenschaftliche Freiheit und Selbständigkeit einzuengen. Zweiterer, weil ich ohne sein Engagement den Weg an den Lehrstuhl wohl nie gefunden hätte und die vorliegende Dissertation ein Wunschtraum geblieben wäre.

Diese Arbeit wäre aber ebenfalls nie zustande gekommen ohne die Unterstützung meiner Familie, meiner Freundin und meiner Freunde. Ich danke euch dafür, dass ihr stets mit Rat, Tat, Ablenkung, Zerstreuung, Wärme und so vielem mehr an meiner Seite steht. Ich möchte an dieser Stelle darauf verzichten, jeden Einzelnen namentlich zu nennen. Es wären zu viele Personen zu erwähnen und die Angesprochenen wissen ohnehin, dass sie gemeint sind.

Nur eine Ausnahme will ich machen:

Ein besonderer Dank gilt meiner Mutter, Bärbel Brockmann, für ihre unglaubliche und bedingungslose Unterstützung über all die Jahre hinweg. Es steht außer Zweifel, dass sie in jeglicher Hinsicht einen wesentlichen Anteil daran hat, dass ihr Sohn heute tatsächlich ein Dankeswort für seine Dissertation verfassen kann.

Allen Lesern wünsche ich nun eine (hoffentlich) aufschlussreiche und informative Lektüre und darf noch darauf hinweisen, dass die Arbeit alle Literaturquellen und Gerichtsentscheidungen bis einschließlich März 2016 berücksichtigt, soweit sie für das hiesige Thema Relevanz haben.

Inhaltsübersicht

Inhaltsverzeichnis

Abkürzungsverzeichnis

a.A.	anderer Ansicht
a.a.O.	am angegebenen Ort
Abs.	Absatz
a.F.	alte Fassung
AG	Aktiengesellschaft
AktG	Aktiengesetz
Alt.	Alternative
Anm.	Anmerkung
AnwBl.	Anwaltsblatt (Zeitschr.)
AnwZertOnl	AnwaltsZertifikatOnline (Zeitschr.)
Art.	Artikel
Aufl.	Auflage
BB	Betriebs-Berater (Zeitschr.)
Bd.	Band
BeckRS	Beck-Rechtsprechung
Begr.	Begründer
BGB	Bürgerliches Gesetzbuch
BGH	Bundesgerichtshof
BGHZ	Entscheidungen des Bundesgerichtshofs in Zivilsachen (Zeitschr.)
DB	Der Betrieb (Zeitschr.)
Diss.	Dissertation
Diss. Iur.	Juristische Dissertation
DNotZ	Deutsche Notar-Zeitschrift (Zeitschr.)
DStR	Deutsches Steuerrecht (Zeitschr.)
Einf.	Einführung
Einl.	Einleitung
etc.	et cetera
ff.	folgende
Fn.	Fußnote
FuS	Zeitschrift für Familienunternehmen und Stiftungen (Zeitschr.)
GbR	Gesellschaft bürgerlichen Rechts
gem.	gemäß

GesKR	Zeitschrift für Gesellschafts- und Kapitalmarktrecht (Zeitschr.)
GesRZ	Zeitschrift für Gesellschafts- und Unternehmensrecht (Zeitschr.)
GmbH	Gesellschaft mit beschränkter Haftung
GmbH-StB	GmbH-Steuerberater (Zeitschr.)
GmbHG	Gesetz betreffend die Gesellschaften mit beschränkter Haftung
GmbHR	GmbH-Rundschau (Zeitschr.)
GWB	Gesetz gegen Wettbewerbsbeschränkungen
GWR	Gesellschafts- und Wirtschaftsrecht (Zeitschr.)
h.M.	herrschende Meinung
HGB	Handelsgesetzbuch
Hrsg.	Herausgeber
HS.	Halbsatz
IRZ	Zeitschrift für internationale Rechnungslegung (Zeitschr.)
Kap.	Kapitel
KG	Kommanditgesellschaft
lit.	Littera (Buchstabe)
Ls.	Leitsatz
m.E.	meines Erachtens
m.w.N.	mit weiteren Nachweisen
MittBayNot	Mitteilungen des Bayerischen Notarvereins, der Notarkasse und der Landesnotarkammer Bayern (Zeitschr.)
MoMiG	Gesetz zur Modernisierung des GmbH-Rechts und zur Bekämpfung von Missbräuchen
NJW	Neue Juristische Wochenschrift (Zeitschr.)
NJW-RR	Neue Juristische Wochenschrift – Rechtsprechungsreport (Zeitschr.)
No.	Number
NZG	Neue Zeitschrift für Gesellschaftsrecht (Zeitschr.)
OHG	Offene Handelsgesellschaft
OLG	Oberlandesgericht

Rn.	Randnummer/Randnotiz
RNotZ	Rheinisch Notar-Zeitschrift (Zeitschr.)
S.	Seite/Satz
SJZ	Schweizerische Juristen-Zeitung (Zeitschr.)
sog.	sogenannter/sogenannte/sogenanntes
SZW	Schweizerische Zeitschrift für Wirtschafts- und Finanzmarktrecht (Zeitschr.)
u.	und
u.a.	und andere/unter anderem
UmwG	Umwandlungsgesetz
v.	von/vom/vor
Vgl.	Vergleich/vergleiche
Vol.	Volume
WM	Wertpapier-Mitteilungen (Zeitschr.)
ZakDR	Zeitschrift der Akademie für Deutsches Recht (Zeitschr.)
Zeitschr.	Zeitschrift
ZGR	Zeitschrift für Unternehmens- und Gesellschaftsrecht (Zeitschr.)
ZHR	Zeitschrift für das gesamte Handels- und Wirtschaftsrecht (Zeitschr.)
ZIP	Zeitschrift für Wirtschaftsrecht (Zeitschr.)
zit.	zitiert

Einleitung und Gang der Untersuchung

„Ehen, aus leidenschaftlicher, blinder Liebe geschlossen, geraten selten“[1], wusste einst schon *Karl Julius Weber* und zeigte damit, dass er nicht nur ein Mensch mit Humor, sondern durchaus auch ein nüchterner Realist war.

Ob die letztgenannte Eigenschaft des Schriftstellers und Satirikers seinem Studium der Rechtswissenschaften geschuldet war, entzieht sich dem Wissen des Verfassers.

Fakt jedoch ist, dass sein Ausspruch wohl damals wie heute Gültigkeit beanspruchen kann.

Nun mag man sich fragen, was ein solcher Satz in einer Arbeit zu suchen hat, die sich nicht mit Fragen des Eherechts befasst, sondern vielmehr vom Schwerpunkt im Gesellschaftsrecht anzusiedeln ist.

Gesellschaften sind zwar freilich keine Ehen im familienrechtlichen Sinne[2], gleichwohl finden sich – auf einer eher untechnischen Ebene – Gemeinsamkeiten zwischen beiden Rechtsinstituten[3]. So stehen auch im Gesellschaftsrecht regelmäßig mehrere Menschen in einer – mal mehr und mal weniger – festen Beziehung zueinander. Diese Beziehung wird rechtlich in ihrer jeweiligen Gesellschafterstellung und nicht zuletzt dem Gesellschaftsvertrag verkörpert, der sie zur Verfolgung und Förderung eines gemeinsamen Zweckes verpflichtet[4].

Der Bundesgerichtshof schreibt gar, dass die „[…] persönlichen Beziehungen zwischen den Gesellschaftern in besonderem Maße auf gegenseitigem Vertrauen beruhen […]“[5], was durchaus an eine eheliche Verbindung erinnert.

Damit ist auch klar, dass das Gelingen von Ehe wie auch Gesellschaft maßgeblich vom (persönlichen) Verhältnis der sie eingehenden Personen abhängig ist.

Wie schnell kann es geschehen, dass eine einstmals glückliche Verbindung einen Punkt erreicht, an dem ihre Trennung die einzig bleibende Option ist. Und umso schneller ist dieser Punkt erreicht, wenn die Verbindung aus der blinden Verliebtheit des Augenblicks und daher unüberlegt und ungeplant eingegangen worden ist. Womit wir wieder bei *Weber* wären.

---

1 Dieser Satz wird allgemein – jedoch ohne Nennung konkreter Quellen – *Karl Julius Weber* zugeschrieben, siehe nur *Leonhardt*, Lebensweisheiten berühmter Dichter und Denker, 175.

2 In Anknüpfung an die christlich-abendländische Tradition wird unter Ehe – obwohl nicht gesetzlich im BGB definiert – nur die rechtlich verbindliche Lebensgemeinschaft zwischen Mann und Frau verstanden; siehe *Brudermüller* in: Palandt, BGB, Einl. v. § 1297 Rn. 1.

3 So auch – allerdings nur im Hinblick auf Joint Venture-Gesellschaften – *Schulte/Sieger*, NZG 2005, 24.

4 Vgl. § 705 BGB.

5 BGHZ 81, 263, 266.

Ist es erst einmal so weit gekommen, dass eine Trennung ansteht, stellt sich oft heraus, dass ihr Vollzug nicht so einfach ist wie gedacht. Viele Fragen müssen geklärt, viele Probleme überwunden werden. Nicht selten kommt es zu erbitterten Auseinandersetzungen zwischen den ehemals glücklichen Partnern, die in langwierigen und nicht immer sauber geführten gerichtlichen Rechtsstreitigkeiten enden.

Spät erkennen dann die Parteien, dass ein kühler Kopf und eine gute Planung vor Eingehung der Verbindung die besseren Alternativen gewesen wären.

So heißt es in einem englischsprachigen Artikel treffend:

> „[...] the business owner who fails to properly plan [...] may find himself working through a disaster which could have been prevented or reduced with a bit of forethought [...]“[6].

Auch *Weber* hat hier wieder eine adäquate Weisheit zur Hand, wenn er sagt:

> „Leidenschaften sind die Pferde am Wagen des Lebens; aber wir fahren nur gut, wenn der Fuhrmann Vernunft die Zügel lenkt.“[7]

Wer also den Gedanken hegt, eine Gesellschaft zu gründen, ist gut beraten, dies nicht überstürzt zu tun. Insbesondere gilt es – aller Liebe zum Trotz – auch für den Fall schwerwiegender Meinungsverschiedenheiten und sogar der Trennung zu planen[8], die zwar *ex ante* (wenn überhaupt) in weiter Ferne zu liegen scheinen, aber – das haben die vorherigen Ausführungen gezeigt – manchmal frustrierend schnell Realität werden können.

Dabei stehen den künftigen Gesellschaftern zahlreiche rechtliche Gestaltungsmöglichkeiten zur Verfügung, die eine Konfliktprävention oder -lösung zum Gegenstand haben[9].

An dieser Stelle setzt nun die vorliegende Arbeit an.

Denn eine dieser Möglichkeiten ist die Vereinbarung von Vertragsklauseln, die ein bestimmtes Verfahren zur Trennung der Gesellschafter vorschreiben. Diese werden im juristischen Schrifttum überwiegend mit Namen wie „Shoot-Out“, „Russian Roulette“ oder „Shotgun“ betitelt[10]. Auf die – zum jetzigen Zeitpunkt noch reichlich

---

6 *Scroggin* in: ALI-ABA's Practice Checklist Manual on Advising Business Clients III, 61, 78.

7 *Weber*, Die Leidenschaften, Erster Theil, 52.

8 So auch *Fleischer/Schneider*, DB 2010, 2713; *Schulte/Sieger*, NZG 2005, 24; *Becker*, Die Zulässigkeit, 135.

9 Dazu sehr ausführlich für den Bereich der geschlossenen Kapitalgesellschaften *Wedemann*, Gesellschafterkonflikte; begrenzter auch *Werner*, GmbHR 2005, 1554 ff.; *Duve*, AnwBl 2007, 389 ff.; *Lutz*, Der Gesellschafterstreit; für Joint Ventures siehe auch *Grau*, Corporate Finance 2015, M&A, 39 ff.

10 Siehe statt vieler nur *Schulte/Sieger*, NZG 2005, 24, 25; *Wirbel* in: MüHB GesR, Bd. 1, § 28 Rn. 58 ff.

unpräzise – Terminologie und Inhaltsbeschreibung wird freilich noch einzugehen sein[11].

Erwähnt werden diese Klauseln in der deutschsprachigen Rechtsliteratur schon vereinzelnd in den 90er Jahren des vergangenen Jahrhunderts[12].

In den letzten Jahren beschäftigen sich nun zunehmend mehr Autoren mit diesem Thema[13]. Ob die verstärkte Frequentierung in der juristischen Fachliteratur allerdings den Schluss nahelegt, dass die Klauseln ein neues „Wundermittel" darstellen können[14], sei an dieser Stelle bezweifelt. Vielmehr scheint dem Verfasser diese Entwicklung dem Umstand geschuldet, dass mangels ausreichender vorheriger Ausführungen insoweit eine Literaturlücke bestand, die insbesondere für die Praxis Nachholbedarf mit sich brachte. Daher liegt auch die Vermutung nahe, dass es seitens künftiger oder schon existierender Gesellschafter eine gewisse Nachfrage für derartige Klauseln gab und gibt.

Die einschlägigen Abhandlungen haben vorrangig ausgewählte Einzelfragen zum Inhalt. Es wird regelmäßig dargestellt, welchen Inhalt[15] und welche Vor- und Nachteile[16] die Klauseln haben. Zudem stehen immer wieder Wirksamkeitsgesichtspunkte im Mittelpunkt[17]. Nur vereinzelt finden sich hingegen – um nur ein Beispiel zu nennen – Ausführungen zu Folgefragen und -problemen, die die Auslösung derartiger Klauseln mit sich bringen[18]. Umfassende Abhandlungen fehlen aber – soweit ersichtlich – wohl gänzlich.

Letzteres mag auch der Grund dafür sein, dass derartige Vertragsgestaltungen in der deutschen Rechtspraxis offenbar noch recht wenig verbreitet sind[19]. Denn sofern der Rechtsberater selbst keine ausreichenden Hilfsmittel, die den richtigen Umgang mit derartigen Klauseln erklären, zur Hand hat, wird er umso vorsichtiger sein, wenn es darum geht, sie tatsächlich Mandanten zu empfehlen oder gar in Verträge zu integrieren.

---

11 Dazu siehe B., I. und C., II.

12 *Otto*, GmbHR 1996, 16 ff.; *von der* Crone, SJZ 89 (1993), 37, 42, 43; *Clopath*, SJZ 89 (1993), 157; *Huber* in: Kooperations-und Joint-Venture-Verträge, 50.

13 Allein im Jahr 2014 hat der Verfasser neun Aufsätze zu diesem Thema in juristischen Fachzeitschriften gefunden; dazu siehe Literaturverzeichnis.

14 So *Wedemann*, Gesellschafterkonflikte, 493.

15 Siehe statt Vieler nur *Heckschen* in: Die GmbH, § 4 Rn. 190 ff.; *Becker*, Die Zulässigkeit, 135 ff.; *Wälzholz*, GmbH-Stb 2007, 84.

16 Siehe statt vieler nur *Fleischer/Schneider*, DB 2010, 2713 ff.; *Schulte/Sieger*, NZG 2005, 24, 30; *Werner*, GmbHR 2014, 310, 316.

17 Siehe statt vieler nur *Schmolke*, ZIP 2014, 897 ff.; *Fett/Spiering*, Handbuch Joint Venture, 419 ff.; *Wedemann*, Gesellschafterkonflikte, 500 ff.

18 So zum Beispiel zum Problem der Amtsniederlegung in Folge der Klauselziehung *Schmolke*, ZIP 2014, 897 ff.

19 So *Schulte/Sieger*, NZG 2005, 24; *Werner*, GmbHR 2005, 1554, 1556. Zur bisherigen Frequentierung in der Praxis siehe auch B., III.

Daher hat es sich der Verfasser zum Ziel gesetzt, diese Literaturlücke zu schließen.

Anlass zu einer genaueren Betrachtung des Themas ist nicht zuletzt auch deshalb geboten, weil es – soweit ersichtlich – erst eine obergerichtliche und noch keine höchstrichterliche Entscheidung der deutschen Gerichte diesbezüglich gibt[20]. Diese noch recht junge Entscheidung des OLG Nürnberg soll freilich im Laufe der Bearbeitung in Augenschein genommen werden.

Die Untersuchung beginnt dabei mit einer begrifflichen Ein- und Abgrenzung des Prüfungsgegenstands, gefolgt von einer näheren Begutachtung der hier gegenständlichen Klauseln.

Dabei wird zunächst auf ihre Terminologie, ihre Herkunft und ihre bisherige Frequentierung in der juristischen Praxis eingegangen, bevor ihre Struktur und die geläufigen Erscheinungsformen dargestellt werden.

Daran anschließend wird untersucht, welche Ziele derartige Vertragsgestaltungen verfolgen und welche Wirkungen sie bezwecken und hervorrufen. An dieser Stelle sollen zugleich auch ihre Risiken, die den Hauptgrund für die in der Literatur geäußerte Kritik an derartigen Klauseln darstellen, beleuchtet und bewertet werden.

Gegenstand der Begutachtung und Analyse sind zuletzt auch Fragen in Bezug auf die Wirksamkeit der zu untersuchenden Klauseln, ein Thema, an dem sich – wie man so schön sagt – die (juristischen) Geister scheiden und das nicht zuletzt aufgrund seiner Relevanz für die Praxis im Rahmen dieser Arbeit eine besondere Aufmerksamkeit verdient und erhält.

Dabei wird es neben der Wirksamkeit nach deutschem Recht auch Ausführungen zur Bewertung der Wirksamkeit in anderen Staaten geben. An diese Stelle gehört gleichfalls die Untersuchung und Bewertung des oben bereits angesprochenen Urteils des OLG Nürnbergs, das sich mit eben dieser Wirksamkeit nach deutschem Recht befasst.

Im Anschluss an diese, meist auf einer recht abstrakten Ebene gehaltene Begutachtung und Analyse der hier zu untersuchenden Klauseln, folgen Erwägungen, die die bis dahin gefundenen Ergebnisse in praktisch verwertbare, konkrete Klauselgestaltungen verwandeln sollen.

Die Chronologie der Darstellung im Rahmen dieses Kapitels[21] orientiert sich dabei im Wesentlichen am zeitlichen Ablauf der Geschehnisse im Falle der Klauselauslösung, setzt aber bereits in ihrem Vorfeld an.

Dazu gehören zunächst Ausführungen zum (sinnvollen) Anwendungsbereich der Klauseln, abhängig von der Gesellschaftsform, der Gesellschaftsstruktur und Umständen aus der subjektiven Sphäre der Gesellschafter.

Daran anschließend wird erläutert, welcher Regelungsort, welche Regelungszeit und welche Regelungsform für derartige Vertragsgestaltungen in Betracht kommen und zu empfehlen sind.

20 OLG Nürnberg, Urteil vom 20.12.2013, 12 U 49/13 – ZIP 2014, 171 ff.

21 Kapitel F.

Es soll zudem geklärt werden, ob und wenn ja welche Anforderungen sinnvollerweise an die Auslösung der Klausel zu stellen sind.

Danach wendet sich die Bearbeitung wieder den bereits vorgestellten, der Erwerberermittlung dienenden Verfahrensarten zu. Dabei werden die einzelnen Verfahren, die zuvor nur inhaltlich dargestellt wurden, bewertet und Hinweise zur Verbesserung, beziehungsweise Optimierung der dortigen Vorgänge gegeben, freilich stets unter Berücksichtigung der bis dato gefundenen Ergebnisse.

Zuletzt wird in diesem Kapitel noch das Verfahren nach Erwerberermittlung beleuchtet. Dazu gehören insbesondere die Übertragung der Gesellschaftsanteile sowie sich an Verkauf und Übertragung anschließende Folgefragen und -probleme.

Die Bearbeitung endet mit der Darstellung einer Musterklausel, die die Ergebnisse der Arbeit widerspiegeln soll.

A. Eingrenzung des Prüfungsgegenstands

I. Allgemeine Charakterisierung der zu untersuchenden Klauseln

Um eine hinreichende Eingrenzung des Prüfungsgegenstandes zu ermöglichen, soll zunächst versucht werden, die zu untersuchenden Vertragsregelungen zu charakterisieren. Dies ist auch gerade deshalb notwendig, um Anhaltspunkte für eine Abgrenzung von anderen – möglicherweise vergleichbaren – Vertragsklauseln zu erhalten. Herausgearbeitet werden sollen dabei ausschließlich inhaltliche Charakteristika, denn eine formale Betrachtung würde nur in geringem Maße unterscheidungsfähige Abgrenzungskriterien liefern.

Dafür ist es an dieser Stelle – wie sich zeigen wird – vorerst ausreichend, eine Charakterisierung auf einer eher allgemeinen und oberflächlichen Ebene vorzunehmen, ohne zu sehr ins Detail zu gehen.

Die hier zu besprechenden Klauseln zeichnen sich dadurch aus, dass sie ein gesellschaftsinternes, gesetzlich nicht vorgeschriebenes Verfahren regeln, bei dem die Gesellschafter die Gesellschaftsanteile eines Anderen erwerben oder die eigenen Anteile an einen Mitgesellschafter verkaufen. Im Kern geht es also um vertragliche Regelungen, die – mittels des soeben umschriebenen Verfahrens – den Ausstieg eines Gesellschafters aus der Gesellschaft bezwecken, wobei die Gesellschaft an sich möglichst weiterbestehen soll. Sie dürfen damit der Kategorie der Exitstrategien zur Beendigung einer gemeinsamen gesellschaftlichen Zusammenarbeit zugerechnet werden[22].

Dies ist freilich noch sehr weit gefasst und mag auf recht viele unterschiedliche Vertragsgestaltungen zutreffen. Um den Prüfungsgegenstand noch näher zu umgrenzen, bedarf es weiterer (inhaltlicher) Charakteristika, die auf die hier gegenständlichen Klauseln zutreffen.

Geprüft und behandelt werden sollen im Rahmen dieser Arbeit nur solche Vertragsregelungen, bei denen – das oben genannte Verfahren vorausgesetzt – bei Verfahrenseinleitung noch unklar ist, welcher Gesellschafter am Ende Erwerber und wer Veräußerer der Gesellschaftsanteile sein wird[23].

---

22 Siehe auch *Schulte/Pohl*, Joint-Venture-Gesellschaften, 173, 184 ff.

23 Als Charakteristikum in dieser Art auch beschrieben von *Willms/Bicker*, BB 2014, 1347; *Holler/Frese*, BB 2014, 1479, 1480; *Schmolke* in: Gesellschafts- und Kapitalmarktrecht, 126; *Carey*, Real Property, Probate and Trust Journal, Winter 2005, 651, 656; *Schulte/Pohl*, Joint-Venture-Gesellschaften, 184 Rn. 779.
In diese Richtung auch *Schaper*, DB 2014, 821, der sich aber nur auf „Russian Roulette"-Klauseln bezieht.

Für die Gesellschafter handelt es sich folglich um eine „Alles-oder-Nichts-Situation“: Entweder sie werden aus der Gesellschaft ausgeschlossen oder sie verbleiben in ihr und erhalten zusätzlich noch weitere Geschäftsanteile.

Zudem zeichnen sich die Klauseln dadurch aus, dass der zu zahlende Preis erst durch das Verfahren selbst ermittelt wird und nicht bereits zu Beginn feststeht.

Damit ist schon jetzt ersichtlich, dass diese Klauseln recht radikale Ausstiegsgestaltungen darstellen[24] und daher eine gewisse Risikobereitschaft der betroffenen Gesellschafter voraussetzen[25].

Sie werden zunächst durch eine freiwillige Entscheidung eines (oder mehrerer) Gesellschafter ausgelöst, bevor ein Verfahren folgt, in dessen Rahmen es zwingend zum Kauf, beziehungsweise Verkauf und zur Übertragung der Gesellschaftsanteile eines Gesellschafters kommt. Damit handelt es sich um Vertragsgestaltungen, bei denen Elemente der freiwilligen und der erzwungenen Übertragung von Gesellschaftsanteilen kombiniert werden[26].

II. Abgrenzung zu anderen vertraglichen Exitregelungen

Neben den hier thematisierten Klauseln gibt es zahlreiche andere Möglichkeiten, aus einer Gesellschaft auszuscheiden[27]. An dieser Stelle werden zum Zwecke der Abgrenzung jedoch nur solche Vertragsgestaltungen erläutert, die den zu untersuchenden Regelungen ähnlich sind oder oft mit ihnen in einem Atemzug genannt werden. Das trifft insbesondere auf Regelungen zu, die ebenfalls der Konfliktlösung dienen können und/oder einen – wie auch immer gearteten – Verkauf von Gesellschaftsanteilen statuieren, der das Ausscheiden eines Gesellschafters aus der Gesellschaft zur Folge hat. Daher fallen gesetzliche Verfahren wie der Ausschluss eines Gesellschafters (§ 737 BGB) oder die Zwangseinziehung von Anteilen (§ 34 Abs. 2 GmbHG) von vornherein aus dieser Betrachtung heraus, zumal hier – trotz etwaiger Abfindungszahlung[28] – kein Kauf, beziehungsweise Verkauf von Anteilen stattfindet. Gleiches gilt für jegliche Form von Kündigungsklauseln.

Die Erläuterung erfolgt dabei ohne nähere Betrachtung der rechtlichen Zulässigkeit sowie der praktischen Tauglichkeit dieser Regelungen, da dies an dieser Stelle nicht relevant ist.

---

24 So auch *Simon*, Der Wert von Beteiligungsverträgen, 441; *Schulte/Sieger*, NZG 2005, 24, 30.

25 Laut *Becker*, Die Zulässigkeit, 137, müssen die Parteien „aufs Ganze“ gehen.

26 *Schulte/Sieger*, NZG 2005, 24, 25; *Becker*, Die Zulässigkeit,135; *Schulte/Pohl*, Joint-Venture-Gesellschaften, 184 Rn. 781.

27 Dazu eingehend *Becker*, Die Zulässigkeit,13 ff.

28 Z.B. § 738 Abs. 1 S. 2 BGB; auch für die GmbH ist im Falle der Zwangseinziehung ein Ausgleichsanspruch für den entzogenen Geschäftsanteil anerkannt, siehe *Becker*, Die Zulässigkeit, 22 m.w.N.

1. Tag Along- und Drag Along-Klauseln

Zu diesen Gestaltungsmöglichkeiten zählen zunächst sogenannte Tag Along- und Drag Along-Klauseln[29]. Diese kommen insbesondere dann zum Einsatz, wenn einer der Gesellschafter ein Investor ist, so dass sie der Kategorie der Trade-Sale-Exit-Rechte zugerechnet werden können[30].

Tag Along-Klauseln – oder kurz „Tag Rights"[31] –, die teilweise auch als Bring-Along-Klauseln[32], Mitverkaufsrechte[33] oder englisch Co-Sale-Right[34], beziehungsweise Co-Sale-Agreement[35] bezeichnet werden[36], können sowohl als vertragliches Recht, als auch als vertragliche Pflicht ausgestaltet sein[37].

So können sie einerseits diejenige Partei, die ihre Gesellschaftsanteile veräußern will, *verpflichten*, dafür zu sorgen, dass den Mitgesellschaftern ebenfalls ein Erwerbsangebot zu gleichen Bedingungen unterbreitet wird[38]. Sie können aber auch derart formuliert sein, dass sie die Mitgesellschafter des veräußerungswilligen Gesellschafters *berechtigen*, den Verkauf ihrer Beteiligung an den Erwerber zu gleichen Konditionen zu verlangen[39] oder ihre Anteile vorrangig zu verkaufen[40]. Ebenfalls denkbar ist, dass dem Mitgesellschafter zugestanden wird, einen Teil der vom Verpflichteten an den Dritten verkauften Anteile verhältnismäßig

---

29 In der Literatur findet sich auch die Schreibweise „Tag-Along" und Drag-Along" (mit Bindestrich), siehe beispielhaft nur *Martinius/Stubert*, BB 2006, 1977, 1978 und *Klotz*, Power Tools, 209.

30 *Simon*, Der Wert von Beteiligungsverträgen, 422.

31 *von Werder/Li*, BB 2013, 1736, 1739.

32 *Schulte/Pohl*, Joint-Venture-Gesellschaften, 183 Rn. 776.

33 *Simon*, Der Wert von Beteiligungsverträgen, 427 m.w.N.; *Otto*, GmbHR 1996, 16, 21; *Wälzholz*, GmbH-StB 2007, 84, 85; *Fleischer*, DB 2012, 961; *von Werder/Li*, BB 2013, 1736, 1739; *Langenfeld/Miras*, GmbH-Vertragspraxis, 142 Rn. 378; teilweise auch als „Mitveräußerungsrechte" bezeichnet, siehe *Wedemann*, Gesellschafterkonflikte,119; *Fett/Spiering*, Handbuch Joint Venture, 440 Rn. 640; *Lohr*, GmbH-StB 2014, 93.

34 *Simon*, Der Wert von Beteiligungsverträgen, 427 m.w.N.; *Otto*, GmbHR 1996, 16, 21; *Wälzholz*, GmbH-StB 2007, 84, 85.

35 *Fleischer*, DB 2012, 961.

36 Weitere Bezeichnungen mit Nachweisen finden sich bei *Simon*, Der Wert von Beteiligungsverträgen, 427.

37 Anders offenbar *Wälzholz*, GmbH-StB 2007, 84, 85, der ausdrücklich zwischen Mitverkaufsrecht (Tag-Along) und Mitverkaufspflicht (Drag-Along) unterscheidet. Da er seiner Betrachtung aber scheinbar jeweils die Sicht der Mitgesellschafter zugrunde legt, ist diese Unterscheidung begrifflich nur folgerichtig. Dennoch wird außer Acht gelassen, dass Tag-Along-Klauseln sich durchaus auch an den veräußerungswilligen Gesellschafter richten können. In diesem Fall können sie auch als Rechtspflicht formuliert sein, die dann aber nicht als „Mitverkaufspflicht" zu betiteln ist.

38 *Schulte/Pohl*, Joint-Venture-Gesellschaften, 183 Rn. 776; *Fleischer*, DB 2012, 961, 963.

39 *Otto*, GmbHR 1996, 16, 21; *von Werder/Li*, BB 2013, 1736, 1739; *Göthel*, BB 2014, 1475, 1477; *Mezzullo* in: Business Succession Planning, § 6.86.

40 *Fleischer*, DB 2012, 961, 963.

durch eigene Anteile zu ersetzen[41]. Diese Variante wird auch als „Pro-Rata-Tag-Right“ bezeichnet[42].

Da diese Klauseln aber regelmäßig nur zwischen den Gesellschaftern vereinbart werden, wirken sie aufgrund des Prinzips der Relativität der Schuldverhältnisse nur *inter partes* und können daher den Dritten freilich nicht zum Kauf der Anteile des Mitgesellschafters verpflichten. Dies würde andernfalls einen unzulässigen Vertrag zulasten Dritter darstellen.

Ihre Wirkung entfalten sie vielmehr erst durch eine vertragliche Vinkulierung dergestalt, dass die Wirksamkeit der Anteilsabtretung des veräußerungswilligen Gesellschafters an den Dritten von der Zustimmung des Mitgesellschafters abhängig gemacht wird.

Diese kann er entweder verweigern, wenn der Dritte ihm kein Erwerbsangebot bezüglich seiner Anteile unterbreitet oder unter der aufschiebenden Bedingung (im Sinne des § 158 Abs. 1 BGB) des weiteren Erwerbsangebots an ihn erteilen[43]. Denkbar ist auch, dass der gleichwertige Mitverkauf der Beteiligung des Mitgesellschafters insgesamt an die Stelle eines Zustimmungserfordernisses tritt und Letzteres nur dann wieder auflebt, wenn der Dritte nicht zum Erwerb der Anteile bereit ist[44].

Während Tag Along-Klauseln vorrangig dem Schutz des Mitgesellschafters dienen, stellen sogenannte Drag Along-Klauseln – oder kurz „Drag Rights“[45] – das Gegenstück zu diesen Regelungen dar.

Diese Vertragsgestaltungen werden aufgrund ihres Inhalts in der Literatur auch als Mitverkaufs- oder Mitveräußerungspflichten[46] und teilweise als Mitnahme- oder Mitgehrechte[47] bezeichnet.

Mit ihnen wird der veräußerungswillige Gesellschafter *berechtigt*, von dem (oder den) nicht ausstiegswilligen Gesellschafter(n) die Übertragung der Anteile zu verlangen, sofern ein Dritter bereit ist, alle Gesellschaftsanteile zu den jeweils gleichen Konditionen zu übernehmen[48]. Die Klausel kann aber auch so formuliert sein, dass

---

41 *Fleischer*, DB 2012, 961, 963.

42 *von Werder/Li*, BB 2013, 1736, 1739; *Simon*, Der Wert von Beteiligungsverträgen, 429, der zugleich noch weitere mögliche Ausgestaltungen der Klausel nennt.

43 *Fleischer*, DB 2012, 961, 964; ähnlich auch *Wälzholz*, GmbH-StB 2007, 84, 85.

44 *Otto*, GmbHR 1996, 16, 21.

45 *von Werder/Li*, BB 2013, 1736, 1739.

46 *Wälzholz*, GmbH-StB 2007, 84, 85; *Wedemann*, Gesellschafterkonflikte, 503; *von Werder/Li*, BB 2013, 1736, 1739; *Lintz*, Drag-Along Right, 26 Rn. 10; *Göthel*, BB 2014, 1475, 1477; *Kuhn* in: Joint Ventures, 335 Rn. 11 ff.; *Langenfeld/Miras*, GmbH-Vertragspraxis, 142 Rn. 378; *Fett/Spiering*, Handbuch Joint Venture, 441 Rn. 643; *Lohr*, GmbH-StB 2014, 93.

47 *Simon*, Der Wert von Beteiligungsverträgen, 422 m.w.N.; *Wirbel* in: MüHB GesR, Bd. 1, § 28 Rn. 56.

48 *Schulte/Pohl*, Joint-Venture-Gesellschaften, 183 Rn. 778; *von Werder/Li*, BB 2013, 1736, 1739; *Lintz*, Drag-ALong Right, 26 Rn. 11; *Mezzullo* in: Business Succession Planning, § 6.86.

sie den, beziehungsweise die nicht ausstiegswilligen Gesellschafter zur Übertragung an den Dritten *verpflichtet*[49].

Wie schon bei den Tag Along-Klauseln ist aber auch hier ein „Pro-Rata-Drag-Along" möglich[50].

Es läuft also letztlich darauf hinaus, dass mittels einer solchen Regelung ein Gesellschafter unter Umständen alle Gesellschaftsanteile verkaufen kann[51], auch wenn ihm diese - jedenfalls teilweise - nicht gehören.

Damit dienen Drag Along-Klauseln gerade nicht dem Schutz der Mitgesellschafter, sondern fördern vielmehr die Lösung eines möglicherweise bestehenden Gesellschafterkonflikts[52] in der Weise, dass die Gesellschaft insgesamt auf einen Dritten übergeht. Zudem erleichtern sie dem veräußerungswilligen Gesellschafter den Verkauf seiner Anteile, wenn man davon ausgeht, dass es für einen potenziellen Erwerber reizvoller ist, 100 Prozent der Gesellschaftsanteile zu erhalten[53].

Aufgrund der zuvor erläuterten Klauselinhalte erschließt sich nunmehr auch der Sinn der Bezeichnung als „Tag Along" und „Drag Along", die den englischen Begriffen „to tag along" und „to drag along" entsprechen, was so viel wie „mitgehen/mitkommen" (tag along), beziehungsweise „mitschleppen" (drag along) bedeutet[54].

Beiden Gestaltungen ist gemein, dass sie zur Notwendigkeit der gleichteiligen Berücksichtigung aller Gesellschafter seitens des potenziellen Käufers führen[55].

Da sie jeweils ein Verfahren statuieren, das den Kauf, beziehungsweise Verkauf von Gesellschaftsanteilen zum Gegenstand hat, weisen sie gewisse Gemeinsamkeiten mit den hier zu untersuchenden Vertragsgestaltungen auf. Dies wird auch dadurch deutlich, dass es sich in beiden Fällen um Verfahren handelt, bei denen Elemente der freiwilligen und der erzwungenen Übertragung von Gesellschaftsanteilen kombiniert werden[56]. Denn haben die Gesellschafter Tag Along- oder Drag Along-Klauseln vereinbart, so wird es den Gesellschaftern in der Regel freistehen, zu entscheiden, ob sie ihre Beteiligung an der Gesellschaft an einen Dritten veräußern wollen. Entscheiden sie sich dahingehend, so muss differenziert werden:

Bei Tag Along-Klauseln ist das erzwungene Element der Übertragung darin zu sehen, dass der Dritte unter Umständen die Anteile des Mitgesellschafters miterwerben muss, wenn er in wirksamer Weise die Anteile seines eigentlichen Vertragspartners – des ursprünglich veräußerungswilligen Gesellschafters – erwerben

---

49 *Wedemann*, Gesellschafterkonflikte, 502/503; *Wälzholz*, GmbH-StB 2007, 84, 85; *Martinius/Stubert*, BB 2006, 1977, 1978; *Göthel*, BB 2014, 1475, 1477.

50 *von Werder/Li*, BB 2013, 1736, 1739.

51 *Klotz*, Power Tools, 209.

52 *Wedemann*, Gesellschafterkonflikte, 503; Beispiel für eine solche Konstellation bei *Wälzholz*, GmbH-StB 2007, 84, 85.

53 So *Becker*, Die Zulässigkeit, 136/137; *Martinius/Stubert*, BB 2006, 1977, 1978.

54 Langenscheidt, 159/488; ähnlich auch *Martinius/Stubert*, BB 2006, 1977,1978.

55 *Simon*, Der Wert von Beteiligungsverträgen, 431.

56 Dies verkennt – jedenfalls in Bezug auf Drag Along-Klauseln – *Lintz*, Drag-Along Right, 41 Rn. 55.

will. Bei Drag Along-Klauseln ist es dagegen der Mitgesellschafter, der bei Klauselauslösung zur Übertragung der Anteile gezwungen wird.

Darin erschöpfen sich die markanten Gemeinsamkeiten aber auch schon, so dass es nicht schwer fällt, die Unterschiede festzustellen. Im Vergleich zu den hier zu untersuchenden Klauseln regeln Tag Along- und Drag-Along-Klauseln kein gesellschaftsinternes Verfahren, sondern setzen vielmehr stets voraus, dass eine Anteilsveräußerung an einen Dritten erfolgen soll.

Darüber hinaus haftet ihnen keine Unsicherheit bezüglich des Verfahrensausgangs dahingehend an, dass zu Verfahrensbeginn unklar wäre, wer am Ende Veräußerer und wer Erwerber sein wird. Im Gegenteil sind die Rollen von vornherein eindeutig verteilt.

Zuletzt unterscheiden sich jedenfalls Drag Along-Klauseln von den der Arbeit zugrunde liegenden Vertragsgestaltungen auch dadurch, dass die Verkaufskonditionen – insbesondere der vom Dritten zu zahlende Preis – bei Klauselauslösung bereits ausverhandelt sind. Denn der ausstiegswillige Gesellschafter kann die Übertragung der Anteile seiner Mitgesellschafter nur dann verlangen, wenn der Dritte bereit ist, diese Anteile zu gleichen Konditionen zu erwerben.

Im Ergebnis fehlt es Tag Along- und Drag Along-Klauseln damit an einigen wesentlichen Eigenschaften, die die hier zu untersuchenden Regelungen auszeichnen. Daher sollen sie auch im Rahmen dieser Arbeit nicht vertieft behandelt werden.

2. Vorkaufsrechte und Andienungspflichten

Gesellschafter können sich – wie soeben gezeigt – durch Übertragung an Dritte von ihrem Gesellschaftsanteil trennen. Dies entspricht aber nicht zwingend dem Interesse der verbleibenden Gesellschafter, da dadurch die Gesellschaft von außen „infiltriert“ werden kann[57]. Um diesem Umstand vorzubeugen, können die Gesellschafter Vorkaufsrechte oder Andienungspflichten vereinbaren[58], die in der Literatur auch als „Right of first offer“[59], „Right of first refusal“[60], „Right of first opportunity“[61] oder „Pre-emption Rights“[62] bezeichnet werden.

---

57 *Schulte/Pohl*, Joint-Venture-Gesellschaften, 182 Rn. 770; *Knobloch*, GesKR 2013, 551, 565; *Otto*, GmbHR 1996, 16.

58 *Wirbel* in: MüHB GesR, Bd. 1, § 28 Rn. 55; *Mancuso/Laurence*, Business buyout agreements, 25.

59 *Carey*, Real Property, Probate and Trust Journal, Winter 2005, 651, 657; *Thompson*, Shotgun Clauses, 2.

60 *Carey*, Real Property, Probate and Trust Journal, Winter 2005, 651, 657; *Simon*, Der Wert von Beteiligungsverträgen, 329; *Thompson*, Shotgun Clauses, 2; *Klotz*, Power Tools, 208; *Mancuso/Laurence*, Business buyout agreements, 25; *Niewiarra*, Unternehmenskauf, 107.

61 *Klotz*, Power Tools, 208.

62 *Hannich*, Exitentscheidungen, 62.

Das Vorkaufsrecht ermöglicht dem Vorkaufsberechtigten, die vom verkaufswilligen Gesellschafter angebotenen Geschäftsanteile bevorrechtigt zu erwerben[63]. Insoweit gelten die bekannten Regelungen der §§ 463–473 BGB mit der Folge, dass der nicht ausscheidende Gesellschafter in den Vertrag mit dem erwerbswilligen Dritten eintritt[64].

Während Vorkaufsrechte also die verbleibenden Gesellschafter berechtigen, (be)-trifft die Andienungspflicht dagegen den austrittswilligen Gesellschafter.

Sie verpflichtet ihn, seine zu veräußernden Anteile zunächst den Mitgesellschaftern zum Kauf anzubieten[65]. Erst, wenn sie ablehnen, kann ein Dritter Erwerber werden[66].

Von ihrem Regelungsgehalt unterscheiden sich beide Institute folglich kaum, denn in beiden Fällen wird es dem oder den verbleibenden Gesellschafter(n) ermöglicht, die Geschäftsanteile des ausscheidenden Gesellschafters zu übernehmen, bevor ein Nicht-Gesellschafter dies tun kann.

Im Gegensatz zu Vorkaufsrechten greifen Andienungspflichten jedoch bereits im Vorfeld einer Veräußerung ein[67].

Es besteht auch die Möglichkeit, diese Vertragsgestaltungen miteinander zu kombinieren. So kann sich an ein Andienungsverfahren ein Vorkaufsrecht mit der Folge anschließen, dass die Mitgesellschafter die Möglichkeit haben, trotz Nichtausübung des Vorerwerbsrechts im Andienungsverfahren die angebotenen Gesellschaftsanteile vom austrittswilligen Gesellschafter zu erwerben[68].

Zudem kann es Sinn machen, Vorkaufsrechte oder Andienungspflichten einer Drag-Along-Klausel[69] vorzuschalten[70], um zu verhindern, dass der veräußerungswillige Gesellschafter mit ihrer Hilfe auch alle anderen Gesellschafter zum Verkauf ihrer Anteile zwingen kann.

Die Gemeinsamkeiten mit den im Rahmen dieser Arbeit zu untersuchenden Vertragsregelungen liegen auf der Hand:

Sie statuieren jeweils ein Verfahren, das den Kauf, beziehungsweise Verkauf von Gesellschaftsanteilen zum Gegenstand hat. Da es dem Mitgesellschafter stets freisteht, sich für oder gegen den (vorrangigen) Erwerb zu entscheiden, er jedoch bei Wahrnehmung des Rechts zum Kauf verpflichtet ist, werden hier gleichfalls Elemente einer freiwilligen und einer erzwungenen Übertragung miteinander verknüpft.

---

63 *Simon*, Der Wert von Beteiligungsverträgen, 329.

64 *Schulte/Pohl*, Joint-Venture-Gesellschaften, 182 Rn. 774; *Reinhard* in: Praxis des HaGesR, Teil 2, 12. Kap., Rn. 66.

65 *Schulte/Pohl*, Joint-Venture-Gesellschaften, 182 Rn. 771; *Wirbel* in: MüHB GesR, Bd. 1, § 28 Rn. 54; *Fett/Spiering*, Handbuch Joint Venture, 438 Rn. 635.

66 *Otto*, GmbHR 1996, 16, 17; *Simon*, Der Wert von Beteiligungsverträgen, 329.

67 *Wedemann*, Gesellschafterkonflikte, 119.

68 *Wirbel* in: MüHB GesR, Bd. 1, § 28 Rn. 54.

69 Siehe dazu bereits A., II., 1.

70 Ähnlich *Simon*, Der Wert von Beteiligungsverträgen, 431.

Ebenso offensichtlich sind jedoch die Unterschiede zu den hier gegenständlichen Klauseln: So bleibt das Verfahren zum Einen nicht zwingend gesellschaftsintern, denn insbesondere in Fällen, in denen ein Vorkaufsrecht zum Einsatz kommt, greift dieses nur, wenn der austrittswillige Gesellschafter zuvor bereits mit einem Dritten kaufrechtlich kontraktiert hat (§ 463 BGB)[71]. Daher steht bei Wahrnehmung des Vorkaufsrecht auch der zu zahlende Preis bereits fest und wird nicht – wie bei den hier zu untersuchenden Vertragsgestaltungen – erst durch das von der Klauselziehung ausgelöste Verfahren bestimmt.

Zum Anderen sind die Rollen des Veräußerers und Erwerbers klar verteilt. Dem steht auch nicht entgegen, dass theoretisch der Mitgesellschafter *oder* ein Dritter Erwerber werden können, denn letztlich besteht diese Unsicherheit dann nur auf Erwerberseite. Bei den hier zu untersuchenden Klauseln ist hingegen zu Beginn des Verfahrens in der Regel noch völlig unklar, wer überhaupt die Rolle des Veräußerers und wer diejenige des Erwerbers innehaben wird. Das Risiko, das die Gesellschafter dabei eingehen, ist folglich erheblich höher als bei Vorkaufsrechten und Andienungspflichten. Daher muss zwischen den der Arbeit zugrundeliegenden Klauseln und diesen Vertragsregelungen unterschieden werden.

3. Put- und Call-Optionen

Sogenannte Put-Optionen[72] sind Vertragsgestaltungen, die demjenigen, zu dessen Gunsten die Option besteht, erlauben, seine Gesellschaftsbeteiligung an einen Partner zu verkaufen[73]. Wird die Option gezogen, so ist die Gegenseite zum Erwerb der Anteile verpflichtet[74].

Von den zuvor erläuterten Vorkaufsrechten und Andienungspflichten unterscheiden sie sich durch den potenziellen Erwerberkreis. So greifen Letztgenannte immer nur dann ein, wenn ein Gesellschafter seine Anteile an einen Dritten verkaufen will.

Put-Optionen weisen gewisse Ähnlichkeiten mit den oben erwähnten Tag-Along-Klauseln auf [75]. In beiden Fällen hat der Mitgesellschafter das Recht, seine Gesellschaftsbeteiligung zu verkaufen. Auch hier liegt der Unterschied aber wieder in der Person des Erwerbers, denn beim Tag Along übernimmt ein Dritter, und nicht – wie bei Put-Optionen – der Mitgesellschafter die Anteile[76].

---

71 *Niewiarra*, Unternehmenskauf, 106; *Fett/Spiering*, Handbuch Joint Venture, 435 Rn. 630.

72 Teilweise auch „Verkaufsoption" (*Simon*, Der Wert von Beteiligungsverträgen, 427) oder englisch „Option to Sell" genannt (*Yakimowski/Nordick/Maher/Dolan*, Buy-Sell Provisions, 24).

73 *Weidmann*, DStR 2014, 1500, 1501; *Göthel*, BB 2014, 1475, 1477; *Fett/Spiering*, Handbuch Joint Venture, 414 Rn. 580.

74 *Klotz*, Power Tools, 209; *Kuhn* in: Joint Ventures, 331 Rn. 91.

75 So auch *Simon*, Der Wert von Beteiligungsverträgen, 427; *Fleischer*, DB 2012, 961, 963.

76 *Fleischer*, DB 2012, 961, 963.

Call-Optionen[77] stellen demgegenüber quasi das Spiegelbild der Put-Optionen dar. Sie berechtigen eine Seite, den Partner dahingehend „anzurufen" oder aufzufordern[78], dass dieser seine Gesellschaftsanteile an den Optionsinhaber verkauft[79].

Dabei wird in beiden Fällen der Kaufpreis entweder von vornherein fixiert oder alternativ anhand von Buchwert, Marktwert oder anderen ökonomischen Bewertungsmethoden ermittelt[80].

Wie schon bei den Vorkaufsrechten und Andienungspflichten können auch Put- und Call-Optionen miteinander verknüpft werden[81]. Dies kann dergestalt geschehen, dass zunächst die eine Seite mittels einer Call-Option berechtigt ist, die Beteiligung der anderen Seite zu erwerben. Macht sie hiervon keinen Gebrauch, so wird ihr das Recht eingeräumt, die eigenen Geschäftsanteile mit dem Vehikel einer Put-Option an die andere Seite zu veräußern[82]. Denkbar ist das Prozedere aber auch in die andere Richtung, so dass erst die Put- und im Falle der Nichtauslösung sodann die Call-Option zum Einsatz kommt.

Diese Regelungen werden in der Literatur eingedeutscht teilweise auch „Andienungs- und Erwerbsrechte", „Ankaufsrechte" oder englisch „Redemption Rights" genannt[83] und können sowohl zugunsten der Gesellschaft als auch zugunsten von Mitgesellschaftern bestehen[84]. Kommen sie im Venture-Capital-Bereich zum Einsatz, können sie als Rückverkaufsrecht („Redemption Right") eingesetzt und müssen dann der Kategorie der Buy-Back-Exit-Rechte zugerechnet werden[85].

Mit den hier zu untersuchenden Klauseln haben sie gemein, dass sie ein gesellschaftsinternes Verfahren statuieren, das den Kauf, beziehungsweise Verkauf von Gesellschaftsanteilen zum Gegenstand hat. Zudem kombinieren sie gleichfalls Elemente einer freiwilligen und einer erzwungenen Übertragung, da es zunächst Entscheidung des Optionsinhaber ist, sein vertragliches Recht – regelmäßig, aber nicht

---

77 Teilweise auch „Option to Purchase" genannt, siehe *Yakimowski/Nordick/Maher/Dolan*, Buy-Sell Provisions, 2.

78 Englisch „to call (for/up) someone", Langenscheidt, 81; daher wohl auch der Name „Call-Option".

79 *Klotz*, Power Tools, 210; *Weidmann*, DStR 2014, 1500, 1501; *Schmolke*, Grenzen der Selbstbindung, 555.

80 *Klotz*, Power Tools, 209/210.

81 Sogenannte „gekreuzte Put- und Call-Optionen", *Schulte/Pohl*, Joint-Venture-Gesellschaften, 179 Rn. 759; *Weidmann*, DStR 2014, 1500, 1501; *Fett/Spiering*, Handbuch Joint Venture, 415 Rn. 582.

82 *Grau*, Corporate Finance 2015, M&A, 39, 43.

83 *Schulte/Sieger*, NZG 2005, 24; *Schulte/Pohl*, Joint-Venture-Gesellschaften, 189 Rn. 802; *Holler/Frese*, BB 2014, 1479, 1480; *Wirbel* in: MüHB GesR, Bd. 1, § 28 Rn. 55; *Lintz*, Drag-Along Right, 40 Rn. 54; *Küting/Seel*, IRZ 2012, 467, 471; *Göthel*, BB 2014, 1475, 1477; *Kuhn* in: Joint Ventures, 330 Rn. 91.

84 *Wedemann*, Gesellschafterkonflikte, 483.

85 *Simon*, Der Wert von Beteiligungsverträgen, 432, 435.

zwingend beim Vorliegen bestimmter Voraussetzungen[86] – auszulösen. Tut er dies, kommt es zwingend zur Übertragung von Geschäftsanteilen.

Teilweise werden einige Varianten der der Arbeit zugrunde liegenden Vertragsgestaltungen wohl sogar als Untergruppe dieser Optionen gesehen[87]. Dies würde jedoch voraussetzen, dass die hier gegenständlichen Klauseln die wesentlichen Strukturmerkmale von Put- und Call-Optionen aufwiesen und sich von ihnen lediglich durch die konkrete Ausgestaltung unterschieden.

In Betracht kommt eine solche Parallele allenfalls, wenn man Put-und Call-Optionen miteinander in der soeben gezeigten Weise kombiniert. In diesem Fall ähnelt das Verfahren demjenigen, das in einigen der hier zu untersuchenden Klauseln statuiert wird[88].

Gleichwohl lässt sich diese Aussage nicht pauschal auf alle Konstellationen der hier zu untersuchenden Klauseln übertragen, da sie sich in ihren konkreten Verfahrensausgestaltungen doch mitunter in nicht geringem Maße unterscheiden.

Im Übrigen besteht ein wesentlicher Unterschied zwischen beiden Regelungstypen darin, dass bei Put- und Call-Optionen von vornherein feststeht, wer am Ende des Verfahrens Käufer, beziehungsweise Verkäufer sein wird[89]. Zudem wird der Kaufpreis regelmäßig nicht durch das Verfahren selbst bestimmt[90]. Insofern stellen sie auch keine sonderlich riskanten Vertragsgestaltungen dar und sollen im Rahmen dieser Arbeit nicht vertieft behandelt werden.

4. Externe Auktionsverfahren

Am nächsten verwandt mit den hier zu untersuchenden Klauseln sind externe Angebots-, Auktions- oder Bieterverfahren, in deren Rahmen ein Gesellschafter seine Beteiligung an einen Dritten zu verkaufen gedenkt, während auf Erwerberseite mehrere potenzielle Käufer zur Verfügung stehen[91]. Diese haben dann entweder die Möglichkeit, ein verdecktes Gebot (eingeschränktes Auktionsverfahren[92]) oder mehrere offene Gebote für die angebotenen Geschäftsanteile (klassisches Auktionsverfahren[93]) abzugeben.

Diese Verfahren unterscheiden sich letztlich von den hier gegenständlichen Klauseln nur dadurch, dass es sich 1. nicht um ein gesellschaftsinternes Verfahren

---

86 Klauselauslösende Momente nennen zum Beispiel *Schulte/Pohl*, Joint-Venture-Gesellschaften, 179 Rn. 756.

87 So – in Bezug auf die sog. Russian Roulette Klausel – *Schulte/Pohl*, Joint-Venture-Gesellschaften, 189 Rn. 802 m.w.N.; *Kuhn* in: Joint Ventures, 333 Rn. 98; *Wilske/Fox/Baillie* in: International Joint Ventures, 608; *Draxler*, Private Equity Exit, 137.

88 Dazu ausführlich C., II.

89 *Carey*, Real Property, Probate and Trust Journal, Winter 2005, 651, 658.

90 *Schaper*, DB 2014, 709; *Fett/Spiering*, Handbuch Joint Venture, 419 Rn 591.

91 Dazu ausführlich *Schwarz* in: Unternehmenskauf bei der GmbH, 19 Rn. 83 ff.

92 Siehe dazu C., II., 2.

93 Siehe dazu C., II. 1.

handelt und 2. eine Unsicherheit bezüglich des Verfahrensausgangs nur auf Erwerberseite liegt.

Finden derartige Verfahren hingegen gesellschaftsintern statt, so weisen sie alle Charakteristika der Klauseln, die im Rahmen dieser Arbeit besprochen werden sollen, auf. Aus diesem Grund wird an dieser Stelle noch nicht vertieft auf den Inhalt dieser Vertragsgestaltungen eingegangen. Sie sollen eingehend zu einem späteren Zeitpunkt untersucht und besprochen werden.

5. Sonstige Klauseln

Zuletzt seien noch kurz die sogenannten Demand Registration- und Piggyback-Rechte genannt, die in der Literatur teilweise auch als „Registrierungsrechte" bezeichnet werden[94]. Diese sind der Kategorie der IPO-Exit-Rechte zuzurechnen und bewirken regelmäßig, dass es dem Rechtsinhaber erleichtert wird, mindestens seine eigenen Anteile zu verkaufen, sobald die Gesellschaft Börsenreife erlangt hat[95].

Das Demand-Registration-Recht ermöglicht es dem Inhaber, die Börsenzulassung der Gesellschaft zu erreichen, um Anteile zu verkaufen[96] und wird daher von *Simon* als bedingtes Verkaufsrecht bezeichnet[97]

Piggyback-Rechte, auch „Huckepack-Rechte" genannt[98], erlauben es dem Berechtigten, seine Aktien in den Börseneinführungsprospekt zu integrieren, um sie alsbald nach dem Börsengang verkaufen zu können[99]. Damit stellen sie eine Art Mitverkaufsrecht[100] oder Verkaufsoption[101] dar und dienen dem Schutz des rechtsinhabenden (Minderheits-)Gesellschafters. Insoweit ähneln sie von ihrem Zweck her dem Tag Along-Recht, was der Grund sein mag, warum *Klotz* diese beiden Klauseln verwechselt. So beschreibt er das Piggyback-Recht wie folgt: „ [...] the non-selling partner has the option of selling its interest once the selling partner presents it with the third party's offer."[102] Dies aber entspricht dem Regelungsinhalt eines Tag Along-Rechts[103].

Schon die Darstellung des Klauselinhalts von diesen IPO-Exit-Rechten zeigt jedoch, dass sie nur äußerst geringe Gemeinsamkeiten mit den hier zu untersuchenden Vertragsgestaltungen aufweisen. Sie ähneln sich nur insoweit, als sie ein gesellschaftsinternes Verfahren statuieren, bei dem es – jedenfalls im weitesten

---

94 So *Hannich*, Exitentscheidungen, 62.
95 *Simon*, Der Wert von Beteiligungsunternehmen, 414.
96 *Hannich*, Exitentscheidungen, 62.
97 *Simon*, Der Wert von Beteiligungsunternehmen, 415.
98 *Ziegert*, Der Venture Capital-Beteiligungsvertrag, 179.
99 *Simon*, Der Wert von Beteiligungsunternehmen, 418; *Hannich*, Exitentscheidungen, 62/63.
100 So *Simon*, Der Wert von Beteiligungsunternehmen, 417.
101 So *Hannich*, Exitentscheidungen, 62.
102 *Klotz*, Power Tools, 207.
103 Siehe oben bei A., II., 1.

Sinne – um den Verkauf von Gesellschaftsanteilen und damit um das Ausscheiden eines Gesellschafters geht. Darin erschöpfen sich die Gemeinsamkeiten aber auch schon.

Erwähnt wurden diese Rechte an dieser Stelle nur, weil sie in der Literatur gelegentlich im weiteren Kontext der hier zu untersuchenden Klauseln auftauchen[104].

III. Zusammenfassung

Durch die vorstehenden Erläuterungen hat sich gezeigt, dass der ungewisse Verfahrensausgang und das damit einhergehende Risiko für die Gesellschafter nicht nur prägende Charakteristika der zu untersuchenden Klauseln, sondern gleichfalls auch die wesentlichen Abgrenzungskriterien zu anderen Vertragsgestaltungen darstellen. Zudem fallen die zahlreichen Exitklauseln, bei denen Nicht-Gesellschafter (Dritte) als Vertragsparteien integriert sind, aus der Betrachtung im Rahmen dieser Arbeit heraus.

Damit ist nunmehr eine hinreichende Eingrenzung des Prüfungsgegenstandes erfolgt, die gewährleistet, dass sich im Folgenden intensiver den hier zu untersuchenden Klauseln zugewandt werden kann.

---

104 So geschehen bei *Simon*, Der Wert von Beteiligungsverträgen, 411 ff. und *Hannich*, Exitentscheidungen, 61 ff.

B. Shoot-Out-Klauseln: Terminologie, Herkunft und bisherige Frequentierung in der Praxis

I. Terminologie: Notwendigkeit und Bildung eines Oberbegriffs

Schon die Überschrift dieses Kapitels zeigt, dass der Verfasser die hier zu besprechenden, zuvor grob charakterisierten Klauseln unter einem Oberbegriff zusammengefasst hat.

Dieses Vorgehen ist vor allem dem Umstand geschuldet, dass in der juristischen Fachliteratur eine Fülle von Begrifflichkeiten zu finden ist, die nicht immer einheitlich und oft zu undifferenziert verwendet werden und daher leicht für Verwirrung sorgen können.

Die Bandbreite der verwendeten Terminologie reicht dabei von nüchtern pragmatisch bis geradezu märchenhaft kreativ. Betrachtet man einige Bezeichnungen, so liegt die Vermutung nahe, dass dem Einfallsreichtum bei der Begriffsfindung keine Grenzen gesetzt sind. Um dies zu belegen, folgt nun eine (alphabetisch geordnete) Liste von Begrifflichkeiten, die in der Literatur – sowohl im deutsch- als auch im englischsprachigen Raum – für alle Arten der zu untersuchenden Klauseln anzutreffen sind. Auf die einzelnen Bezeichnungen, was sich konkret dahinter verbirgt und wie sie sich unterscheiden, wird zu einem späteren Zeitpunkt eingegangen werden[105].

1. Liste der in der Literatur verwendeten Terminologie

Angebotshinterlegungsverfahren[106]
Angebotsverfahren[107]
Auktionsverfahren[108]
Ausschließungsverfahren[109]
Baseball Arbitration[110]

---

105 Dazu sogleich ausführlich in C., II.

106 *Otto*, GmbHR 1996, 16, 19; *Werner*, GmbHR 2005, 1554, 1556.

107 *Werner*, GmbHR 2014, 310, 315.

108 *Wedemann*, Gesellschafterkonflitke, 495, *Grau*, Corporate Finance 2015, M&A, 39, 44; *Seibt* in: MüAHB GmbH-Recht, A., § 2, III, 12., f), Rn. 225b; *Binz/Mayer*, NZG 2012, 201, 210; *Langenfeld/Miras*, GmbH-Vertragspraxis, 143 Rn. 380.

109 *Duve*, AnwBl 2007, 389, 391.

110 *Knobloch*, GesKR 2013, 551, 564; *Ritz*, Kommentierter Mustervertrag, 79.

Final-Offer Arbitration[111]
Bieterverfahren[112]
Blind Bid(s)[113]
Buy-or-give-a-call-option[114]
Buy-out Clause[115]
Buy-Sell-Arrangement/Agreement/Provision/Option/Procedure[116]
Chinese or Phoenician option[117]
Chinese Wall Clause[118]
Chinesische Klausel[119]
Coin Toss[120]
Cut Throat' Provision[121]
Deadlock Clause[122]
Dead-Lock-Schritt[123]
Deterrant Approach[124]
Dutch Auction[125]

---

111 *Ritz*, Kommentierter Mustervertrag, 79.

112 *Grau*, Corporate Finance 2015, M&A, 39, 44; *Lutz*, Der Gesellschafterstreit, 277 Rn. 560.

113 *Wedemann*, Gesellschafterkonflikte, 495; *Simon*, Der Wert von Beteiligungsverträgen, 440; *Knobloch*, GesKR 2013, 551, 565; *Brechbühl/Emch*, SZW 2007, 271, 276.

114 *Simon*, Der Wert von Beteiligungsverträgen, 440.

115 *Alvino* in: International Joint Ventures, 222.

116 *Carey*, The Real Estate Finance Journal, Fall 2004, 1 ff.; *Carey*, Real Property, Probate and Trust Journal, Winter 2005, 655 ff.; *Mancuso/Laurence*, Business buyout agreements, 6 ff.; *Yakimowski/Nordick/Maher/Dolan*, Buy-Sell Provisions, 1 ff. *Tulli/Chumney*, Gardere Wynne Sewell LLP 2012, 1 ff.;*Langefeld-Wirth* in: Joint Ventures im int. Wirtschaftsverkehr, 156 ff.; *Elsing* in: Joint Ventures im int. Wirtschaftsverkehr, 579; *Hewitt*, Hewitt on Joint Ventures, 234; *Huber* in: Kooperations- und Joint-Venture-Verträge, 48.

117 *Carey*, Real Property, Probate and Trust Journal, Winter 2005, 651, 708; *Tulli/Chumney*, Gardere Wynne Sewell LLP 2012, 1.

118 *Carey*, Real Property, Probate and Trust Journal, Winter 2005, 651, 708.

119 Diese Bezeichnung wurde in dem Gesellschaftsvertrag verwendet, der der Entscheidung des OLG Nürnberg, Urteil vom 20.12.2013, 12 U 49/13 – ZIP 2014, 171, zugrunde lag.

120 *Klotz*, Power Tools, 211.

121 *Carey*, Real Property, Probate and Trust Journal, Winter 2005, 651, 708; *Tulli/Chumney*, Gardere Wynne Sewell LLP 2012, 1.

122 *Landeo/Spier*, The University of Chicago Law Review, Vol. 81, Issue 1, 204.

123 Bezeichnung der Klausel, die der Entscheidung des OLG Wien vom 20.04.2009, 28 R 53/09h – BeckRS 2014, 02174, zugrunde lag.

124 *Fleischer/Schneider*, DB 2010, 2713, 2714.

125 *Greason/Sedor*, Chadbourne&Parke LLP, M&A Client Alert, June 1, 2011, 2; *Carey*, Real Property, Probate and Trust Journal, Winter 2005, 651, 659; *Mezzullo* in: Business Succession Planning, Chapter 6, § 6.83.

Dynamite or Candy Bar Method[126]
Echtes Bietungsverfahren[127]
Half a slice method[128]
Highest sealed bid[129]
Fairest sealed bid[130]
Joint Venture Roulette[131]
Kauf-Verkauf-Klausel[132]
K.O.-Verfahren[133]
Meistbieterverfahren[134]
Meistbietenden-Verfahren[135]
Mexican-Stand-Off[136]
Mexican Shootout[137]
Offer to Sell or Buy Russian Roulette[138]
Omelet Clause[139]
One Way Sell Russian Roulette[140]
Push-pull provision[141]
Put and take method[142]
Russisches Roulette/Russian Roulette[143]

---

126 *Carey*, Real Property, Probate and Trust Journal, Winter 2005, 651, 708; *Tulli/Chumney*, Gardere Wynne Sewell LLP 2012, 1.
127 *Otto*, GmbHR 1996, 16, 19.
128 *Mezzullo* in: Business Succession Planning, Chapter 6, § 6.83.
129 *Fleischer/Schneider*, DB 2010, 2713, 2714; *Hewitt*, Hewitt on Joint Ventures, 236.
130 *Fleischer/Schneider*, DB 2010, 2713, 2714; *Schroeder/Welpot*, NZG 2014, 609, 611; Hewitt, *Hewitt* on Joint Ventures, 237.
131 *Carey*, Real Property, Probate and Trust Journal, Winter 2005, 651, 708.
132 *Von der Crone*, SJZ 89 (1993), 37, 43; *Clopath*, SJZ 89 (1993), 157.
133 *Binz/Mayer*, NZG 2012, 201, 210.
134 *Wälzholz*, GmbH-StB 2007, 84, 89.
135 *Langenfeld/Miras*, GmbH-Vertragspraxis, 144 Rn. 380.
136 *Heeg*, BB 2014, 467, 470.
137 *Wilske/Fox/Baillie* in: International Joint Ventures, 609.
138 *Becker*, Die Zulässigkeit, 136.
139 *Alvino* in: International Joint Ventures, 223.
140 *Becker*, Die Zulässigkeit, 135; *Schulte/Sieger*, NZG 2005, 24, 25.
141 *Tulli/Chumney*, Gardere Wynne Sewell LLP 2012, 1.
142 *Mezzullo* in: Business Succession Planning, Chapter 6, § 6.83.
143 *Wedemann*, Gesellschafterkonflikte, 495, *Klotz*, Power Tools, 210; *Becker*, Die Zulässigkeit, 135; *Gresbrand/Röhl*, AnwZertOnl HaGesR, Heft 20/2014, 2; *Carey*, Real Property, Probate and Trust Journal, Winter 2005, 651, 708;*Tulli/Chumney*, Gardere Wynne Sewell LLP 2012, 1; *Duve*, AnwBl 2007, 389, 391; *Grau*, Corporate Finance 2015, M&A, 39, 44; *Greason/Sedor*, Chadbourne&Parke LLP, M&A Client Alert, June 1, 2011, 2; *Heeg*, BB 2014, 467, 470; *Holler/Frese*, BB 2014, 1479, 1480; *Lorz*, FuS 03/2014, 125; *Schaper*, DB 2014, 821; *Schulte/Sieger*, NZG 2005, 24, 25;

Sale Shoot Out[144]
Sealed Bid[145]
Shoot-Out-Klausel[146]
Shotgun-Klausel[147]
Show-Down Klausel[148]
Sizilianische Eröffnung[149]
„Slice-of-the-pie" Procedure/clause[150]

Simon, Der Wert von Beteiligungsverträgen, 440; *Wälzholz*, GmbH-StB 2007,84, 86; *Schmolke*, ZIP 2014, 897, 898; *ders.*, Grenzen der Selbstbindung, 556; *Knobloch*, GesKR 2013, 551, 565; *Schulte/Pohl*, Joint-Venture-Gesellschaften, 184 Rn. 779 ff.; *Schroeder/Welpot*, NZG 2014, 609, 611; *Englisch/v.Schnurbein* in: Beck'sches Formularbuch GmbH-Recht, Kap. C, III., 2., Rn. 39; *Wertenbruch* in: Eberoth/Baujong/Joost/Strohn, HGB, § 105 Rn. 210; *von Unger/Friel* in: MüAHB PersGesR, D., § 12, Rn. 158; *Weidmann*, DStR 2014, 1500, 1501; *Küting/Seel*, IRZ 2012, 467, 472; *Alvino* in: International Joint Ventures, 222; *Reinhard* in: Praxis des HaGesR, Teil 2, 12. Kap., Rn. 73; *Stephan* in: Internationale Joint Ventures, 118; *Kuhn* in: Joint Ventures, 333 Rn. 98 ff.; *Lutz*, Der Gesellschafterstreit, 277 Rn. 560; *Fett/Spiering*, Handbuch Joint Venture, 419 Rn. 591 ff.; *Fleischer/Schneider*, DB 2010, 2713, 2714; *dies.*, Max Planck Private Law Research Paper No. 11/13, 1, 4; *Ritz*, Kommentierter Mustervertrag, 74; *Hewitt*, Hewitt on Joint Ventures, 234; *Göthel*, BB 2014, 1475, 1477; *Hirte*, NJW 2015, 1219, 1223; *Pauli*, GWR 2014, 86; *Huber* in Kooperations-und Joint-Venture-Verträge, 50.

144 *Wedemann*, Gesellschafterkonflikte, 496; *Fleischer/Schneider*, DB 2010, 2713, 2714; *Schroeder/Welpot*, NZG 2014, 609, 611.

145 *Klotz*, Power Tools, 211; *Fleischer/Schneider*, DB 2010, 2713, 2714.

146 *Willms/Bicker*, BB 2014, 1347 ff.; *Klotz*, Power Tools, 210; *Gresbrand/*Röhl, AnwZert-Onl HaGesR, Heft 20/2014, 2; *Fleischer/Schneider*, DB 2010, 2713; *Heeg*, BB 2014, 467, 470; *Holler/Frese*, BB 2014, 1479, 1480; *Lorz*, FuS 03/2014, 125; *Schmolke*, ZIP 2014, 897, 898; *Stephan* in: Internationale Joint Ventures, 118; *Niewiarra*, Unternehmenskauf, 106; *Hirte*, NJW 2015, 1219, 1223; *Pauli*, GWR 2014, 86. Dabei variiert die Schreibweise: Zu finden sind auch „Shootout" (*Brooks/Landeo/Spier*, RAND Journal of Economics, Winter 2010, Vol. 41 Issue 4, 649 ff.) und „Shoot Out" (*Duve*, AnwBl 2007, 389, 391).

147 *Klotz*, Power Tools, 210; *Carey*, Real Property, Probate and Trust Journal, Winter 2005, 651, 709; *Tulli/Chumney*, Gardere Wynne Sewell LLP 2012, 1; *Landeo/Spier*, The University of Chicago Law Review, Vol. 81, Issue 1, 204, 205; *Landeo/Spier*, Shotguns and Deadlocks, 22 ff.; *Thompson*, Shotgun Clauses, 1; *Wälzholz*, GmbH-StB 2007, 84, 86; *Yakimowski/Nordick/Maher/Dolan*, Buy-Sell Provisions, 10; *Langefeld-Wirth* in: Joint Ventures im int. Wirtschaftsverkehr, 157; *Stephan* in: Internationale Joint Ventures, 118; *Heckschen* in: Die GmbH, § 4 Rn. 190; *Huber* in: Kooperations-und Joint-Venture-Verträge, 50.

148 *Weitnauer*, NZG 2001, 1065, 1072; *Draxler*, Private Equity Exit, 137.

149 *Weidmann*, DStR 2014, 1500, 1501, Fn. 20; *Niewiarra*, Unternehmenskauf, 109; *Langenfeld/Miras*, GmbH-Vertragspraxis, 143 Rn. 380; *Pauli*, GWR 2014, 86.

150 *Tulli/Chumney*, Gardere Wynne Sewell LLP 2012, 1.

Solomon's Option[151]
Texan/Texas Shoot-Out[152]
Texas Draw[153]
Versteigerungsverfahren[154]
Zwangsverkaufsverfahren[155]
Zwangsveräußerungsverfahren[156]

2. „Shoot-Out-Klauseln" als Oberbegriff

Die vorstehende Liste hat gezeigt, welche Flut von Begrifflichkeiten für die hier zu untersuchenden Klauseln zu finden ist. So interessant und spannend einige Bezeichnungen auch klingen, so hilft es doch für das Verständnis nicht weiter, wenn die gleichen Regelungen vermehrt unterschiedlich betitelt werden. So passiert es, dass Autoren – um nur ein Beispiel zu nennen – den selben Klauselinhalt einmal als „Russian Roulette" und einmal als „Texan Shoot-Out" überschreiben[157], andere

---

151 *Carey*, Real Property, Probate and Trust Journal, Winter 2005, 651, 709.

152 *Wedemann*, Gesellschafterkonflikte, 496; *Fleischer/Schneider*, DB 2010, 2713, 2714; *Grau*, Corporate Finance 2015, M&A, 39, 44; *Heeg*, BB 2014, 467, 470; *Lorz*, FuS 03/2014, 125; *Brooks/Landeo/Spier*, RAND Journal of Economics, Winter 2010, Vol. 41 Issue 4, 649 ff.; *Tulli/Chumney*, Gardere Wynne Sewell LLP 2012, 1; *Greason/Sedor*, Chadbourne&Parke LLP, M&A Client Alert, June 1, 2011, 2; *Schaper*, DB 2014, 709; *Schulte/Sieger*, NZG 2005, 24, 25; *Simon*, Der Wert von Beteiligungsverträgen, 440; *Wälzholz*, GmbH-StB 2007, 84, 86; *Schmolke*, ZIP 2014, 897, 898; *Schulte/Pohl*, Joint-Venture-Gesellschaften,184 Rn. 779 ff.; *Schroeder/Welpot*, NZG 2014, 609, 611; *Englisch/v.Schnurbein* in: Beck'sches Formularbuch GmbH-Recht, Kap. C, III., 2., Rn. 39; *Seibt* in: MüAHB GmbH-Recht, A., § 2, III, 12., f), Rn. 225a; *von Unger/Friel* in: MüAHB PersGesR, D., § 12, Rn.160; *Küting/Seel*, IRZ 2012, 467, 472; *Brechbühl/Emch*, SZW 2007, 271, 276; *Reinhard* in: Praxis des HaGesR, Teil 2, 12. Kap., Rn. 73; *Kuhn* in: Joint Ventures, 333 Rn. 98 ff.; *Heckschen* in: Die GmbH, § 4 Rn 190; *Langenfeld/Miras*, GmbH-Vertragspraxis, 140 Rn. 374 ff.; *Lutz*, Der Gesellschafterstreit, 277 Rn. 560; *Fett/Spiering*, Handbuch Joint Venture, 422 Rn. 601; *Ritz*, Kommentierter Mustervertrag, 76; *Hewitt*, Hewitt on Joint Ventures, 236; *Göthel*, BB 2014, 1475, 1477. Geschrieben auch teilweise als „Texas/n Shootout" (z.B. *Brooks/Landeo/Spier*, RAND Journal of Economics, Winter 2010, Vol. 41 Issue 4, 649 ff.), „Texas/n Shoot Out" (z.B. *Duve*, AnwBl 2007, 389, 391) oder „Texan-Shoot-out" (z.B. *Heckschen* in: Die GmbH, § 4 Rn 190 ff.) .

153 *Klotz*, Power Tools, 210; *Carey*, Real Property, Probate and Trust Journal, Winter 2005, 651, 709; *Tulli/Chumney*, Gardere Wynne Sewell LLP 2012, 1; *Duve*, AnwBl 2007, 389, 391.

154 *Huber* in: Kooperations- und Joint-Venture-Verträge, 51.

155 *Lutz*, Der Gesellschafterstreit, 277 Rn. 560.

156 *Wedemann*, Gesellschafterkonflikte, 497.

157 So beschreibt *Wälzholz* ein bestimmtes Verfahren, das er „Texan Shoot Out" nennt. Zugleich weist er darauf hin, das dieses Verfahren auch „Russian Roulette" genannt

wiederum zwischen beiden Begriffen unterscheiden und ihnen unterschiedliche Verfahren zugrunde legen[158].

Eine Vereinheitlichung der Bezeichnungen unter einem Oberbegriff mag daher helfen, dieser Verwirrung vorzubeugen.

Zudem ist zu berücksichtigen, dass eine Vielzahl der verwendeten Begriffe lediglich einen Teil der Klausel, nämlich das Verfahren zur Ermittlung des Erwerbers, beschreibt. Die zu untersuchenden Klauseln bestehen aber nicht nur aus dem Erwerberverfahren, sondern statuieren darüber hinaus weitere Regelungen, die diesem Verfahren vor- oder nachgeschaltet sind. Diese sonstigen Regelungen ähneln sich meistens, so dass eine Vereinheitlichung unter einem Oberbegriff sinnvoll erscheint.

Der hier verwendete Oberbegriff der „Shoot-Out-Klausel" wurde aus unterschiedlichen Gründen gewählt:

Zum Einen hält der Verfasser ihn für recht eingänglich und daher leicht zu merken.

Zum Anderen wird diese Begrifflichkeit auch in der Literatur schon teilweise als Oberbegriff verwendet[159].

Dies ist insoweit passend, als dass dadurch der nur bedingt planbare Ausgang und die „Alles-oder-Nichts-Situation" dieser Verfahren geradezu bildlich beschrieben werden. Denn der englische Begriff „shoot-out" ist wörtlich mit „Schießerei" ins Deutsche zu übersetzen[160].

Allerdings ist die Handhabung dieser Begrifflichkeit in der Literatur bisher uneinheitlich. Im Gegensatz zu den eben genannten Autoren, die in „Shoot-Out" den Oberbegriff für derartige Klauseln sehen, setzen nämlich andere die Bezeichnung mit einzelnen Klauselvarianten – insbesondere mit dem sogenannten „Russian Roulette"[161] – gleich[162]. Trotz seiner eben geschilderten Vorzüge ist dieser Begriff daher von seiner Verwendung her „vorbelastet".

Gleiches gilt im Übrigen auch für die Verwendung der Bezeichnung „Russian Roulette-Klausel"[163] oder „Shotgunklausel"[164] als Oberbegriff.

---

wird (GmbH-StB 2007, 84, 86). Eine Unterscheidung der Begrifflichkeiten oder Verfahren findet hier folglich nicht statt.

158 So zum Beispiel *Becker*, Die Zulässigkeit, 135, 136.

159 *Schmolke*, ZIP 2014, 897, 898; *Gresbrand/Röhl*, AnwZertOnl HaGesR, Heft 20/2014, 1; *Willms/Bicker*, BB 2014, 1347; *Fleischer/Schneider*, DB 2010, 2713; wohl auch *Heeg*, BB 2014, 467, 470 und *Küting/Seel*, IRZ 2012, 467, 472.

160 Langenscheidt, 446.

161 Dazu siehe C., II., 4.

162 So *Klotz*, Power Tools, 210; *Holler/Frese*, BB 2014, 1479, 1480. Hinweise zur uneinheitlichen Verwendung auch bei *Brooks/Landeo/Spier*, RAND Journal of Economics, Winter 2010, Vol. 41 Issue 4, 649.

163 Dergestalt offenbar verwendet von *Kuhn* in: Joint Ventures, 333 Rn. 98 ff.; *Fett/Spiering*, Handbuch Joint Venture, 420 Rn. 594; *Weidmann*, DStR 2014, 1500, 1506, Fn. 20; *Schaper*, DB 2014, 821.

164 So wohl verwendet von *Werner*, GmbHR 2005, 1554, 1556.

Zum Teil wird auch die Bezeichnung „Zwangsverkaufs-"[165] oder „Zwangsveräußerungsverfahren"[166] als Oberbegriff genutzt.

Richtig ist daran, dass die hier zu untersuchenden Klauseln ein Verfahren statuieren, an deren Ende zwangsläufig Gesellschaftsanteile (an einen Mitgesellschafter) veräußert werden. Gleichwohl ist diese Bezeichnung als Oberbegriff eher unpassend, da durchaus auch andere als die hier gemeinten Exitmechanismen derart ausgestaltet werden können, dass die betroffenen Gesellschaftsanteile schlussendlich zwangsweise verkauft werden müssen.

Hauptsächlich in der englischsprachigen Fachliteratur findet sich zudem die Bezeichnung „Buy-Sell-Agreement"[167] (oder wahlweise „Buy-Sell-Provision"[168], „Buy-Sell-Arrangement"[169] oder „Buy-Sell-Option"[170])[171], die teilweise auch als Oberbegriff für derartige Klauseln verwendet wird[172].

Dies ist naheliegend, denn wie bereits erwähnt geht es inhaltlich darum, den Anteil eines Anderen zu kaufen („buy") oder den eigenen Gesellschaftsanteil zu verkaufen („sell"). Daher wäre die Bezeichnung „Buy-Sell-Klausel" als Oberbegriff gleichfalls geeignet[173]. Dieser Arbeit wird sie nur deshalb nicht zugrunde gelegt, da sie im vorrangig im angloamerikanischen, aber teilweise auch im deutschsprachigen Rechtsraum nicht nur für die hier thematisierten Klauseln, sondern in einem weiten Sinne verstanden und daher auch für andere Regelungen verwendet wird[174]. Dies

---

165 *Lutz*, Der Gesellschafterstreit, 277 Rn. 560.

166 *Wedemann*, Gesellschafterkonflikte, 497.

167 So verwendet unter anderem bei *Carey*, The Real Estate Finance Journal, Fall 2004, 1 ff.; *Mancuso/Laurence*, Business buyout agreements, 6 ff.

168 So verwendet unter anderem bei *Yakimowski/Nordick/Maher/Dolan*, Buy-Sell Provisions, 1 ff.; *Carey*, Real Property, Probate and Trust Journal, Winter 2005, 651, 655 ff.; *Tulli/Chumney*, Gardere Wynne Sewell LLP 2012, 1 ff.

169 *Langefeld-Wirth* in: Joint Ventures im int. Wirtschaftsverkehr,156 ff.; *Huber* in: Kooperations- und Joint-Venture-Verträge, 48.

170 *Elsing* in: Joint Ventures im int. Wirtschaftsverkehr, 579; *Hewitt*, Hewitt on Joint Ventures, 295.

171 Die Schreibweisen variieren dabei ebenso wie die Bezeichnungen. Neben „Buy-Sell" findet sich auch die Schreibweise „Buy/Sell" (so beispielsweise zu finden bei *Langefeld-Wirth* in: Joint Ventures im int. Wirtschaftsverkehr, 156 ff.).

172 So bei *Carey*, Real Property, Probate and Trust Journal, Winter 2005, 651, 655 ff.; *Greason/Sedor*, Chadbourne&Parke LLP, M&A Client Alert, June 1, 2011, 2; in der deutschen Fachliteratur verwendet von *Fleischer/Schneider*, DB 2010, 2713; *Huber* in: Kooperations-und Joint-Venture-Verträge, 50.

173 So zum Beispiel verwendet von *Simon*, Der Wert von Beteiligungsverträgen, 439.

174 So heißt es zum Beispiel bei *Carey*: „The term „buy/sell" has multiple meanings [...]." in *Carey*, Real Property, Probate and Trust Journal, Winter 2005, 651, 655. Beispiele für anderweitige Verwendungen der Begrifflichkeit finden sich dort ab S. 706. An anderer Stelle schreibt *Carey*: „Buy/Sell [...] may mean virtually any purchase and sale transaction [...]" in *Carey*, The Real Estate Finance Journal, Fall 2004, 1, 6.

mag auch der Grund sein, warum *Tulli/Chumney* derartige Klauseln einschränkend als „forced buy-sell provisions" bezeichnen[175].

Aus den vorgenannten Gründen – insbesondere der Uneinheitlichkeit der in der Literatur verwendeten Terminologie – ließe sich durchaus der Schluss ziehen, den zu untersuchenden Regelungen einen Namen zu geben, der in dieser Form in der Literatur bisher noch nicht aufgetaucht ist. Dies hätte den Vorteil, dass ein solcher Begriff noch „unbelastet" ist, also insbesondere noch keine uneinheitliche Verwendung – wie bei anderen Oberbegriffen – stattgefunden hat. Allerdings bestünde dann die reelle Gefahr, dass damit die bestehende, ohnehin schon umfangreiche Terminologie bloß um einen weiteren Begriff bereichert wird.

Vor diesem Hintergrund hat sich der Verfasser letztlich für die bereits bekannte Bezeichnung der „Shoot-Out-Klauseln" als Oberbegriff entschieden. Es bleibt nämlich zu hoffen, dass diese Begrifflichkeit sich durch häufige Verwendung als Oberbegriff gegen andere Bezeichnungen behaupten und durchsetzen und damit letztlich zu einer Vereinheitlichung der Terminologie beitragen wird.

II. Herkunft von „Shoot-Out-Klauseln"

In der deutschen Literatur besteht insoweit Einigkeit, als dass die hier gegenständlichen Klauseln ihren Ursprung im angloamerikanischen Rechtsraum, insbesondere in den USA, haben[176], ohne dass für hierfür allerdings konkrete Belege geliefert werden.

Doch in der Tat spricht Vieles für diese Annahme:

Vorneweg kann generell die angloamerikanische Vertragsstruktur als Indiz für die Herkunft gesehen werden, die sich vor allem durch ihren Umfang und ihren Einzelfallbezug auszeichnet[177]. Als Argumente hierfür werden die geringe Kodifikationsdichte im Common Law/Case Law-System sowie die Vermeidung von (kostspieligen) Gerichtsprozessen genannt[178]. Insbesondere Letztgenanntes mag Rechtsberater in den USA dazu verlocken, kreative Vertragsgestaltungen zur

---

Hewitt, Hewitt on Joint Ventures, 295, 296, nutzt neben den hier zu untersuchenden Klauseln zum Beispiel auch die oben erläuterten Put- und Call-Optionen unter dem Oberbegriff des Buy/Sell-Arrangements. So im deutschsprachigen Schrifttum auch *Huber* in: Kooperations-und Joint-Venture-Verträge, 48 ff.

175 *Tulli/Chumney*, Gardere Wynne Sewell LLP 2012, 1.

176 So *Fleischer/Schneider*, Max Planck Private Law Research Paper No. 11/13, 1; *Fleischer/Schneider*, DB 2010, 2713 ff.; *Wedemann*, Gesellschafterkonflikte, 492; *Gresbrand/Röhl*, AnwZertOnl HaGesR, Heft 20/2014, 2; *Heeg*, BB 2014, 467, 470; *Schaper*, DB 2014, 709; *Otto*, GmbHR 1996, 16, 19; *Willms/Bicker*, BB 2014, 1347; *Lintz*, Drag-Along Right, 40 Rn. 55 und 41 Rn. 56; *Schroeder/Welpot*, NZG 2014, 609, 610; *Reinhard* in: Praxis des HaGesR, Teil 2, 12. Kap., Rn. 73; *Lohr*, GmbH-StB 2014, 93.

177 *Lintz*, Drag-Along Right, 61 Rn. 108; *Merkt*, ZHR 171 (2007), 490, 495.

178 *Lintz*, Drag-Along Right, 61 Rn. 108; *Merkt*, ZHR 171 (2007), 490, 495.

Beilegung von Gesellschafterstreitigkeiten oder generell zum Ausscheiden eines Gesellschafters aus der Gesellschaft zu entwickeln, die derart ausgestaltet sind, dass für gerichtliche Auseinandersetzungen keine Notwendigkeit mehr besteht.

Zwar gibt es in diesen Ländern durchaus Gerichtsentscheidungen, die sich explizit mit den hier zu untersuchenden Vertragsgestaltungen auseinandersetzen[179], was zeigt, dass eine Vermeidung von gerichtlichen Auseinandersetzungen nicht immer möglich ist. Gleichwohl wird dadurch aber auch deutlich, dass es dort eine tatsächliche Praxis der Verwendung und Auslösung der Klauseln gibt, was als zusätzliches Argument für die Herkunftsthese angeführt werden kann.

Ferner werden die Klauseln ganz überwiegend mit englischen Bezeichnungen versehen. Dazu gehören insbesondere „Russian Roulette", „Texas/n Shoot Out", „Shotgun", „Sealed Bid" oder „Coin Toss"[180].

Als letztes Argument mag dann noch angeführt werden, dass sich vor allem im englischsprachigen Raum zahlreiche Abhandlungen finden, die diese Vertragsregelungen zum Gegenstand haben oder jedenfalls erwähnen[181]. Diese reichen teilweise bis in die 80er[182]- und sogar 60er-Jahre[183] des vergangenen Jahrhunderts zurück. Zum Vergleich: In Deutschland findet sich ein erster Hinweis auf diese Verfahren erst rund zehn Jahre später[184].

Gleichwohl: Ein eindeutiger Beleg für die Herkunftsthese ließ sich auch nach ausführlichster Recherche nicht finden.

Letztlich kann es aber auch dahinstehen, wo der präzise Ursprung von Shoot-Out-Klauseln anzusiedeln ist, da dieser Umstand für die weitere Bearbeitung keine ausgesprochene Wichtigkeit hat. Einzig hilfreich mag er für das Verständnis der Herkunft einiger Begrifflichkeiten sein. Dafür sollte es aber ausreichen, wenn schon keine vollständige Sicherheit, so jedenfalls einige Indizien dafür zu haben, dass die zu untersuchenden Vertragsklauseln ihren Ursprung im angloamerikanischen Rechtsraum haben.

---

179 Beispiel für die USA: Fulk versus Washington Service Associates, Inc, 2002 WL 1402273, *5, 14 (Del Chanc); Beispiel für Kanada: Kinzie versus Dells Holdings Ltd., 2010 BCSC 1360 at 25–27, 74 BLR (4th) 306.

180 Zur genauen Unterscheidung der Begrifflichkeiten siehe C., II.

181 Siehe statt vieler nur *Brooks/Landeo/Spier*, RAND Journal of Economics, Winter 2010, Vol. 41 Issue 4, 649 ff.; *Carey*, Real Property, Probate and Trust Journal, Winter 2005, 651, 655 ff.; *Klotz*, Power Tools, 210 ff.; weitere Nachweise siehe Literaturverzeichnis.

182 So *Carey*, The Real Estate Finance Journal, Fall 2004, 5, der auf ein „California CEB Book on Partnerships" aus dem Jahr 1988 verweist. In der ökonomischen Fachliteratur aus dem Jahr 1987 erwähnt von *Cramton/Gibbons/Klemperer*, Econometrica, Vol. 55, No. 3, 615, 616.

183 So zum Beispiel *Kozyris*, The American Journal of Comparative Law 1969, 503, 524.

184 Dazu sogleich in Kapitel B., III.

III. Bisherige Frequentierung in der Praxis

Shoot-Out-Klauseln sind in der Praxis kein unbekanntes Instrumentarium. Im Laufe der letzten Jahrzehnte hat ihr Bekanntheitsgrad zugenommen, was sich unter anderem durch eine verstärkte Thematisierung in der juristischen Literatur zeigt[185].

Dies gilt zuvorderst freilich für den angloamerikanischen Rechtsraum, wo die Klauseln – wie eben erläutert – vermutlich ihren Ursprung haben. Insbesondere in den USA gehören Shoot-Out-Klauseln offenbar zum Standartrepertoire („boilerplate") in der Beratungspraxis und werden häufig vereinbart[186].

Auch in anderen Ländern sind diese Vertragsgestaltungen bekannt und werden wohl in zunehmendem Maße zur Anwendung gebracht.

So schreiben *Neocleous/Labrapoulos/Aristotelous* über die Frequentierung dieser Klauseln in Zypern, dass Shoot-Out-Mechanismen „common", also „üblich"[187] seien[188].

Auch *Alvino*, die zur Rechtslage in Italien Stellung nimmt, meint, derartige Vertragsgestaltungen seien „...frequent when the [...] relationship is to be terminated..."[189].

Weniger eindeutig äußert sich *Onishi*, wenn er über die Situation in Japan sagt: „...The parties often provide rules in the transfer of shares. These provisions may encompass various methods, including put options, call options, buy/sell provisions, sealed bid buy/sell provisions, and shootout clauses..."[190].

Hier wird nicht deutlich, welche dieser Vertragsgestaltungen tatsächlich am meisten frequentiert wird. Gleichwohl lässt sich auch für dieses Land festhalten, dass Shoot-Out-Klauseln jedenfalls zum bekannten Spektrum von Beendigungsmechanismen zählen.

Gleiches gilt im Übrigen auch für die Ausführungen von *Šatava/Sztulova/Audes* zur Rechtslage in der Tschechischen Republik[191].

Es muss aber der Richtigkeit halber auch gesagt werden, dass die vorgenannten Autoren (Zypern, Italien, Tschechische Republik und Japan) sich stets ausschließlich auf die – jeweils landesspezifische – Situation in Joint Ventures und nicht auf das gesamte Gesellschaftsrecht beziehen[192].

Hieraus lässt sich indes schließen, dass derartige Klauseln gerade im Joint Venture-Bereich gängig sind und nachgefragt werden.

---

185 Siehe schon die Ausführungen in der Einleitung.

186 *Brooks/Landeo/Spier*, RAND Journal of Economics, Winter 2010, Vol. 41 Issue 4, 649, 650; *Carey*, Real Property, Probate and Trust Journal, Winter 2005, 651, 655.

187 Langenscheidt, 107.

188 *Neocleous/Labrapoulos/Aristotelous* in: International Joint Ventures, 152.

189 *Alvino* in: International Joint Ventures, 222.

190 *Onishi* in: International Joint Ventures, 270.

191 *Šatava/Sztulove/Audes* in: International Joint Ventures, 158.

192 Es handelt sich – wie in den jeweiligen Fußnoten ersichtlich – um Beiträge in dem Werk „International Joint Ventures" von *Campbell/Netzer* (Hrsg.).

In Deutschland werden Shoot-Out-Klauseln, die in den 90er Jahren des vergangenen Jahrhunderts erstmals in der deutschen[193], beziehungsweise deutschsprachigen[194] Fachliteratur erwähnt werden und damals wohl noch als Exoten galten, heute verstärkt thematisiert. Dies legt – wie bereits in der Einleitung gesagt – die Vermutung nahe, dass es eine gewisse Nachfrage hierfür in der juristischen Beratungspraxis gibt.

Genaue Zahlen oder sonstige Fakten, die dies belegen, gibt es allerdings nicht. Die Studie von *Wedemann*, die sie im Rahmen ihrer Habilitationsarbeit durchführte, zeigt sogar, dass in keinem der 200 analysierten Gesellschaftsverträge deutscher Mehrpersonengesellschaften eine derartige Klausel vorhanden war[195]. Dies deckt sich auch mit der Vermutung von *Schulte/Sieger* und *Werner* aus dem Jahr 2005, diese Klauseln seien im deutschen Recht noch „wenig verbreitet"[196], beziehungsweise „selten anzutreffen"[197].

Demgegenüber behaupten nicht wenige Praktiker in aktuelleren Schriften, dass diese Vertragsgestaltungen mittlerweile recht häufig nachgefragt[198] und wohl zunehmend auch vereinbart werden[199].

Dies zeigt sich auch dadurch, dass in der neueren Literatur vermehrt Klauselbeispiele zu finden sind, die – mal mehr und mal weniger geeignet – als Leitfaden für die Praxis dienen können[200]. *Schmolke* geht sogar so weit, zu sagen, dass diese Klauseln jedenfalls im Rahmen von Joint Ventures mittlerweile allgemein – also auch in Deutschland – zum Standartrepertoire gehören[201].

Jedenfalls gelegentlich sickern auch Informationen aus Unternehmenstransaktionen durch, die belegen, dass derartige Klauseln *de facto* vereinbart und auch ausgelöst wurden.

So vermeldete eine Zeitschrift im Jahr 2007, dass der bekannte Essener Zeitungskonzern WAZ aufgrund einer vertraglich vereinbarten Shoot-Out-Klausel seine bisherige Beteiligung in Höhe von 50 Prozent am montenegrinischen Daily-Press-Verlag auf 100 Prozent erweitern wollte[202].

---

193 *Otto*, GmbHR 1996, 16 ff, der aber freilich nicht die Bezeichnung „Shoot-Out-Klausel" verwendet.

194 *Von der* Crone, SJZ 89 (1993), 37, 42, 43; *Clopath*, SJZ 89 (1993), 157; *Huber* in: Kooperations-und Joint-Venture-Verträge, 50.

195 *Wedemann*, Gesellschafterkonflikte, 493.

196 *Schulte/Sieger*, NZG 2005, 24.

197 *Werner*, GmbHR 2005, 1554, 1556.

198 *Lorz*, FuS 03/2014, 125; *Schulte/Pohl*, Joint-Venture-Gesellschaften, 184 Rn. 779.

199 *Schaper*, DB 2014, 821; *Willms/Bicker*, BB 2014, 1347; *Langefeld-Wirth* in: Joint Ventures, 157.

200 So zu finden u.a. bei *Langefeld-Wirth* in: Joint Ventures im int. Wirtschaftsverkehr, 158 ff.; *Becker*, Die Zulässigkeit, 146, 147; *Langenfeld/Miras*, GmbH-Vertragspraxis, 142 Rn. 377.

201 *Schmolke*, ZIP 2014, 897, 898; *ders.* in: Gesellschafts-und Kapitalmarktrecht, 125.

202 *Der Kontakter*, Nr. 42 vom 15.10.2007, 26.

Dies wird auch durch das später noch zu besprechende Urteil des OLG Nürnberg vom 20.12.2013 belegt. Im der Entscheidung zugrunde liegenden Sachverhalt hatten nämlich die Gesellschafter auch eine solche Klausel vereinbart[203].

Ein eindeutiges Bild zeichnet sich also nicht ab. Man wird sich aber wohl nicht allzu weit aus dem Fenster lehnen, wenn man behauptet, dass Shoot-Out-Klauseln in der deutschen Rechtspraxis mittlerweile durchaus bekannt sind, aber seitens der Rechtsberater eine gewisse Vorsicht besteht, wenn es darum geht, sie tatsächlich in Verträge einzubauen. Dies mag einerseits eine Folge der einschlägigen Beratungsliteratur sein, in der hinsichtlich der Verwendung von Shoot-Out-Klauseln oft zur Vorsicht gemahnt wird[204]. Andererseits ist auch die Aussage von *Wirbel*, dass es weder in der Praxis noch in der Rechtsprechung ausreichende Erfahrungen mit „Shotgun Options" gebe[205], als Erklärung für die zurückhaltende Statuierung in Verträgen plausibel.

Insgesamt scheint die Tendenz aber – was die Nachfrage nach solchen Regelungen betrifft – eindeutig nach oben zu gehen.

---

203 Siehe dazu E., I., 1., e), aa).

204 *Eckhardt* in: KöHB GesR, 2. Kap., Rn. 294; *Reinhard* in: Praxis des HaGesR, Teil 2, Kap. 12, Rn. 76; *Schulte/Sieger*, NZG 2005, 24, 30; *Werner*, GmbHR 2005, 1554, 1556, 1558.

205 *Wirbel* in: MüHB GesR, Bd.1, § 28 Rn. 61.

C. Struktur und Erscheinungsformen von Shoot-Out-Klauseln

Zuvor wurden bereits die wesentlichsten inhaltlichen Charakteristika von Shoot-Out-Klauseln dargestellt[206]. An dortiger Stelle war diese Beschränkung auf einige wenige – wenn auch wichtige – Wesenszüge ausreichend, da es nur um eine Abgrenzung zu anderen vertraglichen Exitstrategien ging.

Da eine Abgrenzung nun erfolgt ist und der Prüfungsgegenstand damit hinreichend konkretisiert wurde, kann jetzt detaillierter auf den Inhalt von Shoot-Out-Klauseln eingegangen werden.

Dafür gilt es zunächst, sich ihre Struktur vor Augen zu führen und sich einen Überblick über die Erscheinungsformen dieser Vertragsgestaltungen zu verschaffen.

I. Struktur von Shoot-Out-Klauseln

(Richtig formulierte) Shoot-Out-Klauseln weisen – unabhängig von ihrer konkreten Erscheinungsform – eine bestimmte Grundstruktur auf, die im Folgenden dargestellt werden soll.

Sie soll aber zu diesem Zeitpunkt der Bearbeitung nur eine grobe Orientierungshilfe im Hinblick auf den üblichen Klauselaufbau geben, ohne dass sie eine bis ins Detail gehende Richtigkeit für sich beansprucht. Im Rahmen der am Ende der Arbeit vorgestellten Musterklauseln wird jedenfalls dieses Modell zugrunde gelegt, gegebenenfalls aber noch – abhängig von den gefundenen Arbeitsergebnissen – etwas modifiziert werden.

Dabei folgt die Gestaltung der Klausel sinnvollerweise der geplanten Handlungsabfolge.

Zu Beginn wird der Klauselgegenstand, also die Übertragung von Gesellschaftsanteilen eines Gesellschafters an einen Mitgesellschafter, dargestellt *(Baustein 1).*

Im Anschluss werden die Voraussetzungen genannt, unter denen die Gesellschafter die Klausel auslösen können *(Baustein 2).* Welche diese sind, sein können oder sein sollten, wird zu einem späteren Zeitpunkt ausführlich erläutert[207]. In diesem Rahmen sollte auch schon geklärt werden, wer zur Auslösung der Klausel berechtigt ist.

Daraufhin folgt die Beschreibung des jeweiligen Verfahrens zur Ermittlung des Erwerbers und des zu zahlenden Preises *(Baustein 3).* Hier gibt es verschiedene Möglichkeiten, die zugleich die unterschiedlichen Erscheinungsformen von Shoot-Out-Klauseln darstellen[208].

---

206 Siehe A., I.
207 Siehe F., III.
208 Dazu sogleich siehe C., II.

Teile dieser Verfahrensbeschreibung sind die Regelungen zur Verfahrenseinleitung, Durchführung und Beendigung. Diese können unter Umständen recht umfänglich sein und erfordern demgemäß eine sorgfältige Gestaltung und Formulierung.

Nach der nunmehr erfolgten Klärung der Veräußerer- und Erwerberrolle geht es weiter mit der Statuierung von Regelungen, die das Verfahren nach der Ermittlung des Erwerbers, insbesondere die Übertragung der Gesellschaftsanteile, zum Gegenstand haben *(Baustein 4)*.

Zuletzt folgt ein Klauselteil, in dem alle regelungsbedürftigen Aspekte, die die Übertragung der Anteile mit sich bringt oder nach sich zieht, aufgeführt und geklärt werden *(Baustein 5)*. Gerade hier können sich vielfältige Fragen auftun, die wiederum eine sorgfältige Gestaltung erfordern. Daher wird im weiteren Verlauf der Arbeit auf diese Punkte noch ausführlicher einzugehen sein[209].

Insgesamt besteht eine „handelsübliche" Shoot-Out-Klausel damit aus fünf groben Bausteinen, die der Vertragsgestalter in seinen Entwurf eingliedern sollte.

Vertragsgestalter sind gut beraten, sich an diese Struktur zu halten. Denn letztlich zeichnen sich gute Vertragsklauseln – wie auch Verträge generell – durch eine logische Struktur und innere Systematik aus[210]. Dies wird durch eine Statuierung von Regelungen, die sich an der Chronologie der Geschehnisse orientiert, gewährleistet und macht auch deshalb Sinn, weil hier keine gesetzlichen Regelungen über das Verfahren bestehen, an denen man sich im Rahmen der Vertragsgestaltung orientieren könnte. Zudem entspricht der Bildung von Sachgruppen – wie hier durch die Bildung von Bausteinen geschehen – in formaler Hinsicht einer stringenten Gliederung nach einem einheitlich verfolgten Schema[211].

II. Erscheinungsformen von Shoot-Out-Klauseln in der juristischen Literatur

In der juristischen Literatur, die sich mit den hier zu untersuchenden Klauseln beschäftigt, finden sich häufig wiederkehrende Erscheinungsformen dieser Vertragsgestaltungen.

Denn Shoot-Out-Klauseln mögen zwar die oben erwähnten inhaltlichen Gemeinsamkeiten[212] und Strukturen[213] aufweisen, in ihren Feinheiten – insbesondere in Bezug auf die von ihnen statuierten Verfahren zur Ermittlung des Erwerbers und des zu zahlenden Preises – unterscheiden sie sich gleichwohl.

Werden im Folgenden also die unterschiedlichen Erscheinungsformen dargestellt, so geschieht dies unter besonderer Berücksichtigung der von ihnen beschriebenen

---

209 Siehe F., V.
210 *Aderhold/Koch/Lenkaitis*, Vertragsgestaltung, 77 Rn. 13.
211 *Aderhold/Koch/Lenkaitis*, Vertragsgestaltung, 77 Rn. 14.
212 Siehe A., I.
213 Siehe C., I.

Verfahren zur Ermittlung des Erwerbers und des zu zahlenden Preises. Regelungsgegenstände, die dagegen bei allen Varianten in gleichem Maße zu berücksichtigen, beziehungsweise zu finden sind – hier seien beispielhaft die konkreten Voraussetzungen der Verfahrenseinleitung oder alle sich an das eigentliche Verkaufsverfahren anschließenden Folgefragen genannt – sollen hier nicht näher beleuchtet werden. Dies wird an späterer Stelle geschehen[214].

Um bei der vorher erläuterten Struktur von Shoot-Out-Klauseln zu bleiben: Im Folgenden geht es (nur) um Baustein 3!

Auch soll zum jetzigen Zeitpunkt noch keine Bewertung der Klauseln – sei es im Hinblick auf ihre Effizienz, ihre Vor-und Nachteile oder ihre Praxistauglichkeit – erfolgen.

Die einzelnen Erscheinungsformen werden hier zum Zwecke der Übersichtlichkeit schon in der Überschrift mit einer konkreten Bezeichnung betitelt. Die Herleitung und Erklärung des jeweils gewählten Begriffes erfolgt jedoch erst nach der Beschreibung des Verfahrens.

Die Beschreibung der einzelnen Verfahren wird dabei so vorgenommen, wie es von den jeweiligen Autoren im Schrifttum erläutert wird, ungeachtet der etwaigen Lückenhaftigkeit.

Da sich nicht alle Verfahrensbeschreibungen haargenau decken, wurde hier versucht, den jeweils kleinsten gemeinsamen Nenner darzustellen.

In der Literatur finden sich zudem einige Verfahrensabwandlungen für die hier vorweg vorgestellten Grundformen der jeweiligen Shoot-Out-Klauseln. Gemeint sind damit ausschließlich solche Vorschläge, die das Erwerberfindungsverfahren an sich betreffen und es tatsächlich abwandeln. Nicht erwähnt werden an dieser Stelle daher sonstige Hinweise oder Konkretisierungen zur Vertragsgestaltung. Hier seien als Beispiel Vorschläge zur konkreten Besetzung der „Auktionator"-Stelle genannt, da diese das Verfahren an sich nicht betreffen. Gleichwohl werden auch solche Ideen im Rahmen dieser Arbeit behandelt werden, jedoch erst zu einem späteren Zeitpunkt[215].

Ob die hier genannten Verfahrensabwandlungen auch tatsächlich als Abwandlung des jeweils konkreten Verfahrens angesehen werden können oder richtigerweise Abwandlungen eines anderen Verfahrens darstellen, soll zunächst nicht hinterfragt werden. Sie werden an dieser Stelle genannt, weil sie in der jeweiligen Literaturquelle im direkten Zusammenhang mit der jeweiligen Grundform der Verfahren genannt werden.

Die Darstellungen beginnen mit der hier als „klassischen Auktionsverfahren" betitelten Erscheinungsform, da sich viele Klauselvarianten strukturell darauf zurückführen lassen. Die weitere Reihenfolge der Ausführungen bestimmt sich sodann anhand des Maßes der Ähnlichkeit mit diesem Verfahren, beginnend mit dem am nächsten Liegenden.

---

214 Siehe F., I., II., III., V.

215 Siehe dazu unter anderem einige Ausführungen in F.

1. (Internes) klassisches Auktionsverfahren

a) Verfahren

Stellenweise wird in der Literatur die Statuierung eines Verfahrens mit folgendem Inhalt vorgeschlagen[216]:

Wird die Klausel ausgelöst, ist jeder Gesellschafter zunächst verpflichtet ist, seine Anteile zum Verkauf zu stellen.

Innerhalb einer vorher festgelegten Frist haben die Gesellschafter sodann ein verbindliches Kaufangebot für die jeweils anderen, beziehungsweise alle Geschäftsanteile abzugeben. Diese Angebote sind bei einem neutralen Dritten einzureichen, der sie prüft und allen Gesellschaftern mitteilt.

Nun haben die Gesellschafter die Möglichkeit, ihre Angebote – unter Beachtung einer weiteren Frist – nachzubessern. Das Prozedere wird so lange wiederholt, bis kein Gesellschafter mehr zu einer Nachbesserung bereit ist. Der höchstbietende Gesellschafter wird sodann Erwerber der Anteile des/der unterlegenen Gesellschafter, der/die zur Übertragung zum ermittelten Preis verpflichtet ist/sind.

b) Bezeichnung

Wie schon an früherer Stelle erwähnt, neigt die juristische Fachliteratur – wenn es um Shoot-Out-Klauseln und ihre Erscheinungsformen geht – zu uneinheitlicher und teilweise auch undifferenzierter Verwendung von Begrifflichkeiten[217]. Dies zeigt sich auch im Falle dieser ersten Spielart, für die es mehrere Bezeichnungen gibt.

So wird das Verfahren unter anderem als „Closed Auction“[218], „Echtes Bieterverfahren“[219], „wechselseitiges Bietungsverfahren“[220], „mehrrundiges Versteigerungsverfahren“[221] oder „echte Versteigerung“[222] bezeichnet.

Ohne an dieser Stelle auf die Tauglichkeit eines jeden Begriffes eingehen zu wollen, bietet es sich doch an, sich auf eine Bezeichnung festzulegen, um im Rahmen dieser Arbeit eine einheitliche Terminologie zu gewährleisten.

Betrachtet man die verwendeten Begrifflichkeiten, so fällt auf, dass sie eigentlich nur andere Bezeichnungen für Auktionen sind. Zwar fehlt es an einer gesetzlichen Definition der Auktion[223], gleichwohl wird darunter umgangssprachlich der öffentliche Verkauf (eines Auktionsguts) an den Meistbietenden verstanden[224], wobei

---

216 In etwa dieser Art beschrieben bei *Carey*, Real Property, Probate and Trust Journal, Winter 2005, 651, 658; *Otto*, GmbHR 1996, 16, 19; *Clopath*, SJZ 89 (1993), 157.

217 Siehe B., I.

218 *Carey*, Real Property, Probate and Trust Journal, Winter 2005, 651, 658.

219 *Otto*, GmbHR 1996, 16, 19.

220 *Otto*, GmbHR 1996, 16, 19.

221 *Clopath*, SJZ 89 (1993), 157.

222 *Binz/Mayer*, NZG 2012, 201, 210.

223 Siehe dazu *Kreße*, Die Auktion als Wettbewerbsverfahren, 9.

224 *Von der Crone/Nänni/Sibbern* in: Bankhaftungsrecht, 148.

„öffentlich" hier wohl nicht den potenziellen Erwerberkreis, sondern die Öffentlichkeit des Verfahrens und insbesondere der Gebote meint.

Obwohl Auktionen nicht zwangsläufig so gestaltet werden müssen, dass der Meistbietende schlussendlich Erwerber wird, so dürfte dieses Vorgehen doch gleichwohl die bekannteste Auktionsart sein.

Dies vorangestellt, liegt es nahe, das hier beschriebene Verfahren als *„klassisches Auktionsverfahren"* zu bezeichnen, denn letztlich weist es nahezu alle wesentlichen Merkmale einer mehrstufigen, aufsteigenden Auktion auf.

Auktionsverfahren dieser Art können freilich nicht nur gesellschaftsintern stattfinden, sondern auch Außenstehenden die Möglichkeit einräumen, die Gesellschaftsanteile zu erwerben[225]. Geht man davon aus, dass das von *Kreße* geschilderte Verfahren der offenen, mehrstufigen, aufsteigenden Erstpreisauktion[226] den in der Praxis geläufigsten Grundfall derartiger Auktionen darstellt[227], wird man sogar sagen müssen, dass das hier betrachtete Verfahren aufgrund des eingeschränkten Erwerberkreises bereits eine Abwandlung dieses „Normalfalles" darstellt. Dieser „Normalfall" kann aber aufgrund des weiten potenziellen Erwerberkreises nicht Gegenstand einer Shoot-Out-Klausel im Sinne dieser Arbeit sein[228].

Aus diesem Grund macht es durchaus Sinn, auf diesen begrenzten Erwerberkreis schon in der Verfahrensbezeichnung hinzuweisen[229], so dass letztlich der Begriff des *„(internen) klassischen Auktionsverfahrens"* entsteht.

Es mag verwundern, dass diese recht naheliegende Bezeichnung, beziehungsweise jedenfalls die einfache Bezeichnung als „Auktionsverfahren", in der Literatur für diese Variante des Verfahrens nicht, dafür aber für andere – wenn auch ähnliche – Verfahrensarten verwendet wird[230].

Andererseits passt es ins Gesamtbild, wurde doch gerade schon auf die zu undifferenzierte Verwendung von Begrifflichkeiten in der Literatur hingewiesen.

c) *Einordnung als Shoot-Out-Klausel*

Zu einem früheren Zeitpunkt wurden bereits die wesentlichen Merkmale einer Shoot-Out-Klausel dargestellt und erläutert[231]. Sofern hier also – wie geschehen – behauptet wird, dass das (interne) klassische Auktionsverfahren die Erscheinungsform einer derartigen Klausel darstellt, setzt dies voraus, dass das Verfahren eben diese genannten Merkmale aufweist.

225 Dazu ausführlich *Schwarz* in: Unternehmenskauf bei der GmbH, 19 Rn. 83 ff.
226 Siehe *Kreße*, Die Auktion als Wettbewerbsverfahren, 16 ff.
227 *Kreße* bezeichnet die offene, mehrstufige, aufsteigende Erstpreisauktion als „Standartformat" einer Auktion, siehe *Kreße*, Die Auktion als Wettbewerbsverfahren, 16.
228 Siehe A., I.
229 So auch geschehen bei *Binz/Mayer*, NZG 2012, 201, 210.
230 Dazu sogleich, siehe C., II., 2., b).
231 Siehe A., I.

Dies ist aus folgenden Gründen der Fall:

Zunächst ist das (interne) klassische Auktionsverfahren ein gesetzlich nicht vorgeschriebenes Verfahren, bei dem die Gesellschafter die Gesellschaftsanteile eines Anderen erwerben oder die eigenen Anteile an einen Mitgesellschafter verkaufen (müssen).

Wie soeben erwähnt, handelt es sich auch um ein gesellschaftsinternes Verfahren, da Dritte hier nicht zum potenziellen Erwerberkreis zählen.

Zudem steht der Kaufpreis nicht schon zu Beginn des Verfahrens fest. Im Gegenteil ist es – neben der Ermittlung des Erwerbers – gerade das Ziel des Verfahrens, den Kaufpreis für die Gesellschaftsanteile zu ermitteln. Dies geschieht freilich durch die Gebote der Gesellschafter.

Auch handelt es sich um eine Vertragsgestaltung, bei der Elemente der freiwilligen und der erzwungenen Übertragung von Gesellschaftsanteilen kombiniert werden.

Letzteres ist unschwer ersichtlich, da der unterlegene Gesellschafter – wie oben beschrieben – zum Verkauf seiner Anteile verpflichtet ist.

Obwohl in der vorstehenden Verfahrensbeschreibung nicht ausdrücklich erwähnt, wird das Verfahren auch durch eine freiwillige Entscheidung eines (oder mehrerer) Gesellschafter ausgelöst.

Dies wurde nicht näher ausgeführt, da zu einem späteren Zeitpunkt die konkreten Voraussetzungen für die Verfahrenseinleitung bei Shoot-Out-Klauseln untersucht werden sollen[232]. Vorweggenommen werden kann an dieser Stelle aber jedenfalls, dass die Entscheidung, das Verfahren einzuleiten – unter welchen Voraussetzungen auch immer –, den Gesellschaftern obliegt und nicht zwingend erfolgt.

Zu guter Letzt zeichnet sich das klassische Auktionsverfahren auch dadurch aus, dass ihm das für Shoot-Out-Klauseln typische Risiko inhärent ist.

Denn zu Beginn des Verfahrens steht nicht fest, wer am Ende der Veräußerer, beziehungsweise der Erwerber der zum Verkauf gestellten Gesellschaftsanteile wird.

Dies ist – wie oben herausgefunden wurde[233] – das entscheidende Merkmal, um das Verfahren als Erscheinungsform einer Shoot-Out-Klausel einzustufen.

d) Vorgeschlagene Verfahrensabwandlungen

aa) Holländische Auktion/Dutch Auction

Neben der – hier als „Normalfall" vorgestellten – aufsteigenden Auktion, bei der der Höchstbietende Erwerber wird, existieren auch noch andere Auktionsarten. Dazu gehört die sogenannte „holländische Auktion", englisch „Dutch Auction"[234].

---

232 Dazu siehe F., III.

233 Siehe A., III.

234 Dazu ausführlich *Anand*, McGill Law Journal 2000, Vol. 45, 134 ff.; *Kreße*, Die Auktion als Wettbewerbsverfahren, 313 ff.

Dabei handelt es sich um absteigende Auktion[235], bei denen die Gebote folglich nicht erhöht, sondern gesenkt werden. Daher werden sie teilweise auch „descending bid auctions" genannt[236].

Die Dutch Auction ist in ihrer Grundform dadurch gekennzeichnet, dass der Auktionator zu Beginn der Auktion einen hohen Preis für die Gesellschaftsanteile ausruft und diesen in der Folge kontinuierlich senkt. Derjenige Bieter, der zuerst ein Gebot abgibt, akzeptiert den zu dieser Zeit ausgerufenen Preis und wird Erwerber des Auktionsguts[237].

In abgewandelten Formen findet sich diese Auktionsart auch im juristischen – vorrangig englischsprachigen – Schrifttum, das sich mit Shoot-Out-Klauseln befasst. Vorab kann hierzu erneut attestiert werden, dass die zu findende Terminologie – jedenfalls teilweise – zu undifferenziert gehandhabt wird. Betiteln *Carey* und *Anand* die von ihnen vorgeschlagenen Verfahrensgestaltungen noch zu Recht als „variation of the so-called Dutch Auction"[238], beziehungsweise „modification of the pure Dutch Auction"[239], so bemühen sich andere Autoren nicht sonderlich um eine terminologische Unterscheidung zwischen ihren Abwandlungen und dem oben dargestellten Grundmodell einer holländischen Auktion. Es bleibt hier meist bei der Bezeichnung als „Dutch Auction"[240]. *Mezzullo* bezeichnet sogar fälschlicherweise ein gänzlich anderes Verfahren – nämlich das Russian Roulette-Verfahren[241] – als Dutch Auction[242].

(1) Vorschlag von *Carey*

Carey schlägt eine Abwandlung der oben genannten Grundform der Dutch Auction dergestalt vor, dass die Gesellschafter jeweils Gebote für die gesamten Gesellschaftsanteile abgeben. Derjenige, der das niedrigste Gebot abgibt, darf (und muss) seine Anteile verkaufen. Dafür erhält er preislich das, was er – seinem prozentualen Anteil an der Gesellschaft entsprechend – bei einem Verkauf der (gesamten) Gesellschaft zu dem von ihm ausgerufenen niedrigsten Preis erhalten würde.

Verschärft wird das Verfahren noch zusätzlich dadurch, dass derjenige Gesellschafter, der die bisher abgegebenen Gebote nicht mehr unterbietet, zum Kauf der anderen Anteile zu dem bis dahin bestehenden Preis verpflichtet ist[243].

235 V*on der Crone/Nänni/Sibbern* in: Bankhaftungsrecht, 149.
236 *Kopp*, Kontrollierte Auktionen, 109.
237 *Kopp*, Kontrollierte Auktionen, 109; *Kreße*, Die Auktion als Wettbewerbsverfahren, 313.
238 *Carey*, Real Property, Probate and Trust Journal, Winter 2005, 651, 659.
239 *Anand*, McGill Law Journal 2000, Vol. 45, 134, 136.
240 So *Greason/Sedor*, Chadbourne&Parke LLP, M&A Client Alert, June 1, 2011, 2.
241 Dazu C., II., 4.
242 *Mezzullo* in: Business Succession Planning, Chapter 6, § 6.83.
243 *Carey*, Real Property, Probate and Trust Journal, Winter 2005, 651, 659.

(2) Vorschlag von *Greason/Sedor*

Greason/Sedor erwähnen eine Variante der Dutch Auction, bei der die Gesellschafter jeweils ein verdecktes Angebot abgeben. Dieses enthält den niedrigsten Preis pro jeweiligen Gesellschaftsanteil, zu dem sie ihre eigenen Anteile an den/die Mitgesellschafter verkaufen würden. Der Gesellschafter, der den höheren Preis ausruft, muss die Anteile des/der anderen Gesellschafter zu dem niedrigsten gebotenen Preis aufkaufen und sich übertragen lassen[244].

bb) Kombiniertes Erwerbs- und Verkaufsangebot nach *Otto*

Otto schlägt vor, das zuvor beschriebene Verfahren dahingehend abzuändern, dass der das Verfahren einleitende und das erste Kaufangebot abgebende Gesellschafter verpflichtet wird, seine eigenen Anteile zu verkaufen und zu übertragen, sollte der Mitgesellschafter fristgerecht ein Kaufangebot in gleicher Höhe abgeben[245].

cc) Kombiniertes Erwerbs- und Verkaufsangebot nach *Carey*

In eine ähnliche Richtung geht die Idee von *Carey*, der folgende Verfahrensabwandlung vorschlägt[246]:

Der das Verfahren initiierende Gesellschafter habe zwei Angebote zu nennen, wobei eines den Verkauf der eigenen und eines den Kauf der anderen Anteile zum Gegenstand hat.

Ersteres müsse dabei höher sein als Letzteres.

Der Mitgesellschafter habe sodann die Wahl zwischen den beiden Alternativen – Kauf oder Verkauf zu den angebotenen Konditionen – oder könne seinerseits zwei Angebote in dieser Gestalt abgeben. Tut er dies, so müsse sein höheres Angebot niedriger und sein niedriges Angebot höher sein als die Anfangsgebote des initiierenden Gesellschafters.

Dieses Prozedere werde so lange fortgeführt, bis entweder einer der Gesellschafter eines der Angebote annehme oder kein Handlungsspielraum für weitere Gebote mehr vorhanden sei. Im letztgenannten Fall muss derjenige Gesellschafter, der mit der Situation konfrontiert wird, sich zwingend zum Kauf oder Verkauf entscheiden.

2. (Internes) Eingeschränktes Auktionsverfahren

a) Verfahren

Eine noch simplere Spielart von Shoot-Out-Klauseln sieht folgendes Verfahren vor[247]:

---

244 *Greason/Sedor*, Chadbourne&Parke LLP, M&A Client Alert, June 1, 2011, 2.

245 *Otto*, GmbHR 1996, 16, 20.

246 *Carey*, Real Property, Probate and Trust Journal, Winter 2005, 651, 659, 660.

247 In etwa dieser Art beschrieben bei *Simon*, Der Wert von Beteiligungsunternehmen, 440; *Schulte/Sieger*, NZG 2005, 24, 25; *Werner*, GmbHR 2005, 1554, 1556; *Otto*,

Bei Auslösung der Klausel sind alle Gesellschafter verpflichtet, ihre Gesellschaftsanteile zum Verkauf an einen Mitgesellschafter freizugeben. Jeder Gesellschafter hat sodann innerhalb einer festgelegten Frist genau ein Angebot für die Anteile des/der Mitgesellschafter abzugeben, das bei einem neutralen Dritten einzureichen und den anderen Mitgesellschaftern nicht mitzuteilen ist.

Sind alle Gesellschafter zu gleichen Teilen am Unternehmen beteiligt, so hat sich das Angebot auf den kompletten Anteil des Mitgesellschafters zu beziehen.

Bei unterschiedlich hohen Beteiligungen sind die Gebote hingegen auf *einen* Geschäftsanteil mit einem Nennwert von 1 Euro auszurichten[248].

In beiden Fällen wird derjenige Gesellschafter mit dem höchsten Angebot Erwerber der Anteile des/der Mitgesellschafter, die zum Verkauf und zur Übertragung ihrer Anteile zu diesen Konditionen verpflichtet sind.

b) Bezeichnung

Den aufmerksamen Leser wird es mittlerweile nicht mehr verwundern, dass auch für diese Erscheinungsform von Shoot-Out-Klauseln in der Literatur unterschiedliche Bezeichnungen verwendet werden.

Sie wird unter anderem als „Angebotshinterlegungsverfahren"[249], „Meistbieterverfahren"[250], „Auktionsverfahren"[251], „wechselseitiges Bietungsverfahren"[252], „sizilianische Eröffnung"[253], „Blind Bids-Verfahren"[254], „Closed Auction"[255] oder „Sealed Bid-Verfahren"[256] betitelt.

Darüber hinaus findet sich sogar die Bezeichnung „Texas Shoot-Out" für ebendieses Verfahren[257]. Dies ist freilich unzutreffend, handelt es sich beim Texas Shoot-Out

---

GmbHR 1996, 16, 19; *Knobloch*, GesKR 4/2013, 551, 565; *Fleischer/Schneider*, DB 2010, 2713, 2714; *Wedemann*, Gesellschafterkonflikte, 495; *Becker*, Die Zulässigkeit, 136; *von der Crone*, SJZ 89 (1993), 37, 43; *Kuhn* in: Joint Ventures, 333 Rn 101; *Niewiarra*, Unternehmenskauf, 109; *Ritz*, Kommentierter Mustervertrag, 78.

248 *Wedemann*, Gesellschafterkonflikte, 495.

249 *Werner*, GmbHR 2005, 1554, 1556; *Wälzholz*, GmbH-StB 2007, 84, 89; *Otto*, GmbHR 1996, 16, 19.

250 *Wälzholz*, GmbH-StB 2007, 84, 89.

251 *Wälzholz*, GmbH-StB 2007, 84, 89.

252 *Otto*, GmbHR 1996, 16, 19.

253 *Niewiarra*, Unternehmenskauf, 109; *Heeg*, BB 2014, 467; *Willms/Bicker*, BB 2014, 1347; *Pauli*, GWR 2014, 86.

254 *Simon*, Der Wert von Beteiligungsunternehmen, 440; *Knobloch*, GesKR 4/2013, 551, 565; *Wedemann*, Gesellschafterkonflikte, 495; *Brechbühl/Emch*, SZW 2007, 271, 276.

255 *Carey*, Real Property, Probate and Trust Journal, Winter 2005, 651, 658.

256 *Klotz*, Power Tools, 211; *Schroeder/Welpot*, NZG 2014, 609, 611. Teilweise auch konkreter „highest sealed bid" genannt, siehe *Fleischer/Schneider*, DB 2010, 2713, 2714.

257 *Greason/Sedor*, Chadbourne&Parke LLP, M&A Client Alert, June 1, 2011, 2; *Šatava/Sztulova/Audes* in: International Joint Ventures, 158.

doch um eine eigenständige, von dieser Variante abweichende Erscheinungsform von Shoot-Out-Klauseln[258].

Wie schon zuvor beim (internen) klassischen Auktionsverfahren geschehen, so bietet es sich auch hier an, sich auf eine Bezeichnung festzulegen.

Dies ist umso sinnvoller, wenn man erkennt, dass sich einige der hier aufgeführten Begrifflichkeiten mit Bezeichnungen decken, die auch für das klassische Auktionsverfahren verwendet werden[259], wodurch erneut deutlich wird, dass in der Literatur in dieser Hinsicht oft nicht genau genug zwischen den einzelnen Verfahren differenziert wird.

Orientiert man sich am Inhalt des soeben dargestellten Verfahrens, so weist es – mit wenigen Einschränkungen – alle Charakteristika einer – untechnisch gesprochen – „normalen" Auktion auf: Zum Einen geben die Gesellschafter als Bieter verbindliche Kaufangebote (§ 145 BGB) auf ein Auktionsgut bei einem ähnlich einem Auktionator handelnden Dritten ab. Zum Anderen erhält derjenige Gesellschafter mit dem höchsten Angebot den Zuschlag.

Die gerade genannten Einschränkungen sind lediglich darin zu sehen, dass jeder Gesellschafter nur ein einziges Angebot abgeben darf, was zudem verdeckt erfolgt. Damit fehlt es hier insbesondere an der Öffentlichkeit der Auktion.

Aus diesem Grund scheint es sinnvoll, dieses Verfahren als *„eingeschränktes Auktionsverfahren"* zu bezeichnen.

Da es – wie schon das oben beschriebene klassische Auktionsverfahren – nur gesellschaftsintern stattfindet, kann auch hier ein Hinweis darauf sinnvoll sein. Zwingend erforderlich ist er für das Verständnis aber nicht. So ergibt sich insgesamt der Begriff des *„(internen) eingeschränkten Auktionsverfahrens"*.

c) Einordnung als Shoot-Out-Klausel

Bisher wurde unterstellt, dass das zuvor erläuterte und als „eingeschränktes Auktionsverfahren" betitelte Verfahren die Erscheinungsform einer Shoot-Out-Klausel ist. Die Gründe hierfür sollen an dieser Stelle kurz erklärt werden.

In Kapitel A., I. wurden die wesentlichen Charakteristika von Shoot-Out-Klauseln beschrieben. Legt man diese als Maßstab für die Bewertung des eingeschränkten Auktionsverfahrens zugrunde, so lässt sich eine vollständige Übereinstimmung feststellen:

Das eingeschränkte Auktionsverfahren ist ein gesetzlich nicht vorgeschriebenes Verfahren, bei dem die Gesellschafter die Gesellschaftsanteile eines Anderen erwerben oder die eigenen Anteile an einen Mitgesellschafter verkaufen.

---

258 Dazu siehe C., II., 3.

259 Siehe C., II., 1., b).

Im Vergleich zu externen Auktionsverfahren, die nicht als Shoot-Out-Klauseln im Sinne dieser Arbeit einzustufen sind[260], findet das hier beschriebene eingeschränkte Auktionsverfahren zudem gesellschaftsintern statt.

Indem die am Verfahren beteiligten Parteien (verdeckte) Angebote für die betroffenen Beteiligungen abgeben, wird der Kaufpreis durch das Verfahren selbst bestimmt.

Auch handelt es sich um eine Vertragsgestaltung, bei der Elemente der freiwilligen und der erzwungenen Übertragung von Gesellschaftsanteilen kombiniert werden.

Warum dies so ist, kann bei den diesbezüglichen Erläuterungen für das klassische Auktionsverfahren nachgelesen werden[261]. Die Begründung ist – nicht zuletzt wegen der Ähnlichkeit beider Verfahren – auch auf das eingeschränkte Auktionsverfahren übertragbar.

Zuletzt erfüllt das eingeschränkte Auktionsverfahren auch die wohl entscheidende Voraussetzung, um es unter der Begriff der Shoot-Out-Klauseln zu fassen: Bei Verfahrenseinleitung ist unklar, welcher Gesellschafter am Ende des Verfahrens Veräußerer, beziehungsweise Erwerber sein wird. Dies wird insbesondere dadurch deutlich, dass die Parteien ihre Angebote verdeckt abgeben und damit bis zum Ende offen bleibt, wer das höhere (oder fairere) Angebot abgegeben hat.

d) Verhältnis zu anderen Erscheinungsformen

Offensichtlich weist das eingeschränkte Auktionsverfahren – wie schon zuvor festgestellt – große Ähnlichkeiten mit dem (internen) klassischen Auktionsverfahren auf. Geht man davon aus, dass das (interne) klassische Auktionsverfahren den „Normalfall" einer Auktion im Sinne dieser Arbeit darstellt, dann liegt es nahe, das eingeschränkte Auktionsverfahren als Abwandlung des Letztgenannten einzuordnen.

Es hätte daher ohne Weiteres auch im Rahmen der vorgeschlagenen Verfahrensabwandlungen des (internen) klassischen Auktionsverfahrens aufgeführt werden können.

Dies ist nur deshalb nicht geschehen, weil das eingeschränkte Auktionsverfahren in der einschlägigen Literatur zu Shoot-Out-Klauseln recht häufig erwähnt wird und daher eine Darstellung als eigenständige Verfahrensart gerechtfertigt scheint. Dies ändert aber nichts daran, dass es von seinem Inhalt her offensichtlich (nur) eine Abwandlung des (internen) klassischen Auktionsverfahrens ist.

Einige Autoren bezeichnen es allerdings auch als Spielart des Russian Roulette-Verfahrens[262]. Dass dies wohl unzutreffend ist, wird später noch im Rahmen der Darstellung des Russian Roulette-Verfahrens erläutert werden[263]. An dieser Stelle

---

260 Siehe A., II., 4.

261 Siehe C., II., 1., c).

262 *Schulte/Sieger*, NZG 2005, 24, 25; *Becker*, Die Zulässigkeit, 136; *Kuhn* in: Joint Ventures, 333 Rn 101.

263 Dazu sogleich siehe C., II., 4., d)., aa).

soll vorerst der Hinweis genügen, dass für eine solche Einordnung eine strukturelle Ähnlichkeit beider Verfahren dergestalt notwendig wäre, dass sich das eingeschränkte Auktionsverfahren von seinem Wesen her aus dem Russian Roulette-Verfahren ableiten ließe. Dies ist nicht der Fall.

e) Vorgeschlagene Verfahrensabwandlungen

aa) Vorschlag: Kauf- und Verkaufsangebot zu gleichen Konditionen

Bezüglich der Angebote wird folgende Verfahrensgestaltung vorgeschlagen[264]:

Im Gesellschaftsvertrag solle von vornherein ein Kaufvertrags-Musterformular als Anlage beigefügt sein, in welches sodann von jedem Gesellschafter bei Verfahrenseinleitung ein Preis für den Verkauf der eigenen Anteile sowie eines für den Kauf der Mitgesellschafterbeteiligungen einzutragen sei. Preis für An- und Verkauf müssten dabei identisch sein[265]. Nur hilfsweise solle an dieser Stelle angegeben werden, dass an den Meistbietenden verkauft wird. Im Übrigen bleibe es dabei, dass derjenige Gesellschafter, der das höchste Angebot macht, Erwerber aller anderen Anteile wird.

Dieses Verfahren wird teilweise als Auktionsverfahren oder Sizilianische Eröffnung betitelt[266], woran erneut die undifferenzierte Verwendung von Begrifflichkeiten im Schrifttum erkennbar wird. So findet sich insbesondere die letztgenannte Bezeichnung auch bei den Begrifflichkeiten für das „normale" eingeschränkte Auktionsverfahren[267].

bb) Vorschlag: „Fairest sealed bid"

Ein weiterer Vorschlag ist, das Verfahren in Bezug auf die Gebote der Gesellschafter dahingehend abzuwandeln, dass nicht der Meistbietende, sondern derjenige Erwerber wird, dessen Angebot dem „wahren" Wert der Anteile am nächsten kommt (sogenannte „fairest sealed bid")[268]. Diese Art der Preisfindung wird teilweise auch „Coin Toss"[269], „Baseball Arbitration"[270] oder „Final-Offer Arbitration"[271] genannt.

---

264 *Wälzholz*, GmbH-StB 2007, 84, 89; *Seibt* in: MüAHB GmbH-Recht, A., § 2, III, 12., f), Rn. 225b; *Heckschen* in: Die GmbH, 315 Rn. 191; *Langenfeld/Miras*, GmbH-Vertragspraxis, 144 Rn. 380.

265 So auch *von der Crone*, SJZ 89 (1993), 37, 43.

266 *Langenfeld/Miras*, GmbH-Vertragspraxis, 143 Rn. 380.

267 Siehe C., II. 1., b).

268 *Fleischer/Schneider*, DB 2010, 2713, 2714; *Schroeder/Welpot*, NZG 2014, 609, 611; *Hewitt*, Hewitt on Joint Ventures, 237.

269 *Klotz*, Power Tools, 211.

270 *Knobloch*, GesKR 2013, 551, 564; *Ritz*, Kommentierter Mustervertrag, 79.

271 *Ritz*, Kommentierter Mustervertrag, 79.

3. Texan Shoot-Out – Verfahren

a) Verfahren

In der einschlägigen Literatur sehr häufig zu finden ist folgendes Verfahren[272]:

Der verfahrenseinleitende Gesellschafter übermittelt seinem/n Mitgesellschafter/n ein konkretes Kaufangebot für alle von ihm/ihnen gehaltenen Anteile. Der oder die Mitgesellschafter hat/haben dann die Möglichkeit, dieses Angebot innerhalb einer bestimmten Frist anzunehmen. Wird das Angebot nicht angenommen, so muss – innerhalb der vorgenannten Frist – ein Angebot in die andere Richtung abgegeben werden, das höher als das Ausgangsgebot bemessen ist. Wird dieses wiederum ausgeschlagen und zeichnet sich damit ab, dass alle Gesellschafter Erwerber werden wollen, so schließt sich ein Verfahren an, bei dem jeder Gesellschafter einmalig ein verdecktes Gebot bei einem neutralen Dritten einreicht. Derjenige Gesellschafter, der hierbei das höchste Gebot abgibt, wird Erwerber der Anteile der Mitgesellschafter.

b) Bezeichnung

Im einschlägigen Schrifttum ist man sich hinsichtlich der Bezeichnung dieses Verfahrens recht einig und betitelt es ganz überwiegend als „Texas Shoot-Out"[273], beziehungsweise „Texan Shoot-Out"[274], was angesichts der Vielzahl an Begrifflichkeiten, die grundsätzlich für die unterschiedlichen Shoot-Out-Klauseln kursieren, durchaus bemerkenswert ist und nicht so recht ins Gesamtbild passt.

---

272 In dieser Art beschrieben von *Schulte/Sieger*, NZG 2005, 24, 25; *Küting/Seel*, IRZ 2012, 467, 472; *Schroeder/Welpot*, NZG 2014, 609, 611; *Simon*, Der Wert von Beteiligungsverträgen, 440; *Lutz*, Der Gesellschafterstreit, 277 Rn. 560; *Schmolke*, Grenzen der Selbstbindung, 556; *Schulte/Pohl*, Joint-Venture-Gesellschaften, 185 Rn. 785; *Kuhn* in: Joint Ventures, 334 Rn. 102; *Wedemann*, Gesellschafterkonflikte, 496; *Becker*, Die Zulässigkeit, 136; *Wilske/Fox/Baillie* in: International Joint Ventures, 609; *Fleischer/Schneider*, Max Planck Private Law Research Paper No. 11/13, 1, 4; *Ritz*, Kommentierter Mustervertrag, 76 ff.; *Hewitt*, Hewitt on Joint Ventures, 236.

273 *Küting/Seel*, IRZ 2012, 467, 472; *Simon*, Der Wert von Beteiligungsverträgen, 440; *Brechbühl/Emch*, SZW 2007, 271, 276; *Schmolke*, Grenzen der Selbstbindung, 556; *ders.*; ZIP 2014, 897, 898; *von Unger/Friel* in: MüAHB PersGesR, D., § 12, Rn. 160; *Fleischer/Schneider*, Max Planck Private Law Research Paper No. 11/13, 1, 4; *Ritz*, Kommentierter Mustervertrag, 76; *Hewitt*, Hewitt on Joint Ventures, 236.

274 *Fleischer/Schneider*, DB 2010, 2713, 2714; *Grau*, Corporate Finance 2015, M&A, 39, 44; *Schaper*, DB 2014, 821; *Schroeder/Welpot*, NZG 2014, 609; *Schulte/Sieger*, NZG 2005, 24; *Werner*, GmbHR 2005, 1554, 1556; *ders.*, GmbHR 2014, 310, 312; *Becker*, Die Zulässigkeit, 136; *Fett/Spiering*, Handbuch Joint Venture, 422 Rn. 601; *Heckschen* in: Die GmbH, 314 Rn. 190; *Langenfeld/Miras*, GmbH-Vertragspraxis, 140 Rn. 374; *Lintz*, Drag-Along Right, 41 Rn. 56; *Lutz*, Der Gesellschafterstreit, 277 Rn. 560; *Seibt* in: MüAHB GmbH-Recht, A., § 2, III., 12., f), Rn. 225a; *Schmolke* in: Gesellschafts- und Kapitalmarktrecht, 125; *Schulte/Pohl*, Joint-Venture-Vertrag, 185 Rn. 784; Kuhn in: Joint Ventures, 333 Rn. 98; *Wedemann*, Gesellschafterkonflikte, 496.

Allerdings gibt es auch hier einige Ausnahmen. So wird das Verfahren teilweise auch „Mexican Shootout“[275] oder einfach „Shoot-Out-Klausel“[276] genannt.

Insgesamt besteht aber kein Grund, hier von der üblicherweise verwendeten – wenn auch recht ungewöhnlichen – Bezeichnung abzuweichen, zumal sie sehr plakativ die Situation der Gesellschafter im Rahmen des Verfahrens beschreibt. Sie leitet sich erkennbar aus einer bildlichen Vorstellung einer Schießerei im klassischen Westernfilm-Genre ab, bei der letztlich nur einer der Opponenten überlebt[277].

So geht es *de facto* auch den beteiligten Gesellschaftern, denn am Ende des Verfahrens wird nur einer von ihnen in der Gesellschaft verbleiben, während der oder die andere/n quasi „herausgeschossen“ wird/werden.

Für welchen der beiden Begriffe man sich entscheidet, ist letztlich unerheblich, da sie sich ohnehin nur in einem Buchstaben unterscheiden. Da in der Literatur die Variante des „Texan Shoot-Out“ offenbar etwas verbreiteter ist, soll diese Schreibweise auch im Rahmen dieser Arbeit verwendet werden.

Gleichwohl ist die Begrifflichkeit nicht unbelastet, wird sie doch fälschlicherweise auch für andere Verfahrensarten, wie das klassische Auktionsverfahren ohne Auktionator[278], das eingeschränkte Auktionsverfahren[279] oder das Russian Roulette-Verfahren[280] verwendet. Hier zeigt sich erneut, dass im Schrifttum hinsichtlich der Terminologie von Shoot-Out-Klauseln nicht in ausreichendem Maße differenziert wird.

c) Einordnung als Shoot-Out-Klausel

Angesichts der oben erläuterten Charakteristika von Shoot-Out-Klauseln[281] stellt sich auch hier die Frage, ob das Texan Shoot-Out-Verfahren diese Merkmale aufweist.

Zunächst handelt es sich um ein gesetzlich nicht vorgeschriebenes Verfahren, bei dem die Gesellschafter die Gesellschaftsanteile eines Anderen erwerben oder die eigenen Anteile an einen Mitgesellschafter verkaufen (müssen).

---

275 *Wilske/Fox/Baillie* in: International Joint Ventures, 609.

276 *Pauli*, GWR 2014, 86.

277 *Simon*, Der Wert von Beteiligungsverträgen, 440.

278 So *Fleischer/Schneider*, DB 2010, 2713, 2714; *dies.*, Max Planck Private Law Research Paper No. 11/13, 1, 4; *Werner*, GmbHR 2005, 1554, 1556; *Willms/Bicker*, BB 2014, 1347; *Fett/Spiering*, Handbuch Joint Venture, 422 Rn. 601; *Schmolke* in: Gesellschafts- und Kapitalmarktrecht, 126; *ders.*, ZIP 2014, 897, 898; *Wedemann*, Gesellschafterkonflikte, 496; *von Unger/Friel* in: MüAHB PersGesR, D., § 12, Rn. 160.

279 So *Greason/Sedor*, Chadbourne&Parke LLP, M&A Client Alert, June 1, 2011, 2.

280 So *Brooks/Landeo/Spier*, RAND Journal of Economics, Winter 2010, Vol. 41 Issue 4, 649; *Wälzholz*, GmbH-StB 2007, 84, 86; *Klotz*, Power Tools, 210; *Heckschen* in: Die GmbH, 314 Rn. 190; *Seibt* in: MüAHB GmbH-Recht, A., § 2, III., 12., f), Rn. 225a; *Langenfeld/Miras*, GmbH-Vertragspraxis, 141 Rn. 375.

281 Siehe A., I.

Da Dritte hier nicht zum potenziellen Erwerberkreis zählen, findet es auch gesellschaftsintern statt.

Zudem steht der Kaufpreis nicht schon zu Beginn des Verfahrens fest. Im Gegenteil ist es – neben der Ermittlung des Erwerbers – gerade das Ziel des Verfahrens, den Kaufpreis für die Gesellschaftsanteile zu ermitteln, was freilich durch die Gebote der Gesellschafter geschieht.

Auch handelt es sich um eine Vertragsgestaltung, bei der Elemente der freiwilligen und der erzwungenen Übertragung von Gesellschaftsanteilen kombiniert werden.

Hinsichtlich der Gründe hierfür kann auf die diesbezüglichen Erläuterungen im Rahmen des klassischen Auktionsverfahren verwiesen werden. Die Begründung ist wegen der strukturellen Ähnlichkeit beider Verfahren auch auf das Texan Shoot-Out-Verfahren übertragbar.

Zuletzt erfüllt es auch die wohl entscheidende Voraussetzung, um es unter der Begriff der Shoot-Out-Klauseln zu fassen:

Bei Verfahrenseinleitung ist unklar, welcher Gesellschafter am Ende des Verfahrens Veräußerer, beziehungsweise Erwerber sein wird.

Damit handelt es sich beim Texan Shoot-Out-Verfahren zweifelsfrei um die Erscheinungsform einer Shoot-Out-Klausel.

d) Verhältnis zu anderen Erscheinungsformen

Nach der Verfahrensbeschreibung unschwer zu erkennen, weist das Texas Shoot-Out-Verfahren große Ähnlichkeiten sowohl mit dem klassischen als auch mit dem eingeschränkten Auktionsverfahren auf. In allen Fällen müssen sich die Gesellschafter gegenseitig überbieten, wenn sie am Ende des Verfahrens Erwerber der Anteile des Mitgesellschafters werden wollen, was durchaus auch in mehreren Bietrunden geschehen kann.

Es verwundert daher nicht, dass auch in der Literatur auf den Auktionscharakter des Verfahrens hingewiesen wird[282].

Die Verfahren unterscheiden sich lediglich in folgenden Aspekten:

Zum Einen scheint hier – folgt man den Verfahrensbeschreibungen im Schrifttum – jedenfalls anfangs kein neutraler Dritter als Auktionator beteiligt zu sein.

Zum Anderen haben die Gesellschafter in dieser Anfangsphase ohne Auktionator die Möglichkeit, das jeweilige Angebot des Mitgesellschafters anzunehmen. Dies ist im klassischen (und eingeschränkten) Auktionsverfahren nicht der Fall, denn dort geht es ausschließlich darum, den oder die Mitgesellschafter zu überbieten.

Ist es nach dem Anfangsgebot des initiierenden Gesellschafters und der darauf folgenden Gebotserhöhung des Mitgesellschafters nicht zur Erwerberfindung

---

282 *Küting/Seel*, IRZ 2012, 467, 472; *Fleischer/Schneider*, DB 2010, 2713, 2714; *Werner*, GmbHR 2005, 1554, 1556; *Willms/Bicker*, BB 2014, 1347; *Schmolke* in: Gesellschafts- und Kapitalmarktrecht 2014, 126; *ders.*, ZIP 2014, 897, 898.

gekommen, da die Gesellschafter die Gebote jeweils abgelehnt haben, schließt sich offenbar ein eingeschränktes Auktionsverfahren nach dem oben beschriebenen Vorbild[283] an.

Damit stellt sich das Texas Shoot-Out-Verfahren als Kombination aus zwei abgewandelten klassischen Auktionsverfahren dar. Es liegt daher nahe, das Verfahren insgesamt als Abwandlung des klassischen Auktionsverfahrens zu bezeichnen.

Die Ähnlichkeit beider Verfahren scheint so weit zu gehen, dass sie mitunter miteinander verwechselt werden, beziehungsweise ihre Grenzen verwischen. So beschreiben einige Autoren ein klassisches Auktionsverfahren (ohne Auktionator), betiteln es aber als „Texas/n Shoot-Out"[284]. Im Rahmen dieser Arbeit soll es jedoch bei den hier gewählten Bezeichnungen bleiben, auch, um eine Unterscheidung beider Verfahren auf begrifflicher und inhaltlicher Ebene herbeizuführen.

Das gleiche Phänomen ist im Übrigen auch bezüglich des eingeschränkten Auktionsverfahrens zu finden[285].

Hinsichtlich des Verhältnisses von Texan Shoot-Out- und Russian-Roulette-Verfahren sei auf die diesbezüglichen Ausführungen zum letztgenannten Verfahren verwiesen[286].

e) Vorgeschlagene Verfahrensabwandlung:

aa) Sale/Dutch Shoot-Out

Als Variante des Texan Shoot-Out-Verfahrens wird in der Literatur eine Verfahrensgestaltung vorgeschlagen, die als „Sale Shoot-Out" bezeichnet wird[287].

Dabei gibt der verfahrenseinleitende Gesellschafter ein konkretes Verkaufsangebot bezüglich seiner eigenen Anteile an die übrigen Gesellschafter ab. Wird das Angebot abgelehnt, so muss in die andere Richtung wiederum ein Verkaufsangebot ausgerufen werden, dann aber zu einem geringeren Preis. Dieses Verfahren zieht sich - ohne neutralen Dritten – solange hin, bis einer der Gesellschafter eines der Angebote annimmt.

---

283 Siehe C., II., 2., a).

284 *Fleischer/Schneider*, DB 2010, 2713, 2714; *Werner*, GmbHR 2005, 1554, 1556; *Willms/Bicker*, BB 2014, 1347; *Fett/Spiering*, Handbuch Joint Venture, 422 Rn. 601; *Schmolke* in: Gesellschafts-und Kapitalmarktrecht, 126; *ders.*, ZIP 2014, 897, 898; *Wedemann*, Gesellschafterkonflikte, 496; *von Unger/Friel* in: MüAHB PersGesR, D., § 12, Rn. 160.

285 So *Greason/Sedor*, Chadbourne&Parke LLP, M&A Client Alert, June 1, 2011, 2, die ein eingeschränktes Auktionsverfahren beschreiben, es aber als „Texas Shoot-Out" betiteln.

286 Siehe C., II., 4., d)., aa).

287 *Fleischer/Schneider*, DB 2010, 2713, 2714; *dies.*, Max Planck Private Law Research Paper No. 11/13, 1, 4; *Schroeder/Welpot*, NZG 2014, 609, 611; *Hewitt*, Hewitt on Joint Ventures, 238. Auch beschrieben bei *Wedemann*, Gesellschafterkonflikte, 496, dort aber ohne ausdrücklichen Bezug zum Texan Shoot-Out-Verfahren.

Die Bezeichnung als „Sale Shoot-Out" rührt hier naheliegenderweise daher, dass – im Vergleich zur oben genannten Grundform – keine Kaufs-, sondern Verkaufsangebote[288] abgegeben werden.

bb) Texan Shoot-Out mit mehrrundigem Auktionsverfahren

Als weitere Verfahrensabwandlung wird folgende Vorgehensweise vorgeschlagen[289]:

Wie schon beim oben genannten Grundmodell des Verfahrens macht der verfahrenseinleitende Gesellschafter seinem/n Mitgesellschafter/n zunächst ein konkretes Kaufangebot für alle von ihm/ihnen gehaltenen Anteile. Erneut besteht nun die Wahlmöglichkeit, das Angebot innerhalb einer bestimmten Frist anzunehmen oder ein höheres Angebot an den verfahrenseinleitenden Gesellschafter zu übermitteln.

Zeichnet sich ab, dass alle beteiligten Gesellschafter an einem Kauf interessiert sind, so schließt sich in diesem Fall kein einmaliges Bieten im Stile eines eingeschränkten Auktionsverfahrens, sondern ein mehrrundiges Bietverfahren im Stile eines klassischen Auktionsverfahrens an. Zu diesem Zweck wird ein neutraler Dritter mit der Durchführung beauftragt. Das Prozedere wird dabei – wie gehabt – so lange fortgesetzt, bis keine Erhöhung des höchsten Angebots mehr erfolgt und damit die höchstbietende Partei Erwerber wird.

4. Russian Roulette-Verfahren

a) Verfahren

Mehr oder weniger (rechtlich) differenziert dargestellt wird die wohl am weitesten verbreitete und bekannteste Verfahrensgestaltung. Sie hat im Wesentlichen folgenden Inhalt[290]:

---

288 Aus dem Englischen übersetzt bedeutet „Sale" bekanntermaßen „Verkauf", siehe Langenscheidt, 429.

289 *Ritz*, Kommentierter Mustervertrag, 77, 78; *Hewitt*, Hewitt on Joint Ventures, 237.

290 In dieser Art beschrieben bei *Binz/Mayer*, NZG 2012, 201, 210; *Carey*, Real Property, Probate and Trust Journal, Winter 2005, 651, 655; *ders.*, The Real Estate Finance Journal, Fall 2004, 5; *Tulli/Chumney*, Gardere Wynne Sewell LLP 2012, 1; *Fleischer/Schneider*, Max Planck Private Law Research Paper No. 11/13, 1, 4; *dies.*, DB 2010, 2713, 2714; *Grau*, Corporate Finance 2015, M&A, 39, 44, 45; *Greason/Sedor*, Chadbourne&Parke LLP, M&A Client Alert, June 1, 2011, 2; *Knobloch*, GesKR 04/2013, 551, 565; *ders.* in: Gesellschafts- und Kapitalmarktrecht, 166; *Wälzholz*, GmbH-StB 2007, 84, 86; *Wirbel* in: MüHB GesR, Bd.1, § 28 Rn. 61; *Wilske/Fox/Baillie* in: International Joint Ventures, 608; *Heckschen* in: Die GmbH, § 4 Rn. 190; *Langefeld-Wirth* in: Joint Ventures im int. Wirtschaftsverkehr, 157, 158; *Stephan* in: Internationale Joint Ventures, 118; *Schmolke* in: Gesellschafts- und Kapitalmarktrecht, 125; *ders.*, ZIP 2014, 897, 898; *von der Crone*, SJZ 89 (1993), 37, 43; *von Unger/Friel* in: MüAHB PersGesR, D., §12, Rn. 158; *Ritz*, Kommentierter Mustervertrag, 76; *Hewitt*, Hewitt on Joint Ventures, 234.

Der das Verfahren initiierende Gesellschafter (A) nennt dem oder den Mitgesellschafter(n) einen Preis, entweder bezogen auf einen oder auf alle von ihm/ihnen gehaltenen Geschäftsanteile. Der oder die Mitgesellschafter haben dann innerhalb einer vorher bestimmten Frist die Wahl, entweder die Anteile des initiierenden Gesellschafters zum genannten Preis zu kaufen und sich übertragen zu lassen oder ihre eigenen Anteile zu eben diesem Preis an A zu verkaufen und zu übertragen. Es muss verpflichtend eine der beiden Alternativen gewählt werden.

Hat A zu Beginn nur den Preis für einen Anteil genannt, so bestimmt sich der zu zahlende Gesamtbetrag freilich abhängig von der prozentualen Gesamtmenge an Anteilen, die der veräußernde Gesellschafter hält.

b) Bezeichnung

Wie bereits erwähnt, ist der Bekanntheitsgrad dieses Verfahrens in der Literatur (und wohl auch in der Praxis) sehr hoch, so dass es nicht verwundert, dass gerade hier das oben beschriebene Phänomen der uneinheitlichen Terminologie in besonderer Ausprägung zu bewundern ist. So werden hierfür eine Vielzahl von – teilweise äußerst phantasievollen – Begriffen zur Beschreibung verwendet.

Es finden sich englische Bezeichnungen wie „Buy-Sell arrangemenrt/agreement/option/provision/procedure“[291], „forced buy-sell provision“[292], „shoot-out“[293], „push-pull provision“[294], „shotgun provision/clause“[295], „cut-throat provision“[296], „Texas Draw“[297], „chinese/phoenician option“[298], „chinese wall clause“,[299] „pie-slice

291 *Carey*, Real Property, Probate and Trust Journal, Winter 2005, 651, 655; *ders.*, The Real Estate Finance Journal, Fall 2004, 5.; *Fleischer/Schneider*, Max Planck Private Law Research Paper No. 11/13, 1, 4.

292 *Tulli/Chumney*, Gardere Wynne Sewell LLP 2012, 1.

293 *Willms/Bicker*, BB 2014, 1347 ff.; *Klotz*, Power Tools, 210; *Gresbrand/*Röhl, AnwZert-Onl HaGesR, Heft 20/2014, 2; *Fleischer/Schneider*, DB 2010, 2713; *Heeg*, BB 2014, 467, 470; *Holler/Frese*, BB 2014, 1479, 1480; *Lorz*, FuS 03/2014, 125; *Schmolke*, ZIP 2014, 897, 898; *Stephan* in: Internationale Joint Ventures, 118; *Niewiarra*, Unternehmenskauf, 106. Dabei variiert die Schreibweise: Zu finden sind auch „Shootout“ (*Brooks/Landeo/Spier*, RAND Journal of Economics, Winter 2010, Vol. 41 Issue 4, 649 ff.) und „Shoot Out“ (*Duve*, AnwBl 2007, 389, 391).

294 *Tulli/Chumney*, Gardere Wynne Sewell LLP 2012, 1.

295 *Tulli/Chumney*, Gardere Wynne Sewell LLP 2012, 1.

296 *Carey*, Real Property, Probate and Trust Journal, Winter 2005, 651, 708; *Tulli/Chumney*, Gardere Wynne Sewell LLP 2012, 1.

297 *Klotz*, Power Tools, 210; *Carey*, Real Property, Probate and Trust Journal, 651, 709; *Tulli/Chumney*, Gardere Wynne Sewell LLP 2012, 1; *Duve*, AnwBl 2007, 389, 391.

298 *Carey*, Real Property, Probate and Trust Journal, Winter 2005, 651, 708; *Tulli/Chumney*, Gardere Wynne Sewell LLP 2012, 1.

299 *Carey*, Real Property, Probate and Trust Journal, Winter 2005, 651, 708.

provision"[300], „dynamite or candy bar method"[301], „half a slice method"[302], „put and take method"[303], „Joint Venture Roulette"[304], „omelet clause"[305] oder „Solomon's option"[306].

Verwendet werden aber durchaus auch deutsche Begrifflichkeiten wie „K.O.-Verfahren"[307], „Kauf-Verkauf-Klausel"[308], „Shotgun-Klausel"[309], „show down-Klausel"[310] oder „chinesische Klausel"[311], wobei hier meist nur die englischen Begriffe ins Deutsche übersetzt wurden.

Zum Teil werden allerdings auch Bezeichnungen benutzt, die bereits andere Verfahren betiteln. Dazu gehören insbesondere „Texas/n Shoot-Out"[312] und „Dutch Auction"[313].

So interessant die Begriffe teilweise klingen, so ist diese Fülle an Bezeichnungen und ihre undifferenzierte Verwendung doch ein Problem und insgesamt wenig hilfreich. Es bleibt nur zu hoffen, dass sich auf Dauer eine einheitliche Bezeichnung durchsetzen wird.

So soll freilich auch im Rahmen dieser Arbeit nur eine einzige Begrifflichkeit für dieses Verfahren verwendet werden, und zwar die am meisten in der Literatur

---

300 *Tulli/Chumney*, Gardere Wynne Sewell LLP 2012, 1.
301 *Carey*, Real Property, Probate and Trust Journal, Winter 2005, 651, 708; *Tulli/Chumney*, Gardere Wynne Sewell LLP 2012, 1.
302 *Mezzullo* in: Business Succession Planning, Chapter 6, § 6.83.
303 *Mezzullo* in: Business Succession Planning, Chapter 6, § 6.83.
304 *Carey*, Real Property, Probate and Trust Journal, Winter 2005, 651, 708.
305 *Alvino* in: International Joint Ventures, 223.
306 *Carey*, Real Property, Probate and Trust Journal, Winter 2005, 651, 709.
307 *Binz/Mayer*, NZG 2012, 201, 210.
308 *Von der Crone*, SJZ 89 (1993), 37, 43.
309 *Klotz*, Power Tools, 210; *Carey*, Real Property, Probate and Trust Journal, Winter 2005, 651, 709; *Tulli/Chumney*, Gardere Wynne Sewell LLP 2012, 1; *Landeo/Spier*, The University of Chicago Law Review, Vol. 81, Issue 1, 204, 205; *dies.*, Shotguns and Deadlocks, 22 ff.; *Thompson*, Shotgun Clauses, 1; *Wälzholz*, GmbH-StB 2007, 84, 86; *Yakimowski/Nordick/Maher/Dolan*, Buy-Sell Provisions, 10; *Langefeld-Wirth* in: Joint Ventures im int. Wirtschaftsverkehr, 157.; *Stephan* in: Internationale Joint Ventures, 118; *Heckschen* in: Die GmbH, § 4 Rn. 190.
310 *Weitnauer*, NZG 2001, 1065, 1072.
311 Diese Bezeichnung wurde in dem Gesellschaftsvertrag verwendet, der der Entscheidung des OLG Nürnberg, Urteil vom 20.12.2013, 12 U 49/13 – ZIP 2014, 171, zugrunde lag.
312 *Tulli/Chumney*, Gardere Wynne Sewell LLP 2012, 1; *Langenfeld/Miras*, GmbH-Vertragspraxis, 140 Rn. 375; *Seibt* in: MüAHB GmbH-Recht, A., § 2, III, 12., f), Rn. 225a; *Wälzholz*, GmbH-StB 2007, 84, 86; *Brechbühl/Emch*, SZW 2007, 271, 276; *Brooks/Landeo/Spier*, RAND Journal of Economics, Winter 2010, Vol. 41 Issue 4, 649.
313 *Mezzullo* in: Business Succession Planning, Chapter 6, § 6.83.

verwendete und wohl insgesamt geläufigste Bezeichnung als „Russian Roulette-", beziehungsweise eingedeutscht „Russisch Roulette-Verfahren"[314].

Der etwas ungewöhnliche Name rührt wohl daher, dass man nach einer Bezeichnung suchte, die den ungewissen Verfahrensausgang und die einschneidenden Konsequenzen plakativ zum Ausdruck bringen sollten[315].

Hinzu kommt, dass „Russisch Roulette" in seiner durch Literatur und Geschichte bekannten Form auch als tödliches Glücksspiel bekannt ist, bei dem unter normalen Umständen ein Spieler verstirbt und damit verliert.

Betrachtet man die Situation der Gesellschafter im Rahmen des Russian Roulette-Verfahrens, so lässt sich schnell erkennen, dass auch hier derjenige, der im Verfahren unterliegt, zwangsläufig aus der Gesellschaft ausscheidet, da er seine Anteile verkaufen und übertragen muss.

Von daher hat diese Bezeichnung durchaus ihre Berechtigung.

c) Einordnung als Shoot-Out-Klausel

Auch beim Russian Roulette-Verfahren stellt sich die Frage, ob es als Shoot-Out-Klausel im Sinne dieser Arbeit angesehen werden kann. Eine Einordnung erfolgt wie gehabt anhand der oben erläuterten Charakteristika[316].

Vorweg lässt sich feststellen, dass beim Russian Roulette-Verfahren zu Beginn noch nicht feststeht, welcher Gesellschafter seine Anteile verkaufen muss und wer

---

314 *Fleischer/Schneider*, Max Planck Private Law Research Paper No. 11/13, 1, 4; *Wedemann*, Gesellschafterkonflikte, 495, *Klotz*, Power Tools, 210; *Becker*, Die Zulässigkeit, 135; *Gresbrand/Röhl*, AnwZertOnl HaGesR, Heft 20/2014, 2; *Carey*, Real Property, Probate and Trust Journal, Winter 2005, 651, 708;*Tulli/Chumney*, Gardere Wynne Sewell LLP 2012, 1; *Duve*, AnwBl 2007, 389, 391; *Grau*, Corporate Finance 2015, M&A, 39, 44; *Greason/Sedor*, Chadbourne&Parke LLP, M&A Client Alert, June 1, 2011, 2; *Heeg*, BB 2014, 467, 470; *Holler/Frese*, BB 2014, 1479, 1480; *Lorz*, FuS 03/2014, 125; *Schaper*, DB 2014, 821; *Schulte/Sieger*, NZG 2005, 24, 25; *Simon*, Der Wert von Beteiligungsverträgen, 440; *Wälzholz*, GmbH-StB 2007,84, 86; *Schmolke*, ZIP 2014, 897, 898; *ders.*, Grenzen der Selbstbindung, 556; *Knobloch*, GesKR 2013, 551, 565; *Schulte/Pohl*, Joint-Venture-Gesellschaften, 184 Rn. 779 ff.; *Schroeder/Welpot*, NZG 2014, 609, 611; *Englisch/v.Schnurbein* in: Beck'sches Formularbuch GmbH-Recht, Kap. C, III., 2., Rn. 39; *Wertenbruch* in: Eberoth/Baujong/Joost/Strohn, HGB, § 105 Rn. 210; *von Unger/Friel* in: MüAHB PersGesR, D., § 12, Rn. 158; *Weidmann*, DStR 2014, 1500, 1501; *Küting/Seel*, IRZ 2012, 467, 472; *Alvino* in: International Joint Ventures, 222; *Reinhard* in: Praxis des HaGesR, Teil 2, 12. Kap., Rn. 73; *Stephan* in: Internationale Joint Ventures. 118; *Kuhn* in: Joint Ventures, 333 Rn. 98 ff.; *Lutz*, Der Gesellschafterstreit, 277 Rn. 560; *Fett/Spiering*, Handbuch Joint Venture, 419 Rn. 591 ff.; *Ritz*, Kommentierter Mustervertrag, 74.

315 So auch vermutet von *Werner*, GmbHR 2014, 310, 312; *ders.*, GmbHR 2005, 1554, 1558, Fn. 17; *Heeg*, BB 2014, 467.

316 Siehe A., I.

dementsprechend Erwerber wird[317]. Damit besteht hier das für Shoot-Out-Klauseln typische Risiko für die Gesellschafter.

Ferner handelt es sich um ein gesetzlich nicht vorgeschriebenes Verfahren, bei dem ein Gesellschafter die Gesellschaftsanteile eines oder mehrerer Mitgesellschafter erwirbt oder die eigenen Anteile an einen Mitgesellschafter verkaufen (muss).

Dritte, die als potenzielle Erwerber auftreten, sind im Rahmen dieses Verfahrens nicht involviert, so dass es auch gesellschaftsintern stattfindet.

Zudem steht der Kaufpreis nicht schon zu Beginn des Verfahrens fest. Zwar wird es grundsätzlich so sein, dass der zu Anfang ausgerufene Preis zugleich der zu zahlende Endpreis sein wird. Gleichwohl wird dieser Preis erst im Rahmen des Verfahrens festgelegt und steht nicht schon vor dessen Initiierung fest.

Es handelt sich zuletzt auch um eine Vertragsgestaltung, bei der Elemente der freiwilligen und der erzwungenen Übertragung von Gesellschaftsanteilen kombiniert werden.

Letzteres ist unschwer ersichtlich, da der Angebotsempfänger vertraglich verpflichtet ist, eine Annahmeerklärung bezüglich eines Kaufs oder Verkaufs abzugeben.

Obwohl in der vorstehenden Verfahrensbeschreibung nicht ausdrücklich erwähnt, wird das Verfahren auch durch eine freiwillige Entscheidung eines (oder mehrerer) Gesellschafter ausgelöst.

d) Verhältnis zu anderen Erscheinungsformen und sonstigen Exitmechanismen

aa) Verhältnis zu anderen Erscheinungsformen

Immer wieder liest man, das Russian Roulette-Verfahren sei die Grundform der hier aufgeführten Erscheinungsformen von Shoot-Out-Klauseln[318]. Dies geht soweit, dass der Begriff des „Russian Roulette-Verfahrens" zum Teil sogar als Oberbegriff verwendet wird[319].

317 So auch *Küting/Seel*, IRZ 2012, 467, 472.

318 So zum Beispiel *Duve*, AnwBl 2007, 389, 391; *Fleischer/Schneider*, DB 2010, 2713, 2714; *Simon*, Der Wert von Beteiligungsverträgen, 439; *Willms/Bicker*, BB 2014, 1347.

319 Dergestalt offenbar verwendet von *Kuhn* in: Joint Ventures, 333 Rn. 98 ff.; *Fett/Spiering*, Handbuch Joint Venture, 420 Rn. 594; *Weidmann*, DStR 2014, 1500, 1506, Fn. 20; *Schaper*, DB 2014, 821. Zur Untauglichkeit der Bezeichnung als Oberbegriff siehe B., I., 2.

So heißt es insbesondere, dass das Texan Shoot-Out-Verfahren eine „Spielart“ oder Variante des Russian Roulette-Verfahrens sei[320]. Gleiches gelte auch für das eingeschränkte Auktionsverfahren[321].

Gründe für diese Einschätzung werden dabei aber regelmäßig nicht genannt.

Nur selten finden sich zum Beispiel Aussagen für das Verhältnis von Russian Roulette und Texan Shoot-Out dahingehend, dass letztgenanntes Verfahren einen vergleichbaren – wenn auch strikteren – Ablauf habe[322] oder schlicht „ähnlich“ sei[323].

Dass eine Ähnlichkeit dieser Verfahren durchaus gegeben ist, lässt sich auch nicht von der Hand weisen. Immerhin handelt es sich jeweils um Erscheinungsformen von Shoot-Out-Klauseln, so dass automatisch vergleichbare Merkmale vorhanden sind.

Vergleichbar ist zudem – zumindest in gewissem Maße – das Prozedere zu Beginn von Russian Roulette- und Texan Shoot-Out-Verfahren, da sich in beiden Fällen der nicht-initiierende Gesellschafter mit einem oder mehreren Angeboten und daraus folgenden Wahlmöglichkeiten konfrontiert sieht.

Was aber gerade das Russian Roulette-Verfahren zu einer (generellen) Grundform dieser Klauseln machen soll, ist nicht ersichtlich.

Insbesondere weist es von seiner Struktur her keine besonderen Merkmale auf, die sich bei den anderen Verfahren wiederfinden würden.

Im Gegenteil: Während sich sämtliche Arten von Auktionsverfahren – und dazu ist als entfernte Abwandlung auch das Texan Shoot-Out-Verfahren zu zählen[324] – dadurch auszeichnen, dass die Gesellschafter unterschiedliche Gebote abgeben (können), so gibt es beim Russian Roulette-Verfahren von vornherein nur ein Angebot, und zwar das des initiierenden Gesellschafters.

Die strukturelle Ähnlichkeit der Verfahren ist daher im Wesentlichen auf die für Shoot-Out-Klauseln typischen Merkmale beschränkt.

So ließe sich letztlich genauso gut behaupten, dass beispielsweise das Texan Shoot-Out-Verfahren die Grundform und das Russian Roulette-Verfahren die (vereinfachte) Spielart davon sei. Jedenfalls ist die Behauptung, das Russian Roulette-Verfahren sei das Grundmodell derartiger Vertragsgestaltungen, kaum aufrecht zu erhalten und vermag auch nicht zu überzeugen.

---

320 *Grau*, Corporate Finance 2015, M&A, 39, 45; *Küting/Seel*, IRZ 2012, 467, 472; *Simon*, Der Wert von Beteiligungsverträgen, 440; *Kuhn* in: Joint Ventures, 334 Rn. 102; *Schulte/Pohl*, Joint-Venture-Gesellschaften, 185 Rn. 784; *Schmolke*, ZIP 2014, 797, 798; *ders.* in: Gesellschafts- und Kapitalmarktrecht, 126; *ders.*, Grenzen der Selbstbindung, 556; *Fett/Spiering*, Handbuch Joint Venture, 422 Rn. 601.

321 *Schulte/Sieger*, NZG 2005, 24, 25; *Becker*, Die Zulässigkeit, 136; *Kuhn* in: Joint Ventures, 333 Rn 101.

322 *Schulte/Sieger*, NZG 2005, 24, 25; *Schulte/Pohl*, Joint-Venture-Gesellschaften, 185 Rn. 784.

323 *Lintz*, Drag-Along Right, 41 Rn. 56.

324 Siehe C., II., 3., d).

bb) Verhältnis zu Put- und Call-Optionen

Gesonderte Erwähnung bedarf an dieser Stelle noch das Verhältnis von Russian Roulette-Verfahren und Put- und Call-Optionen[325], da in der Literatur zum Teil behauptet wird, Ersteres sei lediglich eine besondere Ausprägung Letzterer[326].

Kuhn geht sogar noch weiter und meint, dies sei „herrschende Auffassung"[327].

Dies verwundert zum Einen schon deshalb, weil er keinerlei Hinweise auf Literaturquellen anführt, die eine solche Auffassung unterstützen oder belegen könnten.

Zum Anderen ist diese Ansicht aber auch inhaltlich wenig überzeugend.

Zwar ist den genannten Vertragsgestaltungen gemein, dass sie den Kauf, beziehungsweise Verkauf von Gesellschaftsanteilen an einen Mitgesellschafter zum Gegenstand haben.

Zudem kombinieren sie gleichfalls Elemente einer freiwilligen und einer erzwungenen Übertragung.

Auch besteht – jedenfalls im Verhältnis zu gekreuzten Put- und Call-Optionen[328] – eine gewisse Ähnlichkeit dahingehend, dass in beiden Fällen eine Partei die Wahl zwischen dem Verkauf der eigenen Anteile und dem Kauf fremder Anteile hat.

Gleichwohl stellt sich die Frage, ob diese Ähnlichkeiten ausreichen, um die vorgenannte Ansicht zu begründen. Dies ist zu verneinen!

Wie schon beim Verhältnis von Russian Roulette-Verfahren und den sonstigen Erscheinungsformen von Shoot-Out-Klauseln ließe sich – wenn man sich auf die vorgenannten Ähnlichkeiten beschränkt – auch hier ebenso gut andersherum behaupten, Put- und Call-Optionen seien lediglich besondere Ausprägungen des Russian Roulette-Verfahrens.

Hinzu kommt, dass diese Vertragsgestaltungen sich auch von ihrer Rechtsnatur her unterscheiden.

Wie Name und Inhalt schon nahelegen, handelt es sich bei Put- und Call-Optionen um Optionsrechte im rechtlichen Sinne, denn sie beinhalten das Recht, durch einseitige Erklärung einen aufschiebend bedingten Vertrag zustande zu bringen, der durch die Optionserklärung unbedingt wird. Damit stellen sie zugleich Gestaltungsrechte dar[329].

Dies ist im Rahmen des Russian Roulette-Verfahrens indes nicht der Fall. Hier steht kein aufschiebend bedingter Vertrag im Raum, der durch eine (jederzeitige)

---

325 Zum Verhältnis von Put- und Call-Optionen zu Shoot-Out-Klauseln generell siehe A., II., 3.

326 *Schulte/Pohl*, Joint-Venture-Gesellschaften, 189 Rn. 802 m.w.N.; *Kuhn* in: Joint Ventures, 333 Rn. 98; *Wilske/Fox/Baillie* in: International Joint Ventures, 608; *Schulte/Sieger*, NZG 2005, 24, 28; *Werner*, GmbHR 2005, 1554, 1558. *Weitnauer*, NZG 2001, 1065, 1072, geht sogar noch weiter und differenziert gar nicht zwischen beiden Vertragsgestaltungen.

327 *Kuhn* in: Joint Ventures, 333 Rn. 98.

328 Dazu siehe A., II., 3.

329 Zur Definition und Rechtsnatur des Optionsrechts: *Ellenberger* in: Palandt, BGB, Einf. v. § 145 Rn. 23.

einseitige Willenserklärung unbedingt werden könnte. Vielmehr kommt es zu einem „normalen“ Vertragsschluss dergestalt, dass der verfahrenseinleitende Gesellschafter zwei Angebotserklärungen – bezogen auf den Kauf und Verkauf von Anteilen – abgibt (§ 133, 157, 145 BGB) und der die Willenserklärung empfangende Gesellschafter sodann seinerseits die Annahme (§§ 133, 157, 145 BGB) eines dieser Angebote erklärt[330].

Mithin sind diese Vertragsgestaltungen strukturell so verschieden, dass sie richtigerweise schlicht voneinander zu unterscheiden sind.

e) Vorgeschlagene Verfahrensabwandlungen

aa) Verfahrensbeschreibung und Abwandlungen nach Schulte/Sieger

Im einschlägigen deutschen Schrifttum, das sich mit dem Russian Roulette-Verfahren auseinandersetzt, hat – wie die Lektüre und Durchsicht der Literatur im Rahmen des Erstellens dieser Arbeit gezeigt hat – der Aufsatz von *Schulte/Sieger*[331] aus dem Jahr 2005 besondere Aufmerksamkeit erhalten.

In diesem Rahmen stellen die beiden Rechtspraktiker unter anderem das Russian Roulette-Verfahren vor und zeigen zudem einige (vermeintliche) Abwandlungen auf.

In der Folgezeit haben viele Autoren neuerer Schriften in ihren Darstellungen der Klauselinhalte Bezug auf eben diesen Aufsatz genommen. Der Grund dafür mag darin zu sehen sein, dass es – soweit ersichtlich – die erste Abhandlung in Deutschland war, die sich gezielt und recht ausführlich mit diesem Verfahren auseinandersetzte.

Diese Bezugnahme erfolgt meistens mit direktem Verweis auf den Aufsatz[332]. Aber selbst, wenn kein direkter Verweis in der jeweiligen Verfahrensbeschreibung – sei es vom Grundmodell oder den Abwandlungen – zu finden ist[333], so ist diese dennoch

---

330 So auch *Schulte/Pohl*, Joint-Venture-Gesellschaften, 188 Rn. 795, 796. Anders – aber m.E. zu undifferenziert – *Huber* in: Kooperations-und Joint-Venture-Verträge, 50, der das Verfahren dahingehend beschreibt, dass die angebotsempfangende Partei die „Option“ habe, zu kaufen oder zu verkaufen. Zu den konkreten rechtlichen Vorgängen siehe auch C., IV.

331 *Schulte/Sieger*, „Russian Roulette“ und „Texan Shoot Out“ – Zur Gestaltung von radikalen Ausstiegsklauseln in Gesellschaftsverträgen von Joint-Venture-Gesellschaften (GmbH und GmbH & Co. KG), NZG 2005, 24–31.

332 So *Duve*, AnwBl 2007, 389, 391; *Heeg*, BB 2014, 467; *Simon*, Der Wert von Beteiligungsverträgen, 439, 440; *Willms/Bicker*, BB 2014, 1347; *Lintz*, Drag-Along Right, 40 Rn. 55; *Lutz*, Der Gesellschafterstreit, 277 Rn. 560; *Kuhn* in: Joint Ventures, 333 Rn. 99 u. 100; *Schaper*, DB 2014, 821; *Küting/Seel*, IRZ 2012, 467, 472; *Becker*, Die Zulässigkeit, 135, 136; *Schmolke*, Grenzen der Selbstbindung, 556.

333 So bei *Schroeder/Welpot*, NZG 2014, 609, 610; *Schulte/Pohl*, Joint-Venture-Gesellschaften, 185 Rn. 782; *Wertenbruch* in: Eberoth/Baujong/joost/Strohn, HGB, § 105 Rn. 210; *Seibt* in: MüAHB GmbH-Recht, A., §2, III., 12., f), Rn. 225a; *Wedemann*, Gesellschafterkonflikte, 495; *Fett/Spiering*, Handbuch Joint Venture, 419, 420 Rn. 592.

regelmäßig die Gleiche wie die von *Schulte/Sieger*. Da der Aufsatz – wie gesagt – zu den ersten umfangreicheren Thematisierungen des Russian Roulette-Verfahrens im deutschen Schrifttum gehört, liegt der Schluss nahe, dass er auch in den diesen Quellen herangezogen wurde.

Das von *Schulte/Sieger* vorgestellte Grundmodell ähnelt dem hier zuvor als Grundform dargestellten Verfahren in gewissem Maße, so dass man sich sicherlich fragen kann, ob die Unterschiede wohl möglich rein sprachlicher – sprich formulierungstechnischer – Natur sind. Gleichwohl – oder gerade deshalb – soll es hier gesondert dargestellt werden, da eben diese unterschiedlichen Formulierungen des Geschehens auch Einfluss auf die rechtlichen Vorgänge und die von ihnen vorgeschlagenen Verfahrensabwandlungen haben[334].

(1) Grundmodell: Zunächst Verkaufsangebot

Schulte/Sieger und in der Folge – mit oder ohne ausdrücklichen Bezug auf sie – auch zahlreiche andere Autoren beschreiben folgendes Grundmodell, das sich an einem 50/50-Equity Joint Venture orientiert[335]:

Nach Auslösung der Klausel übermittelt Gesellschafter A Gesellschafter B ein Verkaufs- und Abtretungsangebot bezüglich aller von A gehaltenen Anteile zu einem bestimmten Preis. Innerhalb einer bereits festgelegten Frist muss B entweder das Angebot des A annehmen oder – so wörtlich – „...die selbst an der Joint Venture-Gesellschaft gehaltenen Anteile an Partei A verkaufen und abtreten...". Dies muss ferner zu demselben (verhältnismäßigen) Preis geschehen, den zuvor A ausgerufen hatte.

Erwähnt werden muss noch, dass *Schulte/Sieger* ihrerseits bei der Darstellung des Grundmodells Bezug auf den Beitrag von *Huber*[336] aus dem Jahre 1994 nehmen. Das dort vorgestellte Verfahren beginnt aber nicht mit einem Verkaufs-, sondern mit einem Kaufangebot und unterscheidet sich auch im weiteren Verlauf (zumindest in seiner sprachlichen Darstellung) von dem hier genannten Modell.

---

334 Zu diesem Einfluss später mehr, siehe F., IV., 5., b), aa).

335 *Schulte/Sieger*, NZG 2005, 24, 25; *Duve*, AnwBl 2007, 389, 391; *Heeg*, BB 2014, *Schroeder/Welpot*, NZG 2014, 609, 610 467; *Simon*, Der Wert von Beteiligungsverträgen, 439, 440; *Willms/Bicker*, BB 2014, 1347; *Lintz*, Drag-Along Right, 40 Rn. 55; *Lutz*, Der Gesellschafterstreit, 277 Rn. 560; *Schulte/Pohl*, Joint-Venture-Gesellschaften, 185 Rn. 782; *Kuhn* in: Joint Ventures, 333 Rn. 99 u. 100; *Wertenbruch* in: Eberoth/Baujong/joost/Strohn, HGB, § 105 Rn. 210; *Schaper*, DB 2014, 821; *Küting/Seel*, IRZ 2012, 467, 472; *Seibt* in: MüAHB GmbH-Recht, A., §2, III., 12., f), Rn. 225a. Auch *Becker*, Die Zulässigkeit, 135, 136, der ausdrücklich auf *Schulte/Sieger* verweist, aber falsch zitiert, zumal er das von ihnen dargestellte Grundmodell als „One Way Sell Russian Roulette" bezeichnet.

336 *Huber* in: Kooperations-und Joint-Venture-Verträge, 50.

(2) One Way Sell Russian Roulette

In Anlehnung an ihr zuvor genanntes Grundmodell zeigen *Schulte/Sieger* eine „Spielart“ auf, die sie „One Way Sell Russian Roulette“ nennen[337]. Das dabei beschriebene Verfahren wird in der Folge entweder – wie vorgesehen – als Abwandlung[338] oder teilweise als Grundform[339] des Russian Roulette-Verfahrens auch von anderen Autoren dargestellt. *Langenfeld/Miras* betiteln es gar als „Texas Shoot-Out“[340].

Im Rahmen des Verfahrens bietet Gesellschafter A dem Gesellschafter B seinen Unternehmensanteil zu einem bestimmten Preis zum Kauf an. Sollte B das Angebot ablehnen, ist er seinerseits verpflichtet, dem A ein Verkaufsangebot in Bezug auf seine eigenen Anteile zum zuvor genannten Preis zu machen.

(3) Offer to Sell or Buy Russian Roulette

Als weitere Variante ihres Grundmodells wird das sogenannte „Offer to Sell or Buy Russian Roulette“ als „...klassische Form des Russian Roulette...“ vorgestellt[341], das in dieser Weise und mit dieser Bezeichnung allerdings nur bei einigen wenigen Autoren erwähnt wird[342].

Hierbei macht der verfahrenseinleitende Gesellschafter A seinem Mitgesellschafter B zwei Angebote. Eines betrifft den Verkauf und die Übertragung der eigenen Anteile zu einem bestimmten Preis, das Andere den Kauf der Anteile des Mitgesellschafters zu den selben Bedingungen. Gesellschafter B muss sich sodann innerhalb einer vorher festgelegten Frist für eines der beiden Angebote entscheiden.

bb) Vorschlag: Zunächst Kaufangebot

Neben den von *Schulte/Sieger* vorgeschlagenen Verfahrensabwandlungen findet sich in der Literatur zuletzt auch noch eine Variante des Russian Roulette mit dem Inhalt, dass der verfahrenseinleitende Gesellschafter seinem/n Mitgesellschafter/n zunächst ein Kaufangebot in Bezug auf dessen/deren Beteiligung zu einem bestimmten Preis macht. Der/Die Angebotsempfänger müssen dann innerhalb einer bestimmten Frist

337 *Schulte/Sieger*, NZG 2005, 24, 25.

338 So *Schroeder/Welpot*, NZG 2014, 609, 611.

339 So *Weidmann*, DStR 2014, 1500, 1502; *Fett/Spiering*, Handbuch Joint Venture, 420 Rn. 592; *Klotz*, Power Tools, 210; *Schmolke*, Grenzen der Selbstbindung, 556; *Wedemann*, Gesellschafterkonflikte, 495. Auch *Weitnauer*, NZG 2001, 1065, 1072 schildert dieses Verfahren, allerdings schon im Jahre 2001, also vor dem Erscheinen des Aufsatzes von *Schulte/Sieger*. Er nennt es „show down-Klausel“ und setzt es mit Put-und Call-Optionen gleich.

340 *Langenfeld/Miras*, GmbH-Vertragspraxis, 140 Rn. 375.

341 *Schulte/Sieger*, NZG 2005, 24, 25.

342 Namentlich bei *Schroeder/Welpot*, NZG 2014, 609, 611; *Becker*, Die Zulässigkeit, 136.

entscheiden, ob er/sie das Angebot annehmen oder selbst die Anteile des verfahrenseinleitenden Gesellschafters zum genannten Preis erwerben[343].

5. Deterrent Approach – Verfahren

a) Verfahren

Ein bisher in der Literatur nur selten vorgeschlagenes Verfahren zur Erwerberermittlung hat folgenden Inhalt[344]:

Nach Verfahrenseinleitung durch einen Gesellschafter wird zunächst der „wahre" Wert der Gesellschaftsanteile anhand eines vorher festgelegten Bewertungsverfahrens von einem neutralen Dritten ermittelt.

Sobald dieser Wert feststeht, hat der nicht-initiierende Gesellschafter die Wahl, die Anteile des verfahrenseinleitenden Gesellschafters auf Grundlage des ermittelten Wertes mit einem vorher festgelegten Abschlag zu erwerben oder die eigenen Anteile an ihn mit einem Aufschlag in gleicher Höhe zu verkaufen. Dabei muss er sich zwingend für eine dieser Möglichkeiten entscheiden.

b) Bezeichnung

Das soeben vorgestellte Verfahren wird – erstaunlicherweise einheitlich – als sogenanntes „Deterrent Approach" bezeichnet[345]. Diese einheitliche Verwendung des Begriffes mag dem bisher geringen Bekanntheitsgrad des Verfahrens geschuldet sein, denn wie sich gezeigt hat, werden vor allem für bekanntere Verfahren eine Vielzahl von Bezeichnungen verwendet[346].

Die Bezeichnung lässt sich am ehesten als „Abschreckungsmethode" ins Deutsche übersetzen[347], womit wohl der Sinn und Zweck der Auf- und Abschläge verdeutlicht werden soll. Denn diese dienen vor allem der Abschreckung der Gesellschafter, das Verfahren leichtfertig einzuleiten[348] und sollen dementsprechend Anreiz zur Findung einer anderweitigen Konfliktlösung geben[349].

---

343 *Neocleus/Labropoulos/Aristotelous* in: International Joint Ventures, 152; *Elsing* in: Joint Ventures im int. Wirtschaftsverkehr, 578, 578.

344 *Hewitt*, Hewitt on Joint Ventures, 238; *Ritz*, Kommentierter Mustervertrag, 82; *Fleischer/Schneider*, DB 2010, 2713, 2714; *Willms/Bicker*, BB 2014, 1347; mit dieser Beschreibung nur teilweise übereinstimmend *Schmolke* in: Gesellschafts- und Kapitalmarktrecht, 126.

345 *Hewitt*, Hewitt on Joint Ventures, 238; *Ritz*, Kommentierter Mustervertrag, 82; *Fleischer/Schneider*, DB 2010, 2713, 2714; *Willms/Bicker*, BB 2014, 1347; *Schmolke* in: Gesellschafts- und Kapitalmarktrecht, 126.

346 So zum Beispiel beim Russian Roulette-Verfahren, siehe C., II., 4., b).

347 Die englischen Begriffe „deterrent" und „approach" bedeuten jeweils „abschreckend" und „Methode", siehe Langenscheidt, 39, 145.

348 *Willms/Bicker*, BB 2014, 1347, 1348; *Fleischer/Schneider*, DB 2010, 2713, 2714.

349 *Hewitt*, Hewitt on Joint Ventures, 238.

Aufgrund der einheitlichen Verwendung und dem durchaus sinnigen Hintergrund der Bezeichnung besteht daher kein Grund, im Rahmen dieser Arbeit eine andere Begrifflichkeit für dieses Verfahren zu nutzen.

c) Einordnung als Shoot-Out-Klausel

Das Deterrent Approach-Verfahren weist alle oben herausgearbeiteten Merkmale[350] auf, um es als Shoot-Out-Klausel im Sinne dieser Arbeit anzusehen.

Zum Einen ist es ein gesetzlich nicht vorgeschriebenes Verfahren, das den Kauf, beziehungsweise Verkauf von Gesellschaftsanteilen innerhalb des Gesellschafterkreises zum Gegenstand hat.

Zum Anderen wird der zu zahlende Kaufpreis erst im Rahmen des Verfahrens bestimmt und steht nicht schon vor dessen Initiierung fest.

Es wird ferner durch eine freiwillige Entscheidung eines oder mehrerer Gesellschafter ausgelöst, worauf es zu im weiteren Verlauf zwingend zu einer Übertragung von Gesellschaftsanteilen kommt.

Ganz wesentlich für die Einordnung als Shoot-Out-Klausel ist zuletzt, dass beim Deterrent Approach die insofern typische Unsicherheit zu Beginn des Verfahrens besteht, dass Erwerber- und Veräußererrolle nicht geklärt sind. Vielmehr werden sie erst im Laufe des Verfahrens ermittelt.

d) Verhältnis zu anderen Erscheinungsformen

Das Deterrent Approach-Verfahren weist – ausgehend von der im Schrifttum zu findenden Verfahrensbeschreibung – gewisse Ähnlichkeiten mit der als „fairest sealed bid“ bezeichneten Abwandlung des eingeschränkten Auktionsverfahrens auf[351], da in beiden Fällen vor der eigentlichen Erwerberermittlung eine Wertermittlung im Hinblick auf die Gesellschaftsanteile durch einen neutralen Dritten stattfindet.

Anders als dort geben aber hier die Gesellschafter keine (verdeckten) Gebote ab, die dem ermittelten Wert möglichst nahe kommen müssen. Vielmehr erfolgt beim Deterrent Approach die Klärung der Erwerberrolle ausschließlich durch die Entscheidung eines einzelnen Gesellschafters. Der ermittelte „wahre“ Wert der Anteile dient dann nur noch als Grundlage für die Berechnung des zu zahlenden Preises.

Es geht hier folglich auch nicht darum, den jeweils anderen Gesellschafter zu überbieten, was ein wesentliches Merkmal von (aufsteigenden) Auktionsverfahren ist. Daher stellt dieses Verfahren – trotz der oben genannten Ähnlichkeiten – keine Abwandlung des eingeschränkten Auktionsverfahrens dar.

Schmolke deutet indes indirekt an, dass es sich um eine Abwandlung des Russian Roulette-Verfahrens handeln könnte, wenn er schreibt, dass es sich beim Deterrent Approach – mit geringen Unterschieden – wie beim Russian Roulette verhalte[352].

---

350 Siehe A., I.
351 Dazu siehe C., II., 2., e). bb).
352 *Schmolke* in: Gesellschafts- und Kapitalmarktrecht, 126.

Gemeint ist damit offenbar insbesondere, dass in beiden Fällen der initiierende Gesellschafter zwei Angebote – und zwar ein Verkaufs- und ein Kaufangebot – abgebe, im Falle des Deterrent Approach aber die jeweiligen Auf- und Abschläge bezüglich der Angebotshöhe zu berücksichtigen seien.

Ohne an dieser Stelle bereits auf die konkreten rechtlichen Vorgänge eingehen zu wollen – dies wird zu einem späteren Zeitpunkt geschehen[353] –, so scheint diese Ansicht doch recht einleuchtend. Geht man davon aus, dass der verfahrenseinleitende Gesellschafter hier tatsächlich zwei Angebote in der eben geschilderten Form abgibt und der empfangende Gesellschafter sodann die Wahl hat, eines davon annehmen zu müssen, so verhält es sich insoweit in der Tat wie beim Russian Roulette-Verfahren. Das Verfahren wäre folglich im Hinblick auf die Art und Weise der Erwerberermittlung gleich. Lediglich die Ermittlung des zu zahlenden Preises würde sich unterschiedlich vollziehen.

Vor diesem Hintergrund scheint es durchaus berechtigt, das Deterrent Approach-Verfahren als Abwandlung des Russian Roulette-Verfahrens zu bezeichnen.

Eine gesonderte Darstellung als Erscheinungsform von Shoot-Out-Klauseln hat es im Rahmen dieser Arbeit dennoch verdient, da es in der Literatur eine eigenständige, nicht zwingend mit dem Russian Roulette-Verfahren verknüpfte Bedeutung hat.

III. Weitere denkbare Erscheinungsformen

Die vorangegangenen Ausführungen haben aufgezeigt, welche grundsätzliche Struktur Shoot-Out-Klauseln aufweisen und in welchen Erscheinungsformen sie in der juristischen Literatur zu finden sind. Es sei erneut darauf hingewiesen, dass sich diese Erscheinungsformen allein auf das Verfahren zur Ermittlung des Erwerbers und des zu zahlenden Preises und damit nur auf einen bestimmten Teil der jeweiligen Klausel beziehen.

Versucht man nun, weitere denkbare – im Schrifttum bisher nicht genannte – Erscheinungsformen zu entwickeln, so ist es hilfreich, die bisher beschriebenen Verfahren auf einer abstrakten Ebene zu analysieren, um auf dieser Grundlage neue Kombinationsmöglichkeiten zu finden.

Zunächst ist dabei zwischen den zwei wesentlichen Zielen dieser Verfahren zu unterscheiden:

Zum Einen die Ermittlung des zu zahlenden Preises und zum Anderen die Ermittlung des Erwerbers.

353 Dazu siehe C., IV.

1. Ermittlung des zu zahlenden Preises

a) Einseitige oder mehrseitige Preisermittlung

Betrachtet man die in der Literatur zu findenden Verfahren, so fällt auf, dass entweder eine einseitige oder eine mehrseitige Preisermittlung stattfindet.

Als einseitig preisermittelnd sind solche Verfahren anzusehen, bei denen der zu zahlende Preis von einem Gesellschafter festgelegt wird und dieser sich im Laufe des weiteren Verfahrens auch nicht mehr ändern kann.

Diese Art der Preisermittlung findet sich beim Russian Roulette- Verfahren und seinen Abwandlungen, zu denen auch das Deterrent Approach-Verfahren zu zählen ist.

Demgegenüber zeichnen sich alle Arten von Auktionsverfahren und ihre Abwandlungen durch eine flexible Art und Weise der Preisermittlung aus.

Flexibel ist sie deshalb, weil hier eben keine einseitige und unabänderliche Festlegung des Preises erfolgt, sondern der Endpreis vielmehr Ergebnis eines (Biet-) Prozesses ist. Im Gegensatz zur einseitigen Preisermittlung sind hier mehrere Gesellschafter beteiligt.

b) Anzahl der verbindlichen Angebote

Eng verbunden mit der Unterscheidung von einseitiger oder mehrseitiger Preisermittlung ist die Anzahl der verbindlichen Angebote, die zur endgültigen Preisermittlung gemacht werden (können).

Diese ist bei einseitiger Preisermittlung ersichtlich von vornherein begrenzt, während bei mehrseitiger Preisermittlung die Bandbreite deutlich größer ist.

In jedem Fall geben die Gesellschafter hierbei mindestens ein Angebot ab, wie es beispielsweise beim eingeschränkten Auktionsverfahren der Fall ist. Bei mehrrundigen Auktionsverfahren sind aber – zumindest in der Theorie – auch eine unbegrenzte Zahl von Angeboten möglich.

Die Anzahl der (möglichen) Angebote beeinflusst freilich auch die Verfahrensdauer in großem Maße.

2. Ermittlung des Erwerbers

Die Ermittlung des Erwerbers in den vorgeschlagenen Verfahren vollzieht sich ebenfalls auf unterschiedliche Art und Weise.

Dabei lässt sich indes feststellen, dass Erwerber- und Preisermittlung eng miteinander verbunden sind.

Findet eine einseitige Preisermittlung statt, so erfolgt die Erwerberermittlung im Wege einer einfachen Wahlmöglichkeit seitens des Angebotsempfängers dahingehend, ob er kaufen oder verkaufen will.

Bei mehrseitiger Preisermittlung entscheidet dagegen regelmäßig die Höhe des Angebotes über die Verteilung von Veräußerer- und Erwerberrolle. Je nach Ausgestaltung des Verfahrens ist dann das höchste, niedrigste oder dem ermittelten Wert der Anteile am nächsten kommende Angebot maßgeblich.

3. Schlüsse

Will man aus diesen abstrakten Überlegungen nun konkrete Schlüsse hinsichtlich der Möglichkeit weiterer Verfahrensgestaltungen ziehen, so lässt sich zunächst festhalten, dass neue Verfahren entweder eine einseitige oder eine mehrseitige Preisermittlung statuieren müssen. Eine Kombination beider Ermittlungsstrategien ist nicht möglich, da sie sich gegenseitig ausschließen.

Ebenso ausgeschlossen ist eine Kombination aus einseitiger Preisermittlung und einer Vielzahl an möglichen Angeboten. Daher kann bei einer einseitigen Preisermittlung auch nie die Höhe des Angebotes für die Ermittlung von Veräußerer- und Erwerberrolle entscheidend sein.

Möglich ist indes eine Verbindung von einseitiger Preisermittlung und einer geringen Zahl von Angeboten inklusive Wahlmöglichkeit.

Gleiches gilt für eine mehrseitige Preisermittlung in Kombination mit einer geringen wie hohen Zahl von Angeboten. Prägend ist hier regelmäßig, dass die Höhe der Angebote für die Ermittlung des Erwerbers maßgeblich ist.

Denkbar scheint bei einer mehrseitigen Preisermittlung aber auch die Einräumung einer Wahlmöglichkeit an den jeweiligen Angebotsempfänger dahingehend, bei jedem Angebot entscheiden zu können, ob gekauft oder verkauft wird. Um in diesem Fall aber den Charakter als mehrseitige Preisermittlung zu erhalten, muss zudem die Möglichkeit eingeräumt werden, eigene Angebote abzugeben.

Werden diese Grundsätze beachtet, sind der Fantasie bei der Erschaffung neuer Erscheinungsformen von Shoot-Out-Klauseln in der Theorie keine Grenzen gesetzt.

So kommen insbesondere alle Arten von Auktionsverfahren in Betracht, die sich unter Umständen auch untereinander kombinieren oder vermischen lassen[354]. Bestes Beispiel ist hier das oben erläuterte Texan Shoot Out-Verfahren.

Auch die konkrete Ausgestaltung der Verfahren bietet viele Möglichkeiten.

So kann zu Beginn entweder ein Kaufs-, Verkaufs- oder eine Kombination aus beiden Angeboten abgegeben werden.

Je nach Verfahrensart folgt dann seitens des Angebotsempfängers eine zwingende Annahme oder Erhöhung/Senkung eines der Angebote, bei Ablehnungsmöglichkeit und ihrer Wahrnehmung zwingend ein eigenes Angebot, beziehungsweise eigene Angebote, zu gleichen, höheren oder niedrigeren Konditionen.

4. Beispiel für ein neues, bisher unerwähntes Verfahren

Wie schon zuvor festgestellt, ist die Palette denkbarer neuer Verfahren groß. Hier soll nun zur Veranschaulichung ein solches neues Verfahren vorgestellt werden. Dabei sei dahingestellt, ob es in dieser Art tatsächlich sinnvoll, schlechter oder gar besser als die vorgenannten Erscheinungsformen von Shoot-Out-Klauseln ist.

354 Zu den unterschiedlichen Auktionsarten siehe *von der Crone/Nänni/Sibbern* in: Bankhaftungsrecht, 149 ff.

Möglich wäre zum Beispiel ein Verfahren mit folgendem Inhalt:

Die Gesellschafter müssen nach Einleitung des Verfahrens innerhalb einer vorher festgelegten Frist bei einem neutralen Dritten jeweils ein Verkaufsangebot bezüglich ihrer eigenen und ein Kaufsangebot bezüglich der Anteile des Mitgesellschafters abgeben, wobei beide Angebote die gleiche Höhe aufweisen müssen. Der Dritte leitet sodann das höhere Angebot an die jeweils andere Partei weiter, die sich entweder zum Kauf oder zum Verkauf entscheiden muss.

Es handelt sich damit um ein Verfahren, bei dem Elemente des eingeschränkten Auktionsverfahrens mit solchen des Russian Roulette-Verfahrens verknüpft werden.

An das Russian Roulette-Verfahren angelehnt ist dabei, dass jeweils ein Kaufs- und ein Verkaufsangebot abgegeben und zwingend eines dieser Angebote angenommen werden muss.

Der Umstand, dass die Gesellschafter ihre einmaligen Angebote bei einem neutralen Dritten hinterlegen und die höheren Angebote maßgeblich sind, erinnert hingegen an das eingeschränkte Auktionsverfahren.

Da hier alle Gesellschafter an der Klärung des Kauf-, beziehungsweise Verkaufspreises beteiligt sind, findet folglich eine mehrseitige Preisermittlung statt, die mit einer relativ geringen Zahl von Angeboten verknüpft wird.

Die Erwerberermittlung erfolgt indes mittels einer Wahlmöglichkeit seitens desjenigen Gesellschafters, der die niedrigeren Angebote abgegeben hat. Der Charakter der mehrseitigen Preisermittlung wird hier dadurch gewahrt, dass er seinerseits zuvor Angebote abgeben konnte.

IV. Zusammenfassung und Einordnung der rechtlichen Vorgänge bei den Verfahren zur Erwerberermittlung

Shoot-Out-Klauseln weisen regelmäßig eine einheitliche Gesamtstruktur auf, unterscheiden sich aber insbesondere in den von ihnen beschriebenen Verfahren zur Erwerber- und Preisermittlung. Hier aufgezeigt wurden vorrangig die Verfahren, denen in der juristischen Literatur bereits Aufmerksamkeit zuteil wurde.

Dabei lässt sich feststellen, dass viele Erscheinungsformen in mehr oder weniger großem Maße auktionsähnliche Strukturen zeigen, wobei eine relativ große Bandbreite von Auktionsarten zu finden ist und in der Folge auch dementsprechend viele Kombinationsmöglichkeiten bestehen.

Dies spiegelt sich in den zahlreichen im Schrifttum vorgeschlagenen Verfahrensabwandlungen wider.

Sämtliche Auktionsverfahren und ihre Abwandlungen zeichnen sich durch eine mehrseitige und damit relativ dynamische Art der Preisermittlung aus. Dadurch unterscheiden sie sich von den insoweit abweichenden einseitigen Preisermittlungsverfahren wie dem Russian Roulette-Verfahren und dem verwandten Deterrent Approach-Verfahren.

Einen *numerus clausus* von Shoot-Out-Klauseln gibt es indes nicht. Solange neu erdachte Verfahren die an früherer Stelle entwickelten Wesenszüge aufweisen[355] und soeben erläuterten Kombinationseinschränkungen beachten, kann die Palette dieser Klauseln stets erweitert werden.

Die Begrifflichkeit legt es bereits nahe: Ziel aller Verfahren zur Erwerberermittlung ist der Abschluss eines Kaufvertrages, der einerseits die Verpflichtung zur Übertragung von Geschäftsanteilen an einer Gesellschaft und andererseits die Verpflichtung zur Zahlung eines bestimmten Preises für diese Anteile enthält. Damit handelt es sich *de facto* um ein sogenanntes „Share Purchase Agreement"[356] als Grundlage eines „Share Deals"[357], also eines Unternehmenskaufs durch Erwerb der Beteiligungs- oder Mitgliedschaftsrechte an dem Unternehmensträger. Dies ist regelmäßig ein Rechtskauf, auf den gemäß § 453 Abs. 1 BGB die Vorschriften über den Kauf von Sachen Anwendung finden. Ausnahme bilden insofern Gesellschaften, bei denen die Mitgliedschaft – wie bei der Aktiengesellschaft – in einem Wertpapier verkörpert wird. In diesen Fällen handelt es sich um einen „normalen" Sachkauf[358].

Im Rahmen der Verfahren sollen einerseits die relevanten *essentialia negotii* für einen solchen Kaufvertrag geklärt werden. Dazu gehören die Vertragsparteien, die zu verkaufenden Rechte und der zu zahlende Preis[359].

Andererseits gilt es aber auch, die „Rollenverteilung" zwischen den Vertragsparteien festzulegen: Ziel ist es daher, zu ermitteln, wer Verkäufer und wer Käufer sein wird. Auch dies gehört freilich zu den wesentlichen Vertragsbestandteilen.

Zu diesem Zweck müssen die beteiligten Gesellschafter die allgemeinen Regeln für einen Vertragsschluss beachten. Dazu gehört, dass sie im Rahmen der Verfahren verbindliche Verkaufs- oder Kaufsangebote (§ 145 BGB), die auf den Abschluss eines derartigen Vertrages gerichtet sind, abgeben.

Diese Angebote müssen zu ihrer Wirksamkeit dem oder den potenziellen Vertragspartner(n) zugehen (§ 130 Abs. 1 S. 1 BGB), sei es unmittelbar durch den anbietenden Gesellschafter oder mittels eines Stellvertreters (§§ 164 ff. BGB) oder Boten[360].

Gleiches gilt nach § 130 Abs. 1 S. 1 BGB auch für eine Erklärung über die Annahme eines vorher erklärten Angebots.

---

355 Siehe A., I.

356 Zur Begrifflichkeit siehe *Preisser/Cavaillès* in: Kauf, Verkauf und Übertragung von Unternehmen, Teil 2, 7.

357 Zur Begrifflichkeit siehe *Semler* in: Handbuch Unternehmenskauf, 710 Rn. 6.

358 *Preisser/Cavaillès* in: Kauf, Verkauf und Übertragung von Unternehmen, Teil 2, 8 m.w.N.; *Beisel* in: Der Unternehmenskauf, § 4 Rn. 10 m.w.N.

359 Vgl. Weidenkaff in: Palandt, BGB, Einf. v. § 433, Rn. 2.

360 Zur Möglichkeit eines Zugangsverzichts bei Auktionsverfahren siehe *Kreße*, Die Auktion als Wettbewerbsverfahren, 71 ff.

Liegen übereinstimmende Willenserklärungen in Gestalt von Angebot und Annahme vor, kommt es zum Vertragsschluss[361].

Die §§ 453 Abs. 1, 433 ff. BGB erfassen freilich nur die schuldrechtliche Seite des Erwerbes. In Vollziehung des Kaufvertrages hat auch noch die dingliche Übertragung der Anteile zu erfolgen.

Dies geschieht indes nicht bereits im Rahmen der Verfahren zur Erwerberermittlung, sondern erst in ihrem Anschluss und soll daher auch erst zu einem späteren Zeitpunkt näher erläutert werden[362].

---

361 Vgl. *Ellenberger* in: Palandt, BGB, Einf. v. § 145, Rn. 1, 4.

362 Siehe F., V., 1.

D. Ziele, Wirkungen und Risiken von Shoot-Out-Klauseln

Nachdem nun die generelle Struktur und die verbreiteten Erscheinungsformen von Shoot-Out-Klauseln dargestellt wurden, soll in diesem Kapitel vor allem auf ihre Ziele und Wirkungen eingegangen werden.

Denn Shoot-Out-Klauseln wurden freilich nicht ohne Grund geschaffen. Sie sollen vielmehr – zumindest in der Theorie – bestimmte Zwecke erfüllen und bestimmte Wirkungen hervorrufen.

Diese sind grundsätzlich als positive Eigenschaften dieser Klauseln anzusehen. Auf einem anderen Blatt steht indes, ob jede Erscheinungsform dies tatsächlich auch tut und ob gewisse Umstände dazu führen können, dass die bezweckten Ziele und Wirkungen nicht erreicht werden können.

Ebenfalls thematisiert werden sollen aber auch die – tendenziell negativ einzuordnenden – Risiken, die die Statuierung von Shoot-Out-Klauseln mit sich bringt. Dazu zählen insbesondere auch Missbrauchsmöglichkeiten, die daher gleichfalls Gegenstand dieses Kapitels sind.

Dabei wird auch versucht, Mittel und Wege aufzuzeigen, diesen Risiken zu begegnen.

I. Ziele und Wirkungen von Shoot-Out-Klauseln

1. Beendigung der Zusammenarbeit und möglichst Fortsetzung der Gesellschaft

Offensichtlich dienen Shoot-Out-Klauseln vorrangig dazu, die gemeinsame Zusammenarbeit mehrerer Gesellschafter zu beenden[363]. Denn einmal ausgelöst, führt die Klausel zwangsläufig zum Ausscheiden eines Gesellschafters aus dem Unternehmen[364]. Dies gilt für jede Erscheinungsform gleichermaßen.

Diese Offensichtlichkeit mag auch der Grund dafür sein, dass dieser Umstand in zahlreichen Literaturquellen nicht explizit als Ziel von Shoot-Out-Klauseln genannt, sondern wohl vielmehr als selbstverständlich vorausgesetzt wird.

---

363 *Carey*, Real Property, Probate and Trust Journal, Winter 2005, 651, 655; *ders.*, The Real Estate Finance Journal, Fall 2004, 1; *Tulli/Chumney*, Gardere Wynne Sewell LLP 2012, 1; *Gresbrand/Röhl*, AnwZertOnl HaGesR, Heft 20/2014, 2; *Wedemann*, Gesellschafterkonflikte, 471, 492; *Kuhn* in: Joint Ventures, 330 Rn. 89; *Niewiarra*, Unternehmenskauf, 109; *Simon*, Der Wert von Beteiligungsunternehmen, 441.

364 Siehe A., I.

Da unausweichlich eine Beendigung der Zusammenarbeit erfolgt, sind Shoot-Out-Klauseln den gesellschaftsrechtlichen Exitmechanismen zuzurechnen[365].

Im Grundsatz egal ist indes, aus welchen Grund sich der Exit vollzieht. Gleichwohl gibt es durchaus spezifische Gründe, bei deren Vorliegen die Statuierung von Shoot-Out-Klauseln eher in Betracht kommt als bei anderen[366].

Vielfach unerwähnt – auch hier wohl aufgrund der Offensichtlichkeit – bleibt zudem das Ziel von Shoot-Out-Klauseln, die Gesellschaft nach der Trennung aufrecht zu erhalten und ihr Geschäft möglichst erfolgreich fortzusetzen[367].

Dies versteht sich eigentlich von selbst, da ja Gesellschaftsanteile von einem Gesellschafter auf den anderen übertragen werden sollen und müssen, so dass am Ende ein Gesellschafter beide, wenn nicht gar alle Anteile in seinen Händen hält.

Bestand vor der Trennung der Gesellschafter ein Konflikt oder gar eine Entscheidungsblockade, so wird diese Situation – wie gleich noch gezeigt wird[368] – mittels der Shoot-Out-Klausel gelöst. In der Regel wird der verbleibende Gesellschafter dann bestrebt sein, die Gesellschaft ohne den Streitherd „Mitgesellschafter" weiter zu führen. Hintergrund kann zum Beispiel sein, dass man sich nach Auflösung des Konflikts eine erfolgreiche Fortsetzung des Geschäfts erhofft.

Problematisch wird es vor allem in zwei Fällen:

Zum Einen dann, wenn beide Gesellschafter die Gesellschaft nicht mehr fortführen, sondern lieber ausscheiden wollen. Hier wird mittels einer Shoot-Out-Klausel zwar die Fortsetzung der Gesellschaft erreicht, die Frage ist dann aber, ob dies überhaupt sinnvoll ist. Darauf wird später im Rahmen des Anwendungsbereiches von Shoot-Out-Klauseln eingegangen[369].

Zum Anderen ist an den Fall zu denken, dass eine derartige Klausel bei der Trennung einer Personengesellschaft mit lediglich zwei Gesellschaftern stattfindet.

Hier führt die Vereinigung aller Gesellschaftsanteile in den Händen eines einzelnen Gesellschafters zur Vollbeendigung der Gesellschaft, da es keine Einmann-Personengesellschaften geben kann (§ 705 BGB, §§ 105 Abs. 3, 161 Abs. 2 HGB)[370].

---

365 *Carey*, Real Property, Probate and Trust Journal, Winter 2005, 651, 656; *Schulte/Pohl*, Joint-Venture-Gesellschaften, 184 Rn. 779; *Willms/Bicker*, BB 2014, 1347; *Holler/Frese*, BB 2014, 1479, 1480; *Schmolke* in: Gesellschafts- und Kapitalmarktrecht, 126. Siehe schon A., I.

366 Dazu später mehr, siehe F., I.

367 *Mezzullo* in: Business Succession Planning, §6.7; Langefeld-Wirth in: Joint Ventures, 158; *Carey*, Real Property, Probate and Trust Journal, Winter 2005, 651, 661; So indirekt auch *Willms/Bicker*, BB 2014, 1347, die als Ziel derartiger Klauseln die (rasche) Wiederherstellung der Handlungsfähigkeit der Gesellschaft benennen. Dies setzt im logischen Rückschluss voraus, dass die Gesellschaft überhaupt fortgeführt wird. *Huber* in: Kooperations- und Joint-Venture-Verträge, 48, schreibt, dass die Gesellschaft „nicht liquidiert" werden soll.

368 Siehe D., I., 2.

369 Siehe F., I., 3., d) und e).

370 Ganz hM., siehe nur *Sprau* in: Palandt, BGB, § 705 Rn. 1 u. 6.

Daher kann die Fortsetzung der Gesellschaft in diesen Fällen nur durch eine auf die Trennung folgende Rechtsumwandlung in eine Kapitalgesellschaft erreicht werden, die auch als Einpersonengesellschaft ausgestaltet sein kann (§ 1 GmbHG, § 2 AktG).

Wollen die Gesellschafter sicher sein, dass die Gesellschaft fortgesetzt wird, so ist es notwendig, die Klausel derart zu gestalten, dass der verbleibende Gesellschafter vertraglich zur Umwandlung verpflichtet wird[371].

Vorgenannte Erwägungen gelten im Übrigen für alle Erscheinungsformen von Shoot-Out-Klauseln gleichermaßen.

2. Konflikt- und insbesondere Blockadelösung („Deadlock Device")

Der wichtigste der vorgenannten Gründe für eine Beendigung der Zusammenarbeit ist in diesem Zusammenhang die sogenannte Entscheidungsblockade, auch Pattsituation genannt.

Darunter sind Situationen zu verstehen, in denen sich die Gesellschafter über die grundsätzliche Strategie oder über andere wichtige Entscheidungen in Bezug auf die Gesellschaft nicht einigen können[372]. Diese Uneinigkeit kann unter Umständen so weit führen, dass die Gesellschaft auf Entscheidungsebene regelrecht „gelähmt", beziehungsweise „blockiert" ist[373]. Sie hat dann sozusagen einen „toten Punkt" (Deadlock) erreicht[374], der schwerwiegende Auswirkungen auf das operative Geschäft und die finanzielle Situation haben und damit schließlich zur existenziellen Bedrohung werden kann[375].

Dies gilt in besonderem Maße für zweigliedrige, paritätische Gesellschaften, bei denen ein solcher Patt die Achillesferse darstellt[376].

Aber auch in nicht-paritätischen Gesellschaften ist eine Blockade nicht ausgeschlossen, namentlich dann, wenn beispielsweise der Minderheitsgesellschafter ein Vetorecht hat, entscheidungserhebliche Versammlungen boykottiert[377] oder für bestimmte Beschlüsse Einstimmigkeit vorgesehen ist[378].

---

371 Siehe dazu auch F., V., 2., b).

372 *Hewitt*, Hewitt on Joint Ventures, 226; ähnlich *Brechbühl/Emch*, SZW 2007, 271, 276.

373 *Wirbel* in: MüHB GesR, Bd. 1, § 28 Rn. 58; *Langenfeld/Miras*, GmbH-Vertragspraxis, 140; *Heeg*, BB 2014, 467, 470; *Holler/Frese*, BB 2014, 1479; *Schaper*, DB 2014, 821; *Schroeder/Welpot*, NZG 2014, 609, 610; *Weidmann*, DStR 2014, 1500.

374 „Deadlock" bedeutet übersetzt „toter Punkt", siehe Langenscheidt, 137.

375 *Holler/Frese*, BB 2014, 1479; *Otto*, GmbHR 1996, 16; *Schroeder/Welpot*, NZG 2014, 609, 610; *Willms/Bicker*, BB 2014, 1347.

376 *Fleischer/Schneider*, DB 2010, 2713 m.w.N.

377 *Hewitt*, Hewiit on Joint Ventures, 227; *Knobloch* in: Gesellschafts- und Kapitalmarktrecht, 160.

378 *Huber* in: Kooperations-und Joint-Venture-Verträge, 30.

Aufgrund der schwerwiegenden Folgen sind gesellschaftslähmende Patts daher Extremsituationen und frei nach dem Motto „extreme Situationen erfordern extreme Maßnahmen“, setzen Shoot-Out-Klauseln an diesem Punkt an und wurden – so die recht verbreitete Meinung in der Literatur – gezielt entwickelt, um eine solche Blockade aufzulösen[379].

Sie werden daher auch gerne als vertragliche Gestaltungsmöglichkeit zur Lösung von Pattsituationen aufgezeigt[380] oder als „Deadlock Device“ bezeichnet[381].

Und in der Tat halten sie, was sie versprechen:

Da es – wie oben erwähnt[382] – nach Auslösen der Klausel zwangsläufig zum Ausscheiden eines Gesellschafters kommt und dessen Anteile auf einen Mitgesellschafter übergehen, wird die Blockade mit großer Sicherheit gelöst.

Dies gilt für alle Erscheinungsformen von Shoot-Out-Klauseln gleichermaßen.

Dabei ist das Ausscheiden eines Gesellschafters zwar durchaus ein radikaler Lösungsansatz. Er rechtfertigt sich aber aus dem Gedanken, dass eine gemeinschaftliche Weiterführung der Geschäfte aufgrund des Dispenses kaum Sinn machen würde[383] und eine Trennung wohl die wirtschaftlichere Alternative jedenfalls für die Gesellschaft, aber unter Umständen auch für die Gesellschafter darstellt[384].

Im Übrigen wird auch darauf hingewiesen, dass die bestehenden gesetzlichen Regelungen für Pattsituationen unzureichend seien[385].

Ein Patt ist indes nur eine von vielen Möglichkeiten, wie Gesellschafter miteinander in Konflikt geraten können[386].

Dabei führen Streitigkeiten regelmäßig zu Misstrauen, Fehlinterpretation der Handlungen der Mitgesellschafter und zu emotionalen Reaktionen[387]. Ist die

---

379 *Fleischer/Schneider*, DB 2010, 2713; *Gresbrand/Röhl*, AnwZertOnl HaGesR, Heft 20/2014, 2; *Heeg*, BB 2014, 467; *Schroeder/Welpot*, NZG 2014, 609, 610. Die vorgenannten Autoren beziehen ihre diesbezüglichen Ausführungen indes regelmäßig nicht auf alle hier in Kapitel C., II. vorgestellten Verfahren.

380 *Elsing* in: Joint Ventures im int. Wirtschaftsverkehr, 578; *Stephan* in: Internationale Joint Ventures, 118; *Schmolke* in: Gesellschafts- und Kapitalmarktrecht, 124, 125, *Schulte/Pohl*, Joint-Venture-Vertrag, 184 Rn. 781; *von Unger/Friel* in: MüAHB HaGesR, D., §12, Rn. 157; *Greason/Sedor*, Chadbourne&Parke LLP, M&A Client Alert, June 1, 2011, 1, 2; *Holler/Frese*, BB 2014, 1479, 1480; *Küting/Seel*, IRZ 2012, 467, 472; *Lorz*, FuS 03/2014, 125; *Otto*, GmbHR 1996, 16, 19, *Schaper*, DB 2014, 821; *Willms/Bicker*, BB 2014, 1347, 1352; *Pauli*, GWR 2014, 86.

381 *Ritz*, Kommentierter Mustervertrag, 75; *Knobloch* in: Gesellschafts- und Kapitalmarktrecht, 160; *Huber* in: Kooperations-und Joint-Venture-Verträge, 30.

382 Siehe A., I.

383 *Brechbühl/Emch*, SZW 2007, 271, 276; *Otto*, GmbHR 1996, 16, 19.

384 *Becker*, Die Zulässigkeit, 135; *Schulte/Pohl*, Joint-Venture-Gesellschaften, 184 Rn. 780; *Schulte/Sieger*, NZG 2005, 24, 25.

385 *Holler/Frese*, BB 2014, 1479.

386 *Holler/Frese*, BB 2014, 1479. Zahlreiche Konfliktgründe aufzeigend *Dendorfer/Krebs*, MittBayNot 2008, 85, 86.

387 *Dendorfer/Krebs*, MittBayNot 2008, 85, 86.

Vertrauensbasis zwischen den Gesellschaftern dann erst einmal gestört oder gar zerstört, wird häufig ein Weg gesucht, die Konflikte mittels des Ausscheidens von Gesellschaftern zu lösen, um damit letztlich auch die eigenen Vorstellungen durchsetzen zu können.

Und da Shoot-Out-Klauseln stets den Austritt eines Gesellschafters aus der Gesellschaft garantieren, vermögen sie im Grundsatz auch sonstige Konfliktsituationen zu bereinigen, weshalb sie zu Recht in einem weiten Sinne als Konfliktlösungsmechanismen bezeichnet werden können[388].

Daher muss auch die Annahme bezweifelt werden, dass diese Klauseln speziell und ausschließlich für den Fall einer Entscheidungsblockade geschaffen wurden. Dies lässt sich im Übrigen auch schon deshalb nicht belegen, da sich weder im englisch- noch im deutschsprachigen Schrifttum eindeutige Beweise für diese These finden.

Ob Shoot-Out-Klauseln allerdings in jedem Fall auch eine angemessene Konfliktlösung darstellen, sei an dieser Stelle noch dahingestellt[389].

3. Faire Trennung der Gesellschafter

Nahezu flächendeckend und auch zurecht wird im Schrifttum die Ansicht vertreten, dass Shoot-Out-Klauseln vor allem eine faire Trennung der Gesellschafter ermöglichen[390], wobei „fair" in diesem Sinne gleichzusetzen ist mit dem Begriff der Preisgerechtigkeit.

---

388 So – teilweise direkt, teilweise indirekt – beschrieben von *Carey*, Real Property, Probate and Trust Journal, Winter 2005, 651, 656; *Tulli/Chumney*, Gardere Wynne Sewell LLP 2012, 1; *Lutz*, Der Gesellschafterstreit, 277. *Schmolke*, ZIP 2014, 897, 898; *Wedemann*, Gesellschafterkonflikte, 371, 492; *Göthel*, BB 2014, 1475, 1477; *Schulte/Sieger*, NZG 2005, 24, 25; *Werner*, GmbHR 2005, 1554, 1556; *ders.*, GmbHR 2014, 310, 315; *Duve*, AnwBl 2007, 389, 391; *Schaper*, DB 2014, 821.

389 Dazu später mehr, siehe F., III., 2.

390 *Schulte/Sieger*, NZG 2005, 24, 30; *Schroeder/Welpot*, NZG 2014, 609, 612; *Wälzholz*, GmbH-StB 2007, 84, 86; *Simon*, Der Wert von Beteiligungsverträgen, 441; *Werner*, GmbHR 2005, 1554, 1557; *ders.*, GmbHR 2014, 310, 316; *Weidmann*, DStR 2014, 1500, 1502; *Willms/Bicker*, BB 2014, 1347, 1348; *Tulli/Chumney*, Gardere Wynne Sewell LLP 2012, 1; *Fleischer/Schneider*, DB 2010, 2713, 2714; *Binz/Mayer*, NZG 2012, 201, 210; *Grau*, Corporate Finance 2015, M&A, 39, 45; *Schaper*, DB 2014, 821; *Langefeld-Wirth* in: Joint Ventures im int. Wirtschaftsverkehr, 158; *Brechbühl/Emch*, SZW 2007, 271, 276; *Fett/Spiering*, Handbuch Joint Venture, 421 Rn. 597; *Langenfeld/Miras*, GmbH-Vertragspraxis, 141 Rn. 375; *Schulte/Pohl*, Joint-Venture-Gesellschaften, 192 Rn. 819; *von Unger/Friel* in: MüAHB PersGesR, D. § 12, Rn. 158; kritisch insoweit *Wedemann*, Gesellschafterkonflikte, 497, 498; *Wilske/Fox/Baillie* in: International Joint Ventures, 609; *Draxler*, Private Equity Exit, 137.

Dabei beziehen sich die Autoren allerdings hauptsächlich auf das Russian Roulette-[391], gelegentlich aber auch auf andere der hier gegenständlichen Verfahren[392].

Bezüglich des erstgenannten Verfahrens wird gesagt, dass sein Mechanismus die Ermittlung eines gerechten Preises für die zu verkaufenden Gesellschaftsanteile sicherstellt[393].

Dem ist zuzustimmen! Der verfahrenseinleitende Gesellschafter muss einen einheitlichen Kauf- und Verkaufspreis aufrufen, der nicht mehr geändert werden kann. Da für ihn zu diesem Zeitpunkt nicht feststeht, für welche der beiden Wahlmöglichkeiten sich sein Gegenüber entscheiden wird, ist er angehalten, in jedem Fall einen angemessenen Preis anzusetzen.

Bietet der Gesellschafter zu hoch – etwa, weil er hofft, seinen finanzschwächeren Mitgesellschafter vom Kauf abzuschrecken –, so risikiert er dennoch, seinerseits einen überteuerten Preis zahlen zu müssen, namentlich dann, wenn sich die andere Partei zum Verkauf entscheidet.

Andersherum ist es für ihn auch wenig reizvoll, einen verhältnismäßig geringen Preis zu nennen, da er dann in Gefahr läuft, seine eigenen Anteile zu verlieren, ohne für sie angemessen entschädigt zu werden.

Dieses Konzept der Preisermittlung wird auch „I cut, you choose-Prinzip“ oder „Cake-Cutting-Regel“ genannt[394] und entspricht dem Gefangenendilemma in der Spieltheorie[395].

---

391 *Schulte/Sieger*, NZG 2005, 24, 30; *Schroeder/Welpot*, NZG 2014, 609, 612; *Werner*, GmbHR 2005, 1554, 1557; *ders.*, GmbHR 2014, 310, 316; *Weidmann*, DStR 2014, 1500, 1502; *Tulli/Chumney*, Gardere Wynne Sewell LLP 2012, 1; *Grau*, Corporate Finance 2015, M&A, 39, 45; *Langefeld-Wirth* in: Joint Ventures im int. Wirtschaftsverkehr, 158; *Schulte/Pohl*, Joint-Venture-Gesellschaften, 192 Rn. 819; *von Unger/Friel* in: MüAHB PersGesR, D. § 12, Rn. 158; So auch *Wälzholz*, GmbH-StB 2007, 84, 86, der das Russian Roulette-Verfahren als Texan Shoot-Out bezeichnet; derart auch *Langenfeld/Miras*, GmbH-Vertragspraxis, 140, 141 Rn. 375.

392 *Simon*, Der Wert von Beteiligungsverträgen, 441; *Willms/Bicker*, BB 2014, 1347, 1348; *Fleischer/Schneider*, DB 2010, 2713, 2714; *Binz/Mayer*, NZG 2012, 201, 210; *Schaper*, DB 2014, 821; *Brechbühl/Emch*, SZW 2007, 271, 276; *Fett/Spiering*, Handbuch Joint Venture, 421 Rn. 597, 423 Rn. 602; *Wilske/Fox/Baillie* in: International Joint Ventures, 609.

393 *Schulte/Sieger*, NZG 2005, 24, 30; *Schroeder/Welpot*, NZG 2014, 609, 612; *Werner*, GmbHR 2005, 1554, 1557; *ders.*, GmbHR 2014, 310, 316; *Weidmann*, DStR 2014, 1500, 1502; *Grau*, Corporate Finance 2015, M&A, 39, 45; *Schaper*, DB 2014, 821; *Langefeld-Wirth* in: Joint Ventures im int. Wirtschaftsverkehr, 158; *Langenfeld/Miras*, GmbH-Vertragspraxis, 141 Rn. 375; *Schulte/Pohl*, Joint-Venture-Gesellschaften, 192 Rn. 819; *Klotz*, Power Tools, 210; a.A. offenbar *Carey*, Real Property, Probate and Trust Journal, Winter 2005, 651, 660.

394 *Wälzholz*, GmbH-StB 2007, 84, 86; *Schroeder/Welpot*, NZG 2014, 609, 612; *Weidmann*, DStR 2014, 1500, 1506, Fn. 23; *Fleischer/Schneider*, DB 2010, 2713, 2714; *Grau*, Corporate Finance 2015, M&A, 39, 45.

395 Dazu näher *Simon*, Der Wert von Beteiligungsverträgen, 441.

Das OLG Wien bemüht gar einen Vergleich mit dem US-amerikanischen Verfassungsprinzip der sogenannten „checks and balances“[396].

Aber nicht nur das Russian Roulette-Verfahren, sondern auch alle anderen Erscheinungsformen zeichnen sich durch ihre Preisgerechtigkeit aus.

Beim klassischen Auktionsverfahren wird dies durch den mehrrundigen Bietmechanismus erreicht.

Dabei kann sich der Preis so lange einpendeln, bis sich ein Höchstgebot abzeichnet. Bei der absteigenden Dutch Auction vollzieht sich dieses Prozedere lediglich in die andere Richtung.

Da in der Regel keiner der Gesellschafter daran interessiert sein dürfte, zu viel zu zahlen oder zu wenig zu erhalten, sollte auch hier schlussendlich ein angemessener Preis erzielt werden[397].

In beiden Fällen wird im Übrigen sichergestellt, dass derjenige Gesellschafter die Kontrolle über die Gesellschaft erlangt, dem sie objektiv am meisten wert ist, beziehungsweise der das größere unternehmerische Interesse hat[398].

Beim eingeschränkten Auktionsverfahren wird die Preisgerechtigkeit indes durch die verdeckten und einmaligen Gebote garantiert. Da die Parteien nicht wissen, was der Gegner bietet und zudem nur ein einziges Mal die Chance haben, einen Betrag zu nennen, sind sie gezwungen, von vornherein mindestens den Preis auszurufen, den sie selber für angemessen halten. Insofern ist auch die Ansicht verfehlt, dass nur mehrrundige und nicht auch einrundige Auktionsverfahren einen angemessenen Preis ermöglichen können[399].

Für das Texan Shoot-Out-Verfahren als Mischform aus eingeschränktem und (abgewandelten) klassischem Auktionsverfahren gelten die vorstehenden Erwägungen gleichermaßen.

Zu nennen sind zuletzt auch noch die Verfahren, die eine Anteilsbewertung zum Gegenstand haben, namentlich insbesondere das Deterrent Approach-Verfahren.

Hier ist es gerade die – in der Regel von einem neutralen Dritten nach anerkannten Bewertungsmethoden vorzunehmende – Anteilsbewertung, die einen fairen Preis ermöglichen soll und dies bei ordnungsgemäßer Durchführung auch tut[400].

Alle vorgenannten Erwägungen setzen indes voraus, dass sich die am Verfahren beteiligten Gesellschafter redlich verhalten.

Problematisch im Hinblick auf die Preisgerechtigkeit kann es nämlich dann werden, wenn zum Beispiel ein finanzstarker Gesellschafter seine bessere Position gegenüber einem finanziell weniger gut aufgestellten Gesellschafter ausnutzen will. In diesen Fällen scheint es möglich, dass die Preisgerechtigkeit nicht mehr gegeben

---

396 OLG Wien, Urteil von 20.04.2009 – 28 R 53/09h, GesRZ 2009, 376.
397 So in Bezug auf das Russian Roulette-Verfahren auch *Lieder*, WuB WM 2014, 706.
398 *Grau*, Corporate Finance 2015, M&A, 39, 45.
399 So offenbar *Clopath*, SJZ 89 (1993), 157.
400 So auch *Fleischer/Schneider*, DB 2010, 2713, 2714.

ist, etwa, weil im Bewusstsein der finanziellen Schwäche des Gegenübers zu viel oder zu wenig geboten wird[401].

Dies ist ein Problem, das sich bei allen Shoot-Out-Klauseln gleichermaßen stellt und auf das im Rahmen der Missbrauchsmöglichkeiten vertieft eingegangen wird[402].

An dieser Stelle soll der Hinweis genügen, dass der Gefahr eines unangemessenen Preises durch entsprechende Vertragsgestaltung, aber auch durch andere Methoden entgegengewirkt werden kann, so dass im Ergebnis die Preisgerechtigkeit mit großer Sicherheit gewährleistet wird.

4. Schnelle Trennung der Gesellschafter

In der Literatur hervorgehoben wird zudem die Möglichkeit, durch Shoot-Out-Klauseln eine verhältnismäßig schnelle Trennung der Gesellschafter herbeizuführen[403].

Dazu muss allerdings gesagt werden, dass sich diese Annahme regelmäßig nur auf bestimmte Verfahrensarten bezieht, nämlich auf das Russian Roulette-, teilweise auch auf das Texan Shoot-Out-, das Deterrent Approach- und das eingeschränkte Auktionsverfahren mitsamt ihren Abwandlungen.

Der Grund dafür mag darin zu sehen sein, dass bisher im Schrifttum noch keine umfassende Darstellung aller Erscheinungsformen erfolgt ist und daher auch keine allgemeingültige Aussage in dieser Hinsicht getätigt werden konnte.

Der Begriff der „zügigen" Trennung ist allerdings auch durchaus relativ. Die Frage ist nämlich, welchen Zeitraum man noch als zügig betrachtet und ab wann dieses Prädikat nicht mehr vergeben werden kann. Hierzu bedarf es einer Vergleichsgröße.

Im Schrifttum wird teils darauf abgestellt, dass durch derartige Klauseln langwierige gerichtliche Streitigkeiten vermieden werden[404]. Dem kann inhaltlich jedenfalls dann zugestimmt werden, wenn nach der Klauselauslösung ein von allen Seiten pflichtgemäß durchgeführtes Verfahren stattfindet.

---

401 So auch *Wedemann*, Gesellschafterkonflikte, 497, 498.

402 Siehe D., II., 2.

403 *Fleischer/Schneider*, DB 2010, 2713, 2714; *Schulte/Sieger*, NZG 2005, 24, 30; *Simon*, Der Wert von Beteiligungsverträgen, 441; *Wälzholz*, GmbH-StB 2007, 84, 86; *Werner*, GmbHR 2014, 310, 316; *Wedemann*, Gesellschafterkonflikte, 496; *Willms/Bicker*, BB 2014, 1347, 1348; *Tulli/Chumney*, Gardere Wynne Sewell LLP 2012, 1; *Grau*, Corporate Finance 2015, M&A, 39, 45; *Heeg*, BB 2014, 467, 470; *Schroeder/Welpot*, NZG 2014, 609, 610; *Weidmann*, DStR 2014, 1500, 1502; *Lieder*, WuB WM 2014, 706; *Schmolke*, ZIP 2014, 897, 898; *ders.* in: Gesellschafts- und Kapitalmarktrecht, 125; *Schulte/Pohl*, Joint-Venture-Gesellschaften, 184 Rn. 780, 781, 192 Rn. 818, 819; *Lutz*, Der Gesellschafterstreit, 277 Rn. 560; *Fett/Spiering*, Handbuch Joint Venture, 421 Rn. 597; *Carey*, Real Property, Probate and Trust Journal, Winter 2005, 651, 661; *Huber* in: Kooperations- und Joint-Venture-Verträge, 49; *Binz/Mayer*, NZG 2012, 201, 210; *Duve*, AnwBl 2007, 389, 391; *Draxler*, Private Equity Exit, 138.

404 *Schroeder/Welpot*, NZG 2014, 609, 610; *Lutz*, Der Gesellschafterstreit, 277 Rn. 560; *Langenfeld/Miras*, GmbH-Vertragspraxis, 141 Rn. 376.

Aber ungeachtet der Frage, ob diese Annahme berechtigt ist oder nicht, wird man sie nicht als Anhaltspunkt für eine Bestimmung der Schnelligkeit eines Verfahrens hernehmen können. Denn gerichtliche Streitigkeiten können durchaus mehrere Jahre in Anspruch nehmen. Danach wäre eine Trennung schon dann zügig, wenn sie diesen Zeitraum unterschreitet, was freilich nicht gemeint sein kann.

Schon eher kann zur Bestimmung der Vergleich zu anderen Ausstiegsmechanismen herangezogen werden.

Hierzu wird teilweise angeführt, dass die hier gegenständlichen Klauseln, namentlich das Russian Roulette- und Texan Shoot-Out-Verfahren, langwierige Anteilsbewertungen, wie sie unter anderem bei Schiedsverfahren vorkommen, vermeiden[405].

Legt man dies – was sicherlich vertretbar erscheint – als Maßstab zugrunde, so wird man sagen können, dass im Vergleich zu Verfahren mit Anteilsbewertung jedenfalls einige der hier vorgestellten Verfahren schneller abgewickelt werden.

Allgemeingültig für alle Shoot-Out-Klauseln ist diese Aussage indes nicht. Denn im Rahmen der Darstellung der Verfahren zur Erwerber- und Preisermittlung hat sich gezeigt, dass es durchaus auch Erscheinungsformen von Shoot-Out-Klauseln gibt, die in gleicher Weise eine Bewertung von Gesellschaftsanteilen zum Gegenstand haben. Hier sind die als „fairest sealed bid" bekannte Abwandlung des eingeschränkten Auktionsverfahrens und das Deterrent Approach-Verfahren zu nennen[406].

Bemüht man den Vergleich zu anderen Exitmechanismen weiter, so lässt sich als Vorteil von Shoot-Out-Klauseln ihr Vollzugsautomatismus anführen[407]. Gemeint ist damit zum Einen, dass sie ein zwingendes, fristgebundenes Verfahren statuieren, das nach Auslösung der Klausel in Gang gesetzt wird. Zum Anderen werden die Gesellschafter vertraglich zur Übertragung ihrer Anteile verpflichtet, sofern ihnen durch das Verfahren zur Erwerberermittlung die Rolle des Veräußerers zugeteilt wurde. Dies gilt für alle Erscheinungsformen von Shoot-Out-Klauseln gleichermaßen.

Damit wird die Möglichkeit für die Gesellschafter, das Verfahren in die Länge zu ziehen, nicht unerheblich eingeschränkt.

Zudem entfallen langwierige und möglicherweise geschäftsschädigende Streitigkeiten[408] oder Verhandlungen[409], sei es über die Höhe oder Angemessenheit des Kaufpreises oder das *ad hoc* zu bestimmende Verfahren zur Anteilsveräußerung.

---

405 *Wedemann*, Gesellschafterkonflikte, 496 m.w.N.; *Schroeder/Welpot*, NZG 2014, 609, 610; *Schulte/Pohl*, Joint-Venture-Gesellschaften, 192 Rn. 819; *Schmolke*, ZIP 2014, 897, 898; *ders.* in: Gesellschafts-und Kapitalmarktrecht, 125; *Langefeld-Wirth* in: Joint Ventures im int. Wirtschaftsverkehr, 157.

406 Zu den Verfahrensbeschreibungen siehe C., II., 2., e), bb) und C., II., 5., a).

407 So auch *Fleischer/Schneider*, DB 2010, 2713, 2714.

408 *Simon*, Der Wert von Beteiligungsverträgen, 441; *Schulte/Sieger*, NZG 2005, 24, 30; *Langenfeld/Miras*, GmbH-Vertragspraxis, 141 Rn. 376.

409 *Werner*, GmbHR 2014, 310, 316; *Wedemann*, Gesellschafterkonflikte, 496; *Brechbühl/Emch*, SZW 2007, 271, 276; *Willms/Bicker*, BB 2014, 1347; *Niewiarra*, Unternehmenskauf, 109.

Dennoch wird man sagen müssen, dass auch andere Exitverfahren theoretisch in dieser Art und Weise gestaltet werden können.

Shoot-Out-Klauseln ermöglichen daher zwar häufig, aber gleichwohl nicht zwangsläufig eine schnellere Trennung als andere Ausstiegsmechanismen.

Ferner weisen auch die jeweiligen Erscheinungsformen untereinander relativ große Unterschiede in Bezug auf ihre Verfahrensdauer auf.

Bereits hingewiesen wurde dabei auf diejenigen Shoot-Out-Klauseln, die eine Anteilsbewertung statuieren. Diese werden mit recht großer Sicherheit mehr Zeit in Anspruch nehmen als die meisten anderen Verfahren zur Erwerber- und Preisermittlung.

Gleiches gilt für klassische Auktionsverfahren und das Texan Shoot-Out-Verfahren, die zwar keine Anteilsbewertung zum Gegenstand haben, sich aber dafür unter Umständen über zahlreiche Bietrunden hinziehen können[410]. Im Falle des Texan Shoot-Out-Verfahrens ist dies indes nur dann der Fall, wenn sich ein (internes) klassisches Auktionsverfahren an die Eröffnungsgebote anschließt.

Im Vergleich dazu stellen insbesondere das Russian Roulette- und das eingeschränkte Auktionsverfahren in seiner Grundform schnellere Alternativen dar, da sie so ausgestaltet sind, dass nur eine Biet-, beziehungsweise Angebotsrunde stattfindet[411].

Je nachdem, wie kurz hierbei die Reaktionsfristen bemessen sind[412], können diese Verfahren tatsächlich in recht kurzer Zeit durchgeführt werden.

Für alle Arten von Shoot-Out-Klauseln gilt indes: Je mehr Gesellschafter am Verfahren beteiligt sind, desto aufwändiger und damit wahrscheinlich auch länger wird es andauern.

Hingewiesen sei an dieser Stelle noch auf die – wohl nicht von der Hand zu weisende – Gefahr, dass die Gesellschafter durch Verletzungen ihrer vertraglichen Verpflichtungen, die ihnen im Rahmen der Durchführung des jeweiligen Verfahrens obliegen, das Prozedere in die Länge ziehen können und damit das Ziel einer zügigen Durchführung und Trennung in weite Ferne rücken lassen. Vor diesem Hintergrund scheint auch der Hinweis von *Tulli/Chumney*, dass diese Verfahren in der Realität durchaus lange Zeit in Anspruch nehmen können[413], nachvollziehbar.

Hier gilt es, dieser Gefahr mittels vertraglicher Gestaltungsmittel entgegenzuwirken[414]. Darüber hinaus gibt es einige weitere Möglichkeiten, die Verfahrensdauer der jeweiligen Erscheinungsformen (weiter) zu verkürzen. Darauf wird zu einem späteren Zeitpunkt vertieft eingegangen[415].

---

410 So auch *Otto*, GmbHR 1996, 16, 20.
411 So auch *Werner*, GmbHR 2005, 1554, 1557.
412 Siehe dazu F., IV., 1., g).
413 *Tulli/Chumney*, Gardere Wynne Sewell LLP 2012, 1.
414 Siehe dazu F., IV., 1., g).
415 Siehe dazu F., IV., 2., a), aa), (3); F., IV., 4., a), aa), (2).

5. Lautlose Trennung der Gesellschafter

Eng verbunden mit der Schnelligkeit des Verfahrens ist das Ziel von Shoot-Out-Klauseln, eine lautlose Trennung der Gesellschafter zu ermöglichen.

Lautlos meint in diesem Zusammenhang, dass die Trennung keine erhöhte öffentliche Aufmerksamkeit auf sich zieht und zugleich für die Gesellschafter ohne unnötige Streitigkeiten vonstatten geht.

Ersteres dürfte vor allem für große und bekannte Unternehmen relevant sein, während Letzteres für Gesellschafter aller Art von Wichtigkeit ist.

Eng verbunden mit der Schnelligkeit des Verfahrens ist dieses Ziel ersichtlich deshalb, da lange Trennungen eben regelmäßig zu den vorgenannten Problemen, namentlich zu öffentlicher Aufmerksamkeit und unnötigen Streitigkeiten, führen.

In einschlägigen Arbeiten im juristischen Schrifttum wird daher die Ansicht vertreten, dass Shoot-Out-Klauseln durch ihren zügigen Ablauf zugleich eine lautlose Trennung ermöglichen[416], da lange Hängepartien und Bewertungsstreitigkeiten vermieden werden. Dies bezieht sich allerdings nicht auf alle Erscheinungsformen von Shoot-Out-Klauseln, zumal nur ein Teil Gegenstand der genannten Arbeiten ist.

Im Grundsatz ist dieser Auffassung zuzustimmen.

Sofern ein Verfahren zügig durchführbar oder jedenfalls sichergestellt ist, dass zwischen den Parteien keine Streitigkeiten aufkommen können, wird auch eine lautlose Trennung wahrscheinlich sein.

Shoot-Out-Klauseln ermöglichen – das haben die früheren Ausführungen gezeigt – regelmäßig eine verhältnismäßig schnelle Trennung der Gesellschafter. Sofern einzelne Verfahren mehr Zeit in Anspruch nehmen können, so stellen sie jedenfalls durch ihre Preisgerechtigkeit sicher, dass über die Höhe des zu zahlenden Kauf-, beziehungsweise Verkaufspreises kein unnötiger Streit entsteht.

Bewertungsstreitigkeiten sind indes nicht in jedem Fall auszuschließen, namentlich dann nicht, wenn die Shoot-Out-Klausel selbst eine Bewertung der Anteile vorsieht. Hier gilt es, durch vertragliche Gestaltungen sicherzustellen, dass zum Einen eine möglichst objektive und professionelle Bewertung vorgenommen wird und die Parteien zum Anderen verpflichtet werden, diese Bewertung im Regelfall auch zu akzeptieren und nicht anzufechten.

Gleichwohl ist zu bedenken, dass durchaus auch andere als die zuvor erwähnten Streitigkeiten im Rahmen des Verfahrens aufkommen können.

So scheint es nicht allzu fernliegend, dass die Gesellschafter ihre vertraglichen Pflichten, die sie im Rahmen des Verfahrens treffen, verletzen.

Hier sei beispielhaft nur die Möglichkeit genannt, der vertraglichen Pflicht zur Annahme eines der beiden Gebote beim Russian Roulette-Verfahren nicht nachzukommen oder die geschuldete Anteilsübertragung zu unterlassen.

---

416 *Schulte/Sieger*, NZG 2005, 24, 30; *Werner*, GmbHR 2005, 1554, 1556; *Grau*, Corporate Finance 2015, M&A, 39, 45; *Draxler*, Private Equity Exit, 138.

In derartigen Fällen kann es nach wie vor zu langwierigen Streitigkeiten kommen, die auch vor Gericht enden und dadurch in nicht unerheblichem Maße Aufmerksamkeit auf sich ziehen können.

Hier gilt es, schon bei Statuierung der Klausel entsprechende vertragliche Vehikel einzubauen, die ein solches Verhalten verhindern oder jedenfalls erschweren, beziehungsweise unattraktiv machen. Darauf wird zu einem späteren Zeitpunkt ausführlich eingegangen[417].

Insgesamt bleibt damit festzuhalten, dass Shoot-Out-Klauseln im Grundsatz dazu in der Lage sind, eine lautlose Trennung zu gewährleisten, sofern sichergestellt ist, dass das Verfahren nicht unnötig in die Länge gezogen werden kann, und zwar insbesondere durch die Verletzung vertraglicher Pflichten.

6. Schutz des Gesellschafterkreises vor dem Eindringen Dritter

Wie alle gesellschaftsinternen Trennungsmechanismen haben auch Shoot-Out-Klauseln das Ziel, das Eindringen eines Dritten in die Gesellschaft zu verhindern, um den bestehenden Gesellschafterkreis vor dessen Einflussnahme zu schützen[418].

Diese Kontrolle des Gesellschafterkreises dürfte vor allem für Familienunternehmen[419], aber auch für projektbezogene Joint Ventures von großer Wichtigkeit sein.

Da sich Shoot-Out-Klauseln aller Art dadurch auszeichnen, dass sie eine gesellschaftsinterne Anteilsübertragung zum Gegenstand haben[420] und daher Dritte nicht zum potenziellen Erwerberkreis gehören, ist der Schutz des Gesellschafterkreises vor dem Eindringen Dritter offenbar gewährleistet.

So klar, wie sich dieses Ergebnis zunächst anhört, ist es allerdings nicht.

Mit Recht wird in der Literatur teilweise darauf hingewiesen, dass sich für die Gesellschafter – insbesondere in Familienunternehmen – regelmäßig die Frage nach der Finanzierbarkeit der Anteilsübernahme stellt. Das führe nicht selten dazu, dass man gezwungenermaßen eine Beteiligungsgesellschaft und damit gerade einen vermeintlich ungewollten Dritten hinzuziehe[421].

Hierbei muss zunächst beachtet werden, dass die Beteiligungsgesellschaft nicht selber als Käufer auftritt, da in diesem Fall kein – von der Shoot-Out-Klausel bezwecktes – gesellschaftsinternes Verfahren mehr stattfinden würde.

Dies dürfte aber auch regelmäßig nicht der Fall sein.

Vielmehr wird der Dritte im Normalfall Anteile an der von ihm finanziell unterstützten Gesellschaft, die ihrerseits Gesellschafter in dem konfliktbelasteten Unternehmen ist, erhalten.

---

417 Siehe dazu unter anderem F., IV., 1., g) und h).

418 *Lintz*, Drag-Along Right, 41 m.w.N.; Mezzullo in: Business Succession Planning, § 6.8; *Simon*, Der Wert von Beteiligungsunternehmen, 441.

419 *Lintz*, Drag-Along Right, 41, 42.

420 Siehe A., I.

421 *Binz/Mayer*, NZG 2012, 201, 210.

Dies gilt jedenfalls dann, wenn der betroffene Gesellschafter keine natürlich Person, sondern eine Gesellschaft ist.

Dadurch dringt – rein formal betrachtet – also kein Dritter als neuer Gesellschafter in die zu trennende Gesellschaft ein.

Wenn man allerdings bedenkt, dass der bestehende Gesellschafterkreis insbesondere auch vor der Einflussnahme Dritter geschützt werden soll, so kann dies im vorgenannten Fall nicht garantiert werden[422]. Denn abhängig davon, wie viele Anteile der Kapitalgeber erhält oder mit wie viel Macht er ausgestattet wird, ist es durchaus im Rahmen des Möglichen, dass er Einfluss auf die Geschicke des Gesellschafterunternehmens und damit auch auf die zu schützende Gesellschaft nimmt.

Zwar wird nicht zu Unrecht darauf hingewiesen, dass bei erfolgreicher Fortführung der Gesellschaft für den Dritten kein Anlass dazu bestehen dürfte, seinerseits einzugreifen[423].

Zwingend ist dieses Vorgehen für den Dritten indes nicht. Ist er beispielsweise der Ansicht, dass die unternehmerische Strategie der Gesellschaft nicht überzeugend oder gewinnversprechend ist und hat er die gesellschaftsrechtlichen Mittel, um Einfluss zu nehmen, so ist nicht ausgeschlossen, dass er dies auch tun wird.

Hier mag der Gedanke trösten, dass Beteiligungsgesellschaften regelmäßig nur mittelfristig investieren und damit früher oder später der gewollte Gesellschafterkreis wiederhergestellt ist[424].

Das vorgenannte Problem stellt sich in etwas abgewandelter Form im Übrigen auch dann, wenn der betroffene Gesellschafter keine Gesellschaft, sondern eine natürliche Person ist. Soll in diesem Fall eine Shoot-Out-Klausel ausgelöst werden und der Gesellschafter nach finanzieller Unterstützung suchen, so muss er auf andere Finanzierungswege, wie etwa auf „normale" Kredite, zurückgreifen.

Auch hier ist – zumindest in der Theorie – denkbar, dass ein Kapitalgeber als Gegenleistung für seinen Einsatz Mitspracherechte bei unternehmerischen Entscheidungen in der Gesellschaft verlangt. Lässt sich der Gesellschafter darauf ein, etwa, weil seine finanzielle Notlage ihm keine andere Wahl lässt, so kann das Ziel, eine Einflussnahme Dritter zu vermeiden, nicht erreicht werden.

Ersichtlich stammen diese Probleme aus der Sphäre der Gesellschafter und lassen sich schwerlich vermeiden.

Möglich scheint gleichwohl, schon bei Statuierung der Shoot-Out-Klausel die Gesellschafter vertraglich zu verpflichten, ihre Entscheidungen im Rahmen des Verfahrens in der Art zu treffen, dass eine spätere Einflussnahme Dritter auf die Gesellschaft möglichst ausgeschlossen ist.

---

422 Dies verkennend *Niewiarra*, Unternehmenskauf, 109, der der Ansicht ist, dass Dritteinflüsse ausgeschlossen seien.

423 *Binz/Mayer*, NZG 2012, 201, 210, 211.

424 *Binz/Mayer*, NZG 2012, 201, 211.

Dies mag die Frage nach der subjektiven Finanzierbarkeit einer Anteilsübernahme aus den oben genannten Gründen eventuell erschweren, aber dennoch nicht unmöglich machen.

Sollten die Gesellschafter indes der Ansicht sein, dass eine Einflussnahme Dritter unschädlich ist, solange jedenfalls einer der Gesellschafter im Unternehmen verbleibt, so sind derartige Gestaltungen nicht notwendig.

7. Droh- und Abschreckungspotenzial

Eine weitere – und ganz wesentliche – Wirkung von Shoot-Out-Klauseln ist ihr Droh- und Abschreckungspotenzial, was auch in der Literatur häufig – wenn auch regelmäßig nicht bezogen auf alle hier vorgestellten Verfahren – hervorgehoben wird[425].

Dieses Drohpotenzial soll sich auf mehreren Ebenen entfalten: Zum Einen soll es bereits im Vorfeld von Streitigkeiten für eine Disziplinierung der Gesellschafter sorgen[426].

Kommt es doch zu einem Streit, soll es zum Anderen ihre Einigungsbereitschaft erhöhen[427] und als Verhaltensanreiz dazu dienen, einen angemessenen Preis für die Anteile auszurufen[428].

Schon daran wird ersichtlich, dass der eher negativ belastete Begriff des „Drohpotenzials" in diesem Sinne durchaus positive Wirkungen entfalten soll. *Schmolke* verdeutlicht dies plakativ mit dem Satz: „It's not a bug, it's a feature!"[429]

Shoot-Out-Klauseln aller Art führen dazu, dass am Ende des Verfahrens ein Gesellschafter aus der Gesellschaft ausscheidet[430]. Dies sollte den Gesellschaftern bei Statuierung einer solchen Klausel bewusst sein.

---

425 *Schulte/Sieger*, NZG 2005, 24, 30; *Schroeder/Welpot*, NZG 2014, 609, 611, 612; *Simon*, Der Wert von Beteiligungsverträgen, 441; *Willms/Bicker*, BB 2014, 1347, 1348; *Fleischer/Schneider*, DB 2010, 2713, 2714; *Fett/Spiering*, Handbuch Joint Venture, 421; *Schulte/Pohl*, Joint-Venture-Gesellschaften, 192 Rn. 819.

426 *Weidmann*, DStR 2014, 1500, 1502; Grau, Corporate Finance 2015, M&A, 39, 45; *Schaper*, DB 2014, 821; *Lange/Sabel*, NZG 2015, 1249, 1250.

427 *Schroeder/Welpot*, NZG 2014, 609, 611, 612; *Hewiitt*; Hewitt on Joint Ventures, 239; *Simon*, Der Wert von Beteiligungsverträgen, 441; *Willms/Bicker*, BB 2014, 1347, 1348; *Wälzholz*, GmbH-StB 2007, 84, 89; *Fleischer/Schneider*, DB 2010, 2713, 2714; *Heeg*, BB 2014, 467, 470; *Schaper*, DB 2014, 821; *Schmolke*, ZIP 2014, 897, 899; *Lieder*, WuB WM 2014, 706; *Grau*, Corporate Finance 2015, M&A, 39, 45; *Fett/Spiering*, Handbuch Joint Venture, 421; *Schulte/Pohl*, Joint-Venture-Gesellschaften, 192 Rn. 819; *von Unger/Friel* in: MüAHB PerGesR, D., § 12, Rn. 157.

428 *Schulte/Sieger*, NZG 2005, 24, 30; *Schroeder/Welpot*, NZG 2014, 609, 611, 612; *Hewitt*, Hewitt on Joint Ventures, 235.

429 *Schmolke*, ZIP 2014, 897, 899; *ders.* in: Gesellschafts- und Kapitalmarktrecht, 126.

430 Siehe A., I.

Kommt es nun im Rahmen der gesellschaftlichen Zusammenarbeit zu einer Situation, die zur Auslösung der Klausel berechtigen würde, so steht das mögliche Ausscheiden aus der Gesellschaft für jeden Gesellschafter sozusagen drohend im Raum.

Vor diesem Hintergrund lässt sich durchaus die Ansicht vertreten, dass die dadurch hervorgerufene Drohkulisse disziplinierend – insbesondere auf streitfreudige Gesellschafter[431] – wirken und die Einigungsbereitschaft der Parteien erhöhen kann, wobei unter Einigung in diesem Sinne eine anderweitige Konfliktlösung als die von der Shoot-Out-Klausel vorgesehene Trennung der Gesellschafter zu verstehen ist. Dies deshalb, da eine Trennung regelmäßig die *ultima ratio* der Konfliktlösung darstellt[432].

Hier gibt es zahlreiche Möglichkeiten[433], die auch *ad hoc* einsetzbar sind. Dazu zählen beispielsweise Mediation, Schiedsgerichte oder Losentscheide.

Jedenfalls dürfte das drohende Szenario aber dazu führen, dass die Gesellschafter vor einer leichtfertigen Einleitung des Verfahrens zurückschrecken[434].

Diese Ansicht wird offenbar auch durch den Umstand gestützt, dass derartige Klauseln in der Praxis zwar mittlerweile recht häufig vereinbart, aber nur selten ausgelöst werden[435].

Die Drohwirkung kann sich in der gerade genannten Art aber nur dann entfalten, wenn die Gesellschafter das Ausscheiden aus der Gesellschaft auch tatsächlich als Drohung empfinden.

Dies ist wohl nur dann der Fall, wenn sie grundsätzlich in der Gesellschaft verbleiben wollen. Sind sie indes ausstiegsbereit oder gar ausstiegswillig[436], so wird dieser Umstand allein für sie regelmäßig keine Drohung darstellen.

Hier kommt nun allerdings die anfängliche Ungewissheit über den Kaufpreis ins Spiel.

Denn selbst wenn die Gesellschafter das Ausscheiden nicht als Drohung empfinden, so werden sie doch daran interessiert sein, im Falle eines Exits jedenfalls einen angemessenen Preis für ihre Anteile zu erhalten.

Bei Auslösung der Klausel steht indes noch nicht fest, welcher Preis am Ende der Verfahrens zu zahlen ist. Auch dies stellt folglich eine Drohkulisse für die Gesellschafter dar.

---

431 *Lange/Sabel*, NZG 2015, 1249, 1250.

432 So auch *Kilian*, WM 2006, 1567, 1568.

433 Dazu ausführlich *Wedemann*, Gesellschafterkonflikte, 453 ff.; *Grau*, Corporate Finance 2015, M&A, 39 ff.; *Elfring*, NZG 2012, 895 ff.

434 So auch *Fleischer/Schneider*, DB 2010, 2713, 2714.

435 *Brooks/Landeo/Spier*, RAND Journal of Economics, Winter 2010, Vol. 41 Issue 4, 649, 650; *Fleischer/Schneider*, DB 2010, 2713, 2719; *Schroeder/Welpot*, NZG 2014, 609, 612; *Willms/Bicker*, BB 2014, 1347, 1348; *Heeg*, BB 2014, 467, 470; *Schaper*, DB 2014, 821.

436 Dazu später vertiefend F., I., 3., e).

Sie wird zwar nicht unbedingt die Auslösung des Verfahrens verhindern, dürfte aber regelmäßig dazu führen, dass die Gesellschafter von vornherein angemessene Preise ausrufen. Damit ist sie Grundlage der obigen Erläuterungen zur Preisgerechtigkeit[437]. Dies gilt im Übrigen unabhängig davon, welches konkrete Verfahren zur Erwerberfindung die Gesellschafter gewählt haben.

Mithin ist allen Shoot-Out-Klauseln ein gewisses Drohpotenzial inhärent, das im Grundsatz jeden Gesellschafter trifft, jedoch – abhängig insbesondere davon, ob die betroffenen Gesellschafter ausstiegsbereit oder -willig sind – unterschiedlich stark ausgeprägt sein kann.

Es führt regelmäßig dazu, dass die Klausel eine Wirkung dahingehend entfaltet, ihre eigene Durchführung zu vermeiden[438], was angesichts der radikalen Folgen auch angemessen, wenn nicht sogar notwendig ist.

Allerdings weist insbesondere *Wedemann* darauf hin, dass dieses Drohpotenzial auch Schattenseiten habe[439].

Wenig überzeugend ist in diesem Zusammenhang das Argument zulasten des hier gewollten, positiven Druckpotenzials, dass es Situationen geben könne, in denen ein Gesellschafter weder an- noch verkaufen will und dies vom Gegenüber ausgenutzt wird, um Druck auf ihn auszuüben[440].

Dies scheint doch etwas zu pauschal formuliert, zumal es die Situation des vermeintlichen „Druckinhabers" außen vor lässt. Will dieser selber nicht ausscheiden, stellt die Androhung der Klauselauslösung für ihn nicht zwangsläufig ein adäquates Mittel zur Druckausübung dar, da er aufgrund des offenen Verfahrensausgangs in Gefahr läuft, eben doch seine Anteile zu verlieren.

Ist er hingegen ausstiegswillig, so macht es für ihn keinen Sinn, seinem Mitgesellschafter mit der Klauselauslösung zu drohen, da dieser dadurch – wie *Wedemann* selbst anerkennt[441] – eher dazu bewogen wird, eine Auslösung zu vermeiden. Dann aber ist ein Exit für den vermeintlichen „Druckinhaber" in weite Ferne gerückt und er muss in der Gesellschaft verbleiben.

Richtig ist allerdings, dass es konkrete Konstellationen geben kann, in denen das Druckpotenzial in einem negativen, von den Klauseln nicht bezweckten Sinne ausgeübt wird.

Gemeint sind damit die oben schon angedeuteten Missbrauchsmöglichkeiten, insbesondere dann, wenn ein finanzstarker einem finanzschwachen Gesellschafter gegenübersteht. Darauf wird sogleich noch einzugehen sein[442].

---

437 Siehe D., I., 3.
438 *Schroeder/Welpot*, NZG 2014, 609, 612.
439 *Wedemann*, Gesellschafterkonflikte, 497.
440 *Wedemann*, Gesellschafterkonflikte, 497.
441 *Wedemann*, Gesellschafterkonflikte, 498.
442 Siehe D., II., 2.

8. Vermeidung von wirtschaftlichem Schaden seitens der Gesellschaft

Grundlegendes Interesse eines jeden Gesellschafters muss es sein, Schaden von der Gesellschaft abzuwenden, kann doch eine Misswirtschaft schnell auch auf ihn zurückfallen, sei es, weil er persönlich haftet oder, weil es seinen Ruf als Geschäftsmann schädigen kann.

Kommen die Gesellschafter zu dem Ergebnis, dass eine Trennung der beste Weg ist, um einen Schaden für die Gesellschaft zu vermeiden oder so gering wie möglich zu halten, so muss auch der von ihnen gewählte Trennungsmechanismus eben dieses Ziel fördern oder ihm jedenfalls nicht entgegenwirken.

Betrachtet man Shoot-Out-Klauseln, so stellt sich die Frage, ob sie diesem Ziel gerecht werden.

a) Zusammenhang zur Schnelligkeit des Verfahrens

Relativ eng verbunden hiermit ist die Schnelligkeit des Verfahrens. Wollen die Gesellschafter Schaden von der Gesellschaft abwenden, so wird dies regelmäßig voraussetzen, dass ihr operatives Geschäft nicht oder jedenfalls nur geringfügig beeinträchtigt wird.

Geht man nun davon aus, dass die Gesellschaft infolge eines Gesellschafterkonflikts handlungsunfähig ist, so ist dieser „worst case“ bereits eingetreten und es gilt, den Schaden so gering wie möglich zu halten.

Entschließen sich die Gesellschafter in diesem Fall zur Trennung, so führt nur eine zügige Durchführung zu diesem Ziel. Denn je länger das Verfahren dauert, desto länger dauert regelmäßig auch die Blockade an und desto größer wird der Schaden für das Unternehmen sein.

Legt man der Untersuchung diese Betrachtungsweise zugrunde, so wird man sagen müssen, dass Shoot-Out-Klauseln nicht in jedem Fall eine nur geringfügige Beeinträchtigung des operativen Geschäfts gewährleisten[443]. Denn wie zuvor gezeigt, können die verschiedenen Verfahren durchaus unterschiedlich viel Zeit in Anspruch nehmen, wobei eine schnelle Trennung teilweise nicht garantiert ist.

Hier sind vorrangig mehrrundige Erscheinungsformen, wie das klassische Auktionsverfahren zu nennen. Diese Verfahren bieten sich also vor allem dann an, wenn die Gesellschafter nicht – in Anbetracht der sonst drohenden Schäden – unter Zeitdruck stehen. Ein Einsatz im Rahmen einer Entscheidungsblockade, die das operative Geschäft beeinträchtigt, ist folglich eher nicht zu empfehlen.

Liegen indes anders gelagerte Gesellschafterkonflikte oder sonstige Trennungsgründe vor, der einen nennenswerten Schaden für die Gesellschaft nicht erwarten lassen, stehen der Vereinbarung mehrrundiger Verfahren in dieser Hinsicht keine Bedenken entgegen.

---

443 Zu undifferenziert insoweit *Schroeder/Welpot*, NZG 2014, 609, 610.

Gleiches gilt für Erscheinungsformen, die eine Anteilsbewertung zum Gegenstand haben, sofern man davon ausgeht, dass diese Bewertung – wenn sie ordentlich durchgeführt werden soll – einige Zeit in Anspruch nimmt.

Besser geeignet sind im Falle einer Entscheidungsblockade folglich einrundige Verfahren, wie das Russian Roulette- oder das eingeschränkte Auktionsverfahren.

b) Zusammenhang zur Wissens- und Aufgabenverteilung in der Gesellschaft

Ebenfalls relevant scheint dem Verfasser der Zusammenhang zur Wissens- und Aufgabenverteilung in der Gesellschaft in dieser Hinsicht zu sein.

Denn eine schnelle Trennung allein kann einen Schaden für die Gesellschaft jedenfalls dann nicht vermeiden, wenn am Ende des Verfahrens ein Gesellschafter ausscheidet, der in besonderem Maße über geschäftsrelevantes Know-How verfügt oder wichtige Dienstleistungen für die Gesellschaft erbracht hat.

Insofern ist nicht zwangsläufig sichergestellt, dass der verbleibende Gesellschafter das Unternehmen ohne diese Assets erfolgreich – also gewinnbringend – fortsetzen kann.

Dann aber kann auch die Trennung mittels einer Shoot-Out-Klausel – jedenfalls aus Sicht der Gesellschaft – nicht als wirtschaftlich beste Lösung betrachtet werden.

Daher ist es notwendig, dass die Gesellschafter in derart gelagerten Fällen vertraglich sicherstellen, dass das erforderliche Know-How und die Dienstleistungen auch bei Fortsetzung der Gesellschaft durch den Gesellschafter, der diese Assets ursprünglich nicht bereitgestellt hat, vorhanden sind[444]. Darauf wird zu einem späteren Zeitpunkt ausführlich eingegangen werden[445].

Dies mag für den ausscheidenden Gesellschafter keine wünschenswerte Lösung sein, da er möglicherweise für ihn wichtiges Know-How abgeben muss. Dieses Problem stellt sich aber stets, wenn ein solcher Gesellschafter eine Gesellschaft verlässt und ist daher kein spezifisches Problem von Shoot-Out-Klauseln.

Ist indes das Know-How an die Person des ausscheidenden Gesellschafters gebunden, so ist eine Übernahme seitens des verbleibenden Gesellschafters quasi ausgeschlossen, zumal der Austretende sich kaum darauf einlassen wird, sein Wissen auch in Zukunft – dann zum Beispiel als Angestellter – in die Gesellschaft einzubringen. Hier wird man zugeben müssen, dass ein Schaden für die Gesellschaft schwerlich verhindert werden kann.

Vorgenannte Erwägungen gelten für alle Erscheinungsformen von Shoot-Out-Klauseln gleichermaßen.

---

444 So auch *Wilske/Fox/Baillie* in: International Joint Ventures, 609.

445 Siehe insbesondere F., I., 3., c) und F., V., 2., c), bb).

c) *Zusammenfassung*

Vor allem das Russian Roulette-Verfahren, aber auch sonstige einrundige Verfahren ohne Anteilsbewertung gewährleisten eine zügige Trennung und vermögen in dieser Hinsicht am ehesten, Schaden von der Gesellschaft abzuwenden.

Damit bieten sie sich insbesondere für den Einsatz bei Entscheidungsblockaden an.

Bei mehrrundigen Verfahren und Verfahren mit Anteilsbewertung ist dies wahrscheinlich nicht der Fall.

Es ist daher zu überlegen, ob ihr Einsatzfeld nicht auf solche Trennungsgründe beschränkt wird, die keine erhebliche Beeinträchtigung des operativen Geschäfts und damit auch keinen nennenswerten Schaden für die Gesellschaft erwarten lassen.

Da die Gesellschafter aber regelmäßig bei Vereinbarung der Klausel nicht wissen, welche Art von Konflikt später zur Auslösung der Klausel führen wird, können von vornherein auch unterschiedliche Verfahren für die jeweiligen Konfliktintensitäten vorgesehen werden.

Führt der Einsatz einer Shoot-Out-Klausel dazu, dass ein Gesellschafter ausscheidet, der über relevantes Know-How verfügt oder wichtige Dienstleistungen erbringt, kann ein Schaden für die Gesellschaft am ehesten vermieden werden, wenn schon vorher vertraglich geregelt ist, dass in diesem Fall nicht nur die Anteile, sondern zugleich die betroffenen Assets auf den Erwerber übertragen werden.

Ist dies nicht möglich, etwa, weil das Know-How an die Person des ausscheidenden Gesellschafters gebunden ist, ist die Statuierung von Shoot-Out-Klauseln jedenfalls dann nicht ratsam, wenn das Know-How des betroffenen Gesellschafters für den wirtschaftlichen Erfolg der Gesellschaft unerlässlich ist[446].

9. Effiziente Trennung der Gesellschafter

Es stellt sich zuletzt noch die Frage, ob Shoot-Out-Klauseln einen effizienten oder ineffizienten Auflösungsmechanismus im Falle einer Gesellschaftertrennung bereitstellen[447].

Dies ist vorrangig eine (rechts-)ökonomische Frage, für deren Beurteilung verschiedene Umstände relevant werden.

446 So auch *Werner*, GmbHR 2014, 310, 316.

447 Dies – in Bezug auf das Russian Roulette-Verfahren – bejahend *Schmolke*, Grenzen der Selbstbindung, 556.

Einige solcher Umstände sind bereits Gegenstand einschlägiger ökonomischer Arbeiten geworden[448], die allerdings im juristischen Schrifttum ganz überwiegend keine Beachtung gefunden haben[449].

Diesen Arbeiten liegt dabei regelmäßig das Russian Roulette-Verfahren zugrunde, so dass die folgenden Erwägungen sich nur darauf beziehen, sofern nicht ausdrücklich auch andere Erscheinungsformen mit einbezogen werden.

Dabei wird wohl grundsätzlich davon ausgegangen, dass ein Konfliktlösungsmechanismus dann *ex post* effizient ist, wenn derjenige Gesellschafter die Anteile erhält, dem sie am meisten wert sind und dabei kein Geld verschwendet wird[450].

a) Zusammenhang zur Informationsverteilung zwischen den Gesellschaftern

Dies vorausgesetzt, wird in der ökonomischen Fachliteratur offenbar einheitlich die Meinung vertreten, dass das Russian Roulette-Verfahren einen effizienten Mechanismus zur Trennung der Gesellschafter darstellt, wenn die beteiligten Gesellschafter in gleichem Maße Zugang zu relevanten Informationen, namentlich solchen, die für die Bewertung der Anteile maßgeblich sind, haben[451].

Sobald aber Informationen asymmetrisch verteilt sind, finden sich divergierende Ansichten zur Frage, ob das Russian Roulette-Verfahren als effizient betrachtet werden kann.

Dabei kamen vor allem frühere Arbeiten zu dem Ergebnis dass solche Verfahren unter diesen Umständen *ex post* ineffizient seien, da nicht sichergestellt sei, dass derjenige Gesellschafter die Anteile erhält, dem sie am meisten wert sind[452].

Wenn die Gesellschafter die als Grundlage der Preisbestimmung durchgeführte Anteilsbewertung lediglich auf Basis ihrer eigenen Vorstellungen und Erfahrungen, insbesondere der Kenntnis des Wertes der eigenen Anteile, vornähmen, so würde am Ende ein Preis festgelegt werden, der wahrscheinlich – je nachdem, ob der

---

448 Dazu zählen unter anderem *McAfee*, Journal of Economic Theory 56 (1992), 266 ff.; *Brooks/Landeo/Spier*, RAND Journal of Economics, Winter 2010, Vol. 41 Issue 4, 649 ff.; *de Frutos/Kittsteiner*, RAND Journal of Economics, Spring 2008, Vol. 39 Issue 1, 184 ff.; *Li/Wolfstetter*, Oxford Economic Papers 62 (2010), 529 ff.; *Landeo/Spier*, Shotguns and Deadlocks, 1 ff.; *dies.*, The University of Chicago Law Review, Vol. 81, Issue 4, 203 ff.; *Cramton/Gibbons/Klemperer*, Econometrica, Vol. 55, No. 3, 615 ff.

449 Ausnahme insoweit *Fleischer/Schneider*, DB 2010, 2713, 2715; *Grau*, Corporate Finance 2015, M&A, 39, 45.

450 *De Frutos/Kittsteiner*, RAND Journal of Economics, Spring 2008, Vol. 39 Issue 1, 184, 187.

451 *McAfee*, Journal of Economic Theory 56 (1992), 266, 268; *Li/Wolfstetter*, Oxford Economic Papers 62 (2010), 529, 530, 547.

452 *McAfee*, Journal of Economic Theory 56 (1992), 266, 284; *Cramton/Gibbons/Klemperer*, Econometrica, Vol. 55, No. 3, 615, 626.

betroffene Gesellschafter aus der Gesellschaft ausscheiden wolle oder nicht – über, beziehungsweise unter dem Wert der eigenen Anteile läge.

Läge der tatsächliche Anteilswert des Gegenübers indes zwischen dem eigenen und dem im Preis festgelegten Wert, so würde dies regelmäßig dazu führen, dass man – entgegen des eigentlichen Willens – kaufen, beziehungsweise verkaufen müsste. Daher verbliebe nicht zwangsläufig derjenige Gesellschafter, dem die Anteile am meisten wert sind, in der Gesellschaft.

Es wird aber mittlerweile auch die Ansicht vertreten, dass ein derartiges Prozedere auch bei asymmetrisch verteilter Information jedenfalls dann effizient sei, wenn sichergestellt ist, dass die wertschätzendste Partei die Anfangsgebote abgibt[453].

Dies könne zum Beispiel durch ein vorgeschaltetes Auktionsverfahren oder sonstiges Ausverhandeln der Rolle des initiierenden Gesellschafters erreicht werden[454].

Dadurch würden zugleich die negativen Auswirkungen von ungleich verteilter Information eingeschränkt[455].

Letztere Ansicht scheint meines Erachtens plausibler zu sein, wobei diese Einschätzung ausschließlich aus einer logischen Auseinandersetzung mit den unterschiedlichen Argumenten folgt und völlig losgelöst von einer etwaigen mathematischen Richtigkeit zu sehen ist.

Schon die Vertreter der erstgenannten Meinung räumen – wenn auch nur indirekt – ein, dass die von ihnen festgestellte Ineffizienz lediglich daraus folgt, dass eben nicht hundertprozentig sichergestellt sei, dass der wertschätzendste Gesellschafter schlussendlich die Anteile erhalte. Ausgeschlossen ist aber freilich nicht, dass dieser Fall eintritt. Im Gegenteil ist der Mechanismus nur dann ineffizient – auch das wird von den entsprechenden Autoren festgestellt –, wenn der tatsächliche Anteilswert des Gegenübers zwischen dem eigenen und dem im Preis festgelegten Wert liegt.

Hier kann nun erst recht die letztgenannte Ansicht weiterhelfen. Wird vor der eigentlichen Durchführung des Russian Roulette-Verfahrens ermittelt, wer die Angebote abgeben darf, so kann das Risiko, dass nicht die die Anteile am meisten wertschätzende Partei Erwerber wird, weiter minimiert werden.

Letztlich kann man also feststellen, dass sich beide Meinungen gar nicht zwingend widersprechen. Vielmehr setzt die Arbeit von *de Frutos/Kittsteiner* dort an, wo die Untersuchungen von *McAfee* und *Cramton/Gibbons/Klemperer* zu undifferenziert sind und hilft damit, die ökonomische Forschung zur Effizienz von Russian Roulette-Verfahren weiter zu präzisieren.

Vor diesem Hintergrund wird man die Ansicht vertreten können, dass das Russian Roulette-Verfahren bei asymmetrisch verteilter Information seitens der

453 *De Frutos/Kittsteiner*, RAND Journal of Economics, Spring 2008, Vol. 39 Issue 1, 184, 194.

454 *De Frutos/Kittsteiner*, RAND Journal of Economics, Spring 2008, Vol. 39 Issue 1, 184, 186.

455 *Landeo/Spier*, Shotguns and Deadlocks, 55.

Gesellschafter zwar keine effiziente Trennung garantiert, aber bei entsprechender Klauselgestaltung jedenfalls eine hohe Wahrscheinlichkeit dahingehend besteht.

Bei symmetrisch verteilter Information ist die Effizienz der Trennung indes offenbar in jedem Fall gegeben.

Inwiefern sich dieses Ergebnis aus ökonomischer Sicht auf andere Erscheinungsformen von Shoot-Out-Klauseln übertragen lässt, kann seitens des Verfassers nicht fachgerecht beurteilt werden.

Bleibt man bei der Annahme, dass Effizienz in diesem Zusammenhang stets voraussetzt, dass derjenige Gesellschafter die Anteile erhält, der sie am meisten wertschätzt, so scheint dies jedenfalls im Rahmen von Auktionsverfahren gegeben zu sein. Diese Ansicht wird auch im ökonomischen Schrifttum geteilt[456].

Eingeschränkt werden muss dieses Ergebnis jedoch erneut auf Situationen, in denen die beteiligten Gesellschafter in gleichem Maße Zugang zu Informationen über die Gesellschaft haben, die für die Wert- und daher auch die Preisermittlung relevant sind[457].

Blieben noch die – bisher schon öfter gesondert erwähnten – Verfahren, die eine externe Anteilsbewertung zum Gegenstand haben, zu beurteilen. Hier dürfte jedenfalls die Gefahr, die durch einseitige und gegebenenfalls uninformierte Bewertung seitens der Gesellschafter droht (siehe oben), nicht bestehen, da die Preisbestimmung gerade durch einen neutralen – und möglichst diesbezüglich geschulten – Dritten erfolgt, so dass unter normalen Umständen eine angemessene Anteilsbewertung sichergestellt sein sollte.

Inwieweit dies Auswirkungen auf die Effizienz der Trennung hat, müsste in der ökonomischen Forschung indes noch untersucht werden.

Ausgehend von diesen Ergebnissen wird aber auch deutlich, dass es wichtig ist, bei Vorliegen einer Informationsasymmetrie vertraglich darauf hinzuwirken, dass dieses Ungleichgewicht schon vor Abgabe der Angebote behoben wird. Dies kann zum Beispiel durch Informations- und Auskunftspflichten geschehen. Darauf wird zu einem späteren Zeitpunkt der Arbeit vertieft eingegangen[458].

b) Zusammenhang zwischen Investitions- und Auflösungsentscheidungen

Gegenstand ökonomischer Untersuchungen war auch der Zusammenhang zwischen Investitions- und Auflösungsentscheidungen[459]. Dem lag erneut das Russian Roulette-Verfahren zugrunde.

---

456 *Cramton/Gibbons/Klemperer*, Econometrica, Vol. 55, No. 3, 615.

457 *Landeo/Spier*, Shotguns and Deadlocks, 35 ff.

458 Siehe F., I., 3., b) und F., IV., 1., h).

459 *Li/Wolfstetter*, Oxford Economic Papers 62 (2010), 529 ff.

Dabei wurde festgestellt, dass eine derartige Klausel zu Effizienzverlusten führt, namentlich in Form von exzessiven Trennungen in Kombination mit Unterinvestitionen oder in Form von effizienten Trennungen in Kombination mit Überinvestitionen[460].

Zugleich werden auch Lösungen zur Wiederherstellung der Effizienz genannt. Vorgeschlagen wird insoweit, entweder dem weniger informierten Gesellschafter das Recht zu geben, den Kaufs-, beziehungsweise Verkaufspreis zu nennen oder gar die Klausel mit einer Art Veto-Recht zu versehen, die den Mechanismus außer Kraft setzt. Dadurch werde das Prozedere zu einem „Signalisierungsspiel", bei dem der ausgerufene Preis dem Gegenüber als Signal dafür diene, über welche Informationen der verfahrenseinleitende Gesellschafter verfüge und inwiefern er seine eigene Bewertung anpassen müsse[461].

Letztgenannter Vorschlag ist in dieser konkreten Form aus rechtlicher Sicht abzulehnen.

Zum Einen wurde bereits festgestellt, dass es das Ziel der Gesellschafter sein muss, Schaden von der Gesellschaft abzuwenden, was – jedenfalls im Falle einer Entscheidungsblockade – durch eine möglichst zügige Trennung erreicht werden kann[462]. Haben die Gesellschafter nun eine Shoot-Out-Klausel, namentlich ein Russian Roulette-Verfahren, vereinbart, so lässt sich die Trennung verhältnismäßig schnell vollziehen[463].

Ein voraussetzungsloses Veto-Recht würde diesem Ziel massiv entgegenwirken, da das Verfahren ohne Weiteres gestoppt werden kann und die Trennung dadurch verhindert würde.

Dies würde zum Anderen auch dazu führen, dass ein wesentliches Merkmal von Shoot-Out-Klauseln nicht mehr gegeben wäre, denn dann fehlte es an der zwangsweise zu erfolgenden Trennung der Gesellschafter.

Im Übrigen besteht die Möglichkeit, dass das Veto-Recht dahingehend missbraucht wird, dass der rechtsinhabende Gesellschafter es lediglich nutzt, um dauerhaft eine Trennung zu verhindern und nicht, um – wie eigentlich vorgesehen – seine eigene Anteilsbewertung zu korrigieren.

Ungeachtet dessen betreffen die wesentlichen Erwägungen der Arbeit von *Li/ Wolfstetter* ohnehin nicht die hier zu untersuchende Frage, ob die spätere Trennung der Gesellschafter mittels Shoot-Out-Klauseln effizient vollzogen werden kann, sondern vielmehr, inwiefern die Klausel Auswirkungen auf die Wirtschaftlichkeit der Gesellschaft insgesamt hat.

Im Hinblick auf die Trennung räumt die Arbeit indes ein, dass effiziente Trennungen jedenfalls bei Überinvestitionen seitens der Gesellschafter gegeben sind[464].

---

460 *Li/Wolfstetter*, Oxford Economic Papers 62 (2010), 529, 547.
461 *Li/Wolfstetter*, Oxford Economic Papers 62 (2010), 529, 542.
462 Siehe D., I., 8.
463 Siehe D., I., 4.
464 *Li/Wolfstetter*, Oxford Economic Papers 62 (2010), 529, 531, 547.

c) *Zusammenfassung*

Die vorstehenden Erwägungen haben gezeigt, dass vor allem das Russian Roulette-Verfahren einen effizienten Trennungsmechanismus bereitstellt. Dies gilt sowohl bei symmetrisch, als auch – mit gewissen Einschränkungen – bei asymmetrisch verteilter Informationslage seitens der beteiligten Gesellschafter.

Dieses Ergebnis dürfte sich wohl auf alle einrundig ausgestalteten Verfahren, die dabei keine Anteilsbewertung zum Gegenstand haben, übertragen lassen.

Mehrrundige Erscheinungsformen von Shoot-Out-Klauseln, insbesondere Auktionsverfahren, werden gleichsam von Ökonomen empfohlen, da sie sicherstellen, dass derjenige Gesellschafter die Anteile erhält, der sie am meisten wertschätzt.

Wenige Aussagen lassen sich für Verfahren mit objektiver Anteilsbewertung durch einen Dritten treffen, da insofern – soweit ersichtlich – noch keine ökonomischen Untersuchungen vorgenommen wurden.

Allerdings besteht grundsätzlich bei allen Erscheinungsformen die Gefahr, dass die Gesellschafter durch Pflichtverletzungen im Rahmen des Verfahrens oder durch dessen missbräuchlichen Einsatz die Effizienz der Trennung verringern oder sie gar ineffizient machen. Dem gilt es, insbesondere durch umsichtige Vertragsgestaltung, vorzubeugen.

II. Risiken von Shoot-Out-Klauseln und ihre Bewertung

1. Ungewisser Verfahrensausgang

Im Schrifttum wird häufig der ungewisse Verfahrensausgang von Shoot-Out-Klauseln kritisiert oder jedenfalls als Nachteil angesehen[465], wobei auch hier regelmäßig nicht alle Erscheinungsformen betrachtet werden.

Dieser könne zu sachwidrigen Ergebnissen führen, insbesondere dergestalt, dass ein verkaufswilliger Gesellschafter am Ende des Verfahrens die Anteile des Mitgesellschafters gegen seinen Willen kaufen müsse und andersrum[466].

Dies mache den Exit für einen ausstiegswilligen Gesellschafter ebenso wenig planbar wie bei gegenteiliger Intention den Verbleib[467]. Zudem könne es zum Verlust

465 *Fleischer/Schneider*, DB 2010, 2713, 2714; *Carey*, Real Property, Probate and Trust Journal, Winter 2005, 651, 660, 661; *Willms/Bicker*, BB 2014, 1347, 1348; *Werner*, GmbHR 2005, 1554, 1556, 1558; *Weidmann*, DStR 2014, 1500, 1502; *Schulte/Sleger*, NZG 2005, 24, 30; *Fett/Spiering*, Handbuch Joint Venture, 421; *Wilske/Fox/Baillie* in: International Joint Ventures, 609; *Schulte/Pohl*, Joint-Venture-Gesellschaften, 193; *Wedemann*, Gesellschafterkonflikte, 497; *Klotz*, Power Tools, 210; *Ritz*, Kommentierter Mustervertrag, 76.

466 *Fleischer/Schneider*, DB 2010, 2713, 2714; *Schroeder/Welpot*, NZG 2014, 609, 613.

467 *Grau*, Corporate Finance 2015, M&A, 39, 45.

einer strategischen Position in einem für den ausscheidenden Gesellschafter wichtigen Marktsegment kommen[468].

In der Sache kann dem relativ wenig entgegengesetzt werden, da diese Risiken aus Sicht der Gesellschafter tatsächlich bestehen.

Gleichwohl sollten diese Umstände nicht kritisiert werden, da sie keine negative Eigenschaften von Shoot-Out-Klauseln darstellen, sondern vielmehr gewollt sind.

Die Kritik verkennt zum Einen, dass es im Rahmen von Shoot-Out-Klauseln nicht vorrangig um die Planbarkeit des Exits seitens der Gesellschafter geht, sondern der Einsatz dieser Klauseln in der Regel darauf ausgerichtet ist, eine radikale, schnelle und faire Lösung eines bestehenden Konflikts herbeizuführen, um Schaden von der Gesellschaft abzuwenden.

Daher ist diese Unkalkulierbarkeit gerade gewollt, erhöht sie doch – wie zuvor gezeigt – die Einigungsbereitschaft und ermöglicht gleichzeitig – sollte es zu keiner Einigung kommen – einen angemessenen Kaufpreis für die Anteile.

Hier haben die persönlichen Interessen der Gesellschafter hinten anzustehen.

Die Unkalkulierbarkeit ist also – untechnisch gesprochen – der Preis, den die Gesellschafter zahlen müssen, wenn sie außerstande sind, ihren Konflikt anderweitig beizulegen. Das sollte ihnen bei Statuierung einer derartigen Klausel bewusst sein. Auch hier gilt demnach der Satz von *Schmolke*: „It's not a bug, it's a feature!"[469]

Zum Anderen vermag auch das Argument der möglicherweise sachwidrigen Ergebnisse nicht vollends zu überzeugen.

Vorneweg lässt sich sagen, dass die hier gemeinte Unkalkulierbarkeit – nämlich bezogen auf die Verteilung von Erwerber- und Veräußererrolle – nicht bei jeder Art von Shoot-Out-Klausel gleich zwischen den Gesellschaftern verteilt ist.

Während bei Auktionsverfahren aller Art jeden Gesellschafter das gleiche Maß an Unkalkulierbarkeit trifft, ist es beim Russian Roulette-Verfahren der verfahrenseinleitende Gesellschafter, der in dieser Hinsicht die Hauptlast trägt, da er lediglich den Preis nennt und die Erwerberermittlung dann durch den Mitgesellschafter erfolgt.

In diesem Fall ergeben sich folglich keine unsachgemäßen Ergebnisse in der in der Literatur bemängelten Art, wenn der Gesellschafter, der zwingend veräußern (oder kaufen) will, zugleich derjenige ist, der die Wahl zwischen Kauf und Verkauf hat.

Gleichwohl sind – wie die Kritik durchaus zu Recht anmerkt – Fälle, in denen es zu Ergebnissen in dieser Art kommt, nicht ausgeschlossen.

Auch hier wird man aber sagen können, dass dieses Ergebnis – mag es noch so ungewollt für den betroffenen Gesellschafter sein – doch letztlich nur eine Folge mangelnder Einigungsbereitschaft ist, denn andernfalls wäre die Klausel gar nicht ausgelöst worden.

---

468 *Schulte/SIeger*, NZG 2005, 24, 30; *Schulte/Pohl*, Joint-Venture-Gesellschaften, 193.
469 *Schmolke* in: Gesellschafts- und Kapitalmarktrecht, 126; *ders.*, ZIP 2014, 897, 899.

Daher gilt bei Shoot-Out-Klauseln: Wer sich nicht einigt, der muss in Kauf nehmen, nicht das zu bekommen, was er will!

Zudem kann erneut angeführt werden, dass es bei diesen Klauseln nicht vorrangig um die Interessen der Gesellschafter, sondern vielmehr um das Wohlergehen der Gesellschaft geht. Den Interessen der Parteien wird aber jedenfalls durch die Gewährleistung eines fairen Ausstiegspreises Rechnung getragen.

Aus diesen Gründen ist das Ergebnis, nämlich, dass ein Gesellschafter entgegen seines Willens aus der Gesellschaft ausscheiden oder Anteile des Mitgesellschafters erwerben muss, auch freilich nicht unsachgemäß, sondern im Gegenteil durchaus folgerichtig. Dies gilt jedenfalls so lange, wie dabei eine schnelle und faire Konfliktlösung erreicht wird.

2. Missbrauchspotenzial

Kern jeglicher Kritik an Shoot-Out-Klauseln ist jedoch nicht der zuvor behandelte ungewisse Verfahrensausgang, sondern das Missbrauchspotenzial, das sie mit sich bringen.

Einschlägige Arbeiten kommen aufgrund dessen oftmals zu dem Ergebnis, dass derartige Klauseln nur mit höchster Vorsicht zu gebrauchen seien[470].

Daher ist es angebracht, sich besonders ausführlich mit diesen Risiken auseinanderzusetzen.

a) Missbrauchsmöglichkeiten bei unterschiedlicher Finanzkraft der Gesellschafter

Ein großes Missbrauchspotenzial ist Konstellationen inhärent, in denen die Finanzkraft der beteiligten Gesellschafter sich eklatant unterscheidet.

Dies gilt sowohl bei Statuierung, als auch bei Auslösung der Klausel[471].

Die Gefahr besteht vor allem darin, dass der finanzstarke Gesellschafter seine überlegene Position zulasten des finanzschwachen Gesellschafters ausnutzt, namentlich dahingehend, dass er ihn entweder (zu unfairen Preisen) aus der Gesellschaft hinausdrängt oder ihm seinen Willen aufzwingt.

---

470 *Lieder*, WuB WM 2014, 706; *Schaper*, DB 2014, 821, 823; *Schulte/Pohl*, Joint-Venture-Gesellschaften, 194 Rn. 826; *Werner*, GmbHR 2005, 1554, 1558; *Schulte/Sieger*, NZG 2005, 24, 31; *Wedemann*, Gesellschafterkonflikte, 493; *Heeg*, BB 2014, 467, 470; *Gresbrand/Röhl*, AnwZertOnl HaGesR, Heft 20/2014, 1, 3; *Fleischer/Schneider*, DB 2010, 2710, 2719; *Fett/Spiering*, Handbuch Joint Venture, 422 Rn. 600; *Ritz*, Kommentierter Mustervertrag, 76.

471 Anders *Wedemann*, Gesellschafterkonflikte, 499, die nur auf den Zeitpunkt der Verfahrensdurchführung abstellt.

aa) Hinausdrängen aus der Gesellschaft (zu einem unangemessenen Preis)

Vielfach wird auf die Möglichkeit hingewiesen, dass in derartigen Fällen der finanzstarke Gesellschafter, der von der finanziellen Schwäche seines Gegenüber weiß, bewusst einen Preis ausrufen könnte, den der finanzschwache Gesellschafter nicht mitgehen kann, um ihn aus der Gesellschaft hinauszudrängen[472].

Je nachdem, wie prekär dessen Situation ist, müsse dieser Preis auch gar nicht zwangsläufig besonders hoch sein, sondern könne sogar (weit) unter dem tatsächlichen Wert der Anteile liegen[473].

Dadurch werde auch auch das Ziel, einen angemessenen Preis für die Anteile zu gewährleisten, nicht erreicht[474]. Zudem entfalle die disziplinierende Wirkung des Verfahrens[475].

Die entsprechenden Autoren beziehen sich zwar regelmäßig nur auf bestimmte Erscheinungsformen von Shoot-Out-Klauseln und dabei insbesondere das Russian Roulette-Verfahren. Diese Erwägungen dürften allerdings auf alle Erscheinungsformen übertragbar sein.

Dass das vorgenannte Missbrauchspotenzial besteht, wird man kaum bestreiten können. Daher wird es auch regelmäßig als erheblicher Nachteil von Shoot-Out-Klauseln angesehen[476].

Derart schlimm, wie es dargestellt wird, ist es aber aus mehreren Gründen nicht:

(1) Gefahrenbereich für Missbräuche dieser Art

Zunächst besteht es auch bei tatsächlich vorhandenen Unterschieden in der Finanzkraft der Gesellschafter nur in bestimmten Konstellationen.

---

472 *Grau*, Corporate Finance 2015, M&A, 39, 45; *Fleischer/Schneider*, DB 2010, 2713, 2715; *Wedemann*, Gesellschafterkonflikte, 497, 498; *Binz/Mayer*, NZG 2012, 201, 210; Schaper, DB 2014, 821, 823; *Schroeder/Welpot,* NZG 2014, 609, 612; *Werner*, GmbHR 2005, 1554, 1558; *ders.*; GmbHR 2014, 310, 316; *Wilske/Fox/Baillie* in: International Joint Ventures, 609; *Fett/Spiering*, Handbuch Joint Venture, 421 Rn. 598; *Lutz*, Der Gesellschafterstreit, 277 Rn. 560; *Schulte/Pohl*, Joint-Venture-Gesellschaften, 193 Rn. 823; *Hewitt*, Hewitt on Joint Ventures, 235; *Ritz*, Kommentierter Mustervertrag, 76; *Weidmann*, DStR 2014, 1500, 1503.

473 *Wedemann*, Gesellschafterkonflikte, 498; *Schaper*, DB 2014, 821, 823; *Schroeder/Welpot,* NZG 2014, 609, 612; *Wilske/Fox/Baillie* in: International Joint Ventures, 609; *Fleischer/Schneider,* DB 2010, 2713, 2717.

474 *Schroeder/Welpot,* NZG 2014, 609, 612; *Wedemann*, Gesellschafterkonflikte, 498; *Schaper*, DB 2014, 821, 823.

475 *Fleischer/Schneider*, DB 2010, 2713, 2715; *Werner*, GmbHR 2014, 310, 316.

476 *Wedemann*, Gesellschafterkonflikte, 497; *Fleischer/Schneider*, DB 2010, 2713, 2715; *Grau*, Corporate Finance 2015, M&A, 39, 45; *Schroeder/Welpot,* NZG 2014, 609, 612; *Werner*, GmbHR 2005, 1554, 1558; *Fett/Spiering*, Handbuch Joint Venture, 421 Rn. 598; *Lutz*, Der Gesellschafterstreit, 277 Rn. 560; *Schulte/Pohl*, Joint-Venture-Gesellschaften, 193 Rn. 823; *Hewitt*, Hewitt on Joint Ventures, 235.

Voraussetzung ist nämlich stets, dass der vermeintlich überlegene Gesellschafter von der finanziellen Situation des Mitgesellschafters (detailliert) Kenntnis hat. Ist dies nicht der Fall, so ist das Risiko eines Missbrauchs in der hier besprochenen Form bereits erheblich geringer.

Zudem muss sich die Finanzkraft der beteiligten Gesellschafter nicht nur geringfügig, sondern in nicht unerheblichem Maße unterscheiden. Andernfalls kann der finanzstärkere Gesellschafter nicht sicher sein, dass seine Taktik aufgeht.

Gerade beim Russian Roulette-Verfahren besteht hier die Gefahr, dass der Mitgesellschafter sich bei einem niedrigen Gebot doch für den Kauf entscheidet, da seine finanziellen Möglichkeiten (wider Erwartens) ausreichend gegeben sind. Jedenfalls wird er aber bei einem niedrigen Gebot eher in der Lage sein, es mittels einer Fremdfinanzierung zu stemmen[477].

Hinzu kommt, dass ein derart missbräuchliches Verhalten für den finanzstarken Gesellschaft nicht immer ein ratsames Vorgehen darstellt[478]. Man bedenke hier nur den Fall, dass der finanzschwache Gesellschafter über personengebundenes und für die Gesellschaft essentiell wichtiges Know-How verfügt[479].

Würde der vermeintlich überlegene Gesellschafter nun seine Finanzkraft ausnutzen, um die alleinige Herrschaft in der Gesellschaft zu erlangen, so könnte dies unter Umständen mit schwerwiegenden wirtschaftlichen Verlusten verbunden sein.

Für die hier beschriebene Missbrauchslage ist es ferner erforderlich, dass – im Falle des Russian Roulette- und des Texan Shoot-Out-Verfahrens – der finanzstarke Gesellschafter das Verfahren einleitet, damit er den Preis festlegen kann.

Übernimmt dies indes der finanzschwache Partner, etwa, weil er ohnehin aufgrund seiner finanziellen Schwäche aus der Gesellschaft ausscheiden will, so hat der vermeintlich stärkere Gesellschafter es nicht mehr in der Hand, einen zu hohen oder zu niedrigen Preis auszurufen.

Folglich ist der „Gefahrenbereich" für derartige Missbrauchsfälle deutlich kleiner als es teilweise dargestellt wird. Zudem ist er auch keiner Pauschalisierung für Situationen finanziellen Ungleichgewichts zugänglich, sondern stets abhängig von der Konstellation im Einzelfall.

(2) Vertragliche Regelungen zur Vorbeugung von Missbräuchen dieser Art

Zudem gibt es für die Gesellschafter einige Möglichkeiten, derartigen Situationen vorzubeugen.

---

477 So auch *Schmolke* in: Gesellschafts- und Kapitalmarktrecht, 130; *ders.*, ZIP 2014, 897, 900.

478 So auch *Willms/Bicker*, BB 2014, 1347, 1351.

479 In diese Richtung auch *Carey*, Real Property, Probate and Trust Journal, Winter 2005, 651, 706.

(2.1) Verzicht auf Klausel oder Preisgabe von Informationen über finanzielle Lage

Zum Einen könnten die Parteien von vornherein auf die Statuierung einer Shoot-Out-Klauseln verzichten, namentlich dann, wenn die finanziellen Unterschiede schon zu Beginn der Zusammenarbeit bestehen und absehbar ist, dass sich dies auch in Zukunft nicht erheblich ändern wird[480].

Zum Anderen ist es für die Gesellschafter ratsam, - soweit möglich - nicht zu viele Informationen über ihre finanzielle Situation gegenüber ihren Mitgesellschaftern preiszugeben.

(2.2) Hürden für die Verfahrenseinleitung

Denkbar ist aber auch, die Hürden für eine Verfahrenseinleitung entsprechend hoch zu legen[481]. Insbesondere ist zu vermeiden, dass die Klausel voraussetzungslos gezogen werden kann[482].

So ließe sich beispielsweise vereinbaren, dass die Klausel ab einem bestimmten, vorher festzulegenden finanziellen Ungleichgewicht zwischen den beteiligten Gesellschaftern nicht mehr ausgelöst werden darf.

Teilweise wird auch vorgeschlagen, in den Entscheidungsprozess über die Einleitung des Verfahrens ein unabhängiges Organ einzubinden[483]. Dieses müsste dann folgerichtig entsprechend qualifiziert sein und eine Art Veto-Recht für den Fall innehaben, dass die Einleitung des Verfahrens seiner Ansicht nach zu sachwidrigen Ergebnissen führt.

(2.3) Regelungen hinsichtlich der Verfahrensdurchführung

Liegt ein finanziell erhebliches Ungleichgewicht zwischen den Gesellschaftern vor, könnte dem finanziell Schwächeren vertraglich einmalig das Recht zugestanden werden, in Fällen, in denen Angebote der Gegenseite evident zu niedrig scheinen, innerhalb der Annahmefrist einen neutralen, vorher bestimmten Dritten anzurufen, der zunächst die betroffenen Anteile bewertet und sodann den danach festgestellten Wert mit dem entsprechenden Angebot abgleicht. Ergibt sich danach eine Abweichung, die einen bestimmten Prozentsatz unterschreitet – beispielsweise 20 Prozent –, so wird das Angebot seitens des Dritten automatisch auf den von ihm bestimmten Wert korrigiert. Die Annahmefrist sollte in dieser Zeit ruhen und erst nach Korrektur des Angebots weiterlaufen.

---

480 Dieses Argument führte auch das OLG Nürnberg im bisher einzigen obergerichtlichen Urteil zu Shoot-Out-Klauseln in Deutschland an, siehe OLG Nürnberg, ZIP 2014, 171, 173. Dazu später ausführlich siehe E., I., 1., e).

481 So auch *Binz/Mayer*, NZG 2012, 201, 210; *Fett/Spiering*, Handbuch Joint Venture, 421 Rn. 598.

482 Dazu siehe F., III., 1.

483 *Binz/Mayer*, NZG 2012, 201, 210.

Dadurch wird die Preisgerechtigkeit wiederhergestellt und gleichfalls der missbräuchlich handelnde Gesellschafter für sein Verhalten (moderat) sanktioniert.

Eine solche Regelung kann vor allem bei Verfahren, bei denen die Preisermittlung einseitig erfolgt, Sinn machen und Fälle des hier gegenständlichen Missbrauchs nicht nur nachträglich korrigieren, sondern auch von vornherein verhindern.

Zwar wird durch sie das Ziel, ein möglichst schnelles Verfahren zu gewährleisten, voraussichtlich nicht erreicht. Wenn das Verfahren jedoch ohnehin nur missbräuchlich dazu eingesetzt wurde, um einen möglichst niedrigen Kaufpreis für die Anteile des Mitgesellschafters zu erzielen, wird die eigentlich bezweckte schnelle Konfliktlösung – jedenfalls seitens des unredlich handelnden Gesellschafter – nicht im Vordergrund stehen, so dass diese Folge nicht als erheblicher Nachteil anzusehen ist.

Dadurch, dass das Recht nur dem finanziell schwächeren Gesellschafter und diesem auch nur einmalig zusteht, soll zudem verhindert werden, dass das Verfahren von den Gesellschaftern dauerhaft in die Länge gezogen werden kann.

Im Übrigen sei noch darauf hingewiesen, dass eine solche vertragliche Gestaltung zwar nicht zwangsläufig die Möglichkeit beseitigt, den Mitgesellschafter aus der Gesellschaft zu drängen. Sie verhindert aber – wie gezeigt – zumindest unangemessen niedrige Preise.

Bei Verfahren, in dessen Rahmen der initiierende Gesellschafter zu Beginn einen Kauf- und Verkaufspreis nennt, ist ferner eine vertragliche Regelung dahingehend möglich, in solchen Situationen den finanzschwachen Gesellschafter die entsprechenden Gebote abgeben zu lassen.

Hier könnte man nun freilich entgegnen, dass ein solches Vorgehen das Problem nicht beseitigt, da nach wie vor die Gefahr besteht, dass der betroffene Gesellschafter seine Anteile verliert, obwohl er in der Gesellschaft verbleiben will. Dies ist indes ein Risiko, das bei Shoot-Out-Klauseln stets besteht und zudem gewollt ist[484].

Überdies wird dadurch – wie schon oben erwähnt – dem überlegenen Gesellschafter die Möglichkeit genommen, einen zu hohen oder zu niedrigen Preis anzusetzen.

Sofern man nun meint, der finanzschwache Gesellschaft könne ja seinerseits aufgrund seiner fehlenden Finanzkraft keinen angemessenen Preis ausrufen, so stehen dem mehrere Erwägungen entgegen.

Einerseits lässt sich das Risiko für den finanzschwachen Gesellschafter durch eine Fremdfinanzierung weiter abschwächen, wenn auch freilich nicht gänzlich beseitigen[485].

484 Siehe D., II., 1.

485 *Wedemann*, Gesellschafterkonflikte, 498; *Schaper*, DB 2014, 821, 823; *Werner*, GmbHR 2014, 310, 316.

Im Hinblick darauf ist auch denkbar, dem betroffenen Gesellschafter einen gewissen Zeitraum zuzugestehen, in dem er sich um eine entsprechende Finanzierung bemühen kann[486].

Ist eine Solche nicht möglich, so bietet es sich an, einen tendenziell hohen Preis anzusetzen. Da dem finanzstarken Gesellschafter regelmäßig daran gelegen sein dürfte, in der Gesellschaft zu verbleiben, wird er die Anteile zu dem ausgerufenen Preis kaufen. So kann der schwache Gesellschafter jedenfalls einen angemessenen Preis realisieren, was zumindest das Risiko beseitigt, die Anteile unter Wert zu verlieren.

Die Gefahr, dass sich in diesem Fall das Blatt dahingehend wendet, dass nunmehr der schwache Gesellschafter seine Position ausnutzt, um einen horrenden Preis zu erzielen, dürfte dabei relativ gering sein, zumal er nicht sicher sein kann, dass sein Gegenüber tatsächlich in jedem Fall kaufen wird. Hier greifen die typischen Mechanismen zur Ermittlung eines fairen Preises[487], so dass das von Kritikern vorgebrachte Argument, dass in Missbrauchsfällen dieser Art die Preisgerechtigkeit nicht gegeben sei[488], insoweit nicht greift.

Geht man davon aus, dass die Gesellschafter ohnehin zerstritten sind und die Gesellschaft dadurch wohlmöglich noch handlungsunfähig ist, so scheint diese Lösung für den ausscheidenden Gesellschafter – jedenfalls auf finanzieller Sicht – sogar recht reizvoll.

Dies ist im Übrigen ein Argument, das auch für den Fall vorgebracht werden kann, dass der finanzstarke Gesellschafter die Startgebote abgibt und einen für den unterlegenen Gesellschafter zu hohen Preis ausruft.

Problematischer ist die Situation indes, wenn die Gesellschafter Auktionsverfahren jeglicher Art vereinbart haben. Hier bringt es nichts, den schwachen Gesellschafter das erste Gebot abgeben zu lassen, da in diesen Fällen ein anderer Bietmechanismus als zum Beispiel beim Russian Roulette-Verfahren zur Anwendung kommt.

Gleiches gilt auch für Verfahren, die eine Anteilsbewertung zum Gegenstand haben.

Bei Letztgenannten – namentlich beim Deterrent Approach-Verfahren – ist die Missbrauchsgefahr gleichwohl geringer. Zwar kann der überlegene Gesellschafter den schwachen auch hier aufgrund seiner besseren finanziellen Situation aus der Gesellschaft drängen. Er kann aber keinen zu geringen Preis benennen, da von vornherein bestimmte Auf- und Abschläge vereinbart sind[489].

486 So auch *Fleischer/Schneider*, DB 2010, 2713, 2718.
487 Siehe D., I., 3.
488 *Wedemann*, Gesellschafterkonflikte, 498.
489 Zum Deterrent Approach-Verfahren siehe C., II., 5.

Will man bei Auktions- und Bewertungsverfahren indes dem Missbrauch generell vorbeugen, so müsste man auch hier bei den Hürden für die Verfahrenseinleitung ansetzen. Insofern gelten die obigen Ausführungen.

(2.4) Weitere Erwägungen

Eine weitere interessante und wohl auch zutreffende Idee wird von *Schmolke* vorgebracht[490]: Die Gesellschafter würden bei Vereinbarung einer Shoot-Out-Klausel regelmäßig voraussetzen, dass der klauselimmanente Preisfindungsmechanismus funktionstüchtig ist.

Die ergänzende Vertragsauslösung müsse daher im Normalfall ergeben, dass die Klausel nicht zum Erwerb von Anteilen genutzt werden dürfe, wenn dieser Mechanismus gestört ist.

(3) Maßnahmen bei bereits erfolgtem Missbrauch

Wenn all diese Maßnahmen schlussendlich nicht geholfen haben und es trotzdem zu einem Missbrauch gekommen ist, so lässt sich die Situation jedenfalls im Nachhinein im Wege einer Ausübungskontrolle am Maßstab von Treu und Glauben (§ 242 BGB) bereinigen. Ferner ist auch an einen Verstoß gegen die guten Sitten (§ 138 BGB) zu denken[491].

Hier gilt es, die höchstrichterliche Rechtsprechung zu den sogenannten Hinauskündigungsklauseln im Blick zu haben.

Darauf wird zu einem späteren Zeitpunkt vertieft eingegangen[492].

Nach alledem lässt sich festhalten, dass das vielfach bemängelte Missbrauchspotenzial im Hinblick auf ein Hinausdrängen aus der Gesellschaft aus finanziellen Gründen zwar grundsätzlich gegeben ist, aber von vornherein nur in bestimmten Konstellationen. Zudem können ihm durchaus Maßnahmen, die das Missbrauchsrisiko erheblich einschränken, entgegengesetzt werden. In der Gesamtschau geht dies sogar so weit, dass bei entsprechend umsichtiger und vorausschauender vertraglicher Planung eine ernstliche Gefahr in diese Richtung kaum mehr gegeben sein dürfte.

bb) Erpressung des finanzschwachen Gesellschafters

Bei finanziellen Unterschieden zwischen den Gesellschaftern wird teilweise auch folgendes Missbrauchsszenario beschrieben:

Weiß der finanzstarke Gesellschafter von der finanziellen Situation seines Mitgesellschafters, so könne er theoretisch dergestalt Druck auf ihn ausüben, dass er mit der Auslösung der Klausel droht. Damit liefe der finanzschwache Gesellschafter in Gefahr, seine Anteile aufgrund seiner Schwäche unter Wert verkaufen zu müssen.

---

490 *Schmolke* in: Gesellschafts- und Kapitalmarktrecht, 132; *ders.*, ZIP 2014, 897, 900.

491 So auch *Schmolke* in: Gesellschafts-und Kapitalmarktrecht, 131; *ders.*, ZIP 2014, 897, 900.

492 Siehe E., I., 1.

Er werde daher sein Verhalten voraussichtlich dahingehend anpassen, dass es gar nicht zur Auslösung kommt[493].

Dies dürfte regelmäßig ein Verhalten sein, dass dem Willen des finanzstarken Gesellschafters entspricht.

Damit setze sich der finanzschwache Gesellschafter dem Opportunismus des finanzstarken Gesellschafters aus[494]. Es könne gar zu einer regelrechten Willkürherrschaft kommen[495].

Man spricht hier auch – die Parallele zu den später noch zu besprechenden Hinauskündigungsklauseln suchend – von einem „Damoklesschwert", das über dem finanzschwachen Gesellschafter hänge[496].

Wie schon zuvor bei der Problematik des Hinausdrängens, so lässt sich auch dieses Problem nicht von der Hand weisen.

In diesem Fall sorgt das finanzielle Ungleichgewicht dafür, dass auch die Drohwirkung ungleich verteilt ist. Während der finanzschwache Gesellschafter ernsthaft mit der Gefahr des Ausscheidens aus der Gesellschaft konfrontiert wird, ist dieses Risiko und folglich auch die Drohung für den finanzstarken Gesellschafter deutlich geringer.

Damit würde das eigentliche Ziel, den Parteien in gleichem Maße die Gefahr des Ausscheidens aus der Gesellschaft vor Augen zu führen und damit beidseitig die Einigungsbereitschaft zu erhöhen, konterkariert.

Hier liegt mithin ein nicht unerhebliches Erpressungsrisiko vor, das in der Literatur, namentlich von *Wedemann*, auch als Schattenseite des oben beschriebenen Drohpotenzials[497] dargestellt wird[498].

Als „Druckmittel" fungiert in diesem Fall die Androhung der missbräuchlichen Ausnutzung der Klausel dahingehend, den finanzschwachen Gesellschafter zu einem unterwertigen Preis aus der Gesellschaft zu drängen.

Dies ist exakt die Situation, die zuvor als Missbrauchsfall unter dem Stichwort „Hinausdrängen aus der Gesellschaft" diskutiert wurde.

Folglich greifen beide Konstellationen ineinander und hängen auch teilweise voneinander ab. Sofern nämlich der finanzschwache Gesellschafter bei Durchführung des Verfahrens gar nicht in Gefahr läuft, seine Anteile durch den missbräuchlichen Einsatz der Klausel seitens des Mitgesellschafters verkaufen zu müssen, so stellt auch die Androhung der Verfahrenseinleitung kein geeignetes Druckmittel für den finanzstarken Gesellschafter dar.

---

493 *Fleischer/Schneider*, DB 2010, 2713, 2718; *Willms/Bicker*, BB 2014, 1347, 1351; *Wedemann*, Gesellschafterkonflikte, 498; *Schroeder/Welpot*, NZG 2014, 609, 612, 613.

494 *Wedemann*, Gesellschafterkonflikte, 497, 498.

495 *Lieder*, WuB WM 2014, 706; *Fleischer/Schneider*, DB 2010, 2713, 2718.

496 *Fleischer/Schneider*, DB 2010, 2713, 2718.

497 Siehe D., I., 7.

498 *Wedemann*, Gesellschafterkonflikte, 497.

Das hier missbräuchlich eingesetzte Einschüchterungspotenzial steht und fällt also damit, ob die finanzstarke Partei in der Lage ist, sein Gegenüber (zu einem unangemessenen Preis) aus der Gesellschaft zu drängen.

Daher kann im Wesentlichen auf die entsprechenden Ausführungen zum Hinausdrängen aus der Gesellschaft verwiesen werden[499].

Insbesondere lässt sich sagen, dass der „Anwendungsbereich" auch dieses Missbrauchsszenarios von vornherein begrenzt ist.

Dies gilt vor allem dann, wenn die Gesellschafter – den obigen Vorschlägen folgend[500] – den Vertrag so gestaltet haben, dass einem missbräuchlichen Einsatz der Klausel vorgebeugt ist.

In diesem Fall ist es sogar denkbar, dass ein Erpressungsrisiko im hier genannten Sinne gänzlich ausgeschlossen wird.

b) Missbrauchsmöglichkeiten bei sonstiger Erwerbs- oder Verkaufshinderung

Neben den oben beschriebenen Missbrauchsmöglichkeiten bei unterschiedlicher Finanzkraft der Gesellschafter wird im Schrifttum noch zum Teil darauf hingewiesen, dass eine Missbrauchsgefahr auch dann bestehe, wenn für einen Gesellschafter der Anteilserwerb oder -verkauf nicht in Betracht komme, sei es aus steuerlichen[501] oder strategischen[502] Gründen oder, weil dem Erwerb öffentlich-rechtliche Regelungen entgegenstünden[503].

Teilweise wird auch generell auf eine einseitig bestehende oder fehlende Ausstiegsbereitschaft abgestellt[504].

Schon beim oberflächlichen Lesen dieser Ausführungen fällt auf, dass es sich um recht pauschal formulierte Bedenken handelt. Welche konkreten steuerlichen oder beispielsweise kartellrechtlichen Regelungen hier entgegenstehen könnten, wird in den entsprechenden Quellen stets offen gelassen.

---

499 Siehe D., II., 2., a), aa).

500 Siehe D., II., 2., a), aa), (2).

501 *Werner*, GmbHR 2014, 310, 316; *Schroeder/Welpot*, NZG 2014, 609, 613; *Grau*, Corporate Finance 2015, M&A, 39, 45; *Fleischer/Schneider*, DB 2010, 2713, 2715; *Fett/Spiering*, Handbuch Joint Venture, 421 Rn. 598; *Hewitt*, Hewitt on Joint Ventures, 235; *Wedemann*, Gesellschafterkonflikte, 499 mit Verweis auf 475.

502 *Schroeder/Welpot*, NZG 2014, 609, 613; *Grau*, Corporate Finance 2015, M&A, 39, 45; *Fleischer/Schneider*, DB 2010, 2713, 2715; *Fett/Spiering*, Handbuch Joint Venture, 421 Rn. 598; *Wedemann*, Gesellschafterkonflikte, 499 mit Verweis auf 475.

503 *Fleischer/Schneider*, DB 2010, 2713, 2715; *Werner*, GmbHR 2014, 310, 316. *Wilske/Fox/Baillie* in: International Joint Ventures, 609, sprechen insoweit nicht ausdrücklich von entgegenstehenden öffentlich-rechtlichen Regelungen, sondern noch pauschaler von „legal restrictions".

504 *Schroeder/Welpot*, NZG 2014, 609, 613.

Auch die Frage, in welcher Art und Weise sich in diesen Fällen ein Missbrauch vollziehen könnte, bleibt häufig ungeklärt.

Allenfalls wird angedeutet, dass eine „vergleichbare Missbrauchsgefahr" wie in den Fällen der unterschiedlichen Finanzkraft bestünde[505]. Präziser ist dabei noch die Aussage, dass die disziplinierende Wirkung des Verfahrens entfalle[506].

Schon aufgrund des Mangels an inhaltlichem Tiefgang vermag diese Ansicht nicht zu überzeugen.

Letztlich kann aber auch dahinstehen, ob es tatsächlich derartige gesetzliche Regelungen oder unternehmerische Situationen gibt, denn selbst wenn es so wäre, so muss doch bezweifelt werden, dass in diesen Fällen ernsthafte Missbrauchsgefahren bestehen.

Hierbei gilt es, sich zunächst vor Augen zu führen, in welcher Art und Weise ein Missbrauch überhaupt möglich wäre.

aa) Hinausdrängen aus der Gesellschaft und Erpressung mit diesem Szenario

Legt man die oben genannte Ansicht zugrunde, dass eine „vergleichbare Missbrauchsgefahr" wie in der Konstellation unterschiedlicher finanzieller Stärke bestünde, so müsste zunächst ein Risiko dahingehend, dass ein Gesellschafter den Anderen aus der Gesellschaft drängt, gegeben sein.

Voraussetzung dafür ist zunächst, dass einer der Gesellschafter aus den hier vermeintlich in Betracht kommenden Gründen am Erwerb der Anteile gehindert ist und daher faktisch gezwungen wäre, seine eigenen Anteile zu verkaufen.

Dies müsste der Mitgesellschafter zudem bewusst ausnutzen, um seinerseits die Anteile zu übernehmen und dadurch die Alleinherrschaft über die Gesellschaft zu erlangen.

Schon letztgenannter Punkt zeigt, dass – wie schon zuvor – auch hier die (detailgenaue) Kenntnis der Situation des derart „belasteten" Gesellschafters essentiell ist, um überhaupt ein missbräuchliches Verhalten in Erwägung zu ziehen[507].

Hinzu kommt, dass Fälle, in denen umgekehrt ein Verkauf nicht in Betracht kommt, in dieser Hinsicht völlig risikofrei sein dürften. Denn hier wird der betroffene Gesellschafter sich folgerichtig für den Kauf der Anteile entscheiden, so dass er nicht aus der Gesellschaft hinausgedrängt wird. Dies grenzt den „Gefahrenbereich" erneut erheblich ein.

Ferner ist anzumerken, dass jedenfalls eine faktische Erwerbshinderung aus strategischen Gründen kein Szenario zu sein scheint, in dem ein ernsthaftes Risiko des Hinausdrängens besteht. Ist nämlich ein Gesellschafter der Ansicht, dass es für ihn keinen Sinn macht, die Gesellschaft alleine weiter zu führen, so bedeutet

---

505 So *Schroeder/Welpot*, NZG 2014, 609, 613. In diese Richtung auch *Fleischer/Schneider*, DB 2010, 2713, 2715, die von „ähnlichen Bedenken" sprechen.

506 *Werner*, GmbHR 2014, 310, 316.

507 So offenbar auch erkannt von *Fett/Spiering*, Handbuch Joint Venture, 421 Rn. 598; *Wedemann*, Gesellschafterkonflikte, 499.

dies nicht zwangsläufig, dass er zum Verkauf gezwungen ist. So könnte er sich beispielsweise dazu entscheiden, zunächst die Anteile seines Mitgesellschafters zu erwerben, um sich sodann einen neuen, externen Partner „ins Boot" zu holen. Geht man überdies davon aus, dass die Shoot-Out-Klausel – wie gewollt - als Vehikel zur Konfliktlösung eingesetzt wird, kann dieses Vorgehen sogar durchaus sinnvoll sein, etwa, wenn der Mitgesellschafter für die Blockade verantwortlich ist oder in sonstiger Form eine konstruktive Konfliktlösung verhindert.

Insofern kann sich der Mitgesellschafter keineswegs sicher sein, dass sein Gegenüber sich zum Verkauf entscheidet, insbesondere dann nicht, wenn Dieser über ausreichende finanzielle Mittel verfügt. Der Anreiz, die Klausel in diesem Sinne missbräuchlich zu verwenden, dürfte also eher gering sein.

Dies gilt für alle Erscheinungsformen von Shoot-Out-Klauseln gleichermaßen.

Selbst wenn es doch zu einem Anteilsverkauf seitens des „belasteten" Gesellschafter kommt, so wird man aufgrund der tatsächlich aus vorgenannten Gründen bestehenden Entscheidungsfreiheit nicht von einem missbräuchlichen „Hinausdrängen" sprechen können.

Vorgenannte Argumente werden sich auch auf die Fälle, in denen Erwerb oder Verkauf vermeintlich steuerliche Gründe oder öffentlich-rechtliche Vorschriften entgegenstehen, übertragen lassen. Zu Letztgenannten, namentlich zu den teilweise in dieser Beziehung erwähnten kartellrechtlichen Vorschriften[508], sei noch kurz angemerkt, dass – sofern es hier überhaupt entgegenstehende Regelungen gibt – diese wohl gleichermaßen für alle Gesellschafter gelten dürften, so dass auch insoweit ein Hinausdrängen aus der Gesellschaft keineswegs von einem der Gesellschafter geplant werden kann.

Da nach alledem ein Missbrauch in Gestalt eines Hinausdrängens aus der Gesellschaft in den hier beschriebenen Fällen allenfalls theoretisch denkbar, aber insgesamt doch sehr unwahrscheinlich ist, stellt sich regelmäßig auch kein Folgeproblem dahingehend, dass ein Gesellschafter dem anderen mit dem Auslösen der Klausel zwecks Hinausdrängens drohen könnte, um ihn zu einem bestimmten Verhalten zu bewegen oder gar eine Willkürherrschaft herbeizuführen.

bb) Zu hoher Kauf- oder zu niedriger Verkaufspreis

Eine „vergleichbare Missbrauchsgefahr" müsste auch Fälle beinhalten, in denen ein Gesellschafter die faktische Erwerbs- oder Verkaufshinderung des Gegenübers ausnutzt, um entweder einen zu hohen Kaufpreis oder einen zu niedrigen Verkaufspreis zu erzielen[509].

---

508 *Fleischer/Schneider*, DB 2010, 2713, 2715; *Werner*, GmbHR 2014, 310, 316.

509 So in Betracht gezogen von *Wedemann*, Gesellschafterkonflikte, 499; *Fett/Spiering*, Handbuch Joint Venture, 421 Rn. 598.

Auch hier ist allerdings Voraussetzung, dass der handelnde Gesellschafter von der Situation seines Mitgesellschafters Kenntnis hat[510], was den „Gefahrenbereich" erneut nicht unerheblich einschränkt.

Ein Missbrauch im vorgenannten Sinne ist zudem nur dann möglich, wenn in diesen Konstellationen der für Shoot-Out-Klauseln typische Preisfindungsmechanismus gestört ist, der im Normalfall einen angemessenen Kauf-, beziehungsweise Verkaufspreis garantiert[511].

Eine solche Störung kann freilich nicht generell in den hier besprochenen Fällen angenommen werden[512].

Man bedenke nur die oben bereits erwähnte Konstellation, in der ein Gesellschafter aus strategischen Gründen keine Anteile kaufen will. Dazu wurde bereits dargelegt, dass hier keineswegs sichergestellt ist, dass er dies nicht letztlich doch tun wird[513]. Dies gilt umso mehr, wenn sein Gegenüber plötzlich einen sehr geringen Preis bietet, um die Situation des Mitgesellschafters auszunutzen.

Besteht hier nicht zusätzlich ein erhebliches finanzielles Gefälle zwischen den Gesellschaftern, so läuft der vermeintlich überlegene Gesellschafter seinerseits in Gefahr, seine Anteile zu verlieren. Folglich wird er es sich zweimal überlegen, mit einem zu geringen Gebot an den Start zu gehen.

Dadurch wird deutlich, dass der typische Preisfindungsmechanismus, der insbesondere auf dem gleichermaßen verteilten Risiko, die eigenen Anteile zu verlieren, fußt, hier nicht gestört ist. Dies gilt in dieser Konstellation für alle Erscheinungsformen von Shoot-Out-Klauseln gleichermaßen.

Prinzipiell kann aber nicht bestritten werden, dass es durchaus – wenn auch nur in einem begrenzten Rahmen – Situationen geben kann, in denen die Gefahr eines Missbrauchs in der hier beschriebenen Form besteht.

Es gilt: Je größer das faktische Hemmnis, zu verkaufen oder zu kaufen ist, desto größer dürfte auch das Missbrauchsrisiko dahingehend sein, einen zu hohen Kaufpreis zu zahlen oder einen zu niedrigen Verkaufspreis zu erhalten.

So kann beispielsweise im Rahmen des Russian Roulette-Verfahrens ein (zu) hoher Kaufpreis dann – aber auch nur dann – erzielt werden, wenn der ausstiegswillige, den Missbrauch bezweckende Gesellschafter die Startgebote abgibt und zutreffend davon ausgeht, dass sein Gegenüber unter gar keinen Umständen seine eigenen Anteile verkaufen will.

In diesem Fall ist die von der Shoot-Out-Klausel bezweckte Drohkulisse asymmetrisch und damit auch der gesamte Preisfindungsmechanismus gestört.

Kugelsicher ist diese Annahme jedoch freilich nicht.

---

510 Dies wird auch von denjenigen Autoren, die hier ein Missbrauchsrisiko sehen, anerkannt. So *Fett/Spiering*, Handbuch Joint Venture, 421 Rn. 598; *Wedemann*, Gesellschafterkonflikte, 499.

511 Siehe D., I., 3.

512 So aber offenbar *Wedemann*, Gesellschafterkonflikte, 499.

513 Siehe D., II., 2., b), aa).

Ein Restrisiko wird bei dem die Klausel missbräuchlich einsetzenden Gesellschafter stets verbleiben, vor allem, weil er auf die Glaubhaftigkeit der Informationen im Hinblick auf die Kauf- oder Verkaufshemmung seines Gegenübers angewiesen ist. Schätzt er die Situation des Mitgesellschafters nur ansatzweise falsch ein, so kann sein Plan, einen möglichst niedrigen Kauf- oder einen möglichst hohen Verkaufspreis zu erzielen, schnell scheitern.

Insofern will ein entsprechendes Verhalten wohl überlegt sein, kann es doch darin resultieren, schlussendlich selbst einen unangemessenen Preis zu zahlen oder zu erhalten.

Aus diesem Grund dürften jedenfalls eklatant zu hohe oder zu niedrige Preise vermieden werden. Denn der Preisfindungsmechanismus ist zwar gestört, aber nicht komplett ausgeschaltet.

Zudem gibt es Möglichkeiten, einem entsprechenden Missbrauch entgegenzuwirken.

Wichtig ist zunächst auch hier, die Klausel so zu gestalten, dass das Verfahren nicht voraussetzungslos eingeleitet werden kann. Üblicherweise sollte es an das Vorliegen einer Blockade oder jedenfalls eines sonstigen Gesellschafterkonflikts gebunden sein. Dadurch würden jedenfalls solche Fälle vermieden, in denen das Verfahren bewusst und ausschließlich zu Missbrauchszwecken ausgelöst wird.

Gleichwohl ist es freilich denkbar, dass dann bereits der Konflikt oder die Blockade bewusst herbeigeführt wird, um einen Grund zur Verfahrenseinleitung zu bekommen.

Hier kann nun die oben bereits eingehend dargestellte Vertragsgestaltung Abhilfe leisten, in deren Rahmen den Gesellschaftern vertraglich das Recht zugestanden wird, in Fällen, in denen Angebote der Gegenseite evident zu niedrig oder zu hoch scheinen, innerhalb der Annahmefrist einmalig einen neutralen, vorher bestimmten Dritten anzurufen, der zunächst die betroffenen Anteile bewertet und sodann den danach festgestellten Wert mit dem entsprechenden Angebot abgleicht. Ergibt sich danach eine Abweichung, die einen bestimmten Prozentsatz über- oder unterschreitet – beispielsweise 20 Prozent –, so wird das Angebot seitens des Dritten automatisch auf den von ihm bestimmten Wert korrigiert[514].

Dadurch wird die Preisgerechtigkeit wiederhergestellt und gleichfalls der missbräuchlich handelnde Gesellschafter für sein Verhalten (moderat) sanktioniert.

Als „Notnagel" sei zuletzt noch die Möglichkeit genannt, die Klausel derart zu gestalten, dass die Wirksamkeit des Verfahrens von der Wirksamkeit der gemachten Angebote abhängig gemacht wird. Ist danach mindestens eines der im Verfahren gemachten Angebote nichtig, so sollte dies zur Unwirksamkeit des gesamten Verfahrens führen.

Dem liegt folgende Überlegung zugrunde:

Gibt der missbrauchswillige Gesellschafter im Rahmen des Verfahrens zum Beispiel ein oder mehrere Kaufangebote ab, obwohl er fest dazu entschlossen ist, aus

---

514 Siehe zu diesem Vorschlag bereits D., II., 2., a), aa), (2), (2.3).

der Gesellschaft auszuscheiden und dies lediglich tut, um einen möglichst hohen Kaufpreis zu erzielen, so könnten diese Erklärungen gemäß § 116 S. 2 BGB nichtig sein, wenn dem Mitgesellschafter bekannt ist, dass eigentlich gar kein Wille zum Kauf besteht.

Obwohl § 116 S. 2 BGB eigentlich für solche Fälle gedacht ist, in denen der Erklärungsempfänger gerade nicht schutzbedürftig ist[515], ist eine Anwendung der Norm geboten. Denn § 116 S. 1 BGB, der eigentlich seinem Schutz dienen soll[516], hilft hier gerade nicht weiter. Hielte man an der Willenserklärung des missbräuchlich bietenden Gesellschafter fest, so würde dies – wie zuvor dargelegt – zu einer Benachteiligung des Mitgesellschafters und Erklärungsempfängers führen, was § 116 S. 1 BGB eigentlich vermeiden will.

Kenntnis und Vorbehalt muss der Erklärungsempfänger allerdings im Streitfall auch darlegen und gegebenenfalls beweisen können[517], was die Sache freilich nicht einfacher macht, aber im Erfolgsfall zum gewünschten Ergebnis führt. Denkbar ist im Übrigen auch ein Vorgehen nach § 138 BGB.

Eine solche Vertragsgestaltung hat – neben der Verhinderung von Missbräuchen – den Vorteil, dass die Gesellschafter generell zu einem redlichen Verhalten animiert werden, auch, um ein schnelles und lautloses Verfahren zu gewährleisten und um Schaden von der Gesellschaft abzuwenden.

Folglich lässt sich festhalten, dass eine „vergleichbare Missbrauchsgefahr“ dahingehend, dass bei faktischer Erwerbs- oder Verkaufshemmung unangemessene Preise erzielt werden könnten, zwar in überschaubaren Grenzen vorhanden ist.

Ihr kann aber durch entsprechende vertragliche Regelungen so weit entgegengewirkt werden, dass ein Missbrauch schlussendlich nahezu ausgeschlossen werden kann.

Dementsprechend sind auch Zweifel an der disziplinierenden Wirkung des Verfahrens regelmäßig nicht angebracht.

III. Zusammenfassung

Shoot-Out-Klauseln aller Art haben zum Ziel, Konflikt- oder Blockadesituationen innerhalb der Gesellschaft dahingehend zu lösen, dass ein Gesellschafter aus der Gesellschaft ausscheidet, wobei ihr Anwendungsbereich theoretisch nicht nur auf solche Situationen beschränkt ist.

Da das Verfahren gesellschaftsintern stattfindet, bietet es zudem den Vorteil, dass das Eindringen Dritter in den Gesellschafterkreis in aller Regel verhindert wird, sofern das von den Gesellschaftern gewünscht ist.

---

515 *Ellenberger* in: Palandt, BGB, § 116 Rn. 1.
516 Ebenda.
517 Ellenberger in: Palandt, BGB, § 116 Rn. 7.

Durch den ihnen immanenten Preisfindungsmechanismus stellen sie zudem sicher, dass der ausscheidende Gesellschafter einen angemessenen oder gar hohen Preis für seine Anteile erhält.

Der genannte Preisfindungsmechanismus beruht dabei maßgeblich auf der durch die Klausel aufgebauten Drohkulisse, die im Regelfall symmetrisch zwischen den Gesellschaftern verteilt ist. Dies bedeutet, dass jeder Gesellschafter in gleichem Maße damit rechnen muss, nach Auslösung der Klausel aus der Gesellschaft auszuscheiden, da der Ausgang des Verfahrens nicht vorausgesagt werden kann. Dadurch werden die Parteien angehalten, faire Preise auszurufen.

Diese Unvorhersehbarkeit des Ausstiegs wird in der Literatur teilweise auch als Nachteil der Klauseln angesehen – zu Unrecht, wie sich herausgestellt hat.

Denn letztlich geht es bei der Verwendung von Shoot-Out-Klauseln vorrangig darum, eine radikale Konfliktlösung zugunsten der Gesellschaft herbeizuführen, hinter der die persönlichen Interessen der Gesellschafter zurücktreten müssen. Zudem wirkt die geschaffene Drohkulisse disziplinierend und erhöht die Einigungsbereitschaft der Parteien. Sie führt nicht zuletzt dazu, dass die Klausel eine Wirkung dahingehend entfaltet, ihre eigene Durchführung zu vermeiden, was angesichts der radikalen Folgen auch angemessen, wenn nicht sogar notwendig ist.

Hier gilt der von *Schmolke* eingeführte, plakative Satz: „It's not a bug, it's a feature!".

Kommt es dennoch zum Einsatz der Klausel, so hilft die im Normalfall sichergestellte Preisgerechtigkeit auch insoweit, als dass dadurch Streitigkeiten über die Angemessenheit der „Abfindung" üblicherweise verhindert werden und es deshalb zu einer lautlosen Trennung kommen kann, sofern darüber hinaus sichergestellt ist, dass das Verfahren nicht unnötig in die Länge gezogen werden kann und weiteren Streitherden von vornherein vorgebeugt ist.

Generell bringt ein schnell durchführbares Verfahren einige Vorteile mit sich. Nicht nur, dass dadurch das schon genannte Ziel, eine lautlose Trennung der Gesellschafter zu gewährleisten, gefördert wird. Es ermöglicht ferner, Schaden von der Gesellschaft abzuwenden, namentlich dann, wenn die Gesellschaft durch einen Konflikt oder eine Blockade in ihrem operativen Geschäft beeinträchtigt ist.

Shoot-Out-Klauseln sind oftmals – wenn auch nicht immer – in der Lage, eine solche schnelle Trennung zu gewährleisten. Dies gilt jedenfalls im Vergleich zu anderen Exitmechanismen. Hier sind einrundige Verfahren, wie das Russian Roulette- oder das eingeschränkte Auktionsverfahren, besonders hervorzuheben.

Daher ist diesen Verfahren im Vergleich zu anderen Erscheinungsformen von Shoot-Out-Klauseln der Vorrang zu geben, sofern ein schnelles Verfahren im konkreten Einzelfall notwendig ist, um Schaden von der Gesellschaft abzuwenden.

Vor allem das Russian Roulette-Verfahren stellt – wie ökonomische Untersuchungen belegen – darüber hinaus auch einen effizienten Trennungsmechanismus bereit. Dies gilt sowohl bei symmetrisch, als auch – mit gewissen Einschränkungen – bei asymmetrisch verteilter Informationslage seitens der beteiligten Gesellschafter.

Dieses Ergebnis dürfte sich wohl auf alle einrundig ausgestalteten Verfahren, die dabei keine Anteilsbewertung zum Gegenstand haben, übertragen lassen.

Mehrrundige Erscheinungsformen von Shoot-Out-Klauseln, insbesondere Auktionsverfahren, werden gleichsam von Ökonomen empfohlen, da sie sicherstellen, dass derjenige Gesellschafter die Anteile erhält, der sie am meisten wertschätzt. Sie bieten sich aufgrund ihrer zeitlichen Länge – obigen Ausführungen folgend – aber eher in Situationen an, in denen eine Konfliktlage besteht, die keinen erheblichen Schaden für die Gesellschaft erwarten lässt.

Eine schnelle, faire und effiziente Trennung können Shoot-Out-Klauseln aber nur dann gewährleisten, wenn sie nicht missbräuchlich eingesetzt werden.

Hier wurde gezeigt, in welchen Situationen und in welcher Art und Weise ein Missbrauch überhaupt in Betracht kommt.

Namentlich sind hier vor allem eklatante finanzielle Unterschiede zwischen den Gesellschaftern sowie – in einem deutlich geringeren Rahmen – Konstellationen zu nennen, in denen eine Partei faktisch am Erwerb oder Verkauf gehindert ist. Hier kann unter Umständen die Gefahr bestehen, dass ein Gesellschafter die Situation des Gegenübers ausnutzt, um ihn aus der Gesellschaft zu drängen und dies wohlmöglich noch zu einem unangemessenen Preis.

Ist dieses Risiko tatsächlich gegeben, so kann der missbräuchlich Handelnde darüber hinaus seinem Mitgesellschafter mit der Auslösung der Klausel drohen, um ihn zu einem bestimmten Verhalten zu bewegen.

Gezeigt wurde aber auch, dass schon der „Gefahrenbereich" für Missbräuche dieser Art deutlich geringer ist, als es teilweise in der Literatur dargestellt wird. Insbesondere ist stets erforderlich, dass der den Missbrauch bezweckende Gesellschafter über die Situation des Mitgesellschafters detaillierte Kenntnis hat. Ist dies nicht der Fall oder irrt er über die Lage des Gegenübers auch nur geringfügig, so ist die Missbrauchsgefahr bereits ungleich kleiner.

Zudem gibt es noch weitere Umstände, die diesen „Gefahrenbereich" verringern. Hier sei auf die entsprechenden Ausführungen im obigen Kapitel verwiesen[518].

Im Übrigen gibt es zahlreiche vertragsgestalterische Möglichkeiten, einem Missbrauch der Klausel entgegenzuwirken. Auch in dieser Hinsicht kann nach oben verwiesen werden.

Dadurch kann schlussendlich die Missbrauchsgefahr nahezu auf Null reduziert werden.

Zuletzt bleibt als „Notnagel" stets ein Vorgehen nach § 242 BGB, der grobe Missbrauchsfälle, die trotz bester vertraglicher Gestaltung durch das Raster gefallen sind, nachträglich korrigiert.

518 Siehe D., II., 2., a), aa), (1).

E. Wirksamkeit von Shoot-Out-Klauseln

Die vorigen Ausführungen haben gezeigt, dass Shoot-Out-Klauseln zahlreiche positive Wirkungsweisen haben und daher für Gesellschafter eine erwägenswerte vertragliche Regelung darstellen können.

Dies gilt aber nur dann, wenn diese Klauseln auch rechtlich wirksam sind. Denn müssten die Parteien damit rechnen, dass ihre vertraglichen Vereinbarungen einer gerichtlichen Wirksamkeitskontrolle nicht standhalten, so ist die Wahrscheinlichkeit groß, dass sie eine Statuierung gar nicht erst in Betracht ziehen.

Dann nützen auch alle positiven Aspekte, die die Klauseln mit sich bringen, wenig.

In diesem Kapitel sollen Shoot-Out-Klauseln daher auf ihre Wirksamkeit überprüft werden.

Vorrangig erfolgt diese Untersuchung freilich auf Grundlage des deutschen Rechts. Ein besonderes Augenmerk liegt dabei auf der – soweit ersichtlich – bisher einzigen obergerichtlichen Entscheidung des OLG Nürnberg, die sich mit der Wirksamkeit von Shoot-Out-Klauseln befasst[519].

Es soll aber auch aufgezeigt werden, wie die Frage der Wirksamkeit in anderen Staaten beurteilt wird.

Dies ist vor allem für international agierende Gesellschaften und länderübergreifende Joint Ventures relevant.

I. Wirksamkeit nach deutschem Recht

1. Shoot-Out-Klauseln als Hinauskündigungsklauseln

In der einschlägigen Literatur wird, sobald es um die Frage der Wirksamkeit von Shoot-Out-Klauseln geht, in erster Linie eine Unwirksamkeit im Hinblick auf eine etwaige hinauskündigende Wirkung in Betracht gezogen, beziehungsweise diskutiert.

Ein einstimmiges Meinungsbild ist dabei nicht zu finden.

Während einige Stimmen, aber mitnichten die herrschende Meinung im Schrifttum, Shoot-Out-Klauseln uneingeschränkt in dieser Hinsicht als wirksam betrachten[520],

---

519 OLG Nürnberg, Urteil vom 20.12.2013, 12 U 49/13 – ZIP 2014, 171 ff.

520 *Wälzholz*, GmbH-StB 2007, 84, 88; *Becker*, Die Zulässigkeit, 140; *Werner*, GmbHR 2005, 1554, 1557; *Schulte/Sieger*, NZG 2005, 24, 29, 30; *Schmolke* in: Gesellschafts- und Kapitalmarktrecht, 133; *ders.*, ZIP 2014, 897, 901; *ders.*, Grenzen der Selbstbindung, 678, 679; *Schulte/Pohl*, Joint-Venture-Gesellschaften, 187 Rn. 794, *Wertenbruch* in: Eberoth/Baujong/Joost/Strohn, HGB, § 105 Rn. 210.

sehen zunehmend mehr Autoren Einschränkungen bei Missbrauchslagen[521], insbesondere dann, wenn die Auslösung der Klausel ins freie Ermessen der Gesellschafter gestellt wird. Dies geht sogar teilweise so weit, dass die Klausel in diesen Fällen als grundsätzlich unwirksam angesehen wird[522].

Entsprechende Ausführungen beziehen sich indes regelmäßig nur auf bestimmte Verfahrensarten, namentlich vorrangig auf das Russian Roulette-Verfahren.

Um eine qualifizierte Stellungnahme hierzu tätigen zu können, soll zunächst eine knappe Darstellung der Thematik der sogenannten „Hinauskündigungsklauseln" erfolgen, um die Hintergründe des hier zu besprechenden Meinungsstreits zu beleuchten. Danach soll geprüft werden, inwiefern eine Vergleichbarkeit mit Shoot-Out-Klauseln gegeben ist und ob demgemäß eine Anwendung der Hinauskündigungsrechtsprechung des BGH in Betracht kommt.

a) Die Problematik der Hinauskündigungsklauseln in Literatur und Rechtsprechung

aa) Hintergründe

Im deutschen Gesellschaftsrecht sind gesetzliche Regelungen zum Ausschluss von Gesellschaftern rar gesät.

Zu nennen sind in dieser Hinsicht nur die §§ 737 BGB, 140, 161 Abs. 2 HGB, 34 GmbHG, 327 a ff. AktG.

Voraussetzung ist dabei regelmäßig das Vorliegen eines „wichtigen" oder jedenfalls „sachlichen Grundes"[523].

Einzig die aktienrechtlichen Vorschriften der §§ 327a ff. AktG enthalten ausdrückliche Regelungen zum Ausschluss eines (Minderheits-)Gesellschafters auch ohne einen solchen Grund.

Nun kann es indes Situationen geben, in denen eine Trennung der Gesellschafter eine zweckmäßige Maßnahme darstellt, ohne dass möglicherweise ein wichtiger oder sachlicher Grund vorläge.

Hier sind insbesondere Gesellschafterkonflikte und dabei vorrangig Blockadesituationen zu nennen, bei denen – wie zuvor schon gezeigt[524] – eine schnelle, günstige und faire Trennung ratsam sein kann.

Da die Rechtsprechung aber vor allem dann, wenn die Zerrüttung des Gesellschafterverhältnisses auf mehrseitigen Verursachungsbeiträgen fußt, das Vorliegen

---

521 *Wedemann*, Gesellschafterkonflikte, 500, 501; *Schaper*, DB 2014, 821, 823; *Fleischer/Schneider*, DB 2010, 2713, 2718; *Lieder*, WuB WM 2014, 706; *Schroeder/Welpot*, NZG 2014, 609, 615, *Weidmann*, DStR 2014, 1500, 1503; *Willms/Bicker*, BB 2014, 1347, 1350; *Fett/Spiering*, Handbuch Joint Venture, 422 Rn. 599, 600; *Heckschen* in: Die GmbH, § 4 Rn. 190a; *Kuhn* in: Joint Ventures, 335 Rn. 110.

522 So *Wedemann*, Gesellschafterkonflikte, 501.

523 Siehe dazu die Ausführungen von *Schmolke*, Grenzen der Selbstbindung, 534, 535.

524 Siehe D., I., 2.

eines „wichtigen Grundes“ in Zweifel zieht[525] und zudem persönliche Spannungen oder gesellschaftsbezogene Meinungsverschiedenheiten nur in Ausnahmefällen eine Ausschließung rechtfertigen lässt[526], bleibt den Gesellschaftern unter Umständen nur der Ausweg über die Auflösung der Gesellschaft im Ganzen, was einerseits ihrem Willen entgegenlaufen und andererseits zum Verlust spezifischer Gemeinschaftswerte führen kann.

Vor diesem Hintergrund wird die Vereinbarung solcher Vertragsgestaltungen in Betracht gezogen, bei denen ein Gesellschafterausschluss nicht an das Vorliegen bestimmter Gründe geknüpft wird, sondern im freien Ermessen der Gesellschafter steht[527]. Man spricht dabei von sogenannten „Hinauskündigungsklauseln“.

bb) Die Rechtsprechung zu Hinauskündigungsklauseln

Die Rechtsprechung hat sich schon relativ früh mit solchen Hinauskündigungsklauseln beschäftigt.

So sah der BGH in den Sechziger- und Siebziger-Jahren – im Anschluss an die späte Rechtsprechung des Reichsgerichts[528] – diese Klauseln ursprünglich als grundsätzlich zulässig an, indem er ihre Sittenwidrigkeit verneinte[529].

Diese Rechtsprechung wurde aber in der Folge nicht aufrecht erhalten.

Die Wende brachte insoweit eine Entscheidung des II. Zivilsenats vom 20.01.1977[530]. Hier wurde der wirksame Ausschluss eines Gesellschafters ohne „wichtigen Grund“ insbesondere mit der Begründung verneint, dass ein „ [...] derart von der gesetzlichen Regelung abweichendes und erweitertes, in so schwerwiegender Weise in die Gesellschafterstellung eingreifendes und die wirtschaftliche und persönliche Freiheit einschränkendes Gestaltungsrecht [...]“ nur dann als zulässig angesehen werden könne, „[...] wenn wegen ganz besonderer Umstände Gründe bestünden, die für eine solch ungewöhnliche Regelung eine sachliche Rechtfertigung bilden könnten“[531]. Solche Gründe lagen aber im streitgegenständlichen Fall – anders als bei den bisherigen Entscheidungen – nach Ansicht des Senats nicht vor[532].

Diese Abkehr von seiner ursprünglichen, sehr ausschlussfreundlichen Rechtsprechung hat der BGH in der Folgezeit mehrfach bestätigt und von Personengesellschaften auch auf die GmbH und die als atypische stille Gesellschaft organisierte Publikumsgesellschaft sowie auf neben dem Gesellschaftsvertrag getroffene schuldrechtliche

525 *Kilian*, WM 2006, 1567, 1568 unter Verweis auf BGH WM 2003, 1084 ff.
526 BGH WM 1995, 250 f.
527 *Schmolke*, Grenzen der Selbstbindung, 536; *Kilian*, WM 2006, 1567, 1569.
528 RG ZAkDR 1938, 818.
529 BGH NJW 1961, 504, 505 = BGHZ 34, 80; BGH WM 1962, 462, 463; BGH WM 1968, 532, 533; BGH NJW 1973, 1606 f.
530 BGHZ 68, 212.
531 BGHZ 68, 212, 215 und Leitsatz b).
532 BGHZ 68, 212, 215.

Vereinbarungen ausgedehnt[533], so dass man mittlerweile von einer gefestigten Rechtsprechung in diesem Bereich sprechen kann.

Getragen wird dieses Ergebnis vor allem von der Überlegung, dass die Zubilligung eines nicht an einen „sachlichen Grund" geknüpften Hinauskündigungsrechts zu einer Willkürherrschaft einzelner oder mehrerer Gesellschafter führen könne und dass die Hinauskündigung wie ein „Damoklesschwert" über den anderen Gesellschaftern hinge[534], die dadurch zu „Gesellschaftern zweiter Klasse" würden[535].

Es gilt danach, dass Vereinbarungen, die einen Ausschluss eines Gesellschafters ohne „sachlichen Grund" ermöglichen, mit Grundprinzipien des Gesellschaftsrecht unvereinbar und gemäß § 138 Abs. 1 BGB sittenwidrig sind[536].

Dies ist unabhängig davon, ob der ausscheidende Gesellschafter eine Abfindung erhält oder ob das Hinauskündigungsrecht ausdrücklich vereinbart wurde[537].

Gleichwohl hat der BGH – wenn auch nur in einem strengen und engen Rahmen – Ausnahmen von diesen Grundsätzen zugelassen.

So ist eine solche Klausel dann nicht unwirksam, wenn sie durch ergänzende Vertragsauslegung als Vereinbarung eines Ausschließungsrechts aus „wichtigem Grund" aufrechterhalten werden kann[538].

Eine Unwirksamkeit ist ferner dann nicht anzunehmen, wenn im konkreten Einzelfall außergewöhnliche Umstände vorliegen, die eine Vereinbarung einer Hinauskündigungsklausel ausnahmsweise sachlich gerechtfertigt erscheinen lassen[539].

Bisher wurde eine derart sachliche Rechtfertigung allerdings nur in wenigen Fällen von der Rechtsprechung bejaht[540].

cc) Meinungen in der Literatur

Die Rechtsprechung des BGH ist in der Literatur unterschiedlich aufgenommen worden.

Während einige Autoren ihre Zustimmung äußern[541], üben zahlreiche andere teils heftige Kritik[542].

---

533 BGHZ 81, 263; BGHZ 112, 103; BGHZ 105, 213; BGHZ 125, 74; BGHZ 164, 98.

534 *Kilian*, WM 2006, 1567, 1569 unter Verweis auf *Schilling*, ZGR 1979, 419, 426.

535 *Nassall*, NZG 2008, 851.

536 *Kilian*, WM 2006, 1567, 1569; *Becker*, Die Zulässigkeit, 72.

537 BGHZ 81, 263, 268; BGHZ 112, 102, 107 f.

538 BGHZ 107, 351, 354 ff.

539 *Schmolke*, Grenzen der Selbstbindung, 540 mit Verweis auf BGHZ 112, 103, 108.

540 Nachzulesen zum Beispiel bei *Schmolke*, Grenzen der Selbstbindung, 540 ff.

541 Siehe nur *Nassall*, NZG 2008, 851 ff.; *Raiser/Veil*, Recht der Kapitalgesellschaften, § 30 Rn. 55, 75; *Roth* in: Baumbach/Hopt, HGB, § 140 Rn. 30.

542 Siehe nur *Bunte*, ZIP 1983, 8 ff.; *Esch*, NJW 1979, 1390 ff.; *Flume*, NJW 1979, 902 ff.; *Hirtz*, BB 1981, 761 ff.; *Kilian*, WM 2006, 1567, 1569; *Verse*, DStR 2007, 1822, 1824, 1825; *Benecke*, ZIP 2005, 1437, 1439; *Drinkuth*, NJW 2006, 410, 411; *Peltzer*, ZGR 2006, 702, 713; *Becker*, Die Zulässigkeit, 149.

Diese greift auf unterschiedlichsten Ebenen ein und geht einher mit zahlreichen Alternativkonzepten zur Behandlung derartiger Konstellationen[543], deren Darstellung nicht nur den Rahmen dieser Arbeit sprengen würde, sondern auch für die hier zu führende Diskussion keinen bedeutenden Belang hat.

Erwähnt sei nur, dass – neben einigen anderen – insbesondere die folgenden Aspekte Gegenstand der Kritik sind:

Zunächst sei die Rechtsprechung des BGH zu Hinauskündigungsklauseln inkonsistent, da sie – entgegen des vermeintlichen Grundsatzes der Sittenwidrigkeit – zahlreiche Ausnahmen zugelassen habe, die zudem praktisch handhabbaren Konturen entbehrten[544].

Ferner wird die Sittenwidrigkeitskontrolle in unterschiedlicher Weise angegriffen. Zum Einen nehme der BGH streng genommen gar keine Sittenwidrigkeits-, sondern eine Billigkeitskontrolle vor, die dem betroffenen Gesellschafter „Steine statt Brot" gebe[545]. Zum Anderen lasse sich eine Sittenwidrigkeit auch aus verschiedenen Gründen nicht mit dem Schutz des betroffenen Gesellschafters vor einer „Selbstentmündigung" begründen[546].

Gleiches gelte für die Begründung der Sittenwidrigkeit mit dem abstrahierten Schutzgrund der Funktionalität der Gesellschaft[547].

Unangemessen sei zudem, dass die Zahlung einer Abfindung für die Frage der Sittenwidrigkeit keine Rolle spiele, zumal angesichts der wirtschaftlichen Folgen einer solchen Zahlung kein Anreiz mehr bestehe, einen Mitgesellschafter willkürlich auszuschließen. Dadurch verliere auch das „Damoklesschwert"-Argument erheblich an Gewicht[548].

Zuletzt wird auch auf die überschießende Wirkung des Nichtigkeitsverdikts hingewiesen[549].

b) *Anwendbarkeit auf Shoot-Out-Klauseln*

Ungeachtet der Frage, ob der Rechtsprechung des BGH zuzustimmen ist, so stellt sie doch zum jetzigen Zeitpunkt ein Faktum dar, das in der Praxis beachtet werden muss.

---

543 Eine umfassende Darstellung von Kritik und Alternativkonzepten findet sich zum Beispiel bei *Schmolke*, Grenzen der Selbstbindung, 543 ff. oder bei *Becker*, Die Zulässigkeit, 77 ff.

544 *Drinkuth*, NJW 2006, 410, 411; *Verse*, DStR 2007, 1822, 1824, 1825; *Kilian*, WM 2006, 1567, 1574.

545 Siehe nur *Kilian*, WM 2006, 1567, 1574; *Verse*, DStR 2007, 1822, 1827.

546 *Drinkuth*, NJW 2006, 410, 411, 412; *Verse*, DStR 2007, 1822, 1825.

547 *Verse*, DStR 2007, 1822, 1826; *Kilian*, WM 2006, 1567, 1573.

548 *Drinkuth*, NJW 2006, 410, 411; *Verse*, DStR 2007, 1822, 1826.

549 *Benecke*, ZIP 2005, 1437, 1439 m.w.N.

Demgemäß stellt sich auch die Frage, ob diese Rechtsprechung – wie von einigen Autoren in Erwägung gezogen[550] – auf Shoot-Out-Klauseln mit der Folge ihrer Unwirksamkeit angewendet werden kann.

Eine Hinauskündigungsklausel liegt – den obigen Ausführungen entsprechend – überhaupt nur dann vor, wenn der *Ausschluss* eines Gesellschafters in das freie Ermessen der Gesellschafter gestellt ist.

Keine Hinauskündigungsklauseln sind daher insbesondere auch solche vertraglichen Regelungen, bei denen der Gesellschafterausschluss an das Vorliegen bestimmter und fester tatbestandlicher Voraussetzungen geknüpft ist. Diese müssen nicht zwingend die Anforderungen an einen „wichtigen", richtigerweise aber jedenfalls die an einen „sachlichen Grund" erfüllen[551].

Betrachtet man nun alle Arten von Shoot-Out-Klauseln, so fällt zunächst auf, dass die Hinauskündigung von Gesellschaftern an sich – unabhängig davon, ob das *Auslösen* der Klausel an bestimmte Voraussetzungen geknüpft ist oder nicht – nicht in das freie Ermessen eines der Gesellschafter gestellt ist. Denn die Verfahren sind so ausgestaltet, dass zu Beginn nicht klar ist, wer am Ende Erwerber und wer Veräußerer sein wird[552]. Klar ist nur, dass ein Gesellschafter die Gesellschaft verlassen muss, nicht aber, wer genau dies sein wird. Da insofern das besagte „Damoklesschwert der Hinauskündigung" streng genommen über allen Gesellschaftern gleichermaßen hängt, fehlt es an einer einseitigen Benachteiligung, die aber gerade notwendig ist, um die befürchtete Willkürherrschaft herbeizuführen.

Von daher wird zurecht darauf hingewiesen, dass die Klauseln aus sich heraus kein Machtungleichgewicht zwischen den Parteien herstellen und daher im Normalfall auch keine Hinauskündigungsklauseln darstellen[553].

Gleichwohl kann es – sofern gewisse Begleitumstände, wie ein ausgeprägtes finanzielles Ungleichgewicht zwischen den Gesellschafter, dazutreten – zu Situationen kommen, in denen ein solches Machtungleichgewicht faktisch besteht und damit die Anwendung der Hinauskündigungsrechtsprechung mit der Folge der Sittenwidrigkeit geboten scheint[554].

Dies müssen – den vorigen Ausführungen folgend – solche Situationen sein, in denen die eigentlich symmetrische Drohkulisse zwischen den Gesellschaftern hinsichtlich des Ausscheidens derart gestört ist, dass faktisch nur einer der

---

550 Mit Einschränkungen auch *Fleischer/Schneider*, DB 2010, 2713, 2718.

551 So *Schmolke*, Grenzen der Selbstbindung, 536 unter Verweis auf BGHZ 105, 213, 216 ff.; NJW 1983, 2880, 2881; BGHZ 112, 103, 108. Gleichfalls *Wedemann*, Gesellschafterkonflikte, 487, 501.

552 Siehe dazu schon A., I.

553 So *Schroeder/Welpot*, NZG 2014, 609, 615; *Lieder*, WuB WM 2014, 706; *Schmolke*, ZIP 2014, 897, 901; *Schaper*, DB 2014, 821, 823; *Wälzholz*, GmbH-StB 2007, 84, 88; *Heckschen* in: Die GmbH, § 4 Rn. 190a.

554 So zum Beispiel auch *Wedemann*, Gesellschafterkonflikte, 500, 501. Auch das OLG Nürnberg hält in solchen Situationen eine Überprüfung unter dem Gesichtspunkt der Sittenwidrigkeit für geboten, siehe OLG Nürnberg, ZIP 2014, 171, 172.

Gesellschafter mit dem Ausscheiden aus der Gesellschaft rechnen muss. Denn in diesen Fällen hinge tatsächlich das besagte „Damoklesschwert der Hinauskündigung“ über ihm und vor allem auch nur über ihm.

Wie die Ausführungen zu Missbrauchsgefahren belegt haben[555], gehen die bei Shoot-Out-Klauseln drohenden Missbrauchslagen jedenfalls gelegentlich mit dem Umstand einher, dass der vom Ausscheiden bedrohte Gesellschafter sich so verhält, beziehungsweise verhalten muss, dass es nicht zu einem Auslösen der Klausel kommt. Dies kann unter Umständen so weit gehen, dass er seine Gesellschafterrechte faktisch nicht frei ausüben kann, weil er ansonsten das Ausscheiden aus der Gesellschaft fürchten muss.

Eine solche Lage dürfte vor allen Dingen bei eklatanten Unterschieden in der Finanzkraft der Parteien in Betracht kommen. Wie frühere Ausführungen belegt haben, greifen in den meisten anderen Fällen die üblichen Drohmechanismen in symmetrischer Weise[556].

Obwohl es im Wesentlichen die genannten und der Veränderung unterliegenden Begleitumstände – wie insbesondere die finanzielle Situation der Gesellschafter – sind, die in diesen Fällen das Machtungleichgewicht hervorrufen, so sorgt aber dann erst das Bestehen der Klausel an sich dafür, dass das „Damoklesschwert der Hinauskündigung“ über dem betroffenen Gesellschafter hängt. Denn bestünde eine solche Regelung nicht, so müsste er auch kein Ausscheiden aus der Gesellschaft fürchten.

Daher ist hier schon die Wirksamkeit der Regelung als solche zu diskutieren und nicht bloß eine Rechtsausübungskontrolle geboten[557].

Insofern gilt zu beachten, dass der freien Ausübung der Gesellschafterrechte vom BGH ein hoher Stellenwert beigemessen wird[558]. Dabei ist es gerade das genannte „Damoklesschwert der Hinauskündigung“, das den betroffenen Gesellschafter dazu verleitet, sein Verhalten innerhalb der Gesellschaft anzupassen.

Obschon – dies muss an dieser Stelle noch einmal hervorgehoben werden – der Anwendungsbereich der in Betracht kommenden Missbrauchslagen ungleich geringer ist, als es in der Literatur teilweise dargestellt wird, so lässt sich doch das Bestehen derartiger Gefahren in bestimmten Konstellationen nicht bestreiten.

Diese Gefahren bestehen auch nicht nur dann, wenn die *Auslösung* der Klausel in das freie Ermessen der Gesellschafter gestellt wird, sondern unter gewissen Umständen auch dann, wenn tatbestandliche Auslösungsvoraussetzungen vereinbart wurden[559]. Daher muss eine Anwendung der Hinauskündigungsrechtsprechung in beiden Fällen möglich sein.

---

555 Siehe D., II., 2.
556 Siehe D., II., 2., b).
557 So aber *Schroeder/Welpot*, NZG 2014, 609, 615.
558 *Wedemann*, Gesellschafterkonflikte, 488.
559 So auch *Fleischer/Schneider*, DB 2010, 2713, 2718.

Dies sei an folgendem Beispiel verdeutlicht:

Angenommen, die Gesellschafter wollen die Shoot-Out-Klausel – dem Ziel der Klausel entsprechend – im Falle eines nicht unerheblichen Gesellschafterkonfliktes oder gar einer Entscheidungsblockade einsetzen und haben zu diesem Zweck die Auslösungsberechtigung unter ebendiese Voraussetzung gestellt.

Auch hier ist denkbar, dass zum Beispiel ein finanzstarker Gesellschafter die finanzielle Schwäche seines Mitgesellschafters ausnutzen will und zu diesem Zweck einen Konflikt oder eine Blockade bewusst herbeiführt, um ihn zu einem unangemessenen Preis aus der Gesellschaft zu drängen.

Über diesem unterlegenen Gesellschafter hängt dann in gleichem Maße das „Damoklesschwert der Hinauskündigung"[560], als wenn die Auslösung der Klausel ins freie Ermessen der Gesellschafter gestellt würde.

In diesem konkreten Fall wäre damit eine Anwendung der Hinauskündigungsrechtsprechung aufgrund der vergleichbaren Interessenlage geboten.

Gleichwohl lässt sich dieses Ergebnis schwerlich pauschalisieren. Es wird letztlich stets eine Frage des Einzelfalles bleiben, ob jeweils eine vergleichbare Interessenlage besteht oder nicht.

Hätten die Gesellschafter im vorgenannten Beispiel nämlich – zusätzlich zur Auslösungsvoraussetzung eines Konflikts oder einer Blockade – vereinbart, dass die Klausel im Falle eines vorher bestimmten finanziellen Ungleichgewichts der Parteien nicht gezogen werden darf, so ließe sich eine vergleichbare Interessenlage kaum noch begründen.

Gleiches gilt, wenn der finanziell stärkere Gesellschafter ein Minderheitsgesellschafter ist. In dieser Situation dürfte es für ihn nicht ohne Weiteres möglich sein, eine Pattsituation auf Entscheidungsebene bewusst und in missbräuchlicher Absicht hervorzurufen, da er aufgrund seiner geringen Beteiligung auch weniger Einfluss auf eben dieser Ebene haben dürfte.

Dies zeigt indes: Je höher die Gesellschafter die Anforderungen an die Klauselauslösung stellen, desto geringer wird die Missbrauchs- und damit auch die Gefahr, einem der Gesellschafter das besagte „Damoklesschwert" aufzuerlegen.

Anders formuliert: Je höher die Anforderungen an die Klauselauslösung, desto geringer die Wahrscheinlichkeit, zu einer Anwendbarkeit der Hinauskündigungsrechtsprechung zu gelangen, auch wenn zum Beispiel ein erhebliches finanzielles Ungleichgewicht zwischen den Gesellschaftern besteht.

Dies folgt auch schon daraus, dass man bei hohen Anforderungen an die Klauselauslösung schneller in den Bereich kommt, in dem man bereits von einem gewichtigen „sachlichen", wenn nicht gar „wichtigen Grund" im Sinne der Hinauskündigungsrechtsprechung sprechen kann, der wohlmöglich die dem betroffenen Gesellschafter aufgelasteten Bürden überwiegt.

Im Sinne eines angemessenen Schutzes für von Missbräuchen bedrohten Gesellschaftern ist es hier geboten, die Anforderungen an einen „sachlichen Grund" nicht

---

560 Ähnlich *Wedemann*, Gesellschafterkonflikte, 500, 501.

zu gering anzusetzen[561]. Auch dies kann aber letztlich nur eine Frage des Einzelfalles sein.

Eine bloß abstrakte Gefahr des Missbrauchs reicht dabei indes nicht aus, um eine Anwendbarkeit dieser Rechtsprechung und damit der „Keule der Sittenwidrigkeit" zu bejahen. Vielmehr müssen im konkreten Fall Anhaltspunkte dafür bestehen, dass einer der beteiligten Gesellschafter von der drohenden Auslösung der Klausel derart eingeschüchtert ist, dass seine freie Ausübung der Gesellschafterrechte eingeschränkt ist und dadurch eine Willkürherrschaft des oder der anderen Gesellschafter droht.

Insofern erlangt auch der Hinweis des OLG Nürnberg, dass das grundsätzlich stets bestehende Missbrauchsrisiko im Rahmen von Russian Roulette-Klauseln nicht das Eingreifen des Sittenwidrigkeitsverdikts rechtfertige[562], seine Berechtigung.

Dies muss – wie die vorstehenden Ausführungen gezeigt haben – richtigerweise sowohl für den Fall, dass die Klausel ins freie Ermessen der Gesellschafter gestellt wird, als auch im Falle von vorher vereinbarten Auslösungsvoraussetzungen gelten.

Maßgeblicher Zeitpunkt für die Beurteilung der Frage, ob die genannten Anhaltspunkte für eine Sittenwidrigkeit vorliegen, ist dabei nach der zutreffenden herrschenden Meinung der Zeitpunkt der Vornahme des als sittenwidrig zu beurteilenden Rechtsgeschäfts[563]. Dies wäre bei Shoot-Out-Klauseln der Zeitpunkt ihrer Statuierung.

Sofern *Wedemann* zurecht darauf hinweist, dass gerade finanzielle Ungleichgewichte – als mögliche Ursache unsymmetrisch verteilter Drohkulissen – regelmäßig erst im Laufe der Zeit auftreten[564], vermag eine Sittenwidrigskontrolle nach der Hinauskündigungsrechtsprechung insoweit nicht zu helfen. Hier ist auf die vermehrt in der Literatur geforderte Ausübungskontrolle[565] nach § 242 BGB zurückzugreifen[566].

c) *Zusammenfassung und Stellungnahme*

Damit bleibt folgendes Ergebnis: Shoot-Out-Klauseln aller Art sind – wie das OLG Nürnberg zurecht, wenn auch nur beschränkt auf das Russian Roulette-Verfahren anmerkt – nicht *per se* gemäß § 138 BGB unwirksam[567], denn die Hinauskündigungsrechtsprechung des BGH kann nicht ohne Weiteres auf jede Shoot-Out-Klausel

---

561 Noch strenger *Wedemann*, Gesellschafterkonflikte, 501, 502, die ein *trigger event* „von einigem Gewicht" fordert.

562 OLG Nürnberg, ZIP 2014, 171, 173.

563 BGHZ 7, 111, 114 f.; BGH WM 2003, 1328 = NJW-RR 2003, 1116, 1117; *Lieder*, WuB WM 2014, 706; *Schaper*, DB 2014, 821, 824.

564 *Wedemann*, Gesellschafterkonflikte, 499.

565 So zum Beispiel gefordert von *Schmolke*, ZIP 2014, 897, 901; *Schroeder/Welpot*, NZG 2014, 609, 615.

566 So auch *Schaper*, DB 2014, 821, 824.

567 OLG Nürnberg, ZIP 2014, 171 (1.Ls), 173.

angewendet werden, selbst dann nicht, wenn die Klauselauslösung ins freie Ermessen der Gesellschafter gestellt ist[568].

Insofern ist der Ansicht, Shoot-Out-Klauseln seien lediglich eine Spielart von Hinauskündigungsklauseln[569], entschieden entgegen zu treten.

Gleichwohl sind sie nicht immer wirksam. Dies deutet auch das OLG Nürnberg an, wenn es einräumt, dass unter gewissen Umständen, namentlich bei finanziellen Ungleichgewichten, ein richterliches Einschreiten geboten sein könnte[570].

Der Anwendungsbereich der Hinauskündigungsrechtsprechung ist – wie die vorgegangenen Ausführungen gezeigt haben – dabei von vornherein auf Situationen beschränkt, in denen die zwischen den Gesellschaftern üblicherweise symmetrisch verteilte Gefahr, bei Auslösung der Klausel aus der Gesellschaft auszuscheiden, schon bei Statuierung der Klausel derart ungleich verteilt ist, dass faktisch nur über einem Gesellschafter das „Damoklesschwert der Hinauskündigung" hängt. In allen sonstigen Fällen verhindert die gleichmäßig wirkende Drohkulisse eine Einordnung als Hinauskündigungsklausel.

Liegt indes eine der soeben beschriebenen Situationen vor, so kommt es stets auch darauf an, ob im Einzelfall konkrete Anhaltspunkte dahingehend bestehen, dass ein Gesellschafter aufgrund der drohenden Klauselauslösung derart in der Ausübung seiner Gesellschafterrechte beeinträchtigt ist, dass eine Willkürherrschaft innerhalb der Gesellschaft zu befürchten ist[571], denn dies sind die wesentlichen Gründe, auf die die Sittenwidrigkeit von Hinauskündigungsklauseln gestützt wird[572]. Shoot-Out-Klauseln können demgemäß allenfalls bei Vorliegen all dieser Umstände als Hinauskündigungsklauseln anzusehen sein.

Die daraus folgende Notwendigkeit einer Betrachtung des Einzelfalls, wie sie im Übrigen auch sonst im Rahmen der Hinauskündigungsfälle erfolgt[573], mag für Praktiker unbefriedigend sein, da sie – mangels schematischer Einordnung – mit Mehraufwand bei der Planung und Beratung verbunden ist.

Ein solches Vorgehen ist jedoch sach- und interessengerecht, da den besonderen Umständen eines jeden Falles Beachtung gezollt werden kann.

Zudem dürfte bei sorgfältiger Vertragsgestaltung, namentlich bei Beherzigung aller im Rahmen dieser Arbeit vorgebrachten Tipps zur Vermeidung von Missbrauchslagen, die Gefahr, überhaupt in den potenziellen Anwendungsbereich der Hinauskündigungsrechtsprechung zu geraten, äußerst gering sein.

Hier gilt insbesondere: Je höher die Gesellschafter die Anforderungen an die Verfahrenseinleitung stellen, desto eher kann ein „sachlicher" oder gar „wichtiger

---

568 So im Ergebnis, aber im Wesentlichen mit anderer Begründung auch *Schmolke*, ZIP 2014, 897, 901. A.A. *Wedemann*, Gesellschafterkonflikte, 501; in diese Richtung auch *Fleischer/Schneider*, DB 2010, 2713, 2718.

569 *Heinrich* in: GmbH & Co. KG, § 31 Rn. 45.

570 OLG Nürnberg, ZIP 2014, 171, 173.

571 In diese Richtung auch *Lieder*, WuB WM 2014, 706.

572 Siehe E., I., 1., a), bb).

573 *Schroeder/Welpot*, NZG 2014, 609, 614.

Grund" vorliegen, der im Sinne der Rechtsprechung eine Rechtfertigung der Hinauskündigung darstellen kann. Ob dies indes zwingend ein „*trigger event* von einigem Gewicht" sein muss[574], sei an dieser Stelle bezweifelt. Allzu gering dürfen die Anforderungen an einen „sachlichen Grund" aber jedenfalls nicht gestellt werden, um den gebotenen Schutz des vom Missbrauch bedrohten Gesellschafters zu gewährleisten.

Ein schwerwiegender, existenzbedrohender Gesellschafterkonflikt dürfte indes nach Ansicht des Verfassers im Normalfall diese Voraussetzungen erfüllen.

Im Übrigen scheint es so zu liegen, dass im Wesentlichen bei krassen finanziellen Ungleichgewichten zwischen den Gesellschaftern eine solche Gefährdung droht[575]. In den meisten anderen Fällen dürfte die gleichmäßig verteilte Gefahr, aus der Gesellschaft auszuscheiden, von vornherein dazu führen, dass alle Gesellschafter in gleichem Maße vor einer Klauselauslösung zurückschrecken, was ja auch gerade gewollt ist[576].

Kommt es doch einmal so weit, dass die Hinauskündigungsrechtsprechung zur Anwendung kommen muss, so führt dies dazu, dass die Klausel an sich gemäß § 138 BGB unwirksam ist.

Aufgrund des soeben schon erwähnten Umstands, dass dies bei sorgfältiger Klauselgestaltung nur selten der Fall sein dürfte, wird man sogar sagen können, dass die oft in der einschlägigen Literatur zu Shoot-Out-Klauseln so negativ betrachtete und ungewünschte Unwirksamkeit nach der Hinauskündigungsrechtsprechung hier vielmehr den Effekt hat, dass sie im Falle ihrer Anwendung weniger als Hemmnis, denn – positiv betrachtet – als Mittel zur Bekämpfung von Missbrauchslagen wirkt.

Es sei aber an dieser Stelle noch einmal hervorgehoben, dass die Hinauskündigungsrechtsprechung auch nur dann Anwendung finden kann, wenn die erforderlichen Voraussetzungen schon bei Statuierung der Klausel vorliegen. Treten sie erst später ein, so kann nur eine nachträgliche Ausübungskontrolle nach Maßgabe des § 242 BGB oder eine ergänzende Vertragsauslegung, wie sie teilweise in der Literatur gefordert[577] und zum Beispiel auch von ausländischen Gerichten in diesen Fällen praktiziert wird[578], weiterhelfen[579].

Hierbei dürften jedoch regelmäßig die gleichen Erwägungen zum Tragen kommen und damit zur Unwirksamkeit der Klausel führen.

---

574 So *Wedemann*, Gesellschafterkonflikte, 502.
575 Dies andeutend auch *Schaper*, DB 2014, 821, 823.
576 Siehe dazu schon D., I., 7.
577 So zum Beispiel gefordert von *Schmolke*, ZIP 2014, 897, 901.
578 Vgl. T-Mobile (UK) v. Bluebottle Investments SA, 2003, EWHL 379 (Comm).
579 Diese Unterscheidung der Zeitpunkte findet sich auch bei *Schaper*, DB 2014, 821, 824 und *Weidmann*, DStR 2014, 1500, 1503, 1504.

d) Aktienrechtliche Besonderheit: Relevanz der Hinauskündigungsproblematik im Aktienrecht

Bisher weitgehend ignoriert vom Schrifttum wurden die aktienrechtlichen Besonderheiten im Bereich der Wirksamkeit von Shoot-Out-Klauseln. Ausnahme sind insoweit die Ausführungen im Aufsatz von *Schmolke*[580].

Die Frage nach der Relevanz der Hinauskündigungsproblematik im Aktienrecht stellt sich vorrangig deshalb, weil in der Literatur teilweise die Ansicht vertreten wird, dass eine solche Relevanz gerade nicht gegeben sei[581]. Begründet wird dies in erster Linie mit der kapitalistischen Struktur der AG und der Notwendigkeit der freien Handelbarkeit von Aktien[582]. Eine Anwendung der Hinauskündigungsrechtsprechung im Rahmen von Gesellschafterausschlüssen in Aktiengesellschaften würde die Rechtssicherheit und damit die Funktionsfähigkeit der Kapitalmärkte untergraben[583]. Zudem sähen die §§ 327a ff. AktG gerade die Möglichkeit der „freien Hinauskündigung" vor, sofern ein Gesellschafter die dort vorgeschriebene Mehrheit innehat[584].

Grundsätzlich sind diese Erwägungen durchaus nachvollziehbar. Im Ergebnis liegen sie allerdings falsch, sofern sie eine Anwendbarkeit der Hinauskündigungsrechtsprechung im Aktienrecht grundsätzlich ablehnen.

Die Hinauskündigungsrechtsprechung will Situationen mittels der Anwendung des § 138 BGB korrigieren, in denen ein Gesellschafter in der freien Ausübung seiner Mitgliedschaftsrechte eingeschränkt ist, weil ihm ansonsten das Ausscheiden aus der Gesellschaft droht[585].

Solche Situationen können aber theoretisch auch in einer Aktiengesellschaft entstehen.

Man bedenke nur den Fall, dass in einer AG mit personalistischer Realstruktur und Personalunion von Aktionären und Vorstandsmitgliedern schuldvertraglich und außerhalb der Satzung Regelungen über den Ausschluss eines Gesellschafters getroffen wurden. Eine solche Regelung kann zum Beispiel auch eine Shoot-Out-Klausel sein, deren Auslösung in das freie Ermessen der Gesellschafter gestellt ist.

Bestehen hier zudem noch bei Vereinbarung der Klausel erhebliche finanzielle Ungleichgewichte zwischen den Aktionären, so ist es möglich, dass über einem der Aktionäre das „Damoklesschwert der Hinauskündigung" hängt und er dadurch in der Ausübung seiner mitgliedschaftlichen Rechte stark eingeschränkt ist.

---

580 *Schmolke*, ZIP 2014, 897, 902, 903.

581 *Fett/Spiering*, Handbuch Joint Venture, 416 Rn. 584; *Martinius/Stubert*, BB 2006, 1977, 1984.

582 *Fett/Spiering*, Handbuch Joint Venture, 416 Rn. 584; *Martinius/Stubert*, BB 2006, 1977, 1984.

583 *Martinius/Stubert*, BB 2006, 1977, 1984.

584 *Martinius/Stubert*, BB 2006, 1977, 1984.

585 Siehe E., I., 1., a).

In derartigen Fällen – so selten sie auch sein mögen – scheint es durchaus angebracht, der entsprechenden Vereinbarung ihre Wirksamkeit im Wege der Anwendung der Hinauskündigungsrechtsprechung abzusprechen, unabhängig davon, ob es sich um eine AG handelt oder nicht.

Der Grundsatz der freien Übertragbarkeit von Aktien steht dem nicht entgegen. Hintergrund und Zweck dieses Grundsatzes ist es nämlich, dem Aktionär, dem von Gesetzes wegen weder ein Recht zur Kündigung noch eine Möglichkeit des freiwilligen Austritts aus der Gesellschaft zugestanden wird, eine Chance zu geben, die Mitgliedschaft in der Gesellschaft aus eigenem Willen zu beenden[586].

Die Hinauskündigungsrechtsprechung greift indes nur in solchen Situationen ein, in denen der Aktionär gerade nicht aus freiem Willen entscheiden kann, ob er seine Mitgliedschaft (durch Übertragung seiner Aktien) beendet oder nicht.

Auch die Tatsache, dass in den §§ 327a ff. AktG eine hinauskündigungsgleiche Regelung sogar gesetzlich vorgesehen ist, steht einer Anwendung der Hinauskündigungsrechtsprechung bei Aktiengesellschaften nicht entgegen.

Ein allgemeiner Rechtsgrundsatz, nach dem ein einseitig von einem Aktionär bestimmter Ausschluss eines anderen Aktionärs bei Aktiengesellschaften grundsätzlich möglich sein soll, lässt sich diesen Vorschriften nämlich nicht entnehmen.

Zudem hat in den Fällen der §§ 327a ff. AktG die erforderliche Minderheit von maximal fünf Prozent ohnehin keinen nennenswerten Einfluss auf die Geschicke der Gesellschaft, von dessen Einfluss sie abgeschreckt werden könnte[587].

Damit bleibt festzuhalten, dass eine Anwendbarkeit der Hinauskündigungsrechtsprechung auch im Bereich des Aktienrechts möglich sein muss. Entscheidend ist auch hier, ob dem einzelnen Aktionär durch eine aktionärsinterne Regelung das „Damoklesschwert der Hinauskündigung" auferlegt wird.

Von vornherein nicht anwendbar ist sie allerdings in den Fällen der §§ 327a ff. AktG. Hier widerspricht der freie Ausschluss eines Aktionärs gerade nicht dem Willen des Gesetzgebers, so dass eine Anwendung des § 138 BGB unangebracht ist.

Sofern man nach hier vertretener Ansicht eine Anwendbarkeit des Hinauskündigungsrechtsprechung im Aktienrecht für möglich hält, so kann für die Frage, inwiefern dies Auswirkungen auf die Wirksamkeit von Shoot-Out-Klauseln hat, auf die entsprechenden Ausführungen in Kapitel E., I., 1., b) verwiesen werden. Danach stellen Shoot-Out-Klauseln in aller Regel keine unwirksamen Hinauskündigungsklauseln dar.

586 *Kaut*, Übertragungsbeschränkungen, 46.
587 So auch *Schmolke*, ZIP 2014, 897, 902.

e) *Beispielsfall: OLG Nürnberg, Urteil vom 20.12.2013, 12 U 49/13 – Analyse und Bewertung im Hinblick auf die Frage der Sittenwidrigkeit von Shoot-Out-Klauseln*

Am 20.12.2013 war es das OLG Nürnberg, das sich als – soweit ersichtlich – erstes höheres Instanzgericht in Deutschland mit der Wirksamkeit von Shoot-Out-Klauseln befasste[588].

Dabei nahm das Gericht im Wege eines *obiter dictum* auch insbesondere zu der nicht entscheidungserheblichen Frage Stellung, ob die streitgegenständliche Shoot-Out-Klausel – in diesem Fall eine Russian Roulette-Klausel – als Hinauskündigungsklausel anzusehen ist.

Eine Wirksamkeit unter anderen Gesichtspunkten, zum Beispiel im Hinblick auf § 723 Abs. 3 BGB, wurde nicht thematisiert.

Insofern bietet es sich an, das Urteil an dieser Stelle genauer unter die Lupe zu nehmen.

Im Folgenden soll die Entscheidung daher unter dem Gesichtspunkt der zuvor besprochenen Wirksamkeitsfrage nach § 138 BGB analysiert und bewertet werden.

Dazu werden zunächst der auf die hier wesentlichen Umstände verkürzte Sachverhalt und die insofern relevanten Entscheidungsgründe wiedergegeben. Die Darstellung hat dabei nicht zum Ziel, den formalen und inhaltlichen Anforderungen an ein Urteil gerecht zu werden. Es geht insoweit nur um eine Wiedergabe der hier relevanten Aspekte, bevor eine eigene Stellungnahme zu diesen erfolgt.

aa) Sachverhalt

Die vormals in einer Zwei-Personen-Aktiengesellschaft und in einer Zwei-Personen-Kommanditgesellschaft verbundenen Parteien stritten darüber, ob der Beklagte nach seinem Ausscheiden aus diesen Gesellschaften aufgrund einer Russian-Roulette-Klausel, im Streitfall „chinesische Klausel" genannt, verpflichtet ist, ein – erneut – erlangtes Vorstandsamt in der Aktiengesellschaft, in der der Kläger kein Mehrheitsaktionär mehr ist, niederzulegen[589].

Die maßgebliche Klausel im Gesellschaftsvertrag der Kommanditgesellschaft lautete wie folgt:

> „§ 12 Chinesische Klausel
> Solange ausschließlich die Herren A und C Kommanditisten sind, gilt Folgendes:
> Ein jeder Kommanditist ist berechtigt, dem anderen seinen Kommanditanteil unter Nennung eines bestimmten Preises zum Ankauf anzubieten; [...]
> Als Bindungsfrist für die Annahme sind 15 Monate vorzusehen. [...]

588 OLG Nürnberg, Urteil vom 20.12.2011, 12 U 49/13 – ZIP 2014, 171 ff.

589 Derart zusammengefasst auch von *Heeg*, BB 2014, 467.

Nimmt der Angebotsempfänger nicht oder nicht rechtzeitig an, so ist er verpflichtet, seinen Kommanditanteil dem Anbietenden unverzüglich zum entsprechend gleichen Preis zu verkaufen und abzutreten. [...]
Der Anbietende ist zur unverzüglichen Annahme, Übernahme und Zahlung des bestimmten Preises verpflichtet; [...]
Mit Zahlung des Kaufpreises für den Anteil sind auch sämtliche weiteren Anstellungsverhältnisse des ausscheidenden Kommanditisten mit der E.-Gruppe (insbesondere als Vorstand der E. AG) ohne weitere Entschädigung aufgehoben, und zwar abweichend von etwa anders lautenden vertraglichen Vereinbarungen. Der ausscheidende Kommanditist ist verpflichtet, seine Ämter in der E.-Gruppe – insbesondere als Vorstand der AG – unverzüglich niederzulegen."
Das LG Regensburg hatte der Klage in erster Instanz vollumfänglich stattgegeben. Die Berufung des Beklagten hiergegen hatte Erfolg.

bb) Entscheidungsgründe: Ausführungen zur Wirksamkeit der „chinesischen Klausel"

Das OLG Nürnberg nahm zur Frage der Wirksamkeit von Russian Roulette-Klauseln und Klauseln „mit einer differenzierter ausgeprägten Preisfindungssystematik"[590] im Hinblick auf die Hinauskündigungsrechtsprechung wie folgt Stellung[591]:

„ [...] II. Die von den Parteien als „chinesische Klausel" bezeichnete Regelung ist wirksam.

1. Bei zweigliedrigen Personen- oder Kapitalgesellschaften mit identischer Gesellschaftsbeteiligung der beiden Gesellschafter besteht im Falle von Meinungsverschiedenheiten aufgrund der dann gegebenen Pattsituation die Gefahr einer Selbstblockade der Gesellschaftsorgane. Aus der anglo-amerikanischen Vertragspraxis her wurden zur Auflösung derartiger Blockaden („deadlock") Vertragsklauseln der streitgegenständlichen Art entwickelt, die einen schnellen und radikalen Ausstieg eines der beiden Gesellschafter durch Übernahme von dessen Beteiligung durch den anderen Gesellschafter ermöglichen.
Derartige Klauseln des Inhalts, dass jeder Teil berechtigt ist, dem jeweils anderen Teil seine Gesellschaftsbeteiligung unter Nennung eines bestimmten Preises zum Ankauf anzubieten, und dass der Angebotsempfänger verpflichtet ist, bei Nichtannahme dieses Angebots seine Gesellschaftsbeteiligung an den Anbietenden unverzüglich zum gleichen Kaufpreis zu verkaufen und abzutreten, werden gemeinhin – im Hinblick auf die Unvorhersehbarkeit des Ausgangs, insbesondere für den das Beendigungsverfahren initiierenden Teil – als „Russian-Roulette"-Klauseln bezeichnet. Hierzu gehören auch Varianten mit einer differenzierter ausgebildeten Preisfindungssystematik, etwa des Inhalts, dass jeder Teil berechtigt ist, dem jeweils anderen Teil den Ankauf von dessen Gesellschaftsbeteiligung zu einem bestimmten Preis anzubieten, und dass der

590 OLG Nürnberg, ZIP 2014, 171, 172.
591 OLG Nürnberg, ZIP 2014, 171, 172, 173.

Angebotsempfänger verpflichtet ist, bei Nichtannahme dieses Angebots seinerseits ein Gegenangebot für den Ankauf der Gesellschaftsbeteiligung des ersten Teils zu einem höheren Kaufpreis zu unterbreiten, das dieser nur bei Abgabe eines wiederum höheren Kaufangebots ablehnen darf usw.; derartige Klauseln werden als „Shoot-Out"-Klauseln oder als „Texan Shoot-Out"-Klauseln bezeichnet. Bei der Variante der „sizilianischen Eröffnung" übergeben beide Teile gleichzeitig jeweils dem anderen ein (verdecktes) Angebot zum Ankauf von dessen Beteiligung, wobei das Angebot mit dem höheren Kaufpreis zum Tragen kommt [...].

2. Der Senat hält derartige Klauseln nicht per se für unwirksam.
Bei Russian-Roulette-Klauseln im vorgenannten Sinn kann es in Situationen mit wirtschaftlich unterschiedlich potenten Vertragsteilen zu Missbrauchsmöglichkeiten kommen, etwa wenn der finanzstärkere Teil ein Angebot zu einem strategischen Preis erklärt, von dem er weiß, dass der schwächere Teil diesen nicht zu leisten im Stande ist; gleiches kann gelten, wenn der Kauf oder Verkauf für einen Teil aus steuerlichen oder unternehmensstrategischen Gründen wirtschaftlich nicht zweckmäßig ist und der andere Teil dies weiß. Letzterer kann hier einen für ihn günstigen Preis für seinen bzw. den Gesellschaftsanteil des anderen Teils faktisch erzwingen. Die Klausel eröffnet in derartigen Konstellationen letztlich die Möglichkeit, einen Gesellschafter gegen dessen Willen aus der Gesellschaft hinauszudrängen.
Unter dem Gesichtspunkt der Sittenwidrigkeit von Hinauskündigungsklauseln ist insoweit eine Prüfung geboten.

a) Gesellschaftsvertragliche Regelungen in Personengesellschaften, die einem Gesellschafter, einer Gruppe von Gesellschaftern oder der Gesellschaftermehrheit das Recht einräumen, einen Mitgesellschafter ohne sachlichen Grund aus der Gesellschaft auszuschließen (sog. „Hinauskündigungsklauseln") sind grundsätzlich wegen Verstoßes gegen die guten Sitten nach § 138 Abs. 1 BGB nichtig. Maßgebliche Erwägung dafür ist, den von der Ausschließung oder Kündigung bedrohten Gesellschafter zu schützen, da das freie Kündigungsrecht des anderen Teils von ihm als Disziplinierungsmittel empfunden werden kann, so dass er aus Sorge, der Willkür des ausschließungsberechtigten Gesellschafters ausgeliefert zu sein, nicht frei von seinen Mitgliedschaftsrechten Gebrauch macht oder seinen Gesellschafterpflichten nicht nachkommt, sondern sich den Vorstellungen der anderen Seite beugt, da das Kündigungsrecht immer wie ein „Damoklesschwert" über ihm schwebt.
Allerdings gilt der vorgenannte Grundsatz nicht ausnahmslos. Eine an keine Voraussetzung geknüpfte „Hinauskündigungsklausel" oder eine vergleichbare schuldrechtliche Regelung ist wirksam, wenn sie wegen besonderer Umstände sachlich gerechtfertigt ist.

b) Soweit ersichtlich, werden Russian-Roulette-Klauseln weitgehend für wirksam erachtet.
Das OLG Wien hat die Aufnahme einer Shoot-Out-Klausel in einen GmbH-Gesellschaftsvertrag als wirksam angesehen, weil ihr „checks-and-balances"-Mechanismus einer Übervorteilung eines Gesellschafters entgegenwirke.

Das Appellationsgericht Paris hat eine solche Klausel ebenfalls gebilligt, weil sie keinen Sanktionscharakter aufweise und daher keine unwirksame Ausschlussklausel sei, sondern nur ein freiwillig zwischen den Parteien vereinbartes Ausstiegsverfahren beinhalte.

Auch in der Literatur werden derartige Klauseln für wirksam erachtet.

c) Der Senat schließt sich dieser Bewertung jedenfalls für den Streitfall an. Anlass für ein richterliches Eingreifen könnte allenfalls dann bestehen, wenn einer der beiden Gesellschafter ein Erwerbsangebot von Anfang an nicht finanzieren kann und den für ihn nachteiligen Vollzugsmechanismus des Shoot-Out-Verfahrens deshalb tunlichst vermeiden muss (vgl. Fleischer/Schneider DB 2010, 2713, 2718; Bachmann u.a. a.a.O. Seite 70). Dass eine derartige Fallkonstellation auch im Streitfall vorgelegen hätte, ist weder vorgetragen noch ersichtlich. Das grundsätzlich stets bestehende Missbrauchsrisiko rechtfertigt nicht das Eingreifen des Sittenwidrigkeitsverdikts; will sich eine Vertragspartei diesem Risiko nicht aussetzen, so darf sie sich nicht auf das Russian-Roulette-Verfahren einlassen. Jedenfalls ist aber aufgrund des mit einer Russian-Roulette-Klausel verfolgten berechtigten Zwecks – die Auflösung der Möglichkeit einer Selbstblockade der Gesellschaft durch zwei gleich hoch beteiligte Gesellschafter – die Verwendung einer derartigen Klausel sachlich gerechtfertigt."

cc) Analyse und Bewertung der Ausführungen zur Sittenwidrigkeit der Klausel

Das OLG Nürnberg schließt sich in seiner Entscheidung der Meinung des OLG Wien[592], des Appellationsgerichts Paris[593] sowie derjenigen Literaturstimmen an, die Russian Roulette-Klauseln für wirksam erachten[594].

Dies gelte allerdings nur für den konkreten Streitfall[595]. Damit macht es zugleich deutlich, dass diese Wertung nicht in jedem Fall Geltung beanspruchen kann. Folgerichtig führt es kurz danach aus, dass es Situationen geben könne, in denen ein richterliches Eingreifen geboten sein könnte. Konkret wird der Fall genannt, bei dem „einer der beiden Gesellschafter ein Erwerbsangebot von Anfang an nicht finanzieren kann und den für ihn nachteiligen Vollzugsmechanismus des Shoot-Out-Verfahrens deshalb tunlichst vermeiden muss"[596].

Ob dies die einzige denkbare Situation sein soll, in der eine Anwendbarkeit in Betracht kommt, wird aus den Ausführungen des Gerichts nicht vollends

---

592 OLG Wien, Urteil vom 20.04.2009 – 28 R 53/09h.

593 Cour d'appel de Paris, Revue trimestrielle de droit commercial 2007, 169, 170.

594 Genannt werden vom Gericht insoweit *Schulte/Sieger*, NZG 2005, 24, 27 ff.; *Fleischer/Schneider*, DB 2010, 2713, 2715 ff.; *Niewiarra*, Unternehmenskauf, 105; *Fett/Spiering*, Handbuch Joint Venture, 421 Rn. 599 ff.

595 OLG Nürnberg, ZIP 2014, 171, 173.

596 Ebenda.

klar. Angesichts der Formulierung, dass Anlass für ein richterliches Eingreifen „allenfalls“[597] in diesen Fällen bestehe, spricht indes einiges für eine solche Interpretation.

Ungeachtet dessen habe aber – so das Gericht – ohnehin keine der streitenden Parteien vorgetragen, dass eine derartige Situation vorgelegen habe[598].

Die weitere Argumentation des Senats geht sodann in zwei Richtungen:

Zum Einen trägt er vor, dass das „grundsätzlich stets bestehende Missbrauchsrisiko [...] nicht das Eingreifen des Sittenwidrigkeitsverdikts“ rechtfertige. Insofern dürfe sich eine Partei eben nicht auf das Russian Roulette-Verfahren einlassen, wenn sie sich diesem Risiko nicht aussetzen wolle[599].

Zum Anderen sei die Verwendung derartiger Klauseln ohnehin aufgrund des von ihnen verfolgten Zwecks, nämlich der Auflösung von Selbstblockaden, sachlich gerechtfertigt.

Dem OLG Nürnberg ist – den vorgegangenen Ausführungen im Rahmen dieser Arbeit folgend[600] – insoweit Recht zu geben, als dass es im Ergebnis die Sittenwidrigkeit von Russian Roulette-Klauseln im Grundsatz verneint.

Auch die Ansicht, dass im Falle einer mangelnden Finanzierbarkeit eine Einordnung als Hinauskündigungsklausel unter Umständen in Betracht kommen kann, verdient Anerkennung.

Da eine solche Situation indes nicht vorlag, hat das Gericht folgerichtig die Sittenwidrigkeit im konkreten Streitfall verneint.

Überzeugend ist ferner, dass der Senat das grundsätzlich bestehende Missbrauchsrisiko nicht ausreichen lässt, um das Eingreifen des Sittenwidrigkeitsverdikts zu rechtfertigen.

Denn wie bereits dargelegt wurde[601], ist es nicht die Klausel an sich, die diese Missbrauchslagen und damit einhergehend eine asymmetrisch verteile Drohkulisse provoziert. Es bedarf insoweit des Hinzutretens weiterer Umstände, wie zum Beispiel eines erheblichen finanziellen Ungleichgewichts zwischen den Gesellschaftern.

Daher wäre es unangemessen, einer solchen Klausel stets ihre Wirksamkeit abzuerkennen, ohne dass *konkrete* Anhaltspunkte für einen missbräuchlichen Einsatz vorlägen.

Dies führt – konsequent zu Ende gedacht – zur bereits dargelegten Notwendigkeit einer Betrachtung des Einzelfalles. Die Ausführungen des Gerichts deuten an, dass es diese Einschätzung teilt.

Gleichwohl können die weiteren Ausführungen nur bedingt überzeugen.

Dies fängt schon damit an, dass der Senat eine Sittenwidrigkeit offensichtlich überhaupt nur bei Vorliegen von Finanzierungsschwierigkeiten einer Partei in Betracht zieht.

---

597 Ebenda.
598 Ebenda.
599 Ebenda.
600 Siehe E., I., 1., c).
601 Siehe E., I., 1., b).

Sofern damit die hier schon oftmals angesprochene eklatante Asymmetrie in der Finanzkraft der Gesellschafter gemeint ist, dürfte dies zwar in der Tat den Hauptanwendungsbereich etwaiger Sittenwidrigkeitsfälle darstellen. Gleichwohl ist es meines Erachtens nicht ausgeschlossen, dass auch in anderen Einzelfällen eine Einordnung als Hinauskündigungsklausel geboten ist. Maßgeblich ist insofern stets, ob im konkreten Fall das besagte „Damoklesschwert der Hinauskündigung" über einem einzigen Gesellschafter hängt, demnach die grundsätzlich symmetrisch verteilte Drohkulisse derart gestört ist, dass faktisch nur einer der Gesellschafter im Falle der Verfahrensdurchführung mit dem Ausscheiden aus der Gesellschaft rechnen muss. Die Einschätzung des Gerichts scheint daher etwas vorschnell.

Gleichfalls wird nicht vollends deutlich, ob der Senat erkennt, dass der maßgebliche Zeitpunkt für eine Beurteilung der Sittenwidrigkeit im Falle von Shoot-Out-Klauseln ihre Statuierung ist und demgemäß spätere Veränderungen der Umstände – beispielsweise der Finanzlage – insoweit unerheblich sind.

Zwar wird angedeutet, dass die Anwendbarkeit auf Situationen beschränkt ist, in denen „einer der beiden Gesellschafter ein Erwerbsangebot *von Anfang an* nicht finanzieren kann"[602]. Dennoch ist diese Formulierung reichlich undeutlich, zumal sie so verstanden werden kann, dass der Mitgesellschafter bereits ein Angebot abgegeben und damit das Verfahren eingeleitet hat. Damit wäre hier auf den Zeitpunkt der Verfahrenseinleitung abgestellt worden, was gerade nicht richtig ist.

Weitere Kritik muss insoweit geübt werden, als das Gericht sein – zutreffendes – Argument, dass das grundsätzlich bestehende Missbrauchsrisiko nicht das Eingreifen des Sittenwidrigkeitsverdikts rechtfertige, damit begründet, dass eine Partei sich nicht auf das Verfahren einlassen solle, wenn es diesem Risiko entgehen wolle. Wäre damit die Freiwilligkeit des Vertragsschlusses entscheidend, dann müsste man folgerichtig Ausschlussrechte, die in das freie Ermessen der Gesellschafter gestellt sind, ohne Weiteres als rechtlich wirksam ansehen[603], was aber gerade nicht der Rechtsprechung des BGH entspricht und auch aufgrund der damit einhergehenden Missbrauchsgefahren generell nicht zu begrüßen wäre.

Ganz entschieden muss auch der Ansicht des Senats entgegengetreten werden, dass derartige Klauseln stets – im Sinne der Hinauskündigungsrechtsprechung – sachlich gerechtfertigt seien, da sie die Auflösung einer Selbstblockade bezweckten[604].

Zum Einen scheint dieser Lösungsansatz paradox, wenn man die vorangegangenen Erläuterung des Gerichts betrachtet. Wenn eine solche Klausel ohnehin aufgrund ihres Zwecks stets sachlich gerechtfertigt ist, warum wäre dann noch ein – vom Gericht ins Spiel gebrachte – Eingreifen im Einzelfall geboten? Wäre dies tatsächlich so, hätte das Gericht auch gleich sagen können, dass solche Klauseln in jedem Fall, also ohne Ausnahme wirksam sind.

602 OLG Nürnberg, ZIP 2014, 171, 173.
603 So auch *Lieder*, WuB WM 2014, 706.
604 OLG Nürnberg, ZIP 2014, 171, 173.

Zum Anderen begegnen diesem Argument auch inhaltlich Bedenken.

Allein die Tatsache, dass die Klausel theoretisch Entscheidungsblockaden in der Gesellschaft lösen kann, scheint als „sachlicher Grund" im Sinne der Hinauskündigungsrechtsprechung jedenfalls dann etwas dürftig, wenn eine Konstellation vorliegt, bei der einem der Gesellschafter schon bei Statuierung der Klausel einseitig das „Damoklesschwert der Hinauskündigung" anhängt.

Gerade diese Fälle will die Rechtsprechung ja durch das Sittenwidrigkeitsverdikt ausgleichen.

Selbst das Gericht erkennt an, dass zum Beispiel bei finanziellen Ungleichgewichten zwischen den Gesellschaftern Missbrauchsgefahren bestehen können[605]. Dafür spielt es indes keine Rolle, ob die Klausel nun berechtigterweise eine Blockadelösung bezweckt oder nicht.

In diesen Fällen ist es zum Schutz des vom Missbrauch bedrohten Gesellschafter geboten, höhere Anforderungen an den „sachlichen Grund" zu stellen. Der simple Zweck der Klausel, Blockadesituationen zu lösen, kann hier richtigerweise nicht ausreichen[606].

Es sei noch angemerkt, dass das Gericht offenbar nicht verlangt, dass die Gesellschafter den „sachlichen Grund" als Auslösevoraussetzung für die Klausel vereinbaren. Denn dem Sachverhalt im konkreten Fall ließ sich keine Information dahingehend entnehmen, dass die streitenden Parteien die Klauselauslösung an bestimmte Voraussetzungen, insbesondere an das Vorliegen einer Selbstblockade, gebunden hätten. Der Senat hat damit die sachliche Rechtfertigung sozusagen in die Klausel, namentlich in einen verallgemeinerten Zweck, hineingelesen[607].

Ungeachtet der Tatsache, dass nach hier vertretener, soeben geschilderter Ansicht der bloße Zweck der Blockadelösung als „sachlicher Grund" bei Missbrauchslagen nicht ausreicht, so ist ein solches Vorgehen auch das falsche Zeichen an die Praxis.

Zwar ist dem Gericht insoweit Recht zu geben, als dass ein „sachlicher Grund" nicht zwingend als Auslösevoraussetzung statuiert sein muss. Gleichwohl ist es zumindest für die Parteien und ihre Rechtsberater schon aus Gründen der Rechtssicherheit ratsam, die Klauselauslösung grundsätzlich an das Vorliegen bestimmter Voraussetzungen zu knüpfen, die so ausgestaltet sind, dass sie Missbrauchslagen vorbeugen.

Denn die Auslösung der Klausel nicht an bestimmte Voraussetzungen zu binden, bedeutet auch, sich darauf zu verlassen, dass sich alle Gesellschafter redlich verhalten und Missbrauchslagen weder provozieren, noch ausnutzen.

Dies wäre aus Sicht der Verfassers ein doch recht naives und unvorsichtiges Verhalten, welches die Realität schnell Lügen strafen kann.

---

605 OLG Nürnberg, ZIP 2014, 171, 172.

606 Anderer Ansicht und damit dem OLG Nürnberg zustimmend *Lieder*, WuB WM 2014, 706.

607 So auch *Willms/Bicker*, BB 2014, 1347, 1350; ähnlich *Weidmann*, DStR 2014, 1500, 1503; *Werner*, GmbHR 2014, 310, 316.

Verwunderlich ist zuletzt auch, dass das Gericht eine Unwirksamkeit von Shoot-Out-Klauseln lediglich unter dem Gesichtspunkt der Hinauskündigungsrechtsprechung diskutiert, wo doch die Literatur noch einige andere Wirksamkeitsbedenken äußert[608].

Warum hier eine derart beschränkte Thematisierung erfolgt, lässt sich den Urteilsgründen nicht entnehmen. Insbesondere liegt keine der vom Gericht selbst benannten Konstellationen vor, in denen ein richterliches Eingreifen mit dem Verdikt der Sittenwidrigkeit nach der Hinauskündigungsrechtsprechung in Betracht käme. Denkbar scheint allenfalls, dass eine der Parteien konkrete Bedenken in dieser Hinsicht als Rechtsansicht geäußert hat.

Damit ist die Entscheidung des OLG Nürnberg letztlich mit gemischten Gefühlen zu betrachten.

Während insbesondere das Ergebnis Zustimmung verdient, so überzeugen viele andere Argumente nur bedingt.

dd) Reaktionen im Schrifttum und Praxisfolgen

Die Entscheidung des OLG Nürnberg hat im juristischen Schrifttum in nicht unerheblichem Maße Beachtung gefunden. Dies wohl vorrangig und ersichtlich deshalb, weil sie die erste Entscheidung eines höherinstanzlichen Gerichtes in Deutschland ist, die sich explizit mit der Wirksamkeit von Shoot-Out-Klauseln beschäftigt.

Die Reaktionen auf die Entscheidung in der Literatur fallen im Großen und Ganzen positiv aus.

So wird insbesondere das Ergebnis, dass Shoot-Out-Klauseln nicht *per se* unwirksam seien, begrüßt[609].

Insoweit wird auch zurecht darauf hingewiesen, dass die Entscheidung für die Sicherheit im Umgang mit derartigen Klauseln hilfreich ist[610].

Kritik wird nur in begrenztem Maße geäußert, so etwa im Hinblick auf die teilweise nicht überzeugende Begründung[611] oder auf das Vorgehen nach § 138 BGB. Hier wird stattdessen eine Ausübungskontrolle am Maßstab des § 242 BGB empfohlen[612].

Zwar beziehen sich die Ausführungen des Gerichts im Wesentlichen auf Russian Roulette-Verfahren und damit nur auf eine der vielen Erscheinungsformen von Shoot-Out-Klauseln.

608 Siehe beispielhaft nur *Schulte/Pohl*, Joint-Venture-Gesellschaften, 187 Rn. 794 ff.
609 *Willms/Bicker*, BB 2014, 1347, 1352; *Hirte*, NJW 2015, 1219, 1224; *Lieder*, WuB WM 2014, 706; *Schaper*, DB 2014, 821, 824; *Schroeder/Welpot*, NZG 2014, 609, 614.
610 *Heeg*, BB 2014, 467, 470; ähnlich auch *Weidmann*, DStR 2014, 1500, 1503.
611 *Lieder*, WuB WM 2014, 706; *Lorz*, FuS 2014, 125, 126.
612 *Willms/Bicker*, BB 2014, 1347, 1351; *Lorz*, FuS 2014, 125, 126.

Sie lassen sich aber – wie das Gericht selbst andeutet[613] – auch auf die anderen Verfahren übertragen[614], zumal der Senat seine Begründung der nicht gegebenen Sittenwidrigkeit maßgeblich auf den von der Klausel verfolgten Zweck der Blockadelösung stützt[615].

Dies ermöglichen indes auch alle anderen Erscheinungsformen von Shoot-Out-Klauseln in gleichem Maße[616].

2. Verstoß gegen § 723 Abs. 3 BGB

Thematisiert wird in der Literatur auch die Frage, ob Shoot-Out-Klauseln – vorrangig Russian Roulette-Klauseln – einen Verstoß gegen § 723 Abs. 3 BGB begründen können.

Hier geht eine Meinung dahin, dass ein solcher Verstoß grundsätzlich nicht gegeben sei[617].

Vermehrt werden allerdings Zweifel, beziehungsweise Einschränkungen in dieser Hinsicht – jedoch regelmäßig beschränkt auf bestimmte Konstellationen – geäußert[618].

a) Hintergründe

Es gilt der Grundsatz, dass es mit der persönlichen Freiheit des Einzelnen unvereinbar ist, Bindungen ohne zeitliche Begrenzung und ohne Kündigungsmöglichkeit einzugehen[619].

Darauf aufbauend ist nach § 723 Abs. 3 BGB eine Vereinbarung, durch die das Kündigungsrecht des § 723 Abs. 1 BGB ausgeschlossen oder diesen Vorschriften zuwider beschränkt wird, nichtig.

Diese Regelung gilt – teilweise unter Anwendung des § 105 Abs. 3 HGB – für alle Personengesellschaften und hier sowohl für die ordentliche (§§ 723 Abs. 1 S. 1 BGB, 132, 161 Abs. 2 HGB) als auch für die Kündigung aus wichtigem Grund (§ 723

613 OLG Nürnberg, ZIP 2014, 171, 172.

614 So auch *Willms/Bicker*, BB 2014, 1347, 1352; *Lieder*, WuB WM 2014, 706; *Schroeder/Welpot*, NZG 2014, 609, 616.

615 OLG Nürnberg, ZIP 2014, 171, 173.

616 Dazu siehe D., I., 2.

617 *Heckschen* in: Die GmbH, § 4 Rn. 190a; *Schulte/Pohl*, Joint-Venture-Gesellschaften, 190 Rn. 808 ff.; *Schulte/Sieger*, NZG 2005, 24, 29; *Fleischer/Schneider*, DB 2010, 2713, 2716, 2717; *Wälzholz*, GmbH-StB 2007, 84, 88; *Werner*, GmbHR 2005, 1554, 1557.

618 So etwa von *Stephan* in: Internationale Joint Ventures, 118; *Willms/Bicker*, BB 2014, 1347, 1350, 1351; *Schmolke*, ZIP 2014, 897, 899, 900 sowie *ders.* in: Gesellschafts- und Kapitalmarktrecht, 127, 128; *Holler/Frese*, BB 2014, 1479, 1481; *Becker*, Die Zulässigkeit, 138, 139.

619 BGHZ 50, 316, 322; 126, 226, 230.

Abs. 1 S. 2 BGB). Erstere wird in der Praxis allerdings regelmäßig durch eine Befristung der Gesellschaft ausgeschaltet[620], die allerdings nicht überlang sein darf[621].

Im Bereich der Kapitalgesellschaften kommt der oben genannte Rechtsgedanke nur bei GmbHs zum Tragen. Obwohl diese eigentlich mangels entsprechender gesetzlicher Regelungen unkündbar sind[622], so ist doch anerkannt, dass Gesellschafter bei Vorliegen eines wichtigen Grundes aus der Gesellschaft austreten dürfen, da dieses Recht zu den zwingenden und unverzichtbaren Mitgliedschaftsrechten gehört[623].

Vor diesem Hintergrund ist auch bei GmbHs ein Ausschluss oder eine Einschränkung dieses Rechts verboten.

b) Ausschluss des Kündigungsrechts durch Shoot-Out-Klauseln (§ 723 Abs. 3 Alt. 1 BGB)

Demgemäß stellt sich zunächst die Frage, ob Shoot-Out-Klauseln das Recht zur ordentlichen oder zur Kündigung aus wichtigem Grund ausschließen.

aa) Verzicht auf Kündigungsrechte durch die Gesellschafter bei gleichzeitiger Vereinbarung einer Shoot-Out-Klausel

Vorab muss dazu festgestellt werden, dass Shoot-Out-Klauseln wie Kündigungsrechte im Kontext dieser Arbeit Gegenstand von Vereinbarungen zwischen den Gesellschaftern sind. Das bedeutet, dass es grundsätzlich im freien Ermessen der Gesellschafter steht, ob sie derartige Gestaltungen in ihr vertragliches Verhältnis aufnehmen oder nicht.

Wenn sie also beispielsweise in ihren Gesellschaftsvertrag eine Shoot-Out-Klausel einbauen, ein Kündigungsrecht aber nicht, so liegt es auf der Hand, dass es nicht die Shoot-Out-Klausel ist, die das Kündigungsrecht ausschließt, sondern vielmehr die Parteien selber.

In diesem Fall wäre – entgegen einer Ansicht in der Literatur[624] – gemäß § 723 Abs. 3 BGB nur die übereinstimmende – in der Regel wohl lediglich konkludent getroffene – Vereinbarung der Gesellschafter, auf Kündigungsrechte ganz zu verzichten, nichtig, nicht aber die Vereinbarung der Shoot-Out-Klausel.

Rechtsfolge wäre dann, dass die Kündigungsrechte neben die Shoot-Out-Klausel treten.

---

620 *Schmolke*, ZIP 2014, 897, 899 m.w.N.
621 BGHZ 50, 316, 321 f.
622 Ganz h.M.; statt vieler *WIrbel* in: MüHB GesR, Bd. 1, § 28 RN. 62.
623 h.M., siehe nur BGHZ 9, 157, 162 f.; 116, 359, 369; *Fleischer/Schneider*, DB 2010, 2713, 2716; *Schmolke*, ZIP 2014, 897, 899 m.w.N.
624 *Becker*, Die Zulässigkeit, 138.

Dies müsste jedenfalls dann gelten, wenn die Shoot-Out-Klausel in ihrer Wirkung einer ordentlichen Kündigung oder einer Kündigung aus wichtigem Grund nicht gleichkäme.

Wenn nämlich die Klausel eine Art „faktische" ordentliche und/oder außerordentliche Kündigung darstellte, so wären die Kündigungsrechte eben nicht ausgeschlossen, sondern würden vielmehr von der Shoot-Out-Klausel ersetzt[625].

(1) Shoot-Out-Klauseln als Kündigungsersatz: Vergleichbarkeit

Für eine Beurteilung dieser Frage muss man sich zunächst vor Augen führen, welche Rechtsfolgen eine Kündigung im Gesellschaftsrecht hervorruft.

Kündigt einer der Gesellschafter, so führt dies üblicherweise dazu, dass Dieser aus der Gesellschaft ausscheidet.

Für OHG und KG wird dies in § 131 Abs. 3 S. 1 HGB – für die KG anwendbar über § 161 Abs. 2 HGB – ausdrücklich bestimmt.

Bei der GbR führt die Kündigung im Grundsatz zur Auflösung der Gesellschaft, wenn nicht gemäß § 736 BGB etwas anderes vereinbart ist[626]. Sowohl im Falle der kündigungsbedingten Auflösung als auch bei Fortsetzung der GbR nach § 736 BGB, scheidet indes der kündigende Gesellschafter aus der Gesellschaft aus.

Auch bei der GmbH führt die allgemein anerkannte Austrittsmöglichkeit aus wichtigem Grund im Falle ihrer Ausübung zu diesem Ergebnis.

Das Ausscheiden des kündigenden Gesellschafters muss jedoch nicht zwangsläufig Folge der Kündigung sein. Als Rückschluss aus §§ 736, 737 BGB und § 131 Abs. 3 S. 1 HGB ergibt sich nämlich, dass die Rechtsfolge der Kündigung ins Ermessen der Gesellschafter gestellt ist, sie also eine von der Auflösung abweichende Rechtsfolge vereinbaren können[627]. Dies muss jedenfalls insoweit gelten, wie die so vereinbarte Rechtsfolge nicht gegen zwingendes Gesetzesrecht verstößt.

Demnach wäre beispielsweise auch eine Regelung dahingehend denkbar, dass der kündigende Gesellschafter als Rechtsfolge der Kündigung in der Gesellschaft verbleibt und der andere Gesellschafter ausscheidet. Zulässig wäre eine solche Vereinbarung freilich nur dann, wenn sie nicht zugleich eine gegen § 138 BGB verstoßende Hinauskündigungsklausel darstellt[628].

Unzulässig wäre danach insbesondere, wenn die einseitige Kündigung eines Gesellschafters unmittelbar zum Ausschluss des Mitgesellschafters führt. Damit hätte er es nämlich in der Hand, über den Verbleib des Mitgesellschafters in der Gesellschaft zu bestimmen, was zu der schon früher thematisierten Willkürherrschaft und dem „Damoklesschwert der Hinauskündigung" führen kann.

Zulässig dürfte es indes sein, wenn der Verbleib des kündigenden Gesellschafters in der Gesellschaft Folge eines Verfahrens ist, das allen Gesellschaften in gleichem

625 In diese Richtung auch *Holler/Frese*, BB 2014, 1479, 1481.
626 *Sprau* in: Palandt, BGB, § 723 Rn. 1.
627 So auch *Becker*, Die Zulässigkeit, 139.
628 Dazu näher E., I., 1.

Maße die Chance auf ebendiesen Verbleib eröffnete, da in diesem Fall weder eine Willkürherrschaft droht, noch das „Damoklesschwert der Hinauskündigung“ über lediglich einem der Gesellschafter hängt.

Ein solcher Verbleib des kündigenden Gesellschafters verstößt auch nicht gegen den Sinn und Zweck der Kündigungsvorschriften im Gesellschaftsrecht.

Ihr Sinn ist es nämlich nicht vorrangig, dem kündigungswilligen Gesellschafter einen planbaren Ausstieg aus der Gesellschaft zu ermöglichen, sondern vielmehr lediglich, eine Beendigung der gemeinsamen Zusammenarbeit herbeizuführen.

So kann es durchaus billig sein, dem kündigungswilligen Gesellschafter einen Verbleib in der Gesellschaft zu ermöglichen, etwa, wenn sein Mitgesellschafter wesentliche Pflichten aus dem Gesellschaftsvertrag verletzt oder derart schlecht wirtschaftet, dass die Gesellschaft in ihrer Existenz bedroht ist. Nicht umsonst ist ein solcher Fall auch als wichtiger Kündigungsgrund in § 723 Abs. 1 S. 3 Nr. 1 BGB genannt.

Die Beendigung der Zusammenarbeit ist damit letztlich auch die einzige einheitliche Rechtsfolge, die alle Kündigungen von Gesellschaftern in Bezug auf das Gesellschaftsverhältnis mit sich bringen.

Da es nach den vorhergehenden Ausführungen im Rahmen einer Kündigung nicht darauf ankommt, ob der kündigende Gesellschafter aus der Gesellschaft ausscheidet, lässt sich sagen, dass Shoot-Out-Klauseln faktisch von ihrer Rechtsfolge her einer Kündigung gleichkommen, da sie gleichfalls eine Beendigung der gesellschaftlichen Zusammenarbeit herbeiführen.

Da sie im Regelfall – dies wurde bereits dargelegt[629] – auch keine Hinauskündigungsklauseln darstellen, verstoßen sie auch nicht gegen § 138 BGB, so dass sie üblicherweise dem Sinn und Zweck der §§ 723 ff. BGB nicht entgegenlaufen.

Auch in der Literatur werden diese Zusammenhänge erkannt. So schlägt zum Beispiel *Baumanns* vor, Exit-Verfahren als Rechtsfolge einer Kündigung zu statuieren[630].

(2) Shoot-Out-Klauseln als Kündigungsersatz: Weitere relevante Umstände

Nun spielen indes für die Frage, ob Shoot-Out-Klauseln die Kündigungsrechte ersetzen können, noch weitere Umstände eine Rolle.

Wichtig ist bei der ordentlichen Kündigung, dass sie – bei der GbR – „jederzeit“ (§ 723 Abs. 1 S. 1 BGB), beziehungsweise – bei OHG und KG – nur innerhalb der Frist des § 132 HGB erklärt werden kann.

Will eine Shoot-Out-Klausel dies in gleichem Maße gewährleisten, so müsste sie im Falle der GbR gänzlich voraussetzungslos, im Falle von OHG und KG indes entsprechend fristgebunden ausgelöst werden können.

Nur dann kann sie das Recht zur ordentlichen Kündigung ersetzen.

629 Siehe E., I., 1., b).
630 *Baumanns* in: MüHB GesR, Bd.1, 2. Aufl. 2007, § 28 Rn. 65.

Die außerordentliche Kündigung knüpft im Gesellschaftsrecht indes an das Vorliegen bestimmter „wichtiger" Gründe an.

Im Falle der GbR nennt § 723 Abs. 1 S. 3 BGB exemplarisch einige Solche.

Auch hier gilt: Um als Ersatz dieses Kündigungsrechts angesehen werden zu können, muss die Auslösung der Shoot-Out-Klausel gleichfalls an das Vorliegen eben solcher wichtigen Gründe geknüpft sein[631].

(3) Zusammenfassung

Damit bleibt als Ergebnis festzuhalten:

Shoot-Out-Klauseln begründen im Regelfall keinen Ausschluss der Kündigungsrechte gemäß § 723 Abs. 3 BGB, wenn die Gesellschafter bewusst nur sie und nicht auch Kündigungsrechte vereinbart haben. Von der Unwirksamkeit im Sinne der Vorschrift ist nämlich üblicherweise nur die Vereinbarung des Verzichts betroffen, es sein denn, diese Vereinbarung ist ausdrücklich in die Shoot-Out-Klausel integriert und die Voraussetzungen des § 139 BGB liegen im konkreten Fall vor.

Stets muss jedoch geprüft werden, ob die Shoot-Out-Klausel die Kündigungsrechte ersetzen kann.

Dies kann unter gewissen, oben beschriebenen Umständen der Fall sein. Liegen diese Umstände vor, treten die entsprechenden Kündigungsrechte nicht neben die Shoot-Out-Klausel, andernfalls schon.

In der Praxis sollte es indes – wenn man den im Rahmen dieser Arbeit erteilten Hinweisen folgt – im Idealfall so sein, dass das Auslösen der Shoot-Out-Klausel an das Vorliegen bestimmter, nicht fristgebundener Voraussetzungen geknüpft ist. In diesem Fall scheidet ein Ersatz des ordentlichen Kündigungsrechts von vornherein aus, da die Kündigung weder „jederzeit" im Sinne des § 723 Abs. 1 S. 1 BGB noch innerhalb der Frist des § 132 HGB ausgesprochen werden kann.

Sofern sich die statuierten Auslösevoraussetzungen mit den „wichtigen" Gründen, die für eine außerordentliche Kündigung notwendig sind, decken, ersetzt die Klausel die Kündigung aus wichtigem Grund.

bb) Gleichzeitige Vereinbarung von Shoot-Out-Klausel und Kündigungsrechten

Die Rechtsfolge im zuvor genannten Fall kann – wie bereits gesagt – sein, dass die Kündigungsrechte neben die Shoot-Out-Klausel treten.

Die dadurch eintretende Situation ist mit der Konstellation zu vergleichen, in der die Gesellschafter sowohl Shoot-Out-Klausel als auch Kündigungsrechte von vornherein nebeneinander vereinbart haben.

Dabei sind zwei Fälle zu unterscheiden:

631 Dies für den Fall des Patts auf Entscheidungsebene generell anerkennend *Holler/Frese*, BB 2014, 1479, 1481. Dagegen ist *Schmolke*, ZIP 2014, 897, 900, der Ansicht, dass ein Entscheidungsstillstand nicht zwangsläufig auch einen wichtigen Grund darstellt.

(1) Vereinbarung eines Rangverhältnisses zugunsten der Shoot-Out-Klausel

Zum Einen ist an die Konstellation zu denken, in der die Gesellschafter ein bestimmtes Rangverhältnis von Shoot-Out-Klausel und Kündigungsrechten vereinbaren, beispielsweise dahingehend, dass bei Vorliegen der Voraussetzungen zur Auslösung der Shoot-Out-Klausel diese Vorrang vor den Kündigungsrechten hat, Letztere dadurch zwar nicht generell, aber jedenfalls partiell ausgeschlossen werden.

Ungeachtet der Frage, ob darin nun ein „Ausschluss" oder nur eine „Beschränkung" der Kündigungsrechte im Sinne des § 723 Abs. 3 BGB zu sehen ist, so ist auch hier festzustellen, dass es nicht die Shoot-Out-Klausel an sich ist, die den Ausschluss oder die Beschränkung hervorruft, sondern lediglich die Vereinbarung des Rangverhältnisses.

Sofern diese Regelung nicht in die Shoot-Out-Klausel integriert, sondern gesondert statuiert wurde, verstößt nur sie gegen § 723 Abs. 3 BGB.

Ist die Regelung des Rangverhältnisses jedoch in die Shoot-Out-Klausel integriert, so muss im Einzelfall geprüft werden, ob die Voraussetzungen des § 139 BGB mit der Folge vorliegen, dass die Nichtigkeit der Vereinbarung des Rangverhältnisses zugleich die ganze Klausel erfasst.

In beiden Fällen gilt es jedoch zu beachten, dass das ordentliche Kündigungsrecht nach der Rechtsprechung des BGH in zulässiger Weise zumindest für eine gewisse Zeit ausgeschlossen werden kann, ohne dass die Rechtsfolge des § 723 Abs. 3 BGB zur Anwendung kommt[632].

Da der Vorrang der Shoot-Out-Klausel richtigerweise nur im Falle der entsprechenden Klauselauslösungsvoraussetzungen gelten sollte, dürfte dies einen solch zulässigen, weil nur zeitweisen Ausschluss darstellen[633].

Ein Verstoß gegen § 723 Abs. 3 BGB ist zudem auch in diesen Fällen nur dann anzunehmen, wenn die Shoot-Out-Klausel von ihrer Rechtsfolge und Wirkung her die Kündigungsrechte nicht ersetzen kann. Dann nämlich läge – wie vorher gezeigt wurde[634] – trotz Vereinbarung eines Rangverhältnisses kein Ausschluss (oder keine Beschränkung) im Sinne des § 723 Abs. 3 Alt.1 BGB vor.

Insofern kann hier auf die früheren Ausführungen verwiesen werden. Dies bedeutet, dass für jeden Einzelfall geprüft werden muss, ob die Shoot-Out-Klausel eines der Kündigungsrechte ersetzen kann oder nicht. Im Regelfall dürfte nach dem vorher Gesagten allenfalls ein Ersatz des Kündigungsrechts aus einem bestimmten wichtigen Grund in Betracht kommen.

Daher ist es für die Gesellschafter ratsam, gänzlich auf eine entsprechende Regelung des Rangverhältnisses zu verzichten oder es jedenfalls – im Hinblick auf § 139 BGB – nicht in die Shoot-Out-Klausel zu integrieren, sondern als gesonderte Klausel in den Vertrag aufzunehmen.

632 BGH 10, 91.
633 So auch *Willms/Bicker*, BB 2014, 1347, 1351.
634 Siehe E., I., 2., b), aa).

In der Literatur findet sich indes die Ansicht, dass Shoot-Out-Klauseln jedenfalls eine ordentliche Kündigung *generell* nicht ausschließen oder beschränken, auch wenn die Klausel die einzige Ausstiegsmöglichkeit sein soll[635]. Dies wird insbesondere mit der oben – in einem anderen Zusammenhang[636] – vertretenen Ansicht begründet, dass Shoot-Out-Klauseln und ordentliche Kündigung von ihrer Rechtsfolge her gleichzustellen seien, da das Gesellschaftsverhältnis in jedem Fall beendet wird.

Diese Ansicht greift nach den vorgegangenen Ausführungen zu kurz!

Wie bereits dargelegt wurde, spielen außer der – in der Tat vergleichbaren – Rechtsfolge auch weitere Umstände für die Beurteilung der Frage, ob eine Shoot-Out-Klausel das ordentliche Kündigungsrecht ersetzen kann, eine Rolle. Dazu gehören insbesondere der mögliche Ausübungszeitpunkt sowie Ausübungsfristen.

Dass Shoot-Out-Klauseln die ordentliche Kündigung generell ausschließen, kann nach alledem nicht angenommen werden.

(2) Keine Vereinbarung eines Rangverhältnisses

Zum Anderen mag es Fälle geben, in denen die Gesellschafter zwar Shoot-Out-Klauseln wie Kündigungsrechte vereinbart haben, ein Rangverhältnis aber nicht.

Hier stellt sich die Frage, ob die Shoot-Out-Klausel aus sich heraus dergestalt wirkt, dass die Kündigungsrechte ausgeschlossen werden.

Dies wird man zweifellos verneinen müssen.

Grundsätzlich ist davon auszugehen, dass die Klausel neben die Kündigungsrechte tritt und den Gesellschaftern damit eine zusätzliche Ausstiegsmöglichkeit an die Hand gibt[637].

Ohne Vereinbarung eines Rangverhältnisses sind keine Anhaltspunkte dafür ersichtlich, dass die Ausübung der Kündigungsrechte aufgrund der Shoot-Out-Klausel ausgeschlossen ist.

Eine ordentliche oder außerordentliche Kündigung wird durch die Klausel an sich weder gesperrt, noch verdrängt[638].

Dies gilt vor allem deshalb, weil die Auslösung der Shoot-Out-Klausel lediglich ein Recht der Gesellschafter und mitnichten eine Pflicht darstellt. Ihre Ausübung steht damit in ihrem freien Ermessen. Selbst wenn die Voraussetzungen für eine Auslösung vorliegen, so steht es ihnen dennoch frei, dies zu tun oder zu lassen.

Da insoweit folglich kein Zwang besteht, einen bestimmten Ausstiegsmechanismus wählen zu müssen, kann von einem Ausschluss der Kündigungsrechte keine Rede sein.

---

635 *Becker*, Die Zulässigkeit, 138.

636 Siehe E., I., 2., b), aa).

637 So auch *Becker*, Die Zulässigkeit, 138; *Willms/Bicker*, BB 2014, 1347, 1350.

638 So auch *Schmolke*, ZIP 2014, 897, 900; *ders.* in: Gesellschafts- und Kapitalmarktrecht, 128, 129.

c) *Beschränkung des Kündigungsrechts durch Shoot-Out-Klauseln (§ 723 Abs. 3 Alt. 2 BGB)*

Da nach der vorherigen Ausführungen ein Ausschluss der Kündigungsrechte nach § 723 Abs. 3 BGB durch Shoot-Out-Klauseln im Regelfall nicht in Betracht kommt, bleibt noch zu prüfen, ob eventuell eine Beschränkung im Sinne dieser Vorschrift vorliegt.

Eine Solche kann sich insbesondere daraus ergeben, dass dem Kündigenden in Folge der Kündigung Vermögensnachteile auferlegt werden, die im Ergebnis dazu führen, dass er nicht mehr frei über die Ausübung des Kündigungsrechts entscheiden kann[639].

Diese an die Rechtsprechung des BGH angelehnte[640] Begründung einer Beschränkung im Sinne von § 723 Abs. 3 BGB zeigt starke Parallelen zur Hinauskündigungsrechtsprechung, bei der – wie oben gezeigt[641] – ebenfalls die freie Ausübung der Gesellschafterrechte als Beurteilungsmaßstab herangezogen wird. Auch hier hängt eine Art „Damoklesschwert“ über einem der Gesellschafter. Während bei Hinauskündigungsklauseln sich dieses jedoch auf das Ausscheiden aus der Gesellschaft an sich bezieht, sind es hier vielmehr die Folgen des Ausscheidens, die dazu führen, dass der betroffene Gesellschafter vor einer Kündigung zurückschreckt.

Wie die vorgehenden Ausführungen gezeigt haben, wird es im Regelfall so sein, dass die Shoot-Out-Klausel neben die Kündigungsrechte tritt und diese voneinander unabhängig sind.

Wenn die Gesellschafter sich also zur ordentlichen oder außerordentlichen Kündigung entscheiden, so kommt die Shoot-Out-Klausel mit ihren Rechtsfolgen gar nicht zur Anwendung und kann daher auch keine Beschränkung der Kündigungsrechte darstellen.

Selbst wenn ein Rangverhältnis dergestalt vereinbart wurde, dass die Shoot-Out-Klausel den Kündigungsrechten vorgeht, so beeinflussen die hier zu betrachtenden Rechtsfolgen der Klausel allenfalls die Entscheidung des Gesellschafters, die Klausel auszulösen, nicht aber die Entscheidung über die Auslösung der Kündigungsrechte.

Eine Übertragung der oben genannten Wertungen auf Shoot-Out-Klauseln kommt demgemäß überhaupt nur dann in Betracht, wenn man sie mit Kündigungen gleichsetzt[642].

Dann ließe sich nämlich eine Beschränkung im vorgenannten Sinne in Erwägung ziehen, wenn die Folgen der Auslösung einer Shoot-Out-Klausel dem

---

639 *Sprau* in: Palandt, BGB, § 723 Rn. 7; *Schulte/Pohl*, Joint-Venture-Gesellschaften, 191 Rn. 813; *Fleischer/Schneider*, DB 2010, 2713, 2716.

640 Siehe nur BGHZ 116, 359, 369; BGH NJW 05, 2618; 73, 1602; 92, 892; 08, 2987.

641 Siehe E., I., 1., a).

642 In eine ähnliche Richtung geht die Argumentation von *Schulte/Sieger*, NZG 2005, 24, 29, die eine Anwendung des § 723 Abs. 3 BGB auf Shoot-Out-Klauseln allenfalls entsprechend dessen Rechtsgedanken in Erwägung ziehen.

klauselauslösenden Gesellschafter derart abschrecken, dass er nicht mehr frei entscheiden kann, ob er die Klausel auslöst oder nicht.

Wie zuvor schon ausgeführt wurde[643], setzen Kündigungen im Gesellschaftsrecht in Bezug auf das Gesellschafterverhältnis nicht voraus, dass der kündigende Gesellschafter in der Gesellschaft verbleibt. Gemeinsamer Nenner aller Kündigungen ist danach nur, dass die Zusammenarbeit der bisherigen Gesellschafter beendet wird.

Vor diesem Hintergrund ließen sich Shoot-Out-Klauseln und Kündigungen in der Tat miteinander gleichsetzen.

In der Literatur wird diese Gleichbehandlung in Bezug auf die Zulässigkeitsprüfung nach § 723 Abs. 3 BGB teilweise wohl unterstellt[644]. Andernfalls macht es nämlich – wie die vorherigen Erläuterungen gezeigt haben – keinen Sinn, eine Beschränkung des „normalen" ordentlichen und außerordentlichen Kündigungsrechts aufgrund der Preisfindungsmechanismen von Shoot-Out-Klauseln zu diskutieren, da die Klausel aus sich heraus die anderen Rechte nicht tangiert.

Die logisch nächste Frage wäre nun, ob aufgrund der genannten Ähnlichkeiten eine Anwendung der oben genannten Beschränkungsrechtsprechung auf Shoot-Out-Klauseln gerechtfertigt ist.

Dies kann schon deshalb nicht der Fall sein, weil § 723 Abs. 3 BGB von der Erwägung getragen wird, dass es mit der persönlichen Freiheit des Einzelnen unvereinbar ist, Bindungen ohne zeitliche Begrenzung und ohne Kündigungsmöglichkeit einzugehen[645]. Wenn aber neben der Shoot-Out-Klausel noch Kündigungsrechte bestehen, deren Ausübung – und so liegt es hier – von der Klausel nicht tangiert wird, so besteht keine Bindung ohne Kündigungsmöglichkeit.

Bestehen indes neben der Shoot-Out-Klausel keine Kündigungsmöglichkeiten, so gilt – wie oben gezeigt – vorrangig, dass der Verzicht auf die Kündigungsmöglichkeiten gegen § 723 Abs. 3 BGB verstößt. Folge ist dann schlussendlich, dass die Kündigungsmöglichkeiten doch neben die Klausel treten.

Damit bleibt es auch in diesen Fällen dabei, dass keine Bindung ohne Kündigungsmöglichkeit besteht.

Eine Anwendung der Beschränkungswertungen des § 723 Abs. 3 BGB auf Shoot-Out-Klauseln ist daher ebenso wenig notwendig, wie die sich daran anschließende Prüfung, ob der Preisfindungsmechanismus von Shoot-Out-Klauseln dazu führt, dass der betroffene Gesellschafter vor der Klauselauslösung zurückschreckt.

---

643 Siehe E., I., 2., b).

644 So offenbar bei *Schulte/Pohl*, Joint-Venture-Gesellschaften, 191 Rn. 812 ff.; *Wälzholz*, GmbH-StB 2007, 84, 88. *Fleischer/Schneider*, DB 2010, 2713, 2716, deuten dies an, wenn sie sagen: „[...] Die Übertragung auf einen anderen Gesellschafter wird den Interessen des Kündigenden [...] ebenso gerecht wie eine Kündigung [...]".

645 BGHZ 50, 316, 322; 126, 226, 230.

3. Verstoß gegen § 762 BGB

Teilweise wird im Schrifttum die Frage aufgeworfen, ob Shoot-Out-Klauseln ein „Spiel" oder eine „Wette" im Sinne des § 762 BGB darstellen. Dies hätte nämlich gemäß § 762 Abs. 1 S. 1 BGB zur Folge, dass durch sie eine Verbindlichkeit nicht begründet wird.

Insofern ist jedoch die einhellige Meinung, dass Shoot-Out-Klauseln diese Voraussetzungen nicht erfüllen[646].

Dem ist zuzustimmen!

Zwar ließe sich grundsätzlich in Erwägung ziehen, diese Klauseln als „Spiel" oder „Wette" im Sinne der Vorschrift einzuordnen, zumal ihnen ein gewisser aleatorischer Charakter – wie er bei § 762 BGB typisch ist[647] – nicht abgesprochen werden kann. Dieser ist nämlich darin zu sehen, dass zu Beginn des Verfahrens eine Unsicherheit darüber besteht, wer schlussendlich Erwerber und wer Veräußerer der Geschäftsanteile sein wird[648].

Eine „Wette" liegt indes nur dann vor, wenn sich die Vertragspartner einander zur Bekräftigung bestimmter widerstreitender Behauptungen versprechen, dass dem, dessen Behauptung sich als richtig erweist, ein Gewinn zufallen soll[649]. Dies ist bei Shoot-Out-Klauseln ersichtlich nicht der Fall.

Gleiches gilt für eine Einordnung als „Spiel" im Sinne des § 762 BGB, bei dem es um ein Wagnis geht, der Hauptzweck Unterhaltung und/oder Gewinn ist und ein ernster wirtschaftlicher Zweck fehlt[650].

Shoot-Out-Klauseln werden nicht vereinbart, um der Unterhaltung der Gesellschafter zu dienen. Vielmehr verfolgen sie den durchaus ernsten und wirtschaftlichen Zweck, die Zusammenarbeit der Gesellschafter zu beenden. Das spekulative Element dient hier der Ermittlung eines angemessenen Ausstiegspreises, indem es die Gesellschafter dazu animiert, keine zu hohen oder zu niedrigen Preise zu benennen[651].

Daher ist freilich auch die Einschätzung von *Knobloch* verfehlt, dass derartige Klauseln „[...] mehr an einen Abend im Kasino erinnern als an seriöse Geschäftstätigkeit[...]"[652].

---

646 *Schulte/Sieger*, NZG 2005, 24, 30; *Wälzholz*, GmbH-StB 2007, 84, 88; *Schulte/Pohl*, Joint-Venture-Gesellschaften, 192 Rn. 817.

647 *Sprau* in: Palandt, BGB, § 762 Rn. 1.

648 So auch *Schulte/Sieger*, NZG 2005, 24, 30; *Schulte/Pohl*, Joint-Venture-Gesellschaften, 192 Rn. 817.

649 *Sprau* in: Palandt, BGB, § 762 Rn. 3.

650 *Sprau* in: Palandt, BGB, § 762 Rn. 2.

651 Dazu siehe D., I., 3.

652 *Knobloch*, GesKR 2013, 551, 565; *ders.* in: Gesellschafts- und Kapitalmarktrecht, 166.

4. Verstoß gegen die gesellschaftsrechtliche Treuepflicht

Allenfalls punktuell hat sich die Literatur bisher mit der Frage auseinander gesetzt, inwiefern sich Shoot-Out-Klauseln mit der gesellschaftsrechtlichen Treuepflicht der Gesellschafter in Einklang bringen lassen[653].

Diese leitet sich im Wesentlichen aus der Pflicht der Gesellschafter zur Förderung des Gesellschaftszwecks (§ 705 BGB) ab[654].

Da sich die Gesellschafter zu eben dieser Förderung verpflichtet haben, müssen sie im Gegenzug alles unterlassen, was diesem Zweck abträglich ist und den Interessen der Gesellschaft zuwider läuft. Sie müssen dabei insbesondere – im Verhältnis zur Gesellschaft – bei der Ausübung ihrer gesellschaftsbezogenen Tätigkeiten den Belangen der Gesellschaft Vorrang vor den eigenen Belangen einräumen. Ferner verpflichtet sie die Treuepflicht, die ihnen verliehenen Mitgliedschaftsrechte unter Berücksichtigung der Interessen der Gesamthand auszuüben[655].

Im Verhältnis zu den Mitgesellschaftern verlangt sie, deren Belange und Interessen nicht ungerechtfertigt zu beeinträchtigen[656], insbesondere willkürliche Schädigungen zu unterlassen[657]. Dazu gehört ferner die Pflicht, bei der Ausübung eigener Rechte das schonendste Mittel im Hinblick auf die Mitgesellschafter auszuwählen[658].

Rechtsfolge derartiger Verstöße kann insbesondere ein Schadensersatzanspruch der Gesellschaft oder der Mitgesellschafter sein[659]. Letztlich ist aber im jeweiligen Einzelfall zu entscheiden, welche Rechtsfolge konkret in Betracht kommt[660].

Da – wie soeben gezeigt wurde – die gesellschaftsrechtliche Treuepflicht eine den Gesellschaftern obliegende Pflicht ist, kann die Shoot-Out-Klausel aus sich heraus nicht dagegen verstoßen.

Allerdings könnte sowohl die Vereinbarung der Klausel als auch ihre Ausübung der Treuepflicht zuwiderlaufen.

Dies soll im Folgenden geprüft werden:

a) Verstoß durch Vereinbarung der Klausel

aa) Verstoß gegenüber der Gesellschaft

Wie schon gesagt, folgt die Treuepflicht im Wesentlichen daraus, dass sich die Gesellschafter zur Förderung eines gemeinsamen Zwecks (§ 705 BGB) verpflichtet haben.

---

653 Einige kurze Erwägungen in dieser Hinsicht finden sich bei *Lieder*, WuB WM 2014, 706 und *Schaper*, DB 2014, 821, 824.

654 *Sprau* in: Palandt, BGB, § 705 Rn. 27.

655 Ebenda.

656 BGH NZG 03, 73.

657 OLG München NZG 12, 663, 666.

658 *Sprau* in: Palandt, BGB, § 705 Rn. 27.

659 *Torwegge*, Treue- und Sorgfaltspflichten, 215; *Jula*, Der GmbH-Gesellschafter, 174.

660 *Jula*, Der GmbH-Gesellschafter, 174.

Dieser Zweck wird regelmäßig – jedenfalls auch – darin liegen, die Gesellschaft gemeinsam und erfolgreich, also gewinnbringend, zu betreiben.

Durch die Vereinbarung der Shoot-Out-Klausel statuieren die Gesellschafter indes ein Verfahren, dass bei seiner Auslösung zwingend die Beendigung dieser Zusammenarbeit zur Folge hat.

Vor diesem Hintergrund ließe sich die Ansicht vertreten, dass die Gesellschafter schon durch Vereinbarung der Klausel grundsätzlich gegen die gesellschaftsrechtliche Treuepflicht gegenüber der Gesellschaft verstoßen.

Dabei muss allerdings berücksichtigt werden, dass diese Pflicht – wie gezeigt – den Gesellschaftern insbesondere abverlangt, den Interessen und Belangen der Gesellschaft Vorrang einzuräumen. Es wird regelmäßig im Interesse der Gesellschaft sein, einen (gut) laufenden Geschäftsbetrieb zu gewährleisten.

Geht man nun davon aus, dass die Shoot-Out-Klausel – ihrem Zweck entsprechend – vor allem deshalb vereinbart wird, weil man geschäftsbelastende Streitigkeiten oder gar Blockaden lösen will, so läuft dies den Interessen der Gesellschaft gerade nicht zuwider. Vielmehr wird im Gegenteil das gewünschte Verhalten gezeigt: Die Gesellschafter nehmen in Kauf, bei Auslösung der Klausel aus der Gesellschaft auszuscheiden und stellen damit ihre eigenen Interessen hinter das Interesse der Gesellschaft.

Aber auch, wenn die Klauselauslösung nicht an das Vorliegen bestimmter Voraussetzungen geknüpft ist, sondern im freien Ermessen der Gesellschafter steht, so wird man in der Vereinbarung der Klausel kein treuepflichtwidriges Verhalten gegenüber der Gesellschaft erblicken können.

Denn die Vereinbarung von Ausstiegsmechanismen ist notwendig, damit die Gesellschaft flexibel und anpassungsfähig bleibt. So kann es unter Umständen das Beste für die Gesellschaft sein, wenn einer der Gesellschafter aussteigt oder die Gesellschaft ganz beendet wird. Letzteres namentlich dann, wenn sie derart erfolglos betrieben wird, dass ihr der finanzielle Ruin droht.

So geht auch das Gesetz selber davon aus, dass die Gesellschaft von den Gesellschaftern beendet werden kann, und zwar unter Umständen auch voraussetzungslos, wie es bei der ordentlichen Kündigung nach § 723 Abs. 1 S. 1 BGB der Fall ist.

Nach alledem lässt sich feststellen, dass die Vereinbarung der Klausel mit sehr großer Sicherheit kein treuepflichtwidriges Verhalten der Gesellschafter gegenüber der Gesellschaft darstellt.

bb) Verstoß gegenüber den Mitgesellschaftern

Die gesellschaftsrechtliche Treuepflicht verpflichtet – wie schon gesagt – jeden Gesellschafter, die Belange der Mitgesellschafter nicht in ungerechtfertigter Weise zu beeinträchtigen.

Vor diesem Hintergrund stellt sich die Frage, ob die Vereinbarung einer Shoot-Out-Klausel eine solche ungerechtfertigte Beeinträchtigung darstellt.

Dies könnte wohl überhaupt nur dann in Betracht gezogen werden, wenn schon bei Statuierung der Klausel klar ist, dass die von der Klausel bezweckte Drohkulisse nicht symmetrisch zwischen den Gesellschaftern verteilt ist, damit faktisch nur einer der Gesellschafter mit dem Ausscheiden aus der Gesellschaft in Folge der Klauselauslösung rechnen muss und dadurch derart eingeschüchtert ist, dass er schon zu diesem Zeitpunkt in der freien Ausübung seiner Gesellschafterrechte beeinträchtigt ist. Dann würde nämlich schon die Vereinbarung der Klausel eine Art Willkürherrschaft des „überlegenen" Gesellschafters begründen, die die Belange des oder der Mitgesellschafter freilich in ungerechtfertigter Weise beeinträchtigt.

Hier muss allerdings bedacht werden, dass die Vereinbarung der Klausel regelmäßig nicht einseitig durch einen der Gesellschafter erfolgt. Wird sie schon bei Begründung der Gesellschaft vereinbart, so sind daran alle Gesellschafter beteiligt. Eine einseitige Statuierung wäre allenfalls denkbar, wenn die Klausel erst nachträglich in den Gesellschaftsvertrag aufgenommen wird und dieser vorsieht, dass Änderungen von einer gewissen Anteilsmehrheit beschlossen werden können und ein einzelner Gesellschafter diese Mehrheit innehat.

Dies dürfte indes nicht der Regelfall sein.

Daher wird es üblicherweise so sein, dass die Klausel nur dann vereinbart wird, wenn alle Gesellschafter ihrer Statuierung zugestimmt haben. Dann aber haben sie sich bewusst dem entsprechenden Risiko ausgesetzt, bei unsymmetrischer Drohkulisse möglicherweise in der Ausübung ihrer gesellschaftlichen Rechte beeinträchtigt zu sein.

Hier im Gegenzug einen Verstoß des anderen Gesellschafters gegen seine gesellschaftsrechtliche Treuepflicht anzunehmen, wäre nicht gerechtfertigt.

Es müssten schon weitere Umstände hinzutreten, um einen entsprechenden Verstoß zu begründen. Zu denken ist an die Situation, dass der schon bei Vereinbarung finanzstärkere Gesellschafter den oder die anderen Mitgesellschafter dahingehend täuscht, dass er verspricht, die Klausel nicht willkürlich auszuüben, ohne dass dieses Versprechen in die Klausel ausdrücklich aufgenommen wird.

Daher kann auch hier festgestellt werden, dass in der Vereinbarung einer Shoot-Out-Klausel ganz regelmäßig kein Verstoß eines einzelnen Gesellschafters gegen seine Treuepflicht gegenüber der Mitgesellschafter zu sehen ist.

b) Verstoß durch Ausübung der Klausel

aa) Ausübung generell treuepflichtswidrig?

Sowohl gegenüber der Gesellschaft als auch gegenüber den Mitgesellschaftern wird man keinen generellen Treuepflichtsverstoß durch Ausübung der Shoot-Out-Klausel annehmen können.

Gegenüber der Gesellschaft folgt dies schon daraus, dass – wie zuvor gezeigt – die Ausübung der Klausel regelmäßig den Interessen der Gesellschaft entspricht, sei es, weil eine geschäftsbelastende Streitigkeit zwischen den Gesellschaftern vorliegt oder schlicht, weil ein Wechsel im Gesellschafterbestand aus anderen Gründen für den Geschäftsbetrieb erfolgsversprechend ist.

Auch ist die Ausübung für die Mitgesellschafter in der Regel keine ungerechtfertigte Beeinträchtigung ihrer Interessen oder gar eine willkürliche Schädigung.

Sofern eine einvernehmliche Vereinbarung der Klausel erfolgte, haben die Gesellschafter das Risiko des Ausscheidens bei Vorliegen der Klauselvoraussetzungen sehenden Auges in Kauf genommen und müssen sich daran messen lassen.

Zudem wird dem etwaigen Interesse der Mitgesellschafter an einem Verbleib in der Gesellschaft insoweit Rechnung getragen, als dass zu Beginn des durch die Klausel statuierten Verfahrens noch unklar ist, wer am Ende in der Gesellschaft verbleibt und wer ausscheidet[661]. So ist es durchaus denkbar, dass der einleitende Gesellschafter ausscheidet und der oder die Mitgesellschafter in der Gesellschaft verbleiben.

Zudem ermöglicht der klauselimmanente Preisfindungsmechanismus üblicherweise faire Ausstiegspreise[662], so dass auch insoweit keine ungerechtfertigte Beeinträchtigung vorliegt.

bb) Ausübung im Einzelfall treuepflichtswidrig?

Wenn schon keine generelle Treuepflichtswidrigkeit in der Ausübung der Klausel zu sehen ist, so kann dies doch im Einzelfall in Betracht kommen.

Zu denken ist hier insbesondere an die im Rahmen dieser Arbeit schon mehrfach thematisierten Missbrauchsfälle, in denen ein finanziell überlegener Gesellschafter die Finanzschwäche des Mitgesellschafters ausnutzt, um diesen zu einem unangemessenen Preis aus der Gesellschaft zu drängen.

Ist in diesen Fällen die Klauselauslösung ins freie Ermessen der Gesellschafter gestellt, so kann der überlegene Gesellschafter sie jederzeit zur Anwendung bringen, also auch dann, wenn eigentlich keine geschäftsbedrohende Situation vorliegt oder ein Gesellschafterwechsel für die Gesellschaft erfolgsversprechend ist.

Insofern ist es denkbar, dass er die Klausel allein deshalb auslöst, weil er sich die alleinige Herrschaft über die Gesellschaft erhofft. Dann aber stellt er die eigenen Interessen vor die Interessen der Gesellschaft und handelt nicht mehr in ihrem Sinne. Vielmehr kann ein solches Handeln den Interessen der Gesamthand gerade zuwiderlaufen.

Gegenüber der Gesellschaft läge mithin ein Verstoß gegen die gesellschaftsrechtliche Treuepflicht vor[663].

Zugleich stellt ein solches Verhalten eine ungerechtfertigte Beeinträchtigung der Interessen des Mitgesellschafters dar, der in diesen Fällen – regelmäßig gegen seinen Willen – seine Gesellschafterposition verliert, da er nicht in der Lage ist, einen Preis zu bieten, der einen Verbleib in der Gesellschaft ermöglicht. Erhält er zudem noch einen zu niedrigen Preis für seine Beteiligung, ist hier eventuell sogar über eine willkürliche Schädigung nachzudenken.

---

661 Siehe A., I.
662 Siehe D., I., 3.
663 So wohl auch *Schaper*, DB 2014, 821, 824.

In jedem Fall ist das Verhalten des überlegenen Gesellschafters aber als Treuepflichtsverstoß gegenüber dem Mitgesellschafter anzusehen.

Hier zeigt sich erneut, dass die Gesellschafter gut daran tun, die Klauselauslösung an entsprechende Voraussetzungen zu knüpfen, damit eine treuepflichtswidrige Ausübung ausgeschlossen oder zumindest erheblich erschwert werden kann.

c) Zusammenfassung und Rechtsfolgen

Aus den vorigen Ausführungen ergibt sich, dass sowohl die Vereinbarung als auch die Ausübung der Shoot-Out-Klausel ganz regelmäßig keinen Verstoß gegen die gesellschaftsrechtliche Treuepflicht begründen.

Dennoch kommt ein solcher Verstoß im Einzelfall in Betracht, insbesondere dann, wenn einer der Gesellschafter seine finanzielle Überlegenheit mit dem Ziel ausnutzt, Mitgesellschafter aus der Gesellschaft zu drängen, um die alleinige Herrschaft zu erlangen.

Die Frage ist dann, welche Rechtsfolge dieser Verstoß auslöst.

Eine Nichtigkeit der Klausel an sich kommt jedenfalls nicht in Betracht.

Es wurde bereits darauf hingewiesen, dass hier im Regelfall ein Schadensersatzanspruch sowohl der Gesellschaft als auch des betroffenen Mitgesellschafters denkbar ist, der sich aus § 280 BGB ergibt[664].

Erforderlich ist freilich, dass ein bezifferbarer Schaden entstanden ist. Dies kann ersichtlich zu Problemen führen, da sowohl die Gesellschaft als auch der ausgeschiedene Mitgesellschafter eine kausale unfreiwillige Vermögenseinbuße darlegen und beweisen müssen.

Aufgrund dieser Schwierigkeiten scheint es angebracht, hier zugleich einen Verstoß gegen § 242 BGB in Gestalt der unzulässigen Rechtsausübung gemäß der Fallgruppe „Verletzung eigener Pflichten“ anzunehmen, da die Ausübung des Rechts zur Klauselauslösung in diesen Fällen einen Verstoß gegen die eigene gesellschaftsrechtliche Treuepflicht des Berechtigten darstellt.

Dies hätte nämlich zur Folge, dass jedenfalls dem betroffenen Mitgesellschafter eine rechtsvernichtende Einwendung zustünde[665], deren Ausübung sein Ausscheiden aus der Gesellschaft faktisch verhindern oder rückgängig machen kann, was wohl für ihn und auch für die Gesellschaft die interessengerechtere Lösung darstellen wird.

---

664 *Sprau* in: Palandt, BGB, § 705 Rn. 27, 29, 32.
665 *Sprau* in: Palandt, BGB, § 242 Rn. 41.

5. Anteilsübertragungsbeschränkungen als Wirksamkeitshindernis

a) Grundsatz: (Freie) Übertragbarkeit von Gesellschaftsanteilen

Sowohl in Personen- als auch in Kapitalgesellschaften sind Gesellschaftsanteile im Grundsatz übertragbar.

Während das Reichsgericht und eine ältere Auffassung in der Literatur noch der Ansicht waren, dass in Personengesellschaften die Übertragung der Mitgliedschaft von Gesetzes wegen unzulässig und ein derivativer Erwerb daher nicht möglich sei[666], so besteht heute Einigkeit, dass es rechtlich zulässig ist, die Mitgliedschaft als den Inbegriff aller persönlichen, vermögensrechtlichen und korporativen Rechte und Pflichten des Gesellschafters unmittelbar von dem ausscheidenden Gesellschafter an einen Erwerber zu übertragen[667].

Der mit dieser Ansicht auf den ersten Blick nicht korrelierende Wortlaut des § 719 Abs. 1 HS. 1 BGB erfasst nur die vermögensrechtliche Seite der Gesellschaftsbeteiligung und steht der Zuerkennung einer Übertragbarkeit der Mitgliedschaft nicht entgegen[668]. Die Übertragung kann dabei nicht nur im Hinblick auf die Mitgliedschaft im Ganzen erfolgen. Zulässig ist darüber hinaus eine qualitative und/oder quantitative teilweise Übertragung, soweit das in § 717 S. 1 BGB genannte Abspaltungsverbot nicht entgegensteht (§ 717 S. 2 BGB).

Auch in Kapitalgesellschaften gilt der Grundsatz der (freien) Übertragbarkeit von Gesellschaftsanteilen.

Für die GmbH folgt dies aus § 15 Abs. 1 GmbHG, für die Aktiengesellschaft unter anderem aus § 68 Abs. 1 S. 1 AktG. Wie schon bei den Personengesellschaften, so können auch hier unter gewissen Umständen nur einzelne Rechte der Mitgliedschaft übertragen werden[669].

b) Übertragungsbeschränkungen

Trotz der grundsätzlich bestehenden Möglichkeit für einen Gesellschafter, seine Mitgliedschaft – oder Teile davon – an einen Anderen zu übertragen, so können doch stets gesetzlich oder vertraglich begründete Übertragungsbeschränkungen zu beachten sein, die der Wirksamkeit der Übertragung entgegenstehen können.

Gesetzliche Übertragungsbeschränkungen, die bei jeder Gesellschaftsform einschlägig sein können, sind zum Beispiel die familienrechtlichen Vorschriften der §§ 1365 Abs. 1, 1423 S. 1, 1643, 1822 BGB oder auch öffentlich-rechtliche Normen.

In Personengesellschaften ist eine Beschränkung regelmäßig in einem Zustimmungserfordernis seitens der Mitgesellschafter zu sehen. Dieses wird nach

---

666 *Kaut*, Übertragungsbeschränkungen, 25, 26 unter Verweis auf RGZ 83, 312, 314 f.
667 *Kaut*, Übertragungsbeschränkungen, 26 m.w.N.
668 *Sprau* in: Palandt, BGB, § 719 Rn. 2.
669 *Kaut*, Übertragungsbeschränkungen, 31, 34.

vorzugswürdiger Ansicht aus dem dispositiven Charakter des § 719 Abs. 1 BGB abgeleitet, welcher eine Verfügung über das Mitgliedschaftsrecht grundsätzlich verbietet. Hier wirkt die Zustimmung dann als Abbedingung der Vorschrift im konkreten Einzelfall[670].

Dieses Zustimmungserfordernis kann auch bereits im Gesellschaftsvertrag für zukünftige Übertragungen verankert werden.

Übertragungen, die ohne die erforderliche Zustimmung durchgeführt werden, entfalten keine dingliche Wirkung, sondern sind vielmehr bis zur Erteilung der Zustimmung schwebend unwirksam[671].

In der GmbH wird der Grundsatz der freien Übertragbarkeit teilweise schon durch das GmbHG selber eingeschränkt, wie es zum Beispiel in den §§ 5 Abs. 2, 55 Abs. 4, 15 Abs. 3 und 4 GmbHG geschieht. Auf die Form des § 15 Abs. 3 und 4 GmbHG wird aufgrund der Beachtung, die diese Thematik im Schrifttum im Hinblick auf Shoot-Out-Klauseln gefunden hat, noch gesondert einzugehen sein[672].

Daneben können sich Beschränkungen auch aus den Statuten der GmbH ergeben (§ 15 Abs. 5 GmbHG). Diese Vorschrift ermöglicht den Gesellschaftern, in Abweichung von der Regel des § 137 S. 1 BGB, die dingliche Wirksamkeit der Abtretung von Gesellschaftsanteilen in der Satzung an besondere Voraussetzungen zu knüpfen[673].

Derartige Voraussetzungen werden – wie schon bei den Personengesellschaften – regelmäßig Zustimmungserfordernisse sein, die vor, während oder auch erst nach der Übertragung der Anteile eingreifen und auch auf bestimmte Gesellschafter, Gesellschaftergruppen oder gar gesellschaftsfremde Dritte beschränkt werden können[674].

Denkbar sind aber auch anders gelagerte satzungsmäßige Übertragungsbeschränkungen, wie die in der Praxis üblichen Vorkaufsrechte, Andienungspflichten oder sonstigen Erwerbsvorrechte, deren Ausübung regelmäßig Wirksamkeitsvoraussetzung für eine durchzuführende Anteilsübertragung ist.

In der Aktiengesellschaft gilt der Grundsatz der freien Übertragbarkeit der Mitgliedschaft in einem noch strengeren Rahmen. Hier ist die einzige Möglichkeit, diesen Grundsatz satzungsgemäß zu beschränken, die Vinkulierung von Namensaktien nach § 68 Abs. 2 S. 1 AktG; weitergehende satzungsmäßige Beschränkungen sind unzulässig[675].

Möglich sind indes schuldrechtliche Vereinbarungen der Aktionäre, die weitere Übertragungsbeschränkungen zum Gegenstand haben. Dabei ist allerdings zu

670 *Kaut*, Übertragungsbeschränkungen, 36.
671 BGH NJW 1954, 1155; *Ulmer* in: MüKo BGB, § 719 Rn. 30.
672 Dazu gleich mehr, siehe E., I., 5., c), bb).
673 *Kaut*, Übertragungsbeschränkungen, 41.
674 *Kaut*, Übertragungsbeschränkungen, 42 m.w.N.
675 BayOLG, AG 1989, 173, 175.

beachten, dass Diese lediglich *inter partes* wirken und pflichtwidrige Verfügungen wegen § 137 S. 1 BGB nicht mit dinglicher Wirkung verhindern können[676].

c) Auswirkungen auf die Wirksamkeit von Shoot-Out-Klauseln

Da Shoot-Out-Klauseln ein Verfahren statuieren, an dessen Ende es zu einer Übertragung von Gesellschaftsanteilen kommt, stellt sich die Frage, inwiefern Übertragungsbeschränkungen der oben genannten Art(en) sich auf die Wirksamkeit der Klauseln auswirken. Näher erläutert werden dabei im Folgenden aber nur die üblichsten Übertragungsbeschränkungen – Zustimmungserfordernisse und Vorerwerbsrechte – sowie die oben schon erwähnten Besonderheiten im GmbH-Recht.

aa) Zustimmungserfordernisse und Vorerwerbsrechte

Zustimmungserfordernisse und Vorerwerbsrechte haben regelmäßig – wie bereits oben dargelegt – Auswirkungen auf die Wirksamkeit einer Anteilsübertragung.

Gründe, warum diese Auswirkungen im Grundsatz bei einer Übertragung in Folge der Anwendung einer Shoot-Out-Klausel nicht gelten sollten, sind nicht ersichtlich, zumal sowohl die oben genannten Beschränkungen als auch die Klausel regelmäßig Gegenstand ein und desselben Vertrages sind, namentlich des Gesellschaftsvertrages.

Dies bedeutet, dass die Anteilsübertragung, zu der es infolge der Klauselauslösung kommt, unwirksam sein kann, wenn die Zustimmung der Mitgesellschafter nicht erteilt oder die Vorerwerbsrechte nicht beachtet wurden.

Freilich ist es den Gesellschaftern überlassen, bei Statuierung des Vertrages Sonderregelungen dergestalt festzulegen, dass die Beschränkungen im Rahmen des von der Shoot-Out-Klausel festgelegten Verfahrens nicht zur Anwendung kommen sollen.

Dies kann insbesondere deshalb sinnvoll sein, da die Klausel üblicherweise im Falle von Gesellschafterkonflikten zur Anwendung kommen soll. Hielte man in diesen Fällen zum Beispiel am Zustimmungserfordernis fest, so dürfte es nicht unwahrscheinlich sein, dass eine solche Zustimmung nicht von allen Gesellschaftern erteilt wird, etwa, weil ein nicht am Verfahren beteiligter Gesellschafter mit dem Ausgang des Verfahrens unzufrieden ist.

Dann würde sowohl das Ziel, eine Konfliktlösung herbeizuführen, als auch das Ziel, ein schnelles Verfahren zu gewährleisten, in weite Ferne rücken.

Ungeachtet dessen berühren diese Übertragungsbeschränkungen aber nicht die Wirksamkeit der Klausel an sich, sondern – wie bereits gesagt – nur die Wirksamkeit der späteren Anteilsübertragung.

---

676 *Kaut*, Übertragungsbeschränkungen, 48, 49.

bb) GmbH-rechtliche Besonderheit: Form des § 15 Abs. 3 und 4 GmbHG

Eine GmbH-rechtliche Besonderheit in Bezug auf die Frage der Wirksamkeit von Shoot-Out-Klauseln ergibt sich aus den Vorschriften des § 15 Abs. 3 und 4 GmbHG.

Danach bedarf sowohl die Abtretung der GmbH-Geschäftsanteile als auch eine die Abtretung begründende Vereinbarung zu ihrer Wirksamkeit der notariellen Form.

Anwendung finden diese Regelungen außer bei der GmbH auch bei der GmbH & Co. KG[677]. Letzteres jedenfalls dann, wenn auch die Anteile an der Komplementär-GmbH verkauft und abgetreten werden und keine Einheitsgesellschaft vorliegt[678].

In der Literatur herrscht insoweit Einigkeit darüber, dass sowohl die Klausel an sich als auch die spätere Abtretung in den Anwendungsbereich dieser Vorschriften fallen[679].

Dies ist nachvollziehbar und richtig, da es zum Einen am Ende des Verfahrens zwingend zur Übertragung von Geschäftsanteilen, mithin zur Abtretung kommt, die gemäß § 15 Abs. 3 GmbHG der notariellen Form bedarf.

Zum Anderen ist es auch die Klausel an sich, die die Verpflichtung zur Übertragung im Sinne des § 15 Abs. 4 GmbHG begründet. Denn die Klausel regelt nicht nur das Verfahren bis zur endgültigen Erwerberermittlung, sondern gleichfalls auch die Folgen des Erwerbs, zu denen in erster Linie die Abtretung der Anteile zu zählen ist.

Insofern ist es auch unerheblich, ob die Klausel in den Gesellschaftsvertrag integriert oder Gegenstand einer gesonderten Nebenabrede ist[680].

Noch nicht abschließend geklärt ist indes die Frage, ob auch andere Handlungen oder Erklärungen der Gesellschafter im Rahmen des von der Klausel statuierten Verfahrens der notariellen Form bedürfen. Die einschlägigen Arbeiten fokussieren sich dabei insbesondere auf die Ausstiegsmitteilung des verfahrenseinleitenden Gesellschafters[681].

Ein einheitliches Meinungsbild zeichnet sich dabei nicht ab.

---

677 *Schmolke* in: Gesellschafts- und Kapitalmarktrecht, 134; *Schulte/Pohl*, Joint-Venture-Gesellschaften, 188 Rn. 797; *Fett/Spiering*, Handbuch Joint Venture, 421 Rn. 596.

678 *Schulte/Sieger*, NZG 2005, 24, 28; *Schmolke* in: Gesellschafts- und Kapitalmarktrecht, 134.

679 *Schulte/Pohl*, Joint-Venture-Gesellschaften, 188 Rn. 798; *Schulte/Sieger*, NZG 2005, 24, 28; *Schmolke* in: Gesellschafts- und Kapitalmarktrecht, 134; *Werner*, GmbHR 2005, 1554, 1558; *Kuhn* in: Joint Ventures, 334 Rn. 106; *Fett/Spiering*, Handbuch Joint Venture, 421 Rn. 596; *Lohr*, GmbH-StB 2014, 93.

680 *Schmolke* in: Gesellschafts- und Kapitalmarktrecht, 134; *Schulte/Pohl*, Joint-Venture-Gesellschaften, 188 Rn. 799; *Werner*, GmbHR 2005, 1554, 1558.

681 *Schulte/Sieger*, NZG 2005, 24, 28; *Werner*, GmbHR 2005, 1554, 1558; *Schmolke* in: Gesellschafts- und Kapitalmarktrecht, 134; *Fett/Spiering*, Handbuch Joint Venture, 421 Rn. 596; *Kuhn* in: Joint Ventures, 334 Rn. 106.

Während die Mehrheit die Einschlägigkeit des § 15 Abs. 3 und 4 GmbHG verneint[682], wird dieses Ergebnis vereinzelt auch in Zweifel gezogen[683].

(1) Ansicht: Keine Anwendbarkeit des § 15 Abs. 3 und 4 GmbHG

Bedürfte auch die Ausstiegsmitteilung oder gar noch weitere Erklärungen oder Handlungen der Gesellschafter im Rahmen des von der Klausel statuierten Verfahrens der notariellen Form, so hätte dies den nachteiligen Nebeneffekt, dass das – eigentlich recht zügige – Verfahren nicht unerheblich in die Länge gezogen und mit ungewollten Formalitäten belastet wird[684].

Vor diesem Hintergrund wird – insbesondere von Rechtspraktikern – versucht, eine Anwendbarkeit des § 15 Abs. 3 und 4 GmbHG in diesen Fällen zu verneinen.

Begründet wird dies vor allem damit, dass Shoot-Out-Klauseln – namentlich die Russian Roulette-Klausel – von ihrer Struktur her den sogenannten Put- und Call-Optionen ähnelten, beziehungsweise nicht anderes als Optionsvereinbarungen seien. Bei diesen liege das beurkundungswürdige Rechtsgeschäft aber bereits in der Vereinbarung und nicht erst in der Ausübung der Option[685].

Dies werde auch durch die Rechtsprechung des BGH gestützt, der entschieden habe, dass dem Formzwang des § 15 Abs. 4 GmbHG auch dann genügt wird, wenn der in notarieller Form geschlossene Gesellschaftsvertrag die Verpflichtung zur Übertragung des Geschäftsanteils unter bestimmten Voraussetzungen vorsehe und diese Voraussetzungen eintreten.

Auch der Umstand, dass die Nennung des Preises erst im Rahmen des Verfahrens erfolge, begründe keinen Verstoß gegen die Vorschrift, da es gemäß des BGH ausreiche, wenn zumindest Kriterien feststünden, nach denen der Preis bestimmt wird. Dabei sei auch ein einseitiges Bestimmungsrecht im Sinne von § 315 BGB ausreichend[686].

(2) Ansicht: Anwendbarkeit von § 15 Abs. 3 und 4 GmbHG jedenfalls nicht ausgeschlossen

Nach Ansicht von *Schmolke* überzeuge die Parallelwertung bei bedingten Optionen einzig für den Fall des Deterrent Approach-Verfahrens. Bei anderen Arten von Shoot-Out-Klauseln, insbesondere beim Russian Roulette oder beim Texan

---

682 *Schulte/Sieger*, NZG 2005, 24, 28; *Werner*, GmbHR 2005, 1554, 1558; *Fett/Spiering*, Handbuch Joint Venture, 421 Rn. 596; *Kuhn* in: Joint Ventures, 334 Rn. 106.

683 *Schmolke* in: Gesellschafts- und Kapitalmarktrecht, 136; *Giehl* in: Beck'sche Online-Formulare Vertrag, 7.8.2.8. Rn. 3.

684 *Schulte/Pohl*, Joint-Venture-Gesellschaften, 188 Rn. 799; *Schulte/Sieger*, NZG 2005, 24, 28.

685 *Werner*, GmbHR 2005, 1554, 1558 m.w.N.

686 Vorstehende Argumente mit weiteren Nachweisen finden sich bei *Schulte/Pohl*, Joint-Venture-Gesellschaften, 189 Rn. 800 ff. sowie bei *Schulte/Sieger*, NZG 2005, 24, 28; teilweise auch *Werner*, GmbHR 2005, 1554, 1558.

Shoot-Out, verhalte es sich indes anders, da dort der spätere Erwerbspreis gerade nicht festgelegt werde und auch keine Kriterien für dessen Ermittlung aufgestellt würden.

Die Rechtsprechung verlange überdies, dass grundsätzlich sämtliche Verpflichtungen und Bestimmungen, die das Veräußerungsgeschäft konstituieren, beurkundet würden. Davon sei auch der Kaufpreis betroffen.

In dieser Hinsicht sei zudem zweifelhaft, ob der Verweis auf das einseitige Bestimmungsrecht des § 315 BGB weiterhelfe, da – jedenfalls nach der älteren Rechtsprechung – eine formlose Leistungsbestimmung nur dann wirksam sei, wenn die Bestimmungsbefugnis im Vertrag genügend abgegrenzt und nicht in einem Ausmaß vorbehalten sei, dass ihre Tragweite und damit die gewollte Bindungswirkung der zu treffenden Leistungsbestimmung selbst nicht mehr bestimmbar sind[687].

Giehl geht sogar noch weiter und ist der Ansicht, dass das maßgebliche Veräußerungsangebot des verfahrenseinleitenden Gesellschafters in jedem Fall der notariellen Beurkundung bedürfe. Er begründet dies damit, dass „[...] die Satzungsregelung aus sich heraus im Hinblick auf den Umfang der Veräußerungs- bzw. Erwerbspflicht sowie den Kaufpreis nicht ausreichend bestimmt oder bestimmbar ist und erst durch zusätzliche außerhalb der Satzung liegende rechtsgeschäftliche Erklärungen ihren rechtlichen Gehalt entfaltet [...]“[688].

In diesem Fall erfasse der Formzwang des § 15 Abs. 4 S. 1 GmbHG jedenfalls die entsprechenden Zusatzerklärungen.

(3) Stellungnahme

Die von *Schmolke* und *Giehl* geäußerten Zweifel sind nicht von der Hand zu weisen. Insbesondere die von der ersten Ansicht ins Spiel gebrachte Parallelwertung zu Put- und Call-Optionen vermag nicht zu überzeugen.

In dieser Hinsicht wurde schon zu einem früheren Zeitpunkt klargestellt, dass eine strukturelle Ähnlichkeit zwischen beiden Vertragsgestaltungen allenfalls in Grundzügen vorhanden, aber keinesfalls so groß ist, dass man behaupten könnte, Shoot-Out-Klauseln seien nur eine besondere Ausprägung von Put- und Call-Optionen[689].

Insbesondere unterscheiden sie sich schon in ihrer Rechtsnatur. Während Put- und Call-Optionen – wie der Name schon andeutet – echte Optionsrechte sind, steht bei Shoot-Out-Klauseln kein aufschiebend bedingter Vertrag im Raum, der durch einseitige Optionserklärung unbedingt wird.

---

687 Zu vorstehenden Argumenten mit weiteren Nachweisen, insbesondere auf die Rechtsprechung des BGH, *Schmolke* in: Gesellschafts- und Kapitalmarktrecht, 135, 136.

688 *Giehl* in: Beck'sche Online-Formulare Vertrag, 7.8.2.8. Rn. 3.

689 Siehe dazu schon – für den speziellen Fall des Russian Roulette-Verfahrens – C., II., 4., d), bb).

Eben dieser aufschiebend bedingte Vertrag ist es aber, der das beurkundungswürdige Geschäft bei bedingten Verpflichtungen ist. Er begründet vorrangig die Verpflichtung zur Übertragung der Geschäftsanteile und enthält alle wesentlichen *essentialia negoti.* Erst nachrangig spielt die Ausübung des Optionsrechts eine Rolle.

Insoweit wird dem Zweck des § 15 Abs. 4 GmbHG, den Handel mit Geschäftsanteilen zu erschweren und den Beweis zu erleichtern[690], eher entsprochen, wenn in diesen Fällen schon der bedingte Vertragsschluss in notarielle Form gegossen wird.

Bei Shoot-Out-Klauseln begründet zwar im Grundsatz auch die Klausel an sich – namentlich die Beschreibung des Verfahrens mit seinen Rechtsfolgen – die Verpflichtung zur Übertragung der Anteile. Es fehlen aber bei Verfahrenseinleitung noch einige wichtige Vertragsbestandteile, wie die konkrete Rollenverteilung von Veräußerer und Erwerber sowie – abgesehen vom Deterrent Approach-Verfahren – der zu zahlende Preis.

Anders als bei Optionsrechten stehen folglich noch nicht alle *essentialia negotii* bereits zu diesem Zeitpunkt fest.

Angesichts des schon genannten Zwecks der Vorschriften des § 15 Abs. 3 und 4 GmbHG scheint es angebrachter, auch weitere Handlungen oder Erklärungen der Gesellschafter der notariellen Form zuzuführen, sofern diese Handlungen oder Erklärungen wesentliche Vertragsbestandteile endgültig festlegen. Dies entspricht – wie *Schmolke* zurecht anmerkt – auch der Handhabe des BGH[691].

Dies würde nun auf den ersten Blick zu dem Ergebnis führen, dass allein die notarielle Beurkundung der Klausel nicht ausreicht, um den Anforderungen des § 15 GmbHG gerecht zu werden.

Dies ist aber zu kurz gedacht, denn es gilt, § 15 Abs. 4 S. 2 GmbHG im Auge zu behalten. Diese Vorschrift regelt praktischerweise eine Heilungsmöglichkeit für Verstöße gegen die Form des § 15 Abs. 4 S. 1 GmbHG.

Danach wird eine ohne die Form des Satzes 1 geschlossene Vereinbarung durch den nach Maßgabe des Absatzes 3 geschlossenen Abtretungsvertrag gültig.

Unstreitig bedarf der Abtretungsvertrag auch bei Shoot-Out-Klauseln gemäß § 15 Abs. 3 GmbHG der notariellen Form.

Sofern die Gesellschafter sich also an diese Maßgabe halten, müssen sie nicht zwangsläufig jede zusätzliche Handlung oder Erklärung im Rahmen des Verfahrens der notariellen Form zukommen lassen, da diese Verstöße geheilt werden können. Dadurch kann auch das Ziel, ein schnelles Verfahren zu gewährleisten, weiterhin erreicht werden.

---

690 Begründung zum Gesetzesentwurf betreffend die Gesellschaften mit beschränkter Haftung, Reichstag, Aktenstück 1890/92, Nr. 660, Bd. 125, 3724, 3729; siehe auch BGHZ 75, 352, 353.

691 Siehe BGH NJW 1986, 2642.

6. Aktienrechtliche Besonderheit: Unwirksamkeit von Shoot-Out-Klauseln aufgrund der aktienrechtlichen Satzungsstrenge?

Bisher weitgehend ignoriert vom Schrifttum wurden die aktienrechtlichen Besonderheiten im Bereich der Wirksamkeit von Shoot-Out-Klauseln. Ausnahme sind insoweit die Ausführungen im Aufsatz von *Schmolke*[692].

Es stellt sich dabei die Frage, ob Shoot-Out-Klauseln in zulässiger Weise echter Bestandteil der Satzung einer Aktiengesellschaft werden können.

Hiergegen könnte der § 23 Abs. 5 S. 2 a.E. AktG sprechen, sofern man die im AktG geregelten Ausschlusstatbestände – namentlich die §§ 64, 179a, 237, 320, 327a ff. AktG – als abschließend betrachtet[693].

Insoweit weist allerdings *Schmolke* zurecht darauf hin, dass man die Ansicht vertreten könnte, dass Shoot-Out-Klauseln kein Ausschlussrecht der Aktiengesellschaft an sich begründen, wie es in den oben genannten Vorschriften statuiert wird[694]. Vielmehr stellen sie primär Konfliktlösungsmechanismen zwischen den Gesellschaftern dar, bei denen das Ausscheiden eines Gesellschafters zwar zwingende Folge, aber nicht Hauptzweck des Vorgehens ist.

Dem stehen auch nicht die Vorschriften der §§ 327a ff. AktG entgegen[695], die zwar in der Tat keine Öffnungsklausel vorsehen, aber letztlich auch einerseits nur Sonderregelungen zum Ausschluss von Minderheitsaktionären darstellen, die regelmäßig nichts mit einer Konfliktlösung zu tun haben und andererseits erneut nur einen Ausschluss durch die Gesellschaft an sich – namentlich durch die Hauptversammlung – statuieren.

§ 23 Abs. 5 S. 2 a.E. AktG steht insoweit der Wirksamkeit einer Shoot-Out-Klausel als echter Bestandteil einer aktienrechtlichen Satzung nicht entgegen.

Anders könnte es allerdings im Hinblick auf den Grundsatz der freien Übertragbarkeit von Aktien stehen. Auch dieser ist von der Vorschrift des § 23 Abs. 5 S. 2 AktG erfasst und kann – mit Ausnahme der Vinkulierung von Namensaktien – nicht durch ergänzende Satzungsregelungen eingeschränkt werden[696]. Zu solchen ergänzenden Satzungsregelungen sind indes auch Übertragungspflichten zu zählen[697], wie sie durch Shoot-Out-Klauseln begründet werden.

Das BayOLG bestätigt diese Ansicht, wenn es ausführt, dass „[...] keine korporative Pflicht zur Übertragung von Aktien begründet werden [...]" kann[698].

---

692 *Schmolke*, ZIP 2014, 897, 902, 903.

693 So BayOLG ZIP 1989, 638, 639.

694 So *Schmolke*, ZIP 2014, 897, 902.

695 Andere Ansicht *Schmolke*, ZIP 2014, 897, 902.

696 *Mayer* in: Die Aktiengesellschaft, 90 Rn. 105.

697 *Mayer* in: Die Aktiengesellschaft, 90 Rn. 105.

698 BayOLG ZIP 1989, 638, 640.

Daher steht § 23 Abs. 5 S. 2 a.E. AktG in Verbindung mit dem Grundsatz der freien Übertragbarkeit von Aktien der Inkorporierung von Shoot-Out-Klauseln in die Satzung einer AG entgegen.

Dies muss jedenfalls soweit gelten, wie die Shoot-Out-Klausel einen echten Satzungsbestandteil darstellt.

Zulässig in der Satzung sind nämlich sogenannte „unechte Satzungsbestandteile", die rechtlich nicht wie Satzungsbestandteile behandelt werden[699] und auf die § 23 Abs. 5 AktG keine Anwendung findet.

Demnach stellt sich die Frage, ob Shoot-Out-Klauseln einen solchen unechten Satzungsbestandteil darstellen können, sofern sie in die Satzung integriert wurden.

Dafür ist es indes notwendig, Abgrenzungskriterien an der Hand zu haben.

Diese Abgrenzung wird in Literatur und Rechtsprechung unterschiedlich gehandhabt.

Die Rechtsprechung unterscheidet zum Einen danach, ob die entsprechende Regelung kraft autonomer Rechtsetzung – dann echter – oder kraft Vereinbarung – dann unechter Satzungsbestandteil – Geltung erlangt. Echte Satzungsbestandteile gingen zum Anderen in ihrer Wirkung über den Kreis der Beteiligten hinaus und strahlten – im Gegensatz zu unechten Satzungsbestandteilen – auch auf Gläubiger und Neugesellschafter aus[700].

Die Literatur erkennt diese Kriterien an[701], ergänzt sie aber zwecks einer besseren Abgrenzung weiter.

Entscheidend sei danach der Inhalt der Satzungsbestimmung[702]. Unechte Satzungsbestandteile seien solche Bestimmungen, die entweder nicht Inhalt eines Statuts werden können oder nicht werden sollen[703].

Dies sind in erster Linie – aber nicht zwingend – schuldrechtliche Vereinbarungen. Auch Regelungen, die die Verhältnisse der Gesellschaft betreffen, können unechte Satzungsbestandteile sein, wenn sie nach den Vorschriften und Rechtsgrundsätzen des Aktienrechts unterhalb der Ebene der Satzung zu treffen sind[704]. Im Gegensatz dazu seien echte Satzungsbestandteile solche Bestimmungen, die ohne Aufnahme in das formelle Statut keine Wirksamkeit erlangen können, wozu insbesondere auch die Begründung oder Änderung mitgliedschaftlicher Rechte und Pflichten der Aktionäre zählen[705].

---

699 *Schröder* in: Die Aktiengesellschaft, 130 Rn. 211.

700 BGHZ 38, 161; 123, 15,20; 123, 347, 350; BGH NJW 1969, 131; BGH WM 1993, 641, 642.

701 *Wiedemann* in: Hopt/Wiedemann, Großkomm. AktG, § 179 Rn. 37.

702 *Koch* in: Hüffer, AktG, § 23 Rn. 4; *Wiedemann* in: Hopt/Wiedemann, Großkomm. AktG, § 179 Rn. 37.

703 *Wiedemann* in: Hopt/Wiedemann, Großkomm. AktG, § 179 Rn. 38.

704 *Hefermehl/Bungeroth* in: Geßler/Hefermehl/Eckardt/Kropff, AktG, § 179 Rn. 13.

705 *Wiedemann* in: Hopt/Wiedemann, Großkomm. AktG, § 179 Rn. 38.

Legt man einer Abgrenzung die vorgenannten Maßstäbe zugrunde, so finden sich Argumente für wie auch gegen eine Einordnung von Shoot-Out-Klauseln als echter Bestandteil von Satzungen, so sie denn bereits in die Satzung integriert wurden.

Für eine Einordung als echter Satzungsbestandteil ließe sich anführen, dass Shoot-Out-Klauseln in Befugnisse eingreifen, die das Gesetz (§§ 64, 179a, 237, 320, 327a ff. AktG) im Wesentlichen der Gesellschaft an sich und eben nicht den Aktionären zugewiesen hat. Dies vor allem deshalb, da sie zwingend zum Ausscheiden eines Gesellschafters führen, ohne dass die Gesellschaft größeren Einfluss auf das Verfahren hat.

Derartige Regelungen würden damit in nicht geringem Maße das Verhältnis von Gesellschaft und Aktionären betreffen.

Gegen eine solche Argumentation spricht indes, dass – wie bereits zuvor erwähnt – Shoot-Out-Klauseln kein Ausschlussrecht begründen, wie es in den oben genannten Vorschriften statuiert wird. Denn es geht bei ihnen nicht primär darum, gezielt bestimmte Gesellschafter auszuschließen. Vielmehr ist es ein übereinstimmend von den Gesellschaftern vereinbarter Trennungsmechanismus, der vorrangig der Konfliktlösung dient und bei dem im Voraus nicht feststeht, welcher Gesellschafter ausscheiden muss. Im Gegensatz zu Ausschlussverfahren erklären sich die Gesellschafter hier freiwillig bereit, ihre eigenen Anteile zu übertragen, sofern sie im von der Klausel geregelten Verfahren unterliegen.

Es handelt sich also vielmehr um eine besondere Form der freiwilligen Anteilsübertragung. Die Befugnis dazu hat das Aktiengesetz indes nicht der Gesellschaft, sondern den Aktionären zugewiesen (z.B. § 68 Abs. 1 AktG), so dass insoweit kein Eingriff in die gesetzlichen Befugnisse der Gesellschaft gegeben ist. Eine etwaig nach § 68 Abs. 2 AktG statuierten Zustimmungspflicht der Gesellschaft ändert an dieser Einschätzung nichts.

Ferner könnte für eine Einordnung als echter Satzungsbestandteil der Umstand sprechen, dass durch Shoot-Out-Klauseln ein mitgliedschaftliches Recht der Aktionäre, nämlich ein von der Rechtsfolge her der Kündigung naheliegendes Recht[706], begründet wird.

Dies kann aber nur so lange gelten, wie jedem Gesellschafter dieses Recht zusteht. Denn nur sofern es bereits aus der prinzipiellen Stellung als Aktionär folgt, ist es auch ein mitgliedschaftliches Recht.

Shoot-Out-Klauseln können, müssen aber nicht in dieser Form ausgestaltet sein. Denkbar ist auch, dass das Recht zur Klauselauslösung auf einzelne oder jedenfalls nicht alle Gesellschafter beschränkt wird[707].

---

706 Siehe dazu E., I., 2., b), aa).

707 So zum Beispiel, wenn nur der finanziell schwächere Gesellschafter zur Klauselauslösung berechtigt wird. Siehe dazu F., III., 3., d).

Vieles hängt insofern von der konkreten Formulierung der Klausel ab. So ließe sich beispielsweise auch im vom OLG Nürnberg zu entscheidenden Fall eine Einschränkung des Rechts zur Klauselauflösung auf einzelne Gesellschafter vertreten. Dort wurden in der Klausel nämlich ausdrücklich nur die „Gründer" der AG genannt[708].

In diesen Fällen sprechen die besseren Argumente dafür, in der Klausel eine bloße schuldrechtliche Nebenabrede einzelner Gesellschafter zu sehen, die nicht als echter Satzungsbestandteil anzuerkennen wäre[709].

Werden indes alle Gesellschafter – und damit wohl auch Neugesellschafter – zur Klauselauslösung berechtigt, ließe sich wiederum eine Einordnung als echter Bestandteil der Satzung vertreten.

Erschwert wird die korrekte Einordnung noch dadurch, dass die Rechtsprechung sich – soweit ersichtlich – diesbezüglich noch nicht geäußert hat. Zwar ließe sich die Entscheidung des OLG Nürnberg mit einiger Vorsicht dahingehend interpretieren, dass der Senat eine Einordnung als echten Satzungsbestandteil – jedenfalls im streitgegenständlichen Fall – abgelehnt hat, da er keine Zweifel an der aktienrechtlichen Wirksamkeit der Klausel, die ja Gegenstand der Satzung war, geäußert hat. Andererseits war er dazu freilich auch nicht verpflichtet, zumal alle Aussagen im Hinblick auf die Wirksamkeit der Klausel lediglich als *obiter dictum* erfolgten.

Da nach diesen Ausführungen sowohl eine Einordnung als echter als auch als unechter Satzungsbestandteil denkbar scheint, spricht nach Einschätzung des Verfassers einiges dafür, Shoot-Out-Klauseln als sogenannte „indifferente Satzungsbestimmungen"[710] einzustufen, da sie weder zwangsläufig echte noch zwangsläufig unechte Bestandteile der Satzung sind.

In diesen Fällen besteht in Bezug auf die Ausgestaltung als „echter" oder „unechter" Satzungsbestandteil ein Gestaltungswahlrecht der Gründer[711]. Haben die Gründer im konkreten Einzelfall keine eindeutige Zuordnung vorgenommen, ist der Charakter der betreffenden Bestimmung im Einzelfall durch Auslegung zu ermitteln[712].

Angesichts der oben dargestellten Zweifel an der Wirksamkeit von Shoot-Out-Klauseln als echter Bestandteil der aktienrechtlichen Satzung, werden die Gesellschafter also gut beraten sein, die Klausel entweder ausdrücklich als unechten Satzungsbestandteil in die Satzung zu integrieren oder von vornherein eine Vereinbarung als von der Satzung auch örtlich getrennte schuldrechtliche Nebenabrede vorzunehmen.

Letzteres dürfte zweifelsfrei möglich und zulässig sein.

---

708 Siehe dazu E., I., 1., e), aa).
709 So tendenziell auch *Schmolke*, ZIP 2014, 897, 905.
710 Zur Begrifflichkeit siehe nur *Solveen* in: Hölters, AktG, § 23 Rn. 6 m.w.N.
711 BGHZ 38, 155, 161.
712 *Solveen* in: Hölters, AktG, § 23 Rn. 6.

II. Wirksamkeit in anderen Staaten

Aussagen zur Beurteilung der Wirksamkeit von Shoot-Out-Klauseln in anderen Staaten sind relativ rar gesät, beziehungsweise schwierig aufzufinden. Gleichwohl soll hier versucht werden, zumindest in Ansätzen entsprechende Ausführungen zu machen. Die Darstellung beschränkt sich allerdings auf das Recht einiger ausgewählter Staaten und muss auf einer eher oberflächlichen Ebene angesiedelt werden.

1. Vereinigte Staaten von Amerika

In den USA, dem mutmaßlichen Mutterland der hier gegenständlichen Vertragsgestaltungen, findet sich eine verhältnismäßig reichhaltige Literatur und Rechtsprechung zu Shoot-Out-Klauseln. Die Frage der Wirksamkeit scheint dabei aber eine nicht besonders gewichtige Rolle zu spielen, zumal konkrete Ausführungen dazu eher die Ausnahme als die Regel sind.

a) Literatur

Shoot-Out-Klauseln sind in der US-amerikanischen Literatur nicht nur gelobt, sondern teilweise auch stark kritisiert worden, da sie nur in der Theorie, aber zu selten auch in der Praxis eine faire Trennung der Gesellschafter sicherstellten[713].

Selbst derart kritische Autoren stellen aber die Wirksamkeit der Klauseln an sich nicht in Frage, sondern raten allenfalls von einer Statuierung – aus anderen Gründen – ab.

So zwängt sich dem Leser der Eindruck geradezu auf, dass Shoot-Out-Klauseln vom Schrifttum als grundsätzlich wirksam angesehen werden.

Für diese Annahme spricht auch, dass nach ganz herrschender Meinung der Anwendungsbereich von Übertragungsbeschränkungen im Hinblick auf Gesellschaftsanteile (*share transfer restrictions*) im US-amerikanischen Gesellschaftsrecht auf ein Minimum reduziert ist[714], so dass entsprechende Regelungen nur sehr selten eine Beeinträchtigung für die Wirksamkeit von Shoot-Out-Klauseln darstellen.

Lediglich vereinzelt werden Ausführungen zu Umständen gemacht, die einer Wirksamkeit im Wege stehen könnten.

Hier wird zum Beispiel *Section 7.32(a)* des *Model Business Corporation Act* genannt[715], der Gesellschaftervereinbarungen unter anderem erlaubt, für den Fall eines „Deadlocks" gewisse Vorkehrungen zu treffen, aber stets unter dem Durchsetzungsvorbehalt steht, dass entsprechende Vereinbarungen von allen Gesellschaftern unterschrieben und der Gesellschaft bekannt gemacht werden müssen. Entsprechende

---

713 So zum Beispiel vertreten von *Thompson*, Shotgun Clauses, 2.
714 *Kaut*, Übertragungsbeschränkungen, 299.
715 *Scroggin* in: ALI-ABA's Practice Checklist Manual on Advising Business Clients III, 61, 72.

Versäumnisse könnten einer Wirksamkeit – oder jedenfalls Durchsetzbarkeit – von Shoot-Out-Klauseln folglich entgegenstehen.

Ferner sei zu beachten, dass in einigen US-Bundesstaaten zeitliche Grenzen für derartige Klauseln bestünden, die allerdings regelmäßig mindestens 10 Jahre betrügen[716] und daher als eher großzügig anzusehen sind.

Gerade in Fällen, in denen Gesellschaften auf eine langfristige Zusammenarbeit ausgelegt sind, muss dieses Hemmnis jedoch in besonderem Maße beachtet werden.

Hingewiesen wird zudem darauf, dass ein Gericht einer Shoot-Out-Klausel die Wirksamkeit absprechen könnte, wenn ein Gesellschafter sich bei ihrer Durchführung nicht an die vertraglichen Regeln halte[717].

Wie schon in Deutschland, so wird auch in den USA die Gefahr des Klauselmissbrauchs, insbesondere im Hinblick auf etwaige Verstöße gegen die Treuepflicht (*fiduciary duty*) oder den Grundsatz von Treu und Glauben (*duty of good faith*), erkannt[718]. Welche Auswirkungen dies allerdings haben könnte, bleibt in den hier untersuchten Arbeiten offen.

b) Rechtsprechung

Die mit Shoot-Out-Klausel befassten US-Gerichte scheinen die zuvor geschilderte, klauselfreundliche Tendenz der Literatur zu teilen. So wird erkannt, dass die Klauseln grundsätzlich faires Verhalten der Gesellschafter und danach auch faire Preise gewährleisten sollen.

Judge Easterbrook stellte diesbezüglich fest: "The possibility that the person naming the price can be forced either to buy or sell keeps the first mover honest"[719].

Judge Dowd des *Missouri Court of Appeals*: „Texas Shootout Provisions are intended to provide a fair method of valuing the stock so that a joint venture can be discontinued"[720].

Gleichwohl hat es auch schon gerichtlich zu entscheidende Fälle gegeben, in denen derartige Klauseln missbräuchlich eingesetzt wurden.

Eine Entscheidung des *Court of Civil Appeals of Texas* hatte sich mit einem Fall zu befassen, in dem eine Shoot-Out-Klausel zwischen Joint Venture-Partnern von einem der Gesellschafter dergestalt ausgenutzt wurde, dass er nach Auslösung der Klausel einen Preis unter „Marktwert" ausrief, da er wusste, dass sein finanziell schwächerer Partner diesen nicht zahlen konnte. Da das Gericht dieses Verhalten als erwiesen betrachtete, hob es den bereits erfolgten Verkauf der Anteile kurzerhand wieder auf[721].

716 *Scroggin* in: ALI-ABA's Practice Checklist Manual on Advising Business Clients III, 61, 73.

717 *Steinberg Advisors*, Business Advisory Bulletin 2012, 3.

718 *Carey*, Real Property, Probate and Trust Journal, Winter 2005, 651, 696, 700.

719 *Valinote v. Ballis*, 295 F.3d 666, 667 (7th Cir. 2000).

720 *Forbush v. Adams*, 25.11.2014 (Eastern District, Division Three), 8.

721 *Johnson v. Buck*, 540 S.W.2d 393, 411 (Tex. App. 1976).

Zwingend scheint ein solches Vorgehen indes nicht zu sein, wie ein ähnlich gelagerter Fall zeigt, über den der *District Court of Minnesota* zu entscheiden hatte. Hier war das Gericht der Auffassung, dass sich eine Verletzung der gesellschaftlichen Treuepflicht nicht begründen lasse, da die Klausel keine Einschränkungen zur Höhe des zu bietenden Preises enthielt und sich ein an der übereinstimmend statuierten Klausel orientierendes Verhalten keine Pflichtverletzung darstellen könne[722].

In allen Fällen stand jedoch nicht die Wirksamkeit der Klausel an sich in Frage, sondern allenfalls die Wirksamkeit ihrer Durchführung.

2. Schweiz

Erläuterungen über die Wirksamkeit von Shoot-Out-Klauseln finden sich nur in begrenztem Maße, namentlich in Bezug auf die schweizerische GmbH (Art. 722–827 OR) und die Aktiengesellschaft (Art. 620–697h OR).

Anhand des Gesetzestextes des Obligationenrechts lassen sich aber auch ohne einschlägige Ausführungen aus dem Schrifttum oder der Rechtsprechung einige – wenn auch nicht übermäßig differenzierte – Aussagen treffen.

a) GmbH

In Bezug auf die GmbH sind *Brechbühl/Emch* der Ansicht, dass eine gesellschaftsrechtliche Verankerung von Shoot-Out-Klauseln in den GmbH-Statuten über Kaufrechte (Art. 804 Abs. 2 Ziffer 10 OR) oder über den Umweg des Austritts- und Ausschlussrechts (Art. 804 Abs. 2 Ziffer 15, beziehungsweise Art. 822 Abs. 2 OR) möglich ist[723].

In den Fällen der Art. 804 Abs. 2 Ziffer 10 und 15 OR setzt das Gesetz allerdings voraus, dass eine Beschlussfassung der Hauptversammlung zwingend zu erfolgen hat. Auch die Abtretung von Stammanteilen erfordert die Zustimmung der Hauptversammlung (Art. 804 Abs. 2 Ziffer 8 OR).

Damit ist es den Gesellschaftern verwehrt, den Mechanismus eigenständig und unabhängig von der Gesellschaft durchzuführen. Gerade in Fällen, in denen die Gesellschaft nur zwei und dazu noch zerstrittene Gesellschafter hat, die eine Pattsituation hervorgerufen haben – also der Parade-Anwendungsfall einer Shoot-Out-Klausel –, ist dieses Ergebnis äußerst unbefriedigend. Denn sofern zur wirksamen Durchführung des von der Klausel statuierten Verfahrens stets ein Beschluss oder eine Zustimmung der Hauptversammlung notwendig ist, so muss bezweifelt werden, ob sich das Verfahren überhaupt durchführen lässt. Beide Gesellschafter haben ein Stimmrecht in der Hauptversammlung, so dass sich der Patt, der zur Auslösung der Klausel geführt hat, schnell an dieser Stelle fortsetzen kann. Hier müsste gegebenenfalls in der Klausel eine entsprechende Stimmbindungspflicht vereinbart

722 *Larken Minnesota, Inc. v. Wray*, 881 F.Supp. 1413, 1421 (D.Minn.1995).
723 *Brechbühl/Emch*, SZW 2007, 271, 276.

werden, damit das Verfahren abgeschlossen werden kann. Solche Vereinbarungen sind nach schweizerischem Recht grundsätzlich gültig[724].

Die Zulässigkeit von Shoot-Out-Klauseln nach schweizerischem GmbH-Recht dürfte wohl auch nicht Art. 825 OR scheitern.

Zwar sieht Art. 825 Abs. 1 OR vor, dass der ausscheidende Gesellschafter grundsätzlich Anspruch auf eine Abfindung hat, die dem wahren Wert der Anteile entspricht, was im Rahmen von Shoot-Out-Klauseln nicht mit Sicherheit gewährleistet werden kann. Allerdings hilft insoweit Art. 825 Abs. 2 OR weiter, der festlegt, dass beim Ausscheiden aufgrund eines statutarischen Austrittsrechts die Statuten die Abfindung abweichend regeln können.

In Betracht dürfte indes – wie schon im deutschen Recht – ein Verstoß gegen die gesellschaftsrechtlicheTreuepflicht (Art. 803 Abs. 2 OR) durch Ausübung und gegebenenfalls sogar durch Vereinbarung der Shoot-Out-Klausel kommen, wenn dadurch das Interesse der Gesellschaft beeinträchtigt wird.

b) Aktiengesellschaft

Nach Ansicht von *Knobloch* ist es zumindest anzuzweifeln, ob sich Shoot-Out-Klauseln in wirksamer Weise im Rahmen einer schweizerischen Aktiengesellschaft statutorisch verankern lassen, zumal sie auf eine gemäß Art. 680 Abs. 1 OR unzulässige Verkaufspflicht von mindestens einem Aktionär hinausliefen[725].

Zu denken ist indes – wie schon im deutschen Recht – daran, derartige Klauseln nicht in den Statuten, sondern eventuell gesondert und schuldvertraglich zu vereinbaren.

c) Sonstige Gesellschaftsformen

Trotz umfangreicher Recherche ließen sich keine Aussagen über Wirksamkeitsfragen im Hinblick auf andere Gesellschaftsformen in der Schweiz, namentlich die Kollektiv- und die Kommanditgesellschaft (Art. 552–619 OR), finden.

Bezüglich der Kollektivgesellschaft regelt Art. 576 OR, dass die Gesellschafter Vereinbarungen über das Ausscheiden aus der Gesellschaft treffen können, in deren Folge die Gesellschaft fortgeführt wird. Dies gilt gemäß Art. 579 Abs. 1 OR auch für Gesellschaften mit lediglich zwei Gesellschaftern.

Shoot-Out-Klauseln stellen solche Regelungen dar, da einer der Gesellschafter am Ende des statuierten Verfahrens zwangsläufig aus der Gesellschaft ausscheidet, während der Andere in ihr verbleibt und sie fortführt.

Nach Art. 580 Abs. 1 OR muss der ausscheidende Gesellschafter eine Abfindung erhalten, deren Höhe durch eine Übereinkunft der Gesellschafter festzulegen ist.

724 *Forstmoser* in: Innominatverträge, 359, 376 m.w.N.

725 *Knobloch* in: Gesellschafts- und Kapitalmarktrecht, 167; *ders.*, GesKR 2013, 551, 565.

Das von Shoot-Out-Klauseln statuierte Preisermittlungsverfahren allein wird die Anforderungen an eine solche Vereinbarung über die Höhe wohl nicht erfüllen, da zu Beginn des Verfahrens die Höhe des zu zahlenden Betrages gerade noch nicht übereinstimmend festgelegt ist.

Spätestens jedoch dann, wenn das Verfahren beendet wird, steht fest, welcher Betrag zu zahlen ist. Die von Art 580 Abs. 1 OR geforderte Übereinkunft kommt dann durch ausdrückliche oder – je nach Verfahrensart – konkludente Annahme eines im Raum stehenden konkreten Angebots zustande.

Die Anforderungen des Art. 580 Abs. 1 OR dürften spätestens zu diesem Zeitpunkt erfüllt sein.

Vorstehende Erwägungen sollten, wenn schon nicht über Art. 619 Abs. 1 OR, der Regelungen über das Ausscheiden eines Gesellschafters seinem Wortlaut nach nicht erfasst, so doch jedenfalls über Art. 598 Abs. 2 OR auch für die Kommanditgesellschaft gelten.

3. Österreich

In Österreich haben sich sowohl Literatur als auch Rechtsprechung schon mit der Frage der Wirksamkeit von Shoot-Out-Klauseln befasst.

a) Rechtsprechung

In einem Beschluss vom 20.04.2009 nahm das OLG Wien Stellung zu der Frage, ob eine Russian Roulette-Klausel in wirksamer Weise durch das Firmenbuchgericht in den Gesellschaftsvertrag einer GmbH eingetragen werden kann[726].

aa) Inhalt des Beschlusses und Auffassung des Gerichts

Gegenstand der Entscheidung war eine – recht gut formulierte – Russian Roulette-Klausel. Sie sah im Falle einer Pattsituation bei der Abstimmung über zustimmungspflichtige Rechtsgeschäfte vor, dass derjenige Gesellschafter, dessen Antrag die Zustimmung verweigert wird, das Recht zur Auslösung des Verfahrens, im vorliegenden Fall „Dead-Lock-Schritt“ genannt, hat.

In der Folge konnte er innerhalb von 30 Tagen von denjenigen Gesellschaftern, die dem Antrag nicht zugestimmt haben, die Abtretung ihrer Gesellschaftsanteile zu einem von ihm festzulegenden Preis verlangen.

Dieses dem anderen Gesellschafter zu übermittelnde Kaufangebot musste zudem mit einem gleichlautenden Verkaufsangebot für den Fall verknüpft werden, dass der Angebotsempfänger das Kaufangebot ablehnt.

---

726 OLG Wien, Beschluss vom 20.04.2009, 28 R 53/09h – BeckRS 2014, 02174. Alle weiteren Darstellungen vom Inhalt des Beschlusses oder Rechtsansichten des Gerichts beruhen auf der vorgenannten Quelle.

Der Empfänger konnte (und musste) sodann zwischen einem der Angebote wählen, war demnach entweder zum Verkauf oder zum Kauf verpflichtet.

Vom Gericht zu beantworten war nunmehr die Frage, ob eine derartige Klausel in das Firmenbuch eingetragen werden kann.

Abzulehnen sei eine solche Eintragung insbesondere dann, wenn ihr ein nichtiges Rechtsgeschäft zugrunde läge.

Entscheidend war danach, ob die streitgegenständliche Russian Roulette-Klausel als ein solches nichtiges Rechtsgeschäft angesehen werden konnte.

Das Gericht verneinte dies vorrangig mit der Begründung, dass die Klausel nicht gemäß § 879 ABGB sittenwidrig sei.

Im Hinblick auf die Rechtsfolgen sei ein Vertrag insbesondere dann unwirksam und von Anfang an nichtig im Sinne dieser Vorschrift, wenn der Schutz von Allgemeininteressen oder der öffentlichen Ordnung und Sicherheit beeinträchtigt wird.

In diesem Fall sei die Unwirksamkeit im Eintragungsverfahren – um ein solches ging es im konkret zu entscheidenden Fall – von Amts wegen zu berücksichtigen.

Berühre das Unwerturteil dagegen nur die Interessenlage der Vertragspartner, so obliege es ihnen selbst, darüber zu entscheiden, ob sie sich auf die Nichtigkeit eines Geschäfts berufen könnten oder nicht. Eine solche Nichtigkeit, deren Geltendmachung in der Disposition der Vertragspartner liege und mittels einer Einrede geltend zu machen sei, könne im Eintragungsverfahren nicht von Amts wegen berücksichtigt werden.

Der Senat war der Ansicht, dass eine von Amts wegen zu berücksichtigende Unwirksamkeit im vorgenannten Sinne nicht gegeben sei.

Mit der Klausel könnten – wenn überhaupt – allenfalls die Interessen der Vertragspartner selbst, nicht aber jene der Allgemeinheit, der öffentlichen Ordnung oder auch nur der Gläubiger berührt werden.

Daher nimmt das OLG als Rekursgericht in der Folge auch „[...] nur am Rande[...]“ Stellung zu Erwägungen des Erstgerichts, die sich offenbar auch mit solchen Unwirksamkeitsfragen befassten, die nicht von Amts wegen zu berücksichtigen waren.

Insofern führt es aus, dass durch die Klausel kein unzulässiger Kontrahierungszwang statuiert würde.

Das praktische Bedürfnis, sich unter gewissen Umständen von Gesellschaftern zu trennen – insbesondere, wenn es darum geht, Konflikte zwischen den Gesellschaftern zu lösen –, rechtfertige auch Regelungen, die einen Gesellschafter zwingen, seinen Anteil zugunsten eines Anderen abzugeben.

bb) Stellungnahme

Der Beschluss des Gerichts ist insofern zu begrüßen, als dass die Sittenwidrigkeit der konkreten Shoot-Out-Klausel verneint wird. Damit trifft der Senat die wohl vorherrschende Meinung im deutschsprachigen Schrifttum[727], wenn es um die Frage der Wirksamkeit von Shoot-Out-Klauseln geht.

Gleichwohl ist die Auffassung des Gerichtes mit Vorsicht zu genießen und in seiner Tragweite nicht überzubewerten.

Der Senat hatte sich im zu entscheidenden Fall mit einer sogenannten Firmenbuchsache zu befassen, bei der es vorrangig um die Frage ging, ob das Firmenbuchgericht im Rahmen eines Eintragungsverfahrens die streitgegenständliche Klausel in das Firmenbuch einzutragen habe.

Wie er ausführt, sei dafür nur relevant, ob eine Unwirksamkeit von Amts wegen zu berücksichtigen sei, was nur dann in Betracht käme, wenn Interessen der Allgemeinheit beeinträchtigt würden.

Eine Unwirksamkeit, die sich daraus ergibt, dass das Unwerturteil die Interessenlage der Vertragspartner betrifft, sei demnach nicht berücksichtigungsfähig.

Daher wird man die Auffassung des Gerichts nicht derart weit ausdehnen dürfen, dass Shoot-Out-Klauseln in jedem Fall als wirksam anzusehen sind, auch wenn es in der Folge im Wege eines *obiter dictum* andeutet, dass derartige Klauseln jedenfalls keinen unzulässigen Kontrahierungszwang darstellen und ihr Preisfindungsmechanismus einer einseitigen Übervorteilung von Gesellschaftern entgegenwirke.

In diesem Rahmen fiel auch der in der Literatur vielzitierte Hinweis auf die von diesen Verfahren sichergestellten „checks and balances".

Ob davon indes auch Situationen erfasst sind, in denen beispielsweise ein erhebliches finanzielles Ungleichgewicht zwischen den beteiligten Gesellschaftern besteht, bleibt offen.

Zudem ist fraglich, ob diese Erwägungen für alle Gesellschaftsarten in Österreich gleichermaßen gelten oder ob insoweit spezifische Besonderheiten dazu führen können, dass eine anders gelagerte Beurteilung notwendig ist.

Die Ausführungen des Gerichts beziehen sich jedenfalls im streitgegenständlichen Fall nur auf die österreichische GmbH.

b) Literatur

Auch die österreichische Fachliteratur hat sich bereits mit Shoot-Out-Klauseln und dabei teils auch spezifisch mit Wirksamkeitsfragen befasst.

Exemplarisch dafür werden hier die Ausführungen von *Draxler*[728] vorgestellt und erläutert.

Laut *Draxler* bedürften Shoot-Out-Klauseln – konkret spricht er indes nur vom Russian Roulette-Verfahren – in Österreich der Form des Notariatakts, um wirksam zu sein, da sämtliche Verpflichtungs- und Verfügungsgeschäfte über

727 Dazu siehe E., I.

728 *Draxler*, Private Equity Exit, 139 ff.

Geschäftsanteile, wie auch Verpflichtungen über künftige Übertragungen, notariatsaktpflichtig seien.[729]

Insofern sei unproblematisch, dass der Kaufpreis – jedenfalls bei Statuierung der Klausel – noch nicht feststehe und daher auch zu diesem Zeitpunkt noch nicht der Form des Notariatsakts zugeführt werde. Der Zweck der Immobilisierung und Klarstellung erstrecke sich nicht auf die Gegenleistung[730].

Er ist zudem der Auffassung, dass Russian Roulette-Klauseln an sich keine Einschränkung des Kündigungsrechts darstellten, sondern im Gegenteil eine Form der Kündigung ermöglichten. Die Vereinbarung von sogenannten „Cool-Down-Perioden" stünden dem nicht entgegen[731].

Dies trifft im Kern die hier vertretene Auffassung, insbesondere auch dahingehend, dass eine Kündigung von Gesellschaften nicht zwingend erfordert, dass der Kündigende auch derjenige ist, der aus der Gesellschaft ausscheidet[732].

Ähnliches gilt im Hinblick auf eine Vergleichbarkeit mit Hinauskündigungsklauseln. Hier vertritt *Draxler* zurecht die Ansicht, dass gewisse Parallelen bestünden. Erfolge die Trennung infolge der Klausel allerdings, weil ein nicht lösbarer Konflikt zwischen den Gesellschaftern bestünde, so sei die Hinauskündigung gerechtfertigt[733].

Indes wird man die Aussage, dass der klauselauslösende Gesellschafter „[...] sicherlich nicht aus reiner Willkür heraus[...]" handele[734], in dieser Form nicht unterstützen können. Frühere Ausführungen im Rahmen dieser Arbeit haben gezeigt, dass durchaus Fälle vorstellbar sind, in denen genau dieses Szenario eintritt und ein Gesellschafter einer Willkürherrschaft eines Mitgesellschafters unterliegt[735].

Bezüglich der Abfindungshöhe sei eine Sittenwidrigkeit schon deshalb nicht anzunehmen, weil Russian Roulette-Klauseln keine sittenwidrige Beschränkung auf den Buchwert statuierten, sondern im Gegenteil die Höhe des Kaufs-, beziehungsweise Verkaufspreises der freien Regulierung durch die beteiligten Gesellschafter überlassen[736]. Dies ist einleuchtend und kann auch auf alle anderen Verfahrensarten von Shoot-Out-Klauseln übertragen werden. Selbst bei Verfahren, in denen eine Anteilsbewertung durch einen neutralen Dritten stattfindet, dient diese lediglich als Anhaltspunkt für die Beurteilung der von den Gesellschaftern abzugebenden Gebote. Eine Festlegung des zu zahlenden Preises erfolgt durch sie gerade nicht. Das gilt auch für das Deterrent Approach-Verfahren, bei dem die Bewertung Grundlage

729 *Draxler*, Private Equity Exit, 139.
730 *Draxler*, Private Equity Exit, 140.
731 Ebenda.
732 Dazu siehe E., I., 2., b), aa), (2).
733 *Draxler*, Private Equity Exit, 140.
734 Ebenda.
735 Siehe E., I., 1., b).
736 *Draxler*, Private Equity Exit, 141.

der Auf- und Abschläge ist, durch die ebenfalls eine Abweichung vom Buchwert festgelegt wird.

Zuletzt lehnt *Draxler* zutreffend eine Einordnung als Glücksspielvertrag ab[737]. Auch dabei werden im Wesentlichen die gleichen Argumente vorgebracht, die auch im deutschen Recht gegen eine entsprechende Einordnung sprechen[738].

c) Zusammenfassung

Der Tenor der Aussagen in österreichischer Rechtsprechung und Literatur im Hinblick auf die Wirksamkeit von Shoot-Out-Klauseln geht – soweit ersichtlich – dahin, dass diese regelmäßig wirksam sind und deckt sich damit mit dem Großteil der entsprechenden Stimmen im deutschen Rechtsraum.

Auch hier fehlt es indes an einer ausführlichen Darstellung, die sämtliche Verfahrensarten und sämtliche Gesellschaftsformen in dieser Hinsicht thematisiert. Insofern ist es schwierig, allgemeingültige Aussagen über die Wirksamkeit von Shoot-Out-Klauseln nach österreichischem Recht zu treffen. Da jedoch recht starke Parallelen zum deutschen Recht erkennbar sind, wird man die im Rahmen dieser Arbeit zur Wirksamkeit nach deutschem Recht getroffenen Aussagen wohl jedenfalls in ihren Grundzügen auch auf das österreichische Recht übertragen können.

4. Frankreich

Auch in Frankreich finden sich im Schrifttum Aussagen zur Wirksamkeit von Shoot-Out-Klauseln.

In einem älteren Aufsatz von *Kozyris* aus dem Jahr 1969 vertritt der Autor die Auffassung, dass kein Zweifel daran bestehen könne, dass eine Russian Roulette-Klausel – im konkreten Fall als „buy-or-sell arrangement“ bezeichnet – grundsätzlich einer gerichtlichen Prüfung standhalten würde[739].

Begründet wird dies mit der Vergleichbarkeit zu Put- und Call-Optionen (*promesse de vente*, beziehungsweise *convention de rachat*), deren Wirksamkeit unbestrittenermaßen anerkannt sei[740].

Die Tatsache, dass der Preis einseitig von einem Gesellschafter festgelegt wird, stünde dem nicht entgegen, da der klauselimmanente Preisfindungsmechanismus faire und vernünftige Preise gewährleiste[741].

---

737 Ebenda.

738 Zum deutschen Recht siehe E., I., 3.

739 *Kozyris*, The American Journal of Comparative Law 1969, 503, 524.

740 *Kozyris*, The American Journal of Comparative Law 1969, 503, 525.

741 *Kozyris*, The American Journal of Comparative Law 1969, 503, 525, 526.

In einer neueren Arbeit von *Galbois*[742] aus dem Jahr 2011 wird differenzierter auf den aktuellen Meinungsstand bezüglich der Wirksamkeit von Shoot-Out-Klauseln nach französischem Schuldrecht eingegangen.

Danach werde die Wirksamkeit von einigen Autoren in Zweifel gezogen, da der zu zahlende Preis nicht von vornherein festgelegt und damit ein Verstoß gegen Art. 1129 des Code Civil gegeben sei[743].

Es bestünde insbesondere die Gefahr, dass bei wirtschaftlichem Ungleichgewicht zwischen den beteiligten Gesellschaftern der finanziell Schwächere bei Auslösung des Verfahrens benachteiligt werde[744].

Unwirksam sei zudem die voraussetzungslose Einleitung des von der Klausel statuierten Verfahrens, die dazu führen könnte, dass einer der Gesellschafter aus der Gesellschaft verdrängt werde. Vorgeschlagen werde stattdessen, die Auslösung der Klausel nur unter strengen Voraussetzungen zuzulassen[745].

Die Autorin hält dem – stellvertretend für weitere Literaturstimmen – entgegen, dass die vorherige Bestimmung des Kaufpreises nicht erforderlich sei. Die Vereinbarung einer solchen Klausel sei vielmehr vergleichbar mit einem Vorkaufsrecht (*pacte de préférence*), bei dem auch erst die Nennung des Preises durch einen Dritten den vom Partner zu zahlenden Kaufpreis bestimme[746].

Im Gegenteil habe diese Unklarheit zu Verfahrensbeginn bedeutende Vorteile. Sie begründe ein gleichmäßig verteiltes Drohszenario, das gewährleiste, dass die beteiligten Gesellschafter das Prozedere hinreichend ernst nähmen, daher die Klausel nicht vorschnell auslösten und im Falle der Auslösung faire Preise böten[747].

Eine entsprechende Tendenz, einen Verstoß gegen Art. 1129 des Code Civil nicht anzunehmen, lasse sich auch in der Rechtsprechung erkennen[748].

Im Übrigen werde Missbrauchsfällen insofern entgegengewirkt, als dass der sich missbräuchlich verhaltende Teil in Gefahr laufe, sich schadensersatzpflichtig zu machen[749].

Die Autorin ist ferner der Ansicht, dass einer voraussetzungslosen Einleitung des Verfahrens keine rechtlichen Bedenken entgegenzusetzen seien[750].

Ein weiteres Argument liefert die Rechtsprechung in Gestalt des Appellationsgerichts von Paris, das sich mit der Wirksamkeit einer Shoot-Out-Klausel zu beschäftigen hatte. Es billigte die Klausel mit der Begründung, dass sie keinen Sanktionscharakter aufweise und daher keine unwirksame Ausschlussklausel sei,

---

742 *Galbois*, La clause de buy or sell à l'épreuve du droit des obligations, 36 ff.
743 *Galbois*, La clause de buy or sell à l'épreuve du droit des obligations, 36, 37.
744 *Galbois*, La clause de buy or sell à l'épreuve du droit des obligations, 38 m.w.N.
745 *Galbois*, La clause de buy or sell à l'épreuve du droit des obligations, 43 m.w.N.
746 *Galbois*, La clause de buy or sell à l'épreuve du droit des obligations, 39.
747 *Galbois*, La clause de buy or sell à l'épreuve du droit des obligations, 39, 40.
748 *Galbois*, La clause de buy or sell à l'épreuve du droit des obligations, 40 m.w.N.
749 *Galbois*, La clause de buy or sell à l'épreuve du droit des obligations, 41.
750 *Galbois*, La clause de buy or sell à l'épreuve du droit des obligations, 46 ff.

sondern nur ein freiwillig zwischen den Gesellschaftern vereinbartes Ausstiegsverfahren beinhalte[751].

Es zeigt sich somit, dass auch in Frankreich ein geteiltes Meinungsbild zu finden ist, wenn es um die Frage der Wirksamkeit von Shoot-Out-Klauseln geht. Die insofern vorgebrachten Bedenken decken sich im Wesentlichen mit den hierzulande geäußerten. Hervorzuheben ist dabei der Hinweis auf das Missbrauchspotenzial, namentlich die Gefahren bei finanziellen Ungleichgewichten zwischen den Gesellschaftern.

Gleichwohl scheint es zumindest eine – auch in der Rechtsprechung zu findende – Tendenz zu geben, derartige Klauseln im Grundsatz als wirksam anzusehen.

5. Belgien

Das soeben zur Rechtslage in Frankreich dargestellte Meinungsbild findet sich nahezu deckungsgleich in Belgien widergespiegelt. Dies ist wohl vorrangig dadurch zu erklären, dass der französische *Code Civil* – Napoleon sei Dank – auch in Belgien gilt. Dies heutzutage zwar freilich nicht mehr komplett wortgleich, sondern mit zahlreichen Änderungen, aber nach wie vor ähneln sich die beiden Gesetze in nicht unerheblichem Maße. Insbesondere ist der hier relevante Art. 1129 in beiden Ländern wortgleich.

Dementsprechend wird auch in Belgien das Problem der fehlenden Bestimmbarkeit des zu zahlenden Preises bei Abschluss desjenigen Vertrages gesehen, der die Shoot-Out-Klausel enthält[752]. Auch die Problematik potenzieller Klauselmissbräuche, insbesondere bei finanziellen Unterschieden zwischen den Gesellschaftern, findet Erwähnung[753].

Allerdings wird gegen diese, die Wirksamkeit derartiger Klauseln anzweifelnde Einwände angeführt, dass die Vorschrift des Art. 1129 des Code Civil nicht zu streng ausgelegt werden dürfe, wenn man das Ziel, internationale Joint Ventures praktikabler zu gestalten, erreichen wolle[754].

Zudem stelle sich das Problem der Bestimmtheit nicht bei allen Arten von Shoot-Out-Klauseln, da zum Beispiel beim Deterrent Approach-Verfahren der Preis aufgrund der vorzunehmenden Bewertung und der vertraglich vorab festgelegten Ab- und Aufschläge jedenfalls bestimmbar sei[755].

Missbrauchslagen könnte und sollte durch entsprechende Vertragsgestaltungen entgegengewirkt werden. Genannt wird diesbezüglich zum Beispiel die Möglichkeit,

---

751 Cour d'appel de Paris, RTDcom (revue trimestrielle de droit commercial) 2007, 169, 170.

752 *De Maertelaere*, Het Einde van een Joint (Ad)Venture, 65.

753 *De Maertelaere*, Het Einde van een Joint (Ad)Venture, 66.

754 Ebenda.

755 Ebenda.

vertraglich von vornherein einen Mindestpreis festzulegen oder die Bestimmung des Preises einem neutralen Dritten zu überlassen[756].

Auch ein Verstoß gegen Art. 32 des *Wetboek van Vennootschappen*, der besagt, dass Vereinbarungen, die einem Gesellschafter den gesamten Gewinn des Unternehmens zuerkennen, nichtig sind, komme – wie von der Rechtsprechung bestätigt – regelmäßig nicht in Betracht und könne allenfalls in Ausnahmefällen angenommen werden[757].

Die hier untersuchte Arbeit von *De Maertelaere* kommt insgesamt zu dem sich mit der hier vertretenen Ansicht zur deutschen Rechtslage deckenden Ergebnis, dass Shoot-Out-Klauseln nach belgischem Recht grundsätzlich wirksam sind[758]. Da aber auch dort die problematischen Missbrauchsfälle erkannt wurden, scheint diese Ansicht nicht die zwingendermaßen einzig vertretbare und auch tatsächlich einzig vertretene zu sein. So weist der Autor selber auf diese Probleme hin und fordert einen vorsichtigen Umgang sowie eine umsichtige Planung bei der Klauselstatuierung[759].

III. Zusammenfassung

Die vorstehenden Ausführungen haben vor allem eins gezeigt:

Shoot-Out-Klauseln jeder Art sind nach deutschem Recht nicht *per se* unwirksam!

Dieses Ergebnis deckt sich mit der insgesamt zutreffenden, aber nicht immer zutreffend begründeten Ansicht des Senats des OLG Nürnbergs im oben dargestellten und besprochenen Urteil vom 20.12.2013, der dort allerdings nur eine Unwirksamkeit unter dem Gesichtspunkt der unzulässigen Hinauskündigung nach § 138 BGB prüfte und zurecht ablehnte.

In dieser Hinsicht wurde vom Verfasser dargelegt, warum eine Anwendung der Hinauskündigungsrechtsprechung des BGH auf Shoot-Out-Klauseln im Regelfall nicht in Betracht kommt, jedoch in Ausnahmefällen geboten sein kann.

Dies sind namentlich Konstellationen, in denen schon bei Statuierung der Klausel eine Situation vorliegt, in der über einem der Gesellschafter das „Damoklesschwert der Hinauskündigung" hängt und eine Willkürherrschaft des oder der anderen Gesellschafter droht. Oft – und zurecht – genannt wird in diesem Zusammenhang ein erhebliches finanzielles Ungleichgewicht zwischen den Gesellschaftern. Selbst in diesen Fällen kann jedoch keine pauschale Unwirksamkeit angenommen werden[760]. Es bedarf vielmehr stets einer Prüfung, ob im jeweiligen Einzelfall die Anwendung der Hinauskündigungsrechtsprechung geboten ist.

756 *De Maertelaere*, Het Einde van een Joint (Ad)Venture, 66, 67.
757 *De Maertelaere*, Het Einde van een Joint (Ad)Venture, 69.
758 *De Maertelaere*, Het Einde van een Joint (Ad)Venture, 70.
759 Ebenda.
760 So auch *Weidmann*, DStR 2014, 1500, 1503.

Da für die Beurteilung auf den Zeitpunkt des relevanten Rechtsgeschäfts – also der Klauselstatuierung – abgestellt werden muss, kann die Hinauskündigungsrechtsprechung indes in Fällen, in denen das „Damoklesschwert" erst später auftritt, nicht weiterhelfen.

Hier können Missbräuche allerdings über das Vehikel der Ausübungskontrolle nach § 242 BGB korrigiert werden mit der Folge, dass nicht die Klausel an sich, jedoch ihre konkrete Ausübung im Einzelfall unzulässig ist.

Shoot-Out-Klauseln verstoßen im Normalfall nicht gegen § 723 Abs. 3 BGB. Haben die Gesellschafter bewusst nur eine Shoot-Out-Klausel, aber keine Kündigungsrechte vereinbart, so kann allenfalls der übereinstimmende Verzicht, nicht aber die Klausel einen Ausschluss der Kündigungsrechte darstellen. Wurden indes sowohl Kündigungsrechte als auch Shoot-Out-Klausel statuiert, so kommt eine Verletzung des § 723 Abs. 3 BGB nur dann in Betracht, wenn in die Klausel zugleich die Bestimmung eines Rangverhältnisses zu den Kündigungsrechten zugunsten der Klausel integriert wurde und die Voraussetzungen des § 139 BGB vorliegen.

Wurde das Rangverhältnis nicht in die Klausel integriert, so ist nur dieses, nicht aber die Klausel unwirksam. Gänzlich ohne Vereinbarung eines Rangverhältnisses kommt ein Ausschluss oder eine Beschränkung im Sinne des § 723 Abs. 3 BGB nicht in Frage.

Ebenso wenig stellen Shoot-Out-Klauseln ein „Spiel" oder eine „Wette" im Sinne des § 762 BGB dar.

Ähnlich verhält es sich im Hinblick auf die gesellschaftsrechtliche Treuepflicht der Gesellschafter.

Sie kann nur in Ausnahmefällen durch Vereinbarung oder Ausübung der Klausel – sei es gegenüber der Gesellschaft oder gegenüber den Gesellschaftern – verletzt werden.

Insbesondere die im Rahmen dieser Arbeit schon häufiger dargestellten Missbrauchslagen können indes eine solche Ausnahmesituation darstellen.

Wird eine Pflichtverletzung bejaht, so dürfte dies allerdings nicht zur Unwirksamkeit der Klausel führen, sondern allenfalls einen Schadensersatzanspruch oder – über das Vehikel des § 242 BGB in Gestalt der Fallgruppe „Verletzung eigener Pflichten" – eine rechtsvernichtende Einwendung des ausgeschiedenen Gesellschafters begründen.

Shoot-Out-Klauseln bezwecken letztlich die Übertragung von Gesellschaftsanteilen, so dass sie mit entsprechenden Übertragungsbeschränkungen kollidieren können.

Übertragungsbeschränkungen wie Zustimmungserfordernisse oder Vorerwerbsrechte berühren indes die Wirksamkeit der Klausel an sich nicht, sondern können allenfalls zur Unwirksamkeit der späteren Anteilsübertragung führen.

Wird eine Shoot-Out-Klausel von Gesellschaftern einer GmbH vereinbart, so bedarf sowohl die Klausel an sich, als auch die spätere Abtretung der Anteile gemäß § 15 Abs. 3 und 4 GmbHG zu ihrer Wirksamkeit der notariellen Form.

Gleiches gilt nach hier vertretener Auffassung im Grundsatz auch für alle weiteren Handlungen oder Erklärungen der Gesellschafter im Rahmen des Verfahrens, sofern sie wesentliche Vertragsbestandteile endgültig festlegen.

Verstöße hiergegen können allerdings gemäß § 15 Abs. 4 S. 2 GmbHG durch einen formgültig abgeschlossenen Abtretungsvertrag nach Maßgabe des § 15 Abs. 3 GmbHG geheilt werden.

Shoot-Out-Klauseln können nur dann in wirksamer Weise Bestandteil der Satzung einer Aktiengesellschaft werden, wenn sie als unechte Satzungsbestimmung anzusehen sind. Als echte Satzungsbestimmung laufen sie dem von § 23 Abs. 5 S. 2 AktG erfassten Grundsatz der freien Übertragbarkeit von Aktien zuwider, da sie in diesem Fall eine korporativ nicht begründbare Übertragungspflicht statuieren. Eine Vereinbarung der Klausel als gesonderte (schuldrechtliche) Nebenabrede dürfte indes möglich und zulässig sein.

Die oben bereits angesprochene Hinauskündigungsrechtsprechung, die – wie dargelegt – in gewissem Umfang auch im Bereich der Shoot-Out-Klauseln angewendet werden kann, hat nach Meinung des Verfassers auch Relevanz im Aktienrecht und kann folglich auch bei Aktiengesellschaften dazu führen, dass die Klausel in Ausnahmefällen gemäß § 138 BGB unwirksam ist.

Nach alledem kann festgehalten werden, dass Shoot-Out-Klauseln nach deutschem Recht in der ganz überwiegenden Zahl an Fällen wirksam sein dürften.

Bei der Statuierung derartiger Klauseln gilt es insbesondere, etwaige Missbrauchslagen und rechtsformspezifische Besonderheiten, namentlich bei der GmbH und der AG, im Auge zu behalten, die einer Wirksamkeit entgegenstehen könnten.

Die missbräuchliche Verwendung von Shoot-Out-Klauseln dürfte die Wirksamkeit der Klausel an sich nicht tangieren, wird aber regelmäßig einen Verstoß gegen § 242 BGB und/oder gegen die gesellschaftsrechtliche Treuepflicht darstellen.

In jedem Fall kann aber der drohenden Unwirksamkeit durch entsprechend umsichtige Gestaltung der Klauseln entgegengewirkt werden.

Auch international betrachtet scheint es eine erfreuliche Tendenz dahingehend zu geben, Shoot-Out-Klauseln im Grundsatz als wirksam zu erachten.

Darauf deuten jedenfalls die ganz überwiegende Anzahl der hier untersuchten ausländischen Arbeiten und Gerichtsentscheidungen zu diesem Thema hin.

Im Wesentlichen begegnen dieser Einschätzung auch dort die gleichen Bedenken wie in Deutschland, insbesondere im Hinblick auf die Gefahr der missbräuchlichen Klauselverwendung, die nunmal nicht von der Hand zu weisen ist.

Dennoch – so wirkt es zumindest auf den Verfasser – scheinen die besseren Argumente dafür zu sprechen, Shoot-Out-Klauseln auch nach dem Recht der hier betrachteten Staaten als im Grundsatz wirksam anzusehen.

Dies würde im Übrigen auch den Umgang mit derartigen Klauseln erheblich vereinfachen, wenn man bedenkt, dass sie bisher offenbar vorrangig in Joint Ventures zum Einsatz kommen, die nicht selten zwischen Unternehmen aus unterschiedlichen Ländern geschlossen werden.

F. Konkrete Klauselgestaltung unter besonderer Berücksichtigung der bisherigen Ergebnisse

Diese Arbeit hat es sich nicht nur zum Ziel gesetzt, Shoot-Out-Klauseln rechtlich zu analysieren, sondern sie will gleichfalls Leitfaden für ihre Handhabung in der Praxis sein.

Zu diesem Zweck ist es erforderlich, die bisher gefundenen Ergebnisse dahingehend zu verwerten, dass sie unter praktischen Gesichtspunkten einen eben solchen Leitfaden darstellen können.

Dies soll in den nun folgenden Kapiteln geschehen!

Dabei wird zunächst erläutert, in welchen Gesellschaftsformen, Gesellschaftsstrukturen und unter welchen subjektiven Umständen aus der Sphäre der Gesellschafter eine Statuierung von Shoot-Out-Klauseln möglich, aber vor allem sinnvoll ist.

Danach folgen Ausführungen zum Regelungsort, in deren Rahmen es vor allem darum geht, zu zeigen, zu welchem Zeitpunkt und an welcher Stelle – sprich: in welcher Art von Vertrag – Shoot-Out-Klauseln bestenfalls statuiert werden.

Ferner soll geklärt werden, unter welchen Voraussetzungen die Gesellschafter sinnvollerweise berechtigt sein sollen, die Klausel auszulösen und – damit verbunden – das Verfahren zur Erwerbermittlung einzuleiten. Hierhin gehören dann auch Ausführungen dazu, welche konkrete Verfahrensart für welche Art von Gesellschaft sinnvoll und wie sie richtigerweise auszugestalten ist.

Erläuterungsbedürftig ist schließlich noch das Verfahren nach der Erwerberermittlung, insbesondere die Statuierung des Anteilsübertragungsverfahrens, sowie damit verbundene Folgefragen.

Wie unschwer ersichtlich, folgen die vorgenannten Ausführungen zu einem großen Teil der bereits früher im Rahmen dieser Arbeit dargestellten Struktur von Shoot-Out-Klauseln, die zugleich die Chronologie des Verfahrens widerspiegelt[761].

Dies ist sinnvoll, stellt es doch eine Art „Schritt-für-Schritt-Anleitung" zur Statuierung von Shoot-Out-Klauseln für den beratenden Rechtspraktiker dar.

I. Anwendungsbereich

Von einigen wenigen Ausnahmen abgesehen, erfolgten die bisherigen Ausführungen zu Shoot-Out-Klauseln unabhängig davon, in welcher Art von Gesellschaft sie zur Anwendung kommen.

761 Dazu siehe C., I.

Gleiches gilt für auch für die Struktur der Gesellschaft sowie die subjektiven Umständen aus der Sphäre der Gesellschafter.

All diese Gesichtspunkte sind indes wichtig für die Entscheidung, ob die Statuierung einer Shoot-Out-Klausel überhaupt sinnvoll ist.

So liegt es zum Beispiel auf der Hand, dass ein Russian Roulette-Verfahren in einer Gesellschaft mit sehr vielen Gesellschaftern organisatorisch nahezu undurchführbar ist, eine Statuierung dementsprechend weniger Sinn macht[762].

Andersherum scheint in einem solchen Fall ein Auktionsverfahren durchaus praktikabel.

Aus diesen Beispielen wird deutlich, warum hier eine Unterscheidung unter verschiedenen Aspekten, die für oder gegen eine Statuierung sprechen, notwendig ist.

Im Folgenden soll daher der Anwendungsbereich von Shoot-Out-Klauseln, abhängig von vorgenannten Unterscheidungsmerkmalen, besprochen werden.

Die Vereinbarung einer solchen Klausel ist dabei insbesondere dann als sinnvoll einzustufen, wenn die von ihr bezweckten Wirkungen und Ziele erreicht werden können, ohne dass ihre Risiken überhand nehmen und zudem keine durchgreifenden Bedenken gegen ihre Wirksamkeit bestehen.

1. Statuierung von Shoot-out-Klauseln abhängig von der Gesellschaftsart

a) Personen- und Kapitalgesellschaften

Grundsätzlich können Shoot-Out-Klauseln – jedenfalls in Deutschland – bei jeder Gesellschaftsform zur Anwendung kommen. Rechtsformspezifische Besonderheiten gibt es allenfalls im Hinblick auf den Regelungsort, namentlich vor allem bei der Aktiengesellschaft[763], zu beachten, nicht jedoch im Hinblick auf die generelle Zulässigkeit.

Schon die Ausführungen zur Wirksamkeit von Shoot-Out-Klauseln haben gezeigt, dass eine grundsätzliche Unwirksamkeit bei keiner Rechtsform anzunehmen ist, folglich auch bei jeder Gesellschaftsform eine Statuierung - jedenfalls theoretisch - möglich sein muss.

Auf einem anderen Blatt steht indes, ob die Statuierung auch bei jeder Gesellschaftsform sinnvoll ist.

In der sachbezogenen Literatur ist dieses Thema bisher gänzlich unbeachtet geblieben. Dies könnte daran liegen, dass es als unproblematisch und deshalb nicht erläuterungswürdig angesehen wird.

Für eine solche Annahme spricht in der Tat, dass die Frage, ob die Statuierung einer Shoot-Out-Klausel sinnvoll ist, in erster Linie von Umständen abhängt, die

---

762 Zum Anwendungsbereich von Shoot-Out-Klauseln abhängig von der Anzahl der Gesellschafter siehe F., I., 2., a).

763 Dazu bereits E., I., 1., d). Siehe auch noch später, F., V., 2., h).

nichts mit der Rechtsform der Gesellschaft zu tun haben. Dazu zählen zum Beispiel die Anzahl der Gesellschafter oder deren Finanzkraft[764].

Zwar mögen die Anforderungen, die ein Exitmechanismus zu seiner Wirksamkeit erfüllen muss, je nach Gesellschaftsform variieren – hier sei erneut an den bereits erwähnten § 15 Abs. 3 und 4 GmbHG erinnert –, aber daraus eine grundlegende Tendenz dahingehend abzuleiten, dass die Statuierung in der einen Gesellschaftsform sinnvoller wäre als in der anderen, lassen diese Umstände nicht zu.

Die Übertragung von Gesellschaftsanteilen, beziehungsweise der Mitgliedschaft ist in jeder Gesellschaftsform möglich[765]. Auch die von Shoot-Out-Klauseln angepeilten Wirkungen und Ziele sowie die vorhandenen Risiken sind grundsätzlich nicht abhängig von der Rechtsform der Gesellschaft.

Anders ist es allenfalls, wenn es um das Ziel geht, eine *schnelle* Trennung der Gesellschafter zu erreichen.

Wie an anderer Stelle bereits erläutert, können Übertragungsbeschränkungen einer schnellen Trennung der Gesellschafter entgegenstehen[766]. Hier ist insbesondere an den Umstand zu denken, dass das von der Klausel statuierte Verfahren nahezu komplett in die notarielle Form gegossen werden muss, wenn es im Rahmen einer GmbH stattfindet (§ 15 Abs. 3 und 4 GmbHG)[767]. Dies kann das Verfahren unter Umständen in die Länge ziehen und dadurch das vorgenannte Ziel gefährden. Aus diesem Grund aber bei einer GmbH von einer Statuierung abzuraten, scheint doch ein etwas überzogener Schluss zu sein. Zum Einen kann das Weglassen der notariellen Form unter den Voraussetzungen des § 15 Abs. 4 S. 2 GmbHG geheilt werden, zum Anderen wurde auch gezeigt, dass ein schnelles Verfahren durch Shoot-Out-Klauseln ohnehin nicht immer gewährleistet ist, unabhängig von der Rechtsform der Gesellschaft[768].

Auch im Hinblick auf sonstige Übertragungsbeschränkungen, wie zum Beispiel Zustimmungserfordernisse, lässt sich keine spezifische Gesellschaftsform finden, bei der diese Beschränkungen derart durchgreifend wären, dass sie eine Statuierung von Shoot-Out-Klauseln von vornherein sinnlos machen würden, zumal – auch das wurde bereits erläutert[769] – die Gesellschafter die entsprechenden Beschränkungen innerhalb des Anwendungsbereichs der Shoot-Out-Klausel durchaus abbedingen können und wohl auch sollten.

Im Ergebnis lässt sich daher sagen, dass bei keiner Gesellschaftsform im deutschen Recht von der Statuierung einer Shoot-Out-Klausel – allein aufgrund der Eigenarten eben dieser Gesellschaftsform – grundsätzlich abzuraten ist.

---

764 Dazu später mehr, F., I., 2., a) und F., I., 3., a).
765 Siehe dazu auch die Ausführungen in F., V., 1.
766 Dazu siehe E., I., 5.
767 Dazu siehe E., I., 5., c), bb).
768 Dazu siehe D., I., 4.
769 Dazu siehe E., I., 5., c).

b) *Joint Ventures*

In der Literatur herrscht indes Einigkeit darüber, dass das Hauptanwendungsgebiet von Shoot-Out-Klauseln in der bisherigen Praxis Joint Venture-Gesellschaften sind[770]. Daher sollen Diese hier eine gesonderte Darstellung erfahren.

aa) *Begriff und Erscheinungsformen*

Der Begriff des „Joint Venture“ entstammt der amerikanischen Rechtssprache[771]. Er wird teilweise als Sammelbezeichnung für verschiedene Formen von projektbezogenen Unternehmenskooperationen[772], teilweise auch enger, dann nur für solche Kooperationen verwendet, bei denen es zur Gründung einer neuen, rechtlich selbständigen Einheit kommt, an deren Kapital die kooperierenden Unternehmen beteiligt sind[773].

In allen Fällen stellen Joint Ventures indes typischerweise für ihre Gründer eine Möglichkeit dar, sich in einem Bereich unternehmerisch zu betätigen, in dem sie aus eigener Kraft keinen wirtschaftlichen Erfolg haben können oder wollen[774].

Da diese Erschließung eines neuen Marktes für die beteiligten Gesellschaften ein „gemeinsames Wagnis“ darstellt, erklärt sich auch der Begriffsteil „Venture“ als Ableitung von „Adventure“, also Abenteuer[775].

Es lassen sich verschiedene Formen des Joint Venture anhand zahlreicher Kriterien unterscheiden, zum Beispiel nach der Anzahl der Kooperationspartner, dem geographischen Kooperationsbereich, der Kapitalbeteiligung, dem zeitlichen Horizont der Kooperation und vor allem der Intensität der Zusammenarbeit[776].

Gängig ist jedoch vorrangig die Unterscheidung zwischen dem sogenannten „Contractual Joint Venture“ und dem „Equity Joint Venture“.

Obgleich in den Details strittig[777], so besteht doch jedenfalls Einigkeit darüber, dass ein Contractual Joint Venture eine lediglich schuldrechtlich verankerte Zusammenarbeit zwischen Unternehmen darstellt, wohingegen bei einem Equity Joint Venture eine neue, rechtlich eigenständige Gesellschaft gegründet wird[778].

---

770 Siehe statt Vieler nur *Draxler*, Private Equity Exit, 138 Fn. 740; Carey, Real Property, Probate and Trust Journal, Winter 2005, 651, 655; *Duve*, AnwBl 2007, 389, 391; *Fleischer/Schneider*, DB 2010, 2713; *Göthel*, BB 2014, 1475, 1477; *Grau*, Corporate Finance 2015, 39, 45; *Greason/Sedor*, Chadbourne&Parke LLP, M&A Client Alert, June 1, 2011, 1; *Lutz*, Der Gesellschafterstreit, 277 Rn. 560.

771 *Fett/Spiering*, Handbuch Joint Venture, 1.

772 So zum Beispiel verwendet von *Fett/Spiering*, Handbuch Joint Venture, 1 Rn.1.

773 So zum Beispiel verwendet von *Probst/Rüting* in: Internationale Joint Ventures, 5.

774 *Ritz*, Kommentierter Mustervertrag, 1; *Schulte* in: Joint Ventures, 5 Rn. 11.

775 *Schmolke* in: Gesellschafts- und Kapitalmarktrecht, 108.

776 *Elfring*, NZG 2012, 895.

777 Dazu näher *Fett/Spiering*, Handbuch Joint Venture, 5 Rn. 3.

778 *Schulte/Pohl*, Joint-Venture-Gesellschaften, 3 Rn. 3; *Schmolke* in: Gesellschafts- und Kapitalmarktrecht, 108; *Elfring*, NZG 2012, 895; *Ritz*, Kommentierter Mustervertrag, 1;

Letztere, die auch „inkorporierte Joint Ventures" genannt werden, sind in der Praxis deutlich häufiger zu finden[779]. Sie weisen regelmäßig eine zweigliedrige Struktur auf, bestehend aus einem – üblicherweise schuldrechtlichen – Joint-Venture-Vertrag, auch Grundlagenvertrag, Konsortialvertrag, Gesellschaftervereinbarung oder Shareholders' Agreement genannt, und der Beteiligung der Partner an einem Gemeinschaftsunternehmen[780]. Dabei bleiben die beteiligten Unternehmen jedoch rechtlich und wirtschaftlich unabhängig voneinander.

Diese zweigliedrige Struktur erfordert freilich einen nicht geringen Planungs- und Gründungsaufwand, so dass die Zusammenarbeit im Rahmen eines Equity Joint Ventures tendenziell eher bei solchen Projekten in Betracht kommt, die für die beteiligten Gesellschaften von einiger Wichtigkeit sind, etwa, weil sie dauerhaft einen neuen Markt erschließen wollen oder generell eine langfristige Zusammenarbeit anpeilen.

Contractual Joint Ventures zielen demgegenüber eher auf eine „lockere Zusammenarbeit" der Partner ab, die regelmäßig auf ein einzelnes, nicht übermäßig aufwendiges Projekt bezogen und/oder zeitlich begrenzt ist[781]. Die Grenzen zur nach außen gerichteten Gesellschaft sind hierbei aber fließend, was für die beteiligten Partner eher Gefahr als Vorteil ist.

Noch ungeklärt ist indes die Frage, ob auch Kooperationen unter vollständiger oder teilweiser Beteiligung von natürlichen Personen „Joint Ventures" im vorgenannten Sinne darstellen können. Aus Sicht des Verfassers sprechen keine erheblichen Argumente gegen die Erfassung solcher Konstellationen, zumal die regelmäßig hinter der Gründung eines Joint Ventures stehenden Interessenlagen auch bei natürlichen Personen gegeben sein können.

bb) Shoot-Out-Klauseln in Joint Venture-Gesellschaften

Kaum eine Form gemeinschaftlicher unternehmerischer Betätigung ist einem größeren Risiko von Fehlschlägen ausgesetzt als Joint Ventures, was den besonderen Interessenlagen und Konstellationen in diesen Unternehmungen geschuldet ist[782].

Da viele – wenn nicht gar die meisten – Joint Ventures aus lediglich zwei beteiligten Gesellschafterunternehmen bestehen, die zudem paritätisch verteilte Anteile an

Knobloch, GesKR 2013, 551, 552; *Schulte* in: Joint Ventures, 1 Rn.1; *Fett/Spiering*, Handbuch Joint Venture, 5 Rn. 2 ff.

779 *Fett/Spiering*, Handbuch Joint Venture, 6 Rn. 5; *Ritz*, Kommentierter Mustervertrag, 1.

780 *Schmolke* in: Gesellschafts- und Kapitalmarktrecht, 108, 109; *Fett/Spiering*, Handbuch Joint Venture, 6 Rn. 9; *Schulte* in: Joint Ventures, 2 Rn. 2.

781 *Schulte* in: Joint Ventures, 3 Rn. 5.

782 *Schulte* in: Joint Ventures, 7 Rn. 14.

der Joint Venture-Gesellschaft innehaben[783] – sogenannte „50/50-Joint Ventures“[784] –, ist vor allem das Risiko einer Pattsituation auf Entscheidungsebene besonders hoch, da die Gesellschafter einem faktischen Einigungszwang unterliegen.

Derartige Entscheidungsblockaden können indes dazu führen, dass die Joint Venture-Gesellschaft handlungsunfähig wird, was mit erheblichen wirtschaftlichen Schäden verbunden sein oder gar das Scheitern der gemeinsamen Zusammenarbeit bedeuten kann[785].

Aus diesem Grund wird in der Literatur vielfach die Notwendigkeit gesehen, vertragliche Vehikel zur Konfliktlösung in Joint Ventures zu vereinbaren[786]. Zu diesen Vertragsgestaltungen zählen auch die hier behandelten Shoot-Out-Klauseln, die freilich nicht nur im Falle eines „Deadlocks“, sondern generell bei Vorliegen eines Gesellschafterkonflikts helfen können, sofern die von ihnen angestrebte drastische Folge der Gesellschaftertrennung gewünscht ist[787]. Daher können Sie grundsätzlich auch in nicht-paritätisch strukturierten Joint Ventures hilfreich sein, in denen zwar Entscheidungsstillstände weniger wahrscheinlich, aber sonstige Gesellschafterkonflikte durchaus möglich sind.

Wohl nicht zuletzt aufgrund dieser Empfehlungen im Schrifttum gehören Shoot-Out-Klauseln in der Joint Venture-Praxis mittlerweile zum häufig vereinbarten Standartrepertoire im englischsprachigen Raum[788] und sind auch in vielen anderen Teilen der Welt – Deutschland inklusive – auf dem Vormarsch[789].

Dies ist auch einleuchtend: Gerade in paritätischen Joint Ventures mit lediglich zwei Gesellschaftern sind die von Shoot-Out-Klauseln statuierten Verfahren zur Gesellschaftertrennung durch Anteilsübertragung aufgrund der schlichten Gesellschaftsstruktur besonders gut, weil relativ einfach durchführbar[790]. Dies gilt unabhängig davon, welche konkrete Rechtsform die Joint Venture-Gesellschaft aufweist. Der praktische Regelfall in Deutschland dürften indes die GmbH oder die GmbH & Co. KG sein[791].

Allerdings sind Shoot-Out-Klauseln auch bei nicht-paritätisch aufgebauten Joint Ventures mit lediglich zwei Gesellschaftern durchaus praktikabel, sofern sich die Gebote der Gesellschafter auf lediglich einen relativen Gesellschaftsanteil beziehen.

---

783 *Ritz*, Kommentierter Mustervertrag, 2; *Schulte/Pohl*, Joint-Venture-Gesellschaften, 184 Rn. 779, bezeichnen diese Konstellation als „Grundmodell der Joint-Venture-Gesellschaft“.

784 *Schulte* in: Joint Ventures, 7 Rn. 15.

785 Zum „Deadlock“ als Auslösungsvoraussetzung einer Shoot-Out-Klausel siehe F., III., 2., a).

786 Siehe statt Vieler nur *Elfring*, NZG 2012, 895, 896.

787 Dazu siehe D., I., 1. und 2.

788 *Brooks/Landeo/Spier*, RAND Journal of Economics, Winter 2010, Vol. 41 Issue 4, 649, 650; *Carey*, Real Property, Probate and Trust Journal, Winter 2005, 651, 655.

789 Siehe dazu B., III.

790 Dazu sogleich vertieft, siehe F., I., 2., a) und b).

791 *Schulte/Pohl*, Joint-Venture-Gesellschaften, 4 Rn. 6.

Komplexer wird es aber stets, wenn mehr als zwei Gesellschafter am Unternehmen beteiligt sind[792].

2. Statuierung von Shoot-out-Klauseln abhängig von der Gesellschaftsstruktur

a) Anzahl der Gesellschafter

Die Anzahl der Gesellschafter hat einen nicht unwesentlichen Einfluss auf die Frage, ob überhaupt und wenn ja welche Shoot-Out-Klausel sinnvollerweise vereinbart werden sollte.

Hierzu ist im Schrifttum vielfach zu lesen, dass eine Statuierung nur bei zweigliedrigen Gesellschaften sinnvollerweise in Betracht käme[793]. Ihre Ausgestaltung und Handhabung sei in Mehrpersonengesellschaften zwar möglich, aber kompliziert und unpraktikabel[794]. Dazu muss allerdings der Fairness halber gesagt werden, dass sich die entsprechenden Ausführungen in aller Regel nicht auf alle im Rahmen dieser Arbeit besprochenen Verfahrensarten, sondern üblicherweise nur auf das Russian Roulette – und gegebenenfalls noch auf das Texan Shoot-Out- sowie das Deterrent Approach-Verfahren beziehen.

Dies würde indes bedeuten, dass bei allen Gesellschaften, die mehr als zwei Gesellschafter haben, eine Statuierung von Shoot-Out-Klauseln – egal welcher Art – nicht sinnvoll wäre.

Dies ist freilich zu kurz, weil zu undifferenziert gedacht.

Aber der Reihe nach:

aa) Zweigliedrige Gesellschaften

Betrachtet man zunächst zweigliedrige Gesellschaften – eingliedrige, wie die Ein-Mann-GmbH, können bei der Betrachtung ersichtlich außen vor bleiben –, so wird man nicht umhin kommen, diese als „Paradeanwendungsfall“ für Shoot-Out-Klauseln aller Art zu bezeichnen.

---

792 Siehe dazu F., I., 2., a).

793 *Grau*, Corporate Finance 2015, M&A, 39, 44 inklusive Fußnote 93; *Schaper*, DB 2014, 821; *Werner*, GmbHR 2014, 310, 315; *Wälzholz*, GmbH-StB 2007, 84, 86; *Seibt* in MüAHB GmbH-Recht, A., § 2, III., 12, f), Rn. 225a; *Stephan* in: Internationale Joint Ventures, 118. *Fleischer/Schneider*, DB 2010, 2713, sprechen vom „bevorzugten Anwendungsfeld“.

794 *Schaper*, DB 2014, 821 m.w.N.; *Werner*, GmbHR 2014, 310, 315; *Fett/Spiering*, Handbuch Joint Venture, 419 Rn. 591. in diese Richtung auch *Simon*, Der Wert von Beteiligungsverträgen, 442; *Fleischer/Schneider*, DB 2010, 2713; *Stephan* in: Internationale Joint Ventures, 188; *Wedemann*, Gesellschafterkonflikte, 494. *Werner*, GmbHR 2005, 1554, 1558, spricht insoweit von einer „problematischen“ Situation.

Nicht nur, dass in diesen Konstellationen die Gefahr von Konflikten und insbesondere Blockadesituationen, deren Lösung eines der wesentlichen Ziele von Shoot-Out-Klauseln ist, am größten sein dürfte.

Darüber hinaus macht allein die Tatsache, dass sich dabei lediglich zwei Gesellschafter gegenüberstehen, es möglich, dass jede der hier besprochenen Verfahrensarten relativ problemlos durchgeführt werden kann. Einfluss auf die konkrete Gestaltung, beziehungsweise Umsetzung des Verfahrens hat dann zwar insbesondere noch die Verteilung der Geschäftsanteile[795], die aber gleichwohl nichts an der prinzipiellen Umsetzbarkeit des Verfahrens an sich ändert.

Der Grund für diese leichte Gestaltung und Umsetzbarkeit liegt auf der Hand:

Obwohl sich die verschiedenen Verfahrensarten in der Art und Weise, wie der zu zahlende Preis für die Anteile ermittelt wird, unterscheiden, so geht es doch stets nur darum, im Raum stehende Angebote anzunehmen oder abzulehnen und im letzteren Fall in der weiteren Folge zu über- oder zu unterbieten. Da sich im Rahmen dieser Verfahren in zweigliedrigen Gesellschaften jeder Gesellschafter nur mit einem „Gegner" auseinandersetzen muss, wird es nicht nur entsprechend weniger Gebote geben, als wenn noch weitere Gesellschafter beteiligt wären, sondern zugleich ist das ganze Verfahren auch deshalb übersichtlicher, da die jeweiligen Angebote nur an eben diesen einen Verhandlungspartner übermittelt werden müssen.

bb) Mehrgliedrige Gesellschaften

Für Gesellschaften mit mehr als zwei Gesellschaftern lässt sich keine derart einheitliche und klare Aussage für alle Arten von Shoot-Out-Klauseln treffen.

Da es – wie bereits zuvor gesagt – bei allen Verfahrensarten im Kern darum geht, einen Kauf- oder Verkaufspreis anhand von Geboten der Gesellschafter zu ermitteln, ist es recht offensichtlich, dass die Gestaltung und Umsetzung jeder der hier vorgestellten Verfahrensarten komplexer wird, je mehr Gesellschafter daran beteiligt sind, da es nicht nur mehr Beteiligte, sondern in der Folge wohl auch mehr zu berücksichtigende Gebote gibt.

Diese unter Umständen wenig transparente Situation kann – bei schlechter Planung und Umsetzung – sicherlich für Probleme sorgen[796].

Fraglich ist demnach, ob dieses Mehr an Komplexität dazu führen muss, dass von der Statuierung von Shoot-Out-Klauseln in mehrgliedrigen Gesellschaften generell oder jedenfalls für einzelne Verfahrensarten abgeraten werden muss, so wie es in der Literatur nicht selten geschieht[797].

Eine derartige Einschätzung müsste jedenfalls dann unterstützt werden, wenn das jeweils zur Anwendung kommende Verfahren zur Erwerberermittlung nur mit größeren Schwierigkeiten durchführbar ist.

795 Dazu siehe F., I., 2., b).
796 So auch *Schulte/Sieger*, NZG 2005, 24, 30.
797 Siehe dazu schon Fußnote 793.

Daher soll zunächst untersucht werden, ob die einzelnen Verfahrensarten in Konstellationen mit mehr als zwei am Verfahren beteiligten Gesellschaftern mit oder ohne größere Schwierigkeiten durchzuführen sind.

(1) Auktionsverfahren aller Art und ihre Abwandlungen

Auktionsverfahren zeichnen sich durch einen Bietprozess aus, an deren Ende entweder – wie beim klassischen aufsteigenden Auktionsverfahren – das höchste oder – wie bei der Grundform der absteigenden Dutch Auction – das erste Gebot den Zuschlag erhält[798].

Derartige Verfahren lassen sich üblicherweise problemlos auch mit mehreren beteiligten Gesellschaftern durchführen, sofern vereinbart wurde, dass derjenige Gesellschafter, der mit seinem Gebot obsiegt, verpflichtet ist, die Anteile *aller* anderen beteiligten Gesellschafter zum gebotenen Preis zu kaufen. Andersherum müssen freilich alle anderen Gesellschafter ebenfalls verpflichtet sein, ihre Anteile zu verkaufen.

Hier muss das Verfahren in aller Regel noch nicht einmal umgestaltet werden, denn alle Gesellschafter können Gebote auf einen relativen Gesellschaftsanteil abgeben. Ist zudem ein neutraler Dritter als „Auktionator" beteiligt, so sollte das Verfahren auch in geordneten Bahnen und nicht unübersichtlich ablaufen.

In diesen Fällen verbliebe indes am Ende des Verfahrens stets nur ein einziger Gesellschafter in der Gesellschaft. Dies stellt gerade in mehrgliedrigen, sogar noch mehr als in zweigliedrigen Gesellschaften eine äußerst radikale Herangehensweise zur Lösung eines Gesellschafterkonfliktes dar. Hier müssen die Gesellschafter bereits bei Statuierung der Klausel für sich entscheiden, ob sie dies für ein angemessenes Konfliktmanagement halten.

Im Regelfall sollte sich ein Gesellschafterkonflikt – auch, wenn er den Grad einer existenzbedrohenden Pattsituation erreicht – bereits dadurch erheblich entspannen lassen, dass lediglich ein oder einige wenige Gesellschafter ausscheiden müssen.

Soll dies durch Auktionsverfahren mit mehreren Beteiligten erreicht werden, so müssen die Verfahren entsprechend angepasst werden.

Für das klassische und eingeschränkte Auktionsverfahren könnte dies zum Beispiel durch eine Regelung geschehen, die vorsieht, dass nur derjenige Gesellschafter seine Anteile an den Meistbietenden verkaufen muss, der seinerseits das niedrigste von allen Geboten abgegeben hat. Sollen eine vorher festgelegte, begrenzte Zahl an Gesellschaftern ausscheiden, so sollte nicht nur das niedrigste, sondern die entsprechende Zahl der niedrigsten Gebote relevant sein.

Bei der Grundform der „Dutch Auction" als absteigendes Auktionsverfahren ist diese Methode im Normalfall nicht möglich, da hier bereits das erste abgegebene Gebot den Zuschlag erhält und somit kleine Vergleichsgebote vorhanden sind. Denkbar ist aber, dass der an der Auktion beteiligte neutrale Auktionator von vornherein allen Gesellschaftern mitteilt, in welchen Schritten er den Startpreis senken wird

798 Dazu bereits C., II., 1.

und sie sodann auffordert, ihm – und nur ihm – gegenüber den Preis zu benennen, bei dem sie ihr jeweils erstes Gebot abgeben würden. In diesem Fall wären von vornherein wieder mehrere Vergleichsgebote im Spiel, so dass auch hier derjenige oder diejenigen Gesellschafter ausscheiden könnten und müssten, die bei den verhältnismäßig niedrigsten Preisen ihre Gebote abgeben würde. Erwerber wird freilich nur derjenige, der beim verhältnismäßig höchsten Preis bietet.

Beim „fairest sealed bid"-Verfahren ist eine vergleichbare Lösung ebenfalls möglich. Hier müsste nur derjenige Gesellschafter seine Anteile verkaufen, der vom vorher verdeckt und neutral ermittelten „wahren" Wert eines imaginären relativen Gesellschaftsanteils mit seinem Gebot am weitesten abweicht.

Es wird jedenfalls deutlich, dass sich Auktionsverfahren aller Art und ganz regelmäßig auch ihre Abwandlungen relativ problemlos auch mit mehreren beteiligten Gesellschaftern durchführen lassen. Dies wurde teilweise auch im Schrifttum erkannt[799]. Folgerichtig wird man sie recht bedenkenlos als Inhalt einer Shoot-Out-Klausel in mehrgliedrigen Gesellschaften empfehlen können.

(2) Texan Shoot-Out-Verfahren

Obwohl das Texan Shoot-Out-Verfahren nach hier vertretener Ansicht auch lediglich eine (doppelte) Abwandlung des klassischen Auktionsverfahrens darstellt[800], soll es an dieser Stelle dennoch gesondert behandelt werden.

Dies liegt zum Einen daran, dass es in der Literatur eine verhältnismäßig große Beachtung gefunden hat und schon aus diesem Grund eine besondere Behandlung verdient.

Zum Anderen ist es insbesondere die gerade schon erwähnte Kombination aus zwei abgewandelten Auktionsverfahren, die das Verfahren schon in zweigliedrigen Gesellschaften komplexer und daher erst recht für mehrgliedrige Gesellschaften erläuterungsbedürftig macht.

Auch hier muss wieder danach unterschieden werden, ob lediglich einer, mehrere oder bis auf einen alle Gesellschafter aus der Gesellschaft ausscheiden sollen.

Im ersteren Fall ist das Verfahren so zu gestalten, dass der initiierende Gesellschafter sein Kaufangebot an alle Mitgesellschafter übermitteln muss. Dieses ist mit dem Hinweis zu versehen, dass es nur von einem Mitgesellschafter – und zwar demjenigen, der am schnellsten seine Annahme mitteilt – angenommen werden kann. Entscheidet sich folglich nur einer davon für die Annahme des Angebots, so kann das Verfahren bereits beendet und die Anteilsübertragung vorgenommen werden. Nur, wenn alle Mitgesellschafter das Angebot ablehnen und in der Folge überbieten, geht es weiter. In diesem Fall hat der initiierende Gesellschafter die Wahl, eines der Angebote anzunehmen oder alle abzulehnen. Im ersten Fall endet

---

799 *Schaper*, DB 2014, 821; *Heckschen* in: Die GmbH, § 4 Rn. 191; *Wälzholz*, GmbH-StB 2007, 84, 86 ff.; *Seibt* in: MüAHB GmbH-Recht, A., § 2, III., 12., f), Rn. 225b.; *Wedemann*, Gesellschafterkonflikte, 494.

800 Dazu siehe C., II., 3., d).

das Verfahren und der Gesellschafter muss ausscheiden, im zweiteren Fall kommt es – je nach Verfahrensgestaltung – zu einem eingeschränkten oder klassischen Auktionsverfahren, für das die oben genannten Regeln gelten.

Sollen mehrere, aber eine bestimmte Zahl an Gesellschaftern ausscheiden, so muss der oben genannte Hinweis beim Startgebot dahingehend angepasst werden, dass maximal die entsprechende Anzahl an Gesellschaftern, die ausscheiden soll, das Angebot annehmen kann. Auch hier sollte für die Annahme das Prioritätsprinzip gelten.

Tritt ebendieser Fall ein, kann das Verfahren beendet werden. Nimmt keiner oder nicht die entsprechende Anzahl an Gesellschaftern das Angebot an, geht es weiter. Im nächsten Schritt hat sodann der ursprünglich initiierende Gesellschafter die Wahl, eines der ihm zugegangenen Angebote seiner Mitgesellschafter anzunehmen und seinerseits auszuscheiden.

Ist dadurch nunmehr die festgelegte Anzahl an auszuscheidenden Gesellschaftern erreicht, endet das Verfahren. Ist dies nicht der Fall oder lehnt er alle Angebote ab, kommt es zum Auktionsverfahren, bei dem sodann der Höchstbietende Erwerber wird und so viele Gesellschafter mit den niedrigsten Geboten ausscheiden, bis die festgelegte Anzahl erreicht ist.

Die unmittelbar vorstehenden Erwägungen gelten im Übrigen auch für den Fall, dass nur ein Gesellschafter am Ende des Verfahrens in der Gesellschaft verbleiben soll. Denn dann ist ebenfalls klar, das eine bestimmte, vorher festlegbare Anzahl an Gesellschaftern ausscheiden soll.

Zusammenfassend wird deutlich, dass auch das Texan Shoot-Out-Verfahren mit mehr als zwei beteiligten Gesellschaftern durchführbar ist. Es wird dadurch freilich etwas komplexer und wohl auch zeitintensiver, aber nach Ansicht des Verfassers nicht in einem solchen Maße, dass man allein deshalb von der Statuierung in mehrgliedrigen Gesellschaften abraten müsste.

(3) Russian Roulette-Verfahren

Insbesondere dem Russian Roulette-Verfahren als wohl bekannteste Verfahrensart von Shoot-Out-Klauseln wird häufig nachgesagt, wenn überhaupt, dann nur in unpraktikabler Weise in mehrgliedrigen Gesellschaften umsetzbar zu sein[801].

Und in der Tat wird man mit Problemen konfrontiert, wenn man das Verfahren ohne gesonderte Anpassung an die Konstellation mit mehr als zwei Gesellschaftern durchführen will.

Kompliziert wird es insbesondere durch den Umstand, dass die Angebotsempfänger jeweils eine aktive Wahl zwischen dem Verkauf der eigenen und dem Kauf fremder Anteile haben.

Würde der verfahrenseinleitende Gesellschafter jeden seiner Mitgesellschafter gleichermaßen vor eben diese Wahl stellen, so könnte es dazu kommen, dass ihn

801 Siehe dazu schon Fußnote 793.

eine Verkaufsverpflichtung gegenüber mehreren Mitgesellschaftern trifft, obwohl er seine Anteile im Ganzen freilich nur an einen von ihnen verkaufen kann und darf.

Ferner könnte es zu der Konstellation kommen, dass sich ein Mitgesellschafter zum Verkauf und ein anderer zum Kauf entscheidet. Dies hätte zur Folge, dass der verfahrenseinleitende Gesellschafter seine eigenen Anteile verkauft, nur um gleichzeitig Anteile eines Mitgesellschafter zu kaufen und damit doch in der Gesellschaft zu verbleiben.

Problematisch wird es außerdem, wenn nicht nur einer, sondern mehrere oder gar alle bis auf einen Gesellschafter durch das Verfahren aus der Gesellschaft ausscheiden sollen.

Anders als bei Auktionsverfahren gibt es hier keinen Bietprozess, sondern von vornherein nur ein Kaufs- und ein Verkaufsangebot zu gleichen Konditionen, so dass es zu keiner verfahrens- und gebotsimmanenten Selektion unter den Gesellschaftern kommt.

Aus diesen Gründen muss das Verfahren angepasst werden, um in mehrgliedrigen Gesellschaftern ohne die vorgenannten Komplikationen durchführbar zu sein.

Soll nur ein Gesellschafter ausscheiden, so macht es Sinn, zu vereinbaren, dass nach Verfahrenseinleitung und der Abgabe der Erstgebote das weitere Verfahren nur zwischen dem einleitenden und demjenigen Gesellschafter stattfindet, der am schnellsten auf eines der im Raum stehenden Anfangsgebote eingeht. Dieses Prioritätsprinzip hilft außerdem dabei, das Verfahren weiter zu beschleunigen.

Sollen indes mehrere oder gar alle Gesellschafter bis auf einen ausscheiden, so stößt das Verfahren aufgrund seiner oben genannten spezifischen Eigenschaften bei steigender Anzahl der Gesellschafter an seine Grenzen. Ist es zum Beispiel bei drei oder vier Gesellschaftern noch durchaus realistisch, dass eine konkrete, vorher festgelegte Anzahl an Gesellschaftern durch das Verfahren aus der Gesellschaft ausscheidet – etwa, weil einer der Mitgesellschafter verkauft und ein anderer kauft –, so wird es bei zunehmender Anzahl an Beteiligten immer unrealistischer, dieses angepeilte Ziel zu erreichen.

Umgesetzt werden kann es wohl nur dann, wenn sich die exakte Anzahl an Gesellschaftern, die ausscheiden soll, ausschließlich zum Verkauf der eigenen Anteile bereit erklärt, was bei Gesellschaften mit vielen Beteiligten nicht als realistisch bezeichnet werden kann.

Diesem Problem lässt sich auch schwerlich mit Verfahrensänderungen begegnen, ohne dass der spezifische Charakter des Verfahrens verändert wird. So ließe sich zwar theoretisch ein Auktionsverfahren an die erste Angebotsrunde anschließen, etwa, weil sich mehrere Gesellschafter zum Kauf der Anteile des einleitenden Gesellschafters entschieden haben, aber dann könnte man beinahe schon vom Vorliegen eines Texan Shoot-Out-Verfahren[802] sprechen.

Daher muss festgehalten werden, dass das Russian Roulette-Verfahren in mehrgliedrigen Gesellschaften jedenfalls dann nicht sinnvoll ist, wenn mehr als ein

802 Zur Beschreibung dieses Verfahrens siehe C., II., 3., a).

Gesellschafter ausscheiden soll und mehr als eine handvoll Gesellschafter vorhanden sind.

Soll indes nur ein Gesellschafter ausscheiden, ist es recht problemlos auch mit einer größeren Anzahl an Beteiligten durchführbar, wenn die Anfangsgebote des initiierenden Gesellschafters dahingehend modifiziert werden, dass ein Vertrag nur mit demjenigen Mitgesellschafter zustande kommt, der am schnellsten die Annahme eines der Angebote erklärt.

(4) Deterrent Approach-Verfahren

Beim Deterrent Approach-Verfahren handelt es sich nach hier vertretener Auffassung um eine Abwandlung des Russian Roulette-Verfahrens[803]. Abgesehen davon, dass hier zunächst eine objektive Bewertung der Gesellschaftsanteile stattfindet und diese als Grundlage für die vertraglich bereits prozentual konkretisierte Gebotshöhe herangezogen wird, läuft das Verfahren im Grundsatz genauso ab wie das Russian Roulette-Verfahren. Insbesondere gibt nur der verfahrenseinleitende Gesellschafter Kaufs- und Verkaufsangebote ab, zwischen denen die Mitgesellschafter die (aktive) Wahl haben.

Diese Ähnlichkeit erlaubt es, die oben zum Russian Roulette-Verfahren getätigten Ausführungen auf dieses Verfahren zu übertragen.

Das bedeutet, dass es in mehrgliedrigen Gesellschaften relativ problemlos durchführbar ist, wenn lediglich ein Gesellschafter ausscheiden soll. Andersherum macht eine Statuierung wenig Sinn, wenn mehr als ein Gesellschafter ausscheiden soll und insgesamt auch mehr als nur einige wenige Gesellschafter vorhanden sind.

(5) Zusammenfassung

Die vorgehenden Ausführungen haben gezeigt, dass der Großteil der Verfahren auch dann gestalt- und umsetzbar ist, wenn mehr als zwei Gesellschafter daran beteiligt sind.

Notwendig sind hier indes häufig gewisse Umgestaltungen der Verfahren. Welche das konkret sind, kann bei den Erläuterungen zu den einzelnen Verfahren nachgelesen werden.

Durch diese Umgestaltungen kann eine – meines Erachtens – relativ unproblematische und praktikable Durchführung der Verfahren erreicht werden, so dass allein der Umstand, dass mehr als zwei Gesellschafter beteiligt sind, nicht zwingend ein Grund dafür sein muss, gänzlich von der Statuierung einer Shoot-Out-Klausel abzuraten, auch wenn ihre Umsetzung zweifelsohne etwas komplexer wird. Insofern ist den von der Statuierung in mehrgliedrigen Gesellschaft aufgrund der Komplexität der Verfahren prinzipiell abratenden Literaturstimmen entgegenzutreten.

Ungeachtet dessen muss die Frage aber dennoch bleiben, ob eine Vereinbarung in solchen Konstellationen überhaupt Sinn macht.

803 Siehe dazu C., II., 5., d).

Grundsätzlich greifen die von Shoot-Out-Klauseln angepeilten Ziele und Wirkungen auch in mehrgliedrigen Gesellschaften. Insbesondere lässt sich eine Konfliktlösung herbeiführen, bei der regelmäßig faire Preise für die Anteile erzielt werden dürften. Letzteres sogar in Fällen, in denen ein Auktions- oder auktionsähnliches Verfahren gewählt wurde, noch eher als in einer zweigliedrigen Gesellschaft, da bei zunehmender Anzahl an beteiligten Gesellschafter zugleich eine höhere Chance bestehen dürfte, einen nicht nur angemessenen, sondern sogar hohen Preis für die jeweilige Beteiligung zu erhalten.

Auch das so wichtige Drohpotenzial der Klauseln ist nicht abhängig von der Anzahl der Gesellschafter.

Einzig das Ziel, eine schnelle Trennung herbeizuführen, dürfte bei einer Durchführung mit einer Vielzahl von Gesellschaftern nur schwerlich zu erreichen sein. Da dies – je nach Verfahrensart – aber auch in zweigliedrigen Gesellschaftern unter Umständen nicht zu schaffen ist[804], kann es für sich allein genommen kein Grund sein, der eine Statuierung weniger ratsam macht.

Klar ist aber jedenfalls eins: Je mehr Gesellschafter die Gesellschaft hat, desto geringer ist auch das Risiko von Gesellschafterkonflikten, die derart gravierend sind, dass eine Beendigung der Zusammenarbeit notwendig ist. Hier werden sich regelmäßig recht klare Mehrheiten finden lassen, so dass insbesondere die Gefahr einer Pattsituation äußerst gering sein dürfte.

Da Shoot-Out-Klauseln aber in erster Linie radikale Konfliktlösungsmechanismen zur Sicherung der – insbesondere wirtschaftlichen – Unternehmenszukunft sein wollen[805], ist es jedenfalls in Publikumsgesellschaften und sonstigen Gesellschaften mit einer Vielzahl von Gesellschaftern in aller Regel weder notwendig noch sinnvoll, Shoot-Out-Klauseln zu vereinbaren.

Andersherum heißt dies jedoch auch, dass in kleineren, mehrgliedrigen Gesellschaften mit einer noch überschaubaren Anzahl an Gesellschaftern eine Vereinbarung von Shoot-Out-Klauseln durchaus sinnvoll sein kann.

Eine konkrete Grenze, ab welcher Gesellschafteranzahl von einer Statuierung abzuraten ist, lässt sich aber schwerlich benennen. Hier wird der Rechtsberater in enger Absprache mit den Gesellschaftern im konkreten Einzelfall prüfen müssen, wie groß die Gefahr ernsthafter Gesellschafterkonflikte ist, die eine Beendigung der Zusammenarbeit notwendig machen.

Fleischer/Schneider schlagen – wohl auch in Anlehnung an Carey[806] – hier als durchaus sinnvolle Faustformel für Mehrpersonengesellschaften vor, Shoot-Out-Klauseln am ehesten noch dann in Betracht zu ziehen, wenn sich zwei Gesellschaftergruppen bilden ließen, innerhalb derer eine einheitliche Willensbildung

804 Siehe dazu D., I., 4.

805 Dazu siehe D., I., 1. und 8.

806 *Carey*, Real Property, Probate and Trust Journal, 651, 692.

gewährleistet sei[807], was letztlich wieder auf eine faktische Zweipersonen-Konstellation hinausläuft.

Um die Konfliktlösung weniger drastisch zu gestalten, könnte in mehrgliedrigen Gesellschaften auch daran gedacht werden, das Verfahren nur auf diejenigen Gesellschafter zu beschränken, die als aktive Konfliktparteien anzusehen sind. Damit würde zumindest verhindert, dass auch solchen Gesellschaftern das Ausscheiden aus der Gesellschaft droht, die gar nicht konfliktverantwortlich oder – beteiligt sind.

Eine andere – oben schon teilweise angesprochene – Möglichkeit zu einer weniger drastischen Konfliktlösung ist zudem die vertragliche Klauseleinschränkung, dass auch in mehrgliedrigen Gesellschaften nur ein einziger Gesellschafter in Folge der Durchführung des Verfahrens ausscheiden muss. Damit sollte sich in den meisten Fällen zumindest eine deutliche Entschärfung des vorherrschenden Konfliktes herbeiführen lassen, ohne dass die Gesellschafterstruktur massiv beeinflusst wird, wie es beim gleichzeitigen Ausscheiden mehrerer Gesellschafter der Fall wäre.

Eine solche Einschränkung hat zudem den Vorteil, dass dadurch auch das Russian Roulette- und das Deterrent Approach-Verfahren in mehrgliedrigen Gesellschaften praktisch umsetzbar sind.

b) Verteilung der Gesellschaftsanteile

Untersucht werden soll ferner, ob auch die (relative) Verteilung der Gesellschaftsanteile Auswirkungen auf die Frage haben kann, inwiefern die Statuierung einer Shoot-Out-Klausel als sinnvoll einzustufen ist.

In der Literatur findet sich in dieser Hinsicht nicht selten die Ansicht, dass Shoot-Out-Klauseln vorrangig in Konstellationen anzuwenden seien, in denen die Gesellschaftsanteile gleichmäßig verteilt sind[808]. Hervorgehoben wird dabei noch die paritätische 50/50-Verteilung in zweigliedrigen Gesellschaften[809], da hier das Risiko einer Pattsituation besonders hoch sei[810].

Teilweise wird sogar die Auffassung vertreten, dass Shoot-Out-Klauseln in anderen Konstellationen keine angemessene Lösung zur Auseinandersetzung einer Gesellschaft darstellten, da sich aufgrund der unterschiedlichen Kräfteverhältnisse

---

807 *Fleischer/Schneider*, DB 2010, 2713.

808 Siehe nur *Schroeder/Welpot*, NZG 2014, 609, 610; *Schulte/Sieger*, NZG 2005, 24, 30; *Hewitt*, Hewitt on Joint Ventures, 235: *Lutz*, der Gesellschafterstreit, 277 Rn. 560.

809 *Duve*, AnwBl 2007, 389, 391; *Lohr*, GmbH-StB 2014, 93; *Schaper*, DB 2014, 821; *Schroeder/Welpot*, NZG 2014, 609, 610; *Schulte/Sieger*, NZG 2005, 24; *Thompson*, Shotgun Clauses, 2; *Langenfeld/Miras*, GmbH-Vertragspraxis, 140 Rn. 375; *Niewiarra*, Unternehmenskauf, 109.

810 *Heeg*, BB 2014, 467, 470; *Gresbrand/Röhl*, AnwZertOnl HaGesR, Heft 20/2014, 2 Anm.1; *Lohr*, GmbH-StB 2014, 93; *Schaper*, DB 2014, 821; *Schroeder/Welpot*, NZG 2014, 609, 610; *Willms/Bicker*, BB 2014, 1347; *Huber* in: Kooperations- und Joint-Venture-Verträge, 30.

in diesen Fällen Schwierigkeiten bei der Abwicklung ergäben[811] oder Gesellschafter mit einer niedrigeren Beteiligungsquote benachteiligt würden, weil sie möglicherweise finanziell nicht in der Lage seien, den Anteil eines Mehrheitsgesellschafters zu übernehmen[812].

aa) Paritätische Gesellschaften

Dass zweigliedrige Gesellschaften den „Parade-Anwendungsfall" derartiger Klauseln darstellen, wurde bereits erläutert[813].

Dieser wird komplettiert, wenn die beiden Gesellschafter jeweils 50 Prozent der Gesellschaftsanteile halten.

In dieser Konstellation dürfte, wie bereits in der Literatur zurecht angemerkt[814], die Gefahr für Pattsituationen auf Entscheidungsebene ebenso wie für andere Gesellschafterstreitigkeiten, die den Grad eines existenzbedrohenden Konflikts erreichen, besonders hoch sein, nicht zuletzt, weil für Beschlüsse regelmäßig das Mehrheitsprinzip gelten wird.

Da Shoot-Out-Klauseln eben solche Konflikte lösen wollen und können, stellen sie eine durchaus in Betracht zu ziehende Vertragsgestaltung dar.

Aber nicht nur aus diesem Grund ist die Vereinbarung einer Shoot-Out-Klausel in diesen Fällen als sinnvoll einzustufen.

Bei einer 50/50-Verteilung der Anteile in einer zweigliedrigen Gesellschaft lassen sich überdies alle der hier vorgestellten Verfahrensarten zur Erwerberermittlung problemlos und regelmäßig auch vergleichsweise zügig durchführen.

So können Gebote jeweils auf die kompletten Anteile des Gegenübers bezogen werden und müssen auch nur diesem einen Mitgesellschafter zugehen.

Aber auch in mehrgliedrigen Gesellschaften, in denen alle Gesellschafter gleiche Anteile innehaben, lassen sich sämtliche Verfahren durchführen, ohne dass das Gros der zu erreichenden Ziele und Wirkungen von Shoot-Out-Klauseln beeinträchtigt wird. Insofern kann auf die obigen Ausführungen zu mehrgliedrigen Gesellschaften verwiesen werden[815]. Dabei können die abzugebenden Gebote ebenfalls auf die jeweils komplette Beteiligungsquote der Mitgesellschafter ausgerichtet werden.

bb) Nicht-paritätische Gesellschaften

Allein die Tatsache, dass die Verteilung der Gesellschaftsanteile zwischen zwei oder mehreren Gesellschaftern ungleich, also nicht-paritätisch ist, scheint mir kein Grund zu sein, aus dem man von der Statuierung einer Shoot-Out-Klausel abraten sollte.

---

811 So *Schulte/Sieger*, NZG 2005, 24, 30; ähnlich *Werner*, GmbHR 2005, 1554, 1558. In diese Richtung auch *Stephan* in: Internationale Joint Ventures, 118.
812 *Lutz*, Der Gesellschafterstreit, 277 Rn. 560.
813 Siehe F., I., 2., a), aa).
814 Siehe dazu Fußnote 809.
815 Siehe dazu F., I., 2., a), bb).

Denn festzuhalten ist, dass die Verfahren in diesen Fällen nicht nur praktisch durchführbar, sondern zugleich auch alle Ziele und Wirkungen, die erreicht werden sollen, von der schlichten Verteilung der Geschäftsanteile unabhängig sind.

So haben die Gesellschafter die Möglichkeit, zu vereinbaren, dass sich ihre Angebote auf jeweils einen relativen oder gar auf alle Geschäftsanteile beziehen sollen.

In beiden Fällen lässt sich der am Ende zu zahlende Preis für die Anteile des oder der ausscheidenden Gesellschafter relativ einfach errechnen, wenn klar ist, wie viel Prozent der gesamten Anteile der jeweils einzelne Gesellschaft innehat.

Die Auffassung, dass Shoot-Out-Klauseln in nicht-paritätischen Gesellschaften schwierig abzuwickeln seien[816], vermag daher nicht zu überzeugen.

Überdies kann die Ansicht, dass von der Statuierung einer Shoot-Out-Klausel in nicht-paritätischen Gesellschaften abzuraten ist, weil Minderheitsgesellschafter finanziell nicht in der Lage seien, Anteile eines Mehrheitsgesellschafters zu übernehmen[817], jedenfalls dann nicht unterstützt werden, sofern sie grundsätzliche Geltung beansprucht.

Freilich kann es Fälle geben, in denen ein Minderheitsgesellschafter zugleich finanziell schlechter aufgestellt ist als ein Mehrheitsgesellschafter und es für ihn dementsprechend schwieriger ist, die Anteile des Mehrheitsgesellschafters aufzukaufen.

Gleichwohl ist recht offensichtlich, dass dies nicht zwingend so sein muss. Insbesondere ist hier an Fälle zu denken, in denen finanzstarke Gesellschaften sich als Kapitalinvestoren an kleineren, aufstrebenden und regelmäßig finanziell noch nicht sonderlich starken Gesellschaften als Minderheitsgesellschafter beteiligen.

In beiden Konstellationen ist es jedoch nicht die Verteilung der Geschäftsanteile, die für die Frage, ob die Statuierung einer Shoot-Out-Klausel Sinn macht, relevant ist. Vielmehr geht es hier allein um die Finanzkraft der Gesellschafter, die daher an anderer Stelle eine gesonderte Betrachtung erhalten wird[818].

Generell zu bedenken ist allerdings, dass bei ungleicher Verteilung der Geschäftsanteile sowohl in zwei- als auch in mehrgliedrigen Gesellschaften regelmäßig die Gefahr existenzbedrohender Konflikte geringer sein dürfte, wenn man davon ausgeht, dass die relative Verteilung der Geschäftsanteile auch die Stimmverteilung und/oder -gewichtung auf Entscheidungsebene beeinflusst. So hat ein klarer Mehrheitsgesellschafter im Normalfall auch mehr Einfluss auf die Geschicke der Gesellschaft als ein Minderheitsgesellschafter, so dass jedenfalls eine Pattsituation gar nicht oder jedenfalls nur sehr selten auftreten dürfte.

Sind also die Geschäftsanteile derart klar verteilt – unabhängig davon, wie viele Gesellschafter vorhanden sind –, dass die Gefahr existenzbedrohender Gesellschafterkonflikte nur als äußerst gering einzustufen ist, so ist die Statuierung einer Shoot-Out-Klausel regelmäßig nicht notwendig.

---

816 Siehe dazu schon Fußnote 810.

817 Zu dieser Ansicht schon Fußnote 811.

818 Siehe dazu F., I., 3., a).

Dies muss aber letztlich eine Entscheidung des Einzelfalles bleiben, denn auch bei einer klaren, einseitigen Verteilung der Geschäftsanteile können zum Beispiel einem Minderheitsgesellschafter bestimmte Minderheitsstimmrechte eingeräumt werden oder für eine Beschlussfassung das Einstimmigkeitsprinzip vorgesehen sein. Hier ist es ohne weiteres denkbar, dass auch ein klarer Minderheitsgesellschafter die Beschlussfassung auf Bestreben der Mehrheit blockiert[819] und dadurch einen möglicherweise schwerwiegenden Konflikt heraufbeschwört.

Darüber hinaus gibt es freilich eine Vielzahl an denkbaren Gesellschafterkonflikten[820], die den Grad der Existenzbedrohung für die Gesellschaft nicht erreichen und die auch unabhängig von der Verteilung der Geschäftsanteile entstehen können. Auch hier können Shoot-Out-Klauseln zum Einsatz kommen, da das Ausscheiden eines der zerstrittenen Gesellschafter im Regelfall zur Konfliktlösung oder jedenfalls zur Konfliktentspannung führen kann. Die Folge der Klauselauslösung – nämlich das Ausscheiden eines oder mehrerer Gesellschafter – kann in diesen Fällen allerdings von den Gesellschaftern – und nicht zu Unrecht – als zu radikale Art der Konfliktbewältigung angesehen werden. Daher ist es letztlich eine Entscheidung der Gesellschafter, ob sie sich auch bei weniger schlimmen Konflikten auf eine derart drastische Lösung einlassen wollen.

Zwingend notwendig ist sie indes – auch angesichts der Tatsache, dass es zahlreiche weniger radikale Konfliktbewältigungsmechanismen gibt – keinesfalls.

c) Stille Gesellschaften

Stille Gesellschaften weisen eine besondere, von „normalen" Gesellschaften abweichende innere Struktur auf, so dass sie hier eine gesonderte Behandlung erfahren sollen.

Gesetzliche Regelungen dazu finden sich in den §§ 230 ff. HGB. Sie sind Innen- und Personengesellschaften[821], wobei man dabei zwischen typischen und atypischen Stillen Gesellschaften unterscheidet.

Erstere sind lediglich zweigliedrig und entstehen durch Abschluss eines Gesellschaftsvertrages zwischen dem ein Handelsgewerbe betreibenden Geschäftsinhaber, der zum Beispiel auch eine Kapitalgesellschaft sein kann[822], und dem Stillen Gesellschafter. Dieser Letztgenannte leistet eine Einlage, die kein haftendes Kapital, sondern Fremdkapital ist, was dazu führt, dass das stille Einlageverhältnis einem qualifizierten Kreditverhältnis gleichkommt und kein gemeinsames

819 Siehe dazu *Wedemann*, Gesellschafterkonflikte, 53.

820 Zu typischen Gesellschafterkonflikten siehe *Lutz*, Der Gesellschafterstreit, 1–277. Für geschlossene Kapitalgesellschaften siehe *Wedemann*, Gesellschafterkonflikte, 46 ff.

821 *Künnemann* in: Unternehmensnachfolge, 509, 510.

822 *Lipp*, Die stille Gesellschaft im nationalen und internationalen Kontext, 126.

Gesellschaftsvermögen entsteht. Im Gegenzug wird er am Gewinn des Unternehmensträgers beteiligt[823].

Die atypische Stille Gesellschaft weist dagegen – unter Beibehaltung der wesensbildenden Grundstruktur – teils starke Abweichungen von den gerade genannten Merkmalen einer typischen Stillen Gesellschaft auf.

Anerkannt sind insoweit zwei Fallgruppen, wobei zwischen der atypischen Stillen Gesellschaft mit Vermögensbeteiligung und derjenigen mit Geschäftsführungsbeteiligung des Stillen Gesellschafters unterschieden wird[824].

Ferner kann es atypische Stille Gesellschaften geben, die nicht nur zwei-, sondern mehrgliedrig sind. Diese haben in der körperschaftlich organisierten, auf eine Vielzahl wechselnder Mitglieder angelegten Publikumspersonengesellschaft ihre praktische Ausprägung gefunden. Hier wird das Einstimmigkeitsprinzip regelmäßig durch das Mehrheitsprinzip ersetzt[825].

Sowohl in typischen als auch in atypischen Stillen Gesellschaften sind, sofern die Gesellschafter nichts anderes vereinbart haben, die Geschäftsanteile sowohl des Geschäftsinhabers als auch des oder der Stillen Gesellschafter – bei Letzteren nach vorzugswürdiger Ansicht[826] in Gestalt einer echten Mitgliedschaft als Rechtsobjekt anstelle eines bloßen Rechtsverhältnisses – übertragbar, wobei jedoch grundsätzlich die Zustimmung des oder der Mitgesellschafter notwendig ist[827].

‚Es stellt sich damit im Kontext dieses Kapitels nunmehr die Frage, ob es sinnvoll ist, Shoot-Out-Klauseln, die freilich eine solche Übertragung von Geschäftsanteilen zur Folge haben, in typischen und/oder atypischen Stillen Gesellschaften zu vereinbaren.

aa) Shoot-out-Klauseln in typischen Stillen Gesellschaften

Ausgehend von der oben beschriebenen Struktur einer typischen Stillen Gesellschaft, fällt schnell ins Auge, dass der Vollzug einer Shoot-Out-Klausel zu Problemen führen kann.

Wie bereits erwähnt, ist die typische Stille Gesellschaft zweigliedrig und als Personengesellschaft anzusehen. Scheidet hier einer der Gesellschafter in Folge der Klauselauslösung aus, kommt es zwangsläufig zur Beendigung dieser Innengesellschaft[828], da es keine Einmann-Personengesellschaften geben kann[829].

---

823 Zur vorgenannten Charakterisierung der typischen stillen Gesellschaft inklusive ihrer charakterbildenden Merkmale siehe *Reusch*, Die stille Gesellschaft als Publikumsgesellschaft, 19, 20.

824 *Reusch*, Die stille Gesellschaft als Publikumsgesellschaft, 21.

825 *Reusch*, Die stille Gesellschaft als Publikumsgesellschaft, 22, 27.

826 Dazu *Keul* in: MüHB GesR, Bd. 2, § 88 Rn. 2 m.w.N.

827 *Künnemann* in: Unternehmensnachfolge, 510 m.w.N.; *Keul* in: MüHB GesR, Bd. 2, § 88 Rn. 4; *Blaurock*, Handbuch der Stillen Gesellschaft, 180 Rn. 519 ff.

828 So auch *Keul* in: MüHB GesR, Bd. 2, § 88 Rn. 8.

829 Siehe dazu schon D., I., 1.

Eines der Ziele von Shoot-Out-Klauseln ist es indes, eben diesen Fortbestand der Gesellschaft zu gewährleisten.

Dies könnte zwar durch die Umwandlung in eine Kapitalgesellschaft erreicht werden, macht aber wenig Sinn, da zwangsläufig der Charakter als Innengesellschaft aufgegeben werden müsste.

Hinzu kommt, dass in typischen Stillen Gesellschaften im Normalfall nur sehr geringes Potenzial für derart schwere Gesellschafterkonflikte steckt, dass sich die Statuierung einer Shoot-Out-Klausel als sehr drastische Konfliktlösungsmethode lohnen würde. Insbesondere dürfte die Gefahr einer Pattsituation auf Entscheidungsebene nicht gegeben sein, da nach der gesetzlichen Konzeption der Stille Gesellschafter in einer typischen Stillen Gesellschaft keinerlei Entscheidungsbefugnis im Hinblick auf das Unternehmen des Geschäftsinhabers, sondern lediglich bestimmte Informationsrechte (§ 233 HGB) hat.

Daher wird man insgesamt von der Vereinbarung von Shoot-Out-Klauseln in typischen Stillen Gesellschaften abraten können.

bb) Shoot-out-Klauseln in atypischen Stillen Gesellschaften, insbesondere Personenpublikumsgesellschaften

Angesichts der zahlreichen Möglichkeiten, eine atypische Stille Gesellschaft rechtlich auszugestalten, fällt es schwer, allgemeingültige Aussagen darüber zu treffen, inwiefern in diesen Konstellationen die Vereinbarung einer Shoot-Out-Klausel als sinnvoll einzuschätzen ist. Letztlich wird man dies wohl von der Gestaltung des Einzelfalls abhängig machen müssen.

Einige grundsätzliche Aussagen lassen sich gleichwohl treffen:

Sofern in atypischen Stillen Gesellschaften ebenfalls nur zwei Gesellschafter vorhanden sind, stellt sich – ebenso wie bei typischen Stillen Gesellschaften – das Problem, dass durch Ausscheiden eines Gesellschafters im Zuge der Klauseldurchführung die Gesellschaft insgesamt beendet wird und es mangels eines eigenen Geschäftsbetriebs auch keinen Sinn macht, die ehemalige Innengesellschaft als Kapitalgesellschaft fortzuführen.

In Konstellationen mit mehr als zwei Gesellschaftern kann eine Shoot-Out-Klausel indes durchaus sinnvoll sein, da hier jedenfalls dann keine komplette Beendigung der Gesellschaft droht, wenn durch den Ausstiegsmechanismus nur ein Gesellschafter ausscheidet oder nicht nur ein Gesellschafter in der Gesellschaft verbleibt. Sinnvoll ist die Statuierung vor allem dann, wenn die Stille Gesellschaft derart atypisch ausgestaltet ist, dass die Stillen Gesellschafter in nicht geringem Maße an der Geschäftsführung beteiligt sind. Hier ist die Gefahr schwerwiegender Gesellschafterkonflikte jedenfalls dann deutlich höher als in Fällen typischer Stiller Beteiligungen, wenn die Anzahl an vorhandenen Gesellschaftern ein gewisses Maß nicht übersteigt. Dabei gilt erneut, dass bei steigender Gesellschafterzahl die Gefahr existenzbedrohender Gesellschafterkonflikte wieder sinkt, da sich leichter klare

Mehrheiten finden lassen dürften[830]. In Personenpublikumsgesellschaften wird ein derartiger Konfliktlösungsmechanismus daher regelmäßig nicht erforderlich sein.

Gleichwohl wird man auch hier schon bei Gründung der Gesellschaft, wenn sich die Frage nach der Vereinbarung einer solchen Klausel richtigerweise das erste Mal stellen sollte, nicht um eine Einzelfallbetrachtung umhin kommen, bei der es zu prüfen gilt, wie hoch die Wahrscheinlichkeit solcher existenzbedrohender Konflikte ist.

Freilich spielt auch die Bereitschaft der Gesellschafter, sich auf einen derart drastischen Konfliktlösungsmechanismus einzulassen, eine gewichtige Rolle. Dies gilt in besonderem Maße für den Geschäftsinhaber. Unterliegt er in einem von einer Shoot-Out-Klausel statuierten Erwerberermittlungsverfahren, so verliert er nicht nur seine Beteiligung an der Stillen Gesellschaft, sondern zugleich sein ganzes Unternehmen, das mit dem Gesellschaftsanteil an der Stillen Gesellschaft untrennbar verbunden ist und daher auch nur gemeinsam mit ihm übertragen werden kann[831].

Fraglich dürfte aber – sowohl bei typischen als auch bei atypischen Stillen Gesellschaften – sein, ob es überhaupt den Interessenlagen der beteiligten Gesellschafter entspricht, den jeweiligen Anteil des oder der Mitgesellschafter zu übernehmen. Dies gilt insbesondere im Verhältnis der Stillen Gesellschafter zum Geschäftsinhaber. Übernähme ein Stiller Gesellschafter nämlich den Anteil des Geschäftsinhabers, so ginge damit – wie zuvor bereits erwähnt – zugleich die Übernahme des Unternehmens des Geschäftsinhaber einher. Das damit verbundene Risiko, auch am Verlust des Geschäfts teilzunehmen, will ein Stiller Gesellschafter im Normalfall gerade meiden[832].

Damit sprechen letztlich sowohl in typischen als auch in atypischen Stillen Gesellschaften die wohl besseren Argumente gegen die Statuierung einer Shoot-Out-Klausel. Einzelfälle, in denen es anders liegen mag, sind indes möglich, was erneut für eine entsprechende Betrachtung und Prüfung des jeweiligen Falles vor Vereinbarung der Klausel spricht.

d) International strukturierte Gesellschaften

Im modernen Wirtschaftsleben ist es alles andere als unüblich, dass Gesellschaften international aufgestellt sind, was sich regelmäßig auch auf die Struktur der Gesellschaft und ihrer Gesellschafter überträgt. Gerade im Bereich der Joint Ventures, die in Bezug auf die hier gegenständlichen Klauseln ohnehin eine besondere Bedeutung haben[833], dürften Kooperationen zwischen Gesellschaftern aus unterschiedlichen Staaten zur Tagesordnung gehören.

Schon allein diese praktische Relevanz rechtfertigt es, sich an dieser Stelle damit auseinander zu setzen, inwiefern sich eine internationale Gesellschafterstruktur

---

830 Siehe dazu schon F., I., 2., a).
831 *Keul* in: MüHB GesR, Bd. 2, § 88 Rn. 1.
832 *Blaurock*, Handbuch der Stillen Gesellschaft, 17 Rn. 38.
833 Siehe dazu bereits F., I., 1., b).

auf die Frage auswirkt, ob die Vereinbarung von Shoot-Out-Klauseln als sinnvoll zu betrachten ist.

In internationalen Kooperationen kommen die Gesellschafter nicht selten aus andersartigen Wirtschafts- und Rechtsordnungen. Dieser Umstand macht es erforderlich, schon bei Gründung der Gesellschaft die damit einhergehenden Interessengegensätze und unterschiedlichen Verständnisse von Rechtsbegriffen in ein einvernehmliches Vertragskonstrukt zu betten[834]. Dazu gehören sinnvollerweise auch Vertragsgestaltungen, die für den Fall eines Gesellschafterkonflikts Lösungsstrategien vorsehen.

Denn Gesellschafterkonflikte können freilich nicht nur in Gesellschaften mit rein deutscher Gesellschafterstruktur, sondern nicht zuletzt aus den vorgenannten Gründen auch in internationalen Gesellschaften vorkommen, aufgrund der verschiedenen Wertesysteme vielleicht sogar noch häufiger.

Angesichts der primären Zielsetzung von Shoot-Out-Klauseln, (schwerwiegende) Gesellschafterkonflikte mittels einer verhältnismäßig schnellen und fairen Beendigung der Zusammenarbeit zu lösen, können sie eine durchaus zu erwägende Vertragsgestaltung in derartigen Gesellschaften darstellen. So sind sämtliche Ziele und Wirkungen dieser Klauseln im Grundsatz unabhängig davon, aus welchen Ländern die betroffenen Gesellschafter kommen. Sprachliche Hürden werden in der Praxis ganz regelmäßig durch übereinstimmende Verwendung der englischen Sprache überwunden.

Diese Vorzüge wurden offenbar bereits in der internationalen Joint Venture-Praxis erkannt. So ist in den einschlägigen Quellen zu dieser Thematik vielfach zu lesen, dass derartige Klauseln eine übliche oder jedenfalls nicht selten anzufindende Vertragsgestaltung in diesem Bereich seien[835].

Ob dies auch für internationale Gesellschaften außerhalb des Joint Venture-Bereichs gilt, kann indes mangels entsprechender Quellen nicht mit hinreichender Sicherheit gesagt werden.

Für die Gesellschafter gilt es in jedem Fall zu beachten, dass sie als maßgebliches Recht für den Vertrag, in dem die Klausel geregelt ist, das Recht eines Staates festlegen, in dem die Wirksamkeit dieser Klauseln im Grundsatz anerkannt oder jedenfalls nicht gänzlich anzuzweifeln ist.

Da sich die Frage nach dem Kollisionsrecht ohnehin auch für alle anderen Verträge der Gesellschaft stellen dürfte[836], ist dies kein erheblicher zusätzlicher Aufwand.

Im Übrigen haben frühere Ausführungen im Rahmen dieser Arbeit bereits gezeigt, dass es auch international eine Tendenz dahingehend gibt, Shoot-Out-Klauseln

834 So auch *Göthel*, BB 2014, 1475.

835 *Neocleous/Labropoulos/Aristotelous, Alvino, Onishi, Wilske/Fox/Baillie* in: International Joint Ventures, 152, 222, 270, 608; *Langefeld-Wirth* in: Joint Ventures im int. Wirtschaftsverkehr, 157; *Stephan* in: Internationale Joint Ventures, 118.

836 So müssen insbesondere die gesellschaftsrechtliche Kollisionsnorm und das anwendbare Gesellschaftsrecht (Gesellschaftsstatut) ermittelt werden, *Thölke* in: MüHB GesR, Bd. 6, § 1 Rn. 20.

im Grundsatz als wirksam anzusehen[837]. Eine entsprechende Rechtsordnung zu finden, sollte daher keine allzu großen Schwierigkeiten bereiten.

Treffen die Gesellschafter für den entsprechenden Vertrag keine Rechtswahl, wird es regelmäßig so sein, dass sie von Gesetzes wegen – zum Beispiel mittels der Art. 4 ff. der Rom I Verordnung – ein entsprechendes Vertragsstatut zugewiesen bekommen. Sie laufen dann unter Umständen in Gefahr, an ein Rechtssystem verwiesen zu werden, dass die Wirksamkeit von Shoot-Out-Klauseln nicht anerkennt.

Freilich gelten auch in international strukturierten Gesellschaften die bereits an anderer Stelle gemachten Ausführungen zum sinnvollen Anwendungsbereich von Shoot-Out-Klauseln abhängig von der Rechtsform der Gesellschaft, der Anzahl ihrer Gesellschafter und der Verteilung der Geschäftsanteile. Auch die noch folgenden Erläuterungen können größtenteils auf diese Gesellschaften übertragen werden.

3. Statuierung von Shoot-Out-Klauseln abhängig von Umständen aus der Sphäre der Gesellschafter

Bisher bei der Untersuchung außen vor geblieben sind Umstände aus der subjektiven Sphäre der Gesellschafter. Diese können allerdings eine nicht unerhebliche Auswirkung auf die Frage haben, ob die Statuierung einer Shoot-Out-Klausel als sinnvoll einzustufen ist. Im Folgenden sollen diese Auswirkungen anhand der wohl wichtigsten subjektiven Umstände dargestellt werden, freilich verbunden mit einer Bewertung im Hinblick auf den Anwendungsbereich der Klauseln.

a) Finanzkraft der Gesellschafter

Im Schrifttum recht weit verbreitet ist die Ansicht, dass die sachgerechte Funktionsweise von Shoot-Out-Klauseln nicht sichergestellt sei, wenn die beteiligten Gesellschafter wirtschaftlich unterschiedlich stark seien[838]. Zudem könne es in diesen Fällen zu Missbräuchen kommen[839].

Daraus wird teilweise gefolgert, dass Shoot-Out-Klauseln sinnvollerweise nur dann vereinbart werden sollten, wenn die beteiligten Gesellschafter eine vergleichbare finanzielle Stärke hätten[840].

---

837 Siehe E., II.

838 *Willms/Bicker*, BB 2014, 1347, 1348; *Schroeder/Welpot*, NZG 2014, 609, 612; *Schaper*, DB 2014, 821, 823; *Wedemann*, Gesellschafterkonflikte, 497 ff.; *Schulte/Pohl*, Joint-Venture-Gesellschaften, 193; *Huber* in: Kooperations- und Joint-Venture-Verträge.

839 *Werner*, GmbHR 2005, 1554, 1558; *Schulte/Sieger*, NZG 2005, 24, 30; *Schroeder/Welpot*, NZG 2014, 609, 612; *Schaper*, DB 2014, 821, 823; *Wedemann*, Gesellschafterkonflikte, 498; *Schulte/Pohl*, Joint-Venture-Gesellschaften, 193; *Fett/Spiering*, Handbuch Joint Venture, 422 Rn. 600.

840 *Schulte/SIeger*, NZG 2005, 24, 30; *Lutz*, Der Gesellschafterstreit, 277 Rn. 560.

Schon daran wird deutlich, dass eben diese Finanzkraft der Gesellschafter nicht unerhebliche Auswirkungen auf den Anwendungsbereich dieser Klauseln haben muss.

Die Vereinbarung einer Shoot-Out-Klausel ist insbesondere dann als sinnvoll einzustufen, wenn die von ihr bezweckten Wirkungen und Ziele erreicht werden können, ohne dass ihre Risiken überhand nehmen und zudem keine durchgreifenden Bedenken gegen ihre Wirksamkeit bestehen.

Zu prüfen ist daher, ob dies auch dann der Fall ist, wenn die Gesellschafter keine vergleichbare finanzielle Stärke haben.

aa) Ziele, Wirkungen und Risiken von Shoot-Out-Klauseln bei wirtschaftlicher Disparität zwischen den Gesellschaftern

Betrachtet man zunächst die angepeilten Ziele und Wirkungen, so fallen schnell zwei Punkte ins Auge, bei denen es in Konstellationen, in denen sich finanziell unterschiedlich starke Gesellschafter gegenüberstehen, Probleme geben könnte: Das Ziel, eine faire Trennung der Gesellschafter zu erreichen und die gleichmäßige Verteilung des bezweckten Drohpotenzials, die beide eng miteinander verbunden sind[841].

In dieser Hinsicht haben Shoot-Out-Klauseln, namentlich vor allem das Russian Roulette-Verfahren, teils erhebliche Kritik aus der Literatur erfahren. Hingewiesen wird dabei vor allem auf das Missbrauchspotenzial in diesen Situationen. So könnte der finanziell stärkere Gesellschafter seine Position insbesondere dahingehend ausnutzen, finanzschwächere Gesellschafter zu unangemessenen Preisen aus dem gemeinsamen Unternehmen zu drängen.

Die Problematik wurde bereits an früherer Stelle im Rahmen dieser Arbeit eingehend beleuchtet, so dass hier im Wesentlichen auf die dortigen Ausführungen verwiesen werden kann[842].

Als Ergebnis wurden dort mehrere wichtige Erkenntnisse festgehalten: Zunächst wurde deutlich, dass in vorgenannten Fällen ein Missbrauchspotenzial grundsätzlich nicht von der Hand zu weisen ist. Ist es vorhanden, so ist die Drohkulisse zwischen den Gesellschaftern ungleich verteilt und faire Preise nicht zwingend gewährleistet. Gleichwohl ist ein solches Risiko nur bei Vorliegen weiterer Umstände tatsächlich gegeben.

So muss die wirtschaftliche Disparität zwischen den Gesellschaftern ein solch erhebliches Maß erreicht haben, dass es dem stärkeren Gesellschafter möglich ist, unangemessene Preise auszurufen, die seine Mitgesellschafter nicht mitgehen können. Je geringer dieser finanzielle Unterschied ist, desto größer ist die Gefahr, dass die genannte Taktik nicht aufgeht und dementsprechend geringer ist also auch das Missbrauchsrisiko.

---

841 Siehe dazu schon D., I., 7.

842 Dazu schon ausführlich in D., II., 2., a).

Ferner wurde aufgezeigt, dass Missbräuche dieser Art ein gewisses Maß an Kenntnis über die finanzielle Situation des oder der Mitgesellschafter voraussetzen, sie für den betroffenen Gesellschafter nicht immer ratsam und zudem bei einigen Verfahrensarten nur dann möglich sind, wenn der finanzstärkere Gesellschafter das Verfahren einleitet und dadurch die Preise festlegen kann.

Hinzu kommt eine Vielzahl an vertraglichen Gestaltungsmöglichkeiten, die einem Missbrauch vorbeugen oder ihn nachträglich korrigieren können. Auch hier kann auf die entsprechenden Ausführungen verwiesen werden[843].

bb) Wirksamkeit von Shoot-Out-Klauseln bei wirtschaftlicher Disparität zwischen den Gesellschaftern

Die vorgenannten Probleme können sich auch auf die Wirksamkeit derartiger Klauseln auswirken.

Die dazu gemachten, umfangreichen Ausführungen[844] im Rahmen dieser Arbeit haben – grob zusammengefasst – ergeben, dass Shoot-Out-Klauseln auch bei wirtschaftlich ausgeprägter Disparität zwischen den Gesellschaftern nicht *per se* unwirksam sind. Zu prüfen ist jeweils, ob schon bei Vereinbarung der Klausel Anhaltspunkte dafür vorliegen, dass der finanziell weniger potente Gesellschafter durch die wirtschaftliche Disparität, die für sich genommen zunächst einmal nur für eine Verschiebung des sonst gleichmäßig verteilten Drohpotenzials sorgt, derart eingeschüchtert ist, dass er faktisch in der Ausübung seiner gesellschaftlichen Rechte eingeschränkt ist. Nur dann liegt eine Situation vor, die von Gerichten im Wege der Hinauskündigungsrechtsprechung dahingehend korrigiert wird, dass die gesamte Klausel gegen § 138 BGB verstößt und damit unwirksam ist.

Dabei muss allerdings auch untersucht werden, ob die Gesellschafter die Auslösung der Klausel an bestimmte Voraussetzungen geknüpft haben. Je höher diese Anforderungen sind, desto eher kann ein „sachlicher“ oder „wichtiger Grund“ vorliegen, der im Sinne der Rechtsprechung eine Rechtfertigung der Hinauskündigung darstellen kann.

Ein schwerwiegender, existenzbedrohender Gesellschafterkonflikt als Einleitungsvoraussetzung dürfte diese Anforderungen nach Ansicht des Verfassers im Normalfall erfüllen.

Auf Konstellationen, in denen sich das wirtschaftliche Ungleichgewicht und das damit einhergehende Missbrauchspotenzial erst im Laufe der Zeit ergeben, kann diese Rechtsprechung indes keine Anwendung finden. Kommt es hier – trotz etwaig vorhandener vertraglicher Gestaltungen zur Vermeidung – zu Missbräuchen der vorgenannten Art, so wird darin jedoch regelmäßig ein Verstoß gegen § 242 BGB und die gesellschaftsrechtliche Treuepflicht[845] zu sehen sein. In diesen Fällen

843 Siehe D., II., 2., a), aa), (2).
844 Siehe E., I., 1., und E., III.
845 Dazu siehe E., I., 4.

ist allerdings nicht die Klausel an sich, sondern nur ihre Ausübung im Einzelfall rechtsmissbräuchlich.

cc) *Auswirkungen auf die Entscheidung für oder gegen die Vereinbarung von Shoot-Out-Klauseln*

Für die hier zu beantwortende Frage, inwiefern sich die Finanzkraft der Gesellschafter auf die Sinnhaftigkeit der Vereinbarung einer Shoot-Out-Klausel auswirkt, bedeuten diese Ergebnisse Folgendes:

In Konstellationen, in denen die Gesellschafter eine vergleichbare finanzielle Stärke haben, bereiten Shoot-Out-Klauseln regelmäßig keinerlei Schwierigkeiten. Alle Wirkungen und Ziele können in diesen Fällen erreicht werden und die Missbrauchsrisiken sind gering, so dass auch gegen die Wirksamkeit der Klauseln keine Bedenken bestehen.

Hier ist es auch ohne Belang, wie es um die relative Verteilung der Geschäftsanteile bestellt ist. Selbst bei einer relativ klaren, einseitigen Verteilung dürfte es dann für einen Minderheitsgesellschafter möglich sein, die Anteile eines Mehrheitsgesellschafters zu erwerben, auch wenn er freilich mehr zahlen muss als im umgekehrten Fall.

Problematisch sind demnach allein diejenigen Fälle, in denen zwischen den am Verfahren beteiligten Gesellschaftern ein finanzielles Gefälle besteht, und zwar unabhängig davon, ob dies schon bei Klauselvereinbarung oder erst bei Klauselauslösung vorhanden ist. Dabei muss jedoch noch nach der Intensität des Gefälles unterschieden werden.

Bei nur geringfügigen oder jedenfalls noch nicht übermäßigen Unterschieden in der Finanzkraft dürften die Missbrauchsrisiken von vornherein überschaubar sein und können durch entsprechende Klauselgestaltung wohl gegen Null reduziert werden. Eine einseitige Verschiebung des Drohpotenzials der Klauseln liegt hier allenfalls in geringem, noch tolerierbaren Maße vor.

Erst bei eklatanten Unterschieden verschiebt sich die eigentlich gleichmäßig verteilte Drohkulisse, die von der Klauselauslösung ausgeht, derart stark dahingehend, dass nunmehr der finanziell schwächere Gesellschafter das „Damoklesschwert der Hinauskündigung“ über sich sieht. In diesen Fällen ist auch die Gefahr unangemessener Preise am größten. Ferner droht die Unwirksamkeit der Klausel nach Maßgabe der Hinauskündigungsrechtsprechung.

Nicht von der Hand zu weisen ist in dieser Hinsicht der Einwand, dass sich die finanziellen Verhältnisse der Gesellschafter im Laufe der Zeit verändern können. Dementsprechend sei bei Vereinbarung der Klausel kaum absehbar, ob eine finanziell erhebliche Disparität zum insofern relevanten Zeitpunkt der Verfahrensauslösung gegeben sein wird[846]. Denn letztlich sei es – was durchaus richtig ist – die

846 *Wedemann*, Gesellschafterkonflikte, 499.

finanzielle Situation bei Verfahrensauslösung, die final ursächlich für die konkrete Missbrauchsgefahr sei.

Überspitzt ließe sich daraus folgern, dass generell von der Vereinbarung einer Shoot-Out-Klausel abgeraten werden müsste, da ja in den seltensten Fällen vorhergesagt werden kann, wie sich die finanziellen Verhältnisse der Gesellschafter entwickeln.

Dies wäre aber freilich der falsche Schluss.

Zunächst darf nicht außen vor gelassen werden, dass die hier betrachteten Missbrauchsfälle zwar bei Unterschieden in der Finanzkraft der Gesellschafter am ehesten vorkommen können, aber gleichwohl nicht allein abhängig von der finanziellen Stärke der Gesellschafter sind. Hinzu kommen müssen regelmäßig – wie bereits dargestellt[847] – weitere Umstände, wie die Kenntnis der finanziellen Situation des Mitgesellschafters, die jeweils gewählte Verfahrensart oder die Möglichkeit, einen existenzbedrohenden Gesellschafterkonflikt überhaupt herbeizuführen. Genannt wurde in dieser Hinsicht bereits die Konstellation, in der der finanzstarke Gesellschaft zugleich Minderheitsgesellschafter ist und damit nur eingeschränkt in der Lage sein dürfte, zum Beispiel eine Pattsituation auf Entscheidungsebene hervorzurufen.

Diese Vielzahl von zusätzlichen Faktoren schränken die Gefahr von Missbrauchslagen weiter ein, schließen sie aber gleichwohl nie ganz aus.

Allein aufgrund dieses (Rest-)Risikos jedoch von der Vereinbarung einer Shoot-Out-Klausel abzuraten, scheint mir angesichts der Möglichkeiten, diesem Risiko zu begegnen, der falsche Weg.

Für die Gesellschafter bedeutet es vielmehr, dass sie in jedem Fall gut beraten sind, vertragliche Gestaltungen zur Vermeidung und Bekämpfung von Missbrauchslagen zu vereinbaren. Dann ist es nämlich nicht mehr relevant, ob ein finanzielles Gefälle schon von vornherein vorhanden ist oder erst zu einem späteren Zeitpunkt auftritt. Dazu gehört es insbesondere, die Klauselauslösung nicht voraussetzungslos zuzulassen. Bedenkt man, dass Shoot-Out-Klauseln ohnehin dazu gedacht sind, (schwerwiegende) Gesellschafterkonflikte zu lösen, sollten derartige Konflikte auch Voraussetzung für die Verfahrenseinleitung sein.

Wie die Gesellschafter entsprechende Vorkehrungen treffen können und welche Auswirkungen sie haben, sei an folgendem Beispiel verdeutlicht:

Angenommen, zwei künftige, mit gleichen Anteilen beteiligte Gesellschafter nehmen bei Gründung der Gesellschaft eine Shoot-Out-Klausel in ihren Gesellschaftsvertrag auf. Schon zu diesem Zeitpunkt unterscheidet sich ihre Finanzkraft erheblich und auch in der Folgezeit tritt keine Änderung ein. Es handelt sich also um eine Konstellation, in der man in der Theorie ein hohes Missbrauchsrisiko annehmen und gegebenenfalls sogar eine Unwirksamkeit nach der Hinauskündigungsrechtsprechung in Betracht ziehen müsste.

847 Siehe D., II., 2., a), aa), (1).

Wählen die Gesellschafter hier ein Russian Roulette-, ein Texan Shoot-Out- oder ein (internes) klassisches Auktionsverfahren und vereinbaren zusätzlich, dass - aufgrund der finanziellen Disparität – stets nur der finanzschwache Gesellschafter das Verfahren einleiten und die (Start-)Preise festlegen darf, so schwebt zum Einen kein einseitiges „Damoklesschwert der Hinauskündigung" mehr über dem schwächeren Gesellschafter, denn die schon seit Vereinbarung der Klausel ungleich verteilte Drohkulisse wird durch die einseitige Einleitungsmöglichkeit wieder ausgeglichen.

Zum Anderen kann dadurch jedenfalls das Risiko eines zu niedrigen Preises für den finanziell schwächeren Gesellschafter verhindert werden, zumal der stärkere Gesellschafter kein Interesse daran haben wird, seinerseits aus der Gesellschaft auszuscheiden und folglich die angebotenen Anteile zum ausgerufenen Preis kaufen, beziehungsweise das Gebot erhöhen wird.

Möglich sind in diesen Situationen auch Verfahren mit objektiver Anteilswertermittlung, wie das Deterrent Approach- Verfahren, die angemessene Preise unabhängig von der finanziellen Lage der Gesellschafter ermöglichen.

Ist ferner in der Klausel festgelegt, dass sie nur bei Vorliegen bestimmter, schwerwiegender Konflikte zwischen den Gesellschaftern ausgelöst werden darf, bestehen kaum noch Missbrauchsmöglichkeiten.

Kommt es wider Erwartens dennoch dazu, dass es dem stärkeren Gesellschafter gelingt, einen entsprechenden Konflikt bewusst herbeizuführen, nur um den Mitgesellschafter zu verdrängen und es final auch zum Ausscheiden des schwächeren Gesellschafters kommt, so besteht immer noch die Möglichkeit, gegen diese Behandlung gerichtlich auf Grundlage der unzulässigen Rechtsausübung nach § 242 BGB und eines Verstoßes gegen die gesellschaftsrechtliche Treuepflicht vorzugehen. Die Erfolgsaussichten dürften dabei – die Nachweisbarkeit der missbräuchlichen Gesinnung vorausgesetzt – als gut angesehen werden.

Dieses Beispiel verdeutlicht, dass es selbst in Konstellationen, in denen man aufgrund vorhandener wirtschaftlicher Disparitäten in der Theorie ein hohes Missbrauchspotenzial erkennen könnte, nicht wenige Mittel und Wege gibt, dieses Potenzial von vornherein zu begrenzen oder gar auszuschließen. Dabei wurden hier nur beispielhaft einige Gestaltungsmöglichkeiten zur Anwendung gebracht, die freilich nicht abschließend sind. So ist in der Literatur unter anderem noch von der Möglichkeit der Fremdfinanzierung für den finanziell schwächeren Gesellschafter die Rede[848], die dazu dient, ihn im Rahmen des Verfahrens konkurrenzfähig zu halten. Ein anderer Vorschlag zu seiner Entlastung sind Zahlungserleichterungen, wie zum Beispiel Ratenzahlungen[849].

Durch diese mannigfaltig vorhandenen Gestaltungsoptionen kann sowohl das Ziel, faire Preise zu gewährleisten als auch eine gleichmäßig verteilte Drohkulisse erreicht werden. Zudem bestehen dann auch gegen die Wirksamkeit der Klausel keine Bedenken.

---

848 *Carey*, Real Property, Probate and Trust Journal, Winter 2005, 651, 705.

849 *Weidmann*, DStR 2014, 1500, 1504.

Werden entsprechende Maßnahmen schon bei Vereinbarung der Klausel festgelegt, besteht wenig Grund, von der Vereinbarung abzuraten. Erforderlich und extrem wichtig ist aber in jedem Fall eine umsichtige und streng am konkreten Einzelfall orientierte Vertragsgestaltung.

b) Informationsverteilung zwischen den Gesellschaftern

Aus ökonomischer Sicht wurde sich bereits die Frage gestellt, inwiefern sich die Informationsverteilung seitens der Gesellschafter auf die Effizienz von Shoot-Out-Klauseln, namentlich des Russian Roulette- und des klassischen Auktionsverfahrens, auswirkt. Dabei geht es insbesondere um solche Informationen, die für die Bewertung der Anteile maßgeblich sind. Dazu gehören unter anderem Informationen über den Wert der Gesellschaft und dessen zukünftige Entwicklung[850]

Dieses Thema wurde bereits zu einem früheren Zeitpunkt aufgegriffen und behandelt[851].

Die wesentlichen Ergebnisse der Ökonomen gehen dahin, dass sowohl Russian Roulette-, als auch Auktionsverfahren einen effizienten Trennungsmechanismus darstellen, wenn alle beteiligten Gesellschafter in gleichem Maße Zugang zu relevanten Informationen haben. Zu den anderen Verfahrensarten finden sich insoweit keine Aussagen.

Bei ungleich verteilter Informationslage sei die Effizienz von Russian Roulette-Verfahren nur dann gegeben, wenn sichergestellt sei, dass derjenige Gesellschafter die Preise ausrufe, der die Anteile am meisten wertschätze. Auktionsverfahren seien dagegen bei asymmetrischer Informationslage in keinem Fall effizient.

Aus Sicht des beratenden Rechtspraktikers werfen diese Ergebnisse die Frage auf, ob Gesellschaftern eine Shoot-Out-Klausel insbesondere auch dann zur Vereinbarung empfohlen werden kann, wenn relevante Informationen ungleich zwischen den Gesellschaftern verteilt sind.

Für die Konstellation, in der alle Gesellschafter in gleichem Maße Zugang dazu haben, stellt sich diese Frage offensichtlich nicht. Gestützt von der ökonomischen Beurteilung sind hier alle Ziele und Wirkungen von Shoot-Out-Klauseln erreichbar und auch keine ersichtlichen Missbrauchsrisiken vorhanden, die die Wirksamkeit der Klausel beeinflussen könnten.

Bei ungleicher Informationsverteilung könnte es indes passieren, dass keine angemessenen Preise erzielt werden und damit dieses angepeilte Ziel der Klausel nicht erreicht wird.

Dies soll an einem Beispiel verdeutlicht werden:

Angenommen, A und B sind zu gleichen Teilen an einer Gesellschaft beteiligt und haben eine vergleichbare Finanzkraft. A ist allerdings, im Gegensatz zu B, alleiniger Geschäftsführer und verfügt als Einziger über Detailwissen im Hinblick auf die

850 *Landeo/Spier*, Shotguns and Deadlocks, 26.
851 Siehe D., I., 9.

finanzielle Situation der Gesellschaft. Im Gesellschaftsvertrag wurde ein Russian Roulette-Verfahren vereinbart. Kommt es nun zur Klauselauslösung durch B, so muss er – mangels anderer Abreden – den Kaufs-, beziehungsweise Verkaufspreis festlegen. Schätzt er nun aufgrund der ihm fehlenden Informationen den Wert der Anteile falsch ein, so kann es leicht geschehen, dass er zu hohe oder zu niedrige – sprich: unangemessene – Preise ausruft und A damit die Entscheidung zum Kauf oder Verkauf leichtmacht.

Das gleiche Problem stellt sich im Übrigen auch bei anderen Verfahren, wie zum Beispiel allen Arten von Auktionsverfahren.

Da die preisregulierende Wirkung der Klausel hier nicht sachgerecht funktioniert, könnte man freilich darüber nachdenken, in derartigen Fällen schon von einer Vereinbarung der Klausel abzuraten.

Unterstützt wird dies auf den ersten Blick auch durch den Umstand, dass sich die Informationsverteilung nach Statuierung der Klausel noch ändern kann. Selbst wenn also die Gesellschafter bei Vereinbarung der Klausel noch in vergleichbaren Maße Zugang zu relevanten Informationen haben, so heißt dies nicht, dass dies nach einiger Zeit noch der Fall sein wird.

Ein ähnliches Problem stellte sich bereits im Hinblick auf die Finanzkraft der Gesellschafter. Schon dort wurde gezeigt, dass es vertragsgestalterische Mittel und Wege gibt, diesem Problem entgegenzuwirken. Gleiches gilt auch hier!

Die ersichtlichste und wohl auch effektivste Maßnahme dürfte insofern sein, das vorherrschende Informationsgefälle wieder auszugleichen, indem der besser informierte Gesellschafter verpflichtet wird, seinen Mitgesellschaftern alle relevanten Informationen nach Verfahrenseinleitung zur Verfügung zu stellen, sofern sie aus objektiver Sicht zur Preisermittlung notwendig sind und der oder die anderen Gesellschafter sie nicht in zumutbarer Weise selbst beschaffen können[852]. Dazu gehören insbesondere Informationen über die wirtschaftliche Lage der Gesellschaft. Nicht dazu gehören Informationen über die wirtschaftliche Situation des Gesellschafters selbst, da diese für eine objektive Bewertung des Unternehmens oder der Anteile nicht notwendig sind und zudem im Verfahren missbräuchlich eingesetzt werden können.

Wird dadurch die Information wieder symmetrisch verteilt, bestehen auch aus ökonomischer Sicht keine Bedenken mehr hinsichtlich der Effizienz des Verfahrens.

Eines im ökonomischen Schrifttum vorgeschlagenen vorherigen „Ausverhandelns" oder gar vorgeschalteten Auktionsverfahrens zur Ermittlung desjenigen Gesellschafters, der die Anteile am meisten wertschätzt und dementsprechend – jedenfalls beim Russian Roulette-Verfahren – die Preise festlegt, bedarf es dann nicht mehr.

Eine solche Regelung kann daher zweckmäßig sein, auch wenn sie möglicherweise nur gesetzlich schon geregelte Informations- oder Auskunftsrechte konkretisiert.

852 In diese Richtung auch Carey, Real Property, Probate and Trust Journal, Winter 2005, 651, 674, 675.

Im oben genannten Beispiel würde, sofern es sich bei der Gesellschaft um eine GmbH handelt, nämlich auch schon der § 51a Abs. 1 GmbHG eingreifen und dem B ein entsprechendes Auskunfts- und Einsichtrecht geben.

Abhilfe schaffen kann überdies eine von einem neutralen Dritten vorgenommene Bewertung der Anteile oder der Gesellschaft nach Verfahrensbeginn und vor Abgabe der ersten Gebote, wie es beispielsweise beim Deterrent Approach-Verfahren geschieht. Nachteile dieser Methode sind indes die verlängerte Verfahrensdauer und die zusätzlichen Kosten, die durch die Einschaltung des neutralen Dritten entstehen.

Fehlen derartige Vertragsgestaltungen und kommt es in der Folge zu einer missbräuchlichen Ausnutzung der Informationsasymmetrie seitens des besser informierten Gesellschafters dahingehend, dass er seinen Vorteil ausnutzt, um einen niedrigen Kaufs- oder hohen Verkaufspreis zu erzielen, so kann darin eine willkürliche Schädigung des Mitgesellschafters und damit ein Verstoß gegen die gesellschaftsrechtliche Treuepflicht zu sehen sein.

Daher sind besser informierte Gesellschafter ohnehin gut beraten, ihre vorteilhafte Lage nicht missbräuchlich auszunutzen.

Insgesamt wird man daher erneut zu dem Ergebnis kommen können, dass bei entsprechend umsichtiger Vertragsgestaltung auch bei einer Informationsasymmetrie zwischen den Gesellschaftern kein Grund besteht, von der Vereinbarung einer Shoot-Out-Klausel abzuraten.

c) Verteilung von geschäftsrelevantem Know-How

In die Erwägung, ob es sinnvoll ist, eine Shoot-Out-Klausel zu vereinbaren, muss ferner mit einbezogen werden, wie geschäftsrelevantes Know-How zwischen den Gesellschaftern verteilt ist.

In der Literatur wird in dieser Hinsicht teilweise angemerkt, dass das Ausscheiden eines Gesellschafters fatale Folgen für die Gesellschaft und den oder die verbleibenden Gesellschafter haben kann, wenn er als Einziger über das relevante Know-How verfügt, das für den erfolgreichen Betrieb des Geschäfts notwendig ist[853].

Dies ist sicherlich nachvollziehbar und richtig. Denn sofern der (erfolgreiche) Geschäftsbetrieb einer Gesellschaft von bestimmtem Know-How abhängig ist und nur ein einzelner Gesellschafter über dieses verfügt, so dürfte der Bestand der Gesellschaft im Ganzen gefährdet sein, wenn dieses Know-How nicht mehr vorhanden ist. Zugleich macht es dann für den oder die verbleibenden Gesellschafter wenig Sinn, den Geschäftsbetrieb ohne dieses erforderliche Know-How fortzuführen, es sei denn, es ist ohnehin eine Umstrukturierung der gesamten Geschäftstätigkeit geplant, nach der das vorher relevante Know-How nicht mehr benötigt wird.

Freilich dürfte es in vielen Fällen auch möglich sein, sich das benötigte Know-How entweder „von außen“, also beispielsweise durch Neueinstellung von Arbeitnehmern

---

853 *Fleischer/Schneider*, DB 2010, 2713, 2715; *Willms/Bicker*, BB 2014, 1347, 1348; *Schulte/Sieger*, NZG 2005, 24, 30.

oder durch Neuaufnahme eines Gesellschafters mit dem entsprechenden Wissen, zugänglich zu machen oder es sich – sofern dies möglich ist – vom ausscheidenden Gesellschafter übertragen zu lassen.

Probleme wird es aber insbesondere dann geben, wenn der ausscheidende Gesellschafter eine natürliche Person, das mit ihm ausscheidende Know-How personengebunden und keine Umstrukturierung der Geschäftstätigkeit geplant ist.

Nun ist es freilich nur selten vorhersehbar, ob im Verlauf der weiteren Zusammenarbeit eine Umstrukturierung der Geschäftstätigkeit sinnvoll sein und das bis dahin geschäftsrelevante Know-How eines Gesellschafters nicht mehr benötigt werden wird. Jedenfalls zum Zeitpunkt der Vereinbarung ist dieses Know-How aber erforderlich, um überhaupt einen entsprechenden Geschäftsbetrieb aufnehmen zu können, so dass dies zunächst Priorität für die Gesellschafter haben wird.

All diese Umstände müssen schon vor der Vereinbarung einer Shoot-Out-Klausel bedacht werden.

Bestehen schon zu diesem Zeitpunkt die vorgenannten Abhängigkeiten vom Know-How eines einzelnen Gesellschafters und ist absehbar, dass dieses Know-How auch in Zukunft nicht übertragen oder von außen in die Gesellschaft eingeführt werden kann, so wird man von der Vereinbarung einer Shoot-Out-Klausel aus den bereits genannten Gründen abraten müssen. Hinzu kommt, dass es sich diese Klauseln unter anderem zum Ziel gesetzt haben, durch das Ausscheiden eines Gesellschafters eine Konfliktlösung herbeizuführen, um weiteren Schaden von der Gesellschaft abzuwenden[854]. Dies vorausgeschickt, kann das Ausscheiden eines Gesellschafters, ohne dessen Know-How ein erfolgreicher Geschäftsbetrieb nicht möglich ist, mit dieser Zielsetzung nicht vereinbar sein.

Wird in diesen Fällen eine Shoot-Out-Klausel vereinbart, so besteht im Übrigen auch die Gefahr, dass der betroffene Gesellschafter seine gute Verhandlungsposition – denn die ergibt sich aus der einseitigen Verteilung des geschäftsrelevanten Know-How – ausnutzt, um mit der Auslösung der Shoot-Out-Klausel zu drohen. Für den oder die Mitgesellschafter wird dies zu einer äußerst misslichen Lage: Entweder sie verlieren wichtiges Know-How, ohne dass sie die Gesellschaft nicht erfolgreich fortführen können oder sie müssen ihrerseits aus der Gesellschaft ausscheiden.

Dies kann dazu führen, dass der über das Know-How verfügende Gesellschafter den Mitgesellschaftern seinen Willen aufdrängen kann und sich das sonst gleichmäßig verteilte Drohpotenzial der Klausel drastisch verschiebt.

Im Extremfall könnte hier gar die Anwendung der Hinauskündigungsrechtsprechung – freilich nur bei Vorliegen der für sie nötigen weiteren Voraussetzungen[855] – oder eine Rechtsausübungskontrolle nach Maßgabe des § 242 BGB geboten sein.

Es sei aber nochmals gesagt, dass ein solches Szenario nur dann in Betracht kommt, wenn eine klare und nicht veränderbare Abhängigkeit vom Know-How des einzelnen Gesellschafters besteht.

854 Siehe D., I., 8.

855 Dazu E., I., 1., b) und c).

Ist das geschäftsrelevante Know-How indes nicht einseitig verteilt oder kann sichergestellt werden, dass es auch nach Ausscheiden des betroffenen Gesellschafters in der Gesellschaft verbleibt[856], so bestehen gegen die Vereinbarung einer Shoot-Out-Klausel in dieser Hinsicht keine Bedenken.

Hier können alle gewünschten Ziele und Wirkungen der Klausel erreicht werden. Insbesondere verschiebt sich die klauselimmanente Drohkulisse nicht in eine einseitige Richtung.

Die vorgenannten Erwägungen gelten im Übrigen auch für Fälle, in denen ein Gesellschafter zwar nicht über geschäftsrelevantes Know-How verfügt, aber dafür wichtige Dienstleistungen für die Gesellschaft, beziehungsweise deren Geschäftsbetrieb erbringt.

Es wird erneut deutlich, dass eine stark am Einzelfall orientierte Vertragsgestaltung notwendig ist, um auf die Vielzahl an Umständen und Einflüssen aus der Sphäre der Gesellschafter reagieren zu können.

d) *Fähigkeit oder Wunsch, als Alleingesellschafter ein Unternehmen zu führen*

Im Hinblick auf die Sinnhaftigkeit der Vereinbarung einer Shoot-Out-Klausel muss auch beachtet werden, inwiefern die beteiligten Gesellschafter überhaupt die Fähigkeit oder den Wunsch haben, die Gesellschaft (alleine) zu führen. Dazu könnte es nämlich kommen, wenn sie nach Durchführung des von der Klausel statuierten Verfahrens als Alleingesellschafter im Unternehmen verbleiben.

In der Literatur wird in dieser Hinsicht die Meinung vertreten, dass Shoot-Out-Klauseln zu „unfairen" Ergebnissen führen könnten, wenn ein am Verfahren beteiligter Gesellschafter diese Fähigkeit oder diesen Wunsch nicht hat. „Unfair" sei dabei, dass die fehlende Fähigkeit oder der fehlende Wunsch zur alleinigen Geschäftsführung dem betroffenen Gesellschafter faktisch keine Wahl zwischen dem Kauf und dem Verkauf der Anteile lasse, sondern ihn letztlich zum Verkauf zwinge[857].

Diese Ansicht verkennt schon, dass es im Normalfall eine bewusste Entscheidung aller Gesellschafter ist, eine Shoot-Out-Klausel untereinander zu vereinbaren. Der Umstand, dass sich ein Gesellschafter die alleinige Geschäftsführung nicht zutraut oder aus anderen Gründen keinen Wunsch danach verspürt, stellt sich üblicherweise nicht erst im Laufe der Zeit ein, sondern dürfte bereits zum Zeitpunkt der Klauselvereinbarung bekannt sein. Wer sich trotz dieser Bedenken für eine solche Vereinbarung entscheidet, verhält sich widersprüchlich, wenn er sich später darauf beruft, dass er faktisch keine Wahl zwischen dem Kauf oder dem Verkauf der Anteile habe.

---

856 Auf diese regelungsbedürftige Folge des Ausscheidens wird noch einzugehen sein. Siehe dazu F., V., 2., c), bb).

857 *Thompson*, Shotgun Clauses, 3.

Die Gesellschafter sollten sich demnach schon dann, wenn es um die Frage geht, ob eine Shoot-Out-Klausel vereinbart werden soll oder nicht, darüber im Klaren sein, dass die Durchführung dieser Klausel dazu führen kann, dass sie als alleiniger Gesellschafter im Unternehmen verbleiben und ob sie mit den damit einhergehenden Folgen einverstanden sind. Es ist freilich auch Aufgabe des Rechtsberaters, auf diesen Umstand und seine Folgen hinzuweisen.

Stellt sich im Zuge dieser Erwägungen indes heraus, dass ein alleiniges Betreiben der Gesellschaft für mindestens einen der Gesellschafter nicht in Betracht kommt, so sollte eine Shoot-Out-Klausel nicht vereinbart werden.

Gerade in Mehrpersonengesellschaften muss die Durchführung der Klausel aber nicht zwingend zur Folge haben, dass nur ein einziger Gesellschafter im Unternehmen verbleibt. In dieser Hinsicht wurde schon zu einem früheren Zeitpunkt darauf hingewiesen, dass die Klausel auch so ausgestaltet werden kann, dass von mehreren Gesellschaftern lediglich einer oder jedenfalls nicht alle bis auf einen aus der Gesellschaft ausscheiden[858]. Wird die Klausel in diese Richtung ausgestaltet, so wird kein Gesellschafter in die für ihn wohlmöglich ungewünschte Lage versetzt, als einziger Gesellschafter im Unternehmen zu verbleiben und die entsprechenden Folgen zu tragen.

Auch in Kapitalgesellschaften stellt sich das vorgenannte Problem regelmäßig nicht, da hier eine Fremdorganschaft möglich und üblich ist, so dass die eigentliche Leitung der Gesellschaft einem externen Dritten auferlegt werden kann, der seinerseits nicht Gesellschafter ist. Für den verbleibenden Gesellschafter hat die Durchführung der Klausel daher nicht zwangsläufig zur Folge, dass er selber die Geschäftsführung und Vertretung der Gesellschaft übernehmen muss, insbesondere auch dann nicht, wenn er sich fachlich oder aus sonstigen Gründen nicht dazu in der Lage fühlt.

e) *Ausstiegswille der Gesellschafter*

Zu klären ist zuletzt auch, inwiefern der Wille oder Nichtwille der Gesellschafter, aus der Gesellschaft auszuscheiden, sich auf die Frage auswirkt, ob eine Shoot-Out-Klausel vereinbart werden soll oder nicht.

Dabei kann der Ausstiegswille unterschiedlich stark ausgeprägt sein. So ist es zum Einen denkbar, dass ein Gesellschafter überhaupt nicht aus der Gesellschaft ausscheiden will. Denkbar ist aber auch, dass er zu einem Ausscheiden aus der Gesellschaft gewillt ist, aber nur dann, wenn ihm für seine Anteile ein mindestens angemessener Preis winkt. Möglich ist zuletzt, dass er den unbedingten Willen, ja geradezu das Ziel hat, die Gesellschaft zu verlassen.

Problematisch ist in dieser Hinsicht prinzipiell, dass der Ausstiegswille sich im Laufe der Zeit ändern kann. So werden zum Zeitpunkt der Klauselstatuierung, die regelmäßig – aber nicht zwingend – bei Begründung der Gesellschaft im Gesellschaftsvertrag erfolgt, die Gesellschafter üblicherweise nicht ausstiegswillig sein.

---

858 Siehe F., I., 2., a).

Ob dies indes später anders sein wird, insbesondere dann, wenn es zu einem Gesellschafterkonflikt kommt, lässt sich schwerlich prognostizieren.

Unabhängig davon wird man jedoch sagen können, dass eine Shoot-Out-Klausel grundsätzlich keine Rücksicht auf den Ausstiegswillen der Gesellschafter nimmt. Ihr Ziel ist es nicht, den subjektiven Interessen der Gesellschafter zu dienen, sondern vorrangig, eine Konfliktlösung zum Wohle der Gesellschaft herbeizuführen.

Insbesondere sollen wirtschaftliche Schäden verhindert werden, die durch Gesellschafterkonflikte verursacht werden können. Dies mag sicherlich ein Grund sein, warum diese Ausstiegsmechanismen häufig – und nicht zu Unrecht – als „radikal" bezeichnet werden.

Vor diesem Hintergrund ließe sich freilich die Meinung vertreten, dass der Ausstiegswille der Gesellschafter zum Zeitpunkt der Klauselauslösung auf die Entscheidung, ob eine solche Klausel überhaupt vereinbart werden soll, keinerlei Einfluss hat.

Dies kann aber richtigerweise nur dann gelten, wenn er bei der Klauseldurchführung keinen derart erheblichen Einfluss auf das Verfahren hat, dass schwerwiegende Nachteile für die Beteiligten drohen, die das Ziel, eine Konfliktlösung im Sinne der Gesellschaft herbeizuführen, überwiegen.

In diesem Fall müsste man wohl von der Vereinbarung einer solchen Klausel abraten, es sei denn, die Gesellschafter könnten mit diesen Nachteilen leben.

Fraglich ist demnach, welche Einflüsse der – vorhandene oder nicht vorhandene – Ausstiegswille der Gesellschafter auf das von der Klausel statuierte Verfahren und insbesondere seine Ziele und Wirkungen hat.

aa) Alle Gesellschafter sind nicht ausstiegswillig

Denkbar ist zunächst die Konstellation, dass keiner der am Verfahren beteiligten Gesellschafter ausstiegswillig ist, sondern vielmehr den Wunsch hegt, auch weiterhin in der Gesellschaft zu verbleiben.

In diesem Fall sind alle Ziele und Wirkungen von Shoot-Out-Klauseln erreichbar und die Missbrauchsrisiken sind gering. Insbesondere besteht kaum Gefahr, zu geringe Preise zu erzielen, da jeder Gesellschafter in der Gesellschaft verbleiben will und daher kein Interesse daran hat, den anderen durch zu geringe Gebote zum Kauf der eigenen Anteile zu verlocken. Ferner dürfte in dieser Konstellation das Drohpotenzial der Klausel am stärksten ausgeprägt und dabei auch gleichmäßig verteilt sein. Denn sofern kein Gesellschafter ausscheiden will, so wird er alles daran setzen, die Auslösung der Klausel zu vermeiden, in deren Folge ihm ansonsten möglicherweise genau dieses ungewünschte Schicksal drohen würde.

Dieses Ausscheiden ist sodann auch der einzige echte Nachteil, den die Gesellschafter erleiden könnten. Dieser muss jedoch hinter die insofern höherrangig einzustufende Zielsetzung, eine Konfliktlösung zum Wohle der Gesellschaft zu erreichen, zurücktreten.

Insofern ist auch die Auffassung, Shoot-Out-Klauseln seien aufgrund des ungewissen Verfahrensausgangs nicht geeignet, wenn das Ausscheiden aus der

Gesellschaft keine akzeptable Lösung für die Gesellschafter darstelle[859], verfehlt. Es ist gerade dieser ungewisse Verfahrensausgang, der die Gesellschafter zu einer anderweitigen, weniger radikalen Konfliktlösung bewegen soll. Die Auslösung der Shoot-Out-Klausel stellt danach die *ultima ratio* der Konfliktlösung dar[860], die nur zur Anwendung kommen soll, wenn die Gesellschafter außerstande waren, zu einer anderen Konfliktlösung zu kommen und somit ein nicht unerheblicher Schaden für die Gesellschaft droht. Ist es erst einmal so weit gekommen, so müssen die Interessen der Gesellschafter in den Hintergrund rücken.

bb) Alle Gesellschafter sind ausstiegswillig

Der genau gegenteilige Fall tritt ein, wenn alle Gesellschafter ausstiegswillig sind.

In der Literatur wird insoweit die Auffassung vertreten, dass es negative Auswirkungen auf die Preisgerechtigkeit haben könne, wenn ein Gesellschafter aus der Gesellschaft ausscheiden wolle und dem oder den Mitgesellschaftern dieser Umstand bekannt sei. In diesem Fall wäre es nämlich dem Mitgesellschafter möglich, einen unangemessen geringen Preis auszurufen[861].

Dies scheint wenig überzeugend.

Zum Einen könnte der ausstiegswillige Gesellschafter überhaupt nur dann in die Verlockung kommen, einen (zu) geringen Preis auszurufen, wenn er vom Ausstiegswillen des oder der Mitgesellschafter Kenntnis hat.

Zum Anderen wird man aber – unabhängig von der konkreten Ausprägung des Ausstiegswillens – nicht annehmen können, dass einer der betroffenen Gesellschafter ernsthaft bereit ist, die Gesellschaft um jeden und vor allem zu jedem Preis zu verlassen. Gerade im modernen Wirtschaftsleben spielt die finanzielle Komponente bei nahezu allen Transaktionen eine gewichtige Rolle. So muss es als absolut unüblich gelten, die eigenen Gesellschaftsanteile zu „verschleudern", nur um die Gesellschaft zu verlassen.

Gerade diese Bereitschaft wird aber von den Vertretern der oben genannten Ansicht offenbar unterstellt, denn andernfalls scheint das Erzielen eines unangemessen geringen Preises für die Anteile nicht möglich.

Solange nämlich ein Gesellschafter nicht bereit ist, seine Anteile um jeden Preis zu verkaufen, wird er im Zweifel – beim Russian Roulette-Verfahren – den Kauf der Anteile des Mitgesellschafters wählen, vor allem dann, wenn der ausgerufene Preis als niedrig einzustufen ist. Insofern läuft der initiierende Gesellschafter auch in Gefahr, durch zu gering angesetzte Gebote seine eigenen Anteile zu einem schlechten Preis zu verlieren.

Auch bei anderen Verfahren dürften keine zu geringen Preise drohen. Denn hier kann der das Startgebot empfangende Gesellschafter im Zweifel einen höheren Preis

---

859 So *Wedemann*, Gesellschafterkonflikte, 497.

860 So auch *Lange/Sabel*, NZG 2015, 1249, 1250.

861 *Schroeder/Welpot*, NZG 2014, 609, 613.

ausrufen und wird dies auch tun, wenn er seine Anteile nicht um jeden Preis verkaufen will. Bei Verfahren mit objektiver Anteilsbewertung besteht dieses Risiko von vornherein nicht, da dort die Bewertung stets Grundlage für die Höhe der folgenden Gebote ist. Die preisregulierende Wirkung der Klausel dürfte demnach nicht gefährdet sein.

Ferner geben Literaturstimmen zu bedenken, dass die Verhaltensanreize von Shoot-Out-Klauseln nicht greifen würden, wenn nicht beide Gesellschafter im Unternehmen verbleiben wollen[862].

Dies ist jedenfalls insofern nachvollziehbar, als damit die von der Klausel gewollte Drohkulisse[863] gemeint ist. Denn sofern das Ausscheiden aus der Gesellschaft für keinen der Gesellschafter ein ungewolltes Übel darstellt, besteht auch kein Grund, sich konfliktscheu zu verhalten oder sich zu bemühen, bei Konflikten eine anderweitige Konfliktlösung herbeizuführen.

Die Drohkulisse läuft dann ins Leere.

Ungeachtet dessen wird von Shoot-Out-Klauseln aber auch in diesen Fällen eine – aus oben genannten Gründen – faire, weil preisangemessene Konfliktlösung gewährleistet.

Allein der Umstand, dass die bezweckte Drohkulisse in dieser Konstellation nicht greift, bringt daher noch keine derart erheblichen Nachteile mit sich, die dazu führen müssten, dass von der Vereinbarung einer solchen Klausel abzuraten wäre. Zumal die Drohkulisse hier auch nicht einseitig verschoben ist, sondern gänzlich und damit für alle Gesellschafter gleichermaßen fehlt.

Zu bedenken ist allerdings, dass es für die Zukunft der Gesellschaft wohl keine gute Lösung ist, wenn nach Durchführung des Verfahrens einer oder mehrere Gesellschafter übrigblieben, die ihrerseits gar nicht gewillt sind, das Unternehmen weiterzuführen.

Ist also klar und untereinander kommuniziert, dass alle Gesellschafter die Gesellschaft zwingend verlassen wollen, so stellt zumindest das Auslösen einer Shoot-Out-Klausel kein hilfreiches Mittel dar. In diesen Fällen scheint es sinnvoller, dass der Gesellschaftsvertrag zusätzlich einen Auflösungstatbestand vorsieht, der zur Beendigung der Gesellschaft im Ganzen führt. Dieser tritt sodann neben die Shoot-Out-Klausel, die in ihrem Anwendungsbereich dahingehend eingeschränkt werden sollte, dass sie in vorgenannten Fällen nicht ausgelöst werden darf.

Da aber – auch darauf wurde bereits hingewiesen – bei Vereinbarung der Klausel in den seltensten Fällen klar sein dürfte, dass an einem bestimmten Punkt in der Zukunft alle Gesellschafter gleichzeitig aus der Gesellschaft ausscheiden wollen, ändert dies nichts daran, dass die Vereinbarung einer Shoot-Out-Klausel aus vielen anderen Gründen eine sinnvolle Vertragsgestaltung sein kann. Jedenfalls kann dieser erst

---

862 *Schroeder/Welpot*, NZG 2014, 609, 612, 613; ähnlich auch *Langefeld-Wirth* in: Joint Ventures im int. Wirtschafsverkehr, 158.

863 Dazu ausführlich siehe D., I., 7.

später auftretende gemeinsame Ausstiegswille kein Grund sein, von vornherein auf die Vereinbarung einer solchen Klausel zu verzichten.

cc) Mindestens ein, aber nicht alle Gesellschafter sind ausstiegswillig

Möglich ist ferner, dass von zwei oder mehreren Gesellschaftern mindestens einer ausstiegswillig ist, während zugleich bei mindestens einem Mitgesellschafter dieser Ausstiegswille fehlt.

Auch in dieser Konstellation dürfte die preisregulierende Wirkung von Shoot-Out-Klauseln aus den oben bereits genannten Gründen funktionieren.

Problematisch ist hier einzig, dass sich die von der Klausel bezweckte Drohkulisse einseitig in die Richtung des oder derjenigen Gesellschafter verschiebt, die nicht ausstiegswillig sind. Denn wie bereits zuvor gesagt, stellt das Ausscheiden aus der Gesellschaft für den zum Ausstieg bereiten Gesellschafter nur insoweit eine Drohkulisse dar, als er für seine Anteile einen zu geringen Preis erhalten könnte. Konfliktscheu wird er sich deshalb aber nicht verhalten müssen. Für alle anderen ist indes das Ausscheiden an sich bereits ungewünscht und daher geeignet, eine Drohkulisse aufzubauen.

Da aber insbesondere die Preisgerechtigkeit nach wie vor gewährleistet sein dürfte und das Ziel, eine rasche Konfliktlösung zur Schadensvermeidung seitens der Gesellschaft herbeizuführen, einen hohen Rang einnimmt, stellt die hier recht einseitig verteilte Drohkulisse einen Nachteil dar, der im Vergleich zu den vorgenannten Aspekten zurücktreten muss.

Auch hier ist indes zu überlegen, ob in Fällen, in denen der Ausstiegswille eines Gesellschafters klar kommuniziert ist, während ein oder mehrere andere Gesellschafter in der Gesellschaft verbleiben wollen, andere Ausstiegsmechanismen nicht die sinnvollere Alternative darstellen, zumal dann die Interessen der Gesellschafter derart klar verteilt sind, dass die Auslösung einer Klausel, die von ihrem ungewissen Verfahrensausgang lebt und daher weder den Ausstieg noch den Verbleib in der Gesellschaft planbar macht[864], schlechterdings unsachgemäß wäre.

Dies bedeutet freilich nicht, dass man von vornherein auf die Vereinbarung einer solchen Klausel verzichten oder von ihr abraten müsste, insbesondere vor dem Hintergrund, dass die vorgenannte Konstellation nur eine von vielen möglichen ist und sich der Ausstiegswille im Laufe der Zeit ändern kann. Wichtig ist insofern nur, dass das Vertragswerk derart flexibel gestaltet ist, dass für die unterschiedlichen Fälle jeweils passende Vertragsvehikel vorgesehen werden.

---

864 Auf diese Umstände hinweisend auch *Grau*, Corporate Finance 2015, M&A, 39, 44; *Fleischer/Schneider*, DB 2010, 2713, 2714; *Schaper*, DB 2014, 821; *Wälzholz*, GmbH-Stb 2007, 84, 86; *Hewitt*, Hewitt on Joint Ventures, 236.

dd) Zusammenfassende Stellungnahme

Die Funktionsweise von Shoot-Out-Klauseln ist im Normalfall nicht abhängig davon, ob ein Gesellschafter aus der Gesellschaft aussteigen will oder nicht. Insbesondere die Preisgerechtigkeit dürfte nach hier vertretener Ansicht auch in Fällen gewährleistet sein, in denen ein oder mehrere Gesellschaft ausstiegswillig sind.

Daher muss auch der Auffassung, Shoot-Out-Klauseln seien nur dann sinnvoll, wenn alle Gesellschafter das Unternehmen fortführen wollen und daher Interesse am Kauf der Anteile haben[865], entgegengetreten werden.

Allenfalls kann es passieren, dass sich die ansonsten gleichmäßig verteilte Drohkulisse im Hinblick auf das Ausscheiden aus der Gesellschaft einseitig in die Richtung des oder derjenigen Gesellschafter verschiebt, die nicht ausstiegswillig sind. Dies ist aber ein Nachteil, der hinter das insofern vorrangige Ziel, eine (rasche) Konfliktlösung zum Wohle der Gesellschaft herbeizuführen, zurücktreten muss.

In gewissen Konstellationen kann es indes Sinn machen, keine Shoot-Out-Klausel, sondern einen anderen Ausstiegsmechanismus auszulösen. Beispielhaft sei hier nochmal der bereits oben erwähnte Fall genannt, bei dem alle Gesellschafter die Gesellschaft verlassen wollen und dies auch untereinander klar kommuniziert ist.

Gleichwohl besteht auch in diesen Fällen kein Anlass, von vornherein auf die Vereinbarung einer Shoot-Out-Klausel zu verzichten. Denn wie die Verteilung des Ausstiegswillens dazu führen kann, dass ein anderer Ausstiegsmechanismus zu bevorzugen ist, so kann es zugleich Konstellationen geben, in denen eine Shoot-Out-Klausel die bessere Trennungsmethode darstellt.

Wichtig ist vor allem, dass das Vertragswerk flexibel ausgestaltet ist, um je nach Situation sachgerecht reagieren zu können. Dies muss insbesondere vor dem Hintergrund gelten, dass sich gerade auch der Ausstiegswille im Verlauf der Zeit ändern kann. Starre Regelungen helfen insofern nicht weiter.

4. Zusammenfassung

Die Ausführungen im Rahmen dieses Kapitels haben Aufschluss darüber gegeben, in welchen Konstellationen die Vereinbarung einer Shoot-Out-Klausel für die Gesellschafter und die Gesellschaft Sinn machen kann und daher in Betracht gezogen werden sollte.

Zugleich wurde gezeigt, dass es auch Fälle geben kann, in denen diese Klauseln tendenziell weniger hilfreich sind und ihr Anwendungsbereich insofern einer Einschränkung bedarf.

Zunächst wurde dargelegt, dass Shoot-Out-Klauseln jeder (deutschen) Gesellschaftsform zugänglich sind. Spezifische Eigenarten einer Gesellschaftsform, die gegen eine solche Einschätzung sprechen könnten, gibt es nicht. In der bisherigen

865 So jedenfalls im Hinblick auf das Russian Roulette-Verfahren vertreten von *Langefeld-Wirth* in: Joint Ventures im int. Wirtschaftsverkehr, 158; *Huber* in: Kooperations- und Joint-Venture-Verträge, 50.

Praxis finden die Klauseln allerdings vorrangig im Joint Venture-Bereich Anwendung, was sich insbesondere vor dem Hintergrund erklärt, dass diese Art der Kooperation besonders konfliktanfällig ist. Zudem bestehen diese Gesellschaften häufig aus lediglich zwei Gesellschaftern, die dazu noch paritätisch am Unternehmen beteiligt sind.

Letztgenannte Konstellationen stellen für die praktische Handhabung und Umsetzbarkeit von Shoot-Out-Klauseln den Optimalfall dar.

Gleichwohl sind sie auch für mehrgliedrige und nicht-paritätische Gesellschaften in Betracht zu ziehen, da hier regelmäßig nur geringfügige Anpassungen der Verfahren notwendig sind, um eine praktikable Umsetzung der Klauseln zu gewährleisten.

Erst ab einer gewissen Gesellschafterzahl wird von einer Vereinbarung abzuraten sein. Dies ist indes eine Einzelfallentscheidung, bei der insbesondere beachtet werden muss, wie groß die konkrete Gefahr existenzbedrohender Gesellschafterkonflikte ist. Dabei dürfte gelten, dass bei Publikumsgesellschaften oder generell bei Gesellschaften mit einer großen Anzahl an Gesellschaftern die Gefahr derartiger Konflikte zunehmend unwahrscheinlich wird und demgemäß weniger Anlass zur Vereinbarung eines derart drastischen Konfliktlösungsmechanismus' besteht. Gleiches gilt nach hier vertretener Ansicht auch für Konstellationen, in denen die relative Verteilung der Geschäftsanteile ein stark ausgeprägtes Ungleichgewicht aufweist.

Hier wird der klare Mehrheitsgesellschafter regelmäßig auch die stärkere Entscheidungsposition innehaben, so dass insbesondere Pattsituationen unwahrscheinlich sind.

Regelmäßig von der Vereinbarung einer Shoot-Out-Klausel abzuraten ist auch in Stillen Gesellschaften. Für die typische Stille Gesellschaft folgt dies insbesondere daraus, dass in diesen Konstellationen die Gefahr existenzbedrohender Gesellschafterkonflikte äußerst gering sein dürfte, zumal der Stille Gesellschafter keinen Einfluss auf die Geschicke der Gesellschaft hat, die er finanziell unterstützt.

Aber auch bei atypischen Stillen Gesellschaften entspricht es regelmäßig nicht dem Interesse der Parteien, die Konsequenzen der Ausführung einer solchen Klausel zu tragen.

Übernähme ein Stiller Gesellschafter nämlich den Anteil des Geschäftsinhabers, so ginge damit zugleich die Übernahme von dessen Unternehmen einher. Das damit verbundene Risiko, auch am Verlust des Geschäfts teilzunehmen, will ein Stiller Gesellschafter im Normalfall gerade vermeiden.

Shoot-Out-Klauseln können auch in international strukturierten Gesellschaften zur Anwendung kommen. Gerade im oben bereits erwähnten Joint Venture-Bereich dürfte dies auch heute schon nicht unüblich sein. Wichtig ist in dieser Hinsicht vor allem, dass die Gesellschafter als Vertragsstatut ein Rechtssystem wählen, dass die Wirksamkeit dieser Klauseln jedenfalls im Grundsatz anerkennt.

Den wohl größten Einfluss auf den Anwendungsbereich von Shoot-Out-Klauseln haben Umstände aus der subjektiven Sphäre der Gesellschafter. Aufgezeigt wurden dabei die – aus Sicht des Verfassers – wichtigsten Umstände, die diese Entscheidung beeinflussen können.

Ein generelles Problem ist dabei darin zu sehen, dass viele dieser Umstände sich im Laufe der Zeit ändern können und vertragliche Regelungen daher eine gewisse Flexibilität haben müssen, um sachgerechte Ergebnisse für jeden Fall zu gewährleisten.

Thematisiert wurde zuvorderst die Finanzkraft der beteiligten Gesellschafter. Dabei wurde gezeigt, dass im Hinblick auf den Anwendungsbereich von Shoot-Out-Klauseln allein solche Fälle problematisch sind, in denen ein erhebliches finanzielles Ungleichgewicht zwischen den Gesellschaftern besteht.

Selbst in diesen Fällen müssen aber regelmäßig noch weitere Umstände hinzutreten, um ein bedenkliches Missbrauchsrisiko annehmen zu können.

Dessen ungeachtet wurde aber auch verdeutlicht, dass es zahlreiche vertragliche Möglichkeiten gibt, diesem Missbrauchsrisiko von vornherein zu begegnen oder jedenfalls den schon begangenen Missbrauchs zu korrigieren.

Bei entsprechend umsichtiger Planung besteht daher nach hier vertretener Auffassung kein Grund, aufgrund von finanziellen Unterschieden von der Vereinbarung einer Shoot-Out-Klausel abzuraten.

Gleiches gilt auch für Fälle, in denen für die Preisermittlung relevante Informationen ungleich zwischen den Gesellschaftern verteilt sind. Hier ist insbesondere daran zu denken, den entsprechend besser informierten Gesellschafter vertraglich zur Informationsweitergabe an die anderen Gesellschafter zu verpflichten oder aber Verfahren zu wählen, die eine objektive Anteilsbewertung durch einen neutralen Dritten zum Gegenstand haben.

Angesprochen wurde überdies die Verteilung des geschäftsrelevanten Know-How.

Für Shoot-Out-Klauseln ungeeignet ist dabei einzig die Konstellation, in denen von vornherein nur ein einziger Gesellschafter über dieses Know-How verfügt, es zudem personengebunden und daher nicht übertragbar ist. Ferner darf auch nicht geplant sein, die Geschäftsstrategie derart zu ändern, dass in Zukunft keine Abhängigkeit mehr von diesem Know-How bestehen wird.

In allen anderen Fällen können Shoot-Out-Klauseln indes ohne Bedenken vereinbart werden. Dabei sind aber gegebenenfalls Regelungen notwendig, die – anschließend an die zu vollziehende Anteilsübertragung – auch eine Übertragung des Know-How vorsehen[866].

Relevant kann in dieser Hinsicht auch die Fähigkeit und der Wille der beteiligten Gesellschafter sein, ein Unternehmen (alleine) zu führen. Denn es kann freilich durch die Umsetzung der Klausel dazu kommen, dass ein einzelner Gesellschafter in der Gesellschaft verbleibt, insbesondere in zweigliedrigen Gesellschaften.

Bei Kapitalgesellschaften kann das Problem – sofern gewünscht – durch eine Fremdorganschaft umgangen werden.

In anderen Fällen steht es den Gesellschaftern frei, von der Vereinbarung einer Shoot-Out-Klausel abzusehen, wenn mindestens ein Gesellschafter zur alleinigen

866 Dazu später noch vertieft siehe F., V., 2., c).

Geschäftsführung nicht bereit ist. Dies dürfte auch eine Entscheidung sein, die schon zum Zeitpunkt der Klauselvereinbarung absehbar ist.

Wird die Klausel trotz entsprechender Bedenken vereinbart und verbleibt sodann nach Durchführung des Verfahrens ein Gesellschafter in der Gesellschaft, der sich die alleinige Geschäftsführung nicht zutraut, so stellt dies kein sachwidriges Ergebnis dar. Hier gilt: Wer sehenden Auges in sein Verderben rennt, der darf sich nicht beschweren, dass es zu diesem Verderben gekommen ist.

Zuletzt thematisiert wurde noch der – sich ebenfalls änderbare – Ausstiegswille der Gesellschafter. Dabei wurde herausgearbeitet, dass die Funktionsweise von Shoot-Out-Klauseln im Normalfall nicht abhängig davon ist, ob ein Gesellschafter aus der Gesellschaft aussteigen will oder nicht.

In gewissen Konstellationen kann es indes Sinn machen, keine Shoot-Out-Klausel, sondern einen anderen Ausstiegsmechanismus auszulösen. Beispielhaft sei hier nochmal der bereits oben erwähnte Fall genannt, bei dem alle Gesellschafter die Gesellschaft verlassen wollen und dies auch untereinander klar kommuniziert ist.

Gleichwohl besteht auch in diesen Fällen kein Anlass, von vornherein auf die Vereinbarung einer Shoot-Out-Klausel zu verzichten. Denn wie die Verteilung des Ausstiegswillens dazu führen kann, dass ein anderer Ausstiegsmechanismus zu bevorzugen ist, so kann es zugleich Konstellationen geben, in denen eine Shoot-Out-Klausel die bessere Trennungsmethode darstellt.

Damit bleibt festzuhalten, dass Shoot-Out-Klauseln in der überwiegenden Zahl an Fällen vereinbart werden können, ohne dass ihre Wirkungen und Ziele beeinträchtigt werden. Missbrauchsrisiken und – damit eng verbunden – Bedenken im Hinblick auf die Wirksamkeit bestehen nur in gewissen Grenzen. Ihnen kann überdies mit entsprechenden Vertragsgestaltungen begegnet werden.

Es wurde aber auch deutlich, wie viele verschiedene Umstände Einfluss auf die Umsetzbarkeit und insbesondere die Funktionsweise der Verfahren haben können und dass es häufig notwendig ist, die Klausel entsprechend anzupassen, um sachgerechte Ergebnisse zu erzielen.

Insofern mahnen einige Literaturstimmen zurecht zur Vorsicht im Umgang mit derartigen Klauseln[867].

Notwendig ist daher stets eine umsichtige Planung und Vertragsgestaltung, die sich stark am konkreten Einzelfall orientiert.

Gleichwohl gibt es Fälle, in denen die Funktionsweise von Shoot-Out-Klauseln besonders gut gewährleistet ist. Hier sind vorrangig zweigliedrige Gesellschaften zu nennen, in denen die Gesellschafter zu gleichen Anteilen am Unternehmen beteiligt und finanziell vergleichbar gut aufgestellt sind. Optimal wird es, wenn darüber hinaus jeder Gesellschafter in gleichem Maße Zugang zu verfahrensrelevanten Informationen hat, das geschäftsrelevante Know-How nicht einseitig verteilt ist und

867 Siehe nur *Fleischer/Schneider*, DB 2010, 2713, 2719; *Schulte/Sieger*, NZG 2005, 24, 31; *Lieder*, WuB WM 2014, 706; *Schulte/Pohl*, Joint-Venture-Gesellschaften, 194 Rn. 826.

beide Gesellschafter die Fähigkeit und den Wunsch haben, als Alleingesellschafter im Unternehmen zu verbleiben.

II. Regelungsort, – zeit und -form

Will man eine konkrete Klauselgestaltung empfehlen, so muss man sich auch mit der Frage auseinandersetzen, in welche Art von Vereinbarung man eine Shoot-Out-Klausel am sinnvollsten integriert.

Unterschieden werden muss dabei in dreierlei Hinsicht: Einmal im Hinblick auf den Regelungsort (Gesellschaftsvertrag oder schuldrechtliche Nebenabrede), im Hinblick auf die Regelungszeit (langfristige Vereinbarung oder Ad hoc-Regelung) und hinsichtlich der Regelungsform (zum Beispiel mündlich, schriftlich oder gar notariell beurkundet).

1. Regelungsort

Im einschlägigen juristischen Schrifttum wird nicht selten vorausgesetzt, dass Shoot-Out-Klauseln Gegenstand des jeweiligen Gesellschaftsvertrages sind[868]. Dies war im Übrigen auch im vom OLG Nürnberg zu entscheidenden Fall so[869].

Fraglich ist demnach zunächst, ob es zwingende gesetzliche Regelungen gibt, die den Gesellschaftsvertrag als Regelungsort für Shoot-Out-Klauseln vorschreiben oder ob es den Gesellschaftern mangels solcher Vorschriften freisteht, einen Regelungsort nach eigenem Ermessen zu bestimmen.

a) Gesetzliche Vorschriften zum Regelungsort

aa) Personengesellschaften

Für Personengesellschaften sind die Anforderungen an den Mindestinhalt des Gesellschaftsvertrages relativ gering.

Maßgeblich für alle Personengesellschaften ist insoweit zunächst der § 705 BGB, der immer dann eingreift, wenn für Personengesellschaften außer der GbR – also insbesondere der OHG und der KG – keine besonderen Vorschriften bestehen[870].

Mindest- und Pflichtinhalt eines jeden Gesellschaftsvertrages ist demnach lediglich die Bestimmung des Gesellschaftszwecks und die Pflicht zu dessen Förderung[871].

Die §§ 105, 161 Abs. 1 HGB konkretisieren diese Vorschrift dahingehend, dass der gemeinsame Zweck den Anforderungen des Gesetzes an eine OHG, beziehungsweise einer KG, genügen muss.

---

868 Siehe nur *Schaper*, DB 2014, 821; *Weidmann*, DStR 2014, 1500, 1501; *Werner*, GmbHR 2005, 1554.

869 Siehe dazu E., I., 1., e), aa).

870 *Sprau* in: Palandt, BGB, § 705 Rn. 6.

871 *Sprau* in: Palandt, BGB, § 705 Rn. 13a.

Mindestinhalt des Gesellschaftsvertrages einer OHG ist demnach, dass gemeinsamer Zweck der Betrieb eines Handelsgewerbes unter gemeinschaftlicher Firma sein muss oder die Gesellschaft eigenes Vermögen verwaltet und bei keinem der Gesellschafter die Haftung gegenüber den Gesellschaftsgläubigern beschränkt ist[872].

Für den Gesellschaftszweck der KG gilt über das Erfordernis des Betriebes einer Handelsgewerbes unter gemeinschaftlicher Firma hinaus, dass den Gesellschaftsgläubigern gegenüber mindestens ein Gesellschafter unbeschränkt sowie mindestens ein Gesellschafter nur beschränkt auf den Betrag einer bestimmten Vermögenseinlage haftet[873].

Anforderungen dahingehend, dass auch Konfliktlösungsmechanismen oder Regelungen zum Ausstieg von Gesellschaftern in zwingender Weise Gegenstand des Gesellschaftsvertrages sein müssen, lassen sich daraus folglich nicht ableiten.

Mangels gesetzlicher Regelungen, die für Shoot-Out-Klauseln in Personengesellschaften einen bestimmten Regelungsort vorsähen, steht es daher im Ermessen der Gesellschafter, diesen festzulegen.

In Betracht kommt insoweit neben der Regelung im Gesellschaftsvertrag üblicherweise eine Vereinbarung als schuldrechtliche Nebenabrede[874]. Die Zulässigkeit Letzterer ist im Gesellschaftsrecht anerkannt.

bb) Kapitalgesellschaften

Shoot-Out-Klauseln gehören weder zum Mindestinhalt des Gesellschaftsvertrages der GmbH (§ 3 GmbHG) noch zu den vorgeschriebenen Satzungsbestandteilen bei der Aktiengesellschaft (§ 23 Abs. 3 AktG).

Daraus ließe sich auf den ersten Blick der Schluss ziehen, dass es auch bei Kapitalgesellschaften den Gesellschaftern ohne Einschränkungen freistünde, einen Regelungsort für die Klausel zu bestimmen.

Frühere Ausführungen im Rahmen des Kapitels „Wirksamkeit von Shoot-Out-Klauseln" haben jedoch gezeigt, dass dies nur bedingt gelten kann. So können Shoot-Out-Klauseln nämlich nach hier vertretener Auffassung nur dann in wirksamer Weise Bestandteil einer aktienrechtlichen Satzung werden, wenn sie als unechte Satzungsbestimmung anzusehen sind[875].

Dies ist aber nicht zwangsläufig der Fall. Shoot-Out-Klauseln stellen nach Ansicht des Verfassers sogenannte „indifferente Satzungsbestimmungen" dar, bei denen sich die Einordnung als echter oder unechter Satzungsbestandteil vorrangig nach der diesbezüglichen Bestimmung durch die Gesellschafter richtet.

---

872 *Möhrle* in: MüHB GesR, Bd. 1, § 47 Rn. 53.

873 *Möhrle* in: MüHB GesR, Bd. 2, § 2 Rn. 84.

874 So auch *Kuhn* in: Joint Ventures, 333 Rn. 100; *Wälzholz*, GmbH-StB 2007, 84, 86; *Binz/Mayer*, NZG 2012, 201, 210.

875 Siehe dazu ausführlich E., I., 6.

Haben Diese im konkreten Einzelfall keine eindeutige Zuordnung vorgenommen, ist der Charakter der betreffenden Bestimmung durch Auslegung zu ermitteln[876].

Angesichts der bereits genannten Zweifel an der Wirksamkeit von Shoot-Out-Klauseln als echter Bestandteil der aktienrechtlichen Satzung, werden die Gesellschafter also gut beraten sein, die Klausel entweder ausdrücklich als unechten Satzungsbestandteil in die Satzung zu integrieren oder von vornherein eine Vereinbarung als von der Satzung auch örtlich getrennte schuldrechtliche Nebenabrede vorzunehmen.

Zwar steht es den Gesellschaftern einer AG damit grundsätzlich frei, den Regelungsort der Klausel festzulegen, gleichwohl sind die vorgenannten Einschränkungen zu beachten.

Damit bleibt zu prüfen, wie sich die Situation in der GmbH darstellt.

Dass die Satzungsautonomie des GmbH-Rechts grundsätzlich dazu ausgenutzt werden kann, Regelungen für Anteilsübertragungen, das Ausscheiden, den Austritt und den Ausschluss eines Gesellschafters zu treffen, dürfte unzweifelhaft sein[877].

Dies schon deshalb, weil sich bei der GmbH kein mit der Lage bei der AG vergleichbares Wirksamkeitsproblem stellt, da eine sich mit dem § 23 Abs. 5 AktG deckende, satzungsstrenge Regelung im GmbH-Recht nicht existiert.

Zudem sind Shoot-Out-Klauseln auch keine zwingend nicht-korporativen Regelungen. Dies sind nämlich regelmäßig nur Regelungen mit Drittbezug, namentlich solche über Rechte und Pflichte außenstehender Dritter gegenüber der Gesellschaft[878].

Da Shoot-Out-Klauseln rein gesellschaftsinterne Verfahren statuieren, kommt eine derartige Einordnung nicht in Betracht.

Es stellt sich indes – unabhängig vom § 3 GmbHG – die Frage, ob Shoot-Out-Klauseln zwingend korporative oder gegebenenfalls erneut indifferente Regelungen darstellen.

Zwingend korporativ sind – neben den in § 3 GmbHG genannten Fällen – solche Regelungen, die die Organisations- und Kapitalverfassung der GmbH betreffen und damit das Verhältnis der Beteiligten und die Organisation der Gesellschaft auf Dauer – auch mit Wirkung für Neugesellschafter – bestimmen[879].

Zwar wurde bereits dargelegt, dass Shoot-Out-Klauseln durchaus auch mit Wirkung für alle und auch neu hinzukommende Gesellschafter vereinbart werden und damit eine mitgliedschaftliche Pflicht begründen können. Allerdings stellt dies kein Recht dar, dass die Organisations- oder Kapitalverfassung betrifft. Damit gemeint

876 *Solveen* in: Hölters, AktG, § 23 Rn. 6.
877 So auch *Roth* in: Roth/Altmeppen, GmbHG, § 3 Rn. 40.
878 *Wicke*, DNotZ 2006, 419, 431 m.w.N.; *Fastrich* in: Baumbach/Hueck, GmbHG, § 3 Rn. 26.
879 Roth in: Roth/Altmeppen, GmbHG, § 3 Rn. 40; *Fastrich* in: Baumbach/Hueck, GmbHG, § 3 Rn. 25.

sind vielmehr grundlegendere Regelungen, wie die Schaffung weiterer Organe und ihrer Kompetenzen[880].

Soweit in der Literatur die Auffassung vertreten wird, auch Regelungen zur Beendigung der Mitgliedschaft müssten – mit Ausnahme der damit verbundenen schuldrechtlichen Ansprüche – zwingend im Gesellschaftsvertrag geregelt werden[881], kann dem nur insoweit zugestimmt werden, als dass damit grundlegende Befugnisse der Gesellschaft beeinflusst werden und damit das gesetzlich vorgesehene Rechtsverhältnis zwischen Gesellschafter und Gesellschaft betroffen ist.

Dazu würden beispielsweise von § 34 GmbHG abweichende Regelungen zur Einziehung von Geschäftsanteilen gehören, wenn darin leichtere Voraussetzungen an die Einziehung gestellt werden als gesetzlich vorgesehen.

Gegenstand von Shoot-Out-Klauseln ist indes keine Einziehung – also einseitige Amortisation – von Anteilen, sondern lediglich ein besonderes Verfahren zur freiwilligen Übertragung Selbiger. Diese Übertragung greift nicht in die gesetzlichen Befugnisse der Gesellschaft ein, sondern konkretisiert im Gegenteil nur die gesetzlichen Befugnisse der Gesellschafter aus § 15 Abs. 1 GmbHG.

Man könnte indes in Erwägung ziehen, eine Satzungspflicht für Shoot-Out-Klauseln aus § 15 Abs. 5 GmbHG herzuleiten.

Dieser stellt einen Anwendungsfall vom insoweit nicht abschließenden § 3 Abs. 2 GmbHG dar[882]. Danach müssten Shoot-Out-Klauseln (zwingend) in der Satzung geregelt werden, wenn sie die Abtretung der Geschäftsanteile an weitere Voraussetzungen knüpfen.

Zu denken wäre dabei an den hier vorgeschlagenen, wünschenswerten Normalfall, dass die Auslösung der Shoot-Out-Klausel an bestimmte Voraussetzungen, namentlich insbesondere an das Vorliegen eines nicht unerheblichen Gesellschafterkonflikts geknüpft wird. Diese Voraussetzungen betreffen indes nicht unmittelbar die dingliche Abtretung[883], die erst nach Auslösung und Durchführung des von der Klausel geregelten Erwerberermittlungsverfahrens vonstatten geht, sondern greifen schon in ihrem Vorfeld ein und beeinflussen die Abtretung allenfalls mittelbar dahingehend, dass es ohne Vorliegen dieser Voraussetzungen gar nicht zur Abtretung in Folge des Verfahrens kommen kann.

Derartige Voraussetzungen aber von § 15 Abs. 5 GmbHG zu erfassen, würde nach Ansicht des Verfassers eine nicht mehr vertretbare, weil zu weite Auslegung des Wortlautes der Vorschrift darstellen.

Gleichwohl ist es denkbar, dass die Gesellschafter eine Shoot-Out-Klausel derart gestalten, dass ein von § 15 Abs. 5 GmbHG eindeutig erfasster Fall vorliegt. So etwa

880 *Fastrich* in: Baumbach/Hueck, GmbHG, § 3 Rn. 25.

881 So *Leitzen*, RNotZ 2010, 566, 569.

882 Ebenda.

883 Dies ist aber nach allgemeiner Meinung erforderlich, siehe nur *Fastrich* in: Baumbach/Hueck, GmbHG, § 15 Rn. 37.

dann, wenn die Abtretung von der Genehmigung der Gesellschaft abhängig gemacht wird (§ 15 Abs. 5, 2. HS).

In diesen Konstellationen dürfte die gesamte Klausel als zwingend korporative Regelung anzusehen sein.

In sonstigen Fällen spricht – wie schon bei der AG und folgend aus den soeben gemachten Ausführungen – Einiges dafür, Shoot-Out-Klauseln als indifferente Regelungen einzuordnen. Auch hier besteht insoweit ein Gestaltungsrecht der Gesellschafter dahingehend, die Rechtsnatur der Regelung festzulegen[884].

Demnach steht es den Gesellschaftern bei der GmbH regelmäßig frei, Shoot-Out-Klauseln wahlweise in den Gesellschaftsvertrag oder in eine begleitende schuldrechtliche Nebenabrede zu integrieren. Wird die Klausel Gegenstand des Gesellschaftsvertrags, indiziert dies im Normalfall, dass sie echter Bestandteil desselbigen werden soll. Bei einem abweichenden Willen der Gesellschafter sollte zur Vermeidung von Zweifeln die spezifische Rechtsqualität der Bestimmung gezielt zum Ausdruck gebracht werden[885].

b) Vor – und Nachteile der Regelung von Shoot-Out-Klauseln in Gesellschaftsverträgen oder schuldrechtlichen Nebenabreden

Die vorstehenden Ausführungen haben ergeben, dass – mit gewissen Einschränkungen bei AG und GmbH – die Gesellschafter regelmäßig die Wahl haben, ob sie eine Shoot-Out-Klausel in den Gesellschaftsvertrag oder in eine schuldrechtliche Nebenabrede integrieren. Damit bleibt zu klären, welche Vor- und Nachteile der jeweilige Regelungsort mit sich bringt.

Der ersichtlichste Vorteil des Gesellschaftsvertrags als Regelungsort ist freilich seine Bindungswirkung. So gelten gesellschaftsvertraglich fixierte Regelungen für alle aktuellen und zukünftigen Gesellschafter gleichermaßen[886], während schuldrechtliche Abreden lediglich *inter partes* wirken.

Zudem wird durch die Aufnahme in die Satzungsurkunde gewährleistet, dass die Rechte und Pflichten der Gesellschafter und der Organe der Kapitalgesellschaft durch diese Absprache unmittelbar gestaltet werden[887]. Es tritt dadurch folglich auch eine Gestaltungswirkung ein.

Im Schrifttum wird teilweise noch darauf hingewiesen, dass die Vereinbarung im Gesellschaftsvertrag den Vorteil habe, dass konfliktbezogene Regelungen – wie Shoot-Out-Klauseln es regelmäßig sind – dadurch in das die Basis der gemeinsamen Zusammenarbeit konstituierende Regelwerk aufgenommen würden. Die Niederlegung an so prominenter Stelle könne die von den Gesellschaftern empfundene

884 *Wicke*, DNotZ 2006, 419, 434.
885 *Wicke*, DNotZ 2006, 419, 434.
886 *Seel*, Joint Ventures in der Konzernrechtslegung, 31 m.w.N.
887 *Hoffmann-Becking*, ZGR 3/1994, 442, 445; *Seel*, Joint Ventures in der Konzernrechtslegung, 31.

Bedeutung erhöhen und stelle sicher, dass die Regelung von allen Gesellschaftern wahrgenommen würde[888].

Als wesentlicher Vorteil von schuldrechtlichen Nebenabreden im Vergleich zum Gesellschaftsvertrag wird im Recht der Kapitalgesellschaften die fehlende Publizität der Regelung genannt[889].

Während der Gesellschaftsvertrag gemäß § 8 Abs. 1 Nr. 1 GmbHG, beziehungsweise § 37 Abs. 4 Nr. 1 AktG mit in das Handelsregister aufgenommen wird und damit dessen Publizität (§ 9 HGB) unterfällt, sind schuldrechtliche Nebenabreden von diesen Vorschriften nicht erfasst.

Als berechtigte Diskretionsinteressen kommen dabei vor allem Erwägungen des Konkurrenzschutzes in Betracht, wie etwa im Fall interner Absprachen betreffend das Knowhow der Gesellschaft oder die künftige Unternehmensstrategie[890].

Ob die Gesellschafter die Vereinbarung einer Shoot-Out-Klausel als geheim zu haltenden Umstand beurteilen, ist aber letztlich eine Entscheidung im Einzelfall und Geschmackssache. Sofern in der Klausel auch notwendige Regelungen über das Schicksal des geschäftsrelevanten und geheim zu haltenden Know-Hows bei Abtretung der Anteile getroffen werden, kann ein Geheimhaltungsinteresse sicherlich in Betracht kommen.

In Personengesellschaften stellt sich das vorgenannte Problem indes nicht, da der Gesellschaftsvertrag nicht zwingend Gegenstand der Eintragung im Handelsregister wird (§§ 106, 162 HGB), so dass auch der Vorteil der fehlenden Publizität schuldrechtlicher Nebenabreden nicht gegeben ist.

Als Vorteil dieser Abreden wird aber auch deren (inhaltliche) Flexibilität genannt[891], die sich jedoch aufgrund der Satzungsstrenge vorrangig in der Aktiengesellschaft und nicht in der GmbH bietet, bei der der Gesellschaftsvertrag weitgehend autonom gestaltet werden kann.

Eine Flexibilität kann zudem darin gesehen werden, dass derartige Abreden formal oft leichter zu handhaben sind. Auch dies stellt jedoch nur dann einen Vorteil dar, wenn die Vereinbarung oder die Änderung des Gesellschaftsvertrages bestimmter formaler Anforderungen bedürfen. Während dies im Kapitalgesellschaftsrecht noch häufig der Fall ist – hier wird regelmäßig schon von Gesetzes wegen die notarielle Form erforderlich sein (§§ 2 Abs. 1 S. 1, 53 Abs. 2 S. 1 GmbHG, 23 Abs. 1 S. 1 AktG) –, so gilt dies im Personengesellschaftsrecht nur bei ausdrücklicher vertraglicher Regelung.

Hinzu kommt, dass – jedenfalls bei der GmbH – Shoot-Out-Klauseln auch bei Regelung in einer schuldrechtlichen Nebenabrede wegen § 15 Abs. 4 S. 1 GmbHG

888 *Fabis*, Konflikte im Familienunternehmen, 21.

889 *Wicke*, DStR 2006, 1137; *Hoffmann-Becking*, ZGR 3/1994, 442, 445, 446. Dies als Nachteil von Vereinbarungen im Gesellschaftsvertrag bezeichnend *Seel*, Joint Ventures in der Konzernrechtslegung, 32.

890 *Wicke*, DStR 2006, 1137.

891 Ebenda.

grundsätzlich der notariellen Form bedürfen[892], zumal die Vorschrift nicht danach unterscheidet, ob entsprechende Regelungen Gegenstand des Gesellschaftsvertrages oder Inhalt einer schuldrechtlichen Nebenabrede sind. Der Vorteil der formalen Flexibilität bietet sich hier folglich nicht.

Der Vorteil fehlender Formerfordernisse hat – sofern er denn vorhanden ist – aber auch eine Kehrseite. So können Vereinbarungen, die ohne Einhaltung bestimmter Formen getroffen wurden, zu einer schwierigen Beweissituation und damit zu einer erschwerten Rechtsdurchsetzung führen[893]. Zudem stellt sich unter Umständen ein Problem hinsichtlich der Bestandskraft der Abrede[894].

Daraus folgen nicht nur Einbußen bei der Rechtssicherheit, sondern ferner noch ein höheres Konfliktpotenzial zwischen den Gesellschaftern. Demgegenüber dürfte sich auch der Gesichtspunkt der Ersparnis von Notar- und Gerichtskosten vergleichsweise geringfügig auswirken, da Rechtsberatungsaufwand in der Mehrzahl der Fälle auch bei der Abfassung von Nebenvereinbarungen anfällt[895].

Ein weiterer Nachteil ist, dass die schuldrechtliche Vereinbarung – im Gegensatz zur Vereinbarung im Gesellschaftsvertrag – keine Bindungswirkung für die Rechtsnachfolger oder neue Gesellschafter entfaltet, es sei denn, sie treten der Vereinbarung bei.

Insofern kommt es also darauf an, ob die Gesellschafter eine lediglich interne Bindungswirkung erzielen wollen oder eine gesamtgesellschaftliche Regelung bezwecken.

Gerade in Gesellschaften mit einem häufig wechselnden Gesellschafterbestand dürfte es einen nicht unerheblichen Aufwand darstellen, jeden neu hinzukommenden Gesellschafter der schuldrechtlichen Abrede beitreten zu lassen. In diesen Fällen wird eine Vereinbarung der Klausel im Gesellschaftsvertrag die sachgerechtere Lösung sein.

Es bleibt aber insgesamt festzuhalten, dass weder die Regelung im Gesellschaftsvertrag noch die in einer schuldrechtlichen Nebenabrede derart klare Vor- oder Nachteile mit sich bringt, dass zwingend zu einer der beiden Möglichkeiten geraten werden müsste. Vielmehr hängt es vor allem von den Präferenzen und Wünschen der Gesellschafter ab, welcher Regelungsort für sie im Einzelfall in Betracht kommt. Auch Gesichtspunkte wie die Größe der Gesellschaft oder die Fluktuation der Gesellschafter spielen eine Rolle.

Insbesondere bei Kapitalgesellschaften gilt es abzuwägen, ob die mit der Vereinbarung im Gesellschaftsvertrag verbundene Publizität der Klausel im Interesse von Gesellschaftern und Gesellschaft ist. Demgegenüber spricht für den Gesellschaftsvertrag als Regelungsort freilich – wie oben bereits geschildert – seine Bindungs- und Gestaltungswirkung auf gesellschaftsrechtlicher Ebene.

---

892 *Roth* in: Roth/Altmeppen, GmbHG, § 3 Rn. 56.
893 *Hoffmann-Becking*, ZGR 3/1994, 442, 446.
894 *Wicke*, DStR 2006, 1137.
895 So auch *Wicke*, DStR 2006, 1137.

c) *Besonderheiten bei Joint Ventures*

Wie bereits an anderer Stelle dargelegt[896], weisen die – im Vergleich zu „Contractual Joint Ventures" in der Praxis deutlich häufiger anzutreffenden – „Equity Joint Ventures" eine zweigliedrige Struktur, bestehend aus einer Grundlagenvereinbarung und der Beteiligung der Gesellschafter an einem Gemeinschaftsunternehmen, auf.

Dabei ist die Grundlagenvereinbarung – der Joint Venture-Vertrag[897] – im Grundsatz schuldrechtlicher Natur und begründet ein Dauerschuldverhältnis, das regelmäßig zur Gründung einer BGB-Innengesellschaft führt[898].

Daneben tritt die für die Zweckerfüllung verantwortliche, rechtlich selbständige und am Rechtsverkehr teilnehmende Joint Venture-Gesellschaft.

Beide Ebenen sind regelmäßig eng miteinander verzahnt und stehen in einer Wechselbeziehung zueinander[899]. Während in der Grundlagenvereinbarung die Ziele der Zusammenarbeit, die Modalitäten für deren Verwirklichung sowie die Rechte und Pflichten der Partner festgelegt werden, stellt der Gesellschaftsvertrag des Gemeinschaftsunternehmens lediglich das rechtliche Instrument zur Umsetzung der vorgenannten Regelungen dar[900].

Diese enge Verbindung beider Ebenen führt nicht selten dazu, dass die Gesellschafter nicht zwischen gesellschaftsrechtlicher Ebene der Innen-GbR (Joint Venture-Vertrag) und der Joint Venture Gesellschaft unterscheiden[901].

Gleichwohl stellt sich auch hier die Frage, ob eine Shoot-Out-Klausel besser im Gesellschaftsvertrag des Gemeinschaftsunternehmens, im schuldrechtlichen Grundlagenvertrag oder in einer weiteren, von beiden Verträgen gesonderten Nebenabrede zu treffen ist.

Angesichts des zuvor genannten Umstands, dass wesentliche Rechte und Pflichten der Gesellschafter üblicherweise im Grundlagenvertrag fixiert werden, spricht einiges dafür, auch die Shoot-Out-Klausel als besonderes, den Gesellschaftern zustehendes Konfliktlösungsrecht dort zu regeln. Da der Vertrag auch nicht der Publizität des Handelsregisters unterfällt, können dessen Inhalte geheim bleiben. Gerade bei Joint Ventures, in deren Rahmen nicht selten sensibles Know-How ausgetauscht wird und das Ziel, neue Märkte zu erschließen, in nicht unerheblichem Maße davon abhängig ist, ob Konkurrenten Kenntnis von der geplanten Tätigkeit erlangen, kann ein berechtigtes Geheimhaltungsinteresse der Gesellschafter gegeben sein, das durch die Publizität des Handelsregisters unterlaufen würde.

Da mithin bereits der Grundlagenvertrag keiner Publizität unterliegt, fällt dieser Umstand auch als Argument für eine Klauselvereinbarung in einem davon noch gesonderten schuldrechtlichen Vertrag weg.

896 Siehe F., I., 1., b).
897 Zu den unterschiedlichen Bezeichnungen siehe F., I., 1., b).
898 *Seel*, Joint Ventures in der Konzernrechtslegung, 27, 28 m.w.N.
899 So auch *Schulte/Pohl*, Joint-Venture-Gesellschaften, 175 Rn. 739.
900 *Seel*, Joint Ventures in der Konzernrechtslegung, 30, 31.
901 *Fett/Spiering*, Handbuch Joint Venture, 407 Rn. 559.

Zu beachten ist auch, dass die Partner des Joint Venture- Vertrages nicht immer identisch mit den Gesellschaftern des Gemeinschaftsunternehmens sind.

In diesen Fällen sollte die Shoot-Out-Klausel erst recht nicht im Gesellschaftsvertrag des Gemeinschaftsunternehmens geregelt werden, da dann auch nicht am Joint Venture beteiligte Gesellschafter davon erfasst werden. Insoweit wird noch vorgeschlagen, die Klausel neben dem Joint Venture-Vertrag auch in weitere Einzelverträge, die mit dem Joint Venture verknüpft sind – zum Beispiel bestimmte Technologieverträge –, aufzunehmen[902]. Dies scheint sinnvoll, ermöglicht es doch eine bessere Zuordnung einzelner Verträge zum Joint Venture, gerade auch in Abgrenzung zu solchen, die ausschließlich dem Gemeinschaftsunternehmen zuzuordnen sind.

2. Regelungszeit

Shoot-Out-Klauseln können entweder langfristig im Voraus oder erst kurzfristig dann vereinbart werden, wenn die Gesellschafter sich trennen wollen (sogenannte *Ad hoc*-Vereinbarung)[903].

Die Frage, ob und wenn ja, welche der beiden Möglichkeiten zu bevorzugen ist, wird in der einschlägigen Literatur nicht einheitlich beurteilt.

So findet sich die Auffassung, dass nur oder vor allem eine kurzfristige *Ad hoc*-Vereinbarung sachgerechte Ergebnisse ermögliche[904]. Andere Stimmen sprechen sich dagegen für eine langfristige Vereinbarung im Gesellschaftsvertrag oder einer schuldrechtlichen Nebenabrede aus[905].

Zuzugestehen ist der erstgenannten Ansicht, dass bei einer *Ad hoc*-Vereinbarung insbesondere Umstände aus der Sphäre der Gesellschafter, wie die Verteilung der Finanzkraft, besser berücksichtigt werden können als bei einer langfristigen Vereinbarung. Diese Umstände können sich nämlich – wie bereits an anderer Stelle erläutert[906] – mit der Zeit ändern.

Da ihre Auswirkungen aber regelmäßig erst dann relevant werden, wenn das Verfahren durchgeführt werden soll, ist man bei langfristigen Vereinbarungen auf gewisse Prognosen angewiesen. Diese Prognoseschwierigkeiten ergeben sich bei einer *Ad hoc*-Vereinbarung nicht[907], da der Einsatz des Verfahrens hier unmittelbar

---

902 *Langefeld-Wirth* in: Joint Ventures im int. Wirtschaftsverkehr, 158.

903 So auch *Schulte/Pohl*, Joint-Venture-Gesellschaften, 194 Rn. 826.

904 So *Wedemann*, Gesellschafterkonflikte, 499, 500; *Lutz*, Der Gesellschafterstreit, 277 Rn. 560.

905 So wohl *Schulte/Sieger*, NZG 2005, 24, 25; *Draxler*, Private Equity Exit, 138. Obwohl diese Meinung nicht ausdrücklich geäußert wird, folgt sie wohl im Umkehrschluss aus der dort vertretenen Ansicht, dass sich in der Praxis der Wunsch nach einem *ad hoc* von den zerstrittenen Gesellschaftern auszuhandelnden Vertrag als bloße Illusion erweise.

906 Siehe dazu F., I., 3.

907 So auch *Wedemann*, Gesellschafterkonflikte, 500.

erfolgt und daher konkrete rechtliche oder tatsächliche Bedenken auch unmittelbar festgestellt werden können[908].

Gegen eine kurzfristige Vereinbarung kann aber nicht zu Unrecht angeführt werden, dass sich in der Praxis der Wunsch nach einem *ad hoc* von den Gesellschaftern auszuhandelnden Vertrag häufig als bloße Illusion erweist. Dies muss vor allem dann gelten, wenn die Gesellschafter ohnehin schon stark zerstritten sind, also dem „klassischen" Anwendungsfall einer Shoot-Out-Klausel.

Während hier eine Klauselvereinbarung bei weniger drastischen Konflikten noch möglich erscheint, wird sie bei zunehmender Konfliktintensität immer unwahrscheinlicher.

Will man also einem Konflikt stets erst dann begegnen, wenn er bereits entstanden ist, kann es für eine einvernehmlich vertraglich auszuhandelnde Konfliktlösung bereits zu spät sein.

Es besteht dann die große Gefahr, dass der Konflikt mangels Einigungsbereitschaft nicht beigelegt werden kann. Dauerhafte und erhebliche Schäden für die Gesellschaft und mittelbar auch für die Gesellschafter können die Folge sein.

Umsichtige und vorausplanende Gesellschafter sollten dieses Risiko im eigenen Interesse und im Interesse der Gesellschaft nicht eingehen, sondern von vornherein – also schon bei Gründung der Gesellschaft – Konfliktvermeidungsstrategien oder Konfliktlösungsmechanismen vereinbaren.

Diese müssen angesichts der großen Bandbreite an Möglichkeiten freilich nicht zwingend oder ausschließlich Shoot-Out-Klauseln sein. Gleichwohl können auch diese ohne erheblichen Mehraufwand so ausgestaltet werden, dass auf zukünftige Änderungen relevanter Umstände – wie beispielsweise die Finanzkraft der Gesellschafter – adäquat reagiert werden kann. Auf diese Art fallen die vorgenannten Prognoseschwierigkeiten nicht mehr allzu schwer ins Gewicht.

Gleichwohl bleibt es dabei, dass Shoot-Out-Klauseln auch als *Ad hoc*-Regelung sinnvoll sein können, sofern die Gesellschafter nicht derart zerstritten sind, dass sie sich auf die Vereinbarung einer solchen Klausel nicht mehr einlassen. Eine hilfreiche Unterstützung kann sie vor allem dort sein, wo ein Konflikt nur noch mittels der Trennung der Gesellschafter sachgerecht gelöst werden kann[909]. Optimal sind freilich Fälle, in denen lediglich zwei finanziell vergleichbar starke und zu je 50 Prozent am Unternehmen beteiligte Gesellschafter vorhanden und zudem nicht ausstiegswillig sind[910].

Entscheiden sich die Gesellschafter für ein *Ad hoc*-Verfahren, so dürfte es sachgerechter sein, dies im Wege einer schuldrechtlichen Nebenabrede zum Gesellschaftsvertrag zu regeln. Dies hat zum Einen den Vorteil, dass das Verfahren in mehrgliedrigen Gesellschaften auf diejenigen Gesellschafter beschränkt werden

908 So auch *Werner*, GmbHR 2014, 310, 315.

909 So auch *Wedemann*, Gesellschafterkonflikte, 500; *Lutz*, Der Gesellschafterstreit, 277 Rn. 560.

910 Siehe dazu schon F., I., 4.

kann, die tatsächlich am Konflikt beteiligt sind und so eine Benachteiligung der übrigen Gesellschafter ausgeschlossen wird. Zum Anderen müssen dabei regelmäßig – von der Lage in der GmbH einmal abgesehen – keine zwingenden formalen Anforderungen – wie die notarielle Beurkundung – erfüllt oder gar aufwendige Satzungsänderungen vorgenommen werden, was zu einer raschen Konfliktlösung beitragen kann.

3. Regelungsform

Im Rahmen dieses Kapitels stellt sich zuletzt auch die Frage, welche formalen Anforderungen an eine Shoot-Out-Klausel sinnvollerweise zu stellen sind.

Dazu muss zunächst untersucht werden, ob es zwingende gesetzliche Vorschriften gibt, die eine bestimmte Form für derartige Klauseln vorschreiben.

Dies kann jedenfalls für Personengesellschaften verneint werden, und zwar unabhängig davon, ob die Klausel Inhalt des Gesellschaftsvertrages oder Inhalt einer schuldrechtlichen Nebenabrede ist.

Bei Kapitalgesellschaften ist dagegen sowohl bei der GmbH als auch bei der AG hinsichtlich der Aufstellung des Gesellschaftsvertrages die notarielle Beurkundung vorgeschrieben (§§ 2 Abs. 1 S. 1 GmbHG, 23 Abs. 1 S. 1 AktG). Beurkundet werden muss dabei insbesondere der gesamte Text der Satzung[911]. Sofern Shoot-Out-Klauseln also schon bei Gründung der Gesellschaft vereinbart und in den Gesellschaftsvertrag aufgenommen werden, unterliegen sie diesen Vorschriften gleichermaßen.

Werden sie erst später vereinbart und sollen gleichwohl Gegenstand des Gesellschaftsvertrages werden, so ist dafür ein Beschluss der Gesellschafter (§ 53 Abs. 1 GmbHG), beziehungsweise der Hauptversammlung (§ 179 Abs. 1 S. 1 AktG) notwendig. Bei der GmbH muss dieser Beschluss ebenfalls notariell beurkundet werden (§ 53 Abs. 2 S. 1, 1. HS GmbHG).

Dagegen bedürfen außerhalb des Gesellschaftsvertrages getroffene, schuldrechtliche Nebenabreden regelmäßig auch bei Kapitalgesellschaften keiner besonderen Form[912].

Ausnahme bilden bei der GmbH allerdings Verträge über die Abtretung von Geschäftsanteilen sowie Regelungen, die eine schuldrechtliche Pflicht zur Abtretung begründen (§ 15 Abs. 3 und 4 GmbHG). Ebensolche Regelungen stellen Shoot-Out-Klauseln indes dar, da sie für den im Verfahren unterliegenden Gesellschafter eine Pflicht zur Abtretung seiner Geschäftsanteile begründen[913].

Zu klären bleibt demnach, ob in Fällen, in denen das Gesetz keine Formanforderungen stellt, eine bestimmte Form zu empfehlen ist.

---

911 Für die AG siehe *Limmer* in: Spindler/Stilz, AktG, § 23 Rn. 6; für die GmbH siehe *Roth* in: Roth/Altmeppen, GmbHG, § 2 Rn. 25.

912 Für die AG siehe *Limmer* in: Spindler/Stilz, AktG, § 23 Rn. 41; für die GmbH siehe *Fastrich* in: Baumbach/Hueck, GmbHG, § 2 Rn. 12.

913 Dazu und zu den weiteren Besonderheiten im Rahmen von § 15 Abs. 3 und 4 GmbHG siehe E., I., 5., c), bb).

In dieser Hinsicht dürfte jedenfalls von einer gänzlich formlosen, mündlichen Vereinbarung abzuraten sein.

Zum Einen ist der Inhalt der Klausel dafür regelmäßig zu komplex, zum Anderen gehen damit möglicherweise nicht unerhebliche Beweisprobleme im Streitfall einher.

Bleibt also im Wesentlichen die Wahl zwischen der Schriftform oder der zusätzlichen notariellen Beurkundung[914].

Gemeinsam ist beiden Formen ihre Warn-, Klarstellungs-, Beweis- und Informationsfunktion. So soll der Erklärende wegen der Risiken des Rechtsgeschäfts vor unüberlegten oder übereilten Bindungen geschützt werden (Warnfunktion). Durch die Einhaltung der Form wird darüber hinaus klargestellt und bewiesen, dass und mit welchem Inhalt das Geschäft zustande gekommen ist (Klarstellungs- und Beweisfunktion). Zugleich werden die Beteiligten über die übernommenen Rechte und Pflichten zuverlässig informiert (Informationsfunktion).

Der notariellen Beurkundung kommt darüber hinaus auch eine Beratungsfunktion zu, deren Zweck es ist, eine sachkundige rechtliche Beratung und Belehrung für die Beteiligten zu gewährleisten[915]. In den letzten Jahren wurde deutlich, dass besonders das Beurkundungsverfahren bei Rechtsgeschäften dazu führt, dass notariell beurkundete Rechtsgeschäfte eine höhere innere Vertragsgerechtigkeit und Richtigkeit haben, was eine zusätzliche Schutzfunktion der notariellen Beurkundung zeigt[916].

Gesellschafter, die Wert auf eine besonders rechtssichere Klausel legen, sollten demnach die notarielle Beurkundung wählen, die allerdings mit Notarkosten verbunden ist (§ 29 Nr. 1, § 4 GNotKG) und gegebenenfalls einige Zeit in Anspruch nehmen kann.

Ansonsten dürfte auch die einfache Schriftform genügen.

III. Voraussetzungen für die Verfahrenseinleitung

Im Rahmen der Planung und Vereinbarung einer Shoot-Out-Klausel müssen sich die Gesellschafter und ihr Rechtsberater auch mit der Frage auseinandersetzen, ob die Klausel nur unter bestimmten Voraussetzungen oder gänzlich voraussetzungslos ausgelöst werden kann.

Dies gilt jedenfalls dann, wenn die Klausel langfristig vereinbart wird und nicht im Rahmen eines *Ad hoc*-Verfahrens eingesetzt werden soll. In diesem Fall ist die Situation, die zum Einsatz der Klausel führen soll, regelmäßig bereits eingetreten, so dass sich die Vereinbarung von Auslösungsvoraussetzungen erübrigt.

---

914 Sonderformen wie die elektronische Form, die Textform oder die öffentliche Beglaubigung können in der Betrachtung außen vor bleiben.

915 Vgl. zu vorstehenden Ausführungen *Ellenberger* in: Palandt, BGB, § 125 Rn 2–5.

916 *Limmer* in: Spindler/Stilz, AktG, § 23 Rn. 7.

Grundsätzlich können die von den Klauseln angepeilten Ziele und Wirkungen in beiden Fällen erreicht werden, da sie nicht davon abhängig sind, ob die Verfahrenseinleitung unter bestimmte Voraussetzungen gestellt wurde oder nicht.

Gleichwohl sollten die Gesellschafter die Klausel nach hier vertretener – und schon vermehrt geäußerter – Ansicht stets nur unter bestimmten Voraussetzungen auslösen können.

Diese Auffassung wird auch vielfach in der einschlägigen Literatur vertreten[917].

Die Gründe dafür sollen im Folgenden erläutert werden, bevor darauf eingegangen wird, welche konkreten Voraussetzungen an die Klauselauslösung zu stellen sind.

1. Gründe für die Notwendigkeit von Voraussetzungen für die Klauselauslösung

Dass Shoot-Out-Klauseln radikale Trennungsmechanismen sind, dürfte mittlerweile klar sein. Nicht nur, dass sie dazu führen, dass (mindestens) ein Gesellschafter die Gesellschaft verlassen muss und zu Beginn des Verfahrens nicht klar ist, wer dieser Gesellschafter sein wird. Hinzu kommt, dass dabei auf die persönlichen Wünsche oder Interessen der Gesellschafter wenig bis gar keine Rücksicht genommen wird. Dies gilt vor allem im Hinblick darauf, ob die Gesellschafter die Gesellschaft überhaupt verlassen wollen oder nicht.

Ein Ausstieg aus der Gesellschaft ist demnach ebenso wenig planbar wie ein Verbleib in ihr.

Dieser radikale Ansatz erklärt sich vor dem Hintergrund, dass Shoot-Out-Klauseln insbesondere auch das Ziel haben, wirtschaftlichen Schaden von der Gesellschaft abzuwenden. Hinter dieses Ziel müssen die persönlichen Interessen der Gesellschafter zurücktreten.

Allein deshalb sollte die Klauselauslösung stets an eine Situation geknüpft sein, in der der Gesellschaft zumindest mittelbar ein wirtschaftlicher Schaden droht und dieser durch die Trennung der Gesellschafter verhindert oder jedenfalls verringert werden kann.

Dies können insbesondere Gesellschafterkonflikte sein. Nicht umsonst werden die Klauseln recht allgemein als Konfliktlösungs- oder sogar konkreter als Pattauflösungsmechanismen bezeichnet und auch in der Praxis dergestalt eingesetzt[918].

Besteht dagegen die Möglichkeit der voraussetzungslosen Verfahrenseinleitung, ist freilich nicht garantiert, dass so eine Situation bei Auslösung der Klausel tatsächlich vorliegt. In diesen Fällen dürfte die Klausel aus vorgenannten Gründen einen zu

---

917 Siehe nur *Otto*, GmbHR 1996, 16, 20; *Schaper*, DB 2014, 821, 824; *Werner*, GmbHR 2005, 1554, 1557; *Willms/Bicker*, BB 2014, 1347, 1352; *Fett/Spiering*, Handbuch Joint Venture, 420 Rn. 593; *Wedemann*, Gesellschafterkonflikte, 501, 502. In diese Richtung auch *Heckschen* in: Die GmbH, § 4 Rn. 190a.

918 Siehe dazu bereits D., I., 2.

radikalen, daher unangemessenen und für die Gesellschaften aufgrund der mangelnden Planbarkeit auch nicht wünschenswerten Ausstiegsmechanismus darstellen.

Im Übrigen dürfte es regelmäßig auch nicht dem Interesse der Gesellschafter entsprechen, einen derart finalen und wenig vorhersehbaren Mechanismus für Fälle vorzusehen, die sich auch auf weniger drastische Art und Weise regeln ließen[919].

Hinzu kommt, dass die Möglichkeit der voraussetzungslosen Verfahrenseinleitung die Gefahr des Klauselmissbrauchs, namentlich des Hinausdrängens aus der Gesellschaft zu einem unangemessenen Preis, deutlich erhöht[920]. Damit einher geht auch die Gefahr, dass die Klausel an sich nach § 138 BGB oder ihre konkrete Ausübung im Einzelfall nach § 242 BGB unwirksam ist[921].

Zwar kann es auch dann zu Missbräuchen kommen, wenn die Klausel an das Vorliegen bestimmter Voraussetzungen geknüpft ist. Das Risiko dafür dürfte aber ungleich geringer sein, zumal dies für den missbrauchswilligen Gesellschafter bedeutet, dass er zunächst die Klauselvoraussetzung erfüllen muss, um sein missbräuchliches Ansinnen in die Tat umsetzen zu können.

Abhängig davon, welche konkreten Voraussetzungen die Klausel verlangt, kann ihm sein Vorhaben zumindest erschwert, wenn nicht unter Umständen sogar gänzlich unmöglich gemacht werden. Letzteres insbesondere dann, wenn die Herbeiführung der Klauselvoraussetzung nicht im alleinigen Machtbereich des betroffenen Gesellschafters liegt.

Hier gilt: Je höher die Anforderungen an die Klauselauslösung, desto geringer die Gefahr des missbräuchlichen Klauseleinsatzes[922].

Sie dienen daher auch als Vorsichtsmaßnahmen zur Vermeidung von Missbräuchen[923].

Die Möglichkeit, die Klausel voraussetzungslos auszulösen, könnte demnach allenfalls dort Sinn machen, wo ein missbräuchliches Verhalten der Gesellschafter von vornherein ausgeschlossen werden kann. Dies anzunehmen, scheint indes wenig realitätsnah.

2. Gesellschafterkonflikt als „trigger event"

Soweit nun hoffentlich verständlich gemacht wurde, dass die Auslösung der Klausel sinnvollerweise an bestimmte Voraussetzungen zu knüpfen ist, stellt sich die Folgefrage, welche konkreten Voraussetzungen dies sein sollten.

Schon im Rahmen des Kapitels über Ziele und Wirkungen von Shoot-Out-Klauseln wurde dargelegt, dass die Funktionsweise der Klauseln es ermöglicht,

919 So auch *Hewitt*, Hewitt on Joint Ventures, 236.
920 Siehe dazu bereits D., II., 2.
921 Siehe dazu bereits E., I., 1.
922 So auch *Binz/Mayer*, NZG 2012, 201, 210.
923 So auch *Schroeder/Welpot*, NZG 2014, 609, 616.

Gesellschafterkonflikte mittels der Gesellschaftertrennung final beizulegen. Sie werden daher mit Recht auch allgemein als Konfliktlösungsmechanismen bezeichnet[924].

Schon allein aufgrund dieser Umstände liegt es nahe, die Klausel erst dann einzusetzen, wenn tatsächlich eine solche Situation vorliegt.

Nun können Gesellschafterkonflikte freilich in mannigfaltiger Ausprägung auftreten und vor allem auch eine unterschiedliche Intensität aufweisen.

Angesichts des bereits erwähnten Umstandes, dass Shoot-Out-Klauseln radikale Trennungsmechanismen darstellen, macht es indes Sinn, sie auch vorrangig in Konfliktsituationen einzusetzen, die gleichermaßen radikal sind. Das bedeutet, dass der Konflikt ein derartiges Ausmaß erreicht haben muss, dass er nur durch die Trennung der Gesellschafter adäquat gelöst werden kann.

Dies ist entweder dann der Fall, wenn er von vornherein derart schwerwiegend ist, dass er ohne die (sofortige) Trennung der Gesellschafter nicht zu lösen ist oder – auch bei einer geringeren Streitintensität – alle vorigen Lösungsversuche gescheitert sind.

Ersteres ist insbesondere dann anzunehmen, wenn ohne die Trennung der Gesellschafter und die damit verbundene Konfliktlösung ein nicht unerheblicher Schaden für die Gesellschaft zu erwarten ist.

Jeglichen möglichen Konflikt hier gesondert darzustellen und zu erläutern, würde allerdings den Rahmen dieser Arbeit sprengen.

Im Folgenden soll daher nur die Pattsituation als für Shoot-Out-Klauseln besonders relevanter Gesellschafterkonflikt dargestellt werden. Hinsichtlich weiterer möglicher Konflikte wird insoweit auf einschlägige Arbeiten verwiesen[925]. Genannt seien hier nur beispielhaft der Missbrauch der Mehrheitsmacht[926], die Blockade der Mehrheit durch die Minderheit[927] oder Streitigkeiten über den Jahresabschluss, die Gewinnverteilung, Gewinnentnahmen oder Gewinnausschüttungen[928].

a) *Pattsituation*

Schon mehrfach thematisiert wurden im Rahmen dieser Arbeit sogenannte Pattsituationen, auch Entscheidungsblockade genannt[929].

Darunter sind vorrangig Situationen zu verstehen, in denen sich die Gesellschafter über die grundsätzliche Strategie oder über andere wichtige Entscheidungen in Bezug auf die Gesellschaft nicht einigen können[930]. Betroffen davon kann bei

---

924 Siehe dazu D., I., 2.

925 Siehe zu einzelnen Konflikten nur *Wedemann*, Gesellschafterkonflikte, 46 ff.; *Lutz*, Der Gesellschafterstreit, 83 ff.

926 Dazu *Wedemann*, Gesellschafterkonflikte, 46 ff.

927 Dazu *Wedemann*, Gesellschafterkonflikte, 53 ff.

928 Dazu *Lutz*, Der Gesellschafterstreit, 183 ff.

929 Siehe dazu zum Beispiel D., I., 2.

930 *Hewitt*, Hewitt on Joint Ventures, 226; ähnlich *Brechbühl/Emch*, SZW 2007, 271, 276.

Kapitalgesellschaften neben der Geschäftsführung auch die Gesellschafter-, beziehungsweise Hauptversammlung sein[931]. Gemeint sind also stets Pattsituationen auf Entscheidungsebene der Gesellschaft.

Konkret kann ein solcher Patt dergestalt ausgeprägt sein, dass es beispielsweise zur Blockade einer Geschäftsführerbestellung oder einer Erhöhung der Eigenkapitalquote kommt[932].

Spitzen sich derartige Streitigkeiten zu, so beschränkt sich die Uneinigkeit nach einiger Zeit wohlmöglich nicht mehr nur auf einzelne Streitpunkte, sondern führt zu einem tiefgreifenden Zerwürfnis, das eine weitere Zusammenarbeit unmöglich macht[933].

Diese Uneinigkeit kann unter Umständen auch so weit führen, dass die Gesellschaft auf Entscheidungsebene regelrecht „gelähmt", beziehungsweise „blockiert" ist[934]. Sie hat dann sozusagen einen „toten Punkt" (Deadlock) erreicht[935], der schwerwiegende Auswirkungen auf das operative Geschäft und die finanzielle Situation haben und damit schließlich zur existenziellen Bedrohung für die Gesellschaft werden kann[936].

Dies gilt in besonderem Maße für zweigliedrige, paritätische Gesellschaften, die in dieser Hinsicht besonders gefährdet sind[937] und bei denen ein solcher Patt die Achillesferse der gemeinsamen Zusammenarbeit darstellt[938]. Da derartige Konstellationen im Joint Venture-Bereich mit großer Häufigkeit anzutreffen sind, verwundert es nicht, dass gerade hier der Einsatz von Shoot-Out-Klauseln intensiv diskutiert wird.

Aber auch in nicht-paritätischen Gesellschaften ist eine Blockade nicht ausgeschlossen, namentlich dann, wenn beispielsweise der Minderheitsgesellschafter ein Vetorecht hat, entscheidungserhebliche Versammlungen boykottiert[939] oder für bestimmte Beschlüsse Einstimmigkeit vorgesehen ist[940].

Denkbar ist andersherum aber auch, dass ein Patt nur hinsichtlich eines weniger gravierenden Umstands vorliegt, so zum Beispiel hinsichtlich der Zahlung von Dividenden. Bleibt die Streitigkeit auf diesen Punkt beschränkt und weitet

931 *Elfring*, NZG 2012, 895, 896.

932 *Wedemann*, Gesellschafterkonflikte, 55 mit Hinweisen auf die Rechtsprechung.

933 So auch *Wedemann*, Gesellschafterkonflikte, 56.

934 *Wirbel* in: MüHB GesR, Bd. 1, § 28 Rn. 58; *Langenfeld/Miras*, GmbH-Vertragspraxis, 140; *Heeg*, BB 2014, 467, 470; *Holler/Frese*, BB 2014, 1479; *Schaper*, DB 2014, 821; *Schroeder/Welpot*, NZG 2014, 609, 610; *Weidmann*, DStR 2014, 1500.

935 „Deadlock" bedeutet übersetzt „toter Punkt", siehe Langenscheidt, 137.

936 *Holler/Frese*, BB 2014, 1479; *Otto*, GmbHR 1996, 16; *Schroeder/Welpot*, NZG 2014, 609, 610; *Willms/Bicker*, BB 2014, 1347.

937 *Wedemann*, Gesellschafterkonflikte, 55.

938 *Fleischer/Schneider*, DB 2010, 2713 m.w.N.

939 *Hewitt*, Hewiit on Joint Ventures, 227; *Knobloch* in: Gesellschafts- und Kapitalmarktrecht, 160.

940 *Huber* in: Kooperations-und Joint-Venture-Verträge, 30.

sich nicht aus, wird man freilich keine existenzielle Bedrohung für die Gesellschaft annehmen können.

Damit zeigt sich bereits, dass allein das Vorliegen eines Patts auf Entscheidungsebene nicht Grund für das Auslösen einer Shoot-Out-Klausel sein sollte[941]. Erforderlich ist darüber hinaus, dass der Patt ein Ausmaß erreicht, das eine Trennung der Gesellschafter unumgänglich macht.

Regelmäßig anzunehmen ist eine solche Situation in der oben geschilderten Konstellation des sogenannten „Deadlocks", also der völligen Lähmung der Gesellschaft auf Entscheidungsebene.

b) Konkrete Ausgestaltung von Gesellschafterkonflikten als Klauselauslösungsvoraussetzung

Der nächste logische Schritt ist nun die tatsächliche Platzierung und Formulierung von Gesellschafterkonflikten als Voraussetzung für die Verfahrenseinleitung im Vertragswerk.

Freilich besteht hier immer die Möglichkeit, jede einzelne Konfliktform gesondert aufzunehmen. Dies wird vor allem dann sinnvoll sein, wenn die Gesellschafter konkrete Vorstellungen haben, bei welcher Art von Konflikt eine Shoot-Out-Klauseln zum Einsatz kommen soll.

Diese Lösung hat indes auch Schwachstellen:

Angenommen, man wollte beispielsweise nur solche Konflikte als Klauselauslösungsvoraussetzung akzeptieren, die einen nicht unerheblichen Schaden für die Gesellschaft nach sich ziehen können. Problematisch wird es hier vor allem dadurch, dass die relevanten Abgrenzungskriterien – drohender, nicht unerheblicher Schaden für die Gesellschaft – unterschiedlich ausgelegt werden können, teilweise Prognosen erfordern und daher insgesamt wenig präzise sind. Dies kann zu Streitigkeiten darüber führen, ob die Klauselvoraussetzungen gegeben sind oder nicht, was im Hinblick auf eine – von der Klausel angestrebte[942] – schnelle und lautlose Trennung der Gesellschafter definitiv hinderlich ist.

Es müssen also stets Abgrenzungskriterien statuiert werden, die keinen oder jedenfalls einen möglichst geringen Interpretationsspielraum lassen, auf Prognosen weitgehend verzichten und gleichwohl Konflikte, die von der Klausel nicht erfasst werden sollen, außen vor lassen.

Dies wird regelmäßig mit einem großen Aufwand bei der Planung der Klausel verbunden sein.

In der Literatur findet sich dazu der Vorschlag, einen bestimmten „Schwellenwert" für die Bestimmung des notwendigen Ausmaßes des Konflikts festzulegen[943].

---

941 In diese Richtung – allerdings genereller auf jegliche Streitschlichtungsverfahren bezogen – auch *Elfring*, NZG 2012, 895, 896.

942 Siehe D., I., 4. und 5.

943 *Elfring*, NZG 2012, 895, 896.

Wie Dieser konkret zu bestimmen ist, wird indes nicht näher erläutert. Insofern scheint auch schwerlich vorstellbar, wie dies vonstatten gehen könnte. Hier wäre man wohl wiederum auf bestimmte Abgrenzungskriterien angewiesen, die die vorgenannten Kriterien erfüllen müssten. Insgesamt stellt sich dieser Vorschlag daher als wenig praktikabel dar.

Eine weitere Möglichkeit ist indes, die Klausel ganz allgemein bei jeder Art von Gesellschafterkonflikt zur Anwendung zu bringen und die Klausel dementsprechend auszuformulieren.

Davon werden zum Einen die – vorher schon erwähnten – Fälle erfasst, in denen der Konflikt von vornherein so gravierend ist, dass eine einvernehmliche Konfliktlösung überhaupt nicht in Betracht kommt und nur eine sofortige Trennung der Gesellschafter dies vollbringen kann. Dazu gehört insbesondere die Konstellation, dass die Gesellschafter aufgrund des Streites einvernehmlich die Beendigung der Zusammenarbeit wünschen, die Gesellschaft aber fortgeführt werden soll.

Andererseits umfasst eine derart weite Formulierung freilich auch Konfliktsituationen, die nicht derart gravierend sind und in denen Shoot-Out-Klauseln auf den ersten Blick einen – im Verhältnis zur Schwere des Konflikts – unangemessenen Konfliktlösungsmechanismus darstellen.

Hier könnte daher eingewendet werden, dass dies den bisherigen Ergebnissen widerspricht, zumal soeben noch herausgearbeitet wurde, dass Konflikte erst dann mittels einer Shoot-Out-Klausel gelöst werden sollten, wenn sie ein gewisses Maß erreicht haben, namentlich ein Solches, das eine Trennung der Gesellschafter unumgänglich macht.

Dies kann indes auch bei vermeintlich weniger erheblichen Konflikten der Fall sein.

Auch ein nicht so gravierender Konflikt kann nämlich ungelöst bleiben, wenn die Gesellschafter zur Konfliktlösung nicht bereit sind oder einvernehmliche Lösungen scheitern. Das persönliche Verhältnis der Gesellschafter zueinander kann dadurch Schaden nehmen und leicht zu weiteren Konflikten führen. Summieren sich diese, mag es so weit gehen, dass die Gesellschafter schlussendlich völlig zerstritten sind und Schäden für die Gesellschaft nunmehr unmittelbar drohen.

Shoot-Out-Klauseln entwickeln gerade bei vermeintlich weniger gravierenden Konflikten ein nicht unerhebliches Drohpotenzial. Den Gesellschaftern wird vor Augen geführt, dass sie aus der Gesellschaft ausscheiden könnten, wenn sie zu einer einvernehmlichen Konfliktlösung nicht bereit sind. Gerade bei diesen weniger schwerwiegenden Konflikten ist dies eine überaus drastische Folge, die die Gesellschafter dazu bringen soll, über persönliche Eitelkeiten hinweg zu sehen und gemeinsam eine konstruktive Problemlösung zu finden.

Dementsprechend kann die Wirkungsweise einer Shoot-Out-Klausel auch hier hilfreich sein. Sie sollte aber aus oben genannten Gründen der Verhältnismäßigkeit richtigerweise nur dass *ausgelöst* werden dürfen, wenn alle Versuche, eine einvernehmliche Lösung zu finden, gescheitert sind.

Wenn nämlich selbst bei einem weniger gravierenden Konflikt keine einvernehmliche Lösung herbeigeführt werden konnte, so wird dies regelmäßig ein nicht von der Hand zu weisendes Indiz dafür sein, dass eine Trennung der Gesellschafter ohnehin die beste Lösung ist. Dann aber ist das soeben als notwendig bezeichnete Ausmaß des Konfliktes erreicht, auch wenn möglicherweise noch kein unmittelbarer Schaden für die Gesellschaft droht.

Zugleich wirkt die Auslösung der Klausel in diesen Fällen als Sanktion für die fehlende Einigungsbereitschaft der Gesellschafter. Nur dadurch kann die angepeilte Drohkulisse im Vorfeld der Verfahrenseinleitung überhaupt ihre Wirkung entfalten.

Dementsprechend ist es ohne Bedenken vertretbar, jeglichen Gesellschafterkonflikt als Auslösungsvoraussetzung für Shoot-Out-Klauseln zu akzeptieren, freilich mit den oben genannten Einschränkungen. Insbesondere sollte der Verfahrenseinleitung auch eine Einigungsphase vorausgehen[944].

Diese versinnbildlicht zugleich die einigungsfördernde Wirkung der Klausel.

3. Weitere oder sonstige Voraussetzungen sowie Ausübungseinschränkungen

Shoot-Out-Klauseln müssen nicht zwingend nur in Konfliktsituationen zwischen den Gesellschaftern zur Anwendung kommen, denn ihre Wirkungsweisen – insbesondere die angepeilte Preisgerechtigkeit – funktionieren unabhängig vom Vorliegen eines Gesellschafterkonflikts auch in anderen Konstellationen.

Es wurde aber bereits eingehend dargelegt, dass nach Ansicht des Verfassers grundsätzlich eine Situation erforderlich sein sollte, die vergleichbar radikal ist wie die Klausel selbst, da andernfalls das Verhältnis von Aktion (Voraussetzung für die Klauselauslösung) und Reaktion (Klauselauslösung und ihre Folgen) unausgewogen ist. Da die Klausel persönliche Interessen der Gesellschafter größtenteils nicht berücksichtigt, muss die Situation, die als Voraussetzung für die Verfahrenseinleitung herangezogen werden soll, folglich ihrerseits Gründe mit sich bringen, die ein solches Vorgehen rechtfertigen.

Ein solcher Grund kann zum Beispiel ein unmittelbar und mit einiger Wahrscheinlichkeit drohender, nicht unerheblicher Schaden für die Gesellschaft sein, der durch die Trennung der Gesellschafter abgewendet werden kann.

Insofern wurde aber bereits gezeigt, dass ein „drohender Schaden für die Gesellschaft" aufgrund des Auslegungsspielraums und der erforderlichen Prognosen als Auslösevoraussetzung für die Klausel wenig geeignet ist.

In der Literatur werden gelegentlich Beispiele für weitere mögliche Situationen genannt, in denen die Klauseln eingesetzt werden könnten. Dazu gehören unter anderem das Nichterreichen bestimmter angepeilter unternehmerischer Ziele, ein

944 So auch *Wälzholz*, GmbH-StB 2007, 84, 86. Für ein vorgelagertes Schiedsverfahren plädierend *Schulte/Pohl*, Joint-Venture-Gesellschaften, 194 Rn. 825.

personeller Wechsel auf Geschäftsführungsebene bei einem der Gesellschafter[945] oder mehrere Verlustjahre in Folge[946].

Jedenfalls das erstgenannte Beispiel scheint aus Sicht des Verfassers als Voraussetzung für die Klausel ernsthaft in Betracht zu kommen. Haben sich die Gesellschafter auf das Erreichen bestimmter unternehmerischer Ziele im Rahmen ihrer Zusammenarbeit geeinigt und ist absehbar, dass diese Ziele nicht mehr erreichbar sind, kann es Sinn machen, die Zusammenarbeit zu beenden. Sofern die Gesellschafter darüber hinaus der Ansicht sind, dass der Geschäftsbetrieb durch einen von ihnen erfolgreich weitergeführt werden kann, ist eine Shoot-Out-Klausel ein geeigneter Weg der Trennung.

Diese Konstellation dürfte vor allem in Joint Ventures vermehrt vorkommen.

Es ist aber letztlich den Gesellschaftern überlassen, konkrete Konstellationen zu benennen, in denen die Klausel – unabhängig von einem Gesellschafterkonflikt – zur Anwendung kommen soll. Die vorgenannten Erwägungen können dann als Maßstab für die Entscheidung herangezogen werden.

Zusätzlich zur Vereinbarung bestimmter Verfahrenseinleitungsvoraussetzungen kann es unter Umständen Sinn machen, auch solche Situationen festzulegen, in denen das Verfahren ausdrücklich nicht eingeleitet werden darf.

Dies ist vor allem dann der Fall, wenn die Voraussetzungen für die Auslösung der Klausel recht weit gefasst sind, die Gesellschafter aber für einige wenige, konkrete Konstellationen, die eigentlich von der Formulierung erfasst werden, übereinstimmend keine Anwendbarkeit des Verfahrens wünschen.

Im Folgenden werden exemplarisch einige Gestaltungsmöglichkeiten aufgezeigt und besprochen, die als zusätzliche Ausübungsvoraussetzungen oder – einschränkungen in Betracht kommen.

a) Blackout-Phase

In der Literatur wird als Ausübungseinschränkung eine sogenannte Blackout-Phase vorgeschlagen[947]. Damit gemeint sind bestimmte, von den Gesellschaftern festzulegende Zeitspannen, in denen die Klausel nicht ausgeübt werden darf.

Vorrangig in Betracht kommt hierbei wohl eine gewisse Zeitspanne zu Beginn der Zusammenarbeit. Dabei kann die Zeitspanne entweder an konkreten Daten festgemacht oder vom Erreichen bestimmter geschäftlicher Ziele abhängig gemacht werden.

Wesentlicher Sinn und Zweck dieser Regelung ist es, den Gesellschaftern die Möglichkeit zu geben, überhaupt erst einmal die Basis der gemeinsamen Geschäftsbeziehung zu legen und gegenseitiges Vertrauen zu entwickeln, das nicht von der

---

945 *Carey*, Real Property, Probate and Trust Journal, Winter 2005, 651, 663.

946 *Binz/Mayer*, NZG 2012, 201, 210.

947 *Carey*, Real Property, Probate and Trust Journal, Winter 2005, 651, 661; ähnlich *Tulli/Chumney*, Gardere Wynne Sewell LLP 2012, 2.

stetigen Gefahr der Klauselauslösung gehindert werden soll. *Tulli/Chumney* schreiben dazu[948]:

> *„ [...] That time period may be set because the owners believe that their commitment to common ownership of the entity should last for a minimum time, especially if the entity's business plan contemplates some particular development of a product or service, or because a financing source or a critical vendor or supplier to the entity's business will insist [...]".*

Nachteil einer solchen Phase ist aber offensichtlich, dass dabei die Möglichkeit von Gesellschafterkonflikten oder anderen Szenarien, die eigentlich Grund für die Auslösung der Klausel wären, im von der Blackout-Phase erfassten Zeitraum außen vor gelassen wird. Dass solche Situationen bereits zu Beginn der Zusammenarbeit möglich sind, scheint auch nicht allzu weit hergeholt. Hier besteht dann die Gefahr, dass die Gesellschafter auf den Konflikt nicht mit angemessenen Mitteln reagieren können und daher gegebenenfalls schon zu diesem frühen Zeitpunkt der Zusammenarbeit Schäden für die Gesellschaft drohen.

Generell scheint eine solche Regelung auf Konstellationen zugeschnitten, in denen die Shoot-Out-Klausel im Grundsatz ohne jede Voraussetzung ausgelöst werden kann. Denn sofern man gewisse Voraussetzungen – wie hier vorgeschlagen – formuliert, so besteht für die Gesellschafter kein Grund, die Klausel als Hindernis für die Entwicklung der Vertrauensbasis untereinander anzusehen, zumal sie gerade nicht jederzeit ausgelöst werden kann. Insgesamt sprechen daher wohl die besseren Argumente gegen die Vereinbarung einer Blackout-Phase, jedenfalls sofern sie für eine Zeitspanne zu Beginn der Zusammenarbeit gelten soll.

b) Einschränkungen oder weitere Voraussetzungen wegen finanziellem Ungleichgewicht

Missbräuchliche Einsätze der Klausel drohen insbesondere, wenn zwischen den am Verfahren beteiligten Gesellschaftern ein ausgeprägtes finanzielles Ungleichgewicht besteht[949].

Insofern ist es wichtig, dass das Vertragswerk Regelungen vorsieht, die einem derartigen Missbrauch entgegenwirken können. Dies können auch Regelungen zur Verfahrenseinleitung sein[950].

Zunächst gilt es dabei zu vermeiden, dass das Verfahren gänzlich voraussetzungslos eingeleitet werden kann. Allein das Bewusstsein, dass es zunächst bestimmter Voraussetzungen bedarf, die erfüllt sein müssen, um das Verfahren einleiten zu können, kann für den missbrauchswilligen Gesellschafter eine mentale Hürde sein, die ihn vor der Umsetzung seines Ansinnens zurückschrecken lässt.

---

948 *Tulli/Chumney*, Gardere Wynne Sewell LLP 2012, 2.
949 Siehe dazu D., II., 2., a).
950 Siehe dazu bereits D., II., 2., a), aa), (2), (2.2).

Gerade ein Gesellschafterkonflikt, der nach hier vertretener Ansicht den Hauptanwendungsfall von Shoot-Out-Klauseln darstellt, lässt sich allerdings regelmäßig ohne größere Schwierigkeiten schon von einem einzelnen Gesellschafter herbeiführen. Für einen missbrauchswilligen Gesellschafter dürfte diese Verfahrensvoraussetzung daher zwar eine Hürde, aber jedenfalls keine allzu große darstellen.

Nötig sind daher weitere Regelungen zur Missbrauchsvermeidung.

Will man sich in dieser Hinsicht nicht allein auf Regelungen im Rahmen der eigentlichen Durchführung der Verfahren zur Erwerberermittlung verlassen, so können auch weitere Verfahrenseinleitungsvoraussetzungen vereinbart werden. Diese müssen freilich auch geeignet sein, einem entsprechend missbräuchlichen Verhalten entgegenzuwirken.

Denkbar wäre insofern, als Klauselauslösungsvoraussetzung das Nichtvorliegen eines bestimmten, vorher festzulegenden finanziellen Ungleichgewichts zu vereinbaren.

Problematisch dürfe dabei allerdings die tatsächliche Festlegung dieser Diskrepanz sein. Zum Einen würde dies wohl eine Offenlegung sämtlicher finanzieller Mittel der Gesellschafter schon vor der eigentlichen Klauselauslösung erfordern, was mit nicht unerheblichem zeitlichen Aufwand verbunden ist und wohlmöglich gewissen Geheimhaltungsinteressen der Gesellschafter zuwiderläuft. Zum Anderen ist es auch schwierig, ein konkretes Ausmaß des Ungleichgewichts zu bestimmen, ab welchem man eine erhöhte Missbrauchswahrscheinlichkeit annehmen kann.

Aus den gleichen Gründen könnte auch der von *Binz/Mayer* gemachte Vorschlag, in den Entscheidungsprozess über die Verfahrenseinleitung ein unabhängiges Organ, wie zum Beispiel einen Beirat oder ein Schiedsgericht, einzubinden[951], problematisch werden. Denn letztlich wäre auch ein unabhängiges Organ für seine Entscheidung auf bestimmte Informationen seitens der Gesellschafter angewiesen und müsste bestimmen, ab welchem Ausmaß des finanziellen Ungleichgewichts er die Verfahrenseinleitung zurückweist.

Scheut man diese Hindernisse indes nicht und schafft es, die Voraussetzungen dergestalt auszuformulieren, dass sie sichere Anhaltspunkte für die Verfahrenseinleitung liefern, ohne größeren Auslegungsspielraum zu bieten, so können beide Vertragsgestaltungen hilfreich sein, um Missbräuchen entgegenzuwirken.

Zuletzt ist noch auf die Möglichkeit hinzuweisen, die Berechtigung zur Klauselauslösung nur dem finanziell schwächeren Gesellschafter einzuräumen.

Dadurch wird dem finanzstarken und missbrauchswilligen Gesellschafter die Möglichkeit genommen, dass Verfahren seinerseits einzuleiten, um damit sein missbräuchliches Gesinnen in die Tat umsetzen zu können.

---

951 *Binz/Mayer*, NZG 2012, 201, 210.

c) Einschränkungen bei übereinstimmendem Ausstiegswillen oder einseitig verteiltem Wunsch zur Unternehmensfortführung

Ferner wurde zu einem früheren Zeitpunkt auf die Konstellation hingewiesen, dass alle Gesellschafter – aus welchem Grund auch immer – die Gesellschaft gerne verlassen möchten und dies untereinander auch klar kommuniziert ist[952].

Ist Ursache für diese Situation ein Gesellschafterkonflikt, so kann zudem die – hier vorgeschlagene – Anwendungsvoraussetzung einer Shoot-Out-Klausel vorliegen.

Gleichwohl – auch darauf wurde hingewiesen[953] – macht es hier wenig Sinn, die Klausel tatsächlich einzusetzen. Denn sofern alle Gesellschafter die Gesellschaft verlassen wollen, sollte sie insgesamt beendet und aufgelöst werden, was eine Shoot-Out-Klausel nicht gewährleisten kann.

Der Vertrag sollte demgemäß für derartige Konstellationen einen gesonderten Auflösungsmechanismus vorsehen, hinter dem die Shoot-Out-Klausel zurücktritt.

Anders formuliert wird der Anwendungsbereich der Klausel also eingeschränkt, indem festgelegt wird, dass sie in diesen Fällen nicht zum Einsatz kommen kann, auch wenn die sonstigen Voraussetzungen für die Verfahrenseinleitung vorliegen.

Diese Erwägungen können im Übrigen auch auf die Situation angewendet werden, in der genau ein Gesellschafter in der Gesellschaft verbleiben will und alle anderen Gesellschafter sie verlassen wollen.

Auch für diese Konstellation wurde bereits darauf hingewiesen, dass die Auslösung der Klausel für die Gesellschafter unsachgemäß wäre, da sie weder den Verbleib in der Gesellschaft noch das Ausscheiden planbar macht[954].

Dementsprechend sollte auch hier ein gesonderter Trennungsmechanismus vertraglich vorgesehen werden, der im vorgenannten Fall Vorrang vor der Shoot-Out-Klausel hat.

d) Beschränkung der Auslösungsberechtigung auf bestimmte Gesellschafter

Shoot-Out-Klauseln können entweder jedem oder nur bestimmten Gesellschaftern die Berechtigung zur Verfahrensauslösung geben.

Nicht selten dürfte die Vereinbarung der Klausel im Gesellschaftsvertrag sein[955]. In diesem Fall steht – sofern sich aus dem Vertrag nicht eindeutig etwas Anderes ergibt – das Recht zur Klauselauslösung jedem Gesellschafter gleichermaßen zu.

Eine Beschränkung auf bestimmte Gesellschafter kommt nach Ansicht des Verfassers sinnvollerweise nur in wenigen Konstellationen in Betracht.

---

952 Siehe F., I., 3., e).
953 Siehe F., I., 3., e).
954 Siehe F., I., 3., e).
955 Siehe F., II., 1.

Hier ist zum Einen die Konstellation zu nennen, in der sich zwei Gesellschafter gegenüberstehen, deren finanzielle Kraft sich von vornherein erheblich unterscheidet.

In diesen Fällen ist – wie bereits zuvor erwähnt – daran zu denken, die Möglichkeit der Verfahrenseinleitung nur dem finanziell schwächeren Gesellschafter einzuräumen, um Missbräuche des finanzstarken Gesellschafters zu verhindern.

Eine Beschränkung ist zudem möglich, wenn von vornherein nur bestimmte Gesellschafter sich auf die Vereinbarung einer solchen Klausel einigen wollen. Ein solches Vorgehen ist zum Beispiel in Gesellschaften denkbar, in denen sich zwei klare Mehrheitsgesellschafter gegenüberstehen und ansonsten nur Minderheitsgesellschafter mit verschwindend geringen Beteiligungen vorhanden sind. Hier dürfte die Gefahr von (ernsthaften) Gesellschafterkonflikten vor allem zwischen den starken Gesellschaftern und weniger im Verhältnis von Mehrheits- zu Minderheitsgesellschafter gegeben sein. Vor diesem Hintergrund kann die Beschränkung der Auslöseberechtigung auf die Mehrheitsgesellschafter auch aus Gründen des Minderheitsschutzes Sinn machen, vor allem dann, wenn die Minderheitsgesellschafter zugleich finanziell schwächer sind als die Mehrheitsgesellschafter.

Mit dieser Einschränkung des Berechtigtenkreises muss aber freilich auch eine Beschränkung des Verpflichtetenkreises einhergehen. So sind die Minderheitsgesellschafter folgerichtig weder zur Klauselauslösung berechtigt, noch zur Teilnahme am darauf folgenden Verfahren verpflichtet.

Hier ist daran zu denken, die Klausel von vornherein nicht im Gesellschaftsvertrag, sondern in einer schuldrechtlichen Nebenabrede zum Gesellschaftsvertrag zu regeln, an der nur die Mehrheitsgesellschafter beteiligt sind.

Gleiches gilt für die Konstellation, in der die Klausel als kurzfristiges Ad hoc-Verfahren eingesetzt werden soll. Auch hier kann eine Beschränkung des Berechtigtenkreises sinnvoll sein, namentlich dann, wenn in Gesellschaften mit mehreren Gesellschaftern nur bestimmte Gesellschafter konfliktbeteiligt sind.

4. Zusammenfassung

Shoot-Out-Klauseln sollten nach hier vertretener Auffassung stets an das Vorliegen bestimmter Voraussetzungen für die Verfahrenseinleitung geknüpft sein. Da ihre Wirkungsweise auch darauf ausgerichtet ist, Gesellschafterkonflikte mittels der Trennung der Gesellschafter zu lösen, liegt es nahe, derartige Konflikte als Hauptanwendungsfall der Klauseln zu bezeichnen und dementsprechend auch als Verfahrensvoraussetzung zu vereinbaren.

Zudem sollte geregelt sein, dass die Klausel erst dann eingesetzt wird, wenn alle vorherigen einvernehmlichen Einigungsversuche gescheitert sind und auch in Zukunft keine einvernehmliche Konfliktlösung in Sicht ist. Damit wird die einigungsfördernde Wirkung der Klausel verdeutlicht und zugleich der Anwendungsbereich auf solche Situationen beschränkt, die eine Trennung der Gesellschafter unumgänglich machen.

Ansonsten steht es den Gesellschaftern frei, anstelle von Gesellschafterkonflikten auch andere Konstellationen als Anlass für die Verfahrenseinleitung zu wählen. Zu bedenken ist aber stets, dass Shoot-Out-Klauseln radikale Trennungsmechanismen sind, die die Interessen der Gesellschafter weitgehend unbeachtet lassen. Dementsprechend sollte die Klausel auch nur in solchen Situationen zur Anwendung kommen, die gleichermaßen radikal sind. Dies ist regelmäßig dann der Fall, wenn eine Trennung der Gesellschafter die einzig verbleibende Möglichkeit ist, um Schaden von der Gesellschaft abzuwenden.

Ferner können die Gesellschafter – zusätzlich zu den vorgenannten Konstellationen – auch weitere Anforderungen an die Einleitung des Verfahrens stellen oder Einschränkungen nennen, die die Klausel in ihrer Anwendung hindern.

Dies kommt Insbesondere dann in Betracht, wenn es darum geht, zukünftig drohenden Missbrauchslagen entgegenzuwirken. Welche Maßnahmen dies sein können, kann den vorstehenden Erwägungen entnommen werden.

IV. Verfahren zur Ermittlung des Erwerbers

Kernstück jeder Shoot-Out-Klausel ist sicherlich das Verfahren zur Ermittlung des Erwerbers der Geschäftsanteile.

Dem aufmerksamen Leser dürften die gängigen Verfahren spätestens seit der Lektüre des Kapitels C. II. bekannt sein.

An dortiger Stelle wurde sich indes auf die bloße Verfahrensdarstellung, wie sie in der Literatur zu finden ist, beschränkt.

Eine Bewertung und Einschätzung der einzelnen Verfahren wurde seinerzeit nicht oder allenfalls in Ansätzen vorgenommen. Gleichfalls fehlt es bislang an konkreten Gestaltungshinweisen. Grund dafür war, dass sowohl Bewertungen als auch Gestaltungshinweise maßgeblich von Fragen abhingen, die zu diesem frühen Zeitpunkt der Arbeit noch nicht beantwortet waren. Dazu gehörten nicht zuletzt – um nur zwei Beispiele zu nennen – die Wirksamkeit von Shoot-Out-Klauseln und die Anforderungen an die Verfahrenseinleitung.

Nachdem diese Punkte nunmehr eingehend beleuchtet wurden, können und sollen die damaligen Versäumnisse nachgeholt werden.

Dabei werden zunächst allgemeine, also für alle – oder jedenfalls viele – Verfahren zur Erwerberermittlung gleichermaßen geltende Gestaltungshinweise gegeben, bevor die einzelnen Verfahrensarten bewertet werden. An dieser Stelle erfolgen dann auch solche Gestaltungshinweise, die spezifisch für das jeweilige Verfahren gelten. Zugleich werden etwaige verfahrensbezogene Unklarheiten oder Versäumnisse, die die früher geschilderten Verfahrensbeschreibungen aus der Literatur mit sich bringen, geklärt.

1. Allgemeine Gestaltungshinweise

Aufgrund der vergleichbaren Struktur und Charakteristika aller Verfahren zur Erwerberermittlung[956] lassen sich gewisse Gestaltungshinweise geben, die für alle – oder jedenfalls viele – Verfahrensarten gleichermaßen Geltung beanspruchen können.

a) Einleitung der Verfahren

Hinsichtlich der Voraussetzungen für die Verfahrenseinleitung sei auf die Ergebnisse des vorigen Kapitels verwiesen[957].

Danach gilt, dass nach hier vertretener Ansicht stets Voraussetzungen zu formulieren sind, eine voraussetzunglose Einleitung demnach zu vermeiden ist.

Entscheidet sich ein Gesellschafter, das Verfahren in Gang zu bringen, so sollte er – unabhängig davon, ob das Verfahren als Präsenz- oder schriftliches Verfahren durchgeführt wird[958] – dazu verpflichtet sein, dies allen Mitgesellschaftern unverzüglich schriftlich mitzuteilen[959]. Im gleichen Zuge ist auch der – möglichst vorher schon bestimmte[960] – neutrale Dritte über die Verfahrenseröffnung in Kenntnis zu setzen und – sofern noch nicht vorher geschehen – ein entsprechender Vertrag mit ihm abzuschließen. Ihm obliegt in der Folge die Leitung des weiteren Verfahrens[961].

b) „Abkühlungsphase" nach Verfahrenseinleitung

In der Literatur wird teilweise vorgeschlagen, nach der Verfahrenseinleitung zunächst vertraglich einen Zeitraum vorzusehen, in der das Verfahren zunächst ruht und nicht weiterbetrieben wird[962]. Obwohl die einschlägigen Quellen sich in dieser Hinsicht regelmäßig nur auf bestimmte Verfahrensarten beziehen, besteht doch grundsätzlich die Möglichkeit, eine derartige Vertragsgestaltung bei jeder Art von Shoot-Out-Klausel zur Anwendung zu bringen.

Als Vorteil einer solchen Regelung wird dabei angeführt, dass sie den beteiligten Gesellschaftern die Chance gibt, unter dem Eindruck eines möglicherweise fortzuführenden Ausstiegsverfahrens eine einvernehmliche Streitlösung oder gar eine Auflösung der Gesellschaft herbeizuführen, jedenfalls aber in die Wege zu leiten[963].

---

956 Dazu siehe C., I.

957 Siehe F., III., 4.

958 Dazu sogleich, siehe F., IV., 1., c).

959 So auch *Carey*, Real Property, Probate and Trust Journal, Winter 2005, 651, 663.

960 Dazu sogleich, siehe F., IV., 1., d).

961 Dazu sogleich, siehe F., IV., 1., d), bb).

962 *Schulte/Sieger*, NZG 2005, 24, 26; *Schulte/Pohl*, Joint-Venture-Gesellschaften, 186 Rn. 787.

963 So *Schulte/Sieger*, NZG 2005, 24, 26; *Schulte/Pohl*, Joint-Venture-Gesellschaften, 186 Rn. 787.

Richtigerweise – dies wurde bereits eingehend ausgeführt – sollte das Verfahren aber ohnehin erst dann eingeleitet werden dürfen, wenn zuvor alle einvernehmlichen Einigungsversuche gescheitert sind[964]. Den Gesellschaftern erst nach Verfahrenseinleitung diese Möglichkeit zu eröffnen, scheint auch angesichts des angepeilten Zieles, eine schnelle Konfliktlösung mittels des Ausstiegsverfahrens zu erreichen, eher hinderlich. Daher macht eine „Abkühlungsphase" zum Zwecke der einvernehmlichen Konfliktlösung allenfalls vor Einleitung des Verfahrens Sinn[965], insbesondere dann, wenn vertraglich ein mehrstufiges Konfliktlösungssystem vorgesehen ist, in welchem die Shoot-Out-Klausel die letzte Stufe bildet.

Ebenfalls nicht überzeugend ist die Idee, dass der verfahrenseinleitende Gesellschafter diese Phase dafür nutzen kann, von seiner Verfahrenseinleitung wieder Abstand zu nehmen[966].

Charakteristisch für Shoot-Out-Klauseln ist gerade, dass die von ihnen geregelten Verfahren zwingend zu dem Ausstieg mindestens eines Gesellschafters führen[967]. Diese radikale Folge soll die *ultima ratio* der Konfliktlösung sein. Die Klausel würde daher einen großen Teil ihres Drohpotenzials verlieren, wenn die Gesellschafter die Möglichkeit haben, von der bereits erfolgten Verfahrenseinleitung wieder zurückzutreten.

Gleichwohl kann eine solche „Abkühlungsphase" aus anderen Gründen sinnvoll sein:

So eröffnet sie den Gesellschaftern die Möglichkeit, ihre Angebote vorzubereiten und sich gegebenenfalls um die Finanzierung dieser Angebote zu kümmern. Gerade für finanziell schwächere Gesellschafter kann eine solche Phase daher hilfreich sein.

Sofern einen der Gesellschafter vertraglich vorgesehene Informationspflichten gegenüber seinen Mitgesellschaftern treffen, damit diese in der Lage sind, ihre Gebote auf Grundlage der zu übermittelnden Informationen vorzubereiten[968], kann dieser Zeitraum gleichfalls zu ihrer Umsetzung genutzt werden.

Je nach Verfahrensart kann in dieser Zeit auch eine vertraglich vorgesehene Anteilsbewertung durch den neutralen Dritten vorgenommen werden.

Darüber hinaus ist von Vorteil, dass auf diese Weise eine Überrumpelung der Mitgesellschafter vermieden wird[969].

Vor dem Hintergrund des eben schon genannten Ziels, eine schnelle Konfliktlösung durch die Klausel herbeizuführen, ist indes zu beachten, dass die „Abkühlungsphase" nicht zu lange bemessen wird. In der einschlägigen Literatur ist hier

---

964 Siehe F., III., 4.

965 So auch *Carey*, Real Property, Probate and Trust Journal, Winter 2005, 651, 662.

966 So So *Schulte/Sieger*, NZG 2005, 24, 26; *Schulte/Pohl*, Joint-Venture-Gesellschaften, 186 Rn. 787.

967 Siehe A., I.

968 Siehe dazu F., I., 3., b).

969 So auch *Grau*, Corporate Finance 2015, M&A, 39, 40.

regelmäßig von einem Monat die Rede[970], was aus Sicht des Verfassers allerdings auch die Obergrenze darstellen sollte.

c) Präsenz- oder schriftliches Verfahren

Die oben genannten[971] Verfahrensbeschreibungen treffen keine Aussage darüber, ob die Verfahren als Präsenz- oder als schriftliches Verfahren ohne gleichzeitige Anwesenheit der beteiligten Gesellschafter stattfinden.

Letzteres dürfte nach Ansicht des Verfasser indes die bessere – weil fairere – Lösung darstellen. Bedenkt man die weitreichenden finanziellen Folgen, die der Kauf von Gesellschaftsanteilen nach sich ziehen kann, so sollte den Gesellschaftern die Möglichkeit eingeräumt werden, innerhalb eines angemessenen Zeitraums die finanzielle Umsetzbarkeit eines etwaigen Gebotes prüfen zu können, was bei einem Präsenzverfahren regelmäßig nicht machbar ist.

Demgegenüber plädiert *Clopath* für ein Auktionsverfahren unter Anwesenden[972]. Seine Argumente hierfür vermögen indes nicht zu überzeugen. So führt er an, dass sich der Preis für die Gesellschaftsanteile über mehrere Runden einpendeln müsse und dieses „Hin und Her" sich „vernünftigerweise" nur in einem mehrrundigen Bieterverfahren unter Anwesenden vollziehen könne. Hintergrund für diese Sichtweise ist wohl, dass *von der Crone*, zu dessen Aufsatz[973] *Clopath* Stellung nimmt, ein eingeschränktes Auktionsverfahren mit verdeckten Angeboten vorschlägt[974]. Man wird annehmen müssen – obwohl es aus der Quelle nicht eindeutig hervorgeht –, dass *Clopath* insbesondere das verdeckte Bieten als Grund dafür sieht, dass sich der Preis nicht richtig einpendeln könne und daher für ein (offenes) Bieten unter Anwesenden stimmt.

Dagegen ist anzuführen, dass auch im Rahmen eines schriftlichen (mehrrundigen) Verfahrens die Transparenz der Angebote gewährleistet ist, sofern der Dritte dazu verpflichtet ist, die jeweiligen Gebote offenzulegen.

Entscheidet man sich danach für ein schriftliches Verfahren, so ist folgerichtig im gesamten Verfahren und von allen Beteiligten die Schriftform zu beachten und einzuhalten. Dies gilt demnach sowohl für die Verfahrenseinleitung, die durch schriftliche Mitteilung zu erfolgen hat[975], und die Gebote der Gesellschafter als auch für sämtliche Erklärungen des Dritten, die gegenüber den Gesellschaftern abzugeben und/oder für das Verfahren relevant sind[976].

---

970 *Schulte/Sieger*, NZG 2005, 24, 26; *Schulte/Pohl*, Joint-Venture-Gesellschaften, 186 Rn. 787.
971 Siehe C., II.
972 *Clopath*, SJZ 89 (1993), 157.
973 *Von der Crone*, SJZ 89 (1993), 37 ff.
974 *Von der Crone*, SJZ 89 (1993), 37, 43.
975 *Schulte/Sieger*, NZG 2005, 24, 26.
976 Hinsichtlich der formalen Besonderheiten bei der GmbH siehe E., I., 5., c), bb).

d) *Beteiligung eines neutralen Dritten*

Bei allen Verfahren besteht theoretisch die Möglichkeit, einen neutralen Dritten einzubeziehen. Einige Verfahrensbeschreibungen – wie zum Beispiel die des klassischen Auktionsverfahrens[977] – sehen dies auch ausdrücklich vor.

Grundsätzlich hat ein solches Vorgehen den Vorteil, dass sich die – möglicherweise zerstrittenen – Gesellschafter nicht unmittelbar miteinander auseinandersetzen müssen. Dies mag viel zu einem sachlich und fair geführten Verfahren beitragen.

aa) *Besetzung*

Bezüglich der Besetzung steht es den Parteien grundsätzlich frei, zu entscheiden, wer die Rolle des neutralen Dritten einnehmen soll.

Wichtig ist freilich vor allem, dass die jeweilige Person tatsächlich unvoreingenommen und unparteiisch ist, um ein faires Verfahren zu gewährleisten und Missbrauchsrisiken zu minimieren.

Aufgrund der unter Umständen mannigfaltigen und wichtigen Aufgaben sollte der Dritte zudem möglichst über eine entsprechende fachliche Qualifikation verfügen.

Vorgeschlagen wird, einen Notar damit zu betrauen[978], was aus Gründen der Rechtssicherheit durchaus sinnvoll erscheint, andererseits aber auch Kosten verursacht (§ 29 Nr. 1, 4 GNotKG). Wer Diese zu übernehmen hat, sollte von den Gesellschaftern schon bei Statuierung des Vertrages geregelt werden[979]. Gerechterweise sind im Zweifel die Kosten auf die beteiligten Gesellschafter gleichermaßen aufzuteilen.

Gleiches gilt, wenn es darum geht, festzulegen, welche konkrete Person diese Position einnehmen soll. Denn kommt es erst zum Konflikt zwischen den Gesellschafter und wird die Klausel aufgrund dessen ausgelöst, so kann es unter Umständen schwierig werden, sich auf eine Person zu einigen.

Zwar schlägt *von der Crone* für diesen Fall vor, dass jeder Gesellschafter nach Ablauf von 30 Tagen, in denen keine Einigung über die Besetzung der Position des Dritten erzielt wurde, berechtigt sein soll, vom Präsidenten einer vorher bestimmten Handelskammer die entsprechende Besetzung zu verlangen[980]. Es scheint aber ratsamer, sich von vornherein über die Bestimmung zu einigen, um zu verhindern, sich mit einem „aufgedrängten" Dritten auseinandersetzen zu müssen.

Dies ist im Übrigen auch ein Argument, das gegen die Nutzung derartiger Klauseln in *Ad hoc*-Vereinbarungen vorgebracht werden kann[981].

---

977 Siehe dazu C., II., 1., a).

978 *Schulte/Sieger*, NZG 2005, 24, 25; *Becker*, die Zulässigkeit, 136; *Grau*, Corporate Finance 2015, M&A, 39, 44; *Otto*, GmbHR 1996, 16, 19.

979 *Kuhn* in: Joint Ventures, 334 Rn. 105.

980 *Von der Crone*, SJZ 89 (1993), 37, 43.

981 Dazu siehe F., II., 2.

Mit dem so bestimmten Dritten ist – möglichst schon bei Vereinbarung der Klausel, spätestens aber bei Einleitung des Verfahrens – ein Vertrag abzuschließen, der die gegenseitigen Rechte und Pflichten für den Fall der Klauselauslösung enthält.

bb) Aufgaben des Dritten

Dem Dritten sollte nach seiner Bestellung richtigerweise die komplette Verfahrensleitung obliegen. Er fungiert dann – untechnisch gesprochen – als eine Art neutraler Schiedsrichter, beziehungsweise Auktionator. Dies hat wie gesagt den immensen Vorteil, dass sich die – möglicherweise zerstrittenen – Gesellschafter nicht unmittelbar miteinander auseinandersetzen müssen, was viel zu einem sachlich und fair geführten Verfahren beitragen mag.

Daher werden dem Dritten freilich über die Entgegennahme der Gebote hinaus noch weitere Aufgaben zufallen. Je nach konkreter Verfahrensgestaltung sind hier beispielsweise das Öffnen der Angebote im Beisein der Gesellschafter[982], die Bewertung der Beteiligungen[983] oder die Überprüfung von Fristen zu nennen.

Sofern die Gesellschafter – wie hier vorgeschlagen – eine Shoot-Out-Klausel in Konfliktsituationen nur einsetzen, wenn zuvor eine fruchtlose Einigungsphase vorausgegangen ist, kann es Sinn machen, den Dritten bereits zu diesem frühen Zeitpunkt als Mediator oder Schiedsrichter einzusetzen. Dies hat den Vorteil, dass er sodann schon mit der „Vorgeschichte" und den Eigenarten der beteiligten Gesellschaftern vertraut ist.

Wird die Klausel ausgelöst, so hat er zunächst stets zu prüfen, ob der das Verfahren einleitende Gesellschafter zurecht das Vorliegen der entsprechenden Voraussetzungen angenommen hat. Bejaht er dies, kommt es zur Auktion, andernfalls lehnt er die Fortsetzung des Verfahrens ab.

Sinnvoll kann zudem eine Art Vetorecht für den Fall sein, dass – trotz Vorliegen der Voraussetzungen – in hinreichendem Maße Anhaltspunkte dafür vorliegen, dass die Verfahrenseinleitung in missbräuchlicher Weise erfolgt.

Auch insofern kann von Vorteil sein, wenn der Dritte schon zuvor als Streitschlichter für die Gesellschafter tätig war. Denn für ihn wird es in dieser Situation leichter sein, das tatsächliche Vorliegen der Einleitungsvoraussetzung – in der Regel also das Scheitern vorheriger und die Sinnlosigkeit weiterer Verhandlungen[984] – zu kontrollieren.

In diesem Rahmen hat er auch festzustellen, wer von den beteiligten Gesellschaftern zum Ausstieg aus der Gesellschaft bereit ist und wer nicht, denn dies kann und sollte sich auf die Berechtigung zur Klauselauslösung auswirken[985].

---

982 Als Vorschlag für das eingeschränkte Auktionsverfahren zu finden bei *Grau*, Corporate Finance 2015, M&A, 39, 44.

983 Als Vorschlag für das „Fairest sealed bid"-Verfahren zu finden bei *Fleischer/Schneider*, DB 2010, 2713, 2714; *Schroeder/Welpot*, NZG 2014, 609, 611.

984 Siehe dazu F., III., 4.

985 Siehe F., III., 3., c).

Sofern für das Verfahren, insbesondere für die Angebotsvorbereitung relevantes Wissen einseitig innerhalb der Gesellschaft verteilt ist und aus diesem Grund Informations- oder Auskunftspflichten vereinbart wurden[986], sollte der Dritte auf die Erfüllung dieser Pflichten durch den oder die entsprechenden Gesellschafter hinwirken.

Man könnte zudem erwägen, den Dritten das final obsiegende Angebot zunächst dahingehend prüfen zu lassen, ob der jeweilige Gesellschafter finanziell zur Zahlung in der Lage ist.

cc) Entscheidungen des Dritten im Rahmen des Verfahrens und ihre Bindungswirkung

Ziel der Shoot-Out-Klausel muss es sein, ein verhältnismäßig schnelles Verfahren zur Trennung der Gesellschafter zu gewährleisten[987].

Dazu ist es unter anderem notwendig, dass die beteiligten Gesellschafter die Entscheidungen des neutralen Dritten, dem – wie bereits erläutert – die Verfahrensleitung obliegen sollte, akzeptieren. Vor allem gilt es, zu verhindern, dass sie rechtlich und schlimmstenfalls gerichtlich gegen Entscheidungen des Dritten vorgehen, denn dadurch kann das Verfahren erheblich in die Länge gezogen werden.

Besonders anfällig dürften in dieser Hinsicht Entscheidungen sein, die Fristversäumungen (mit den vertraglich festgelegten Folgen) feststellen, beziehungsweise generell die Wirksamkeit eines Gebotes betreffen. Gleiches gilt für die Entscheidung des Dritten darüber, ob die Voraussetzungen für die Verfahrenseinleitung vorliegen oder nicht.

Vertraglich sollte demgemäß festgelegt werden, dass die beteiligten Gesellschafter die Entscheidungen des Dritten im Rahmen des Verfahrens als verbindlich anerkennen.

Dies bedeutet freilich nicht, dass der Dritte „freie Hand" hat und sich folgenlos unredlich verhalten kann. Die Folgen von Pflichtverletzungen, die er im Rahmen des Verfahrens begeht, sind im Vertrag, der die Rechte und Pflichten des Dritten begründet, zu regeln. Zu denken ist dabei insbesondere an Schadensersatzansprüche, die den betroffenen Gesellschaftern im Falle von Pflichtverletzungen zustehen.

Gleichwohl wird erneut deutlich, wie wichtig es ist, eine tatsächlich neutrale und vor allem fachlich gut qualifizierte Person mit den Aufgaben des Dritten zu betreuen.

e) Kaufgegenstand

In den oben genannten Verfahrensbeschreibungen[988] wird recht offen gelassen, worauf die Gesellschafter eigentlich konkret bieten. Es wird lediglich gesagt, dass

---

986 Siehe F., I., 3., b).
987 Siehe D., I., 4.
988 Siehe C., II.

es entweder die jeweiligen Beteiligungen der Mitgesellschafter oder alle Geschäftsanteile sind.

Dies mag auch auf den ersten Blick offensichtlich sein, denn es geht ja im Rahmen eines Share Deals darum, den oder die Anteile des oder der Mitgesellschafter zu erwerben, also müsste auch jeweils darauf geboten werden.

So einfach, wie es klingt, ist es aber freilich nicht. Unterschieden werden muss insbesondere zwischen dem Kaufgegenstand bei Personen- und Kapitalgesellschaften.

aa) Personengesellschaften

Kaufgegenstand beim Share Deal von Personengesellschaften ist der Gesellschaftsanteil als Inbegriff der mitgliedschaftlichen Rechte und Pflichten. Zu beachten ist allerdings, dass das Mitgliedschaftsrecht in einer Personengesellschaft nicht teilbar ist. Der Gesellschaftsanteil eines einzelnen Gesellschafters ist notwendig ein einheitlicher, der in der Hand eines Gesellschafters nicht einer Aufspaltung oder einer verschiedenen rechtlichen Gestaltung zugänglich ist[989].

Daher gehen bei einem Kauf und der darauf folgenden Übertragung zwingend alle nicht abspaltbaren Rechte und Pflichten gemäß den § 717 S. 1 BGB und gegebenenfalls §§ 105 Abs. 3, 161 Abs. 3 HGB auf den Erwerber über. Selbständig übertragbare Vermögensansprüche und -verpflichtungen können hingegen von der Übertragung ausgeschlossen werden. Trifft der Vertrag hierzu keine Regelungen, so gehen diese Rechte und Pflichten allerdings mit über, wenn und soweit sie im Zeitpunkt des Vertragsschlusses im Rechenwerk der Gesellschaft ihren Niederschlag gefunden haben[990].

Bei der Vertragsgestaltung ist daher besonderes Augenmerk darauf zu legen, dass der Kaufgegenstand durch genaue Beschreibung klargestellt wird und ob – und auch in welchem Umfang – weitere mit dem Mitgliedschaftsrecht verbundene Rechte und Pflichten übertragen werden sollen. Dazu gehören insbesondere auf den Verrechnungskonten befindliche Guthaben, beziehungsweise Verbindlichkeiten des Verkäufers gegenüber der Gesellschaft auf den Käufer. Ansprüche und Verbindlichkeiten aus reinen Drittgeschäften, die ihre Rechtsgrundlage also nicht im Gesellschaftsverhältnis haben, sowie Ausgleichsansprüche der Gesellschafter gehen dagegen nur dann auf den Käufer über, wenn dies ausdrücklich im Unternehmenskaufvertrag geregelt wurde. Daher muss der Unternehmenskaufvertrag insbesondere Regelungen zur Übertragung von der Gesellschaft zur Nutzung überlassenen Gegenständen enthalten, sofern ein Übergang dieser Gegenstände von den Parteien gewünscht ist[991].

---

989 *Beisel* in: Der Unternehmenskauf, § 4 Rn. 11 unter Hinweis auf BGHZ 24, 106.

990 BGHZ 45, 221, 223.

991 Siehe zum Ganzen *Münch/Nebeling* in: Unternehmenskauf in der Steuerpraxis, Kap. 5, 191; auch *Beisel* in: Der Unternehmenskauf, § 4 Rn. 10–15.

bb) Kapitalgesellschaften

Vertragsgegenstand des Share Deals bei Kapitalgesellschaften ist typischerweise die Veräußerung von Geschäftsanteilen an einer GmbH oder von Aktien an einer AG[992]. Diese stellen Beteiligungen am Stammkapital der Gesellschaft dar. Der Kauf von solchen Gesellschaftsanteilen ist – wie bei Personengesellschaften – ein Rechtskauf im zivilrechtlichen Sinne (§ 453 BGB).

Bei der Aktiengesellschaft wird die Beteiligung des verkaufenden Gesellschafters darüber hinaus in seinen Wertpapieren verkörpert, die damit gleichfalls Gegenstand des Kaufvertrages werden. Da diese Aktien indes – soweit sie in einer Urkunde verbrieft sind – körperliche Gegenstände sind, finden insoweit die Vorschriften über den Sachkauf Anwendung[993].

Die Veräußerung von einzelnen Teilen von Geschäftsanteilen ist möglich. Für die GmbH ist in diesem Zusammenhang zu beachten, dass die Teilung (und auch die Zusammenlegung) von Geschäftsanteilen eines zustimmenden Gesellschafterbeschlusses bedarf (§ 46 Nr. 4 GmbHG). § 17 GmbHG a. F., der eine Teilgeschäftsanteilsveräußerung nur in bestimmten Fällen und mit Zustimmung der Gesellschaft vorsah, ist durch das MoMiG ersatzlos gestrichen worden. Geschäftsanteile einer GmbH werden durchgehend nummeriert (§ 8 Abs. 1 Nr. 3 GmbHG), was ihre Bezeichnung im Rahmen eines Unternehmenskaufvertrags mit Blick auf das Bestimmtheitserfordernis erleichtert. Sie können auf einen Euro lauten sowie auf jeden anderen vollen Betrag (§ 5 Abs. 2 S. 1 GmbHG). Ein Gesellschafter kann ohne weiteres mehrere Geschäftsanteile übernehmen (§ 5 Abs. 2 S. 2 GmbHG).[994]

f) Vergleichbarkeit der Gebote

Einige Verfahren zur Erwerberermittlung arbeiten mit einer mehrseitigen Preisermittlung, bei der nicht nur ein, sondern alle Gesellschafter den Preis ermitteln[995].

Hier muss eine Vergleichbarkeit der Gebote gewährleistet sein, um den Erwerber eindeutig festlegen zu können.

Bei Auktionsverfahren, die bekanntermaßen Gegenstand einer Shoot-Out-Klausel sein können, wird dies regelmäßig dadurch erreicht, dass alle Bieter auf das gleiche Auktionsgut bieten.

In Gesellschaften, in denen alle Gesellschafter zu gleichen Anteilen beteiligt sind, scheint es daher noch vertretbar, wenn auf den oder die jeweils andere(n) Beteiligung(en) in ihrer vollen Höhe geboten wird, auch wenn sich das Verfahren dann – jedenfalls in Zweipersonengesellschaften – recht erheblich von einem (internen)

---

992 *Münch/Nebeling* in: Unternehmenskauf in der Steuerpraxis, Kap. 5, 182.

993 *Preisser/Cavaillès* in: Kauf, Verkauf und Übertragung von Unternehmen, Teil 2, 8 m.w.N.; *Beisel* in: Der Unternehmenskauf, § 4 Rn. 10 m.w.N.

994 Vgl. zum Ganzen *Münch/Nebeling* in: Unternehmenskauf in der Steuerpraxis, Kap. 5, 184.

995 Siehe bereits C., III., 1., a).

klassischen Auktionsverfahren entfernen würde, da eben nicht mehr mehrere Bieter auf ein Auktionsgut, sondern jeweils nur ein Bieter auf ein Auktionsgut bieten würde.

Da in diesem Fall jedoch der Wert der Beteiligungen gleich oder jedenfalls vergleichbar ist, ist eine gleichzeitige Versteigerung zumindest denkbar.

Sobald aber prozentual unterschiedliche Anteile versteigert werden sollen – sei es nun in zwei- oder mehrgliedrigen Gesellschaften – kann dieses Prozedere nicht aufrecht erhalten werden. Dies sei an folgendem Beispiel verdeutlicht:

In einer zweigliedrigen Gesellschaft hält Gesellschafter A 70 Prozent und Gesellschafter B 30 Prozent der Anteile. Kommt es nun zur Durchführung des von der Klausel statuierten Verfahrens und würden die Gesellschafter auf den jeweils kompletten Anteil des anderen bieten, so stehen nicht nur mehrere Auktionsgüter im Raum, sondern regelmäßig auch völlig unterschiedliche Beteiligungswerte. Daher würde A für die 30 Prozent des B wohl niemals so viel bieten, wie B für die 70 Prozent des A.

Dann aber ist auch die Vergleichbarkeit der Gebote nicht mehr gegeben, so dass auch nicht mehr bestimmt werden kann, welcher der Gesellschafter mit seinem Gebot obsiegt.

Aber nicht nur bei Auktionsverfahren ist die vorgenannte Konstellation mit prozentual unterschiedlicher Anteilsverteilung problematisch:

Man bedenke nur den Fall, dass die Gesellschafter ein Russian Roulette-Verfahren vereinbart hätten. Würde nun A dem B ein Kauf- und Verkaufsangebot machen, dessen Höhe sich alleine an der 30-prozentigen Beteiligung orientiert, so liefe er in Gefahr, seine eigenen Anteile erheblich unter Wert verkaufen zu müssen.

Daher ist es notwendig, dass sich die Gebote nicht auf den jeweils kompletten Anteil des Mitgesellschafters beziehen.

Hier bieten sich nun zwei Möglichkeiten an:

aa) Gebote beziehen sich auf alle Geschäftsanteile (100 Prozent)

Zum Einen kann Möglichkeit, dass auf alle, also 100 Prozent der Geschäftsanteile geboten wird, zum Tragen kommen. Dies stellt dann eine Art fiktives Auktionsgut dar, denn es soll nicht die gesamte Gesellschaft, sondern nur die Beteiligung(en) einzelner Gesellschafter verkauft werden.

Hier hat der erfolgreiche Gesellschafter dann aber zugleich auf seine eigenen Anteile geboten und da er freilich nicht den gesamten Betrag an die Mitgesellschafter zahlen will, muss nach Ermittlung des Erwerbers noch der Preis für die Anteile der Mitgesellschafter bestimmt werden. Dies soll laut *Carey* dergestalt geschehen, dass die jeweiligen Prozentsätze, die die Anteile der Mitgesellschafter an der Gesellschaft ausmachen, auch Grundlage der Berechnung werden[996]. Um beim oben genannten Beispiel zu bleiben: Gewinnt A das Verfahren mit einem Gebot von 100.000 Euro

---

996 *Carey*, Real Property, Probate and Trust Journal, Winter 2005, 651, 658.

für alle Gesellschaftsanteile, so erhält B vom ihm auch 30 Prozent dieses Höchstbetrages, also 30.000 Euro.

bb) Gebote beziehen sich auf einen Geschäftsanteil

Zum Anderen kann aber auch auf die Ausführungen zum eingeschränkten Auktionsverfahren zurückgegriffen werden. Zur Erinnerung: Dort wurde schon bei der Verfahrensbeschreibung vorgeschlagen, dass bei unterschiedlich hohen Beteiligungen die Gebote auf *einen* Geschäftsanteil mit einem Nennwert von 1 Euro auszurichten seien[997]. Alternativ ließe sich aber auch einfach auf ein Prozent der Anteile bieten, ohne einen Nennwert auszurufen.

Beide Vorgehensweisen sind in gleichem Maße geeignet, denn auch hier handelt es sich um genau ein Auktionsgut und der zu zahlende Preis lässt sich – vom erfolgreichen Höchstgebot ausgehend – einfach bestimmen.

g) Fristregelungen und die Folgen ihrer Missachtung

Je schwerwiegender der Konflikt, der zur Verfahrenseinleitung führt, desto höher auch die Gefahr, dass die Gesellschaft handlungsunfähig wird und konfliktbedingte wirtschaftliche Schäden davonträgt. Umso wichtiger ist es, dass durch die Shoot-Out-Klausel eine verhältnismäßig zügige Trennung der Gesellschafter vollzogen wird, um weiteren Schaden von der Gesellschaft abzuwenden.

Bereits zu einem früheren Zeitpunkt wurde dargelegt, dass die unterschiedlichen Verfahren zur Erwerberermittlung auch unterschiedlich lange Zeit in Anspruch nehmen können[998].

Unabhängig davon müssen aber alle Verfahren so ausgestaltet werden, dass sie von den Gesellschaftern nicht unnötig in die Länge gezogen werden können. Ein probates Mittel, um derartigen Risiken entgegenzuwirken, ist die vertragliche Festlegung von bindenden Fristen für Handlungen im Rahmen des Verfahrens[999].

Dazu zählen freilich vorwiegend Fristen zur Abgabe und Annahme von Kauf-, beziehungsweise Verkaufsangeboten.

Diese sind so zu bemessen, dass einerseits eine unnötige Verzögerung des Verfahrens, andererseits aber auch eine Benachteiligung der Gesellschafter vermieden wird.

Hat man den Gesellschaftern – wie hier vorgeschlagen[1000] – bereits nach Einleitung des Verfahrens durch die Statuierung einer „Abkühlungsphase" die Möglichkeit gegeben, ihre Angebote vorzubereiten und sich vor allem um die Finanzierung eines etwaigen Anteilskaufs zu kümmern, so können für das weitere Verfahren kürzere Fristen vereinbart werden.

997 *Wedemann*, Gesellschafterkonflikte, 495.
998 Siehe D., I., 4.
999 So auch *Werner*, GmbHR 2005, 1554, 1557.
1000 Siehe F., IV., 1., b).

Zu denken wäre beispielsweise – sofern die „Abkühlungsphase" einen Monat beträgt – an 14-tägige Fristen im weiteren Verfahren.

Verzichtet man auf die „Abkühlungsphase", können diese Fristen im Hinblick auf die Notwendigkeit einer Finanzierungsprüfung ihrerseits jeweils einen Monat betragen[1001].

Auch die ausgeklügelsten Fristregelungen nützen indes nichts, wenn die Gesellschafter sie folgenlos missachten können. Der Vertrag muss daher auch Regelungen enthalten, die sich mit den Folgen derartiger Pflichtverletzungen befassen.

Angesichts der zuvor bereits erläuterten Notwendigkeit einer verhältnismäßig schnellen Konfliktlösung zur Abwendung von Schäden seitens der Gesellschaft bieten sich insoweit Sanktionen an, die einerseits eine Fristmissachtung wirtschaftlich unattraktiv machen und andererseits eine weitere Verzögerung des Verfahrens verhindern.

So kann es sinnvoll sein, an die Missachtung von Fristen Vertragsstrafen in vorher festgelegter Höhe zu knüpfen, die an die Gesellschaft zu zahlen sind. Dadurch kann erreicht werden, dass der das Verfahren verzögernde Gesellschafter jedenfalls einen Teil des Schadens, den die Gesellschaft durch diese Verzögerung erleidet, ersetzen muss.

Sofern sich die vertragliche Frist auf ein abzugebendes Gebot bezieht, ist eine weitere Sanktionsmöglichkeit, das nicht fristgerechte Gebot für das weitere Verfahren schlechthin nicht zu berücksichtigen.

Zu denken wäre aber beispielsweise auch an eine Regelung dahingehend, dass die vom Gesellschafter im Rahmen der Frist vorzunehmende Handlung unmittelbar nach Ablauf der Frist vertraglich fingiert wird.

Eine solche Vorgehensweise macht indes nicht bei allen Verfahren zur Erwerberermittlung Sinn. Sofern es jeweils verfahrensspezifische Möglichkeiten zur Sanktionierung von Pflichtverletzungen im Hinblick auf Fristen gibt, wird darauf im Rahmen der Darstellungen zu ihrer jeweiligen Ausgestaltung eingegangen.

All diese Folgen sind als relativ einschneidend und teilweise sogar als hart zu bezeichnen. Im Gegenzug sollte daher jedenfalls ausdrücklich vorausgesetzt werden, dass die Fristmissachtung schuldhaft, also vorsätzlich oder fahrlässig (§ 276 BGB) begangen wurde. Die Überprüfung dessen sollte dabei dem neutralen Dritten obliegen.

h) Auskunfts- und Informationspflichten und die Folgen ihrer Missachtung

An anderer Stelle wurde bereits darauf hingewiesen, dass es Konstellationen geben kann, in denen ein Gesellschafter über für das Verfahren, insbesondere für die Angebotsvorbereitung notwendiges Wissen verfügt, andere Gesellschafter dagegen nicht. Damit einher geht bei allen Verfahren, die keine objektive Anteilsbewertung als Grundlage der Preisfindung haben, eine nicht von der Hand zu weisende Gefahr,

1001 So auch *Lohr*, GmbH-StB 2014, 93.

dass der „wissende“ Gesellschafter seine vorteilhafte Situation in missbräuchlicher Gesinnung im Rahmen des Verfahrens ausnutzt[1002].

Wichtig ist folglich, diesen Gesellschafter vertraglich zu verpflichten, das relevante Wissen an den oder die am Verfahren beteiligten Mitgesellschafter weiterzugeben, um Chancengleichheit zu gewährleisten. Diese Pflicht muss ihn bereits unmittelbar nach der Verfahrenseinleitung treffen und sollte fristgebunden sein.

Daher handelt es sich hier letztlich um einen Sonderfall der vorgenannten Fristregelungen, der – da er für alle Verfahrensarten relevant werden kann – bereits an dieser Stelle gesondert erläutert wird.

Denkbar wäre zum Beispiel eine Frist von einer Woche nach Verfahrenseinleitung zu vereinbaren, innerhalb derer die Auskunftspflicht zu erfüllen ist.

Die „Abkühlungsphase“, die nicht zuletzt der Angebotsvorbereitung dient[1003], schließt sich an diese Frist an.

Zugleich müssen Regelungen getroffen werden, die verhindern, dass der auskunftspflichtige Gesellschafter seine Pflicht (schuldhaft) verletzt oder – sollte es gleichwohl dazu kommen – diese hart sanktionieren.

Denn durch ein pflichtwidriges Verhalten besteht nicht nur die schon angesprochene Missbrauchsgefahr fort, sondern es drohen auch ungewollte und unter Umständen erhebliche Verfahrensverzögerungen, wenn erst auf Erfüllung der Auskunftspflicht geklagt werden muss.

Sinnvoll scheint insofern die Vereinbarung einer von vornherein hohen und mit jedem Tag der Fristüberschreitung wachsenden Vertragsstrafe zu sein, die an die Gesellschaft zu zahlen ist. Dadurch können etwaige Schäden, die der Gesellschaft durch die Verfahrensverzögerung entstehen, jedenfalls teilweise kompensiert werden. Derartige Strafen sanktionieren nicht nur bereits begangene Pflichtverletzungen, sondern können darüber hinaus eine abschreckende Wirkung haben und entsprechenden Verstöße daher von vornherein entgegenwirken. Darüber hinaus kann auch vertraglich geregelt werden, dass nach erfolglosem Ablauf einer „Nacherfüllungsfrist“ – denkbar ist hier eine weitere Woche –, in der der auskunftspflichtige Gesellschafter zudem die vorgenannte, wachsende Vertragsstrafe zahlen muss, die festgelegte Preisfindung durch eine objektive Anteilsbewertung durch den Dritten ersetzt wird. Dadurch wird dem „wissenden“ Gesellschafter die Möglichkeit genommen, sein Wissen im Rahmen der Angebotsgestaltung zu seinem Vorteil – und zum Nachteil der anderen Gesellschafter – einzusetzen.

1002 Siehe dazu bereits F., I., 3., b).
1003 Siehe F., IV., 1. b).

2. (Internes) klassisches Auktionsverfahren

a) Grundform des (internen) klassischen Auktionsverfahrens

Zur Erinnerung: An früherer Stelle in dieser Arbeit[1004] wurde die in der Literatur zu findende Verfahrensweise des (internen) klassischen Auktionsverfahrens wie folgt wiedergegeben:

Wird die Klausel ausgelöst, ist jeder Gesellschafter zunächst verpflichtet ist, seine Anteile zum Verkauf zu stellen.

Innerhalb einer vorher festgelegten Frist haben die Gesellschafter sodann ein verbindliches Kaufangebot für die jeweils anderen, beziehungsweise alle Geschäftsanteile abzugeben. Diese Angebote sind bei einem neutralen Dritten einzureichen, der sie prüft und allen Gesellschaftern mitteilt.

Nun haben die Gesellschafter die Möglichkeit, ihre Angebote – unter Beachtung einer weiteren Frist – nachzubessern. Das Prozedere wird so lange wiederholt, bis kein Gesellschafter mehr zu einer Nachbesserung bereit ist. Der höchstbietende Gesellschafter wird sodann Erwerber der Anteile des/der unterlegenen Gesellschafter, der/die zur Übertragung zum ermittelten Preis verpflichtet ist/sind.

aa) Besondere Gestaltungshinweise

(1) Reihenfolge der Gebote

Aus der Verfahrensbeschreibung geht nicht hervor, in welcher Reihenfolge die Gesellschafter ihre Gebote abgeben. Insofern kommt grundsätzlich entweder ein wechselndes Bieten (erst Gesellschafter A mit Frist, dann Gesellschafter B mit Frist) oder ein gleichzeitiges Bieten (A und B bieten innerhalb der gleichen Frist) in Betracht. Letzteres Vorgehen scheint auf dem Papier effizienter zu sein, da Zeit gespart wird.

Faktisch wird es aber auch in diesem Fall auf ein wechselndes Bieten hinauslaufen. Dies sei an einem Beispiel verdeutlicht:

Angenommen, Gesellschafter A hat nach der ersten Bietrunde ein höheres Angebot als Gesellschafter B abgegeben. Für A macht es dann wenig Sinn, in der nächsten Bietrunde höher zu bieten, obwohl er ja bis dato ohnehin der Höchstbietende war. Er wird realistischerweise zunächst abwarten, ob B sein Angebot nachbessert. Andernfalls müsste er unter Umständen mehr zahlen als eigentlich nötig, nämlich den Betrag aus Bietrunde 2 und nicht den aus Bietrunde 1. Dies wäre zum Beispiel der Fall, wenn Gesellschafter B in der zweiten Bietrunde kein weiteres Gebot abgibt, A aber schon.

Sofern Gesellschafter A also abwartet, bis B ihn überboten hat und man davon ausgeht, dass dies andersherum auch so vonstatten gehen würde, so bliebe es letztlich bei einem wechselnden Bieten.

1004 Siehe C., II., 1., a).

Von daher macht es wohl faktisch keinen Unterschied, in welcher dieser beiden Weisen geboten wird. Gleichwohl sollte man sich der Klarheit halber im entsprechenden Vertrag auf eine dieser Arten festlegen.

Statuiert man ein wechselndes Bieten, so muss die konkrete Reihenfolge der Gebote festgelegt werden. Dafür bietet es sich an, dass die Gesellschafter zunächst innerhalb einer für alle gleichermaßen geltenden Frist ein Startgebot abgeben müssen. Derjenige, der hierbei das niedrigere Gebot abgibt, darf sodann als Erster weiter bieten. Die weitere Reihenfolge ergibt sich bei mehr als zwei beteiligten Gesellschaftern jeweils aus der Höhe der Erstgebote.

Sind wider Erwartens Gebote in gleicher Höhe abgegeben worden, so sollte sodann das Los über die Reihenfolge entscheiden.

Dies ist im Übrigen auch eine Möglichkeit der Bestimmung, sofern man die Reihenfolge der Gebote von vornherein – unabhängig von einem Erstgebot – festlegen will[1005].

Ebenfalls denkbar ist eine vertragliche Regelung dahingehend, dass derjenige Gesellschafter, der das Verfahren einleitet, auch das erste Gebot abgeben muss.

(2) Beteiligung eines neutralen Dritten und seine Aufgaben

Wie oben erwähnt, sieht das klassische Auktionsverfahren vor, dass die Angebote der Gesellschafter bei einem neutralen Dritten abzugeben sind.

Verpflichtend ist die Einschaltung eines solchen Dritten freilich nicht. Das Verfahren kann sicherlich auch ohne ihn durchgeführt werden[1006]. Seine Beteiligung hat aber unter anderem den Vorteil, dass den Gesellschaftern ein rechtsmissbräuchliches Verhalten im Rahmen des Verfahrens merklich erschwert wird.

Für den konkreten Fall des hier besprochenen (internen) klassischen Auktionsverfahrens sollten dem Dritten – neben den schon früher genannten – folgende Aufgaben obliegen:

Ist – wie hier empfohlen – ein schriftliches Auktionsverfahren vereinbart, hat er sodann die Gesellschafter schriftlich aufzufordern, innerhalb der vertraglich vorgegebenen Frist ihr Erstgebot abzugeben. Da ihm die Verfahrensleitung zukommt, hat er auch im weiteren Verlauf zu Geboten aufzufordern, auf Fristen hinzuweisen und die Fristeinhaltung durch die Gesellschafter zu kontrollieren.

Steht das Höchstgebot fest, erteilt der Dritte den Zuschlag und teilt den Gesellschaftern schriftlich mit, wer Erwerber der Geschäftsanteile geworden ist.

(3) Verringerung der Verfahrensdauer

Ein Nachteil des klassischen Auktionsverfahrens – und aller Arten mehrrundiger Auktionsverfahren generell – ist der Zeitfaktor. Je mehr Bietrunden es gibt, desto länger dauert es, bis ein Erwerber gefunden ist. Und je länger das Verfahren

---

1005 So *Clopath*, SJZ 89 (1993), 157.
1006 So vorgeschlagen von *Fleischer/Schneider*, DB 2010, 2713, 2714.

andauert, desto größer können die Auswirkungen auf das operative Geschäft der Gesellschaft sein[1007].

Die folgenden Vertragsgestaltungen, die sich freilich auch miteinander kombinieren lassen, können zu einer Verringerung der Verfahrensdauer führen.

(3.1) Anzahl der Bietrunden und Festlegung der Bietweise

Dem kann zum Beispiel dadurch entgegengewirkt werden, dass die Anzahl der möglichen Bietrunden von vornherein vertraglich beschränkt wird. Dies verkürzt nicht nur die Verfahrensdauer, sondern zwingt die Gesellschafter auch dazu, ihre Gebote recht schnell in eine wertgerechte Höhe zu bringen.

Eine andere Möglichkeit ist es, vorzuschreiben, in welcher Art und Weise die bereits abgegebenen Gebote erhöht, beziehungsweise gesenkt werden müssen. Dies kann zum Beispiel dergestalt geschehen, dass jedes neue Gebot das bisher höchste mindestens um eine gewisse Prozentzahl oder einen bestimmten Geldbetrag überbieten muss[1008].

Dadurch wird verhindert, dass die Gesellschafter das Verfahren in die Länge ziehen, indem sie das bisherige Höchstgebot lediglich um einen Minimalbetrag erhöhen.

(3.2) Fristregelungen und Folgen ihrer Missachtung

Zuletzt kann die Verfahrensdauer auch dadurch verringert werden, indem man die im Verfahren geltenden Fristen – beispielsweise zur Abgabe eines Gebotes – entsprechend kurz bemisst. Hier wird man im Einzelfall prüfen müssen, welcher Zeitraum in Betracht kommt. Ziel muss es sein, ein zügiges Verfahren zu gewährleisten, bei dem die Gesellschafter gleichwohl nicht in zeitlich zu arge Bedrängnis hinsichtlich ihrer zu treffenden Entscheidungen geraten[1009].

Vertraglich festgelegte Fristen dürften vor allem im Hinblick auf die abzugebenden Gebote der Gesellschafter vereinbart werden. Annahmefristen für die Gesellschafter wird es dagegen regelmäßig nicht geben, da die Annahme durch den „Zuschlag" des als Auktionators fungierenden neutralen Dritten an das nicht mehr überbotene Höchstgebot erfolgt (§ 156 S. 1 BGB)[1010]. Diese Annahme durch Zuschlag sollte freilich trotzdem fristgebunden sein.

Zu einem früheren Zeitpunkt wurde bereits darauf hingewiesen, dass es gleichfalls Regelungen geben muss, die die Folgen der Missachtung von vertraglich festgelegten Fristen seitens der Gesellschafter festlegen.

1007 So auch *Otto*, GmbHR 1996, 16, 20.

1008 *Carey*, Real Property, Probate and Trust Journal, Winter 2005, 651, 658, 659; *Fleischer/Schneider*, DB 2010, 2713, 2714; *Hewitt*, Hewitt on Joint Ventures, 237.

1009 Siehe bereits F., IV., 1., g).

1010 Zur rechtlichen Stellung des Auktionators im Verhältnis zu Verkäufer und Käufer und zur rechtlichen Einordnung des „Zuschlags" ausführlich *Kreße*, Die Auktion als Wettbewerbsverfahren, 29 ff., 135.

Als ein denkbares Mittel wurde seinerzeit – neben anderen Vorschlägen – die Möglichkeit genannt, die jeweils fristgerecht vorzunehmende Handlung des Gesellschaft bei Nichteinhaltung der Frist vertraglich zu fingieren[1011].

Beim klassischen Auktionsverfahren ist dies indes nicht notwendig. Richtigerweise sieht der Vertrag nämlich eine Regelung vor, nach der nicht fristgerecht eingereichte Gebote für die Auktion einfach nicht berücksichtigt werden.

Diese Folge sollte zudem noch dahingehend verschärft werden, dass der säumige Gesellschafter fürderhin kein weiteres Angebot mehr abgeben darf. Dies wird regelmäßig bedeuten, dass er von einem Mitgesellschafter überboten wird und damit seine Gesellschaftsanteile verkaufen muss.

Eine solche Regelung stellt eine recht harte Sanktion für den betroffenen Gesellschafter dar, so dass auch eine zusätzliche Vertragsstrafe nicht unbedingt nötig sein dürfte.

bb) Vor- und Nachteile gegenüber anderen Verfahren zur Erwerberermittlung

Vorteil des (internen) klassischen Auktionsverfahrens ist zum Einen, dass es problemlos auch in mehrgliedrigen Gesellschaften zur Anwendung kommen kann[1012].

Zum Anderen können durch mehrstufige Auktionen, bei denen die Gebote – wie hier – stets offengelegt werden, Höchstpreise erzielt werden, insbesondere dann, wenn es zu einem sogenannten „Bieterkrieg“ kommt, bei dem sich die beteiligten Gesellschafter bis an ihre Schmerzgrenze (oder sogar darüber hinaus) hochbieten.

Dies gilt indes nur, wenn alle Auktionsteilnehmer finanziell (vergleichbar) stark sind. Dieser Vorteil kehrt sich ins Gegenteil, wenn kein finanzielles Gleichgewicht zwischen den beteiligten Gesellschaftern besteht. Selbst wenn nämlich dem stärkeren Gesellschafter die finanzielle Schwäche seines Gegenüber anfangs nicht bekannt ist, wird sie spätestens im Laufe des Verfahrens aufgedeckt. Geht man davon aus, dass die Startgebote noch deutlich unter dem „wahren“ Wert der Anteile liegen werden – denn zu einem Einpendeln des Preises kommt es normalerweise erst im Laufe des Verfahrens[1013] –, kann es passieren, dass der finanziell Stärkere die Anteile zu einem unangemessen günstigen Preis erwerben kann, namentlich dann, wenn sein Gegenüber bereits solche Preise nicht mitgehen kann. Die angestrebte Preisgerechtigkeit ist dann nicht mehr gegeben. Dieses Risiko besteht beispielsweise beim eingeschränkten Auktionsverfahren oder beim Russian Roulette-Verfahren von vornherein nicht in diesem Maße. Da hier nämlich nur ein Gebot abgegeben wird und folglich kein mehrstufiges Verfahren stattfindet, ist auch der finanziell stärkere Gesellschafter gezwungen, jedenfalls angemessene Preise auszurufen, da er ansonsten – mangels Wissen über die finanzielle Situation der Mitgesellschafter – in Gefahr läuft, seine eigenen Anteile zu verlieren.

1011 Siehe F., IV., 1., g).
1012 Siehe dazu F., I., 2., a), bb), (1).
1013 *Clopath*, SJZ 89 (1993), 157.

Der eigentliche Nachteil des (internen) klassischen Auktionsverfahrens im Vergleich zu anderen Verfahren zur Erwerberermittlung im Rahmen einer Shoot-Out-Klausel ist demnach, dass es durch seine Mehrstufigkeit eine etwaige finanzielle Schwäche der Gesellschafter gnadenlos aufdeckt und damit preisgibt, was die betroffenen Gesellschafter unter allen Umständen geheim halten sollten, damit die eigentlich angestrebte Preisgerechtigkeit der Shoot-Out-Klausel zumindest theoretisch gewährleistet ist. Daher kann das (interne) klassische Auktionsverfahren nicht in jedem Fall einen angemessenen Preis für die Anteile gewährleisten. Es ist insoweit risikoreicher als anderen Verfahren zur Erwerberermittlung, insbesondere bei finanziell unterschiedlich starken Bietern. Dieses Risiko steigt noch, wenn einer der Gesellschafter eine Gebotsfrist verstreichen lässt und daher – wie hier vorgeschlagen – keine weitere Gebote von ihm mehr berücksichtigt werden.

b) Vorgeschlagene Verfahrensabwandlungen in der Literatur: Bewertung und Ausgestaltung

aa) Holländische Auktion/Dutch Auction

(1) Grundform

Eine im Schrifttum zu findende Abwandlung des klassischen Auktionsverfahrens ist die Dutch Auction. Diese ist – wie schon weiter oben beschrieben[1014] – in ihrer Grundform dadurch gekennzeichnet, dass der Auktionator zu Beginn der Auktion einen hohen Preis ausruft und diesen in der Folge kontinuierlich senkt. Derjenige Bieter, der zuerst ein Gebot abgibt, akzeptiert den zu dieser Zeit ausgerufenen Preis und wird Erwerber des Auktionsguts[1015].

Grundsätzlich bestehen gegen eine solche Ausgestaltung einer Shoot-Out-Klausel keine erheblichen Bedenken.

Es weist die typischen Stärken und Schwächen auf, die mehrrundige Auktionsverfahren generell mit sich bringen. Hier sind auf der einen Seite die Preisgerechtigkeit, auf der anderen Seite die etwaige Langwierigkeit des Verfahrens zu nennen.

Voraussetzung ist aber, dass gewisse Umstände, die das Verfahren betreffen, geklärt sind. Zudem lässt sich das Verfahren in einigen Bereichen optimieren. Diese Umstände sind in den einschlägigen Literaturquellen bislang unbeleuchtet geblieben.

(1.1) Neutraler Dritter und seine Aufgaben

Wie schon beim klassischen Auktionsverfahren ist auch hier ein neutraler Dritter in das Verfahren eingebunden, der als eine Art Auktionator fungiert und die Verfahrensleitung innehaben sollte.

1014 Siehe C., II., 1., d), aa).

1015 *Kopp*, Kontrollierte Auktionen, 109.

Wie schon beim klassischen Auktionsverfahren hat er auch hier zunächst zu prüfen, ob die Voraussetzungen der Verfahrenseinleitung vorliegen.

Ist dies der Fall, sollte er vertraglich dazu verpflichtet sein, möglichst vor Beginn der Auktion die jeweils betroffenen Gesellschaftsanteile nach anerkannten wissenschaftlichen Methoden zu bewerten oder jedenfalls bewerten zu lassen, um einen angemessenen Ausgangspreis ausrufen zu können. Hier könnte man beispielsweise den ermittelten Wert mit einem Zuschlag von 10 Prozent als Ausgangspreis ansetzen, um diesen in der Folge dann stetig zu senken.

Vertraglich sollte festgelegt sein, dass der Auktionator den Gesellschaftern schriftlich den jeweils ausgerufenen Preis mitteilt und diese sodann innerhalb einer Frist – ebenfalls schriftlich – Auskunft darüber geben müssen, ob sie zu diesem Preis kaufen wollen oder nicht. Lassen die Gesellschafter die jeweilige Frist verstreichen, gilt das Angebot als abgelehnt.

Hier mag man ein Missbrauchsrisiko dergestalt sehen, dass die Gesellschafter das Verfahren ins Leere laufen lassen, indem sie einfach dauerhaft kein Gebot abgeben. Dem ist allerdings entgegen zu halten, dass bei entsprechend strenger Handhabung der Voraussetzungen zur Verfahrenseinleitung die Interessenlage der Gesellschafter von vornherein so ist, dass ein derartiges Missbrauchsverhalten für sie keinen Sinn macht.

Andernfalls bestünde aber auch die Möglichkeit, vertraglich festzulegen, dass – sofern beim niedrigsten ausgerufenen Preis noch kein Gebot vorliegt – ein Losentscheid vom Dritten vorgenommen wird. Der Sieger muss die Anteile des/der Mitgesellschafter sodann zum niedrigsten Preis erwerben.

Eine derartige Regelung sollte das Missbrauchspotenzial minimieren, da hier alle Gesellschafter das große Risiko eingehen, ihren Anteil deutlich unter Wert verkaufen und übertragen zu müssen.

Entscheidet sich einer der Gesellschafter dagegen zum Kauf und gibt fristgerecht das erste Gebot ab, so hat der Dritte dies allen Gesellschaftern nach Ablauf der Frist schriftlich mitzuteilen.

(1.2) Zeitgleiche Gebote und ihre Handhabe

Sollte es zu der Situation kommen, dass mehrere Gesellschafter gleichzeitig und fristgerecht bieten, so sind mehrere Szenarien denkbar, um endgültig den Erwerber zu klären.

Vereinbart man trotz der oben genannten Zweifel, dass der Dritte die Angebote auf ihre Finanzierbarkeit zu prüfen hat, so kann schon danach unter Umständen nur noch das Angebot eines einzigen Gesellschafters verbleiben.

Ist dies nicht der Fall, so könnte man entweder das Prioritätsprinzip mit der Folge anwenden, dass das früher dem Dritten zugegangene Angebot zum Tragen kommt. Dies hat auch den Vorteil, dass die Gesellschafter dadurch angehalten werden, das Verfahren nicht durch dauerhafte Ausreizung der Fristen in die Länge zu ziehen.

Alternativ – oder kumulativ für den Fall, dass auch das Prioritätsprinzip keinen Auktionssieger hervorbringt – ließe sich auch ein eingeschränktes Auktionsverfahren anschließen, in dessen Rahmen die Gesellschafter einmalig verdeckte Angebote abgeben. In diesem Fall würde dann aber nicht das niedrigste, sondern das höchste Gebot gewinnen.

Auch ein Losentscheid ist als Option zur Erwerberfindung in diesem Fall denkbar, aber freilich für die Gesellschafter aufgrund des „Glücksfaktors" eher unattraktiv.

Ist der Erwerber nach alledem gefunden, schließt sich das übliche Übertragungsverfahren mit allen seinen zu berücksichtigenden Folgefragen an[1016].

(1.3) Verringerung der Verfahrensdauer

Auch die Dutch Auction als Abwandlung des klassischen Auktionsverfahrens ist mit dem Nachteil behaftet, unter Umständen viel Zeit in Anspruch zu nehmen.

Dem kann jedoch mit einigen Vertragsgestaltungen entgegengewirkt werden.

Schon im Rahmen der Gestaltungsvorschläge zum klassischen Auktionsverfahren wurde die Begrenzung der Bietrundenzahl als Möglichkeit zur Verringerung der Verfahrensdauer genannt[1017]. Nun gibt es bei der Dutch Auction aber nicht mehrere Bietrunden, sondern schon das erste Gebot erhält den Zuschlag. Vergleichbar wird die Situation aber dadurch, dass hier der Auktionator mehrfach (stetig sinkende) Preise ausruft, bei denen die Gesellschafter jeweils zu entscheiden haben, ob sie ein Gebot abgeben oder nicht.

Hier kann nun dadurch angesetzt werden, dass die Schritte, in denen der Preis gesenkt wird, mehr oder weniger groß gestaltet werden. Je größer die Schritte, desto höher freilich auch das Risiko, keinen angemessenen Preis für die jeweiligen Anteile zu erhalten.

Zudem besteht auch hier die Möglichkeit, die im Verfahren zu beachtenden Fristen entsprechend kurz zu bemessen. Insofern kann auf die diesbezüglichen Ausführungen zum klassischen Auktionsverfahren verwiesen werden, das sich in diesem Punkt nicht von der Dutch Auction unterscheidet.

(2) Verfahrensabwandlung nach dem Vorschlag von *Carey*

Wie schon früher erwähnt[1018], schlägt *Carey* eine Abwandlung der oben genannten Grundform der Dutch Auction dergestalt vor, dass die Gesellschafter jeweils Gebote für die gesamten Gesellschaftsanteile abgeben. Derjenige, der das niedrigste Gebot abgibt, darf (und muss) seine Anteile verkaufen. Dafür erhält er preislich das, was er – seinem prozentualen Anteil an der Gesellschaft entsprechend – bei einem Verkauf der (gesamten) Gesellschaft zu dem von ihm ausgerufenen niedrigsten Preis erhalten würde.

1016 Dazu siehe F., V.

1017 Siehe F., IV., 2., a), aa), (3), (3.1).

1018 Siehe C., II., 1., d), aa), (1).

Verschärft wird das Verfahren noch zusätzlich dadurch, dass derjenige Gesellschafter, der die bisher abgegebenen Gebote nicht mehr unterbietet, zum Kauf der anderen Anteile zu dem bis dahin bestehenden Preis verpflichtet ist[1019].

Dieses Verfahren weicht insoweit vom Grundmodell der Dutch Auction ab, als dass hier nicht der Auktionator initiativ den Ausgangspreis festlegt und ihn in der Folge senkt, sondern die Gesellschafter von sich aus Preise benennen müssen. Daher „obsiegt" auch letztlich nicht derjenige Gesellschafter, der das erste Angebot, sondern derjenige, der (von mehreren Angeboten) das niedrigste abgibt.

Ein weiterer Unterschied besteht darin, dass der „Auktionssieger" nicht Erwerber, sondern Veräußerer wird. Ob sich der Gesellschafter mit dem niedrigsten Gebot daher auch als Sieger fühlt, darf bezweifelt werden.

Gerade durch den letztgenannten Umstand wird deutlich, dass es hier darum geht, einen möglichst angemessenen Preis für die Gesellschaftsanteile zu erwirken. Denn durch ein solches Verfahren werden die Gesellschafter dazu angehalten, von sich aus einen fairen, nicht zu niedrigen Preis auszurufen, um ihre Anteile nicht verkaufen zu müssen.

Sollten sich Gesellschafter für diese Variante entscheiden, so gilt es wie gehabt, das Verfahren entsprechend umsichtig auszugestalten. Dabei gelten im wesentlichen die zum klassischen Auktionsverfahren und zur Dutch Auction entwickelten Grundsätze, sofern eine Vergleichbarkeit mit dem an dieser Stelle beschriebenen Verfahren gegeben ist.

Auch hier ist – wenn auch in der Verfahrensbeschreibung nicht ausdrücklich erwähnt – richtigerweise ein neutraler Dritter, zum Beispiel ein Notar, an dem Verfahren dergestalt zu beteiligen, dass er verpflichtet wird, die Angebote der Gesellschafter entgegen zu nehmen und sie den anderen Gesellschaftern (schriftlich) mitzuteilen. Nicht nötig ist hingegen, dass er auch das letzte, nicht weiter unterbotene Gebot auf seine individuelle Finanzierbarkeit prüft. Denn derjenige Gesellschafter, der dieses Gebot abgibt, muss ja gerade nicht zu diesem Preis kaufen, sondern eben verkaufen.

Den Parteien ist vertraglich eine Frist vorzugeben, innerhalb derer sie ihre jeweiligen Gebote abgeben müssen. Auch hier gilt, die Frist nicht übermäßig lange zu bemessen, um das Verfahren nicht unnötig in die Länge zu ziehen. Dies gilt insbesondere vor dem Hintergrund, dass es voraussichtlich zu mehreren Bietrunden kommen wird.

Die Gesellschafter sollten zudem verpflichtet werden, zwingend zumindest ein Startgebot abzugeben, damit das Verfahren überhaupt in Gang kommen kann.

(3) Verfahrensabwandlung nach dem Vorschlag von *Greason/Sedor*

Greason/Sedor erwähnen eine Variante der Dutch Auction, bei der die Gesellschafter jeweils ein verdecktes Angebot abgeben. Dieses enthält den niedrigsten

---

1019 *Carey*, Real Property, Probate and Trust Journal, Winter 2005, 651, 659.

Preis pro jeweiligen Gesellschaftsanteil, zu dem sie ihre eigenen Anteile an den/die Mitgesellschafter verkaufen würden. Der Gesellschafter, der den höheren Preis ausruft, muss die Anteile des/der anderen Gesellschafter zu dem niedrigsten gebotenen Preis aufkaufen und sich übertragen lassen[1020].

Strukturell steht dieses Verfahren dem eingeschränkten Auktionsverfahren offensichtlich näher als dem klassischen, da bei beiden Verfahren gleichermaßen nur ein verdecktes Angebot abgegeben wird.

Da aber das eingeschränkte Auktionsverfahren letztlich auch nur eine Abwandlung des klassischen Auktionsverfahrens ist, bietet es sich an, das hier vorgeschlagene Verfahren einheitlich im Rahmen der Dutch Auction als Gestaltungsmöglichkeit des klassischen Auktionsverfahrens darzustellen.

Wie schon beim Vorschlag von *Carey*, so wird die Dutch Auction auch hier dadurch abgewandelt, dass derjenige, der das niedrigste Gebot abgibt, nicht Erwerber, sondern Veräußerer wird. Dies soll sicherstellen, dass die Gesellschafter von vornherein versuchen, möglichst angemessene Preise für die Anteile auszurufen. Andernfalls laufen sie Gefahr, ihre Beteiligungen zu einem (zu) niedrigen Preis verkaufen zu müssen.

Freilich ist es sowohl für die Mitgesellschafter als auch für den Dritten nicht wirklich nachprüfbar, ob der jeweilige Gesellschafter tatsächlich den für ihn niedrigsten denkbaren Preis ausgerufen hat. Dies würde indes auch wenig Sinn machen, denn den Parteien wird daran gelegen sein, ihre Anteile eben nicht zum niedrigsten Preis verkaufen zu müssen.

Vor diesem Hintergrund läuft es wohl darauf hinaus, dass hier faktisch ein „normales“ eingeschränktes Auktionsverfahren stattfinden wird. Der einzige Unterschied besteht dann letztlich darin, dass die Gesellschafter keine Kaufs-, sondern Verkaufsangebote abgeben. Da aber auch hier der Höherbietende Erwerber wird, kommt diesem Unterschied wenig Relevanz zu.

Es bleibt daher festzuhalten, dass dieser Gestaltungsvorschlag zwar auf dem Papier eine Abwandlung des eingeschränkten (und damit auch des klassischen) Auktionsverfahrens in Gestalt einer wiederum abgewandelten Dutch Auction ist, aber faktisch in seiner Durchführung wohl kein Unterschied zu einem „normalen“ eingeschränkten Auktionsverfahren besteht.

Damit hat dieses Verfahren an sich auch keinen eigenen Wert. *Greason/Sedor* verpacken lediglich ein schon bekanntes Prozedere in einer anderen Art und Weise. Ob dies nötig ist, sei dahingestellt.

Entscheidet man sich gleichwohl für die Statuierung eines solchen Verfahrens, so ist wie gehabt auch bei dieser Variante ein neutraler Dritter einzuschalten. Hinsichtlich dessen Aufgaben und der weiteren Ausgestaltung des Verfahrens kann jedoch an dieser Stelle aufgrund der vorigen Argumente auf die noch folgenden Ausführungen zum eingeschränkten Auktionsverfahren verwiesen werden[1021].

1020 Siehe schon C., II., 1., d), aa), (2).
1021 Siehe F., IV., 3., a), aa).

bb) Kombiniertes Erwerbs- und Verkaufsangebot nach Otto

Zur Erinnerung: *Otto* schlägt vor, das klassische Auktionsverfahren dahingehend abzuändern, dass der das Verfahren einleitende und das erste Angebot abgebende Gesellschafter verpflichtet wird, sein Kaufangebot zugleich als Verkaufsangebot zu gestalten. Sollte der Mitgesellschafter sodann fristgerecht ein Kaufangebot in gleicher Höhe abgeben, ist der Erstbieter verpflichtet, seine Anteile zu diesem Preis zu verkaufen und zu übertragen[1022].

Durch eine solche Gestaltung wird das angepeilte Auktionsverfahren faktisch ausgeschaltet. Ein gegenseitiges „Hochbieten" wird es logischerweise nicht mehr geben, denn der Gesellschafter, an den sich das Kauf- und Verkaufsangebot des initiierenden Gesellschafters richtet, wird wohl kaum Anlass sehen, das Verkaufsangebot noch durch ein eigenes Kaufangebot zu überbieten. Andernfalls würde er ja für den anderen Geschäftsanteil mehr bezahlen als er eigentlich müsste, was ein nach den Regeln einer ordentlichen Betriebswirtschaft handelnder Gesellschafter nicht tun wird.

In dieser Form ähnelt das Prozedere eher der oben beschriebenen Verfahrensabwandlung des Russian-Roulette-Verfahrens, bei der zunächst nur ein Kaufangebot abgegeben wird[1023].

Zwar kann theoretisch nach wie vor ein mehrrundiges Bieterverfahren stattfinden, was beim Russian Roulette nicht der Fall ist. Wie aber soeben ausgeführt, wird dies faktisch kaum geschehen. Vielmehr wird der das erste Angebot erhaltende Gesellschafter – jedenfalls aus wirtschaftlicher Sicht – vor die Wahl gestellt, das Kaufangebot des initiierenden Gesellschafters anzunehmen oder dessen Anteile zu dem genannten Preis zu kaufen.

Dies ist letztlich die gleiche Situation wie beim Russian Roulette-Verfahren.

Otto verfolgt mit diesem Vorschlag der Verfahrensgestaltung den Zweck, dem initiierenden Gesellschafter angesichts der weitreichenden Konsequenzen, die die Einleitung eines Auktionsverfahrens mit sich bringt, ein höheres Risiko hinsichtlich des Verkaufs der eigenen Anteile zuzuweisen[1024].

Bedenkt man, dass gerade das Drohpotenzial für Shoot-Out-Klauseln typisch und auch gewünscht ist, so wird man dem Vorschlag *Ottos* vor diesem Hintergrund wenig Einwände entgegenbringen können.

Denn dieses Drohpotenzial wird durch eine solche Ausgestaltung des Verfahrens noch erhöht. Die Gesellschafter werden es sich zweimal überlegen, ob sie unter derartigen Umständen das Verfahren einleiten oder lieber versuchen, den bestehenden Konflikt auf andere Weise zu lösen.

Zu Recht weist *Otto* auch darauf hin, dass bei seinem Vorschlag die wertgerechte Preisermittlung hinsichtlich der Gesellschaftsanteile in gleichem Maße gewährleistet ist wie beim klassischen Auktionsverfahren, da der Erstbieter von vornherein

1022 Siehe schon C., II., 2., a).
1023 Dazu siehe C., II., 4., e), bb).
1024 *Otto*, GmbHR 1996, 16, 20.

dazu gezwungen ist, ein faires Angebot für die Anteile des/der Mitgesellschafter abzugeben[1025]. Andernfalls kann es passieren, dass er unter Umständen seine eigenen Anteile unter Wert verkaufen muss.

Im Vergleich zum klassischen Auktionsverfahren hat die genannte Ausgestaltung zudem den Vorteil, dass sie die Dauer des Verfahrens deutlich reduziert[1026].

Durch die Vereinbarung von angemessen kurzen Fristen kann die Verfahrensdauer sogar noch weiter verringert werden.

Insgesamt ist das Verfahren daher effizienter, aber zugleich auch mit einem höheren Risiko für die Gesellschafter behaftet.

Vorausgesetzt wird dabei, dass derjenige Gesellschafter, der das Verfahren einleitet, auch derjenige ist, der das erste Gebot abgibt. Dies ist zwar nur eine von mehreren Möglichkeiten, die Reihenfolge der Gebote festzulegen, aber in diesem Fall die einzig richtige, wenn man – wie hier – dem verfahrenseinleitenden Gesellschafter zugleich das Risiko des Verkaufs zum selbst gebotenen Preis aufbürden will. Würde indes nicht der das Verfahren initiierende, sondern ein anderer Gesellschafter das erste Gebot abgeben, so würde dieses Ziel eindeutig verfehlt werden. In diesem Fall wäre es unter Umständen – nämlich dann, wenn per Losentscheid entschieden wird, wer das Erstgebot abgibt – gar vom Zufall abhängig, wer dieses Risiko tragen muss. Das aber kann und soll nicht Sinn dieser Regelung sein.

Im Übrigen ergeben sich hinsichtlich der konkreten vertraglichen Ausgestaltung dieses Verfahrens keine Besonderheiten, so dass insoweit auf die allgemeinen Gestaltungshinweise verwiesen werden kann[1027].

Im Ergebnis muss allerdings festgehalten werden, dass aufgrund der soeben beschriebenen Ähnlichkeiten mit dem Russian Roulette-Verfahren dieser Verfahrensgestaltung kein wirklich eigener Wert zukommt.

cc) Kombiniertes Erwerbs- und Verkaufsangebot nach Carey

In eine ähnliche Richtung geht die Idee von *Carey*, der – wie schon oben dargestellt[1028] – folgende Verfahrensabwandlung vorschlägt:

Der das Verfahren initiierende Gesellschafter habe zwei Angebote zu nennen, wobei eines den Verkauf der eigenen und eines den Kauf der anderen Anteile zum Gegenstand hat.

Ersteres müsse dabei höher sein als Letzteres.

Der Mitgesellschafter habe sodann die Wahl zwischen den beiden Alternativen – Kauf oder Verkauf zu den angebotenen Konditionen – oder könne seinerseits zwei Angebote in dieser Gestalt abgeben. Tut er dies, so müsse sein höheres Angebot niedriger und sein niedriges Angebot höher sein als die Anfangsgebote des initiierenden Gesellschafters.

1025 *Otto*, GmbHR 1996, 16, 20.
1026 So auch *Otto*, GmbHR 1996, 16, 20.
1027 Siehe F., IV., 1.
1028 Siehe C., II., 1., d), cc).

Dieses Prozedere werde so lange fortgeführt, bis entweder einer der Gesellschafter eines der Angebote annehme oder kein Handlungsspielraum für weitere Gebote mehr vorhanden sei. Im letztgenannten Fall muss derjenige Gesellschafter, der mit der Situation konfrontiert wird, sich zwingend zum Kauf oder Verkauf entscheiden.

Bei diesem Verfahrensvorschlag wird das klassische Auktionsverfahren abgewandelt und mit Elementen einer Dutch Auction kombiniert. Während sich die Gesellschafter hinsichtlich der Kaufangebote gegenseitig hochbieten, findet bei den Verkaufsangeboten das genaue Gegenteil statt, da die Gebote hier fortlaufend sinken.

Abgewandelt ist es zudem auch deshalb, weil die Gesellschafter stets die Möglichkeit haben, eines der ihnen gemachten Angebote anzunehmen, was im klassischen Auktionsverfahren nicht der Fall ist, da dort stets versucht werden muss, den Mitgesellschafter zu überbieten.

Da hier von vornherein zwei Angebote abgegeben werden müssen, ähnelt das Prozedere insoweit auch dem Russian Roulette-Verfahren[1029].

Aufgrund dieser Ähnlichkeit ist seine Anwendung in mehrgliedrigen Gesellschaften jedenfalls dann nicht sinnvoll, wenn mehr als ein Gesellschafter ausscheiden soll und mehr als eine handvoll Gesellschafter vorhanden sind.

Soll indes nur ein Gesellschafter ausscheiden, ist es recht problemlos auch mit einer größeren Anzahl an Beteiligten durchführbar, wenn die Anfangsgebote des initiierenden Gesellschafters dahingehend modifiziert werden, dass ein Vertrag nur mit demjenigen Mitgesellschafter zustande kommt, der am schnellsten die Annahme eines der Angebote erklärt.

Dann wandelt sich das Verfahren sogar insgesamt in ein reines Russian Roulette-Verfahren, da die Ablehnungsmöglichkeit und damit die mögliche Mehrrundigkeit des Verfahrens entfällt.

Das Verfahren hat in der oben dargestellten Form jedoch grundsätzlich den Nachteil, dass es sehr viel Zeit in Anspruch nehmen kann, was an einem Beispiel verdeutlicht werden soll:

Angenommen, das Verfahren fände in einer Zweipersonengesellschaft statt. Gesellschafter A initiiert das Verfahren und gibt zwei Gebote ab, die fernab jeder Realität liegen. Das Verkaufsangebot ist viel zu hoch und das Kaufsangebot viel zu niedrig. Zwar muss Gesellschafter B seine Angebote nun senken, beziehungsweise heben, was aber nicht dazu führen muss, dass die Gebotshöhen nun wertgerechter wären.

Bei diesem Prozedere kann es folglich sehr lange dauern, bis ein Gesellschafter sich zum Kauf oder Verkauf entscheidet, geschweige denn keinen Handlungsspielraum mehr für sich sieht. Damit tritt der für Auktionsverfahren typische Nachteil der ungewissen Verfahrensdauer hier besonders ausgeprägt zu Tage.

Der Problematik kann aber durch entsprechende Vertragsgestaltung entgegengewirkt werden.

1029 Dazu siehe C., II., 4., a).

Wie schon beim klassischen Auktionsverfahren vorgeschlagen, so macht es auch hier Sinn, den Gesellschaftern vertraglich vorzuschreiben, in welchen Schritten sie ihre Gebote erhöhen, beziehungsweise senken müssen.

Ebenfalls denkbar ist es, den initiierenden und erstbietenden Gesellschafter zu verpflichten, das erste Kauf- und Verkaufsgebot in gleicher Höhe abzugeben. Dadurch wird verhindert, dass er zu Anfang „Mondpreise" ausruft.

Im Gegenteil wird damit erreicht, dass er von vornherein realistische Preise ansetzt, da er sonst riskiert, überteuert kaufen oder unter Wert verkaufen zu müssen. Für die weiteren Bietrunden bleibt es dann jedoch dabei, dass das Verkaufsgebot gesenkt und das Kaufgebot erhöht werden muss. Dann wird es für die Gesellschafter nämlich immer unattraktiver, neue Gebote abzugeben, was zu einer schnelleren Entscheidungsfindung beitragen kann.

Mit einem solchen Vorgehen kombiniert man Elemente des Vorschlags von *Otto* mit dem hier genannten Vorschlag von *Carey*, um das Verfahren insgesamt weniger zeitaufwendig und fairer zu gestalten.

Im Übrigen ergeben sich auch hier hinsichtlich der konkreten vertraglichen Ausgestaltung dieses Verfahrens keine Besonderheiten, so dass insoweit auf die allgemeinen Ausführungen sowie die besonderen Gestaltungshinweise zum klassischen Auktionsverfahren und zum Russian Roulette-Verfahren verwiesen werden kann[1030]. Dies gilt insbesondere im Hinblick auf die Regelungen zur Verfahrenseinleitung, zur Ausgestaltung als Präsenzauktion oder als schriftliches Auktionsverfahren, zum Gegenstand der Gebote und zur Einschaltung eines neutralen Dritten.

3. (Internes) Eingeschränktes Auktionsverfahren

a) Grundform des eingeschränkten Auktionsverfahrens

Die Grundform des eingeschränkten Auktionsverfahrens wird in der Literatur wie folgt beschrieben[1031]:

Bei Auslösung der Klausel sind alle Gesellschafter verpflichtet, ihre Gesellschaftsanteile zum Verkauf an einen Mitgesellschafter freizugeben. Jeder Gesellschafter hat sodann innerhalb einer festgelegten Frist genau ein Angebot für die Anteile des/der Mitgesellschafter abzugeben, das bei einem neutralen Dritten einzureichen und den anderen Mitgesellschaftern nicht mitzuteilen ist.

Sind alle Gesellschafter zu gleichen Teilen am Unternehmen beteiligt, so hat sich das Angebot auf den kompletten Anteil des Mitgesellschafters zu beziehen.

Bei unterschiedlich hohen Beteiligungen sind die Gebote hingegen auf *einen* Geschäftsanteil mit einem Nennwert von 1 Euro auszurichten[1032].

1030 Siehe F., IV., 1. sowie F, IV., 2., a) und F., IV., 5., a).

1031 Siehe bereits C., II., 2., a).

1032 *Wedemann*, Gesellschafterkonflikte, 495.

In beiden Fällen wird derjenige Gesellschafter mit dem höchsten Angebot Erwerber der Anteile des/der Mitgesellschafter, die zum Verkauf und zur Übertragung ihrer Anteile zu diesen Konditionen verpflichtet sind.

aa) Besondere Gestaltungshinweise

(1) Neutraler Dritter

Wie schon beim klassischen Auktionsverfahren sieht auch das eingeschränkte Auktionsverfahren vor, dass die Angebote der Gesellschafter bei einem neutralen Dritten abzugeben sind. Auch hier wird den Gesellschaftern dadurch ein rechtsmissbräuchliches Verhalten im Rahmen des Verfahrens merklich erschwert. Andernfalls könnten sie beispielsweise abwarten, bis der Mitgesellschafter sein Angebot an sie übermittelt hat, es prüfen und dann mit einem höheren Angebot kontern, so dass der Konkurrent – der ja nur ein Angebot abgeben darf – „ausgeschaltet" ist. Davon ausgehend würde sich jeder Gesellschafter hüten, derjenige zu sein, der das erste Angebot abgibt. Dann aber würde schon die Statuierung einer solchen Klausel wenig Sinn machen.

Da der Dritte hier im Übrigen die gleichen Funktionen und vergleichbare Aufgaben wie beim (internen) klassischen Auktionsverfahren hat, kann im Übrigen auf die dortigen Ausführungen zur Vertragsgestaltung hinsichtlich dieser Position verwiesen werden.

(2) Vorschlag: Unterschiedliche Bietweise der Gesellschafter

Zurecht weist *Grau* darauf hin, dass im Rahmen des eingeschränkten Auktionsverfahrens eine gewisse – wenn auch wohl nicht sehr große – Wahrscheinlichkeit besteht, dass die Gesellschafter Gebote in gleicher Höhe abgeben. Er schlägt daher vor, die Gesellschafter – jedenfalls in zweigliedrigen Unternehmen – vertraglich dahingehend zu verpflichten, dass eine Seite ihr Angebot auf gerade und die andere Seite auf ungerade Centbeträge zu benennen hat. Bei Verstoß werde entsprechend abgerundet[1033].

Dies stellt eine angemessene und einfache Lösung des Problems dar, deren einziger Nachteil ist, dass sie bei Gesellschaften mit mehr als zwei Gesellschaftern nicht funktioniert. Hier stellt sich das Problem aber auch nur, wenn diejenigen Angebote, die die gleiche Höhe aufweisen, zugleich die Höchstgebote darstellen.

In diesen Fällen bietet es sich an, das ganze Verfahren mit den höchstbietenden Gesellschaftern einmalig zu wiederholen. Zum Einen sollte dies nicht allzu viel zusätzliche Zeit in Anspruch nehmen und zum Anderen ist die Wahrscheinlichkeit, dass die Parteien erneut gleiche Gebote abgeben, wohl äußerst gering, zumal die Angebote ja verdeckt und unabhängig voneinander abgegeben werden.

Eine andere – wenn auch riskantere – Möglichkeit wäre hier ein Losentscheid[1034].

1033 *Grau*, Corporate Finance 2015, M&A, 39, 44.
1034 So *von der Crone*, SJZ 89 (1993), 37, 43.

(3) Fristregelungen und Folgen ihrer Missachtung

Die wichtigste Frist im Rahmen des eingeschränkten Auktionsverfahrens ist die Frist zur Abgabe der (einmaligen) Angebote.

Diese schließt sich an die – sofern vereinbarte – „Abkühlungsphase“ an und kann kürzer als diese bemessen werden, da die Gesellschafter auch schon während dieser Zeit die Möglichkeit hatten, ihre Angebote vorzubereiten und sich insbesondere um eine Finanzierung des Angebots zu kümmern.

Neben den oben allgemein vorgeschlagenen Folgen zur vertraglichen Sanktionierung von Fristmissachtungen macht es – wie schon beim (internen) klassischen Auktionsverfahren – Sinn, zu vereinbaren, dass die Missachtung von Fristen zur Abgabe des Gebotes zur Folge hat, dass das verspätet eingehende Angebot für das Verfahren nicht berücksichtigt wird. Dies hat im Normalfall zur Folge, dass der säumige Gesellschafter seine Anteile verkaufen muss.

Geben indes alle beteiligten Gesellschafter verspätete Angebote ab, so kann das Verfahren nach Abgabe des letzten verspäteten Gebotes normal weitergeführt werden.

Die Gesellschafter sollten dann aber eine vertraglich festgelegte Vertragsstrafe zu zahlen haben, die für jeden säumigen Tag entsprechend steigt.

Wird die Frist von allen beteiligten Gesellschaftern dahingehend missachtet, dass überhaupt kein Angebot abgegeben wird, so sollte der Vertrag als *ultima ratio* die Auflösung der Gesellschaft vorsehen.

bb) Vor- und Nachteile gegenüber anderen Verfahren zur Erwerberermittlung

Ein wesentlicher Vorteil der Grundform des eingeschränkten Auktionsverfahrens ist, dass es relativ zügig vonstatten gehen kann. Da keine vorherige, objektive Anteilsbewertung durchgeführt wird und das Verfahren zudem so ausgestaltet ist, dass die Gesellschafter nur einmalig Angebote abgeben können, stehen einer schnellen Verfahrensdurchführung keine Hindernisse im Weg.

Ein weiterer Vorteil ist darin zu sehen, dass dieses Verfahren problemlos auch mit mehr als zwei Gesellschaftern durchgeführt werden kann, ohne unübersichtlich oder kompliziert zu werden[1035].

Dadurch, dass jeder Gesellschafter nur ein Angebot abgeben darf, ist er zudem gezwungen, von vornherein angemessene, wenn nicht gar hohe Preise auszurufen, damit er von seinen Mitgesellschaftern nicht überboten wird. Das Risiko, unangemessen niedrige Preise zu erzielen, ist daher gering. Dies gilt in besonderem Maße, wenn die Gesellschafter keine Kenntnis von der finanziellen Situation ihrer Mitgesellschafter haben und sich aufgrund dessen nicht sicher sein können, ob das Gegenüber zur Zahlung hoher Preise in der Lage ist. Folglich kann das eingeschränkte Auktionsverfahren mit relativ hoher Sicherheit Preisgerechtigkeit gewährleisten, was zum Beispiel beim (internen) klassischen Auktionsverfahren nicht zwingend

1035 Siehe F., I., 2., a), bb), (1).

der Fall ist[1036]. Sichergestellt wird diese Preisgerechtigkeit darüber hinaus auch dadurch, dass kein wechselseitiges Bieten stattfindet, sondern die Gesellschafter ihre Gebote innerhalb der gleichen Frist abgeben und die Höhe der Gebote vor Ablauf der Frist nicht mitgeteilt wird.

Andererseits erlaubt das eingeschränkte Auktionsverfahren den Gesellschaftern aber keine Fehler: Schätzen sie den Wert der Anteile falsch ein und bieten auf Grundlage ihrer Einschätzung einen unrealistischen Preis – sei er zu hoch oder zu niedrig –, so wird sich dies regelmäßig zu ihrem Nachteil auswirken. Da sie nämlich nur dieses eine Angebot abgeben können, besteht keine Möglichkeit, den Preis im Nachhinein noch einmal zu ändern.

b) *Vorgeschlagene Verfahrensabwandlungen in der Literatur: Bewertung und Ausgestaltung*

In der Literatur finden sich einige Vorschläge, die das eingeschränkte Auktionsverfahren abwandeln. Diese wurden bereits im Rahmen der Darstellung der Erscheinungsformen von Shoot-Out-Klauseln vorgestellt[1037].

Offen geblieben ist an dortiger Stelle jedoch, inwiefern diese Vorschläge sinnvoll oder nicht sinnvoll sind. Eine dahingehende Bewertung soll nunmehr vorgenommen werden.

Dabei werden die konkreten Vorschläge zur Erinnerung – und um ein lästiges Zurückblättern zu vermeiden – auch hier nochmal kurz dargestellt.

aa) Vorschlag: Kauf- und Verkaufsangebot zu gleichen Konditionen

Bezüglich der Angebote wird folgende Verfahrensgestaltung vorgeschlagen[1038]:

Im Gesellschaftsvertrag solle von vornherein ein Kaufvertrags-Musterformular als Anlage beigefügt sein, in welches sodann von jedem Gesellschafter bei Verfahrenseinleitung ein Preis für den Verkauf der eigenen Anteile sowie eines für den Kauf der Mitgesellschafterbeteiligungen einzutragen sei. Preis für An- und Verkauf müssten dabei identisch sein[1039]. Nur hilfsweise solle an dieser Stelle angegeben werden, dass an den Meistbietenden verkauft wird. Im Übrigen bleibe es dabei, dass derjenige Gesellschafter, der das höchste Angebot macht, Erwerber aller anderen Anteile wird.

Durch eine solche Ausgestaltung des Verfahrens wird vom klassischen Auktionsverfahren insoweit noch stärker abgewichen, als dass die Bieter – also die

---

1036 Siehe F., IV., 2., a), bb).

1037 Siehe C., II., 2., e).

1038 *Wälzholz*, GmbH-StB 2007, 84, 89; *Seibt* in: MüAHB GmbH-Recht, A., § 2, III, 12., f), Rn. 225B; *Heckschen* in: Die GmbH, 315 Rn. 191; *Langenfeld/Miras*, GmbH-Vertragspraxis, 144 Rn. 380.

1039 So auch *von der Crone*, SJZ 89 (1993), 37, 43.

Gesellschafter – neben dem üblichen Kauf- zugleich ein konkretes Verkaufsangebot für ihre eigenen Anteile abgeben.

Sie ähnelt damit jedenfalls in einigen Punkten dem Russian Roulette-Verfahren[1040].

Insgesamt wird man aber sagen müssen, dass diese Konstruktion doch eher unglücklich wirkt.

Wenig einleuchtend ist insbesondere, warum hier vorgeschlagen wird, *„hilfsweise"* im Kaufvertragsformular anzugeben, dass der Meistbietende Erwerber werden soll.

Der Umstand, dass der Meistbietende Erwerber wird, sollte sich richtigerweise bereits aus der entsprechenden Vertragsklausel ergeben, die dieses Verfahren statuiert, was ja sogar von den Verfechtern dieser Gestaltung selbst vorausgesetzt wird[1041]. Andernfalls würde es auch wenig Sinn machen, das Verfahren – wie dort geschehen – als Meistbieterverfahren zu bezeichnen[1042].

Setzt man also voraus, dass in jedem Fall am Ende der meistbietende Gesellschafter Erwerber der Anteile der Mitgesellschafter wird, so ist es doch unnötig, noch einen konkreten Verkaufspreis für die eigene Beteiligung zu nennen und folglich auch geradezu widersinnig, noch darüber hinaus die Formulierung zu wählen, nur „hilfsweise" an den Meistbietenden verkaufen zu wollen.

Selbst wenn man annehmen würde, dass in dieser Konstruktion nicht vorrangig, sondern tatsächlich nur hilfsweise der Meistbietende der Käufer werden soll und die Bezeichnung als „Meistbieterverfahren" folglich als Versehen angesehen werden müsste, so würde dies doch mit den weiteren Verfahrensvorschriften nur schwerlich in Einklang zu bringen sein.

Denn es scheint wenig sinnvoll, unter diesen Umständen verdeckte Angebote bei einem Dritten abzugeben, wenn doch die Gesellschafter konkrete Vorstellungen haben, wie viel sie für ihren Anteil erhalten wollen. Immerhin müssten sie dies ja im Kaufvertrags-Musterformular angeben. In diesem Fall wäre es mehr oder weniger vom Zufall abhängig, dass der konkurrierende Mitgesellschafter den vorgeschlagenen Preis mit seinem Kaufangebot trifft, zumal er ja auch keine Kenntnis von der Höhe des Verkaufsangebots hat. Dann aber läuft es automatisch darauf hinaus, dass letztlich doch wieder der meistbietende Gesellschafter Erwerber wird.

Insgesamt wird man diese Konstruktion daher als wenig sinnig bezeichnen und folglich auch von einer Statuierung in der Praxis abraten müssen.

bb) Vorschlag: „Fairest sealed bid"

Ein weiterer – weniger Anstoß erregender – Vorschlag ist, das Verfahren in Bezug auf die Gebote der Gesellschafter dahingehend abzuwandeln, dass nicht der

---

1040 Siehe dazu C., II., 4.

1041 *Wälzholz*, GmbH-StB 2007, 84, 89; *Seibt* in: MüAHB GmbH-Recht, A., § 2, III, 12., f), Rn. 225b.

1042 *Wälzholz*, GmbH-StB 2007, 84, 89.

Meistbietende, sondern derjenige Erwerber wird, dessen Angebot dem „wahren" Wert der Anteile am nächsten kommt (sogenannte „fairest sealed bid")[1043]. Diese Art der Preisfindung wird teilweise auch „Coin Toss"[1044], „Baseball Arbitration"[1045] oder „Final-Offer Arbitration"[1046] genannt.

Gegen eine solche Ausgestaltung ist grundsätzlich nichts einzuwenden. Freilich macht sie aber nur dann Sinn, wenn spätestens nach Abgabe der Gebote, gegebenenfalls auch schon im Rahmen der hier vorgeschlagenen Abkühlungsphase"[1047], der „wahre" Wert der Beteiligungen mittels einer wissenschaftlich anerkannten Bewertungsmethode ermittelt und verbindlich festgelegt worden ist[1048]. Dies sollte konsequenterweise von dem vermittelnden und neutralen Dritten vorgenommen oder jedenfalls in Auftrag gegeben werden, um subjektive Bewertungen seitens der Gesellschafter zu vermeiden. Vertraglich geregelt sollte zu diesem Zweck auch sein, dass die Gesellschafter die Bewertung des Dritten zu akzeptieren haben[1049]. Andernfalls kann das Verfahren stetig in die Länge gezogen und dadurch uneffektiv werden, was regelmäßig gerade seinem Sinn und Zweck zuwiderläuft[1050].

Insgesamt wird diese Verfahrensabwandlung des eingeschränkten Auktionsverfahrens aber – aufgrund der notwendigen Anteilsbewertung – mit großer Sicherheit mehr Zeit in Anspruch nehmen, als es im Rahmen der „highest sealed bid" der Fall ist. Wer also vorrangig auf eine schnelle Trennung bedacht ist, dem ist diese Variante eher nicht zu empfehlen. Andererseits vermag sie aber im Vergleich wohl – zumindest in der Theorie – gerechtere Preise ermöglichen.

Daher liegt bei dieser Variante auch kein ausgeprägter Vorteil bei einem – im Vergleich – finanzstarken Gesellschafter, da der „wahre" Wert der Anteile nicht unbedingt gleichbedeutend mit einem hohen – und für einen finanzschwachen Gesellschafter möglicherweise nicht bezahlbaren – Preis ist[1051].

Im Gegenteil wird durch eine derart vorzunehmende, objektive Anteilsbewertung als Grundlage der späteren Preis- und Erwerberfindung sogar tendenziell eher ein finanzschwacher Gesellschafter geschützt, da zumindest verhindert wird, dass er – wenn er schon aufgrund seiner mangelnden Finanzkraft ausscheiden muss – noch einen unangemessenen niedrigen Preis für seine Anteile erhält.

Grundsätzlich werden die Gesellschafter in dieser Variante des eingeschränkten Auktionsverfahrens auch dazu angehalten, eine besonders umsichtige und realitätsnahe Angebotsplanung zu betreiben, um schlussendlich nicht zu weit von dem ermittelten „wahren" Wert entfernt zu sein.

1043 *Fleischer/Schneider*, DB 2010, 2713, 2714; *Schroeder/Welpot*, NZG 2014, 609, 611.
1044 *Klotz*, Power Tools, 211.
1045 *Knobloch*, GesKR 2013, 551, 564; *Ritz*, Kommentierter Mustervertrag, 79.
1046 *Ritz*, Kommentierter Mustervertrag, 79.
1047 Siehe F., IV., 1., b).
1048 So auch *Ritz*, Kommentierter Mustervertrag, 79.
1049 Siehe dazu schon F., IV., 1., d), cc).
1050 Siehe D., I., 4.
1051 In diese Richtung auch *Hewitt*, Hewitt on Joint Ventures, 237.

4. Texan Shoot-Out-Verfahren

a) Grundform des Texan Shoot-Out-Verfahrens

Im Schrifttum wird – wie bereits an früherer Stelle[1052] gezeigt – die Grundform des Texan Shoot-Out-Verfahrens regelmäßig in dieser Art beschrieben:

Der verfahrenseinleitende Gesellschafter übermittelt seinem/n Mitgesellschafter/n ein konkretes Kaufangebot für alle von ihm/ihnen gehaltenen Anteile. Der oder die Mitgesellschafter hat/haben dann die Möglichkeit, dieses Angebot innerhalb einer bestimmten Frist anzunehmen. Wird das Angebot nicht angenommen, so muss – innerhalb der vorgenannten Frist – ein Angebot in die andere Richtung abgegeben werden, das höher als das Ausgangsgebot bemessen ist. Wird dieses wiederum ausgeschlagen und zeichnet sich damit ab, dass alle Gesellschafter Erwerber werden wollen, so schließt sich ein Verfahren an, bei dem jeder Gesellschafter einmalig ein verdecktes Gebot bei einem neutralen Dritten einreicht. Derjenige Gesellschafter, der hierbei das höchste Gebot abgibt, wird Erwerber der Anteile der Mitgesellschafter.

aa) Besondere Gestaltungshinweise

(1) Neutraler Dritter

Aus den zu einem früheren Zeitpunkt genannten Verfahrensbeschreibungen in der Literatur geht nicht immer eindeutig hervor, ob ein neutraler Dritter am Verfahren zu beteiligen ist und wenn ja, ob er während des ganzen oder nur bei einem Teil des Verfahrens mitwirkt.

Wie schon zuvor erwähnt, spricht nichts dagegen, bei jeder Verfahrensart von Shoot-Out-Klauseln einen neutralen Dritten zu beteiligen. Auf die Vorteile eines solchen Vorgehens wurde bereits hingewiesen[1053].

Diese Erwägungen können daher auch beim Texan Shoot-Out-Verfahren zum Tragen kommen.

In der Literatur wurde dies wohl zumindest teilweise erkannt. So wird darauf hingewiesen, dass bereits die Mitteilung über die Auslösung der Klausel einem neutralen Dritten gegenüber abzugeben sein sollte. Dieser könne sodann den Zugang minuten- oder gar sekundengenau quittieren[1054].

Auch hier wird erneut deutlich, welchen Wert ein solch neutraler Dritter hätte: Indem er das Verfahren als objektive und unvoreingenommene Person leitet, können weitere Meinungsverschiedenheiten zwischen den Gesellschaftern vermieden werden.

Aber nicht nur in diesem frühen Stadium des Verfahrens ist die Beteiligung eines Dritten sinnvoll. So könnte er auch beim Texan Shoot-Out-Verfahren die Gebote

1052 Siehe C., II., 3., a).
1053 Siehe F., IV., 1., d).
1054 *Grau*, Corporate Finance 2015, M&A, 39, 45; *Schulte/Sieger*, NZG 2005, 24, 26.

entgegennehmen, sie auf ihre Fristgerechtigkeit prüfen und sie an die Mitgesellschafter weiterleiten. Gleiches gilt für etwaige Annahmeerklärungen.

In der der Literatur entnommenen Verfahrensbeschreibung ist es zumindest vorgesehen, dass der Dritte im Verfahren dergestalt auftritt, dass er im Rahmen des sich anschließenden eingeschränkten Auktionsverfahrens die Gebote der Gesellschafter entgegennimmt. Richtigerweise sollte er aber während des kompletten Verfahrens involviert sein und die Verfahrensleitung innehaben.

(2) Verringerung der Verfahrensdauer

(2.1) Beschränkung der Bietrunden

In der oben genannten, der Literatur entnommenen Verfahrensbeschreibung ist die Anzahl der Bietrunden recht klar geregelt: Jeder Gesellschafter hat die Möglichkeit, das Angebot seines oder seiner Mitgesellschafter einmal abzulehnen (und zu überbieten). Ist dies geschehen, findet nur noch eine weitere Bietrunde statt, und zwar in Gestalt eines eingeschränkten Auktionsverfahrens.

Gleichwohl ist diese präzise Verfahrensbeschreibung im Hinblick auf die Anzahl der Bietrunden nicht überall zu finden. So verzichten beispielsweise *Fleischer/Schneider* in ihrer Beschreibung des Texan Shoot-Out-Verfahrens auf eine konkrete Benennung der Bietrundenzahl und sagen lediglich, dass das Bietungsverfahren sich über mehrere Runden hinziehen könne[1055].

Eine Beschränkung der Bietrunden in der zuvor beschriebenen Art ist indes sinnvoll, um den typischen Nachteil mehrrundiger Auktionsverfahren, namentlich die unter Umständen lange Dauer des Verfahrens, zu vermeiden.

Ob die Beschränkung stets in der oben genannten Form vorzunehmen ist oder ob den Gesellschaftern noch mehrmals die Möglichkeit gegeben werden soll, Angebote abzulehnen und sich zu überbieten, bevor sich das eingeschränkte Auktionsverfahren anschließt, ist letztlich Geschmackssache und hängt auch damit zusammen, wie schnell das Verfahren vonstatten gehen soll oder muss.

Da sich aber regelmäßig schon dann, wenn jeder Gesellschafter einmal ein Gebot abgelehnt hat, abzeichnet, dass es weitere Bietrunden geben wird, macht es durchaus Sinn, schon zu diesem Zeitpunkt auf das eingeschränkte Auktionsverfahren umzusteigen.

(2.2) Bietweise der Gesellschafter

Eine Verringerung der Verfahrensdauer kann auch dadurch bewirkt werden, dass den Gesellschaftern vertraglich vorgeschrieben wird, Gebotserhöhungen – so sie denn vorgenommen werden müssen – in einer bestimmten Weise vorzunehmen. So wird vorgeschlagen, dass jedes Angebot das vorherige um einen bestimmten Prozentsatz übersteigen muss[1056].

1055 *Fleischer/Schneider*, DB 2010, 2713, 2714.
1056 *Fleischer/Schneider*, DB 2010, 2713, 2714.

Dies kann und soll bewirken, dass das Verfahren dadurch verzögert wird, dass stets nur minimale Gebotserhöhungen vorgenommen werden.

Gleichwohl dürften die tatsächlichen Auswirkungen einer solchen Regelung hier gering sein. Da – wie soeben erläutert – richtigerweise die Anzahl der Bietrunden ohnehin beschränkt ist, kommt einer solchen Regelung eine verfahrensbeschleunigende Wirkung nur insoweit zu, als dass ein Gesellschafter sich möglicherweise schon vor Durchführung des eingeschränkten Auktionsverfahrens zum Kauf entscheidet, weil er zu der prozentual vorgeschriebenen Angebotserhöhung wirtschaftlich nicht in der Lage ist.

(2.3) Fristregelungen und Folgen ihrer Missachtung

Ein weiteres Mittel zur Verringerung der Verfahrensdauer ist – wie bereits früher erläutert wurde – die Vereinbarung von Fristregelungen in Bezug auf Handlungen im Rahmen des Verfahrens. Insofern gilt im Hinblick auf die Art und Bemessung der Fristen im Wesentlichen das bereits in Kapitel F., IV., 1., g) Gesagte.

Interessanter ist an dieser Stelle die Frage nach den verfahrensspezifischen Sanktionen für Missachtungen der Fristen durch die Gesellschafter.

In der Literatur werden insoweit einige Vorschläge gemacht, die im Folgenden kurz dargestellt und bewertet werden sollen.

(2.3.1) Vorschlag: „Erledigung" des Verfahrens bei Missachtung der Erstgebotsfrist

Für den Fall, dass der verfahrenseinleitende Gesellschafter nicht innerhalb der ihm gesetzten Frist das Erstgebot abgibt, schlägt *Wälzholz* als Rechtsfolge die „Erledigung" des kompletten Verfahrens vor[1057].

Ob er damit eine von der Art her mit der prozessualen Erledigung nach § 91a ZPO vergleichbare „Erledigung" meint oder lediglich ausdrücken will, dass das Verfahren in diesem Fall nicht weitergeführt wird, geht mangels weiterer Erläuterungen aus der Quelle nicht hervor.

Grundsätzlich scheint ein solches Vorgehen aber wenig sinnvoll. Shoot-Out-Klauseln zeichnen sich unter anderem dadurch aus, dass sie nach ihrer Einleitung ein Verfahren regeln, in dessen Verlauf es zwingend zur Übertragung von Geschäftsanteilen kommt. Dieses zwingende Element ist allein schon deshalb notwendig, da die Gesellschafter vorher außerstande waren, eine anderweitige, weniger radikale Konfliktlösung zu erreichen. Mittels der Shoot-Out-Klausel soll sodann eine Konfliktlösung als *ultima ratio* erzwungen werden, um (weiteren) Schaden von der Gesellschaft abzuwenden.

Folgte man nun dem Vorschlag von *Wälzholz*, so würde durch die angedachte Rechtsfolge der Fristmissachtung der zwingende Charakter der Klausel verlorengehen.

1057 *Wälzholz*, GmbH-StB 2007, 84, 87.

Hinzu kommt, dass in solchen Fällen das ursprüngliche Problem, namentlich der für die Klauselauslösung ursächliche Gesellschafterkonflikt, nicht aus der Welt ist. Die Gesellschafter müssten dann wieder versuchen – sofern sie dauerhafte wirtschaftliche Schäden für die Gesellschaft und für sich selbst vermeiden wollen – eine einvernehmliche Konfliktlösung herbeizuführen. Dies dürfte aber äußerst unwahrscheinlich sein, wenn man voraussetzt, dass die Klausel überhaupt nur ausgelöst werden konnte, weil eine solch einvernehmliche Lösung zuvor bereits gescheitert ist[1058].

(2.3.2) Vorschlag: Übergang der Entscheidungsbefugnis bei Missachtung der Annahme- oder Ablehnungsfrist

Im Hinblick auf die Fristen zur Annahme oder Ablehnung (und damit verbundener Erhöhung) bereits wirksam abgegebener Angebote, wird von *Grau* vorgeschlagen, im Falle einer Fristverletzung das Wahlrecht des betroffenen Gesellschafters auf den anbietenden Gesellschafter zurückfallen zu lassen.

Dadurch würde dem säumigen Gesellschafter die Entscheidungsbefugnis genommen und eine Verschleppung des Verfahrens durch Blockadehaltungen verhindert[1059].

Diesen Vorteilen stehen indes recht große Nachteile entgegen.

Zum Einen scheint die rechtliche Wirksamkeit eines solchen Vorgehens im Hinblick auf § 181 BGB zumindest zweifelhaft, sofern keine ausdrückliche Gestattung durch den säumigen Gesellschafter erfolgt ist.

Zum Anderen würde dies dem nunmehr entscheidungsbefugten Gesellschafter die Möglichkeit geben, das Kaufangebot erheblich zu erhöhen, um sich selber einen Vorteil zu verschaffen. Hat er nämlich in wirksamer Weise das (eigene) Angebot abgelehnt und mit Wirkung für den Mitgesellschafter das (an sich selbst abzugebende) Angebot erhöht, kann er – sofern er an einem Verkauf seiner Anteile interessiert ist – einen hohen Preis ausrufen und damit seine Anteile über Wert verkaufen.

Die von *Grau* vorgeschlagene Regelung ist folglich in nicht unerheblichem Maße manipulationsanfällig und damit insgesamt nicht zu empfehlen.

(2.3.3) Alternative Sanktionsmöglichkeiten

Da den zuvor dargestellten Vorschlägen – wie gezeigt – Zweifel entgegenstehen, müssen alternative Sanktionsmöglichkeiten für den Fall einer Fristmissachtung durch die Gesellschafter gefunden werden.

Nach Beendigung der hier vorgeschlagen „Abkühlungsphase“ nach Einleitung des Verfahrens ist die erste relevante Frist diejenige, die dem verfahrenseinleitenden Gesellschafter zur Abgabe des ersten Kaufangebotes zusteht.

1058 Zu den Voraussetzungen für die Verfahrenseinleitung siehe F., III.

1059 *Grau*, Corporate Finance 2015, M&A, 39, 45.

Missachtet er diese Frist, sei es durch Abgabe eines schuldhaft verspäteten Gebotes oder durch gänzliches Unterlassen einer Angebotsabgabe, bietet sich als vertragliche Sanktion eine dem Gesellschafter „aufgezwungene" Angebotserklärung durch den neutralen Dritten an. Dieser formuliert in Stellvertretung für den säumigen Gesellschafter ein Angebot, das er dem oder den Mitgesellschafter(n) gegenüber mit Wirkung für den Vertretenen abgibt. Zu diesem Zweck ist im Vertrag aus Vorsicht vorzusehen, dass die Gesellschafter dem Dritten in dieser Hinsicht Vollmacht erteilen.

Bezüglich der Höhe des Angebotes hat sich der Dritte an einem zu ermittelnden objektiven Beteiligungswert zu orientieren und darauf einen bestimmten Aufschlag – zum Beispiel 20 oder 25 Prozent – hinaufzurechnen. Dies stellt die eigentliche Sanktion für den säumigen Gesellschafter dar, dem damit das Risiko auferlegt wird, im Falle einer Annahme durch den Mitgesellschafter einen hohen Preis zahlen zu müssen. Verzichtet man auf den Aufschlag und bleibt beim objektiv ermittelten „wahren" Anteilspreis, kann stattdessen auch eine Vertragsstrafe für die Säumnis vorgesehen werden.

Als weitere hier relevante Fristen sind diejenigen zur Annahme, beziehungsweise Ablehnung und Erhöhung der jeweils abgegebenen Gebote zu nennen.

Übt ein Gesellschafter das ihm dabei zustehende Wahlrecht schuldhaft nicht fristgerecht oder überhaupt nicht aus, sollte vertraglich vorgesehen sein, dass in diesen Fällen eine Annahme durch den Dritten in Vertretung des säumigen Gesellschafters vorzunehmen ist.

Dann muss allerdings beachtet werden, dass die Annahmefrist bei der Erklärung des Dritten schon abgelaufen, eine Annahme daher eigentlich nicht mehr möglich wäre (§ 148 BGB). Der Antragende kann die Frist aber jederzeit stillschweigend verlängern[1060]. Eine solche konkludente Verlängerung im Hinblick auf die Willenserklärung des Dritten wäre dann auch hier anzunehmen.

Gegen einen solchen Vorschlag könnte nun freilich eingebracht werden, dass einer in Vertretung abgegebenen Annahmeerklärung der Sanktionscharakter fehle, wenn der säumige Gesellschafter ohnehin ausscheiden will.

Aber Ziel der Regelung ist neben der Sanktionierung vor allem auch, eine Verzögerung des Verfahrens durch Fristmissachtungen, beziehungsweise durch Blockadehaltungen, zu verhindern. Dieses Ziel wird erreicht.

Will man in Fällen, in denen der Gesellschafter ohnehin ausscheiden will, aber gleichwohl schuldhaft keine Entscheidung trifft, eine besondere Sanktionierung erreichen, so kann zusätzlich eine Vertragsstrafe vereinbart werden.

Unabhängig davon würde es aber für einen ausscheidungswilligen Gesellschafter gar keinen Sinn machen, eine Blockadehaltung anzunehmen. Will er die Gesellschaft verlassen und hat das Angebot eine angemessene Höhe, so wird er es auch regelmäßig annehmen.

1060 OLG Hamm, NJW 76, 1212.

Daher kommt ein solches Verhalten ohnehin wohl nur dann in Betracht, wenn der betroffene Gesellschafter in der Gesellschaft verbleiben will. Dann aber ist die fingierte Annahmeerklärung definitiv eine Sanktionierung für ihn, da er nunmehr – gegen seinen Willen – aus der Gesellschaft ausscheidet.

bb) Vor- und Nachteile gegenüber anderen Verfahren zur Erwerberermittlung

Da das Texan Shoot-Out-Verfahren eine Mischung aus zwei abgewandelten klassischen Auktionsverfahren darstellt[1061], kombiniert es in gleichem Maße deren Vorzüge, aber auch Nachteile.

Insbesondere durch das gegebenenfalls durchzuführende eingeschränkte Auktionsverfahren kann eine Preisgerechtigkeit gewährleistet werden, die in dieser Form beim klassischen Auktionsverfahren nicht gegeben ist.

Von Vorteil ist zudem, dass das Verfahren insofern recht flexibel gestaltet ist, als dass es schon in frühen Phasen erfolgreich abgeschlossen werden kann, namentlich dann, wenn ein Gesellschaft bereits eines der ersten Angebote annimmt.

Diese Wahlmöglichkeit gibt es sowohl beim klassischen als auch beim eingeschränkten Auktionsverfahren nicht. Andererseits wird es aber auch bei Inanspruchnahme aller Bietrunden nicht übermäßig viel Zeit in Anspruch nehmen, da deren Anzahl von vornherein begrenzt ist.

Ein Nachteil ist allerdings, dass die Möglichkeit zur Nachbesserung des Angebots taktisches Verhalten provoziert. Die Bieter werden zunächst mit einem relativ niedrigen Gebot beginnen, um auf diese Weise den niedrigstmöglichen Preis zu ermitteln, den die Gegenseite nicht mehr zu überbieten willens oder in der Lage ist. Dies kann den Verfahrensabschluss verzögern[1062].

Soll das Verfahren mit mehr als zwei Gesellschaftern durchgeführt werden, sind gewisse Verfahrensumgestaltungen notwendig, die es insgesamt etwas komplexer und wohl auch zeitintensiver machen[1063].

b) Vorgeschlagene Verfahrensabwandlungen in der Literatur: Bewertung und Ausgestaltung

aa) Sale Shoot-Out

Beim sogenannten Sale Shoot-Out als von der Literatur als Abwandlung des Texan Shoot-Out-Verfahrens bezeichnete Verfahrensgestaltung gibt der verfahrenseinleitende Gesellschafter ein konkretes Verkaufsangebot bezüglich seiner eigenen Anteile an die übrigen Gesellschafter ab. Wird das Angebot abgelehnt, so muss in die andere Richtung wiederum ein Verkaufsangebot ausgerufen werden, dann aber

1061 Siehe C., II., 3., d).
1062 *Werner*, GmbHR 2005, 1554, 1556.
1063 Siehe dazu F., I., 2., a), bb), (2).

zu einem geringeren Preis. Dieses Verfahren zieht sich – ohne neutralen Dritten – solange hin, bis einer der Gesellschafter eines der Angebote annimmt[1064].

Die Bezeichnung als „Sale Shoot-Out“ rührt hier naheliegenderweise daher, dass – im Vergleich zur oben genannten Grundform – keine Kaufs-, sondern Verkaufsangebote[1065] abgegeben werden.

Betrachtet man die hierbei vorgeschlagene Art der Preis- und Erwerberermittlung, so fällt schnell auf, dass der Sale Shoot-Out eigentlich nichts anderes als eine absteigende Auktion ist, freilich mit der Besonderheit, dass Angebote stets angenommen werden können und nicht so lange weitergeboten wird, bis kein Bieter mehr zu einer Senkung des Preises bereit ist. Insofern besteht – ähnlich wie beim Texan Shoot-Out-Verfahren – eine Wahlmöglichkeit für die Bieter, namentlich zur Annahme oder Ablehnung des Angebots, im letzteren Fall verbunden mit Verpflichtung zu einem eigenen, in diesem Fall niedrigeren Angebot.

Grundsätzlich ist daher auch der Sale Shoot-Out eine bloße, wenn auch ferne Abwandlung des (internen) klassischen Auktionsverfahrens und keine spezifische Abwandlung des Texan Shoot-Out-Verfahrens.

Sinnvoll erscheint – so man die Vereinbarung eines solchen Verfahrens in Betracht zieht –, auch hier einen neutralen Dritten als Verfahrensleiter zu beteiligen. Die Vorzüge eines derartigen Vorgehens wurden bereits mehrfach erläutert.

Zudem sollte – ähnlich wie beim klassischen Auktionsverfahren – die Anzahl der Bietrunden vertraglich begrenzt werden, um einer Verschleppung des Verfahrens entgegenzuwirken.

Überlegenswert scheint ferner, den Gesellschaftern bestimmte prozentuale Schritte vorzuschreiben, mit denen sie ihre Angebote zu senken haben, sofern sie das Vorherige nicht annehmen.

Vorteil einer solchen absteigenden Verkaufsauktion ist, dass sie mit jeder Bietrunde den Druck auf die Bieter erhöht, da wirtschaftliche Verluste drohen, je weiter der Preis gesenkt wird. So wird keinem Gesellschafter daran gelegen sein, seine Anteile unter Wert zu verkaufen. Dies kann dazu beitragen, das Verfahren schnell zu beenden und damit zu einer zügigen Konfliktlösung im Sinne der Gesellschaft zu kommen.

Ein Sale Shoot-Out kann ferner auch mit mehr als zwei Gesellschaftern durchgeführt werden. Insofern gelten die Ausführungen zur Grundform des Texan Shoot-Out-Verfahrens.

bb) Texan Shoot-Out mit mehrrundigem Auktionsverfahren

Wie schon beim oben genannten Grundmodell des Verfahrens macht der verfahrenseinleitende Gesellschafter seinem/n Mitgesellschafter/n zunächst ein konkretes Kaufangebot für alle von ihm/ihnen gehaltenen Anteile. Erneut besteht nun die

---

1064 Siehe bereits C., II., 3., e), aa).

1065 Aus dem Englischen übersetzt bedeutet „Sale“ bekanntermaßen „Verkauf“, siehe Langenscheidt, 429.

Wahlmöglichkeit, das Angebot innerhalb einer bestimmten Frist anzunehmen oder ein höheres Angebot an den verfahrenseinleitenden Gesellschafter zu übermitteln.

Zeichnet sich ab, dass alle beteiligten Gesellschafter an einem Kauf interessiert sind, so schließt sich in diesem Fall kein einmaliges Bieten im Stile eines eingeschränkten Auktionsverfahrens, sondern ein mehrrundiges Bietverfahren im Stile eines klassischen Auktionsverfahrens an[1066].

Ersichtlich ist ein solches Vorgehen eine Kombination aus der Grundform des Texan Shoot-Out-Verfahrens und des (internen) klassischen Auktionsverfahrens. Ersteres deshalb, da zumindest in den ersten Bietrunden eine Wahlmöglichkeit des Angebotsempfängers zur Annahme oder Ablehnung besteht. Letzteres deshalb, weil diese Wahlmöglichkeit später wegfällt und ein (aufsteigendes) Bieten in mehreren Runden stattfindet.

Folglich handelt es sich insgesamt um eine Abwandlung des (internen) klassischen Auktionsverfahrens mit der Besonderheit, dass in den ersten Bietrunden die im Raum stehenden Angebote seitens der Gesellschafter angenommen werden können.

Die in der Literatur vorgenommene Einordnung des Verfahrens als Abwandlung des Texan Shoot-Out-Verfahrens ist insofern nicht gänzlich falsch. Treffender wäre aber eine Einordnung als Abwandlung des (internen) klassischen Auktionsverfahrens.

Da der einzige Unterschied zum klassischen Auktionsverfahren die Wahlmöglichkeit in den ersten Bietrunden darstellt, stellt sich indes die Frage, welchen eigenen Wert diese Verfahrensgestaltung überhaupt hat.

Allein die anfängliche Wahlmöglichkeit bringt keine derart erheblichen Vorteile mit sich, dass man zu einer Vereinbarung dieses Verfahrens anstelle des (internen) klassischen Auktionsverfahrens raten sollte. Denn faktisch besteht zum klassischen Auktionsverfahren kein Unterschied: Dort muss der Angebotsempfänger überlegen, ob er das im Raum stehende Gebot überbietet oder nicht. Auch dies stellt folglich eine Wahlmöglichkeit dar. Überbietet er nicht und gibt folglich kein neues Gebot ab, wird das Verfahren gleichermaßen beendet und er muss seine Anteile verkaufen.

Insgesamt wird man dieser Verfahrensgestaltung also keinen spezifischen eigenen Wert zurechnen und mithin auch nicht empfehlen können.

5. Russian Roulette-Verfahren

a) Grundform des Russian Roulette-Verfahrens

Mehr oder weniger (rechtlich) differenziert dargestellt wird die wohl am weitesten verbreitete und bekannteste Verfahrensgestaltung von Shoot-Out-Klauseln. Sie hat in der Literatur meist folgenden Inhalt[1067]:

1066 Siehe bereits C., II., 3., e), bb).

1067 Siehe bereits C., II., 4., a).

Der das Verfahren initiierende Gesellschafter (A) nennt dem oder den Mitgesellschafter(n) einen Preis, entweder bezogen auf einen oder auf alle von ihm/ihnen gehaltenen Geschäftsanteile. Der oder die Mitgesellschafter haben dann innerhalb einer vorher bestimmten Frist die Wahl, entweder die Anteile des initiierenden Gesellschafters zum genannten Preis zu kaufen und sich übertragen zu lassen oder ihre eigenen Anteile zu eben diesem Preis an A zu verkaufen und zu übertragen. Es muss verpflichtend eine der beiden Alternativen gewählt werden.

Hat A zu Beginn nur den Preis für einen Anteil genannt, so bestimmt sich der zu zahlende Gesamtbetrag freilich abhängig von der prozentualen Gesamtmenge an Anteilen, die der veräußernde Gesellschafter hält.

aa) Besondere Gestaltungshinweise

(1) Neutraler Dritter

Die oben genannte Verfahrensbeschreibung sieht nicht vor, dass sich ein neutraler Dritter am Russian Roulette-Verfahren beteiligt. Auch ansonsten finden sich in dieser Hinsicht in der einschlägigen Literatur keine Hinweise oder Gestaltungsvorschläge.

Dass ein solches Verfahren grundsätzlich auch ohne die Beteiligung eines neutralen Dritten vonstatten gehen kann, dürfte unstreitig sein. Der große Nachteil daran ist aber, dass sich die – möglicherweise stark zerstrittenen – Gesellschafter unmittelbar gegenüberstehen und zumindest in Ansätzen kooperieren müssen, um ein halbwegs geordnetes Verfahren zu gewährleisten. Je nach Ausprägung der gegenseitigen Antipathie kann aber selbst dies nicht oder nur schwerlich möglich sein.

Da sämtliche Arten von Shoot-Out-Klauseln richtigerweise auch nur dann eingreifen sollten, wenn ein nicht anderweitig lösbarer Gesellschafterkonflikt vorliegt[1068], ist es auch nicht unwahrscheinlich, dass eine solche gegenseitige Antipathie tatsächlich vorliegt oder zumindest vorliegen kann.

Die Beteiligung eines neutralen Dritten als Verfahrensleiter und „Mittelsmann" verhindert, dass sich die Gesellschafter direkt miteinander auseinandersetzen müssen. Auch können Streitigkeiten über die Rechtmäßigkeit bestimmter verfahrensbezogener Handlungen weitgehend vermieden werden, wenn dem Dritten das Recht zur Entscheidung darüber zusteht.

Daher sollte nach hier vertretener Ansicht auch beim Russian Roulette-Verfahren ein neutraler Dritter beteiligt werden, der die Verfahrensleitung übernimmt. Ihm gegenüber sind alle – ansonsten an die Mitgesellschafter zu richtenden – verfahrensbezogenen Handlungen und Erklärungen abzugeben. Diese werden in der Folge geprüft und dann an die Empfänger weitergeleitet.

Im Übrigen gelten im Hinblick auf die konkrete Besetzung und den Aufgabenkreis des Dritten die allgemeinen Ausführungen in F., IV., 1., d).

1068 Siehe F., III., 4.

(2) Fristregelungen und die Folgen ihrer Missachtung

Hinsichtlich der Art und der Bemessung der beim Russian Roulette-Verfahren in Betracht kommenden Fristen ergeben sich keine erwähnenswerten Besonderheiten, so dass insoweit auf die allgemeinen Ausführungen in F., IV., 1., g) verwiesen werden kann.

Erläuterungsbedürftig sind indes die verfahrensspezifischen Rechtsfolgen, die an die Missachtung von Fristregelungen vertraglich zu stellen sind.

Relevant werden bis zur Ermittlung des Erwerbers eigentlich nur zwei Fristen: Die zur Abgabe des Kaufs- und Verkaufsangebots durch den verfahrenseinleitenden Gesellschafter und die zur Annahme eines der Angebote durch den Empfänger.

Hinsichtlich etwaiger Fristmissachtungen bieten sich die bereits beim Texan Shoot-Out-Verfahren erläuterten vertraglichen Sanktionen an. Missachtet der verfahrenseinleitende Gesellschafter die Frist zur Abgabe der Angebote – sei es durch verschuldet verspätete Abgabe oder durch ein gänzliches Unterlassen –, so sollten die Angebote zeitnah durch den neutralen Dritten abgegeben werden. Dieser handelt dann in Vertretung des betroffenen Gesellschafters, dessen Einverständnis zu dieser Vorgehensweise richtigerweise schon im vertraglichen Klauseltext erteilt wurde.

Bezüglich der Höhe des Angebotes hat sich der Dritte an einem zu ermittelnden objektiven Beteiligungswert zu orientieren.

Ein derartiges Vorgehen ist für den säumigen Gesellschafter allerdings nur insofern nachteilig, als dass ihm die Möglichkeit genommen wird, eigenständig über die Höhe seiner Angebote zu entscheiden.

Insofern könnte durchaus noch eine zusätzliche, an die Gesellschaft zu zahlende Vertragsstrafe für die Säumnis vorgesehen werden.

Bezüglich der Annahmefrist bietet sich bei Fristmissachtung folgende Sanktionierung an:

Übt ein Gesellschafter das ihm dabei zustehende Wahlrecht schuldhaft nicht fristgerecht oder überhaupt nicht aus, sollte vertraglich vorgesehen sein, dass eine Annahme des Kaufangebotes durch den Dritten in Vertretung des säumigen Gesellschafters vorzunehmen ist.

Damit wird dem säumigen Gesellschafter das Wahlrecht genommen und er muss verpflichtend aus der Gesellschaft ausscheiden, was regelmäßig nicht seinem Interesse entsprechen wird.

Ziel dieser Rechtsfolgen ist neben der Sanktionierung des säumigen Gesellschafters vor allem auch, eine Verzögerung des Verfahrens zu vermeiden, die gegebenenfalls Schäden für die Gesellschaft verursachen könnte.

bb) Vor- und Nachteile gegenüber anderen Verfahren zur Erwerberermittlung

Im Vergleich zu anderen Verfahren zur Erwerberermittlung ist das Russian Roulette-Verfahren zeitlich nicht flexibel. So können beispielsweise nicht mehrere Bietrunden stattfinden, wie es beim klassischen Auktionsverfahren oder auch beim

Texan Shoot-Out-Verfahren der Fall sein kann. Vielmehr wird es zwingend nur ein Kaufs- und ein Verkaufsangebot geben, wovon eines angenommen werden muss.

Dafür dürfte das Russian Roulette-Verfahren dann aber auch insgesamt weniger Zeit in Anspruch nehmen. Zudem ist von Vorteil, dass der Zeitraum, in dem das Verfahren stattfindet, von vornherein sehr genau planbar ist.

Anders als bei anderen Verfahren zur Erwerberermittlung soll die Preisgerechtigkeit hier im Wege der sogenannten „cake-cutting-rule“[1069] sichergestellt werden: Der verfahrenseinleitende Gesellschafter legt den zu zahlenden Preis fest und der Mitgesellschafter entscheidet über die Verteilung der Käufer- und Verkäuferrolle.

Dieses Vorgehen hat indes den Nachteil, dass einmal festgelegte Preise nicht mehr verhandelbar sind. Daher können jedenfalls keine Höchstpreise garantiert werden. Zwar wird dem verfahrenseinleitenden Gesellschafter daran gelegen sein, realitätsnahe Preise auszurufen, um nicht seinerseits in Gefahr zu laufen, die eigenen Anteile unter Wert verkaufen zu müssen oder zu viel für die Anteile des Mitgesellschafters zu zahlen. Unterlaufen ihm bei der Vorbereitung der Angebote allerdings Fehler, können die einmal abgegebenen Gebote nicht mehr im Nachhinein angepasst werden, wie es beispielsweise bei mehrrundigen Auktionsverfahren der Fall sein kann.

Ein weiterer, nicht unerheblicher Nachteil des Russian Roulette-Verfahrens ist, dass es nur dann in Gesellschaftern mit mehr als zwei Gesellschaftern durchführbar ist, wenn genau ein Gesellschafter im Laufe des Verfahrens aus der Gesellschaft ausscheiden soll. Ansonsten stößt es mit seiner Vorgehensweise an die Grenzen der Umsetzbarkeit und kann in diesen Fällen nicht empfohlen werden[1070].

b) Vorgeschlagene Verfahrensabwandlungen in der Literatur: Bewertung und Ausgestaltung

aa) Verfahrensbeschreibung und Abwandlungen von Schulte/Sieger

(1) Rechtliche Unterschiede zwischen den einzelnen Modellen und im Verhältnis zur hier geschilderten Grundform

In C., I., 4., e), aa) wurden die Verfahrensbeschreibungen von *Schulte/Sieger* gesondert dargestellt. Hinsichtlich der Begründung dieses Vorgehens kann auf die dortigen Ausführungen verwiesen werden.

Das von *Schulte/Sieger* vorgestellte Grundmodell und seine Abwandlungen ähneln dem hier zuvor als Grundform dargestellten Verfahren in gewissem Maße, so dass bereits zuvor die Vermutung aufgestellt wurde, dass die Unterschiede wohlmöglich rein sprachlicher – sprich formulierungstechnischer – Natur sind. Entscheidend ist insofern, wie sich die sprachliche Darstellung auf die rechtlichen Vorgänge auswirkt. Dies soll nunmehr untersucht werden.

1069 Siehe D., I., 3.

1070 Siehe ausführlich F., I., 2., a), bb), (3).

Folgt man der sprachlichen Darstellung, so unterscheidet sich das von *Schulte/Sieger* vorgestellte Grundmodell von dem hier als Grundform beschriebenen Russian Roulette-Verfahren in rechtlicher Hinsicht dadurch, dass offenbar nur ein Verkaufs- und Abtretungsangebot und nicht zugleich ein Kaufangebot abgegeben wird.

Dem widersprechend sagen die Autoren indes an anderer Stelle, dass bei den „klassischen" Gestaltungen des Russian Roulette jeweils zwei Angebote abgegeben werden, und zwar eines zum Kauf der Anteile des anderen Partners und eines zum Verkauf der eigenen Anteile zum gleichen Preis[1071].

Dies lässt sich der sprachlichen Darstellung des von ihnen vorgestellten Grundmodells aus vorgenannten Gründen nicht ohne Weiteres entnehmen.

(1.1.) Rechtliche Einordnung unter Zugrundelegung der sprachlichen Darstellung

Folgt man allein der sprachlichen Darstellung der Verfahren und legt danach die rechtlichen Vorgänge fest, so fällt zunächst auf, dass die in der Folge dargestellte „Spielart" – das „One Way Sell Russian Roulette" – bei genauerem Hinsehen gar keine Abwandlung des von *Schulte/Sieger* dargestellten Grundmodells wäre. Im Gegenteil würde jeweils ein und dasselbe Verfahren beschrieben.

Im Rahmen des Grundmodells legt die sprachliche Darstellung nahe, dass Partei A nur ein Angebot macht, und zwar bezogen auf einen Verkauf und eine Abtretung seiner Anteile.

B habe sodann die Wahl, die Anteile von Partei A zum genannten Preis zu kaufen (und sich übertragen zu lassen) oder seinerseits seine Anteile an A zu diesem Preis zu verkaufen und zu übertragen.

Wählt er die erste Alternative, muss er folglich eine Willenserklärung, abgeben, die als Annahme dieses Angebotes auszulegen ist (§§ 133, 157 BGB). Erst dann kommen Kauf- und Abtretungsvertrag zustande.

Wählt er die zweite Alternative, so geht aus der Verfahrensbeschreibung nicht eindeutig hervor, wie das rechtliche Prozedere abläuft. Gesagt wird lediglich, dass Partei B dann ihrerseits verpflichtet ist, die eigenen Anteile an A zu dem genannten Preis zu verkaufen und abzutreten.

Gemeint sein kann damit freilich nicht, dass B ohne die Abgabe jeglicher Willenserklärungen dazu gezwungen wird, seine Anteile zu veräußern und abzutreten.

Er kann nur dahingehend verpflichtet werden, dem A entweder ein eigenes Verkaufs- und Abtretungsangebot machen, das dieser dann noch annehmen müsste, um einen entsprechenden Vertrag zu schließen.

Alternativ hätte A von vornherein mehrere Angebote – und zwar eines gerichtet auf Verkauf- und Übertragung der eigenen Anteile und eines gerichtet auf Kauf- und Abtretung der Anteile des B – abgeben müssen. Unter diesen Umständen kann B zulässigerweise verpflichtet werden, eines der Angebote des A anzunehmen.

1071 *Schulte/Sieger*, NZG 2005, 24, 27.

Einen unzulässigen Kontrahierungszwang stellt dies nicht dar, da der den Annahmezwang statuierende Vertrag seinerseits zwangsfrei zustande gekommen ist.

Macht man sich diese rechtlichen Vorgänge klar, so wird schnell ersichtlich, dass die von *Schulte/Sieger* vorgestellten Verfahrensabwandlungen – namentlich das „One Way Sell Russian Roulette" und das „Offer to Sell or Buy Russian Roulette" – letztlich nur diese beiden Alternativen wiedergeben.

Insbesondere das „One Way Sell Russian Roulette" konkretisiert damit lediglich in rechtlicher Hinsicht das von ihnen beschriebene Grundmodell, bei dem das rechtliche Prozedere nicht hinreichend differenziert dargestellt wurde.

Eine Abwandlung dieses Grundmodells von *Schulte/Sieger* stellt dann aber lediglich das „Offer to Sell or Buy Russian Roulette" dar, da hier zu Beginn nicht nur ein Verkaufs- und Abtretungsangebot, sondern zugleich ein Kaufangebot abgegeben wird. Damit entspricht es letztlich dem vom Verfasser als eigentliche Grundform des Russian Roulette vorgestellten Verfahren.

(1.2) Rechtliche Einordnung unter Zugrundelegung der späteren Beschreibung der rechtlichen Vorgänge

Betrachtet man indes die sprachlichen Ungenauigkeiten wohlwollend und bleibt dabei, dass – der späteren Klarstellung der rechtlichen Vorgänge folgend[1072] – bei ihrem Grundmodell jeweils zwei Angebote abgegeben werden, so fällt aber jedenfalls auf, dass sich das in der Folge als „Spielart" des Russian Roulette-Verfahrens dargestellte „Offer to Sell or Buy Russian Roulette" hinsichtlich der rechtlichen Vorgänge nicht vom Grundmodell unterscheidet, sie mithin ein und dasselbe Verfahren beschreiben.

Dieses Verfahren deckt sich ferner – wie bereits festgestellt – mit dem hier als Grundform des Russian Roulette dargestellten Verfahren.

Insofern käme als tatsächliche Abwandlung – sowohl nach der hier beschriebenen als auch nach der von *Schulte/Sieger* dargestellten Grundform des Russian Roulette-Verfahrens – nur das von ihnen als „One Way Sell Russian Roulette" beschriebene Verfahren in Betracht.

(1.3) Zusammenfassung

Festgehalten werden kann, dass sich jedenfalls das „Offer to Sell or Buy Russian Roulette" mit dem hier als Grundform dargestellten Russian Roulette-Verfahren deckt.

Das „One Way Sell Russian Roulette" unterscheidet sich dagegen von der Grundform dadurch, dass von dem verfahrenseinleitenden Gesellschafter nur ein Verkaufsangebot und nicht zugleich ein Kaufangebot abgegeben wird.

Der Angebotsempfänger hat sodann die Wahl, die Annahme oder die Ablehnung des Angebotes zu erklären. Im letzten Fall ist er jedoch verpflichtet, die eigenen Anteile zum gleichen Preis zum Verkauf anzubieten.

1072 *Schulte/Sieger*, NZG 2005, 24, 27.

Das von *Schulte/Sieger* vorgestellte Grundmodell leidet an seiner sprachlichen Ungenauigkeit in Bezug auf die rechtlichen Vorgänge. Je nachdem, ob man der sprachlichen Darstellung oder der rechtlichen Klarstellung folgt, lässt es sich als eines dieser beiden Verfahren, die dort als „Spielarten" bezeichnet werden, interpretieren. Es hat daher keinen eigenen Wert.

(2) Bewertung der vorgeschlagenen Verfahren

Da – wie soeben festgestellt – das „Offer to Sell or Buy Russian Roulette" lediglich eine andere Bezeichnung für die hier vorgestellte Grundform des Russian Roulette-Verfahrens ist, kann bezüglich seiner vertraglichen Ausgestaltung und seiner Vor- und Nachteile auf die früheren Erläuterungen verwiesen werden.

Das „One Way Sell Russian Roulette" weicht dagegen von der Grundform ab, kann und soll daher gesondert bewertet werden.

Belässt man dieses Verfahren in der von *Schulte/Sieger* vorgeschlagenen Form, wird man schnell merken, dass es zu Problemen kommen kann.

Was passiert beispielsweise, wenn der Angebotsempfänger (B) das Verkaufsangebot ablehnt, sodann seinerseits ein Verkaufsangebot zu gleichem Preis abgibt und der verfahrenseinleitende Gesellschafter (A) dieses wiederum ausschlägt? Bliebe man bei dem beschriebenen Prozedere, so wäre wohl auch A wieder dazu verpflichtet, seine Anteile zum Ursprungspreis zum Verkauf zu stellen. Dies ist aber ersichtlich sinnlos, da B bereits zuvor abgelehnt hat und wohl auch nach wie vor kein Interesse haben dürfte, einen Vertrag mit diesen Konditionen zu schließen. Es ist also eine Präzisierung der Verfahrensweise nötig, um derartige Komplikationen zu vermeiden und aus dem „One Way Sell Russian Roulette" eine möglicherweise erwägenswerte Gestaltungsalternative zu machen.

Dass hier grundsätzlich nur Verkaufsangebote abgegeben werden, schadet dem Verfahren zunächst mal nicht. Auch die Tatsache, dass der Angebotsempfänger die Möglichkeit zur Annahme und zur Ablehnung hat, ist nicht zu beanstanden. Zu klären ist aus oben genannten Gründen lediglich die weitere Verfahrensweise für den Fall der Ablehnung des Angebots.

So könnte – um bei den Bezeichnungen im vorgenannten Beispiel zu bleiben – erwogen werden, A zu verpflichten, das Verkaufsangebot von B, das er in Folge seiner Ablehnung abzugeben hat, anzunehmen.

Dadurch würde ein Verfahren entstehen, das der hier beschriebenen Grundform des Russian Roulette-Verfahrens wieder sehr nahe käme. Denn letztlich stünde B vor der Wahl, das Verkaufsangebot des A anzunehmen oder seinerseits seine Anteile verkaufen zu müssen. Lediglich das rechtliche Prozedere würde dergestalt geändert, dass nunmehr nicht zwingend B den Kaufvertrag durch seine Annahme – sei es des Kaufs- oder des Verkaufsangebotes – zustande bringt, sondern gegebenenfalls erst A durch die Annahme des Verkaufsangebotes durch B.

Denkbar wäre aber auch, das Verfahren so lange laufen zu lassen, bis einer der Gesellschafter sich zum Kauf entscheidet. Die Verkaufsangebote müssten zu diesem

Zweck stets gesenkt werden. Es würde folglich eine absteigende Auktion entstehen, die im Rahmen dieses Kapitels bereits bewertet wurde[1073].

Insgesamt zeigt sich, dass das von *Schulte/Sieger* eingebrachte „One Way Sell Russian Roulette“ in der vorgeschlagenen Form nicht zu empfehlen ist. Passt man es an, entstehen mit großer Wahrscheinlichkeit Verfahren, die bereits bekannt sind und hier auch schon angesprochen und bewertet wurden. Ein eigenständiger Wert kommt diesem Verfahren folglich nicht zu.

bb) Vorschlag: Zunächst Kaufangebot

Neben den von *Schulte/Sieger* vorgeschlagenen Verfahrensabwandlungen findet sich in der Literatur zuletzt auch noch eine Variante des Russian Roulette mit dem Inhalt, dass der verfahrenseinleitende Gesellschafter seinem/n Mitgesellschafter/n zunächst ein Kaufangebot in Bezug auf dessen/deren Beteiligung zu einem bestimmten Preis macht. Der/Die Angebotsempfänger müssen dann innerhalb einer bestimmten Frist entscheiden, ob er/sie das Angebot annehmen oder selbst die Anteile des verfahrenseinleitenden Gesellschafters zum genannten Preis erwerben[1074].

Im Unterschied zur hier beschriebenen Grundform des Russian Roulette-Verfahrens gibt hier – wenn man der sprachlichen Darstellung folgt – der verfahrenseinleitende Gesellschafter nicht zwei unterschiedliche, sondern lediglich ein Angebot ab, das auf den Kauf der Anteile des Mitgesellschafters gerichtet ist.

Es wäre damit das Gegenstück zum oben genannten „One Way Sell Russian Roulette“ – sozusagen ein „One Way Buy Russian Roulette“ –, bei dem das Verfahren grundsätzlich genauso abläuft, mit dem bloßen Unterschied, dass hier ein Kauf- statt ein Verkaufsangebot abgegeben wird.

Auch hier leidet das Verfahren indes an der sprachlichen Ungenauigkeit in Bezug auf die rechtlichen Vorgänge. Da lediglich gesagt wird, dass der Angebotsempfänger darüber entscheiden müsse, ob er das Angebot annehme oder andernfalls die Anteile des verfahrenseinleitenden Gesellschafters erwerbe, wird offen gelassen, ob nun anfangs doch schon zwei unterschiedliche Angebote abgegeben werden oder erst der Angebotsempfänger nach Ablehnung ein neues Angebot abgibt, dass angenommen werden muss.

Insofern deckt sich die Problematik mit der bereits zum „One Way Sell Russian Roulette“ dargestellten. Auf die entsprechenden Erwägungen kann folglich an dieser Stelle verwiesen werden.

Damit kommt man zu dem Ergebnis, dass dieser vorgeschlagenen Verfahrensgestaltung ebenfalls kein eigener Wert zukommt.

1073 Siehe F., IV., 2., b).

1074 *Neocleus/Labropoulos/Aristotelous* in: International Joint Ventures, 152; *Elsing* in: Joint Ventures im int. Wirtschaftsverkehr, 578, 578.

6. Deterrent Approach-Verfahren

a) Verfahren

In der Literatur wird das Deterrent Approach-Verfahren meist mit folgendem Inhalt beschrieben[1075]:

Nach Verfahrenseinleitung durch einen Gesellschafter wird zunächst der „wahre" Wert der Gesellschaftsanteile anhand eines vorher festgelegten Bewertungsverfahrens von einem neutralen Dritten ermittelt.

Sobald dieser Wert feststeht, hat der nicht-initiierende Gesellschafter die Wahl, die Anteile des verfahrenseinleitenden Gesellschafters auf Grundlage des ermittelten Wertes mit einem vorher festgelegten Abschlag zu erwerben oder die eigenen Anteile an ihn mit einem Aufschlag in gleicher Höhe zu verkaufen. Dabei muss er sich zwingend für eine dieser Möglichkeiten entscheiden.

b) Besondere Gestaltungshinweise

aa) Neutraler Dritter

Die oben genannte Verfahrensbeschreibung sieht vor, dass ein neutraler Dritter beim Deterrent Approach-Verfahren dergestalt tätig wird, dass er die objektive Anteilsbewertung vorzunehmen hat, auf deren Grundlage die Höhe der Kauf- und Verkaufsangebote ermittelt werden.

Insofern wird er zwar auf Seiten des verfahrenseinleitenden Gesellschafters tätig, weil er dessen Angebot im Hinblick auf den Angebotspreis konkretisieren muss. Dies bedeutet jedoch nicht, dass er aufgrund dessen nicht mehr als neutral angesehen werden kann. Richtigerweise sollte er nämlich auch hier – aus den genannten Gründen[1076] – im gesamten Verfahren als Verfahrensleiter tätig sein. In dieser Position hat er seine Aufgaben dergestalt wahrzunehmen, dass kein beteiligter Gesellschafter bewusst bevorzugt oder benachteiligt wird. Dazu gehört freilich auch eine objektive und unvoreingenommene Ermittlung des Beteiligungswertes. Daneben hat er insbesondere die Beachtung von Fristen zu prüfen und Erklärungen der beteiligten Gesellschafter weiterzuleiten.

Wichtig dürfte hier vor allem sein, vertraglich zu vereinbaren, dass die Gesellschafter die Anteilsbewertung des Dritten zu akzeptieren haben. Dies ist unabdinglich, um eine weitere Verzögerung des – wohl ohnehin schon recht langwierigen Verfahrens – zu vermeiden. Eine solche Verzögerung droht namentlich dann, wenn die Gesellschafter über die Korrektheit der Anteilsbewertung in Streit geraten, was aus praktischer Sicht angesichts der wirtschaftlichen Tragweite nicht gerade unwahrscheinlich erscheint.

Insofern wurde bereits darauf hingewiesen, dass etwaige Fehler des Dritten im Rahmen der Bewertung nicht schon während der Klauseldurchführung, sondern

---

1075 Siehe bereits C., II., 5., a).
1076 Siehe F., IV., 1., d).

erst nach erfolgter Anteilsübertragung berücksichtigt werden sollten. Dann sollte dem betroffenen Gesellschafter die Möglichkeit zustehen, gegen den Dritten aufgrund seiner vertraglichen Pflichtverletzung vorzugehen.

bb) Konkretisierung der rechtlichen Vorgänge

Die konkreten rechtlichen Vorgänge gehen aus der Verfahrensbeschreibung nicht eindeutig hervor. Dort heißt es lediglich, dass nach Ermittlung des Beteiligungswertes der nicht-initiierende Gesellschafter die Wahl habe, die Anteile des verfahrenseinleitenden Gesellschafters auf Grundlage des ermittelten Wertes mit einem vorher festgelegten Abschlag zu erwerben oder die eigenen Anteile an ihn mit einem Aufschlag in gleicher Höhe zu verkaufen. Dabei müsse er sich zwingend für eine dieser Möglichkeiten entscheiden.

Dass es auch hier letztlich rechtlich nur darum geht, einen Kaufvertrag über Geschäftsanteile abzuschließen und dass dafür übereinstimmende Willenserklärungen notwendig sind, dürfte mittlerweile selbsterklärend sein und bedarf keiner erneuten Erläuterung.

Unklar ist indes, in welcher Art und Weise diese Willenserklärungen konkret zustande kommen und abgegeben werden.

Die *essentialia negotii* für eine auf einen Anteilskauf- oder verkauf gerichtete Angebotserklärung sind dabei die Benennung der Vertragsparteien und ihre „Rollen“ als Käufer oder Verkäufer, der Kaufgegenstand und der Preis[1077].

Hier wird bei der Ermittlung des auszurufenden Preises der neutrale Dritte für den verfahrenseinleitenden Gesellschafter tätig, indem er die Grundlage für die Preisgestaltung schafft. Im Übrigen sollte es aber Aufgabe des Gesellschafters bleiben, sein konkretes Angebot vorzubereiten und abzugeben.

Das bedeutet, dass erst nach Ermittlung des Anteilswertes des verfahrenseinleitende Gesellschafter – innerhalb einer vertraglich vorgegebenen Frist – seine beiden Angebote abzugeben hat. Dies erfolgt wiederum gegenüber dem Dritten, der sie dann an den oder die Mitgesellschafter als Empfänger weiterleitet. Gleiches gilt sodann auch für die Annahmeerklärung.

cc) Notwendigkeit und Höhe der Auf- und Abschläge

Die Verfahrensbeschreibung sieht vor, dass auf den einmal ermittelten Beteiligungswert Auf- und Abschläge gemacht werden, um den zu zahlenden Kauf- oder Verkaufspreis festzulegen. Konkret hat der nicht-initiierende Gesellschafter die Wahl, die Anteile des verfahrenseinleitenden Gesellschafters auf Grundlage des ermittelten Wertes mit einem vorher festgelegten Abschlag zu erwerben oder die eigenen Anteile an ihn mit einem Aufschlag in gleicher Höhe zu verkaufen.

1077 Siehe bereits C., IV.

Hinsichtlich der Höhe die Auf- und Abschläge finden sich in der Literatur nur wenige Vorschläge. Gelegentlich wird allerdings eine 20 Prozent-Marke genannt[1078].

Allein das Bestehen dieser Auf- und Abschläge soll bereits vor der Verfahrensdurchführung dazu führen, dass die Gesellschafter das Verfahren nicht leichtfertig einleiten[1079]. Denn letztlich ist es der verfahrenseinleitende Gesellschafter, der die Angebote abzugeben hat, deren Höhe von den Auf- und Abschlägen beeinflusst wird. Er verliert dadurch die Möglichkeit, eigenständig Preise festzulegen, was ihn zu dem beabsichtigten vorsichtigen Verhalten bewegen soll.

Folgt man indes der hier vorgeschlagenen Vorgehensweise, eine Verfahrenseinleitung überhaupt nur dann zuzulassen, wenn einvernehmliche Einigungsversuche endgültig gescheitert sind[1080], so bedarf es einer weiteren Abschreckung der Gesellschafter eigentlich nicht. Denn wenn eine einvernehmliche Lösung des Konfliktes nicht mehr zu erreichen ist, wird man kaum davon sprechen können, dass die Verfahrenseinleitung leichtfertig erfolgt.

Dann aber sind die Auf- und Abschläge letztlich eine ungerechtfertige Benachteiligung des verfahrenseinleitenden Gesellschafters, der entweder einen (zu) hohen Preis für die Anteile des Mitgesellschafters zahlen oder seine eigenen Anteile unter Wert verkaufen muss.

Insofern macht es – freilich vorausgesetzt, die Verfahrenseinleitung ist an die hier vorgeschlagenen hohen Anforderungen geknüpft – Sinn, von vornherein auf die Auf- und Abschläge zu verzichten und den vom Dritten ermittelten Beteiligungswert unverändert sowohl dem Kaufs- als auch dem Verkaufsangebot zugrunde zu legen.

Dem könnte entgegengehalten werden, dass mit einer solchen Regelung der Gefahr, dass ein Gesellschafter bewusst und in gegebenenfalls missbräuchlicher Absicht einen Konflikt herbeiführt, um die Klausel auslösen zu können, nicht hinreichend begegnet wird. Dies könnten die Auf- und Abschläge indes verhindern[1081].

Nach hier vertretener Ansicht kann diesem Risiko dadurch entgegengewirkt werden, dass der neutrale Dritte bereits vor Auslösung der Klausel als eine Art „Streitschlichter" für den vorherrschenden Konflikt beteiligt wird. Ihm kann und sollte das Recht eingeräumt werden, darüber zu entscheiden, ob die Voraussetzungen für die Klauselauslösung tatsächlich vorliegen. Sinnvoll kann zudem eine Art Vetorecht für den Fall sein, dass – trotz Vorliegen der Voraussetzungen – in hinreichendem Maße Anhaltspunkte dafür vorliegen, dass die Verfahrenseinleitung in missbräuchlicher Weise erfolgt. Dazu würde unter anderem der vorgenannte Fall gehören, dass bereits der Konflikt bewusst herbeigeführt wurde. War der Dritte nämlich schon zu diesem frühen Zeitpunkt vermittelnd tätig, wird er mit den

1078 So *Fleischer/Schneider*, DB 2010, 2713, 2714.

1079 *Fleischer/Schneider*, DB 2010, 2713, 2714; *Willms/Bicker*, BB 2014, 1347, 1348; *Ritz*, Kommentierter Mustervertrag, 82.

1080 Siehe F., III., 4.

1081 So *Hewitt*, Hewitt on Joint Ventures, 238.

Verhaltensweisen der Gesellschafter in gewissem Maße bereits vertraut sein und kann sie aufgrund dessen besser einschätzen.

dd) Fristregelungen und die Folgen ihrer Missachtung

Wie bei allen anderen Verfahren zur Erwerberermittlung, so bedarf es auch beim Deterrent Approach-Verfahren bestimmter Fristen, um das Verfahren nicht unnötig in die Länge zu ziehen.

Dies beginnt mit der grundsätzlich empfohlenen und zeitlich beschränkten „Abkühlungsphase" nach Verfahrenseinleitung[1082], die hier indes nicht für die Gesellschafter zur Vorbereitung ihrer Angebote genutzt wird – zumal sie sich ja über die Preisgestaltung keine Gedanken machen müssen –, sondern vorrangig dazu dient, die Beteiligungsbewertung durch den Dritten zu ermöglichen, bevor der verfahrenseinleitende Gesellschafter die Angebote macht.

Welche zeitliche Beschränkung dabei angebracht ist, muss von Fall zu Fall entschieden werden und ist sicherlich maßgeblich davon abhängig, mit welchem Aufwand die Anteilsbewertung verbunden ist.

Im Übrigen bleibt es bei dem schon von den anderen Verfahren bekannten Prozedere, namentlich, dass sowohl die Angebote als auch die Annahme an eine vorzugebende Frist gebunden werden. Die Angebotsfrist beginnt dabei erst dann, wenn den Gesellschafter die endgültige Anteilsbewertung vorliegt.

Zu fragen bleibt demnach noch, welche konkreten und verfahrensspezifischen Folgen an die Missachtung der Fristen durch die Gesellschafter zu knüpfen sind.

Aufgrund der Ähnlichkeit mit dem Russian Roulette-Verfahren bietet es sich an, auf die dort vorgeschlagenen Rechtsfolgen zurückzugreifen. Dies bedeutet: Missachtet der verfahrenseinleitende Gesellschafter die Frist zur Abgabe der Angebote – sei es durch verschuldet verspätete Abgabe oder durch ein gänzliches Unterlassen –, so sollten die Angebote zeitnah durch den neutralen Dritten abgegeben werden. Dieser handelt dann in Vertretung des betroffenen Gesellschafters, dessen Einverständnis zu dieser Vorgehensweise richtigerweise schon im vertraglichen Klauseltext erteilt wurde.

Bezüglich der Höhe des Angebotes hat sich der Dritte freilich an dem bereits ermittelten objektiven Beteiligungswert zu orientieren. Hier kann auch erwogen werden, auf die eigentlich nicht erforderlichen Auf- und Abschläge zurückzugreifen. In diesem Fall käme ihnen ein durchaus gerechtfertigter Zweck, namentlich die Sanktionierung des säumigen Gesellschafters, zu.

Darüber hinaus kann dem säumigen Gesellschafter auch eine an die Gesellschaft zu zahlende Vertragsstrafe auferlegt werden.

Übt dagegen der die Angebote empfangende Gesellschafter das ihm zustehende Wahlrecht schuldhaft nicht fristgerecht oder überhaupt nicht aus, sollte vertraglich vorgesehen sein, dass eine Annahme des Kaufangebotes durch den Dritten in Vertretung des säumigen Gesellschafters vorzunehmen ist.

1082 Siehe F., IV., 1., b).

Damit wird dem säumigen Gesellschafter das Wahlrecht genommen und er muss verpflichtend aus der Gesellschaft ausscheiden, was regelmäßig nicht seinem Interesse entsprechen wird.

Ziel dieser Rechtsfolgen ist neben der Sanktionierung des säumigen Gesellschafters vor allem auch, eine Verzögerung des Verfahrens zu vermeiden, die gegebenenfalls Schäden für die Gesellschaft verursachen könnte.

c) Vor- und Nachteile gegenüber anderen Verfahren zur Erwerberermittlung

Ein großer Vorteil des Deterrent Approach-Verfahrens im Vergleich zu anderen Verfahren zur Erwerberermittlung ist zweifelsohne, dass es aufgrund der objektiven Anteilsbewertung, die Grundlage für die Preisgestaltung wird, von vornherein weniger manipulationsanfällig ist. So kann durch sie insbesondere die Preisgerechtigkeit auch bei einer nicht unerheblichen finanziellen Disparität zwischen den Gesellschaftern gewährleistet werden.

Insofern eignet sich dieses Verfahren vor allem für solche Situationen.

In Anbetracht dieser unterschiedlichen Interessenlagen der Beteiligten hat eine Unternehmensbewertung darüber hinaus nach betriebswirtschaftlich gesicherten Erkenntnissen in erster Linie die Funktion, die Kaufpreisfindung zu erleichtern und die subjektiven Wertvorstellungen der Vertragspartner zu objektivieren[1083].

Andererseits hat diese Anteilsbewertung auch Kehrseiten:

So wird sie zum Einen regelmäßig eine gewisse Zeit in Anspruch nehmen, was sich freilich auf die Dauer des gesamten Verfahrens auswirkt. Besteht aufgrund des Gesellschafterkonflikts allerdings eine akute wirtschaftliche Bedrohung für die Gesellschaft, sollte das Verfahren möglichst zügig vonstatten gehen.

Zum Anderen gehen Anteilsbewertungen nicht selten auch mit Bewertungsschwierigkeiten einher. So wird es zum Beispiel einen „echten" objektiven Wert der Anteile aus betriebswirtschaftlicher Sicht nicht geben[1084]. Vorhanden sind lediglich gewisse anerkannte Bewertungsmethoden, die aber eine endgültige Richtigkeit nicht für sich in Anspruch nehmen können. So können zum Beispiel quantitativ kaum berechenbare Größen, wie hervorragende Qualität des Produkts, seine ökologische Verträglichkeit, die Marktstellung des Unternehmens, die Marktformen oder das vom Käufer günstig bewertete zukünftige Produktprogramm sich erheblich auf den „tatsächlichen" Wert der Beteiligung auswirken, ohne dass dies in der Bewertung zum Ausdruck kommt[1085].

Diese Probleme ergeben sich bei den anderen Verfahren zur Erwerberermittlung – sofern sie in ihrer konkreten Ausgestaltung auf eine objektive Anteilsbewertung verzichten – nicht. So wird in der Literatur gar die Ansicht vertreten, dass das

---

1083 *Schindler* in: Der Unternehmenskauf, § 3 Rn. 5.
1084 *Langefeld-Wirth* in: Joint Ventures im int. Wirtschaftsverkehr, 157.
1085 *Schindler* in: Der Unternehmenskauf, § 3 Rn. 5.

Russian Roulette-Verfahren extra zu dem Zweck geschaffen wurde, um den genannten Bewertungsschwierigkeiten zu entgehen[1086].

Aufgrund seiner Ähnlichkeiten mit dem Russian Roulette-Verfahren wird man auch beim Deterrent Approach vor Schwierigkeiten gestellt, wenn man es in Gesellschaften mit mehr als zwei Gesellschaftern zur Anwendung bringen will[1087].

Relativ problemlos durchführbar ist es dann nur, wenn lediglich ein Gesellschafter ausscheiden soll. Andersherum macht eine Statuierung wenig Sinn, wenn mehr als ein Gesellschafter ausscheiden soll und insgesamt auch mehr als nur einige wenige Gesellschafter vorhanden sind.

6. Zusammenfassung

Die vorstehenden Ausführungen haben gezeigt, dass die Verfahrensbeschreibungen in der Literatur oftmals unvollständig oder missverständlich und daher ergänzungs- und klarstellungsbedürftig sind.

Entsprechende Gestaltungshinweise wurden im Rahmen dieses Kapitels gegeben.

Deutlich wurde auch, dass keines der vorgeschlagenen Verfahren zur Erwerberermittlung als perfekt bezeichnet werden kann. So weist jedes seine spezifischen Stärken und Schwächen auf, denen zwar teilweise vertragsgestalterisch begegnet werden kann, aber eben auch nicht immer.

Es wird daher letztlich darauf ankommen, auf welche Gesichtspunkte die Gesellschafter im konkreten Fall wert legen: Soll die Möglichkeit bestehen, Höchstpreise zu erzielen, dann ist zur Vereinbarung eines mehrrundigen, aufsteigenden Auktionsverfahrens, zum Beispiel in Gestalt des hier erläuterten (internen) klassischen Auktionsverfahrens zu raten.

Ist Primärziel indes eine zügige Verfahrensabwicklung, bieten sich das eingeschränkte Auktions- oder das Russian Roulette-Verfahren an.

Wer hingegen hauptsächlich auf ein von vornherein wenig manipulationsanfälliges Verfahren und garantierte Preisgerechtigkeit wert legt, dem ist zum Deterrent Approach-Verfahren zu raten.

Dargelegt wurde zuletzt auch, dass einige Verfahrensvorschläge in der Literatur nicht empfehlenswert sind oder letztlich nur umständliche, beziehungsweise missverständliche, verklausulierte Beschreibungen anderer, bereits bekannter Verfahren darstellen.

V. Verfahren nach Ermittlung des Erwerbers

Wenn das Verfahren zur Erwerberermittlung erfolgreich durch Abschluss eines wirksamen Kaufvertrages beendet wurde und nunmehr feststeht, welcher Gesellschafter seine Anteile verkaufen muss, wer Erwerber wird und zu welchem Preis,

---

1086 *Langefeld-Wirth* in: Joint Ventures im int. Wirtschaftsverkehr, 157.

1087 Siehe F., I., 2., a), bb), (4).

wurde ein wichtiger Meilenstein auf dem Weg der Konfliktlösung erreicht. Gleichwohl wurde durch dieses Verfahren eben nur die schuldrechtliche Seite des gesamten Vorgehens verwirklicht.

Zur erfolgreichen Konfliktlösung bedarf es aber auch eines dinglichen Vollzuges des geschlossenen Vertrags.

Zudem ergeben sich aus Verpflichtungs- und Verfügungsgeschäft unter Umständen weiteren Fragen und Probleme, die berücksichtigt und gelöst werden müssen.

Zu denken ist hier zum Beispiel an eine möglicherweise notwendige Umwandlung der Rechtsform der Gesellschaft, dem Schicksal von Know-How und Markenrechten oder der etwaigen Notwendigkeit eines Wettbewerbsverbots.

Diese Gesichtspunkte sollen im Folgenden thematisiert werden.

1. Übertragung der Gesellschaftsanteile/Mitgliedschaftsrechte

Rechtstechnisch zerfällt die Veräußerung von Beteiligungen an einer Gesellschaft in zwei Rechtsgeschäfte. Nach dem im deutschen Recht geltenden Abstraktionsprinzip wird zwischen dem Verkauf als rein schuldrechtliche Verpflichtung zur Übertragung und dem sachenrechtlich-dinglichen Übertragungsakt selbst unterschieden, wobei beide Rechtsgeschäfte grundsätzlich voneinander unabhängig sind.

Für die Vertragsgestaltung bedeutet dies, dass der Vertrag sowohl Regelungen zum Verkauf als auch zur Übertragung der Geschäftsanteile enthalten muss. Selbstverständlich können diese beiden Rechtsgeschäfte auch zeitlich auseinander fallen, etwa dergestalt, dass erst der Kaufvertrag unterzeichnet („Signing“) wird und die Übertragung der Geschäftsanteile zu einem späteren Zeitpunkt („Closing“) durchgeführt wird[1088].

Gerade bei komplexeren Transaktionen wird aufgrund des erforderlichen Aufwandes häufig dieses „Two Step-Modell“ gewählt[1089].

Während die schuldrechtliche Transaktionsseite bereits im vorigen Kapitel ausführlich behandelt wurde, wendet sich die Bearbeitung nunmehr dem dinglichen Verfügungsgeschäft zu. Neben der Darstellung der rechtlichen Vorgängen werden dabei insbesondere auch Gestaltungshinweise gegeben, die beachtet werden sollten, um eine Unwirksamkeit der Übertragung zu vermeiden und ihre hindernisfreie Umsetzung zu gewährleisten.

a) Übertragung bei Personengesellschaften

Die dingliche Übertragung der Mitgliedschaftsrechte bei Personengesellschaften erfolgt ausschließlich durch Abtretung gemäß §§ 413, 398 ff. BGB und ist grundsätzlich formfrei möglich[1090].

1088 Siehe auch *Münch/Nebeling* in: Unternehmenskauf in der Steuerpraxis, Kap. 5, 182.
1089 *Beisel* in: Der Unternehmenskauf, § 9 Rn. 127 m.w.N.
1090 *Schulenburg* in: Kauf, Verkauf und Übertragung von Unternehmen, Teil 3, 84.

Notwendig ist aber regelmäßig die Zustimmung der übrigen Gesellschafter, sofern nicht im Gesellschaftsvertrag etwas Anderes geregelt ist.

Vor diesem Hintergrund bietet es sich an, im Gesellschaftsvertrag vorzusehen, dass im Falle der Durchführung der Shoot-Out-Klausel vom Zustimmungserfordernis der übrigen Gesellschafter Abstand genommen wird, um ein nachträgliches Scheitern des Verfahrens zu vermeiden. Angesichts der Tatsache, dass die Klausel richtigerweise ohnehin nur dann Anwendung findet, wenn eine anderweitige Konfliktlösung nicht mehr möglich ist[1091], ist es umso wichtiger, dass diese finale Art der Konfliktlösung nicht schlussendlich noch an der Zustimmung der Gesellschafter scheitern kann.

Da sich die Übertragung der Mitgliedschaftsrechte nach §§ 413, 398 ff. BGB richtet, ist ein gutgläubiger Erwerb nicht möglich. Insbesondere § 15 HGB führt nicht dazu, dass der Inhaber eine von einem Nichtberechtigten vorgenommene Verfügung über den Gesellschaftsanteil gegen sich gelten lassen muss[1092].

Soweit die Gesellschaft im Handelsregister eingetragen, beziehungsweise einzutragen ist, ist der Gesellschafterwechsel nach §§ 107, 162 HGB zum Handelsregister anzumelden, wobei die dortige Eintragung lediglich deklaratorischen Charakter hat und damit keine Voraussetzung für einen wirksamen Wechsel ist[1093].

Anders verhält es sich regelmäßig nur bei einem Kommanditistenwechsel. Hier vereinbaren die Parteien standardmäßig die konstitutive Wirkung der Eintragung des Erwerbers als Kommanditist im Handelsregister, um die Wirkungen des § 176 Abs. 2 HGB, namentlich die unbeschränkte Haftung für Verbindlichkeiten, für den Erwerber zu vermeiden[1094].

Dies ist freilich auch im Rahmen der Vereinbarung einer Shoot-Out-Klausel zu beachten, sofern einer der betroffenen Gesellschafter Kommanditist ist.

b) Übertragung bei Kapitalgesellschaften

aa) Übertragung bei der GmbH

Auch die Übertragung von GmbH-Geschäftsanteilen erfolgt im Wege der Abtretung durch Angebot und Annahme (§ 15 Abs. 3 GmbHG).

Anwendung findet § 398 BGB über den Umweg des § 413 BGB, da es nicht um die Übertragung von Forderungen, sondern von Rechten geht[1095].

Mit der wirksamen Abtretung des Geschäftsanteils gehen grundsätzlich alle mit der Mitgliedschaft verbundenen Rechte und Pflichten über. Der Erwerber tritt in die Rechtsposition so ein, wie sie im Gesellschaftsvertrag geschaffen wurde. Einzige

---

1091 Siehe F., III., 4.

1092 *Semler* in: Handbuch Unternehmenskauf, 746 Rn. 105.

1093 *Schulenburg* in: Kauf, Verkauf und Übertragung von Unternehmen, Teil 3, 84.

1094 Ebenda.

1095 *Altmeppen* in: Roth/Altmeppen, GmbHG, § 15 Rn. 16.

Ausnahme bilden insoweit höchstpersönliche Rechte, die nicht übertragen werden können[1096].

Im Vertragstext sollte dabei insbesondere darauf geachtet werden, dass die durch den Verkäufer erklärte Abtretung ausdrücklich durch den Käufer angenommen wird. Darüber hinaus muss die Abtretung, um wirksam zu sein, dem sachenrechtlichen Bestimmtheitsgrundsatz genügen, indem die zu übertragenden Geschäftsanteile eindeutig und zweifelsfrei im Vertrag bezeichnet werden. Hierzu sollten die einzelnen Geschäftsanteile mit ihrem Nennwert und der laufenden Nummer, sofern vorhanden, aufgeführt und entsprechend definiert werden[1097].

Zu beachten ist, dass sowohl der Verkauf als auch die Übertragung der Geschäftsanteile nach § 15 Abs. 3, 4 GmbHG notariell beurkundet werden müssen[1098]. Eine Missachtung dieser Formvorschriften hat grundsätzlich die Nichtigkeit des betroffenen Rechtsgeschäfts zur Folge, wobei jedoch die Formunwirksamkeit des Verpflichtungsgeschäfts durch die formwirksame Vornahme der dinglichen Übertragung geheilt werden kann (§ 15 Abs. 4 S. 2 GmbHG).

Besondere Bedeutung im Zusammenhang mit der Veräußerung und dem Erwerb von GmbH-Geschäftsanteilen kommt der im Handelsregister aufgenommenen Gesellschafterliste (§ 40 GmbHG) zu. Zwar begründet die Eintragung in die Gesellschafterliste nicht die Gesellschafterstellung und ist damit auch nicht Voraussetzung für den Anteilserwerb.

Jedoch führt die Eintragung zu der Vermutung, dass der Eingetragene im Verhältnis zur Gesellschaft tatsächlich Gesellschafter und damit Berechtigter ist (§ 16 Abs. 1 GmbHG).

Die Gesellschafterliste kann insoweit als Legitimationsbasis für die Ausübung sämtlicher Gesellschafterrechte angesehen werden[1099].

Der gutgläubige Erwerb von Geschäftsanteilen einer GmbH ist nach Einführung des MoMiG gemäß § 16 Abs. 3 GmbHG möglich.

Die Übertragung von Geschäftsanteilen der Gesellschaft führt zu einer Veränderung des Gesellschafterkreises, die gemäß § 40 Abs. 1 GmbHG eine unverzügliche Änderung der Gesellschafterliste erforderlich macht, da andernfalls der Erwerber seine Gesellschaftsrechte nicht wirksam ausüben kann[1100].

Die von Gesetzes wegen geltende freie Veräußerlichkeit von GmbH-Geschäftsanteilen kann durch den Gesellschaftsvertrag beschränkt werden (§ 15 Abs. 5 GmbHG). Insbesondere kann die Abtretbarkeit von der Zustimmung der übrigen Gesellschafter oder der Gesellschaft abhängig gemacht werden, was aber – wie schon bei den Ausführungen zu Personengesellschaften dargelegt – bei Shoot-Out-Klauseln vermieden werden sollte.

1096 *Altmeppen* in: Roth/Altmeppen, GmbHG, § 15 Rn. 19.
1097 *Münch/Nebeling* in: Unternehmenskauf in der Steuerpraxis, Kap. 5, 182.
1098 Siehe bereits E., I., 5., c), bb).
1099 *Münch/Nebeling* in: Unternehmenskauf in der Steuerpraxis, Kap. 5, 182.
1100 *Münch/Nebeling* in: Unternehmenskauf in der Steuerpraxis, Kap. 5, 183.

bb) Übertragung bei der AG

Bei der Aktiengesellschaft wird die Mitgliedschaft in Wertpapieren, den Aktien, verkörpert.

Sofern es sich um Inhaberaktien handelt und diese in einer Aktienurkunde verbrieft sind, können sie durch Übereignung der Urkunde gem. §§ 929 ff. BGB übertragen werden[1101]. Befinden sich die Aktien zudem in einer Sonder- oder Sammelverwahrung, tritt an die Stelle der Übergabe ein Übergabesurrogat nach §§ 929 – 931 BGB[1102]. Dies kann zum Beispiel durch Abtretung des Herausgabeanspruchs gegen den unmittelbaren Besitzer der Aktienurkunden geschehen. Aktien, die durch Übereignung der Aktienurkunden übertragen werden, können gutgläubig erworben werden, da die Vorschriften des gutgläubigen Erwerbers der §§ 932 ff. BGB, § 366 HGB Anwendung finden. Dies gilt wegen § 935 Abs. 2 BGB grundsätzlich auch für abhanden gekommene Aktien.

Neben der Übertragung von verbrieften Aktien durch Übereignung der Aktienurkunde können diese Aktien auch im Wege der Abtretung des in der Aktie verkörperten Mitgliedschaftsrechts nach §§ 398, 413 BGB übertragen werden[1103]. Bei nicht verbrieften Aktien ist dies sogar die einzige Übertragungsmöglichkeit[1104]. Ein gutgläubiger Erwerb der Aktien ist im Falle einer Abtretung nicht möglich[1105], so dass sich der Käufer nicht sicher sein kann, dass er tatsächlich das jeweilige Mitgliedschaftsrecht erwirbt. Diese Rechtsunsicherheit würde sich bei jeder weiteren Veräußerung fortsetzen.

Vor diesem Hintergrund sollte der Käufer von verbrieften Aktien bei der Vertragsgestaltung darauf achten, dass er das Eigentum an den Aktien durch Übereignung der Aktienurkunden gem. §§ 929 ff. BGB erwirbt. Der Käufer sollte daher nach Möglichkeit darauf hinwirken, dass die Zielgesellschaft vor Abschluss des Unternehmenskaufvertrages Aktienurkunden ausgibt[1106].

Bei Namensaktien ist zusätzlich zu den oben beschriebenen Alternativen die Übertragung durch Indossament gemäß § 68 Abs. 1 S. 1 AktG möglich. Bei blankoindossierten Namensaktien ist zudem analog Art. 14 Abs. 2 Nr. 3 Wechselgesetz (WechselG) eine Übertragung ohne zusätzliches Indossament lediglich durch formlose Übereignung der Urkunde zulässig. Auch bei einer Übertragung durch Indossament ist ein gutgläubiger Erwerb der Aktien gem. Art. 16 Abs. 2 WechselG i.V.m. § 68 Abs. 1 S. 2 AktG möglich.

Bei Namensaktien ist zudem zu beachten, dass eine Übertragung von Aktien satzungsmäßig davon abhängig gemacht werden kann, dass die Gesellschaft der

---

1101 *Semler* in: Handbuch Unternehmenskauf, 755 Rn. 133.

1102 *Vatter* in: Spindler/Stilz, AktG, § 10 Rn. 55.

1103 *Semler* in: Handbuch Unternehmenskauf, 755 Rn. 133.

1104 RGZ 86, 154, 157; BGHZ 122, 180, 195 = NJW 1993, 1983, 1987; BGH AG 1977, 295, 296.

1105 BGHZ 122, 180, 196 = NJW 1993, 1983, 1987.

1106 *Münch/Nebeling* in: Unternehmenskauf in der Steuerpraxis, Kap. 5, 186, 187.

Übertragung zustimmt[1107]. Bei Shoot-Out-Klauseln sollte die Satzung ein solches Zustimmungserfordernis indes nicht vorsehen. Hier gilt das bereits zu Personengesellschaften Gesagte.

Ferner kann in der Satzung geregelt werden, dass der Käufer der Aktien unverzüglich in das Aktienregister der Gesellschaft eingetragen wird. Zwar hat die Eintragung im Aktienregister keine Auswirkungen auf die Wirksamkeit der Übertragung der Aktien. Allerdings kommt ihr insoweit erhebliche Bedeutung zu, als nach § 67 Abs. 2 AktG im Verhältnis zur Gesellschaft nur derjenige als Aktionär gilt, der als solcher im Aktienregister eingetragen ist. Hierbei handelt es sich um eine unwiderlegliche gesetzliche Vermutung. Mit anderen Worten kann also der Käufer von Namensaktien bis zu seiner Eintragung in das Aktienregister seine Mitgliedschaftsrechte, wie zum Beispiel die Teilnahme an Hauptversammlungen, Stimmrechte und Dividendenrechte, nicht ausüben. Daher muss der Käufer sicherstellen, dass die Übertragung von Aktien der Gesellschaft unverzüglich mitgeteilt und, etwa durch Vorlage des Übertragungsvertrages, nachgewiesen wird[1108].

Auch bei der Übertragung von Aktien ist besonderes Augenmerk auf eine genaue Bezeichnung der zu übertragenden Aktien zu legen, um insoweit dem sachenrechtlichen Bestimmtheitsgrundsatz Genüge zu tun. Dabei empfiehlt es sich, die Aktien im Falle einer Verbriefung (Aktienurkunde) durchzunummerieren, da hierdurch eine eindeutige Bezeichnung der zu übertragenden Aktien im Unternehmenskaufvertrag erfolgen kann[1109].

c) Übertragungspflicht und ihre Durchsetzung

Die Pflicht zur (mangelfreien) Übertragung der Gesellschaftsanteile ist die kaufvertragliche Hauptpflicht des verkaufenden Gesellschafters (§§ 453 Abs. 1, 433 Abs. 1 BGB).

Weigert er sich, dieser Pflicht nachzukommen, kann auf Erfüllung geklagt werden.

Ein entsprechendes Gerichtsverfahren kann aber unter Umständen erhebliche Zeit in Anspruch nehmen, gegebenenfalls sogar einige Jahre, wenn es mehrere Instanzen durchläuft.

Ohne Übertragung wird der erwerbende Gesellschafter aber regelmäßig daran gehindert sein, die aus der zu übertragenden Mitgliedschaft folgenden Rechte und Pflichten in der Gesellschaft wahrzunehmen. Im schlimmsten Fall bleibt dadurch eine Lähmung der Gesellschaft bestehen, die durch die Shoot-Out-Klausel gerade zeitnah gelöst werden sollte.

Daher ist es bei Shoot-Out-Klauseln von immenser Wichtigkeit, nach Abschluss des Kaufvertrages auch die zügige Übertragung der Beteiligung sicherzustellen.

1107 *Münch/Nebeling* in: Unternehmenskauf in der Steuerpraxis, Kap. 5, 187.
1108 *Münch/Nebeling* in: Unternehmenskauf in der Steuerpraxis, Kap. 5, 188.
1109 *Münch/Nebeling* in: Unternehmenskauf in der Steuerpraxis, Kap. 5, 186.

Insofern dürfte es am einfachsten sein, bereits im Rahmen des Kaufvertrages zugleich den nach § 398 BGB erforderlichen Abtretungsvertrag zu schließen, beziehungsweise – im Falle der Übertragung von Aktien – die (ausdrückliche) Einigung im Sinne des § 929 BGB zu vereinbaren.

Beides kann freilich aufschiebend bedingt für einen späteren Zeitpunkt erklärt werden, sofern das oben bereits dargestellte „Two Step-Modell"[1110] angewendet wird, bei dem zwischen „Signing" und „Closing" noch eine gewisse Zeit verstreicht.

Aufschiebende Bedingung kann dabei zusätzlich auch die Zahlung des Kaufpreises zum genannten Zeitpunkt sein (Eigentumsvorbehalt). Damit kann Pflichtverletzungen im Hinblick auf die Zahlung des Kaufpreises entgegengewirkt werden.

Die entsprechende Vertragsklausel muss folglich bereits im Kauf- beziehungsweise Verkaufsangebot enthalten sein, das im Rahmen des Verfahrens zur Erwerberermittlung abgegeben wird.

Mit der Annahme dieses Angebots ist dann – jedenfalls bei der Abtretung – zugleich die dingliche Übertragung der Anteile sichergestellt.

Kommt der betreffende Gesellschafter mit der Annahme des Kaufs-/Verkaufs- und Abtretungsangebotes in Verzug oder weigert er sich gänzlich, in diese Richtung tätig zu werden, so greifen die oben jeweils bei den einzelnen Verfahren genannten Sanktionen.

Einzig im Fall der Übertragung von Aktien nach § 929 S.1 BGB bedarf es neben einer rechtsgeschäftlichen Einigung zusätzlich noch der Übergabe. Haben die Parteien einen Zeitpunkt vereinbart, zu dem diese zu erfolgen hat und weigert sich der zur Übergabe Verpflichtete, seiner Pflicht nachzukommen, so stellt sich die Frage, wie eine Übertragung gleichwohl zeitnah gewährleistet werden kann. Den am Verfahren zu beteiligenden Dritten dergestalt tätig werden zu lassen, dass er seinerseits in Vertretung des verpflichteten Gesellschafters die Übergabe vornimmt, ist jedenfalls bei § 929 S. 1 BGB nicht möglich, da die Übergabe im Sinne dieser Vorschrift ein Realakt ist und eine Stellvertretung dabei ausscheidet[1111].

Möglich bleibt indes beispielsweise ein Besitzkonstitut nach Maßgabe des § 930 BGB. So ließe sich im die Klausel enthaltenden Vertrag festlegen, dass der neutrale Dritte im vorgenannten Fall berechtigt sein soll, in Stellvertretung des zur Übergabe Verpflichteten ein Besitzmittlungsverhältnis nach Maßgabe der §§ 930, 868 BGB mit dem erwerbenden Gesellschafter zu vereinbaren. Denkbar wäre zum Beispiel ein jederzeit beidseitig kündbares Mietverhältnis in Bezug auf die Aktienpapiere. Dadurch würde nicht nur die Übertragung der Aktien auf den Erwerber nach §§ 929, 930 BGB sichergestellt, sondern zugleich eine Sanktionierung des zur Übertragung verpflichteten Gesellschafters dadurch erreicht, dass er in der Folgezeit einen Mietzins für die – für ihn nunmehr wertlosen – Aktienpapiere an den Erwerber zu zahlen hätte.

1110 Siehe F., V., 1.

1111 BGH 16, 259; Ffm NJW-RR 86, 470.

Eine solche Miete widerspricht auch keinen aktienrechtlichen Grundsätzen, da weiterhin nur der eigentliche Gesellschafter – hier also der Erwerber – Eigentümer der Aktien ist und dem „Aktienmieter“ keine Rechte aus dem Wertpapier, sondern allenfalls am Wertpapier zustehen.

Kündigt einer der Beteiligten in der Folge das Mietverhältnis, so ist der dann ausgeschiedene Gesellschafter zur Herausgabe verpflichtet (§§ 546 Abs. 1, 812 Abs. 1 S. 2 Alt. 1, 985 BGB). Darauf kann im Zweifel auch geklagt werden, was nunmehr auf die von der Klausel bezweckte Konfliktlösung keine negativen Auswirkungen mehr hat, da diese bereits durch die dingliche Übertragung der Aktien gewährleistet wurde.

2. Regelungsbedürftige Folgefragen

Da durch das Ausstiegsverfahren letztlich ein normaler Beteiligungskauf vollzogen wird, muss die Klausel zumindest die Fragestellungen regeln, die üblicherweise den Kernbereich eines solchen Vertrags ausmachen[1112].

Die Bandbreite regelungsbedürftiger Folgefragen kann indes – abhängig vom Einzellfall – erheblich sein. Jedes denkbare Thema hier gesondert anzusprechen, würde den Rahmen dieser Arbeit sprengen. Behandelt werden sollen daher nur solche Fragen, die sich regelmäßig oder spezifisch bei Shoot-Out-Klauseln in Folge einer Anteilsübertragung stellen.

Dabei erheben die folgenden Ausführungen allerdings keinen Anspruch auf Vollständigkeit. Sie sollen nicht bis ins Detail erörtert werden, sondern nur einen Überblick über die zu beachtenden Themenbereiche bieten.

Zuletzt muss noch gesagt werden, dass nicht alle der folgenden Aspekte zwingend Gegenstand des Klauseltextes werden müssen. Es handelt sich jedoch stets um Themen, die jedenfalls vom tätig werdenden Rechtsberater beachtet werden sollten.

a) Kosten des Verfahrens

Zu regeln ist, wer die Kosten für die Durchführung der Klausel zu tragen hat[1113]. Diese bestehen insbesondere aus der an den neutralen Dritten zu zahlenden Vergütung für seine Tätigkeiten, sonstigen Notar- und Anwaltskosten, sowie gegebenenfalls behördlich anfallenden Kosten.

Ein Regelungsbedürfnis besteht vor allem deshalb, weil die gesetzlichen Regelungen insoweit keine ausreichende Grundlage für eine Kostentragung bieten.

Anhaltspunkte gibt allein § 453 Abs. 2 BGB zur Hand, der festlegt, dass der Verkäufer die Kosten für die Übertragung des Rechts zu tragen hat. Damit gemeint sind alle Kosten, die zur Übertragung des Rechts notwendig sind, worunter beispielsweise Notarkosten fallen[1114].

1112 So auch *Werner*, GmbHR 2005, 1554, 1557; *Schulte/Sieger*, NZG 2005, 24, 26.
1113 So auch Schulte/SIeger, NZG 2005, 24, 27; Werner, GmbHR 2005, 1554, 1557.
1114 Palandt/*Weidenkaff*, BGB, § 453 Rn. 16.

Ob indes auch die Vergütung für den neutralen Dritten als „für die Übertragung des Rechts notwendig" angesehen werden kann, muss zumindest bezweifelt werden, zumal die Anteile auch ohne dessen Beteiligung übertragen werden können.

Gleiches gilt für Anwaltskosten, die beispielsweise für Beratungen oder Vertragsentwürfe im Rahmen des Verfahrens anfallen.

In Ausweitung des Wortlautes von § 453 Abs. 2 BGB allein dem Verkäufer sämtliche Kosten des Verfahrens aufzuerlegen, scheint schon deshalb unangebracht, da dieser ja ohnehin – und regelmäßig unfreiwillig – aus der Gesellschaft ausscheidet und damit genug gestraft sein sollte.

Angebrachter dürfte es sein, von der dispositiven Regelung der Vorschrift abzuweichen und festzulegen, dass die für die Übertragung notwendigen Kosten, insbesondere Notarkosten, vom Erwerber zu zahlen sind. Zudem hat jeder Gesellschafter die bei sich selber angefallenen Anwaltskosten auch selber zu tragen. Die Vergütung des neutralen Dritten sollte von allen Gesellschaftern zu gleichen Anteilen übernommen werden.

Letztlich ist dies aber nur ein Vorschlag, der sich am Gerechtigkeitsempfinden orientiert. Es bleibt den Gesellschaftern im Einzelfall überlassen, eine entsprechende Regelung zur Kostentragung zu finden und festzulegen.

Angesichts der insoweit bestehenden gesetzlichen Lücken dürfte dies auch unumgänglich sein, um entsprechende Streitigkeiten im Anschluss an das Verfahren zu vermeiden.

b) Notwendigkeit einer Umwandlung der Rechtsform der Gesellschaft

Da die Durchführung der Shoot-Out-Klausel dazu führt, dass (mindestens) ein Gesellschafter auf der Gesellschaft ausscheidet, kann es bei Personengesellschaften dazu kommen, dass die Rechtsform der Gesellschaft – die ja gerade weitergeführt werden soll – geändert werden muss. Gerade bei Gesellschaften mit lediglich zwei Gesellschaftern – wie es typischerweise bei Joint Ventures der Fall ist[1115] – ist dieses Szenario denkbar.

Notwendig ist eine Umwandlung in diesen Fällen, da es Einmann-Personengesellschaften nicht geben kann.

Verbleibt also in einer Personengesellschaft nur ein einziger Gesellschafter, so wandelt sich die Gesellschaft in ein Einzelunternehmen um[1116].

Hier muss der verbleibende Gesellschafter die Möglichkeit in Betracht ziehen, eine rechtlich zulässige Einmann-Kapitalgesellschaft ins Leben zu rufen.

Aber auch in anderen Konstellationen kann es zu einer Umwandlung kommen. Treten aus einer GmbH & Co. KG alle natürlichen Personen aus, so wird die GmbH & Co. KG zur GmbH. Tritt aus einer KG der Komplementär aus, so wandelt sich

1115 Siehe F., I., 1., b).
1116 *Grobshäuser* in: Kauf, Verkauf und Übertragung von Unternehmen, 319.

die KG zur OHG mit der Folge, dass alle ehemaligen Kommanditisten nunmehr voll haften[1117].

In den vorgenannten Fällen findet indes das Umwandlungsgesetz (UmwG) keine Anwendung, da dort das Ausscheiden eines Gesellschafters nicht als Umwandlungsgrund genannt ist (§ 1 Abs. 1 UmwG).

c) *Schicksal von Firma, geistigem Eigentum und bestehenden Verträgen*

Regelungsbedarf besteht auch in Bezug auf das Schicksal von Firma, geistigem Eigentum und bestehenden Verträgen, insbesondere Gesellschafterdarlehen.

aa) Firma

Die Firma im Rechtssinne ist nicht das Unternehmen als solches, sondern der Name des Kaufmanns, unter dem er seine Geschäfte betreibt und die Unterschrift abgibt (§ 17 Abs. 1 HGB)

Auch bei einem Wechsel von Gesellschaftern gilt der Grundsatz der Firmenbeständigkeit, um den Vermögenswert, den die Firma und insbesondere deren Goodwill darstellt, zu erhalten[1118]. Denn bei dem Eintritt von Gesellschaftern in ein Handelsgeschäft oder eine Handelsgesellschaft oder dem Austritt eines Gesellschafters darf die bisherige Firma auch dann fortgeführt werden, wenn sie den Namen des bisherigen Geschäftsinhabers oder Namen von Gesellschaftern enthält (§ 24 Abs. 1 HGB)

Enthält die Firma, unter der eine Personengesellschaft ihre Geschäfte betreibt, indes den Namen eines ausscheidenden Gesellschafters, so ist dessen ausdrückliche Einwilligung für die Fortführung nötig (§ 24 Abs. 2 HGB).

Dies soll den Konflikt zwischen dem Persönlichkeitsrecht des ausscheidenden Gesellschafters, grundsätzlich über seinen Namen allein verfügen zu können, und dem Interesse der verbleibenden Gesellschafter, dem Handelsgeschäft die Firma zu erhalten, interessengerecht lösen[1119].

Die Einwilligung kann auch schon im Vorhinein erteilt werden[1120], so dass sich die Gesellschafter im Rahmen der Klauselvereinbarung die Frage stellen sollten, ob die Einwilligung nicht sinnvollerweise schon vorab mit in den entsprechenden Vertrag aufgenommen werden soll, um etwaigen dahingehenden Streitigkeiten im Rahmen der Durchführung der Shoot-Out-Klausel vorzubeugen.

1117 *Grobshäuser* in: Kauf, Verkauf und Übertragung von Unternehmen, 319.
1118 *Lettl*, WM 2006, 1841, 1842.
1119 *Lettl*, WM 2006, 1841, 1842.
1120 *Hopt* in: Baumbach/Hopt, HGB, § 24 Rn. 11 unter Verweis auf RG 158, 232.

§ 24 Abs. 2 HGB gilt nur für Personengesellschaften, daher insbesondere nicht für die GmbH[1121], die AG und die KGaA[1122]. Auch wird in der Rechtsprechung eine Anwendung auf die GmbH & Co. KG verneint[1123].

In der Literatur wird aber teilweise versucht, unabhängig von § 24 Abs. 2 HGB ein Einwilligungserfordernis auch bei Kapitalgesellschaften herzuleiten. Die Notwendigkeit wird damit begründet, dass die Führung eines Personennamens in der Firma einer Kapitalgesellschaft einen Eingriff in das Namensrecht seines Trägers (§ 12 BGB) darstelle, den dieser nur dann hinnehmen müsse, wenn und soweit er es gestattet hat[1124]. Daher bedürfe es auch in diesen Fällen einer Einwilligung des ausscheidenden Gesellschafters.

bb) Geistiges Eigentum

Unter geistigem Eigentum versteht man den zeitlich begrenzten Schutz der Ergebnisse innovativen gewerblich-geistigen Schaffens vor deren Nutzung durch Andere[1125].

Davon erfasst wird insbesondere der Patentschutz, der Gebrauchsmusterschutz, der Geschmacksmusterschutz, der Markenschutz, der Urheberschutz und der Schutz von (technischem) Know-How[1126].

Das Schicksal des geistigen Eigentums ist vor allem dann zu regeln, wenn es nicht der Gesellschaft an sich zuzuordnen ist. Ist beispielsweise die Gesellschaft Patentinhaber, so ändert sich daran auch nach einer Anteilsübertragung und dem damit verbundenen Ausscheiden eines Gesellschafters nichts.

Das Gleiche gilt für Kenntnisse und Fertigkeiten der Mitarbeiter, deren Anstellungsverhältnisse durch den Gesellschafterwechsel nicht berührt werden[1127]. Soweit Know-How und Marktbeziehungen in Unterlagen der Gesellschaft verkörpert sind, verbleiben sie bei ihr und kommen dem Erwerber auf diese Weise zugute[1128].

Auch urheberrechtliche Nutzungsrechte bleiben bei der Gesellschaft, doch kann dem Urheber ein Rückrufrecht nach § 34 Abs. 3 S. 2 UrhG erwachsen.

Einzelrechtsübertragungen sind insofern nur dann erforderlich, als bestimmte (immaterielle) Wirtschaftsgüter, die für den Betrieb des Unternehmens erforderlich sind, nicht der Gesellschaft, sondern dem ausscheidenden Gesellschafter gehören (Sonderbetriebsvermögen)[1129].

1121 BGH 58, 322; 85, 221, WM 80, 1360.

1122 *Hopt* in: Baumbach/Hopt, HGB, § 24 Rn. 12.

1123 BGH 109, 364.

1124 *Lettl*, WM 2006, 1841, 1842.

1125 *Axter/Schütze* in: Loewenheim/Meessen/Riesenkampff, Kartellrecht, 3. Teil, Rn. 1.

1126 Siehe dazu ausführlich *Axster/Schütze* in: Loewenheim/Meessen/ Riesenkampff, Kartellrecht, 3. Teil, Rn. 2–14.

1127 Dazu gleich siehe F., V., 2., c), cc), (2).

1128 *Semler* in: Handbuch Unternehmenskauf, 757 Rn. 138.

1129 So auch *Semler* in: Handbuch Unternehmenskauf, 758 Rn. 140; ähnlich *Werner*, GmbHR 2005, 1554, 1558.

Diese müssen bei Verkauf und Übertragung berücksichtigt werden und dementsprechend Teil der jeweiligen Verträge werden.

Neben einer Übertragung dieser Güter kommt auch eine sonstige Nutzbarmachung, beispielsweise durch Lizenzen, in Betracht.

Entsprechende Regelungen können freilich auch dann getroffen werden, wenn das immaterielle Wirtschaftsgut zwar bei der Gesellschaft verbleibt, aber der ausscheidende Gesellschafter es – zumindest teilweise – weiter nutzen will.

Vor allem bei Gemeinschaftsunternehmen, die zur gemeinsamen Fortentwicklung von Hochtechnologie betrieben werden, aber auch bei solchen mit wichtigen Marken ist stets darauf zu achten, welche Regelungsmechanismen für die Rechte an Know-How und Marken allein beim Gemeinschaftsunternehmen verbleiben und welche Rechte (auch) dem aussteigenden Partner nutzbar sein sollen[1130].

cc) Bestehende Verträge

Zu klären ist weiterhin, wie mit bestehenden Verträgen zu verfahren ist. Regelungsbedürftig ist dabei vorrangig das Schicksal solcher Verträge, die der nach dem Verfahren ausscheidende Gesellschafter als Vertragspartei mit der Gesellschaft oder anderen Gesellschaftern vor seinem Ausscheiden geschlossen hat.

Sonstige Verträge, insbesondere solche der Gesellschaft mit Dritten, wie zum Beispiel Arbeitsverträge mit Angestellten, sind an dieser Stelle nicht interessant, da sie im Normalfall weiterbestehen, wenn ein Gesellschafter ausscheidet[1131].

Freilich betrifft diese Thematik auch den oben bereits behandelten Bereich des geistigen Eigentums, ist darauf aber nicht beschränkt.

(1) Joint Venture-Vertrag/Gleichschaltungsklauseln

Ein in der Praxis beliebtes Anwendungsfeld von Shoot-Out-Klauseln sind Joint Ventures[1132].

Diese bestehen üblicherweise nur aus zwei beteiligten Gesellschaftern und weisen regelmäßig eine zweigliedrige Struktur auf, bestehend aus einem – üblicherweise schuldrechtlichen – Joint-Venture-Vertrag und der Beteiligung der Partner an einem Gemeinschaftsunternehmen[1133].

1130 *Schulte/Sieger*, NZG 2005, 24, 27; *Schulte/Pohl*, Joint-Venture-Gesellschaften, 180 Rn. 762.

1131 So auch *Semler* in: Handbuch Unternehmenskauf, 757 Rn. 138; *Schulenburg* in: Kauf, Verkauf und Übertragung von Unternehmen, 3. Teil, 87.

1132 Siehe F., I., 1., b), bb).

1133 *Schmolke* in: Gesellschafts- und Kapitalmarktrecht, 108, 109; *Fett/Spiering*, Handbuch Joint Venture, 6 Rn. 9; *Schulte* in: Joint Ventures, 2 Rn. 2.; siehe bereits F., I., 1., b), aa).

Die Zusammenarbeit im Joint Venture stellt sich den Partnern indes regelmäßig als einheitlicher Vorgang dar, so dass zwischen den beiden Ebenen üblicherweise nicht unterschieden wird[1134].

Diese Verzahnung von gesellschaftsrechtlicher und schuldrechtlicher Ebene macht es erforderlich, dass der Beendigung des Joint Venture-Vertrages immer auch die Beendigung der Zusammenarbeit auf Ebene der Joint Venture-Gesellschaft folgt und andersrum.

Scheidet also einer der Partner in Folge der Anwendung einer Shoot-Out-Klausel aus der Gesellschaft aus, endet zwangsläufig die gemeinsame Zusammenarbeit auf beiden Ebenen.

Im Verkaufs- und Abtretungsvertrag über die Gesellschaftsanteile sollte daher ausdrücklich auch die Beendigung des Joint Venture-Vertrages festgelegt werden.

Derartige Vertragsgestaltungen werden „Gleichschaltungsklauseln" genannt. Sie stellen sicher, dass das Ausscheiden eines Joint Venture-Partners auf der Gesellschaftsebene auch auf der jeweils anderen Ebene nachvollzogen wird[1135].

(2) Gesellschafterdarlehen und sonstige Verträge

Praktisch relevant sind daneben vor allem Gesellschafterdarlehen und die ihnen zugrunde liegenden Darlehensverträge.

Gerade Gemeinschaftsunternehmen werden regelmäßig auch im Wege von Gesellschafterdarlehen finanziert. Einer vertraglichen Klärung bedarf also die Frage, welche Konsequenzen der Ausstieg eines Partners im Hinblick auf solche Gesellschafterdarlehen haben soll.

Denkbar ist eine Ablösung der Darlehen durch den übernehmenden Gesellschafter zum Nominalbetrag, womit sich an der Finanzierungssituation der Gesellschaft, abgesehen vom Austausch des Darlehensgläubigers, im Prinzip nichts ändert[1136].

Eine solche Regelung ist deshalb in den meisten Fällen vorzugswürdig und sollte von den Gesellschaftern in Erwägung gezogen werden.

Weniger sinnvoll ist demgegenüber regelmäßig die Fortführung der bestehenden Darlehen als gewöhnliche Fremddarlehen. Denn sowohl der aussteigende Gesellschafter als auch der verbleibende Gesellschafter werden bestrebt sein, die klare Trennung ihrer Beteiligungsstränge auch auf der Finanzierungsseite zu vollziehen[1137].

Gleiches dürfte auch für sonstige Verträge des ausscheidenden Gesellschafters mit der Gesellschaft und anderen Gesellschaftern gelten. Hier sind aus praktischer

1134 *Fett/Spiering*, Handbuch Joint Venture, 407 Rn. 559.
1135 *Willms/Bicker*, BB 2014, 1347, 1348.
1136 *Schulte/Pohl*, Joint-Venture-Gesellschaften, 180, 181 Rn. 764.
1137 *Schulte/Sieger*, NZG 2005, 24, 27.

Sicht zum Beispiel Lieferverträge zu nennen[1138]. Ferner können derartige Verträge Know How, Lizenzen, Managementleistungen oder Personalfragen betreffen[1139].

Denn wenn nicht ausnahmsweise sehr enge Leistungsbeziehungen zwischen dem ausscheidenden Gesellschafter und der Gesellschaft existieren, die nach dem übereinstimmenden Willen aller Gesellschafter auch nach Beendigung der Zusammenarbeit fortbestehen sollen, werden sie im Beendigungsfall nicht lediglich einzelne Vertragsverhältnisse, sondern die Zusammenarbeit insgesamt und folglich alle untereinander bestehenden Verträge beenden wollen.

d) Garantien

Die gesamte Thematik ist in ihren Details komplex und soll hier daher nur in ihren Grundzügen dargestellt werden[1140].

Shoot-Out-Klauseln sind darauf angelegt, dass ein Gesellschafter die Anteile (mindestens) eines anderen Gesellschafters im Wege eines Beteiligungskaufs komplett übernimmt.

Dies stellt einen Rechtskauf dar, der nach § 453 Abs. 1 BGB im Hinblick auf die Gewährleistungsvorschriften wie ein Kauf von Sachen behandelt wird. Da indes noch nicht höchstrichterlich geklärt ist, wie sich § 453 BGB auf die Frage auswirkt, ob bezogen auf das gekaufte Recht überhaupt eine negative Abweichung der Ist- von der Sollbeschaffenheit vorliegt oder vorliegen kann, kann ein Mangel des (mittelbar) gekauften Unternehmens daher nicht ohne Weiteres mit einem Mangel des verkauften Rechts gleichgestellt werden[1141].

Bedenkenswert ist deshalb stets, ob und welche Garantien von dem Veräußerer abzugeben sind, um den Schwierigkeiten des gesetzlichen Gewährleistungsregimes aus dem Weg zu gehen.

So kann das (operative) Unternehmen der Gesellschaft bestimmte Risiken bergen, die mit dem Übergang der Anteile in ihrer Gesamtheit den neuen Anteilseigner treffen.

Mit einer selbstständigen Garantie gibt der Verkäufer gegenüber dem Käufer ein eigenständiges vertragliches Haftungsversprechen in Bezug auf bestimmte Umstände oder Eigenschaften des verkauften Unternehmens ab.

Die selbstständige Garantie ist als Ausprägung der Vertragsfreiheit der Parteien gesetzlich in § 311 Abs. 1 BGB verankert.

Danach steht es den Parteien frei, im Rahmen eines Rechtsgeschäftes privatautonom eine eigenständige, auch von den kaufrechtlichen Gewährleistungsvorschriften abweichende Gewährleistungsregelung zu schaffen. Haftungsgrund einer selbstständigen Garantie im Sinne von § 311 Abs. 1 BGB ist also die mit

---

1138 *Willms/Bicker*, BB 2014, 1347, 1348.

1139 *Göthel*, BB 2014, 1475, 1478.

1140 Zur Vertiefung der Thematik seien die Ausführungen von *Gottgetreu/ Petrikowski* in: Unternehmenskauf in der Steuerpraxis, 247 ff., empfohlen.

1141 *Schulenburg* in: Kauf, Verkauf und Übertragung von Unternehmen, 3. Teil, 85.

Rechtsbindungswillen übernommene Selbstverpflichtung des Garantiegebers, wobei sich nicht nur der Grund der Haftung, sondern auch deren Reichweite nach dem Ausmaß des übernommenen Haftungsversprechens richtet. Eine selbstständige Garantie stellt keine vertragliche Sekundärhaftung dar, sondern begründet einen primären vertraglichen Erfüllungsanspruch[1142].

Selbstständige Garantien in Unternehmenskaufverträgen sind abzugrenzen von Beschaffenheits- und Haltbarkeitsgarantien im Sinne von §§ 443, 444 BGB. Im Gegensatz zu diesen kann sich ein selbstständiges Garantieversprechen nicht nur auf die Beschaffenheit der Sache (Beschaffenheitsgarantie) oder darauf beziehen, dass die Sache für eine bestimmte Dauer eine bestimmte Beschaffenheit behält (Haltbarkeitsgarantie), sondern auf alle gegenwärtigen oder zukünftigen Umstände des Kaufgegenstands. Die Übernahme einer selbstständigen Garantie durch den Verkäufer in einem Unternehmenskaufvertrag geht über die einer Beschaffenheitsgarantie hinaus, da sie nicht nur der Verschärfung der Haftung des Verkäufers dient, sondern einen über die Mangelhaftigkeit der Kaufsache hinausgehenden haftungsbegründenden Effekt hat[1143].

Die Parteien müssen demnach schon bei Formulierung der Ausstiegsklausel erwägen, ob der spätere Veräußerer bestimmte Garantien übernehmen muss oder nicht. Diese Frage sollte nicht allein einer späteren Bewertung vorbehalten sein, sondern vielmehr bereits bei der Aufnahme der Klausel in den Gesellschaftsvertrag, beziehungsweise die Gesellschaftervereinbarung anlässlich der Gründung des gemeinsamen Unternehmens berücksichtigt werden[1144].

Aufgrund der Gesellschafterstellung des Erwerbers kann der Katalog an Garantien aber regelmäßig relativ kurz ausfallen[1145].

Derart selbst gestaltete, komplexe Vertragswerke gewährleisten die Errichtung eines flexiblen, individuell gestaltbaren und kalkulierbaren Haftungsregimes, welches eine interessengerechte Verteilung der Risiken zwischen Verkäufer und Käufer ermöglicht[1146].

e) Wettbewerbsverbot und Non-Solicitation

Regelungsbedürftig kann auch die Frage eines nach Beendigung des Gemeinschaftsunternehmens geltenden Wettbewerbsverbots und eines Verbots, Mitarbeiter der Gesellschaft anzuwerben („Non-Solicitation") sein.

1142 Siehe auch *Gottgetreu/ Petrikowski* in: Unternehmenskauf in der Steuerpraxis, 247.

1143 Zum Vorstehenden, insbesondere zum Begriff der selbständigen Garantie und ihrer Abgrenzung ausführlich *Gottgetreu/Petrikowski* in: Unternehmenskauf in der Steuerpraxis, 247 ff.

1144 Vgl. dazu auch *Schulte/Sieger*, NZG 2005, 24, 27; *Schulte/Pohl*, Joint-Venture-Gesellschaften, 180 Rn. 761.

1145 So auch *Werner*, GmbHR 2005, 1554, 1557.

1146 *Gottgetreu/Petrikowski* in: Unternehmenskauf in der Steuerpraxis, 247.

Denn auch bei einer bloßen Anteilsübertragung zwischen Gesellschaftern der gleichen Gesellschaft kann der Erwerber ein Interesse daran haben, dass der Veräußerer nicht unmittelbar ein Konkurrenzunternehmen eröffnet oder mit den vom Käufer erhaltenen Mitteln finanziell unterstützt, sein Know-How und seine Geschäftsbeziehungen einbringt und möglicherweise noch Mitarbeiter abwirbt[1147].

Im Rahmen des Wettbewerbsverbots können etwa das Tätigwerden als Geschäftsführer oder Angestellter eines Konkurrenzunternehmens, die mittelbare oder unmittelbare Beteiligung an einem sowie die Beratung eines Solchen verboten werden[1148].

Die Vereinbarung eines nachvertraglichen Wettbewerbsverbots für den ausscheidenden Gesellschafter ist bei der Preisfindung mit einem gegebenenfalls erheblichen Aufschlag zu berücksichtigen[1149]. Es muss daher richtigerweise bereits im Kaufvertragsangebot ausdrücklich enthalten sein.

Zu beachten ist allerdings die Vereinbarkeit eines solchen Verbots mit dem deutschen Kartellrecht, insbesondere § 1 GWB. Nach dem dort geregelten Kartellverbot ist nämlich eine vertragliche Verpflichtung eines Unternehmens, Wettbewerb zu unterlassen, grundsätzlich unzulässig. Eine dagegen verstoßende Vereinbarung ist gemäß § 134 BGB nichtig.

Vom funktional geprägten Begriff des „Unternehmens" im Sinne von § 1 GWB[1150] können indes auch natürliche Personen erfasst werden. Maßgeblich für die Annahme der Unternehmenseigenschaft ist nämlich vor allem eine selbstständige Tätigkeit im geschäftlichen Verkehr, die auf den Austausch von Waren oder gewerblichen Leistungen gerichtet ist und sich nicht auf die Deckung des privaten Lebensbedarfs beschränkt[1151].

Wettbewerbsverbote verstoßen dann gegen das Kartellverbot, wenn sie über das hinausgehen, was sachlich, räumlich und zeitlich erforderlich ist[1152].

Ein in einem Unternehmenskaufvertrag vereinbartes Wettbewerbsverbot zulasten des Verkäufers ist nach Maßgabe des § 1 GWB in sachlicher Hinsicht nur dann zulässig, wenn zwischen den Vertragsparteien sichergestellt werden soll, dass der Erwerber das Unternehmen vollständig, also inklusive Kundenstamm, Know How etc., übertragen erhält[1153]. Wenn das Wettbewerbsverbot verhindern soll, dass der Verkäufer die Kundenbeziehungen, die er verkauft und für die er eine entsprechende

1147 So in Bezug auf einen Share Deal *Schulenburg* in: Kauf, Verkauf und Übertragung von Unternehmen, 3. Teil, 88; *Duys/Heinrich* in: Handbuch Unternehmenskauf, 1424 Rn. 163.

1148 *Schulenburg* in: Kauf, Verkauf und Übertragung von Unternehmen, 3. Teil, 75.

1149 *Schulte/Sieger*, NZG 2005, 24, 27.

1150 Sogenannter „funktionaler Unternehmensbegriff", siehe *Nordemann* in: Loewenheim/Meessen/Riesenkampff, Kartellrecht, 10. Teil, § 1 Rn. 18.

1151 BGH NJW 1962, 196, 199; BGH NJW 1976, 1941, 1942; GRUR 1977, 739, 741; BGH NJW 1998, 756, 757; GRUR 1999, 771, 773.

1152 BGH NJW 1982, 2000.

1153 *Duys/Heinrich* in: Handbuch Unternehmenskauf, 1424 Rn. 164 m.w.N.

Zahlung erhalten hat, anschließend durch eigene Konkurrenztätigkeit dem Käufer wieder entzieht oder ihn beeinträchtigt, ist es erforderlich, um den kartellrechtlich neutralen Hauptzweck des Vertrages zu sichern[1154].

Nach diesen Maßstäben wird es folglich bei im Rahmen von Shoot-Out-Klauseln vereinbarten Wettbewerbsverboten insbesondere darauf ankommen, ob der ausscheidende Gesellschafter Kundenbeziehungen und Know-How, die spezifisch in seiner Person begründet waren, mit an den Erwerber übertragen hat und ob das Wettbewerbsverbot eine nachträgliche Beeinträchtigung dieser Übertragung verhindern will.

Ist dies nicht der Fall, ist das Verbot nicht erforderlich, um einen kartellrechtlich neutralen Hauptzweck des Vertrages zu sichern und damit wohl unzulässig.

In zeitlicher Hinsicht geht die Rechtsprechung des Bundesgerichtshofs davon aus, dass die Grenze der Zulässigkeit im Allgemeinen bei zwei Jahren liegt. Über diesen Zeitraum hinaus sei ein schutzwürdiges Interesse des Berechtigten an der Fernhaltung des Verpflichteten von seinem Kundenkreis grundsätzlich nicht mehr und allenfalls im Einzelfall anzuerkennen[1155].

Im Übrigen müssen sich Wettbewerbsverbote auch an § 138 BGB messen lassen. Eine Sittenwidrigkeit im Sinne dieser Vorschrift ist anzunehmen, wenn es den Verkäufer unter angemessener Berücksichtigung der schützenswerten Interessen des Käufers übermäßig und in einer gegen die guten Sitten verstoßenden Weise beschränkt. Dies ist dann der Fall, wenn das Wettbewerbsverbot zeitlich, räumlich oder inhaltlich zu weit ausgedehnt ist[1156].

Insoweit gelten im Wesentlichen die gleichen Maßstäbe wie bei § 1 GWB.

Die Gesellschafter und ihre Rechtsberater müssen diese Maßstäbe beachten, um einer Nichtigkeit der Klausel entgegenzuwirken[1157].

f) Kartellrechtliche Folgen

Bei jedem Unternehmenskauf ist zu prüfen, ob die Transaktion einer kartellrechtlichen Genehmigung oder Anzeige bedarf. Da je nach Umfang des geplanten Unternehmenskaufs komplexe Untersuchungen durchzuführen sind, sollten sich die Vertragsparteien bereits frühzeitig Gewissheit verschaffen, ob ihre Transaktion von einer Zustimmung durch staatliche Kartellbehörden abhängig ist[1158]

Nun stellt eine Anteilsübertragung zwischen Gesellschaftern indes keinen Unternehmenskauf im eigentlichen Sinne dar. Sie kann aber unter Umständen eine ähnliche Wirkung haben, namentlich dann, wenn beispielsweise nur zwei Gesellschafter

---

1154 BGH NJW 1997, 2324, 2326.

1155 BGH NJW-RR 1990, 226, 227.

1156 BGH NJW 2010, 1206; BGH NJW 1991, 699 m.w.N.; BGHZ 91, 6; BGH NJW 1986, 2944; *Goebel* in: Unternehmenskauf in der Steuerpraxis, 289.

1157 Zur konkreten Ausgestaltung mit Musterklauseln *Goebel* in: Unternehmenskauf in der Steuerpraxis, 290 ff.

1158 *Goebel* in: Unternehmenskauf in der Steuerpraxis, 295.

vorhanden sind und nach der Anteilsübertragung nur ein Gesellschafter als Alleinunternehmer verbleibt.

Insbesondere zu beachten sind die Vorschriften über die kartellrechtliche Zusammenschlusskontrolle, deren Anwendungsbereich auch im Falle einer Anteilsübertragung eröffnet sein kann (§ 37 Abs. 1 Nr. 3, Abs. 2 GWB). Entscheidend ist danach, ob 25 Prozent, beziehungsweise 50 Prozent des Kapitals oder der Stimmrechte erreicht werden und die Größenschwelle des § 35 GWB, beziehungsweise der EU-Fusionskontrollverordnung erreicht werden[1159].

Die Übernahme aller Anteile eines (vormaligen) Gemeinschaftsunternehmens muss daher, sofern die vorgenannten Voraussetzungen vorliegen, bei der Europäischen Kommission oder einer nationalen Kartellbehörde – in Deutschland dem Bundeskartellamt nach Maßgabe des § 39 GWB – zur Freigabe angemeldet werden.

Zu regeln ist also insbesondere, dass beide Parteien die für die Durchführung einer solchen Anmeldung notwendigen Handlungen vornehmen.

Überdies ist bereits bei der Formulierung der Ausstiegsklausel die Möglichkeit zu berücksichtigen, dass die Kartellbehörde ihre Zustimmung zum Übergang der Anteile auf eine Partei verweigert. Für einen solchen Fall bietet es sich regelmäßig an, den alternativen Übergang der Anteile auf eine bis zum Weiterverkauf an einen Dritten als Treuhänderin handelnde Bank, die als Treuhänderin jedoch keinen gesellschaftsrechtlichen Weisungen seitens der vom Erwerb ausgeschlossenen Partei unterworfen sein darf, vorzusehen oder, soweit kartellrechtlich zulässig, den Erwerber zum sofortigen Weiterverkauf zu verpflichten[1160].

g) *Steuerliche Folgen*

Der erzwungene Verkauf von Gesellschaftsanteilen kann mitunter auch erhebliche steuerliche Konsequenzen für die beteiligten Gesellschafter – und gegebenenfalls auch für die Gesellschaft – haben. Die möglichen Konstellationen sind allerdings derart vielgestaltig, dass an dieser Stelle lediglich auf die grundsätzliche Problemlage aufmerksam gemacht werden kann.

Die Gesellschafter und ihre Rechtsberater müssen folgerichtig frühzeitig – also bestenfalls schon bei Vereinbarung der Shoot-Out-Klausel – bedenken und regeln, welche Partei welche Steuern im Falle eines Ausstiegs tragen soll, und zwar insbesondere im Bereich der Verkehrssteuern. Da sich die Steuergesetzgebung bekanntlich laufend ändert, wird es dabei weniger darum gehen können, konkrete Steuerlasten zu ermitteln, sondern darum, eine angemessene Risikoverteilung zu erreichen. Die Problematik verschärft sich bei Joint-Venture-Investments häufig dadurch, dass die Anteile an dem Gemeinschaftsunternehmen gegen Einbringung von Beteiligungen gewährt werden, so dass einbringungsgeborene Anteile entstehen, für die lange Haltefristen zu beachten sind. Für diese Fälle bietet sich als Lösung an,

1159 *Schulenburg* in: Kauf, Verkauf und Übertragung von Unternehmen, 3. Teil, 88.
1160 *Schulte/Sieger*, NZG 2005, 24, 27.

dass bestimmte Mindesthaltefristen vereinbart werden, die nur dann durchbrochen werden können, wenn der die Nicht-Einhaltung dieser Fristen verlangende Partner die zusätzlichen Steuerlasten alleine trägt[1161].

h) Verpflichtung zur Amtsniederlegung in Folge des Ausscheidens

Bekleidet der ausscheidende Gesellschafter bestimmte „Ämter" in der Gesellschaft, so wird insbesondere der infolge der Durchführung der Shoot-Out-Klausel verbleibende Gesellschafter ein Interesse daran haben, dass diese Ämter niedergelegt werden. Dies dürfte auch zum Zwecke einer effektiven Konfliktlösung erforderlich sein, damit zwischenmenschliche Differenzen und Antipathien, die sich im Rahmen von Gesellschafterstreitigkeiten leicht entwickeln können, nicht auch das zukünftige Arbeiten und Wirtschaften in der Gesellschaft beeinträchtigen.

Praktisch relevant ist in dieser Hinsicht vor allem die vertraglich vorgesehene Verpflichtung zur Niederlegung des Vorstandsamts in einer AG.

Grundsätzlich ist diese Problematik zwar auch in anderen Gesellschaftsformen, insbesondere der GmbH in Bezug auf die Geschäftsführerposition, denkbar. Hier soll indes beispielhaft nur die Rechtslage im Aktienrecht beleuchtet werden.

Dabei gilt es insbesondere zu prüfen, ob die Verpflichtung zur Amtsniederlegung in Folge der Durchführung einer Shoot-Out-Klausel mit aktienrechtlichen Regelungen und Wertungen in Einklang zu bringen ist.

Damit hatte sich im Kern auch das OLG Nürnberg in seiner Entscheidung vom 20.12.2013 – 12 U 49/13[1162] zu befassen.

Während die Wirksamkeit der dem Streitfall zugrunde liegenden Shoot-Out-Klausel nicht streitentscheidend war, das Gericht folgerichtig Ausführungen dazu nur im Rahmen eines *obiter dictum* machte, musste es zur Wirksamkeit der Verpflichtung zur Amtsniederlegung in Folge der Klauseldurchführung ausführlich Stellung nehmen. Die Aussagen des Gerichts hierzu sollen bei den folgenden Erläuterungen berücksichtigt und bewertet werden.

aa) Verstoß gegen § 84 Abs. 1 AktG

In Betracht kommt zunächst ein Verstoß gegen § 84 Abs. 1 AktG, namentlich dahingehend, dass in der Verpflichtung zur Amtsniederlegung eine unzulässige Beschränkung der Aufsichtsratskompetenzen in Bezug auf die Bestellung von Vorstandsmitgliedern zu sehen sein könnte[1163].

1161 Vgl. zum Vorstehenden *Schulte/Sieger*, NZG 2005, 24, 27; *Schulte/Pohl*, Joint-Venture-Gesellschaften, 181 Rn. 766.

1162 ZIP 2014, 171 ff.

1163 So auch *Schmolke*, ZIP 2014, 897, 903.

Das OLG Nürnberg hat einen entsprechenden Verstoß mit der Begründung verneint, dass die Amtsniederlegung den Aufsichtsrat nicht an einer erneuten Bestellung der jeweiligen Person hindern würde[1164].

Dies ist überzeugend, denn eine Beschränkung der Aufsichtsratskompetenzen im Hinblick auf eine zukünftige Bestellung von Vorstandsmitgliedern könnte allenfalls dann angenommen werden, wenn der Aufsichtsrat durch eine entsprechende Regelung in der Auswahl der Personen eingeschränkt würde. Die Verpflichtung zur Amtsniederlegung stellt eine solche Regelung schon deshalb nicht dar, da sie den Aufsichtsrat weder unmittelbar noch mittelbar berechtigt oder verpflichtet.

Zutreffend weist das Gericht auch darauf hin, dass die wirksame Bestellung der Vorstandsmitglieder nicht nur einen Beschluss des Aufsichtsrates (§§ 108 Abs. 1, 84 Abs. 1 AktG) voraussetzt, sondern unter anderem auch die Annahmeerklärung des Bestellten[1165].

Dabei fällt nur die Bestellung überhaupt in die Kompetenz des Aufsichtsrates. Darin ist er aber – auch in Bezug auf den ausgeschiedenen Gesellschafter – nicht gehindert. Allenfalls könnte Letztgenannter vertraglich verpflichtet worden sein, eine erneute Bestellung zum Vorstandsmitglied nicht anzunehmen. Auf diese Entscheidung hat aber der Aufsichtsrat ohnehin keinen Einfluss, so dass darin auch keine Beschränkung seiner Kompetenzen zu sehen ist[1166].

bb) Widerspruch zum Erfordernis eines zwingenden Grundes für die Amtsniederlegung

Die Zulässigkeit der Amtsniederlegung durch ein Vorstandsmitglied ist grundsätzlich anerkannt[1167].

Einige Literaturstimmen fordern indes für die Befugnis eines Vorstandsmitglieds zur Amtsniederlegung einen wichtigen Grund[1168].

Hinsichtlich der Anforderungen an den wichtigen Grund wird in der Literatur überwiegend eine entsprechende Anwendung des auf den Widerruf der Bestellung bezogenen § 84 Abs. 3 S. 1 AktG vorgeschlagen. Danach läge ein wichtiger Grund vor, wenn dem Vorstandsmitglied eine Beibehaltung seines Amts bis zum Ablauf der Bestellungsdauer nicht zuzumuten ist[1169]. Entscheidend sind dabei die besonderen Umstände des Einzelfalls[1170].

Ein Pflichtverstoß seitens der Gesellschaft ist dafür jedenfalls nicht zwingend erforderlich. Vielmehr reichen auch objektive Umstände aus, die sich zum Beispiel

---

1164 OLG Nürnberg ZIP 2014, 171, 173.

1165 OLG Nürnberg ZIP 2014, 171, 173.

1166 In diese Richtung auch *Schmolke*, ZIP 2014, 897, 903.

1167 Siehe statt Vieler nur BGHZ 78, 82, 84; 121, 257, 260; *Fleischer* in; Spindler/Stilz, AktG, § 84 Rn. 141; *Weber* in: Hölters, AktG, § 84 Rn. 86.

1168 *Weber* in: Hölters, AktG, § 84, Rn. 86 m.w.N.

1169 Ebenda.

1170 *Weber* in: Hölters, AktG, § 84 Rn. 70.

aus einer betrieblichen oder gesellschaftsrechtlichen Umstrukturierung ergeben können[1171].

Demnach wäre zu fragen, ob die Amtsniederlegung in Folge des Ausscheidens aus der Gesellschaft (aufgrund der Durchführung einer Shoot-Out-Klausel) auf einem solchen wichtigen Grund beruht.

Andernfalls könnte man nämlich die Ansicht vertreten, dass die Verpflichtung des ausscheidenden Gesellschafters zur Amtsniederlegung unwirksam ist, weil sie ihn zu einer pflichtwidrigen – weil unberechtigten – Amtsniederlegung zwingt[1172].

Eine solche Sichtweise würde allerdings verkennen, dass gerade die Verpflichtung zur Amtsniederlegung den wichtigen Grund für sie darstellt. Denn würde der betroffene Gesellschafter sein Amt nicht niederlegen, würde er sich vertragswidrig verhalten und sich gegebenenfalls schadensersatzpflichtig machen.

Vor diesem Hintergrund ließe sich aus Sicht des Verfassers eine Unzumutbarkeit der Amtsbeibehaltung für den amtsinhabenden Gesellschafter durchaus vertreten.

Diese Verpflichtung wurde ihm auch nicht aufgezwungen, sondern beruht auf einer freiwilligen Entscheidung zum Vertragsschluss. Hinzu kommt, dass er aufgrund des Verlustes seiner Gesellschafterstellung auch regelmäßig kein Interesse mehr daran haben wird, für die Gesellschaft tätig zu werden.

Unzumutbar wäre die Amtsniederlegung hier allenfalls dann nicht, wenn die Verpflichtung dazu der Gesellschaft Schaden zufügen könnte und dies für die Gesellschafter erkennbar war.

Im Falle einer Shoot-Out-Klausel mit einer Verpflichtung zur Amtsniederlegung als Annexregelung verfolgen die Vertragsparteien aber im Normalfall keine schädigenden Absichten im Hinblick auf die Gesellschaft, sondern bezwecken im Gegenteil eine Konfliktlösung, die der Gesellschaft zugute kommen soll.

Insofern sprechen gute Argumente dafür, hier einen wichtigen Grund für die Amtsniederlegung zu bejahen.

Folgt man im Übrigen der – durchaus vertretbaren und auch nicht selten vertretenen – Gegenansicht, die keinen wichtigen Grund für die Amtsniederlegung verlangt[1173], stellt sich dieses Problem von vornherein gar nicht.

Das OLG Nürnberg hat in seiner Entscheidung zu dieser Thematik gar nicht Stellung genommen, was ebenfalls darauf hindeutet, dass es hier kein wesentliches Problem gesehen hat.

cc) Verstoß gegen § 84 Abs. 3 AktG

Ebenfalls nicht angesprochen vom OLG Nürnberg wird die Frage, ob die Verpflichtung zur Amtsniederlegung nicht möglicherweise die Funktion des § 84 Abs. 3

1171 *Schmolke*, ZIP 2014, 897, 904 m.w.N.

1172 Auf diese Möglichkeit hinweisend *Schmolke*, ZIP 2014, 897, 903.

1173 *Koch* in: Hüffer, AktG, § 84 Rn. 45 m.w.N.; *Spindler* in: Goette/Habersack; MünchKomm AktG, Band 2, § 84 Rn. 204.

S. 1 AktG unterläuft, der für den Widerruf der Bestellung zum Vorstandsmitglied einen wichtigen Grund verlangt[1174].

Die Überlegung ist hier folgende:

Stellte die Verpflichtung zur Amtsniederlegung aufgrund des (klauselbedingten) Ausscheidens aus der Gesellschaft keinen wichtigen Grund für einen Widerruf der Bestellung dar, so würde die Funktion des § 84 Abs. 3 S. 1 AktG, namentlich die Unabhängigkeit des Vorstandes während der Dauer seines Amtes dadurch zu sichern, dass er nicht mit jederzeitiger Abberufung rechnen muss[1175], unterlaufen, da eben kein wichtiger Grund vorläge und eine Amtsniederlegung trotzdem erfolgen muss.

Demgemäß wäre zu fragen, ob das Ausscheiden des Vorstandsmitglieds im Zuge einer Shoot-Out-Klausel und der damit verbundene Verlust der Gesellschafterstellung einen wichtigen Abberufungsgrund im Sinne von § 84 Abs. 3 S. 1 AktG darstellt.

Dies ist letztlich die gleiche Frage, die soeben schon im vorigen Kapitel aufgeworfen wurde. Unterschied ist einzig, dass es hier maßgeblich auf die Sicht der Gesellschaft und nicht auf die Sicht des Vorstandsmitgliedes ankommt[1176].

Schmolke vertritt hierzu die Ansicht, dass dieser Umstand mit den in § 84 Abs. 3 S. 2 AktG genannten Gründen nicht vergleichbar sei. Insbesondere sei die Beteiligung an einer Gesellschaft keine Voraussetzung für die Bekleidung des Vorstandsamtes. Zudem bestünde ein weitgehender Konsens darüber, dass die Änderung des Gesellschafterkreises keinen wichtigen Abberufunggrund begründe.

Daher sei die Verpflichtung zur Amtsniederlegung aufgrund der Shoot-Out-Klausel wegen eines Verstoßes gegen die Wertung des § 84 Abs. 3 AktG unwirksam[1177]. Angemerkt sei aber, dass sich diese Ansicht speziell auf den der Entscheidung des OLG Nürnbergs zugrunde liegenden Fall bezieht und daher nicht ohne weiteres generalisiert werden kann und sollte.

Unabhängig davon verkennt *Schmolke* indes, dass die in § 84 Abs. 3 S. 2 AktG genannten Gründe nicht abschließend sind oder eine Vergleichbarkeit mit ihnen erforderlich wäre. Entscheidend ist alleine, dass der durch den Aufsichtsrat vertretenen Gesellschaft das Festhalten an dem Vorstandsmitglied in seiner Organstellung nicht mehr zumutbar ist, was stets eine Entscheidung des Einzelfalles ist[1178].

Dass insofern die bloße Änderung der Aktionärsstruktur aufgrund der Shoot-Out-Klausel nicht ausreicht, um eine Unzumutbarkeit aus Sicht der Gesellschaft zu begründen, soll an dieser Stelle nicht bezweifelt werden.

Allerdings kann ein wichtiger Grund gegeben sein, wenn nach den Umständen berechtigte Zweifel daran bestehen, dass das Vorstandsmitglied sein Leitungsermessen

1174 So auch *Schmolke*, ZIP 2014, 897, 904.
1175 Allgemeine Meinung, siehe nur *Spindler* in: Goette/Habersack; MünchKomm AktG, Band 2, § 84 Rn. 125 m.w.N.
1176 *Spindler* in: Goette/Habersack; MünchKomm AktG, Band 2, § 84 Rn. 128; a.A. OLG Stuttgart AG 2013, 599, 603 unter Berufung auf BGH NGZ 2007, 189.
1177 *Schmolke*, ZIP 2014, 897, 904.
1178 *Spindler* in: Goette/Habersack; MünchKomm AktG, Band 2, § 84 Rn. 128 m.w.N.

unter loyaler Berücksichtigung unternehmenskonformer Interessen der neuen Mehrheit ausüben wird, weil es sich in außergewöhnlichem Maße mit der alten Mehrheit identifiziert hatte[1179].

Dementsprechend kann auch im Falle einer erfolgreichen Übernahme ein wichtiger Grund vorliegen, sofern der Vorstand eine feindliche Übernahme vehement bekämpft hatte und in der Folge berechtigte Zweifel an seiner Loyalität bestehen[1180].

Bei Shoot-Out-Klauseln liegt die Sachlage regelmäßig ähnlich:

Da sie richtigerweise nur ausgelöst werden dürfen, wenn ein nicht anders lösbarer Konflikt zwischen den Gesellschaftern vorliegt[1181], ist davon auszugehen, dass jedenfalls ein nicht unerhebliches Konfliktpotenzial nach der – der Konfliktlösung dienenden – Anteilsübertragung fortbesteht oder sich erneuert, wenn der ausscheidende Gesellschafter in entscheidungsbefugter, wenn auch nicht mitgliedschaftlicher Position in der Gesellschaft verbleibt.

Dies kann wiederum Schäden für die Gesellschaft zur Folge haben, so dass dies durchaus einen wichtigen Grund für den Widerruf des Vorstandsamts begründen kann.

Entscheidend sind aber freilich stets die Umstände des Einzelfalles, so dass sich eine Pauschalisierung an dieser Stelle verbietet.

Allerdings spricht die regelmäßig gegebene, gerade geschilderte Sachlage wohl dafür, das Vorliegen eines wichtigen Grundes in diesen Fällen tendenziell eher zu bejahen als zu verneinen und daher einen Verstoß gegen die Wertung des § 84 Abs. 3 AktG nicht anzunehmen.

dd) Zusammenfassung

Die Vereinbarung einer Verpflichtung zur Niederlegung des Vorstandsamtes infolge der Durchführung einer Shoot-Out-Klausel verstößt nach hier vertretener Auffassung im Normalfall nicht gegen aktienrechtliche Vorschriften oder Wertungen.

In Betracht kommt allenfalls ein Verstoß gegen die Wertung des § 84 Abs. 3 AktG, was aber im jeweiligen Einzelfall zu entscheiden ist.

Um einen entsprechenden Verstoß zu vermeiden, ist eine umsichtige vertragliche Planung bei der Vereinbarung einer solchen Verpflichtung geboten.

Gegebenenfalls kann auch daran gedacht werden, den betroffenen Gesellschafter nicht nur zur Amtsniederlegung, sondern darüber hinaus dazu zu verpflichten, eine etwaige erneute Bestellung durch den Aufsichtsrat nicht anzunehmen.

Dies dürfte – wie bereits gezeigt wurde – insbesondere die Bestellungskompetenzen des Aufsichtsrates aus § 84 Abs. 1 AktG nicht beeinträchtigen.

1179 *Mertens/Cahn* in: Zöllner/Noack, KölnerKomm AktG, Band 2, § 84 Rn. 128; *Spindler* in: Goette/Habersack; MünchKomm AktG, Band 2, § 84 Rn. 135.

1180 So auch *Lingemann/Röder*, DB 1993, 1341, 1342; *Spindler* in: Goette/ Habersack; MünchKomm AktG, Band 2, § 84 Rn. 135.

1181 Siehe F., III., 4.

Vorteil einer solchen Vorgehensweise ist, dass der Zweck der Amtsniederlegung, eine Konfliktlösung durch endgültige und vollständige Trennung der rechtlichen Beziehungen zwischen den Gesellschaftern herbeizuführen, nicht nachträglich wieder unterlaufen werden kann.

3. Zusammenfassung

Im Rahmen dieses Kapitels wurde gezeigt, dass auch nach Abschluss des schuldrechtlichen Kaufvertrages die von Shoot-Out-Klauseln bezweckte Konfliktlösung noch nicht abgeschlossen ist.

So gilt es insbesondere, die dingliche Übertragung der Gesellschaftsanteile vorzunehmen. Wie dies vonstatten gehen kann, wurde eingehend erläutert.

Zudem stellen sich einige an Kaufvertrag und Übertragung anschließende Folgefragen und -probleme, die die Gesellschafter regelmäßig schon bei Vereinbarung der Klausel beachten und regeln müssen.

Dazu gehören regelmäßig – wie gezeigt – die Kosten des Verfahrens, eine eventuell notwendige Umwandlung der Rechtsform der Gesellschaft, das Schicksal von Firma, geistigem Eigentum und bestehenden Verträgen, die Vereinbarung von Garantien und Wettbewerbsverboten sowie kartellrechtliche und steuerrechtliche Folgen der Übertragung, ohne dass diese Aufzählung abschließend wäre.

Zuletzt wurde das bereits vom OLG Nürnberg thematisierte Problem der klauselbedingten Verpflichtung zur Niederlegung des Vorstandsamtes in einer AG erläutert, das sich gleichfalls in anderen Gesellschaftsformen, insbesondere der GmbH, stellen kann.

Damit wurde nun der chronologische Zeitablauf einer Shoot-Out-Klausel mit ihren Regelungsgegenständen ausführlich nachempfunden und beleuchtet. Bei Berücksichtigung aller hier gegebener Ratschläge zur Gestaltung derartiger Klauseln, dürften einer reibungslosen Statuierung und Durchführung der Verfahren keine Hindernisse mehr entgegenstehen.

VI. Musterklausel

Im folgenden, letzten Kapitel dieser Arbeit soll nunmehr – ausgehend von den Ergebnissen und Erkenntnissen dieser Arbeit – ein Muster einer Shoot-Out-Klausel dargestellt werden.

Im Grundsatz folgt die Klausel der oben schon bei C., I. dargestellten Struktur von Shoot-Out-Klauseln, die an der Chronologie der Geschehnisse orientiert ist.

Dabei werden auch einige allgemeine Verfahrensregelungen, die nach hier vertretener Ansicht bei allen Arten von Shoot-Out-Klauseln zur Anwendung kommen sollten, vorweg gestellt. Erst im Rahmen von § 4 Abs. 3 kommt es zur Beschreibung der unterschiedlichen Verfahrensarten, die hier in einer Art Bausteinmodell vorgestellt werden und je nach Bedarf an dieser Stelle eingefügt werden können.

Eine allgemeingültige Klausel für alle Situationen kann es allerdings angesichts der zahlreichen Umstände, die auf eine Shoot-Out-Klausel Einfluss nehmen können, nicht geben. Auf die jeweiligen, vom hier vorgestellten Muster abweichenden Gestaltungsmöglichkeiten wird daher jeweils in Kursivschrift hingewiesen. Im Übrigen obliegt es dem Vertragsgestalter, die Klausel an die jeweiligen Bedürfnisse des Einzelfalles anzupassen.

Die Darstellung orientiert sich an einer schriftlichen Ausgestaltung in einem Gesellschaftsvertrag, einem Joint-Venture-Vertrag oder einer schuldrechtlichen Nebenabrede.

Sie kann daher als Grundlage für langfristig oder kurzfristig vereinbarte Klauseln dienen.

Ferner wird der Musterklausel die Konstellation einer Zweipersonengesellschaft zugrunde gelegt. Sofern das jeweilige Verfahren ohne Veränderungen auch in mehrgliedrigen Gesellschaften durchführbar ist, wird darauf durch gleichzeitige Verwendung der sprachlichen Personenmehrzahlen hingewiesen. Andernfalls wird das Verfahren gesondert dargestellt.

Gesondert dargestellt werden bei § 4 Abs. 3 indes nur solche Verfahren oder Verfahrensabwandlungen, denen im Rahmen dieser Arbeit ein eigener Wert zuerkannt wurde, beziehungsweise deren Nachteile nicht derart gravierend sind, dass von einer Vereinbarung abgeraten werden musste.

Generell werden nur solche Bestimmungen Gegenstand der Musterklausel, die nach Ansicht des Verfassers stets in einer Shoot-Out-Klausel geregelt werden müssen. Daher finden sich insbesondere einige der in F., V., 2. genannten Regelungsgegenstände nicht im Muster wieder. Die dort genannten Folgefragen stellen sich zwar häufig, aber eben auch nicht immer.

Ziel der Klausel muss es sein, den Gesellschaftern das Verfahren so präzise wie möglich vorzuschreiben. Vor allem muss vermieden werden, dass regelungsbedürftige Punkte offen bleiben, da solche Lücken wiederum zu Streitigkeiten der Parteien führen können. Insofern wird eine gut formulierte Shoot-Out-Klausel regelmäßig schon (nahezu) alle Bestimmungen, die auch Gegenstand des späteren Kaufvertrages werden sollen, festlegen oder zumindest die Grundlage für ihre spätere Statuierung bilden.

§ 1 Klauselgegenstand und Geltungsbereich

Mithilfe des folgenden Verfahrens sollen Gesellschaftsanteile zwischen den Gesellschaftern übertragen werden.

Bei Auslösung der Klausel müssen alle Gesellschafter am nachfolgend beschriebenen Verfahren teilnehmen.

Hier kann auch bereits eine Einschränkung des Geltungsbereichs vorgenommen werden, sofern einzelne Gesellschafter am Verfahren nicht teilnehmen sollen.

In diesen Fällen kann es Sinn machen, das Verfahren nicht im Gesellschaftsvertrag, sondern in einer gesonderten schuldrechtlichen Nebenabrede zu vereinbaren[1182].

1182 Siehe F., II., 1.

§ 2 Berechtigung zur Klauselauslösung

(1) Persönliche Berechtigung

Das Recht zur Auslösung dieses Verfahrens steht jedem Gesellschafter zu.

Hier kann auch bereits eine personelle Beschränkung des Berechtigtenkreises vorgenommen werden[1183].

(2) Sachliche Berechtigung

Eine Auslösung des Verfahrens ist möglich, wenn:

a)

zwischen zwei oder mehr Gesellschaftern auf entscheidungsfähiger Ebene Uneinigkeit hinsichtlich einer zu treffenden Entscheidung über die Gesellschaft betreffende Fragen herrscht und diese Uneinigkeit nicht einvernehmlich beseitigt werden konnte und auch in Zukunft keine einvernehmliche Beseitigung mehr zu erwarten ist oder

b)

die Gesellschafter übereinstimmend die Durchführung des Verfahrens wünschen[1184].

Hier kann auch eine konkrete Benennung der Gesellschafterkonflikte erfolgen, sofern die Gesellschafter konkrete Vorstellungen haben, bei welcher Art von Konflikt eine Shoot-Out-Klausel zum Einsatz kommen soll[1185].

Im Fall von S. 1 lit. a) ist eine Auslösung nicht möglich, wenn entweder

a)

alle zu beteiligenden Gesellschafter übereinstimmend zum Ausstieg aus der Gesellschaft bereit sind. In diesem Fall ist die Gesellschaft aufzulösen und abzuwickeln.

oder

b)

alle bis auf einen beteiligten Gesellschafter aus der Gesellschaft ausscheiden wollen[1186].

An dieser Stelle können auch weitere Konstellationen genannt werden, die eine Auslösung des Verfahrens verhindern. Zu denken ist hier insbesondere an das Vorliegen eines bestimmten, vorher festzulegenden finanziellen Ungleichgewichts[1187].

1183 Siehe F., III., 3., d).
1184 Siehe F., III., 4.
1185 Siehe F., III., 2., b).
1186 Siehe F., III., 3., c).
1187 Siehe F., III., 3.

§ 3 Allgemeine Verfahrensvorschriften

(1) Schriftform

Alle Erklärungen und Mitteilungen, die im Rahmen dieses Verfahrens gegenüber einem anderen abgegeben werden, müssen zu ihrer Wirksamkeit die Schriftform beachten[1188].

(2) Verfahrensleitung

Das Verfahren wird geleitet durch *(Benennung der Person)* als neutralen/r Dritten/r[1189]. Seine/Ihre Rechte und Pflichten ergeben sich aus den folgenden Vertragsklauseln und im Übrigen aus dem Vertrag in Anlage [...][1190].

Die beteiligten Gesellschafter akzeptieren die im Rahmen des Verfahrens getroffenen Entscheidungen des/der neutralen Dritten, die in seinen/ihren Aufgabenbereich fallen[1191].

Mitteilungen und Willenserklärungen, die der/die Dritte gegenüber den Gesellschaftern abgibt, gelten drei Tage nach Aufgabe eines Briefes per Einwurf-Einschreiben an die der Gesellschaft bekannt gegebene Anschrift des Empfängers als abgegeben und zugestellt.

Zum Zwecke der Verfahrensdurchführung bevollmächtigen die Gesellschafter den/die Dritte/n, Handlungen und Erklärungen in ihrem Namen vorzunehmen, soweit diese Klausel Regelungen enthält, die eine entsprechende Vorgehensweise vorsehen.

(3) Kaufgegenstand

Gegenstand des abzuschließenden Kaufvertrages sind die gesamten Gesellschaftsanteile/*Mitgliedschaftsrechte* und die damit zwingend verbundenen Rechte und Pflichten desjenigen Gesellschafters, der im Rahmen des folgenden Verfahrens ein Kaufangebot eines anderen Gesellschafters annimmt.

Zudem werden auch alle folgenden Rechte und Pflichten Kaufgegenstand[1192]:

Hier sind weitere Rechte und Pflichten aufzuführen, die an den Erwerber übergehen sollen. Zu denken ist beispielsweise an bestimmtes Know-How, Patente oder ähnliches, sofern diese schon bei Vereinbarung der Klausel vorhanden sind.

Vom Kaufvertrag nicht erfasst werden folgende Rechte und Pflichten:

Hier sind Rechte und Pflichten aufzuführen, die nicht an den Erwerber übergehen sollen.

1188 Siehe F., II., 3.

1189 Zur konkreten Besetzung der Position des neutralen Dritten siehe F., IV., 1., d).

1190 Siehe F., IV., 1., d).

1191 Siehe F., IV., 1., d), cc).

1192 Siehe insbesondere F., IV., 1., e) und F., V., 2., c).

Die beteiligten Gesellschafter müssen ihre Angebote stets in einen schriftlichen Kaufvertrag einbetten, der hinsichtlich seines Inhalts die Bestimmungen dieser Klausel zu beachten hat.

Werden alternativ oder kumulativ Verkaufsangebote abgegeben, ist die Formulierung freilich anders zu wählen, beziehungsweise zu ergänzen:

Gegenstand des abzuschließenden Kaufvertrages sind die gesamten Gesellschaftsanteile/Mitgliedschaftsrechte und die damit zwingend verbundenen Rechte und Pflichten desjenigen Gesellschafters, dessen Verkaufsangebot im Rahmen des folgenden Verfahrens von einem anderen Gesellschafter angenommen wird.

(4) Vergleichbarkeit der Gebote

Um eine Vergleichbarkeit der Gebote im Rahmen des Verfahrens zu gewährleisten, beziehen sich die Gebote jeweils auf einen Geschäftsanteil mit einem Nennwert von 1,00 Euro.

Der konkrete Kaufpreis ergibt sich ausgehend davon aus der Höhe der prozentualen Beteiligung desjenigen Gesellschafters, der am Ende des Verfahrens seine Anteile verkaufen muss[1193].

Alternativ kann auch auf 100 Prozent der Anteile geboten werden[1194].

Beim Deterrent Approach-Verfahren sind für den konkreten Kaufpreis noch – sofern vereinbart – Auf- und Abschläge zu beachten[1195].

(5) Fristen

Sofern Handlungen oder Erklärungen der Gesellschafter nach Maßgabe der folgenden Bestimmungen fristgebunden sind, wird die Frist bereits dadurch gewahrt, dass die jeweilige Handlung oder Erklärung dem Verfahrensleiter gegenüber fristgerecht vorgenommen wurde. Im Übrigen gelten die gesetzlichen Regelungen.

(6) Verhältnis zu Kündigungsrechten

Sofern dieser Vertrag an anderer Stelle Kündigungsrechte der Gesellschafter in Bezug auf die Gesellschaft oder ihrer Gesellschafterstellung vorsieht, werden diese durch das hier geregelte Verfahren nicht berührt[1196].

Wird die Klausel in einer Konstellation eingesetzt, in der sich die finanziellen Mittel der beteiligten Gesellschafter erheblich unterscheiden, kann zudem noch folgende Regelung sinnvoll sein[1197]*:*

1193 Siehe F., IV., 1., f).
1194 Ebenda.
1195 Siehe F., IV., 6., b), cc).
1196 Siehe E., I., 2.
1197 Siehe D., II., 2., a), aa), (2), (2.3).

(7) Einmaliges Überprüfungsrecht

Der finanziell schwächere Gesellschafter hat einmalig das Recht, ein Angebot des Mitgesellschafters überprüfen zu lassen, sofern er den Eindruck hat, dass das Angebot deutlich unter dem tatsächlichen Wert der Anteile liegt.

Das Recht muss innerhalb der Reaktionsfrist für das Angebot geltend gemacht werden. Die Frist wird durch die Geltendmachung des Rechts gehemmt.

Die Überprüfung erfolgt durch den/die neutrale/n Dritte/n, und zwar dergestalt, dass er/sie innerhalb einer Frist von *(Fristlänge eintragen)* eine objektive Anteilsbewertung vornimmt und das betroffene Angebot mit dem Ergebnis der Bewertung abgleicht.

Ergibt sich dabei, dass das Angebot vom ermittelten Wert der Anteile um mehr als *(Prozentzahl eintragen)* Prozent abweicht, ist der/die Dritte verpflichtet, das Angebot in Vertretung des anbietenden Gesellschafters auf die ermittelte Höhe abzuändern.

§ 4 Verfahren bis zur Ermittlung des Erwerbers

(1) Auslösungsnachricht

Entscheidet sich ein dazu berechtigter Gesellschaft zur Einleitung des Verfahrens, so hat er eine entsprechende Nachricht unverzüglich in schriftlicher Form dem/der neutralen Dritten zukommen zu lassen.

Der/Die neutrale Dritte hat das Vorliegen der Auslösungsvoraussetzungen zu überprüfen. Liegen sie vor, stellt er/sie den anderen beteiligten Gesellschaftern die Auslösungsnachricht zu. Andernfalls lehnt er/sie die Durchführung des Verfahrens ab[1198].

Wer einen noch weitergehenden Schutz vor missbräuchlichen Einsätzen der Klausel erreichen will, kann darüber hinaus folgenden Passus einbauen:

Er/Sie kann eine Ablehnung auch dann erklären, wenn im Einzelfall konkrete Anhaltspunkte dafür bestehen, dass die Verfahrenseinleitung in missbräuchlicher Absicht geschieht. In diesem Fall muss er/sie diese Anhaltspunkte den beteiligten Gesellschaftern gegenüber schriftlich darlegen und erläutern. Das bloße Bestehen eines finanziellen Ungleichgewichts zwischen den Gesellschaftern ist dafür nicht ausreichend.

(2) Abkühlungsphase

Nachdem alle beteiligten Gesellschafter nachweislich die Auslösungsnachricht erhalten haben, findet eine 30-tägige Abkühlungsphase statt. Beginn ist der Tag, an dem der letzte beteiligte Gesellschafter nachweislich die vom Dritten weitergeleitete Auslösungsnachricht erhalten hat[1199]. Im Zweifel gilt § 3 Abs. 2 S. 3 dieses Vertrages.

1198 Siehe F., IV., 1., d), bb).
1199 Siehe F., IV., 1., b).

Die konkrete Dauer der Abkühlungsphase kann je nach Einzelfall vertraglich angepasst werden.

Soll in dieser Zeit – je nach Verfahren – eine objektive Anteilsbewertung durch den/die Dritte/n stattfinden, sollte darauf gesondert hingewiesen werden:

In dieser Zeit ist der/die Dritte verpflichtet, eine objektive Anteilsbewertung als Grundlage für die weitere Preisermittlung durchzuführen und die Ergebnisse den beteiligten Gesellschaftern schriftlich mitzuteilen.

Hier sollte zudem ein Hinweis auf die konkrete Bewertungsmethode eingefügt werden.

Für den Fall, dass für die Angebotsvorbereitung relevantes Wissen einseitig zwischen den beteiligten Gesellschaftern verteilt ist, ist folgende Klausel in den Vertrag aufzunehmen[1200]*:*

Benötigen die beteiligten Gesellschafter für die Vorbereitung ihrer Angebote spezifische Informationen, die bei einem Gesellschafter vorhanden ist, bei einem anderen dagegen nicht, so hat der uninformierte Gesellschafter dies dem/der Dritten gegenüber unverzüglich nach Verfahrenseinleitung mitzuteilen.

Diese/r fordert sodann den informierten Gesellschafter auf, dem uninformierten Gesellschafter die entsprechenden Informationen innerhalb einer Frist von einer Woche ab Zustellung der Aufforderung zukommen zu lassen.

Für jeden Tag der verschuldeten Verzögerung hat der informierte Gesellschafter eine Vertragsstrafe in Höhe von [...] an die Gesellschaft zu zahlen, maximal jedoch den Betrag von insgesamt sieben Tagen.

Die Abkühlungsphase beginnt erst, wenn der uninformierte Gesellschafter die Informationen nachweislich erhalten hat, spätestens jedoch nach Ablauf einer weiteren Woche.

Hat der informierte Gesellschafter bis zu diesem Zeitpunkt seine Informationspflicht nicht erfüllt, so ändert sich das Verfahren zur Erwerberermittlung. Es findet sodann folgendes Verfahren statt:

Hier ist ein Verfahren mit objektiver Anteilsbewertung als Grundlage der Preisfindung einzufügen.

(3) Verfahrensweise

Hier ist nun eines der im Rahmen der Arbeit vorgestellten Verfahren zur Erwerberermittlung einzufügen. Diese werden als einfügbare Bausteine im Folgenden dargestellt.

(3.1) Internes klassisches Auktionsverfahren[1201]

Unmittelbar nach Ablauf der Abkühlungsphase beginnt die Frist für alle beteiligten Gesellschafter zur Abgabe ihres Erstgebotes für die Anteile des/der anderen Gesellschafter/s. Die Frist beträgt 14 Tage.

1200 Siehe F., IV., 1., h).

1201 Siehe insbesondere F., IV., 2., a) .

Hier kann freilich auch eine andere Fristlänge festgelegt werden.

Die Gesellschafter haben ihre Angebote stets zuerst dem/der neutralen Dritten zukommen zu lassen.

Die Berechnung der Angebotshöhe erfolgt nach den Vorgaben in § 3 Abs. 4 dieses Vertrages.

Nach Ablauf der Frist prüft der/die Dritte zunächst, ob alle Gebote vorhanden und die vorhandenen Gebote wirksam sind. Hier sind insbesondere die Einhaltung der Angebotsfrist und die Einbettung in einen Kaufvertrag mit dem vorgenannten Inhalt relevant.

Bei wirksamer Angebotsabgabe leitet er/sie das Angebot an den/die Mitgesellschafter weiter.

Liegen die vorgenannten Voraussetzungen nicht vor, erklärt der/die Dritte das Angebot für unwirksam und stellt es dem/den Mitgesellschafter/n nicht zu.

Der/Die Dritte muss die Unwirksamkeit dem betroffenen Gesellschafter gegenüber unverzüglich schriftlich anzeigen.

Erfolgte die Fristmissachtung vorsätzlich oder fahrlässig, darf der betroffene Gesellschafter kein weiteres Angebot mehr abgeben.

Hier können auch weniger drastische Folgen für Fristmissachtungen vereinbart werden.

Daraufhin stellt der/die Dritte fest, welches wirksame Angebot das derzeit höchste ist und teilt dies unverzüglich allen teilnehmenden Gesellschaftern schriftlich mit. Er/Sie fordert überdies alle bis auf den derzeit Höchstbietenden auf, innerhalb einer weiteren Frist von 14 Tagen ihr Angebot nachzubessern.

Die neuen Angebote müssen das bisherige Höchstgebot mindestens um 10 Prozent übersteigen.

Hier wurde zur Verfahrensbeschleunigung eine bestimmte prozentuale Gebotserhöhung vorgesehen. Dies muss nicht zwingend so sein! Auch die konkrete Prozentzahl ist nur ein Beispiel und kann verändert werden.

Die Frist beginnt, wenn der letzte Gesellschafter die Mitteilung des/der Dritten erhalten hat. Im Zweifel gilt § 3 Abs. 2 S. 3 dieses Vertrages.

Hier kann freilich ebenfalls eine andere Fristlänge festgelegt werden.

Ist ein Gesellschafter zu einer Angebotsnachbesserung nicht bereit, so muss er dies innerhalb der Angebotsfrist gegenüber dem/der Dritten schriftlich mitteilen.

Das vorgenannte Prozedere wird so lange wiederholt, bis kein Gesellschafter mehr zur Nachbesserung seines Angebots bereit ist oder bis maximal drei Bietrunden beendet sind.

Hier wurde zur Verfahrensbeschleunigung eine Beschränkung der Bietrundenzahl festgelegt. Dies ist freilich kein „Muss".

Danach stellt der/die Dritte fest, welches Angebot das insgesamt höchste ist und erteilt diesem Angebot unmittelbar nach Überprüfung der Wirksamkeit den finalen Zuschlag. Dies teilt er/sie unverzüglich allen teilnehmenden Gesellschaftern schriftlich mit.

Mit dem Zuschlag kommt der Kaufvertrag zwischen dem höchstbietenden Gesellschafter als Käufer und dem anderen Gesellschafter als Verkäufer zustande.

Zu diesem Zweck unterschreibt der/die Dritte im Namen des verkaufenden Gesellschafters den vom Käufer abgegebenen schriftlichen Kaufvertragsentwurf.

Unter Umständen, zum Beispiel bei der GmbH, ist auch eine notarielle Beurkundung erforderlich[1202]*. Darauf sollte dann freilich in der Klausel hingewiesen werden.*

Sind mehr als zwei Gesellschafter am Verfahren beteiligt und soll nur ein Gesellschafter ausscheiden, so muss das Verfahren wie folgt angepasst werden[1203]*:*

Mit dem Zuschlag kommt der Kaufvertrag zwischen dem höchstbietenden Gesellschafter als Käufer und demjenigen Gesellschafter als Verkäufer zustande, dessen Angebot nach Abgabe aller Letztgebote die geringste Höhe aufweist.

Dabei wird ein vom Dritten als unwirksam eingestuftes Angebot mit einer Höhe von 0,00 Euro berücksichtigt.

Sind mehr als zwei Gesellschafter am Verfahren beteiligt und sollen mehrere, aber nicht alle bis auf einen Gesellschafter ausscheiden, so muss das Verfahren wie folgt angepasst werden[1204]*:*

Mit dem Zuschlag kommt der Kaufvertrag zwischen dem höchstbietenden Gesellschafter als Käufer und denjenigen *(Anzahl der Gesellschafter, zum Beispiel 3)* Gesellschaftern als Verkäufern zustande, deren Angebote nach Abgabe aller Letztgebote die geringste Höhe aufweisen.

Dabei wird ein vom Dritten als unwirksam eingestuftes Angebot mit einer Höhe von 0,00 Euro berücksichtigt.

(3.2) Holländische Auktion/Dutch Auction[1205]

(3.2.1) Grundform[1206]

Unmittelbar nach Ablauf der Abkühlungsphase beginnt die Holländische Auktion/ Dutch Auction.

Dafür sendet der/die Dritte den beteiligten Gesellschaftern zunächst einen schriftlichen Kaufvertragsentwurf zu, der hinsichtlich seines Inhalts insbesondere die Regelungen dieser Klausel zu beachten hat.

Zugleich übermittelt er/sie den Gesellschaftern ein Kaufangebot zu einem Kaufpreis, dessen Höhe 10 Prozent über dem objektiv ermittelten Beteiligungswert liegt.

Die konkrete Prozentzahl kann je nach den Erfordernissen des Einzelfalls festgelegt werden.

Die Berechnung der Angebotshöhe erfolgt nach den Vorgaben in § 3 Abs. 4 dieses Vertrages.

Die Gesellschafter können sodann innerhalb einer Frist von 14 Tagen entscheiden, ob sie das im Raum stehende Kaufangebot annehmen wollen. Die Frist beginnt,

---

1202 Siehe E., I., 5., c), bb).
1203 Siehe F., I., 2., a), bb), (1).
1204 Ebenda.
1205 Siehe F., IV., 2., b), aa).
1206 Siehe F., IV., 2., b), aa), (1).

wenn der letzte Gesellschafter den Kaufvertragsentwurf und den Kaufpreisvorschlag erhalten hat. Im Zweifel gilt § 3 Abs. 2 S. 3 dieses Vertrages.

Die Frist kann freilich auch anders bemessen werden.

Die Gesellschafter haben ihre Annahmeerklärungen stets zuerst dem/der neutralen Dritten zukommen zu lassen.

Er/sie prüft, ob die Annahmefrist eingehalten wurde.

Bei Missachtung der Frist erklärt der/die Dritte die Annahme für unwirksam und stellt sie dem/den Mitgesellschafter/n nicht zu.

Der/Die Dritte muss die Fristmissachtung dem betroffenen Gesellschafter gegenüber unverzüglich schriftlich anzeigen.

Erklärt nur einer der Gesellschafter innerhalb dieser Frist die Annahme des Angebotes, so kommt der Kaufvertrag mit ihm als Käufer und dem anderen Gesellschafter als Verkäufer zustande.

Erklären mehrere Gesellschafter fristgerecht die Annahme des Angebotes, so gilt das Prioritätsprinzip.

Erklärt keiner der Gesellschafter fristgerecht die Annahme, so geht das Verfahren dergestalt weiter, dass der/die Dritte den Kaufpreis in der Folge um 10 Prozent senkt und dies den Gesellschaftern erneut schriftlich mitteilt.

Im weiteren Verlauf wiederholt sich das vorgenannte Vorgehen, bis einer der Gesellschafter ein im Raum stehendes Angebot fristgerecht annimmt.

Zur Verfahrensbeschleunigung können die Preise auch mit größeren als den hier vorgeschlagenen 10-Prozent-Schritten gesenkt werden.

(3.2.2) Grundform in mehrgliedrigen Gesellschaften[1207]

Soll das Verfahren in mehrgliedrigen Gesellschaften stattfinden und nicht alle bis auf einen Gesellschafter ausscheiden, kann es wie folgt angepasst werden:

Unmittelbar nach Ablauf der Abkühlungsphase beginnt die Holländische Auktion/Dutch Auction.

Dafür sendet der/die Dritte den beteiligten Gesellschaftern zunächst einen schriftlichen Kaufvertragsentwurf zu, der hinsichtlich seines Inhalts insbesondere die Regelungen dieser Klausel zu beachten hat.

Er teilt ihnen zudem schriftlich den Startkaufpreis mit, dessen Höhe 10 Prozent über dem objektiv ermittelten Beteiligungswert liegt und in welchen Schritten dieser Preis noch sinkt.

Die Berechnung der Angebotshöhe erfolgt nach den Vorgaben in § 3 Abs. 4 dieses Vertrages.

Die Gesellschafter können sodann innerhalb einer Frist von 14 Tagen entscheiden, ob und welches der unterschiedlich hohen Kaufangebote sie abgeben wollen. Die Frist beginnt, wenn der letzte Gesellschafter den Kaufvertragsentwurf und die Kaufpreisvorschläge erhalten hat. Im Zweifel gilt § 3 Abs. 2 S. 3 dieses Vertrages.

1207 Siehe F., I., 2., a), bb), (1).

Die Gesellschafter haben ihre Angebotserklärungen stets zuerst dem/der neutralen Dritten zukommen zu lassen.

Er/sie prüft, ob die Abgabefrist eingehalten wurde.

Bei Missachtung der Frist erklärt der/die Dritte das Angebot für unwirksam und stellt es dem/den Mitgesellschafter/n nicht zu.

Der/Die Dritte muss die Fristmissachtung dem betroffenen Gesellschafter gegenüber unverzüglich schriftlich anzeigen.

Gibt nur einer der Gesellschafter innerhalb dieser Frist ein wirksames Angebot ab, so erteilt der/die Dritte ihm den Zuschlag. Damit kommt der Kaufvertrag mit ihm als Käufer und den anderen Gesellschaftern als Verkäufern zustande.

Geben mehrere Gesellschafter fristgerecht ein Angebot ab, so erhält nur das höchste Angebot den Zuschlag. Geben mehrere Gesellschafter Gebote in der selben Höhe ab, so gilt das Prioritätsprinzip.

Vertragsgestaltung, wenn in der Folge nur einer von mehreren Gesellschaftern ausscheiden soll:

Verkäufer wird in diesen Fällen derjenige Gesellschafter, dessen Angebot die geringste Höhe aufweist. Dabei wird ein vom Dritten als unwirksam eingestuftes Angebot mit einer Höhe von 0,00 Euro berücksichtigt.

Alternativ, wenn mehr als ein Gesellschafter ausscheiden soll:

Verkäufer werden in diesem Fall diejenigen *(Anzahl der Gesellschafter)* Gesellschafter, deren Angebote die geringste Höhe aufweisen. Dabei wird ein vom Dritten als unwirksam eingestuftes Angebot mit einer Höhe von 0,00 Euro berücksichtigt.

Geben mehr als (Anzahl der geplanten ausscheidenden Gesellschafter) Gesellschafter die niedrigsten Angebote ab, deren Höhe indes gleich ist, so gilt das Prioritätsprinzip mit der Maßgabe, dass die Gesellschafter mit den später abgegebenen Angebote ihre Anteile verkaufen müssen.

Unter Umständen, zum Beispiel bei der GmbH, ist auch eine notarielle Beurkundung des Vertrages erforderlich. Darauf sollte dann freilich in der Klausel hingewiesen werden.

(3.2.3.) Verfahrensabwandlung nach dem Vorschlag von Carey[1208]

Aufgrund seiner Ähnlichkeit mit dem (internen) klassischen Auktionsverfahren können hier im Wesentlichen die entsprechenden Formulierungen übernommen werden:

Unmittelbar nach Ablauf der Abkühlungsphase beginnt die Frist für alle beteiligten Gesellschafter zur Abgabe ihres ersten Verkaufsangebotes für die eigenen Anteile. Die Frist beträgt 14 Tage.

Hier kann freilich auch eine andere Fristlänge festgelegt werden.

Die Gesellschafter haben ihre Angebote stets zuerst dem/der neutralen Dritten zukommen zu lassen.

Die Berechnung der Angebotshöhe erfolgt nach den Vorgaben in § 3 Abs. 4 dieses Vertrages.

1208 Siehe F., IV., 2., b), aa), (2).

Nach Ablauf der Frist prüft der/die Dritte zunächst, ob alle Gebote vorhanden und die vorhandenen Gebote wirksam sind. Hier sind insbesondere die Einhaltung der Angebotsfrist und die Einbettung in einen Kaufvertrag mit dem vorgenannten Inhalt relevant.

Bei Einhaltung leitet er/sie das Angebot an den/die Mitgesellschafter weiter.

Liegen die vorgenannten Voraussetzungen nicht vor, erklärt der/die Dritte das Angebot für unwirksam und stellt es dem/den Mitgesellschafter/n nicht zu. Es wird für das weitere Verfahren nicht berücksichtigt.

Der/Die Dritte muss die Unwirksamkeit dem betroffenen Gesellschafter gegenüber unverzüglich schriftlich anzeigen.

Daraufhin stellt der/die Dritte fest, welches wirksame Angebot das derzeit niedrigste ist und teilt dies unverzüglich allen teilnehmenden Gesellschaftern schriftlich mit. Er/Sie fordert überdies alle bis auf den derzeit am wenigsten Bietenden auf, innerhalb einer weiteren Frist von 14 Tagen ihr Angebot weiter zu senken.

Die neuen Angebote müssen das bisher niedrigste Gebot mindestens um 10 Prozent unterbieten.

Hier wurde zur Verfahrensbeschleunigung eine bestimmte prozentuale Gebotserhöhung vorgesehen. Dies muss nicht zwingend so sein! Auch die konkrete Prozentzahl ist nur ein Beispiel und kann verändert werden.

Die Frist beginnt, wenn der letzte Gesellschafter die Mitteilung des/der Dritten erhalten hat. Im Zweifel gilt § 3 Abs. 2 S. 3 dieses Vertrages.

Hier kann freilich ebenfalls eine andere Fristlänge festgelegt werden.

Ist ein Gesellschafter zu einer weiteren Gebotssenkung nicht bereit, so muss er dies innerhalb der Angebotsfrist gegenüber dem/der Dritten schriftlich mitteilen.

Das vorgenannte Prozedere wird so lange wiederholt, bis kein Gesellschafter mehr zur weiteren Senkung seines Angebots bereit ist.

Nach Abgabe der letzten Angebote stellt der/die Dritte fest, welches Angebot das insgesamt niedrigste ist und erteilt diesem Angebot unmittelbar nach Überprüfung der Wirksamkeit den finalen Zuschlag zum Verkauf. Dies teilt er/sie unverzüglich allen teilnehmenden Gesellschaftern schriftlich mit.

Käufer wird in diesem Fall der Gesellschafter mit dem höchsten Angebot zum Preis des niedrigsten Angebotes. Zu diesem Zweck unterschreibt der/die Dritte im Namen des kaufenden Gesellschafters den vom Verkäufer abgegebenen schriftlichen Kaufvertragsentwurf.

Unter Umständen, zum Beispiel bei der GmbH, ist auch eine notarielle Beurkundung des Vertrages erforderlich. Darauf sollte dann freilich in der Klausel hingewiesen werden.

(3.3) Kombiniertes Erwerbs- und Verkaufsangebot zu unterschiedlichen Konditionen[1209]

Unmittelbar nach Ablauf der Abkühlungsphase beginnt die Frist für den das Verfahren einleitenden Gesellschafter zur Abgabe seiner Erstgebote. Er muss ein Verkaufsangebot für die eigenen Anteile und ein Kaufangebot für die Anteile des/der anderen Gesellschafter/s abgeben, wobei beide Angebote die gleiche Höhe aufweisen müssen[1210]. Die Frist beträgt 14 Tage.

Hier kann freilich auch eine andere Fristlänge festgelegt werden.

Die Gesellschafter haben ihre Erklärungen stets zuerst dem/der neutralen Dritten zukommen zu lassen.

Die Berechnung der Angebotshöhe erfolgt nach den Vorgaben in § 3 Abs. 4 dieses Vertrages.

Nach Ablauf der Frist prüft der/die Dritte zunächst, ob alle Gebote vorhanden und die vorhandenen Gebote wirksam sind. Hier sind insbesondere die Einhaltung der Angebotsfrist und die Einbettung in einen Kaufvertrag mit dem vorgenannten Inhalt relevant.

Bei wirksamer Angebotsabgabe leitet er/sie die Angebote an den/die Mitgesellschafter weiter.

Liegen die vorgenannten Voraussetzungen nicht vor, erklärt der/die Dritte die Angebote für unwirksam und stellt sie dem/den Mitgesellschafter/n nicht zu. Sie werden für das weitere Verfahren nicht berücksichtigt.

Der/Die Dritte muss die Unwirksamkeit dem betroffenen Gesellschafter gegenüber unverzüglich schriftlich anzeigen.

Erfolgte die Fristmissachtung vorsätzlich oder fahrlässig, darf der betroffene Gesellschafter kein weiteres Angebot mehr abgeben.

Hier können auch weniger drastische Folgen für Fristmissachtungen vereinbart werden.

Wurden unwirksame Erstgebote abgegeben, muss nunmehr der andere Gesellschafter Erstgebote nach den oben genannten Maßgaben abgeben.

Gibt er gleichermaßen unwirksame Angebote ab, wird das Verfahren beendet und die Gesellschaft aufgelöst und abgewickelt.

Wurden wirksame Erstgebote abgegeben und dem Mitgesellschafter mitgeteilt, muss er innerhalb einer Frist von 14 Tagen eines der Angebote annehmen oder beide Angebote ablehnen. Die Ablehnungsmöglichkeit entfällt, wenn der Gesellschafter zuvor unwirksame Erstgebote abgegeben hat.

Nimmt er eines der Angebote an, kommt der Kaufvertrag je nach Wahl mit ihm als Käufer oder Verkäufer zustande.

Unter Umständen, zum Beispiel bei der GmbH, ist auch eine notarielle Beurkundung erforderlich. Darauf sollte dann freilich in der Klausel hingewiesen werden.

1209 Siehe F., IV., 2.„b), bb).

1210 Abweichung von der in der Literatur vorgeschlagenen Form, siehe F., IV., 2., b), cc).

Lehnt er dagegen beide Angebote ab, so ist er verpflichtet, seinerseits ein Verkaufs- und ein Kaufangebot abzugeben. Dabei muss der Preis des vorherigen Verkaufsangebots um mindestens 10 Prozent gesenkt und der Preis des vorherigen Kaufangebots um mindestens 10 Prozent erhöht werden.

Hier wurden zur Verfahrensbeschleunigung bestimmte Prozentzahlen für die Gebotserhöhung, beziehungsweise -senkung vorgeschrieben. Dies ist aber nicht zwingend erforderlich.

Das vorgenannte Vorgehen wird so lange wiederholt, bis eines der Angebote angenommen wird.

Werden nach wirksamen Erstgeboten unwirksame weitere Gebote abgegeben, so hat dies für den betroffenen Gesellschafter zur Folge, dass er nunmehr verpflichtet ist, innerhalb einer Woche eines der vorher abgelehnten Gebote anzunehmen. Die Frist beginnt mit Erhalt der Mitteilung des Dritten über die Unwirksamkeit der Gebote. Im Zweifel gilt § 3 Abs. 2 S. 3 dieses Vertrages.

Eine Durchführung des Verfahrens in Gesellschaften mit mehr als zwei Gesellschaftern ist nur sinnvoll, wenn trotzdem nur ein Gesellschafter ausscheiden soll[1211].

In diesem Fall wandelt sich das Verfahren in ein reines Russian Roulette-Verfahren, so dass hier eine gesonderte Darstellung unterbleibt.

(3.4) Eingeschränktes Auktionsverfahren[1212]

(3.4.1) Grundform[1213]

Unmittelbar nach Ablauf der Abkühlungsphase beginnt die Frist für alle beteiligten Gesellschafter zur Abgabe ihres einmaligen Gebotes für die Anteile des/der anderen Gesellschafter/s. Die Frist beträgt 14 Tage.

Hier kann freilich auch eine andere Fristlänge festgelegt werden.

Die Gesellschafter haben ihre Angebote ausschließlich dem/der neutralen Dritten zukommen zu lassen.

Die Berechnung der Angebotshöhe erfolgt nach den Vorgaben in § 3 Abs. 4 dieses Vertrages.

Nach Ablauf der Frist prüft der/die Dritte zunächst, ob alle Gebote vorhanden und die vorhandenen Gebote wirksam sind. Hier sind insbesondere die Einhaltung der Angebotsfrist und die Einbettung in einen Kaufvertrag mit dem vorgenannten Inhalt relevant.

Liegen die vorgenannten Voraussetzungen nicht vor, erklärt der/die Dritte das Angebot für unwirksam.

Der/Die Dritte muss die Unwirksamkeit dem betroffenen Gesellschafter gegenüber unverzüglich schriftlich anzeigen.

1211 Siehe F., IV., 2., b), cc).

1212 Siehe F., IV., 3.

1213 Siehe F., IV., 3., a) .

Geben alle Gesellschafter unwirksame oder gar keine Angebote ab, so wird die Gesellschaft aufgelöst und abgewickelt.

Unmittelbar nach Überprüfung der Wirksamkeit stellt der/die Dritte fest, welches Angebot das insgesamt höchste ist und erteilt diesem Angebot den finalen Zuschlag. Dies teilt er/sie unverzüglich allen teilnehmenden Gesellschaftern schriftlich mit.

Werden mehrere Höchstgebote gleicher Höhe abgegeben, wird das Verfahren zwischen den höchstbietenden Gesellschaftern so lange wiederholt, bis nur noch ein Höchstgebot vorhanden ist.

Mit dem Zuschlag kommt der Kaufvertrag zwischen dem höchstbietenden Gesellschafter als Käufer und dem anderen Gesellschafter als Verkäufer zustande.

Zu diesem Zweck unterschreibt der/die Dritte im Namen des verkaufenden Gesellschafters den vom Käufer abgegebenen schriftlichen Kaufvertragsentwurf.

Unter Umständen, zum Beispiel bei der GmbH, ist auch eine notarielle Beurkundung erforderlich. Darauf sollte dann freilich in der Klausel hingewiesen werden.

Sind mehr als zwei Gesellschafter am Verfahren beteiligt und soll nur ein Gesellschafter ausscheiden, so muss das Verfahren wie folgt angepasst werden[1214]*:*

Mit dem Zuschlag kommt der Kaufvertrag zwischen dem höchstbietenden Gesellschafter als Käufer und demjenigen Gesellschafter als Verkäufer zustande, dessen Angebot die geringste Höhe aufweist.

Dabei wird ein vom Dritten als unwirksam eingestuftes Angebot mit einer Höhe von 0,00 Euro berücksichtigt.

Sind mehr als zwei Gesellschafter am Verfahren beteiligt und sollen mehrere, aber nicht alle bis auf einen Gesellschafter ausscheiden, so muss das Verfahren wie folgt angepasst werden[1215]*:*

Mit dem Zuschlag kommt der Kaufvertrag zwischen dem höchstbietenden Gesellschafter als Käufer und denjenigen *(Anzahl der Gesellschafter, zum Beispiel 3)* Gesellschaftern als Verkäufern zustande, deren Angebote die geringste Höhe aufweisen.

Dabei wird ein vom Dritten als unwirksam eingestuftes Angebot mit einer Höhe von 0,00 Euro berücksichtigt.

(3.4.2) Fairest sealed bid-Verfahren[1216]

Bei diesem Verfahren muss der/die Dritte im Rahmen der Abkühlungsphase eine objektive Anteilsbewertung vornehmen. Darauf ist bereits bei § 4 Abs. 2 (Abkühlungsphase) hinzuweisen. Zugleich muss vermerkt werden, dass die Ergebnisse der Bewertung den Gesellschaftern nicht mitgeteilt werden dürfen.

Unmittelbar nach Ablauf der Abkühlungsphase beginnt die Frist für alle beteiligten Gesellschafter zur Abgabe ihres einmaligen Gebotes für die Anteile des/der anderen Gesellschafter/s. Die Frist beträgt 14 Tage.

Hier kann freilich auch eine andere Fristlänge festgelegt werden.

1214 Siehe F., I., 2., a), bb), (1).

1215 Ebenda.

1216 Siehe F., IV., 3., b), bb) .

Die Gesellschafter haben ihre Angebote ausschließlich dem/der neutralen Dritten zukommen zu lassen.

Die Berechnung der Angebotshöhe erfolgt nach den Vorgaben in § 3 Abs. 4 dieses Vertrages.

Nach Ablauf der Frist prüft der/die Dritte zunächst, ob alle Gebote vorhanden und die vorhandenen Gebote wirksam sind. Hier sind insbesondere die Einhaltung der Angebotsfrist und die Einbettung in einen Kaufvertrag mit dem vorgenannten Inhalt relevant.

Liegen die vorgenannten Voraussetzungen nicht vor, erklärt der/die Dritte das Angebot für unwirksam.

Der/Die Dritte muss die Unwirksamkeit dem betroffenen Gesellschafter gegenüber unverzüglich schriftlich anzeigen.

Geben alle Gesellschafter unwirksame oder gar keine Angebote ab, so wird die Gesellschaft aufgelöst und abgewickelt.

Unmittelbar nach Überprüfung der Wirksamkeit stellt der/die Dritte fest, welches Angebot dem ermittelten Anteilswert am nächsten kommt und erteilt diesem Angebot den finalen Zuschlag. Dies teilt er/sie unverzüglich allen teilnehmenden Gesellschaftern schriftlich mit.

Werden mehrere Gebote in gleicher Höhe abgegeben und würden nach den oben genannten Maßstäben den Zuschlag erhalten, wird das Verfahren zwischen den betroffenen Gesellschaftern so lange wiederholt, bis nur noch ein Gebot den Zuschlag erhält.

Mit dem Zuschlag kommt der Kaufvertrag zwischen demjenigen Gesellschafter als Käufer, dessen Angebot dem ermittelten Anteilswert am nächsten kommt, und dem anderen Gesellschafter als Verkäufer zustande.

Zu diesem Zweck unterschreibt der/die Dritte im Namen des verkaufenden Gesellschafters den vom Käufer abgegebenen schriftlichen Kaufvertragsentwurf.

Unter Umständen, zum Beispiel bei der GmbH, ist auch eine notarielle Beurkundung erforderlich. Darauf sollte dann freilich in der Klausel hingewiesen werden.

Sind mehr als zwei Gesellschafter am Verfahren beteiligt und soll nur ein Gesellschafter ausscheiden, so muss das Verfahren wie folgt angepasst werden[1217]*:*

Mit dem Zuschlag kommt der Kaufvertrag zwischen demjenigen Gesellschafter als Käufer, dessen Angebot dem ermittelten Anteilswert am nächsten kommt, und demjenigen Gesellschafter als Verkäufer zustande, dessen Angebot vom ermittelten Anteilswert am weitesten entfernt ist.

Dabei wird ein vom Dritten als unwirksam eingestuftes Angebot mit einer Höhe von 0,00 Euro berücksichtigt.

Sind mehr als zwei Gesellschafter am Verfahren beteiligt und sollen mehrere, aber nicht alle bis auf einen Gesellschafter ausscheiden, so muss das Verfahren wie folgt angepasst werden[1218]*:*

1217 Siehe F., I., 2., a), bb), (1).
1218 Ebenda.

Mit dem Zuschlag kommt der Kaufvertrag zwischen demjenigen Gesellschafter als Käufer, dessen Angebot dem ermittelten Anteilswert am nächsten kommt, und denjenigen *(Anzahl der Gesellschafter, zum Beispiel 3)* Gesellschaftern als Verkäufer zustande, deren Angebote vom ermittelten Anteilswert am weitesten entfernt sind.

Dabei wird ein vom Dritten als unwirksam eingestuftes Angebot mit einer Höhe von 0,00 Euro berücksichtigt.

(3.5) Texan Shoot-Out- Verfahren[1219]

(3.5.1) Grundform[1220]

Unmittelbar nach Ablauf der Abkühlungsphase beginnt die Frist für den Gesellschafter, der das Verfahren eingeleitet hat, zur Abgabe seines Startkaufgebotes für die Anteile des anderen Gesellschafters. Die Frist beträgt 14 Tage.

Hier kann freilich auch eine andere Fristlänge festgelegt werden.

Die Gesellschafter haben ihre Erklärungen stets dem/der neutralen Dritten zukommen zu lassen.

Die Berechnung der Angebotshöhe erfolgt nach den Vorgaben in § 3 Abs. 4 dieses Vertrages.

Nach Ablauf der Frist prüft der/die Dritte zunächst, ob das Gebot eingegangen und wirksam ist. Hier sind insbesondere die Einhaltung der Angebotsfrist und die Einbettung in einen Kaufvertrag mit dem vorgenannten Inhalt relevant.

Wurde ein wirksames Erstgebot abgegeben, so leitet der/die Dritte dies unverzüglich an den Mitgesellschafter weiter.

Liegen die vorgenannten Voraussetzungen nicht vor, teilt der/die Dritte dies dem betroffenen Gesellschafter mit. Zugleich übermittelt er/sie dem Mitgesellschafter stellvertretend für den das Verfahren einleitenden Gesellschafter ein Kaufangebot für dessen Anteile. Die Höhe bemisst sich anhand eines objektiv zu ermittelnden Anteilswerts nebst eines Aufschlages in Höhe von 10 Prozent.

Hier kann als zusätzliche Sanktion auch eine Vertragsstrafe angesetzt werden.

Der Mitgesellschafter muss nunmehr innerhalb einer Frist von 14 Tagen das Angebot annehmen oder ablehnen. Die Frist beginnt mit Erhalt des Angebots. Im Zweifel gilt § 3 Abs. 2 S. 3 dieses Vertrages.

Nimmt er das Angebot fristgerecht an, so kommt dadurch der Kaufvertrag zwischen dem anbietenden Gesellschafter als Käufer und dem annehmenden Gesellschafter als Verkäufer zustande.

Lehnt er das Angebot fristgerecht ab, so ist er zugleich verpflichtet, dem Mitgesellschafter seinerseits innerhalb der Frist ein Kaufangebot für dessen Anteile zu unterbreiten. Das Angebot muss das vorherige um mindestens 10 Prozent übersteigen.

1219 Siehe F., IV., 4.

1220 Siehe F., IV., 4., a).

Hier wurde zur Verfahrensbeschleunigung eine konkrete Prozentzahl zur Gebotserhöhung genannt. Dies ist nicht zwingend erforderlich.

Dem Mitgesellschafter steht dann wiederum das vorgenannte Wahlrecht innerhalb einer Frist von 14 Tagen zu.

Die Frist beginnt mit Erhalt des Angebots. Im Zweifel gilt § 3 Abs. 2 S. 3 dieses Vertrages.

Üben die Gesellschafter ihre Wahlrechte schuldhaft nicht fristgerecht aus, so hat der/die Dritte das jeweilige Kaufangebot stellvertretend für den säumigen Gesellschafter anzunehmen.

Hier kann als zusätzliche Sanktion auch eine Vertragsstrafe angesetzt werden.

Hat jeder Gesellschafter einmal ein Kaufangebot des Mitgesellschafters fristgerecht abgelehnt, so schließt sich folgendes Verfahren an:

Hier kann mit einigen geringfügigen Änderungen der Baustein „eingeschränktes Auktionsverfahren" eingefügt werden.

(3.5.2) Grundform in mehrgliedrigen Gesellschaften bei Ausscheiden lediglich eines Gesellschafters[1221]

Soll das Verfahren in einer Gesellschaft mit mehr als zwei Gesellschaftern stattfinden, aber lediglich ein Gesellschafter ausscheiden, so ist es wie folgt anzupassen:

Unmittelbar nach Ablauf der Abkühlungsphase beginnt die Frist für den Gesellschafter, der das Verfahren eingeleitet hat, zur Abgabe seines Startkaufgebotes für die Anteile des anderen Gesellschafters. Die Frist beträgt 14 Tage.

Hier kann freilich auch eine andere Fristlänge festgelegt werden.

Die Gesellschafter haben ihre Erklärungen stets dem/der neutralen Dritten zukommen zu lassen.

Die Berechnung der Angebotshöhe erfolgt nach den Vorgaben in § 3 Abs. 4 dieses Vertrages.

Nach Ablauf der Frist prüft der/die Dritte zunächst, ob das Gebot eingegangen und wirksam ist. Hier sind insbesondere die Einhaltung der Angebotsfrist und die Einbettung in einen Kaufvertrag mit dem vorgenannten Inhalt relevant.

Wurde ein wirksames Erstgebot abgegeben, so leitet der/die Dritte dies unverzüglich an die Mitgesellschafter weiter.

Liegen die vorgenannten Voraussetzungen nicht vor, teilt der/die Dritte dies dem betroffenen Gesellschafter mit. Zugleich übermittelt er/sie den Mitgesellschaftern stellvertretend für den das Verfahren einleitenden Gesellschafter ein Kaufangebot für deren Anteile. Die Höhe bemisst sich anhand eines objektiv zu ermittelnden Anteilswerts nebst eines Aufschlages in Höhe von 10 Prozent.

Hier kann als zusätzliche Sanktion auch eine Vertragsstrafe angesetzt werden.

1221 Siehe insbesondere F., I., 2., a), bb), (2).

Jeder Mitgesellschafter muss nunmehr innerhalb einer Frist von 14 Tagen das Angebot annehmen oder ablehnen. Die Frist beginnt für alle nach Maßgabe des § 3 Abs. 2 S. 3 dieses Vertrages.

Nimmt nur ein Mitgesellschafter das Angebot fristgerecht an, so kommt dadurch der Kaufvertrag zwischen dem anbietenden Gesellschafter als Käufer und dem annehmenden Gesellschafter als Verkäufer zustande.

Nehmen mehrere Mitgesellschafter das Angebot an, so gilt im Hinblick auf das Zustandekommen des Kaufvertrages das Prioritätsprinzip. Der/Die Dritte hat den Eingang der Erklärungen minuten- und bei Bedarf auch sekundengenau zu quittieren.

Lehnt ein Mitgesellschafter das Angebot fristgerecht ab, so ist er zugleich verpflichtet, dem Mitgesellschafter seinerseits innerhalb der Frist ein Kaufangebot für dessen Anteile zu unterbreiten. Das Angebot muss das vorherige um mindestens 10 Prozent überbieten. Es wird nur wirksam, wenn bei Ablauf der Frist kein anderer Gesellschafter das ursprüngliche Angebot angenommen hat.

Hier wurde zur Verfahrensbeschleunigung eine konkrete Prozentzahl zur Gebotserhöhung genannt. Dies ist nicht zwingend erforderlich.

Haben alle Mitgesellschafter das Erstgebot abgelehnt und ihrerseits fristgerecht Angebote abgegeben, so steht dem verfahrenseinleitenden Gesellschafter wiederum das vorgenannte Wahlrecht innerhalb einer Frist von 14 Tagen zu.

Die Frist beginnt mit Erhalt des letzten Angebots. Im Zweifel gilt § 3 Abs. 2 S. 3 dieses Vertrages.

Üben die Gesellschafter ihre Wahlrechte schuldhaft nicht fristgerecht aus, so hat der/die Dritte das jeweilige Kaufangebot stellvertretend für den säumigen Gesellschafter anzunehmen.

Hier kann als zusätzliche Sanktion auch eine Vertragsstrafe angesetzt werden.

Hat jeder Gesellschafter einmal ein Kaufangebot fristgerecht abgelehnt, so schließt sich folgendes Verfahren an:

Hier kann mit einigen geringfügigen Änderungen der Baustein „eingeschränktes Auktionsverfahren" in mehrgliedrigen Gesellschaften eingefügt werden.

(3.5.3) Grundform in mehrgliedrigen Gesellschaften bei Ausscheiden mehrerer Gesellschafter[1222]

Soll das Verfahren in einer Gesellschaft mit mehr als zwei Gesellschaftern stattfinden und mehrere Gesellschafter ausscheiden, so ist es wie folgt anzupassen:

Unmittelbar nach Ablauf der Abkühlungsphase beginnt die Frist für den Gesellschafter, der das Verfahren eingeleitet hat, zur Abgabe seines Startkaufgebotes für die Anteile des anderen Gesellschafters. Die Frist beträgt 14 Tage.

Hier kann freilich auch eine andere Fristlänge festgelegt werden.

1222 Siehe insbesondere F., I., 2., a), bb), (2).

Die Gesellschafter haben ihre Erklärungen stets dem/der neutralen Dritten zukommen zu lassen.

Die Berechnung der Angebotshöhe erfolgt nach den Vorgaben in § 3 Abs. 4 dieses Vertrages.

Nach Ablauf der Frist prüft der/die Dritte zunächst, ob das Gebot eingegangen und wirksam ist. Hier sind insbesondere die Einhaltung der Angebotsfrist und die Einbettung in einen Kaufvertrag mit dem vorgenannten Inhalt relevant.

Wurde ein wirksames Erstgebot abgegeben, so leitet der/die Dritte dies unverzüglich an die Mitgesellschafter weiter.

Liegen die vorgenannten Voraussetzungen nicht vor, teilt der/die Dritte dies dem betroffenen Gesellschafter mit. Zugleich übermittelt er/sie den Mitgesellschaftern stellvertretend für den das Verfahren einleitenden Gesellschafter ein Kaufangebot für deren Anteile. Die Höhe bemisst sich anhand eines objektiv zu ermittelnden Anteilswerts nebst eines Aufschlages in Höhe von 10 Prozent.

Hier kann als zusätzliche Sanktion auch eine Vertragsstrafe angesetzt werden.

Jeder Mitgesellschafter muss nunmehr innerhalb einer Frist von 14 Tagen das Angebot annehmen oder ablehnen. Die Frist beginnt für alle nach Maßgabe des § 3 Abs. 2 S. 3 dieses Vertrages.

Nimmt ein Mitgesellschafter das Angebot fristgerecht an, so kommt dadurch der Kaufvertrag zwischen dem anbietenden Gesellschafter als Käufer und dem annehmenden Gesellschafter als Verkäufer zustande.

Das Angebot kann maximal von *(Anzahl der Gesellschafter, die ausscheiden müssen)* Gesellschaftern angenommen werden. Insofern gilt im Hinblick auf das Zustandekommen von Kaufverträgen das Prioritätsprinzip.

Lehnt ein Mitgesellschafter das Angebot fristgerecht ab, so ist er zugleich verpflichtet, dem Mitgesellschafter seinerseits innerhalb der Frist ein Kaufangebot für dessen Anteile zu unterbreiten. Das Angebot muss das vorherige um mindestens 10 Prozent überbieten. Es wird nur wirksam, wenn bei Ablauf der Frist die erwünschte Anzahl an Kaufverträgen noch nicht erreicht ist.

Hier wurde zur Verfahrensbeschleunigung eine konkrete Prozentzahl zur Gebotserhöhung genannt. Dies ist nicht zwingend erforderlich.

Wurde die gewünschte Anzahl an Kaufverträgen nach Ablauf der Frist nicht erreicht und wurden fristgerecht neue Angebote abgegeben, so steht das vorgenannte Wahlrecht dem verfahrenseinleitenden Gesellschafter innerhalb einer Frist von 14 Tagen zu. Die Frist beginnt mit Erhalt des letzten Angebots. Im Zweifel gilt § 3 Abs. 2 S. 3 dieses Vertrages.

Üben die Gesellschafter ihre Wahlrechte schuldhaft nicht fristgerecht aus, so hat der/die Dritte das jeweilige Kaufangebot stellvertretend für den säumigen Gesellschafter anzunehmen.

Hier kann als zusätzliche Sanktion auch eine Vertragsstrafe angesetzt werden.

Nimmt der verfahrenseinleitende Gesellschafter eines der Angebote fristgerecht an, so kommt dadurch der Kaufvertrag zwischen dem anbietenden Gesellschafter als Käufer und dem annehmenden Gesellschafter als Verkäufer zustande.

Wird dadurch die gewünschte Anzahl an Kaufverträgen erreicht, endet das Verfahren.

Wird die Anzahl nicht erreicht, so geht das Verfahren wie folgt weiter:

Hier kann mit einigen geringfügigen Änderungen der Baustein „eingeschränktes Auktionsverfahren" in mehrgliedrigen Gesellschaften eingefügt werden. Insbesondere ist dabei festzulegen, wie viele Gesellschafter im Rahmen dieses Verfahrens noch ausscheiden müssen, bis die gewünschte Anzahl erreicht ist.

Gleiches gilt, wenn der verfahrenseinleitende Gesellschafter alle Angebote ablehnt.

(3.5.4) Sale Shoot-Out-Verfahren[1223]

Der Ablauf des Sale Shoot-Out-Verfahrens unterscheidet sich nur insofern von der Grundform des Texan Shoot-Out-Verfahrens, als dass hier keine Kauf-, sondern Verkaufsangebote abgegeben werden, die bei Ablehnung wiederum gesenkt in die andere Richtung abgegeben werden.

Im Übrigen ergeben sich keine Änderungen.

Daher sind nur geringfügige Anpassungen in den vorgenannten Verfahrensbeschreibungen nötig, so dass an dieser Stelle nur die Situation in einer zweigliedrigen Gesellschaft exemplarisch dargestellt wird.

Unmittelbar nach Ablauf der Abkühlungsphase beginnt die Frist für den Gesellschafter, der das Verfahren eingeleitet hat, zur Abgabe seines Startverkaufsgebotes für die eigenen Anteile. Die Frist beträgt 14 Tage.

Hier kann freilich auch eine andere Fristlänge festgelegt werden.

Die Gesellschafter haben ihre Erklärungen stets dem/der neutralen Dritten zukommen zu lassen.

Die Berechnung der Angebotshöhe erfolgt nach den Vorgaben in § 3 Abs. 4 dieses Vertrages.

Nach Ablauf der Frist prüft der/die Dritte zunächst, ob das Gebot eingegangen und wirksam ist. Hier sind insbesondere die Einhaltung der Angebotsfrist und die Einbettung in einen Kaufvertrag mit dem vorgenannten Inhalt relevant.

Wurde ein wirksames Erstgebot abgegeben, so leitet der/die Dritte dies unverzüglich an den Mitgesellschafter weiter.

Liegen die vorgenannten Voraussetzungen nicht vor, teilt der/die Dritte dies dem betroffenen Gesellschafter mit. Zugleich übermittelt er/sie dem Mitgesellschafter stellvertretend für den das Verfahren einleitenden Gesellschafter ein Verkaufsangebot. Die Höhe bemisst sich anhand eines objektiv zu ermittelnden Anteilswerts nebst eines Abschlages in Höhe von 10 Prozent.

Hier kann als zusätzliche Sanktion auch eine Vertragsstrafe angesetzt werden.

Der Mitgesellschafter muss nunmehr innerhalb einer Frist von 14 Tagen das Angebot annehmen oder ablehnen. Die Frist beginnt mit Erhalt des Angebots. Im Zweifel gilt § 3 Abs. 2 S. 3 dieses Vertrages.

1223 Siehe F., IV., 4., b), aa).

Nimmt er das Angebot fristgerecht an, so kommt dadurch der Kaufvertrag zwischen dem anbietenden Gesellschafter als Verkäufer und dem annehmenden Gesellschafter als Käufer zustande.

Lehnt er das Angebot fristgerecht ab, so ist er verpflichtet, dem Mitgesellschafter seinerseits ein Verkaufsangebot für die eigenen Anteile zu unterbreiten. Das Angebot muss das vorherige um mindestens 10 Prozent unterbieten.

Hier wurde zur Verfahrensbeschleunigung eine konkrete Prozentzahl zur Gebotssenkung genannt. Dies ist nicht zwingend erforderlich.

Dem Mitgesellschafter steht dann wiederum das vorgenannte Wahlrecht innerhalb einer Frist von 14 Tagen zu.

Die Frist beginnt mit Erhalt des Angebots. Im Zweifel gilt § 3 Abs. 2 S. 3 dieses Vertrages.

Üben die Gesellschafter ihre Wahlrechte schuldhaft nicht fristgerecht aus, so hat der/die Dritte das jeweilige Verkaufsangebot stellvertretend für den säumigen Gesellschafter abzulehnen und ein Verkaufsangebot nach der vorgenannten Maßgabe abzugeben.

Hier kann als zusätzliche Sanktion auch eine Vertragsstrafe angesetzt werden.

Hat jeder Gesellschafter einmal ein Verkaufsangebot des Mitgesellschafters fristgerecht abgelehnt, so schließt sich folgendes Verfahren an:

Hier kann mit einigen geringfügigen Änderungen der Baustein „eingeschränktes Auktionsverfahren“ eingefügt werden.

Alternativ kann auch eine Dutch Auction vorgenommen werden.

(3.6) Russian Roulette-Verfahren[1224]

(3.6.1) Grundform[1225]

Unmittelbar nach Ablauf der Abkühlungsphase beginnt die Frist für den Gesellschafter, der das Verfahren eingeleitet hat, zur Abgabe eines Kaufangebotes für die Anteile des anderen Gesellschafters und eines Verkaufsangebotes für die eigenen Anteile. Die Angebote müssen die gleiche Höhe aufweisen. Die Frist beträgt 14 Tage.

Hier kann freilich auch eine andere Fristlänge festgelegt werden.

In Fällen finanziellen Ungleichgewichts zwischen den Gesellschaftern kann es zudem Sinn machen, den finanzschwächeren Gesellschafter die Startgebote abgeben zu lassen[1226].

Die Gesellschafter haben ihre Erklärungen stets dem/der neutralen Dritten zukommen zu lassen.

Die Berechnung der Angebotshöhe erfolgt nach den Vorgaben in § 3 Abs. 4 dieses Vertrages.

1224 Siehe F., IV., 5.

1225 Siehe F., IV., 5., a).

1226 Siehe D., II., 2., a), aa), (2), (2.3).

Nach Ablauf der Frist prüft der/die Dritte zunächst, ob die Angebote eingegangen und wirksam sind. Hier sind insbesondere die Einhaltung der Angebotsfrist und die Einbettung in einen Kaufvertrag mit dem vorgenannten Inhalt relevant.

Wurden wirksame Angebote abgegeben, so leitet der/die Dritte diese unverzüglich an den Mitgesellschafter weiter.

Liegen die vorgenannten Voraussetzungen nicht vor, teilt der/die Dritte dies dem betroffenen Gesellschafter mit. Zugleich übermittelt er/sie dem Mitgesellschafter stellvertretend für den das Verfahren einleitenden Gesellschafter entsprechende Kauf- und Verkaufsangebote. Die Höhe bemisst sich anhand eines objektiv zu ermittelnden Anteilswerts.

Hier kann als zusätzliche Sanktion auch eine Vertragsstrafe angesetzt werden.

Der Mitgesellschafter muss nunmehr innerhalb einer Frist von 14 Tagen eines der Angebote annehmen. Die Frist beginnt mit Erhalt der Angebote. Im Zweifel gilt § 3 Abs. 2 S. 3 dieses Vertrages.

Nimmt er eines der Angebote fristgerecht an, so kommt dadurch der Kaufvertrag zwischen den Gesellschaftern zustande. Veräußerer- und Erwerberrolle bestimmen sich anhand des jeweilig angenommenen Angebotes.

Übt er sein Wahlrecht schuldhaft nicht fristgerecht aus, so hat der/die Dritte das jeweilige Kaufangebot stellvertretend für den säumigen Gesellschafter anzunehmen.

Hier kann als zusätzliche Sanktion auch eine Vertragsstrafe angesetzt werden.

(3.6.2) Grundform in mehrgliedrigen Gesellschaften bei Ausscheiden lediglich eines Gesellschafters[1227]

Unmittelbar nach Ablauf der Abkühlungsphase beginnt die Frist für den Gesellschafter, der das Verfahren eingeleitet hat, zur Abgabe eines Kaufangebotes für die Anteile der anderen Gesellschafter und eines Verkaufsangebotes für die eigenen Anteile. Die Angebote müssen die gleiche Höhe aufweisen. Die Frist beträgt 14 Tage.

Hier kann freilich auch eine andere Fristlänge festgelegt werden.

Die Gesellschafter haben ihre Erklärungen stets dem/der neutralen Dritten zukommen zu lassen.

Die Berechnung der Angebotshöhe erfolgt nach den Vorgaben in § 3 Abs. 4 dieses Vertrages.

Nach Ablauf der Frist prüft der/die Dritte zunächst, ob die Angebote eingegangen und wirksam sind. Hier sind insbesondere die Einhaltung der Angebotsfrist und die Einbettung in einen Kaufvertrag mit dem vorgenannten Inhalt relevant.

Wurden wirksame Angebote abgegeben, so leitet der/die Dritte diese unverzüglich an die Mitgesellschafter weiter.

Liegen die vorgenannten Voraussetzungen nicht vor, teilt der/die Dritte dies dem betroffenen Gesellschafter mit. Zugleich übermittelt er/sie den Mitgesellschaftern stellvertretend für den das Verfahren einleitenden Gesellschafter entsprechende

1227 Siehe insbesondere F., I., 2., a), bb), (3).

Kauf- und Verkaufsangebote. Die Höhe bemisst sich anhand eines objektiv zu ermittelnden Anteilswerts.

Hier kann als zusätzliche Sanktion auch eine Vertragsstrafe angesetzt werden.

Die Mitgesellschafter müssen nunmehr innerhalb einer Frist von 14 Tagen eines der Angebote annehmen. Die Frist beginnt für alle nach Maßgabe des § 3 Abs. 2 S. 3 dieses Vertrages.

Der Kaufvertrag kommt nur mit demjenigen Mitgesellschafter zustande, der am schnellsten eines der Angebote des verfahrenseinleitenden Gesellschafters annimmt. Der/Die Dritte hat den Eingang der Erklärungen minuten- und bei Bedarf auch sekundengenau zu quittieren.

Übt ein Gesellschafter sein Wahlrecht schuldhaft nicht fristgerecht aus, so hat er eine Vertragsstrafe in Höhe von *(Betrag einfügen)* an die Gesellschaft zu zahlen.

Hier ist ein hoher Betrag als Vertragsstrafe festzusetzen, um ein missbräuchliches „Aussitzen" der Frist so unattraktiv wie möglich zu gestalten.

Übt keiner der Gesellschafter sein Wahlrecht fristgerecht aus, so wird die Gesellschaft aufgelöst und abgewickelt.

(3.7) Deterrent Approach-Verfahren[1228]

Bei diesem Verfahren muss der/die Dritte im Rahmen der Abkühlungsphase eine objektive Anteilsbewertung vornehmen und die Ergebnisse den Gesellschaftern mitteilen. Darauf ist bereits bei § 4 Abs. 2 (Abkühlungsphase) hinzuweisen.

(3.7.1) Grundform[1229]

Unmittelbar nach Ablauf der Abkühlungsphase beginnt die Frist für den Gesellschafter, der das Verfahren eingeleitet hat, zur Abgabe eines Kaufangebotes für die Anteile des anderen Gesellschafters und eines Verkaufsangebotes für die eigenen Anteile. Die Angebote müssen die gleiche Höhe aufweisen, welche sich anhand des vorher ermittelten objektiven Anteilswertes bestimmt. Die Frist beträgt 14 Tage.

Hier kann freilich auch eine andere Fristlänge festgelegt werden.

Die Gesellschafter haben ihre Erklärungen stets dem/der neutralen Dritten zukommen zu lassen.

Die Berechnung der Angebotshöhe erfolgt nach den Vorgaben in § 3 Abs. 4 dieses Vertrages.

Nach Ablauf der Frist prüft der/die Dritte zunächst, ob die Angebote eingegangen und wirksam sind. Hier sind insbesondere die Einhaltung der Angebotsfrist und die Einbettung in einen Kaufvertrag mit dem vorgenannten Inhalt relevant.

Wurden wirksame Angebote abgegeben, so leitet der/die Dritte diese unverzüglich an den Mitgesellschafter weiter.

1228 Siehe F., IV., 6.

1229 Ebenda.

Liegen die vorgenannten Voraussetzungen nicht vor, teilt der/die Dritte dies dem betroffenen Gesellschafter mit. Zugleich übermittelt er/sie dem Mitgesellschafter stellvertretend für den das Verfahren einleitenden Gesellschafter entsprechende Kauf- und Verkaufsangebote. Die Höhe bemisst sich anhand des objektiven Anteilswertes. Hinzu kommt hinsichtlich des Kaufangebotes ein Aufschlag in Höhe von 10 Prozent, hinsichtlich des Verkaufsangebotes ein Abschlag in Höhe von 10 Prozent.

Die konkrete Abschlagshöhe kann freilich je nach Einzelfall bemessen werden.

Hier kann als zusätzliche Sanktion auch eine Vertragsstrafe angesetzt werden.

Der Mitgesellschafter muss nunmehr innerhalb einer Frist von 14 Tagen eines der Angebote annehmen. Die Frist beginnt mit Erhalt der Angebote. Im Zweifel gilt § 3 Abs. 2 S. 3 dieses Vertrages.

Nimmt er eines der Angebote fristgerecht an, so kommt dadurch der Kaufvertrag zwischen den Gesellschaftern zustande. Veräußerer- und Erwerberrolle bestimmen sich anhand des jeweilig angenommenen Angebotes.

Übt er sein Wahlrecht schuldhaft nicht fristgerecht aus, so hat der/die Dritte das jeweilige Kaufangebot stellvertretend für den säumigen Gesellschafter anzunehmen.

Hier kann als zusätzliche Sanktion auch eine Vertragsstrafe angesetzt werden.

(3.7.2) Grundform in mehrgliedrigen Gesellschaften bei Ausscheiden lediglich eines Gesellschafters[1230]

Unmittelbar nach Ablauf der Abkühlungsphase beginnt die Frist für den Gesellschafter, der das Verfahren eingeleitet hat, zur Abgabe eines Kaufangebotes für die Anteile der anderen Gesellschafter und eines Verkaufsangebotes für die eigenen Anteile. Die Angebote müssen die gleiche Höhe aufweisen, welche sich anhand des vorher ermittelten objektiven Anteilswertes bestimmt. Die Frist beträgt 14 Tage.

Hier kann freilich auch eine andere Fristlänge festgelegt werden.

Die Gesellschafter haben ihre Erklärungen stets dem/der neutralen Dritten zukommen zu lassen.

Die Berechnung der Angebotshöhe erfolgt nach den Vorgaben in § 3 Abs. 4 dieses Vertrages.

Nach Ablauf der Frist prüft der/die Dritte zunächst, ob die Angebote eingegangen und wirksam sind. Hier sind insbesondere die Einhaltung der Angebotsfrist und die Einbettung in einen Kaufvertrag mit dem vorgenannten Inhalt relevant.

Wurden wirksame Angebote abgegeben, so leitet der/die Dritte diese unverzüglich an die Mitgesellschafter weiter.

Liegen die vorgenannten Voraussetzungen nicht vor, teilt der/die Dritte dies dem betroffenen Gesellschafter mit. Zugleich übermittelt er/sie den Mitgesellschaftern stellvertretend für den das Verfahren einleitenden Gesellschafter entsprechende Kauf- und Verkaufsangebote. Die Höhe bemisst sich anhand des objektiven Anteilswertes. Hinzu kommt hinsichtlich des Kaufangebotes ein Aufschlag in

1230 Siehe insbesondere F., I., 2., a), bb), (4).

Höhe von 10 Prozent, hinsichtlich des Verkaufsangebotes ein Abschlag in Höhe von 10 Prozent.

Die konkrete Abschlagshöhe kann freilich je nach Einzelfall bemessen werden.

Hier kann als zusätzliche Sanktion auch eine Vertragsstrafe angesetzt werden.

Die Mitgesellschafter müssen nunmehr innerhalb einer Frist von 14 Tagen eines der Angebote annehmen. Die Frist beginnt für alle nach Maßgabe des § 3 Abs. 2 S. 3 dieses Vertrages.

Der Kaufvertrag kommt nur mit demjenigen Mitgesellschafter zustande, der am schnellsten eines der Angebote des verfahrenseinleitenden Gesellschafters annimmt. Der/Die Dritte hat den Eingang der Erklärungen minuten- und bei Bedarf auch sekundengenau zu quittieren.

Übt ein Gesellschafter sein Wahlrecht schuldhaft nicht fristgerecht aus, so hat er eine Vertragsstrafe in Höhe von *(Betrag einfügen)* an die Gesellschaft zu zahlen.

Hier ist ein hoher Betrag als Vertragsstrafe festzusetzen, um ein missbräuchliches „Aussitzen" der Frist so unattraktiv wie möglich zu gestalten.

Übt keiner der Gesellschafter sein Wahlrecht fristgerecht aus, so wird die Gesellschaft aufgelöst und abgewickelt.

§ 5 Verfahren nach Erwerberermittlung und sonstige Regelungen

(1) Übertragung der Gesellschaftsanteile/Mitgliedschaftsrechte[1231]

Die am Kaufvertrag beteiligten Gesellschafter haben im Rahmen des Vertragsabschlusses zugleich die dingliche Übertragung der Kaufgegenstände sicherzustellen.

Sie kann von der Zahlung des Kaufpreises abhängig gemacht werden.

Werden bei einer Aktiengesellschaft Aktien nach §§ 929 ff. BGB übertragen, kann noch folgende Regelung sinnvoll sein:

Weigert sich der zur Übergabe nach § 929 BGB verpflichtete Gesellschafter, seiner Pflicht nachzukommen, oder kommt er mit der Pflichterfüllung in Verzug, so ist der/die Dritte berechtigt und verpflichtet, stellvertretend für den jeweiligen Gesellschafter mit dem Vertragspartner ein Besitzkonstitut nach Maßgabe des § 930 BGB zu vereinbaren.

Wird die Klausel im Gesellschaftsvertrag geregelt, so kann ferner folgende Bestimmung aufgenommen werden:

Sofern dieser Gesellschaftsvertrag eine Zustimmung der Gesellschafter oder der Gesellschaft zur Übertragung vorsieht, so gilt dies nicht für den hier geregelten Fall der Übertragung.

Bei der GmbH ist das Erfordernis der notariellen Beurkundung gemäß § 15 Abs. 3 und 4 GmbHG zu beachten.

1231 Siehe F., V., 1.

(2) Kostentragung[1232]

Die zur Übertragung der Kaufgegenstände erforderlichen Kosten hat der Erwerber zu tragen.

Dazu zählen insbesondere folgende Kosten:

Hier kann eine konkrete Benennung der jeweiligen Kosten erfolgen.

Die Zahlung der Vergütung des neutralen Dritten erfolgt durch die beteiligten Gesellschafter als Gesamtschuldner. Die Höhe der Vergütung richtet sich nach dem Vertrag in Anlage [...].

Alle sonstigen Kosten sind von dem Gesellschafter, bei dem sie anfallen, selber zu zahlen.

Freilich kann auch eine andere Art der Kostentragung vereinbart werden.

(3) Verträge des ausscheidenden Gesellschafters[1233]

Hier ist zu regeln, wie mit solchen Verträgen zu verfahren ist, die der/die ausscheidende/n Gesellschafter mit der Gesellschaft oder anderen Gesellschaftern geschlossen haben.

Zu denken ist dabei insbesondere an den Joint-Venture-Vertrag oder Gesellschafterdarlehen.

(4) Garantien[1234]

Hier ist ein Katalog an Garantien aufzunehmen, die der Veräußerer dem Erwerber gegenüber abzugeben hat.

(5) Wettbewerbsverbot und Non-Solicitation[1235]

Regelungsbedürftig ist gegebenenfalls auch ein Wettbewerbsverbot und ein Verbot, Mitarbeiter der Gesellschaft nach Ausscheiden abzuwerben.

(6) Verpflichtung zur Amtsniederlegung[1236]

Bekleidet der ausscheidende Gesellschafter Ämter in der Gesellschaft, die ihn unabhängig von seiner Gesellschafterstellung zu Entscheidungen berechtigen, die die Geschicke der Gesellschaft beeinflussen können, so ist er zur Niederlegung dieser Ämter verpflichtet, sofern die Gefahr besteht, dass er seine Stellung zum Nachteil der Gesellschaft ausüben könnte.

Die Entscheidung, ob eine solche Verpflichtung zur Amtsniederlegung besteht, trifft der/die neutrale Dritte.

1232 F., V., 2., a).
1233 Siehe F., V., 2., c).
1234 Siehe F., V., 2., d).
1235 Siehe F., V., 2., e).
1236 Siehe F., V., 2., h).

Schlussbetrachtung

Gesellschafterkonflikte sind in vielerlei Hinsicht ungebetene und ungern gesehene Gäste beim Betrieb einer Gesellschaft. Dies insbesondere deshalb, weil sie wirtschaftliche Schäden verursachen können, deren Ausmaße nicht immer absehbar sind. Dabei gilt: Je schwerwiegender ein solcher Konflikt, desto höher die Schadensgefahr.

Umso wichtiger ist es, dass derartige Streitigkeiten schnell wieder gelöst oder – besser noch – von vornherein vermieden werden.

Dies ist letztlich auch im Interesse der Gesellschafter, denn ein Schaden auf Seiten der Gesellschaft kann schnell auf sie zurückfallen, sei es, weil sie persönlich haften oder ihnen Gewinne abgehen.

Diese Arbeit hat gezeigt, dass die aus dem angloamerikanischen Rechtsraum stammenden Shoot-Out-Klauseln eine in Betracht zu ziehende Möglichkeit zur Vermeidung und/oder Lösung von Gesellschafterkonflikten darstellen.

Entgegen nicht wenigen Stimmen aus der Literatur eignen sie sich für eine Vielzahl an Gesellschaftsformen und sind größtenteils auch in Gesellschaften mit mehr als zwei Gesellschaftern ohne größere Probleme durchführbar, obwohl die klassische paritätische Zweipersonengesellschaft nach wie vor den Optimalfall für ihre Anwendung darstellen dürfte.

Der Einsatz der Klauseln ist daher – entgegen der gängigen Praxis – auch nicht auf Joint Ventures beschränkt.

Sie verfolgen einen radikalen Ansatz, indem sie ein Verfahren statuieren, an dessen Ende mindestens ein Gesellschafter zwangsläufig die Gesellschaft verlassen muss.

Diese Radikalität ist Segen und Fluch zugleich:

Während einerseits die Gesellschafter durch sie veranlasst werden, Konflikte von vornherein zu vermeiden und bereits entstandene Konflikte mit großer Sicherheit bereinigt werden können, birgt sie zugleich die Gefahr, dass in gewissen Fällen unbillige Ergebnisse hervorgerufen werden, sei es, weil angesichts der geringen Intensität des Konflikts das Ausscheiden eines Gesellschafters nicht angemessen erscheint oder weil ein Gesellschafter das Verfahren bewusst ausnutzt, um einen Mitgesellschafter aus der Gesellschaft zu drängen.

Letzteres ist auch der wesentliche Grund dafür, dass die Wirksamkeit solcher Klauseln in der Literatur gelegentlich in Zweifel gezogen wird.

Daher ist es von immenser Wichtigkeit, dass Shoot-Out-Klauseln nur dann eingesetzt werden, wenn ihr radikaler Ansatz auch tatsächlich eine angemessene Lösung ist. Dies kann vor allem dann nicht gewährleistet werden, wenn sie gänzlich voraussetzungslos ausgelöst werden können.

Vielmehr sollte die Durchführung einer Shoot-Out-Klausel aufgrund ihrer Radikalität stets *ultima ratio* der Konfliktlösung sein.

Nach hier vertretener Ansicht ist die Auslösung einer solchen Klausel daher entweder an das Vorliegen eines Gesellschafterkonflikts zu knüpfen, der nur noch durch eine Trennung der Gesellschafter gelöst werden kann oder es muss vorausgesetzt werden, dass alle beteiligten Gesellschafter übereinstimmend und im Bewusstsein der Risiken und Folgen die Durchführung des Verfahrens wünschen.

Dadurch können auch Missbrauchslagen weitgehend vermieden oder der Missbrauch zumindest deutlich erschwert werden.

Insgesamt dürfte bei Berücksichtigung der im Rahmen dieser Arbeit gegebenen Gestaltungshinweise das – nach hier vertretener Ansicht – ohnehin schon geringe Risiko, dass ein Gericht einer solchen Klausel die Wirksamkeit aberkennt, noch weiter gesenkt werden.

So war im Ergebnis auch dem OLG Nürnberg zuzustimmen, dass Shoot-Out-Klauseln nicht *per se* als unwirksam ansieht. Eine Tendenz, die sich erfreulicherweise auch in ausländischen Rechtsordnungen zeigt.

Unwirksam kann dann – wenn überhaupt – nur ihre missbräuchliche Verwendung im Einzelfall sein. Dies ist aber nicht als Nachteil der Klausel an sich zu werten, sondern zeugt allenfalls davon, dass der Vertragsgestalter sie nicht individuell genug an die Verhältnisse der jeweiligen Gesellschaft mit ihren Gesellschaftern angepasst hat.

Denn auch das ist deutlich geworden: Um eine sorgfältige und umsichtige Anpassung an den Einzelfall wird man bei der Vereinbarung von Shoot-Out-Klauseln nicht herumkommen. Dafür sind die Situationen und Umstände, die Einfluss auf ihre Wirkungsweise haben können, zu vielgestaltig.

Dabei gilt: Je erheblicher die Unterschiede zwischen den beteiligten Gesellschaftern – sei es in Bezug auf ihre Beteiligungen oder hinsichtlich ihrer finanziellen Stärke –, desto höher der Beratungs- und Planungsaufwand.

Die am Ende des letzten Kapitels zu findende Musterklausel kann und soll diese Klauselgestaltung erleichtern, macht aber eine Anpassung an den Einzelfall freilich nicht obsolet.

So kann es teilweise auch Konstellationen geben, in denen sich der Einsatz oder zumindest die Durchführung derartiger Klauseln von vornherein nicht anbietet. Dies ist schon bei ihrer Statuierung zu berücksichtigen.

Auch gilt es abzuwägen, welches konkrete Verfahren zur Erwerberermittlung im jeweiligen Einzelfall das sinnvollste ist.

Insofern wurden unter anderem die Vor- und Nachteile der jeweiligen Verfahren dargelegt und spezifische Gestaltungshinweise gegeben, um Selektion, Entscheidung und schlussendliche Formulierung zu erleichtern.

Dabei wird man keines der Verfahren als „perfekt" bezeichnen können. Jedes weist seine individuellen Stärken und Schwächen auf, wobei man Letzteren zumindest teilweise durch entsprechende Vertragsgestaltungen begegnen kann.

Die schiere Vielzahl an unterschiedlichen Verfahren gibt dem Rechtspraktiker aber die Möglichkeit, für jeden Einzelfall ein passendes, angemessenes Vorgehen zu wählen, das auch mit den Vorstellungen der Gesellschafter im Einklang steht.

Aber unabhängig davon, für welches Verfahren man sich letztlich entscheidet, sollte nach hier vertretener Ansicht stets ein neutraler Dritter als Verfahrensleiter daran beteiligt werden.

Diese Auffassung, die in der Literatur in dieser grundsätzlichen Form bisher noch nicht vertreten wurde, beruht im Wesentlichen auf dem Gedanken, dass die Verfahren mithilfe eines solchen Dritten reibungsloser ablaufen können. Insbesondere soll durch seinen Einsatz verhindert werden, dass die beteiligten Gesellschafter das Verfahren verschleppen oder in sonstiger Weise manipulieren, was dem Ziel einer schnellen, fairen und lautlosen Trennung mehr als undienlich ist. Ferner können dadurch auch Streitigkeiten in Bezug auf den Verfahrensablauf vermieden werden, deren Entstehen ansonsten recht wahrscheinlich wäre, wenn man bedenkt, dass die beteiligten Gesellschafter regelmäßig ohnehin schon zerstritten sind.

Beteiligt man demnach – wie empfohlen – einen solchen Dritten, so halten zugleich Elemente der Schiedsgerichtsbarkeit und der Mediation Einzug in das Verfahren, was angesichts des primären Ziels, eine Konfliktlösung zum Wohle der Gesellschaft herbeizuführen, durchaus sinnvoll erscheint.

Vor dem Hintergrund dieses primären Ziels müssen auch die persönlichen Interessen der Gesellschafter bei Durchführung des Verfahrens im Wesentlichen unbeachtet bleiben. Dies schon allein deshalb, da die Gesellschafter es dann verpasst haben, vorher eine einvernehmliche Konfliktlösung herbeizuführen.

Zusammen mit der Aussicht, aus der Gesellschaft ausscheiden zu müssen, ist dieser Umstand verantwortlich für das von Shoot-Out-Klauseln ausgehende Drohpotenzial, das durchaus sinnvoll und auch gerade gewünscht ist, zumal es dazu führt, dass sich die Gesellschafter konfliktscheu verhalten oder sich bei Konflikten kompromissbereit zeigen.

Damit ist es ein wesentliches Ziel dieser Klauseln, ihre eigene Durchführung zu verhindern, was im Übrigen auch der Grund dafür sein wird, warum sich insbesondere Gerichte bislang nur selten mit Shoot-Out-Klauseln beschäftigen mussten. Denn wird die Klausel nicht ausgelöst, kann auch kein Streit über sie entstehen, der dann zu einem Gerichtsverfahren führen kann.

Dies deckt sich mit der in der Literatur geäußerten Vermutung, dass Shoot-Out-Klauseln zwar in zunehmenden Maße vereinbart, aber nur selten ausgelöst werden[1237]. Die gewünschte Wirkungsweise wird also offenbar tatsächlich erreicht.

Nach alledem bleibt zu hoffen, dass diese Arbeit ihren Beitrag dazu leisten konnte, die vielen Unklarheiten und Unsicherheiten, die aufgrund der mangelnden Literaturfülle zu Shoot-Out-Klauseln in Deutschland bestanden, zu beseitigen und damit eine zukünftig noch verstärkte Berücksichtigung in der Praxis zu fördern.

1237 *Brooks/Landeo/Spier*, RAND Journal of Economics, Winter 2010, Vol. 41 Issue 4, 649, 650; *Fleischer/Schneider*, DB 2010, 2713, 2719; *Schroeder/Welpot*, NZG 2014, 609, 612; *Willms/Bicker*, BB 2014, 1347, 1348; *Heeg*, BB 2014, 467, 470; *Schaper*, DB 2014, 823.

So sollte vor allem noch einmal klar geworden sein, was bereits in der Einleitung nahegelegt wurde:

Eine gute Vertragsplanung kann spätere Streitigkeiten und Probleme nicht nur bekämpfen, sondern sogar von vornherein vermeiden. Sie ist daher für Gesellschaften und ihre Gesellschafter essentiell.

Passend dazu soll zum Schluss dieser Arbeit noch ein letztes Mal *Karl Julius Weber* zitiert werden, dem der – hier im übertragenden Sinne zu verstehende – Satz nachgesagt wird:

„Je mehr ich lerne, desto mehr sehe ich ein, wie nur eine gute Grundlage in der Jugend das Glück der späten Tage hervorrufen kann."

Literaturverzeichnis

Aderhold, Lutz / Koch, Raphael / Lenkaitis, Karlheinz: Vertragsgestaltung, 1. Aufl., Baden-Baden 2013.

Alvino, Fiorella F.: Italy, in: Campbell, Dennis / Netzer, Antonida (Hrsg.): International Joint Ventures – The Comparative Law Yearbook of International Business, Special Issue 2008, 219 ff. (zit.: *Alvino* in: International Joint Ventures)

Anand, Anita: Regulating Issuer Bids: The Case of the Dutch Auction, in: McGill Law Journal 2000, Vol. 45., 134 ff.

Baumbach, Adolf / Hopt, Klaus: Handelsgesetzbuch, Kommentar, 36. Aufl., München 2014. (zit.: *Bearbeiter* in: Baumbach/Hopt, HGB).

Baumbach, Adolf / Hueck, Alfred: GmbHG, Kommentar, 20. Aufl., München 2013. (zit.: *Bearbeiter* in: Baumbach/Hueck, GmbHG).

Becker, Benjamin: Die Zulässigkeit von Hinauskündigungsklauseln nach freiem Ermessen im Gesellschaftsvertrag, Diss. Iur., Frankfurt am Main 2010.

Beisel, Wilhelm / Klumpp, Hans-Hermann (Begr.): Der Unternehmenskauf, 7. Aufl., München 2016. (zit.: *Bearbeiter* in: Der Unternehmenskauf).

Benecke, Martina: Inhaltskontrolle im Gesellschaftsrecht oder: „Hinauskündigung" und das Anstandsgefühl aller billig und gerecht Denkenden, in: ZIP 2005, 1437 ff.

Binz, Mark / Mayer, Gerd: Anteilsvinkulierung bei Familienunternehmen, in: NZG 2012, 201 ff.

Blaurock, Uwe: Handbuch der Stillen Gesellschaft, 5. Aufl., Köln 1998.

Brechbühl, Beat / Emch, Daniel: Die neue GmbH als massgeschneidertes Rechtskleid für Joint Ventures, in: SZW 2007, 271.

Brooks, Richard / Landeo, Claudia / Spier, Kathryn: Trigger happy or gun shy? Dissolving common-value partnerships with Texas shootouts, in: RAND Journal of Economics, Winter 2010, Vol. 41 Issue 4, 649 ff.

Bunte, Hermann-Josef: Ausschließung und Abfindung von Gesellschaftern einer Personengesellschaft, in: ZIP 1983, 8 ff.

Carey, Stevens: Real Estate JV Buy/Sell Agreements: A Brief Review And Critique, in: The Real Estate Finance Journal/Fall 2004, 5 ff.

— : Buy/Sell Provisions in Real Estate Joint Venture Agreements, in: Real Property, Probate and Trust Journal, Winter 2005, 651 ff.

Clopath, Gion: Wie können Pattsituationen bei Zweimanngesellschaften behoben werden?, in: SJZ 89 (1993), 157.

Cramton, peter / Gibbons, Robert / Klemperer, Paul: Dissolving a Partnership Efficiently, in: Econometrica, Vol. 55, No. 3, May 1987, 615 ff.

De Frutos, Maria-Angeles / Kittsteiner, Thomas: Efficient partnership dissolution under buy-sell clauses, in: RAND Journal of Economics, Vol. 39, No. 1, Spring 2008, 184 ff.

De Maertelaere, Pieter: Het Einde van een Joint (Ad)Venture, Masterarbeit (Universität Gent), Gent 2011.

Dendorfer, Renate / Krebs, Thomas: Konfliktlösung durch Mediation bei Gesellschafterstreitigkeiten, in: MittBayNot 2008, 85 ff.

Draxler, Jürgen: Private Equity Exit – Strategie und Vertragsgestaltung, Wien 2010. (zit.: *Draxler*, Private Equity Exit).

Drinkuth, Henrik: Hinauskündigungsklauseln unter dem Damoklesschwert der Hinauskündigung, in: NJW 2006, 410 ff.

Duve, Christian: Vermeidung und Beilegung von Gesellschafterstreitigkeiten, in: AnwBl 2007, 389 ff.

Eberoth, Carsten / Baujong, Karlheinz / Joost, Detlev / Strohn, Lutz: Handelsgesetzbuch: HGB, Kommentar, Band 1: §§ 1–342e, 3. Aufl., München 2014. (zit.: *Bearbeiter* in: Eberoth/Baujong/Joost/Strohn, HGB).

Eckhardt, Dirk / Hermanns, Marc: Kölner Handbuch Gesellschaftsrecht, 2. Aufl., Köln 2014. (zit.: *Bearbeiter* in: KöHB GesR).

Elfring, Claus: „Deadlock“ beim paritätischen Equity Joint Venture, in: NZG 2012, 895 ff.

Elsing, Siegfried: Joint Ventures in den USA, in: Langefeld- Wirth, Klaus: Joint Ventures im internationalen Wirtschaftsverkehr; Heidelberg 1990, 576 ff. (zit.: *Elsing* in: Joint Ventures im int. Wirtschaftsverkehr).

Esch, Günter: Gesellschaftsvertragliche Buchwertabfindung im Falle der Ausschließungskündigung, in: NJW 1979, 1390 ff.

Esskandari, Manzur / Franck, Sebastian / Künnemann, Ulf: Unternehmensnachfolge, Heidelberg u.a. 2012. (zit.: *Bearbeiter* in: Unternehmensnachfolge).

Fabis, Felix Georg: Konflikte im Familienunternehmen, 1. Aufl., Lohmar und Köln 2009.

Fett, Torsten / Spiering, Christoph: Handbuch Joint Venture, Heidelberg 2010.

Fleischer, Holger: Tag along- und Drag along-Klauseln in geschlossenen Kapitalgesellschaften, in: DB 2012, 961 ff.

Fleischer, Holger / Schneider, Stephan: Zulässigkeit und Grenzen von Shoot-Out-Klauseln im Personengesellschafts- und GmbH-Recht, in: DB 2010, 2713 ff.

— : Shoot-Out Clauses in Partnerships and Close Corporations, in: Max Planck Private Law Research Paper No. 11/13, 1 ff.

Flume, Werner: Die Abfindung nach der Buchwertklausel für den Gesellschafter minderen Rechts einer Personengesellschaft, in: NJW 1979, 902 ff.

Forstmoser, Peter: Aktionärsbindungsverträge, in: Forstmoser, Peter / Tercier, Pierre / Zäch, Roger (Hrsg.): Innominatverträge: Festgabe zum 60. Geburtstag von Walter R. Schluep, Zürich 1988, 359 ff. (zit.: *Forstmoser* in: Innominatverträge).

Galbois, Diane: La clause de buy or sell à l'épreuve du droit des obligations, Masterarbeit (Universität Panthéon- Assas), Paris 2011.

Geßler, Ernst / Hefermehl, Wolfgang / Eckardt, Ulrich/ Kropff, Bruno: Aktiengesetz, Kommentar, Band IV, München 1994. (zit.: *Bearbeiter* in: Geßler/Hefermehl/Eckardt/Kropff, AktG).

Goette, Wulf / Habersack, Mathias (Hrsg.): Münchener Kommentar zum Aktiengesetz, Kommentar, Band 2, 4. Aufl., München 2014. (zit.: *Bearbeiter* in: MüKo AktG).

Göthel, Stephan R.: Vertragsgestaltung bei internationalen Joint Ventures, in: BB 2014, 1475 ff.

Grau, Tobias: Mechanismen zur Lösung von Gesellschafterkonflikten in Joint Ventures, in: Corporate Finance 2015, M&A, 39 ff.

Greason, William / Sedor, Sumantha: ,Til deadlock do us part, Chadbourne&Parke LLP, Mergers & Acquisitions Client Alert, June 1, 2011, http://www.chadbourne.com/files/Publication/c32eedff-a3b9-45be-bb78-fb509db40ef8/Presentation/PublicationAttachment/24322a69-d996-499c-a474-fc28ab56fdbf/MandA-TilDeadlock_ca(Greason).pdf, zuletzt besucht am 19.02.2016. (zit.: *Greason/Sedor*, Chadbourne&Parke LLP, M&A Client Alert, June 1, 2011).

Gresbrand, Klaus / Röhl, Alexander: Wirksamkeit einer gesellschaftsvertraglichen „Russian-Roulette"-Klausel, in: AnwZertOnl HaGesR, Heft 20/2014, 2 ff.

Gummert, Hans (Hrsg.): Münchener Anwaltshandbuch Personengesellschaftsrecht, 2. Aufl., München 2015. (zit.: *Bearbeiter* in: MüAHB PersGesR).

Gummert, Hans / Weipert, Lutz (Hrsg.): Münchener Handbuch des Gesellschaftsrechts, Band 1, 2. Aufl., München 2007. (zit.: *Bearbeiter* in: MüHB GesR, Bd. 1, 2. Aufl. 2007).

— : Münchener Handbuch des Gesellschaftsrechts, Band 1, 4. Auflage, München 2014. (zit.: *Bearbeiter* in: MüHB GesR, Bd. 1).

— : Münchener Handbuch des Gesellschaftsrechts, Band 2, 4. Aufl., München 2014. (zit.: *Bearbeiter* in: MüHB GesR, Bd. 2).

Hannich, Andreea: Exitentscheidungen und die Allokation von Exitrechten in der Venture Capital Finanzierung, Dissertation, Karlsruhe 2012. (zit.: *Hannich*, Exitentscheidungen).

Heckschen, Heribert / Heidinger, Andreas: Die GmbH in der Gestaltungs- und Beratungspraxis, 3. Aufl., Köln 2013. (zit.: *Bearbeiter* in: Die GmbH).

Heeg, Volker: OLG Nürnberg: Zulässigkeit von Russian- Roulette-Klauseln in Joint-Venture-Konstellationen, in: BB 2014, 467 ff.

Hewitt, Ian: Hewitt on Joint Ventures, 5th edition, London 2011.

Hirte, Heribert: Die Entwicklung des Unternehmens- und Gesellschaftsrechts im Jahr 2014, in: NJW 2015, 1219 ff.

Hirtz, Bernd: Die Abfindung des Gesellschafters einer Personengesellschaft nach der Ausschließung ohne wichtigen Grund, in: BB 1981, 761 ff.

Hoffmann-Becking, Michael: Der Einfluß schuldrechtlicher Gesellschaftervereinbarungen auf die Rechtsbeziehungen in der Kapitalgesellschaft, in: ZGR 1994, 442 ff.

Holler, Lorenz / Frese, Yorck: Pattsituationen in Gemeinschaftsunternehmen – Vereinbarung von Pattauflösungsmechanismen am Maßstab des § 723 Abs. 3 BGB, in: BB 2014, 1479 ff.

Hölters, Wolfgang (Hrsg.): Aktiengesetz, Kommentar, 2. Aufl., München 2014. (zit.: *Bearbeiter* in: Hölters, AktG).

— *(Hrsg.)*: Handbuch Unternehmenskauf, 7. Aufl., Köln 2010. (zit.: *Bearbeiter* in: Handbuch Unternehmenskauf).

Hopt, Klaus / Wiedemann, Herbert (Hrsg.): Großkommentar Aktiengesetz, Kommentar, Band 6, Berlin 2006. (zit.: *Bearbeiter* in: Hopt/Wiedemann, Großkomm. AktG).

Huber, Lucius: Vertragsgestaltung: Grundstruktur, Gründung, Willensbildung und Auflösung, in: Meier-Schatz, Christian: Kooperations- und Joint-Venture-Verträge, Bern/Stuttgart/Wien 1994. (zit.: *Huber* in: Kooperations- und Joint-Venture-Verträge).

Hüffer, Uwe: Aktiengesetz, Kommentar, 11. Aufl., München 2014. (zit.: *Bearbeiter* in: Hüffer, AktG).

Jula, Rocco: Der GmbH-Gesellschafter, 2. Aufl., Berlin und Heidelberg 2004.

Kaut, Daniel: Übertragungsbeschränkungen im deutschen und US-amerikanischen Gesellschaftsrecht, Diss. Iur., Frankfurt am Main 2009. (zit.: *Kaut*, Übertragungsbeschränkungen).

Kilian, Matthias: Die Trennung vom missliebigen Personengesellschafter, in: WM 2006, 1567 ff.

Klotz, James: Power Tools for Negotiating International Business Deals, Second Edition, Alphen aan den Rijn 2008. (zit.: *Klotz*, Power Tools).

Knobloch, Stefan: Joint Ventures: Vertrags- und gesellschaftsrechtliche Gestaltungsmöglichkeiten, in: GesKR 2013, 551 ff.

—: Joint Ventures: Vertrags- und gesellschaftsrechtliche Gestaltungsmöglichkeiten, in: Vogt, Hans-Ueli / Fleischer, Holger / Kalss, Susanne (Hrsg.): Gesellschafts- und Kapitalmarktrecht in Deutschland, Österreich und der Schweiz 2014, Tübingen 2014, 160 ff. (zit.: *Knobloch* in: Gesellschafts- und Kapitalmarktrecht).

Kopp, Vera: Kontrollierte Auktionen, 1. Aufl., Köln 2010.

Kozyris, John: Equal Joint-Venture Corporations in France: Problems of Control and Resolution of Deadlocks, The American Journal of Comparative Law 1969, 503 ff.

Kreße, Bernhard: Die Auktion als Wettbewerbsverfahren, zugleich Habilitationsschrift, Tübingen 2014.

Küting, Karlheinz / Seel, Christoph: Gemeinschaftliche Beherrschung nach IFRS 11 – Zur Beurteilung von Konfliktlösungs- oder Beendigungsmechanismen, in: IRZ 2012, 467 ff.

Landeo, Claudia / Spier, Kathryn: Irreconcilable Differences: Judicial Resolution of Business Deadlock, in: The University of Chicago Law Review, Vol. 81, Issue 1 (Winter 2014), 203 ff.

— : Shotguns and Deadlocks, in: Yale Journal on Regulation (forthcoming), http://www.law.umich.edu/centersandprograms/lawandeconomics/workshops/Documents/Paper%2012.Landeo.Shotguns%20and%20Deadlocks%20(2).pdf, zuletzt besucht am 19.02.2016. (zit.: *Landeo/Spier*, Shotguns and Deadlocks).

Lang, Hans-Ulrich / Ossola-Haring, Claudia: Kauf, Verkauf und Übertragung von Unternehmen, Weil im Schönbuch 2011. (zit.: *Bearbeiter* in: Kauf, Verkauf und Übertragung von Unternehmen).

Lange, Knut Werner / Sabel, Simon: Steuerung der Gesellschafterstellung in Familienunternehmen, in: NZG 2015, 1249 ff.

Langefeld-Wirth, Klaus: Praxis der internationalen Joint Ventures, in *ders.*: Joint Ventures im internationalen Wirtschaftsverkehr; Heidelberg 1990, 16 ff. (zit.: *Langefeld-Wirth* in: Joint Ventures im int. Wirtschaftsverkehr).

Langenfeld, Gerrit / Miras, Antonio: GmbH-Vertragspraxis, 7. Aufl., Köln 2015.

Langenscheidt-Redaktion (Hrsg.): Langenscheidt – Abitur- Wörterbuch Englisch, Berlin und München 2005. (zit.: Langenscheidt).

Leible, Stefan / Reichert, Jochem (Hrsg.): Münchener Handbuch des Gesellschaftsrechts, Band 6, 4. Aufl., München 2013. (zit.: *Bearbeiter* in: MüHB GesR, Bd. 6).

Leitzen, Mario: Neues zu Satzungsdurchbrechung und schuldrechtlichen Nebenabreden – zugleich Anmerkung zu BGH RNotZ 2010, 589, in: RNotZ 2010, 566 ff.

Leonhardt, Roland: Lebensweisheiten berühmter Dichter und Denker, Hannover 2011.

Lettl, Tobias: Das Recht zur Fortführung der Firma nach Unternehmensveräußerung, in: WM 2006, 1841 ff.

Li, Jianbei / Wolfstetter, Elmar: Partnership dissolution, complementarity, and investment incentives, in: Oxford Economic Papers 62 (2010), 529 ff.

Lieder, Jan: Wirksamkeit von Russian-Roulette-Klauseln, in: WuB WM 2014, 706.

Lingemann, Stefan / Röder, Gerhard: Schicksal von Vorstand und Geschäftsführer bei Unternehmensumwandlungen und Unternehmensveräußerungen, DB 1993, 1341 ff.

Lintz, Christoph: Drag-Along Right, Diss. Iur., Frankfurt am Main 2013.

Lipp, Marisa: Die stille Gesellschaft im nationalen und internationalen Kontext, Diss. Iur., Lohmar und Köln 2014.

Loewenheim, Ulrich / Meessen, Karl / Riesenkampff, Alexander: Kartellrecht, Kommentar, 2. Aufl., München 2009. (zit.: *Bearbeiter* in: Loewenheim/Meessen/Riesenkampff, Kartellrecht).

Lohr, Martin: „Russian-Roulette-Klauseln" in Gesellschaftsverträgen – Gestaltungshinweise zum Ausstiegsverfahren in Patt-Situationen, in: GmbH-StB 2014, 93, 94.

Lorz, Rainer: Zur Zulässigkeit gesellschaftsvertraglicher „Russian Roulette"-Klauseln, in: FuS 2014, 125 ff.

Lorz, Rainer / Pfisterer, Benedikt / Gerber, Olaf (Hrsg.): Beck'sches Formularbuch GmbH-Recht, 2. Aufl., München 2015. (zit.: *Bearbeiter* in: Beck'sches Formularbuch GmbH-Recht).

Lutz, Reinhard: Der Gesellschafterstreit in der GbR, OHG, KG, GmbH & Co. KG und GmbH, 2. Aufl., München 2008. (zit.: *Lutz*, Der Gesellschafterstreit).

Mancuso, Anthony / Laurence, Bethany: Business buyout agreements: A step-by-step guide for co-owners, 4th edition, Berkeley (CA, USA) 2007. (zit.: *Mancuso/ Laurence*, Business buyout agreements).

Manz, Gerhard / Mayer, Barbara / Schröder, Albert (Hrsg.): Die Aktiengesellschaft, 7. Aufl., Freiburg 2014. (zit.: *Bearbeiter* in: Die Aktiengesellschaft).

Martinius, Philip /Stubert, Julia: Venture-Capital-Verträge und das Verbot der Hinauskündigung, in: BB 2006, 1977 ff.

McAfee, Preston: Amicable Divorce: Dissolving a Partnership with Simple Mechanisms, in: Journal of Economic Theory 56 (1992), 266 ff.

Merkt, Hanno: Angloamerikanisierung und Privatisierung der Vertragspraxis versus Europäisches Vertragsrecht, in: ZHR 2007, 490 ff.

Mezzullo, Louis: Business Succession Planning: Strategies for California Estate Planners and Business Attorneys, in: The Regents of the University of California, Volume 1, § 6, USA 2012. (zit.: *Mezzullo*, Business Succession Planning).

Nassall, Wendt: Zur Zulässigkeit von Hinauskündigungsklauseln in Gesellschaftsverträgen von Personengesellschaften und Satzungen von GmbH, in: NZG 2008, 851 ff.

Neocleous, Elias / Labropoulos, Panos / Aristotelous, Philippos: Cyprus, in: Campbell, Dennis / Netzer, Antonida (Hrsg.): International Joint Ventures – The Comparative Law Yearbook of International Business, Special Issue 2008, 137 ff. (zit.: *Neocleous/Labropoulos/Aristotelous* in: International Joint Ventures).

Niewiarra, Manfred: Unternehmenskauf, Berlin 2006.

Onishi, Chihiro: Japan, in: Campbell, Dennis / Netzer, Antonida (Hrsg.): International Joint Ventures – The Comparative Law Yearbook of International Business, Special Issue 2008, 267 ff. (zit.: *Onishi* in: International Joint Ventures).

Otto, Hans-Jochen: Gesellschafterstreit und Anteilsfungibilität in der gesellschaftsrechtlichen Vertragspraxis, in: GmbHR 1996, 16 ff.

Palandt, Otto (Begr.): Bürgerliches Gesetzbuch, Kommentar, 74. Aufl., München 2014. (zit.: *Bearbeiter* in: Palandt, BGB).

Pauli, Michael: Russian-Roulette-Klauseln grundsätzlich wirksam, in: GWR 2014, 86.

Peltzer, Martin: „Hinauskündigungsklauseln", Privatautonomie, Sittenwidrigkeit und Folgerungen für die Praxis, in: ZGR 2006, 702 ff.

Raiser, Thomas / Veil, Rüdiger: Recht der Kapitalgesellschaften, 5. Aufl., München 2010.

Reichert, Jochem (Hrsg.): GmbH & Co. KG, 7. Aufl., München 2015 (zit.: *Bearbeiter* in: GmbH & Co. KG).

Reusch, Peter: Die stille Gesellschaft als Publikumsgesellschaft, Diss. Iur., Berlin 1989.

Ritz, Philipp: Joint Venture Vertrag – Kommentierter Mustervertrag eines korporativen 50:50-Joint-Ventures, Zürich/Basel/Genf 2010. (zit.: *Ritz*, Kommentierter Mustervertrag).

Roth, Günther / Altmeppen, Holger: Gesetz betreffend die Gesellschaften mit beschränkter Haftung, Kommentar, 8. Auflage, München 2015. (zit.: *Bearbeiter* in: Roth/Altmeppen, GmbHG).

Rotthege, Georg / Wassermann, Bernd: Unternehmenskauf bei der GmbH, Heidelberg 2011. (zit.: *Bearbeiter* in: Unternehmenskauf bei der GmbH).

Römermann, Volker (Hrsg.): Münchener Anwaltshandbuch GmbH-Recht, 3. Aufl., München 2014. (zit.: *Bearbeiter* in: MüAHB GmbH-Recht).

Šatava, Alois / Sztulova, Lucyna / Audes, Václav: Czech Republic in: Campbell, Dennis / Netzer, Antonida (Hrsg.): International Joint Ventures – The Comparative Law Yearbook of International Business, Special Issue 2008, 157 ff. (zit.: *Šatava/Sztulova/Audes* in: International Joint Ventures).

Säcker, Franz Jürgen / Rixecker, Roland (Hrsg.): Münchener Kommentar zum Bürgerlichen Gesetzbuch, Kommentar, Band 5, Schuldrecht – Besonderer Teil III, 6. Aufl., München 2013. (zit.: *Bearbeiter* in: MüKo BGB).

Schaper, Martin: Russian-Roulette: Möglichkeiten und Grenzen von Beendigungsklauseln in Gesellschaftsverträgen – Zugleich Besprechung von OLG Nürnberg, Urteil vom 20. 12. 2013 – 12 U 49/13 , DB 2014 S. 709, in: DB 2014, 821 ff.

Schmolke, Klaus Ulrich: „Shoot out"-Klauseln und Verpflichtung des Vorstands zur Amtsniederlegung, in: ZIP 2014, 897 ff.

—: Grenzen der Selbstbindung im Privatrecht, zugleich Habilitationsschrift, Tübingen 2013. (zit.: *Schmolke*, Grenzen der Selbstbindung).

—: Joint Ventures: Vertrags- und gesellschaftsrechtliche Gestaltungsmöglichkeiten, in: Vogt, Hans-Ueli / Fleischer, Holger / Kalss, Susanne (Hrsg.): Gesellschafts- und

Kapitalmarktrecht in Deutschland, Österreich und der Schweiz 2014, Tübingen 2014, 107 ff. (zit.: *Schmolke* in: Gesellschafts- und Kapitalmarktrecht).

Schroeder, Hans-Patrick / Welpot, Eva Christina: High Noon in Nürnberg – Neues zum Texan Shoot-out, zum Russian Roulette und zu anderen Klauseln der alternativen Streitbeilegung im Gesellschaftsrecht, in: NZG 2014, 609 ff.

Schulte, Knut / Schwindt, Karl-Heinz / Kuhn, Christian: Joint Ventures, München 2009. (zit.: *Bearbeiter* in: Joint Ventures).

Schulte, Norbert / Pohl, Dirk: Joint-Venture-Gesellschaften, 3. Auflage, Köln 2012.

Schulte, Norbert / Sieger, Jürgen: „Russian Roulette“ und „Texan Shoot Out“ – Zur Gestaltung von radikalen Ausstiegsklauseln in Gesellschaftsverträgen von Joint-Venture-Gesellschaften (GmbH und GmbH & Co. KG), in: NZG 2005, 24 ff.

Scroggin, John: Avoiding Mistakes in Buy-Sell Agreements, in: The American Law Institute (Hrsg.): ALI-ABA's Practice Checklist Manual on Advising Business Clients III, Philadelphia 2004.

Seel, Christoph: Joint Ventures in der Konzernrechtslegung nach IFRS und HGB, Diss. Iur., Saarbrücken 2012. (zit.: *Seel*, Joint Ventures in der Konzernrechtslegung).

Simon, Jens: Der Wert von Beteiligungsunternehmen, Dissertation, 1. Aufl., Wiesbaden 2010.

Sinewe, Patrick (Hrsg.): Unternehmenskauf in der Steuerpraxis, Wiesbaden 2015. (zit.: *Bearbeiter* in: Unternehmenskauf in der Steuerpraxis).

Spindler, Gerald / Stilz, Eberhard: Kommentar zum Aktiengesetz, Kommentar, Band 1, 3. Aufl., München 2015. (zit.: *Bearbeiter* in: Spindler/Stilz, AktG).

Steinberg Advisors: Insight Into Buy-Sell Agreements, Business Advisory Bulletin 2012, http://www.steinbergadvisors.com/~steinber/files/Insight%20Into%20Buy-Sell%20Agreements.pdf, zuletzt besucht am 19.02.2016. (zit.: *Steinberg Advisors*, Business Advisory Bulletin 2012).

Stephan, Klaus-Dieter: Vertragsgestaltung bei Internationalen Joint Ventures, in: Schaumburg, Harald: Internationale Joint Ventures: Management, Besteuerung, Vertragsgestaltung, Stuttgart 1999, 97 ff. (zit.: *Stephan* in: Internationale Joint Ventures).

Thompson, Phil: Shotgun Clauses and Owner Managers: Limitations and Alternatives, http://www.thompsonlaw.ca/pdf_folder/Shotgun_2004.pdf zuletzt besucht am 19.02.2016. (zit.: *Thompson*, Shotgun Clauses).

Torwegge, Christoph: Treue- und Sorgfaltspflichten im englischen und deutschen Gesellschaftsrecht, 1. Aufl., Wiesbaden 2009. (zit.: *Torwegge*, Treue- und Sorgfaltspflichten).

Tulli, Richard / Chumney, Kevin: Issues in buy-sell, push-pull, russian roulette, or texas shootout provisions, in: Gardere Wynne Sewell LLP 2012, http://www.gardere.com/portalresource/2012IssuesinBuySellPushPullRussianRouletteorTexas

ShootoutProvisionsCHUMNEYARTICLE.pdf, zuletzt besucht am 19.02.2016. (zit.: *Tulli/Chumney*, Gardere Wynne Sewell LLP 2012).

Verse, Dirk: Inhaltskontrolle von „Hinauskündigungsklauseln" – eine korrekturbedürftige Rechtsprechung, in: DStR 2007, 1822 ff.

von der Crone, Hans Caspar: Lösung von Pattsituationen bei Zweimanngesellschaften, in: SJZ 89 (1993), 37 ff.

von der Crone, Hans Caspar / Nänni, Matthias / Sibbern, Eric: Bankaufsichtsrechtliche und vertragsrechtliche Aspekte von IPOs, in: Emmenegger, Susanne: Bankhaftungsrecht, Basel 2006, 141 ff. (zit.: *Von der Crone/Nänni/Sibbern* in: Bankhaftungsrecht).

von Werder, Andreas / Li, Xianbei: Aktuelle Entwicklungen bei Managementbeteiligungsprogrammen im Rahmen von Leveraged Buy Outs, in: BB 2013, 1736 ff.

Wachter, Thomas (Hrsg.): Praxis des Handels- und Gesellschaftsrechts, 3. Aufl., Bonn 2014. (zit.: *Bearbeiter* in: Praxis des HaGesR).

Wälzholz, Eckhard: Alternative Regelungstypen zum Gesellschafterausschluss – Texan Shoot Out, Tag along, Drag along, Russian Roulette, Bieterverfahren, in: GmbH-StB 2007, 84 ff.

Weber, Karl Julius: Die Leidenschaften, Erster Theil, Stuttgart und Leipzig 1842.

Wedemann, Frauke: Gesellschafterkonflikte in geschlossenen Kapitalgesellschaften, zugleich Habilitationsschrift, Tübingen 2013. (zit.: *Wedemann*, Gesellschafterkonflikte).

Weidmann, Matthias: Beilegung von Gesellschafterstreitigkeiten bei zweigliedrigen Gesellschaften mit identischen Beteiligungsverhältnissen, in: DStR 2014, 1500 ff.

Weise, Stefan / Krauß, Hans-Frieder (Hrsg.): Beck'sche Online-Formulare Vertrag, 33. Aufl., München 2015. (zit.: *Bearbeiter* in: Beck'sche Online-Formulare Vertrag).

Weitnauer, Wolfgang: Der Beteiligungsvertrag, in: NZG 2001, 1065 ff.

Werner, Rüdiger: Kautelarjuristische Strategien zur Trennung zerstrittener Gesellschafter, in: GmbHR 2005, 1554 ff.

— : Gesellschaftsvertrag: Wirksamkeit einer sog. Russian- Roulette-Klausel in einer zweigliedrigen Gesellschaft, in: GmbHR 2014, 310 ff.

Wicke, Hartmut: Echte und unechte Bestandteile im Gesellschaftsvertrag der GmbH, in: DNotZ 2006, 419 ff.

— : Schuldrechtliche Nebenvereinbarungen bei der GmbH – Motive, rechtliche Behandlung, Verhältnis zum Gesellschaftsvertrag, in: DStR 2006, 1137 ff.

Willms, Nicole / Bicker, Eicke: Shoot-Out – der wirksame Ausstieg aus einem paritätischen Joint Venture, in: BB 2014, 1347 ff.

Wilske, Stephan / Fox, Todd, J. / Baillie, Kathryn: Damage Control in Failed Joint Ventures, in: Campbell, Dennis / Netzer, Antonida (Hrsg.): International Joint

Ventures – The Comparative Law Yearbook of International Business, Special Issue 2008, 595 ff. (zit.: *Wilske/Fox/Baillie* in: International Joint Ventures).

Yakimowski, Laurance / Nordick, Kirk / Maher, Derek / Dolan, Mark: Buy-Sell Provisions in Shareholder Agreements, Kanuka Thuringer LLP law firm Regina, Saskatchewan for the Saskatchewan Legal Education Society Inc. Seminar; Corporate Divorce, November 2004, http://redengine.lawsociety.sk.ca/inmagicgenie/documentfolder/ac4297.pdf, zuletzt besucht am 19.02.2016. (zit.: *Yakimowski/Nordick/Maher/Dolan*, Buy-Sell Provisions).

Ziegert, Nicholas: Der Venture Capital-Beteiligungsvertrag, Berlin 2005.

Zöllner, Wolfgang / Noack, Ulrich: Kölner Kommentar zum Aktiengesetz, Kommentar, 3. Aufl., Köln 2009. (zit.: *Bearbeiter* in: Zöllner/Noack, KölnerKomm AktG).

Schriften zum Privat-, Wirtschafts- und Verfahrensrecht

Herausgeben von Barbara Völzmann-Stickelbrock

Band 1 Guido Norman Motz: Die Arbeitgeberstellung des vorläufigen Insolvenzverwalters. 2012.

Band 2 Matthias Eiden: Die Pfändung einer gläubigereigenen Forderung. Eine rechtsdogmatische Betrachtung unter besonderer Berücksichtigung des Einflusses der Verfassung auf das Vollstreckungsrecht. 2016.

Band 3 Alexander Brockmann: Shoot-Out-Klauseln. Radikale Trennungsverfahren im Gesellschaftsrecht. 2017.

www.peterlang.com